중아함경 4

中阿含經

중아함경 4

中阿含經

김월운 옮김

동국역경원

중아함경4

| 차 례 |

제46권

제47권

제48권

제49권

제53권

제54권

제55권

제56권

중아함경中阿含經 제 46 권

14. 심품心品 ②

176) 행선경行禪經〔제4 분별송〕

나는 이와 같이 들었다.

어느 때 부처님께서 사위국을 유행하실 적에 승림급고독원에 계셨다. 그때 세존께서 모든 비구들에게 말씀하셨다.

"세상에서 선禪을 닦는 사람에는 진실로 네 종류가 있다. 어떤 것이 넷인가? 선을 닦는 어떤 사람은 불길처럼 왕성한데도 스스로는 쇠퇴衰退했다고 생각하고 선을 닦는 어떤 사람은 쇠퇴했는데도 스스로는 불길처럼 왕성하다고 생각하며 선을 닦는 어떤 사람은 쇠퇴하면 곧 쇠퇴한 줄을 사실 그대로 알고 또 선을 닦는 어떤 사람은 불길처럼 왕성하면 곧 불길처럼 왕성한 줄을 사실 그대로 안다."

선을 닦는 사람 중 어떤 자를 '불길처럼 왕성한데도 스스로는 쇠퇴했다고 생각하는 사람'이라고 하는가?

선을 닦는 사람은 욕심을 여의고 악하고 착하지 않은 법을 여의어 각覺도 있고 관觀도 있으며 여의는 데서 생기는 기쁨〔喜〕과 즐거움〔樂〕이 있는 초선初禪을 성취하여 노닌다. 그리고 그가 마음으로 바른 생각〔正思〕을 닦아 익히면 곧 초선에서 제2선으로 나아가는데 이것은 훌륭한 쉼〔息〕이요 고요함〔寂〕이다. 그런데 선을 닦던 그 사람은 곧 이렇게 생각한다.

'내 마음은 본래의 모양을 떠나 다시 다른 곳으로 나아갔고 초선을 잃어버리고 선정을 없애 버렸다.'

그리하여 선을 닦는 그 사람은 '나는 마음으로 바른 생각을 닦아 익혀 쾌락하고 고요하다. 즉 초선에서 제2선으로 나아갔으며 이것은 훌륭한 쉼이요 고요함이다'라는 것을 사실 그대로 알지 못한다. 그는 그것을 사실 그대로 알지 못하므로 여如에서 물러나고 그 마음에 곧 선정定을 잃고 만다. 이렇게 선을 닦는 사람을 불길처럼 왕성한데도 스스로는 쇠퇴했다고 생각하는 사람이라고 하느니라.

또 선을 닦는 사람은 각과 관을 이미 쉬고 안으로 고요히 한마음이 되어 각도 없고 관도 없으며 선정〔定〕에서 생기는 기쁨과 즐거움이 있는 제2선을 얻어 성취하여 노닌다. 그리고 그가 마음으로 바른 생각을 닦아 익히면 제2선에서 제3선으로 나아가는데 이것은 훌륭한 쉼이요 고요함이다. 그런데 선을 닦던 그 사람은 곧 이렇게 생각한다.

'내 마음은 본래의 모양을 떠나 다시 다른 곳으로 나아갔고 제2선을 잃어버리고 선정도 사라져 버렸다.'

그리하여 선을 닦는 그 사람은 '나는 마음으로 바른 생각을 닦아 익혀 쾌락하고 고요하다. 즉 제2선에서 제3선으로 나아갔으며 이것은 훌륭한 쉼이요 고요함이다'라는 것을 사실 그대로 알지 못한다. 그는 그것을 사실 그대로 알지 못하므로 여如에서 물러나고 그 마음에 곧 선정을 잃고 만다. 이렇게 선을 닦는 사람을 불길처럼 왕성한데도 스스로는 쇠퇴했다고 생각하는 사람이라고 하느니라.

선을 닦는 사람은 기쁨과 욕심을 여의고 평정하여 구함이 없이 노닐며 바른 생각과 바른 지혜로써 몸에 즐거움을 느낀다. 이른바 성인께서 말씀하신 성인의 평정〔捨〕·생각〔念〕·즐거움에 머묾〔樂住〕·공空이 있는 제3선을 얻어 성취하여 노닌다. 그리고 그가 마음으로 바른 생각을 닦아 익히면 제3선에서 제4선으로 나아가는데 이것은 훌륭한 쉼이요 고요함이다. 그런데 선을 닦던 그 사람은 곧 이렇게 생각한다.

'내 마음은 본래의 모양을 떠나 다시 다른 곳으로 나아갔고 제3선을 잃어버리고 선정도 사라져 버렸다.'

그리하여 선을 닦는 그 사람은 '나는 마음으로 바른 생각을 닦아 익혀 쾌락하고 고요하다. 즉 제3선에서 제4선으로 나아갔으며, 이것은 훌륭한 쉼이요 고요함이다'라는 것을 사실 그대로 알지 못한다. 그는 그것을 사실 그대로 알지 못하므로 여如에서 물러나고 그 마음에 곧 선정을 잃고 만다. 이렇게 선을 닦는 사람을 불길처럼 왕성한데도 스스로는 쇠퇴했다고 생각하는 사람이라고 하느니라.

선을 닦는 사람은 즐거움이 멸하고 괴로움도 멸하는데 기쁨과 걱정의 뿌리는 이미 멸한 상태이며 괴로움도 없고 즐거움도 없는〔不苦不樂〕평정〔捨〕·생각〔念〕·청정淸淨이 있는 제4선을 얻어 성취하여 노닌다. 그리고 그가 마음으로 바른 생각을 닦아 익히면 제4선에서 무량공처無量空處로 나아가는데 이것은 훌륭한 쉼이요 고요함이다. 그런데 선을 닦던 그 사람은 곧 이렇게 생각한다.

'내 마음은 본래의 모양을 떠나 다시 다른 곳으로 나아갔고 제4선을 잃어버리고 선정도 사라져버렸다.'

그리하여 선을 닦는 그 사람은 '나는 마음으로 바른 생각을 닦아 익혀 쾌락하고 고요하다. 즉 제4선에서 무량공처로 나아갔으며, 이것은 훌륭한 쉼이요 고요함이다'라는 것을 사실 그대로 알지 못한다. 그는 그것을 사실 그대로 알지 못하므로 여에서 물러나고 그 마음에 곧 선정을 잃고 만다. 이렇게 선禪을 닦는 사람을 불길처럼 왕성한데도 스스로는 쇠퇴했다고 생각하는 사람이라고 하느니라.

선을 닦는 사람은 색色에 대한 모든 생각을 벗어나고 상대가 있다는 생각을 없애 약간의 생각도 기억하지 않아 무량공無量空이 되고 이 무량공처無量空處를 성취하여 노닌다. 그리고 그가 마음으로 바른 생각을 닦아 익히면 무량공처에서 무량식처無量識處로 나아가는데 이것은 훌륭한 쉼이요 고요함이다. 그런데 선을 닦던 그 사람은 곧 이렇게 생각한다.

'내 마음은 본래의 모양을 떠나 다시 다른 곳으로 나아갔고 무량공처를 잃어버리고 선정도 사라져버렸다.'

그리하여 선을 닦는 그 사람은 '나는 마음으로 바른 생각을 닦아 익혀 쾌락하고 고요하다. 즉 무량공처에서 무량식처로 나아갔으며 이것은 훌륭한 쉼이요 고요함이다'라는 것을 사실 그대로 알지 못한다. 그는 그것을 사실 그대로 알지 못하므로 여如에서 물러나고 그 마음에 곧 선정을 잃고 만다. 이렇게 선을 닦는 사람을 불길처럼 왕성한데도 스스로는 쇠퇴했다고 생각하는 사람이라고 하느니라.

선을 닦는 사람은 일체 무량공처를 지나 곧 무량식無量識이 되고 이 무량식처를 성취하여 노닌다. 그리고 그가 마음으로 바른 생각을 닦아 익히면 무량식처에서 무소유처無所有處로 나아가는데 이것은 훌륭한 쉼이요 고요함이다. 그런데 선을 닦던 그 사람은 곧 이렇게 생각한다.

'내 마음은 본래의 모양을 떠나 다시 다른 곳으로 나아갔고 무량식

처를 잃어버리고 선정도 사라져버렸다.'

그리하여 선을 닦는 그 사람은 '나는 마음으로 바른 생각을 닦아 쾌락하고 고요하다. 즉 무량식처에서 무소유처로 나아갔으며 이것은 훌륭한 쉼이요 고요함이다'라는 것을 사실 그대로 알지 못한다. 그는 그것을 사실 그대로 알지 못하므로 여如에서 물러나고 그 마음에 곧 선정을 잃고 만다. 이렇게 선을 닦는 사람을 불길처럼 왕성한데도 스스로는 쇠퇴했다고 생각하는 사람이라고 하느니라.

선을 닦는 사람은 무량식처를 지나 곧 무소유無所有가 되고 이 무소유처를 성취하여 노닌다. 그리고 그가 마음으로 바른 생각을 닦아 익히면 무소유처에서 비유상비무상처非有想非無想處로 나아가는데 이것은 훌륭한 쉼이요 고요함이다. 그런데 선을 닦던 그 사람은 곧 이렇게 생각한다.

'내 마음은 본래의 모양을 떠나 다시 다른 곳으로 나아갔고 무소유처를 잃어버리고 선정도 사라져버렸다.'

그리하여 선을 닦는 그 사람은 '나는 마음으로 바른 생각을 닦아 익혀 쾌락하고 고요하다. 즉 무소유처에서 비유상비무상처로 나아갔으며 이것은 훌륭한 쉼이요 고요함이다'라는 것을 사실 그대로 알지 못한다. 그는 그것을 사실 그대로 알지 못하므로 여如에서 물러나고 그 마음에 곧 선정을 잃고 만다. 이렇게 선을 닦는 사람을 불길처럼 왕성한데도 스스로는 쇠퇴했다고 생각하는 사람이라고 하느니라.

선을 닦는 사람 중 어떤 자를 '쇠퇴했는데도 스스로는 불길처럼 왕성하다고 생각하는 사람'이라 하는가?

선을 닦는 사람은 욕심을 여의고 악하고 착하지 않은 법을 여의어 각覺도 있고 관觀도 있으며 여의는 데서 생기는 기쁨과 즐거움이 있는 초선初禪을 성취하여 노닌다. 그러나 그는 다른 잡다한 생각〔小想〕들을 사유하며 제2선의 길을 닦아 익힌다. 선을 닦던 그 사람은 곧 이렇게 생각한다.

'내 마음은 바른 생각을 닦아 익혀 쾌락하고 고요하다. 즉 초선에서 제2선으로 나아갔으며, 이것은 훌륭한 쉼이요 고요함이다.'

그러나 선을 닦는 그 사람은 '차라리 욕심을 싫어하는 생각[想]을 사유하여 초선에 들어갈지언정 다른 잡다한 생각들을 사유하며 제2선에 들어가서는 안 된다'는 것을 사실 그대로 알지 못한다. 그는 그것을 사실 그대로 알지 못하므로 그 마음을 깨닫지 못하고 곧 선정을 잃고 만다. 이렇게 선을 닦는 사람을 쇠퇴했는데도 스스로는 불길처럼 왕성하다고 생각하는 사람이라고 하느니라.

선을 닦는 사람은 각과 관을 쉬고 안으로 고요하고 전일한 마음이 되어 각도 없고 관도 없으며 선정에서 생기는 기쁨과 즐거움이 있는 제2선을 성취하여 노닌다. 그러나 그는 다른 잡다한 생각들을 생각하며 제3선의 길을 닦아 익힌다. 선을 닦던 그 사람은 곧 이렇게 생각한다.

'내 마음은 바른 생각을 닦아 익혀 쾌락하고 고요하다. 즉 제2선에서 제3선으로 나아갔으며 이것은 훌륭한 쉼이요 고요함이다.'

그러나 선을 닦는 그 사람은 '차라리 욕심을 싫어하는 생각을 사유하여 제2선에 들어갈지언정 다른 잡다한 생각들을 사유하며 제3선에 들어가서는 안 된다'는 것을 사실 그대로 알지 못한다. 그는 그것을 사실 그대로 알지 못하므로 그 마음을 깨닫지 못하고 곧 선정을 잃고 만다. 이렇게 선을 닦는 사람을 쇠퇴했는데도 스스로는 불길처럼 왕성하다고 생각하는 사람이라고 하느니라.

선을 닦는 사람은 기쁨과 욕심을 여의고 평정하여 구함 없이 노닐며 바른 생각과 바른 지혜로 몸에 즐거움을 깨닫는다. 이른바 성인께서 말씀하신 성인의 평정・기억・즐거움에 머묾・공이 있는 제3선을 얻어 성취하여 노닌다. 그러나 그는 다른 잡다한 생각들을 사유하며 제4선의 길을 닦아 익힌다. 선을 닦던 그 사람은 곧 이렇게 생각한다.

'내 마음은 바른 생각을 닦아 익혀 쾌락하고 고요하다. 즉 제3선에서 제4선으로 나아갔으며 이것은 훌륭한 쉼이요 고요함이다.'

그러나 선을 닦는 그 사람은 '차라리 욕심을 싫어하는 생각을 사유하여 제3선에 들어갈지언정 다른 잡다한 생각들을 사유하며 제4선에 들어가서는 안 된다'는 것을 사실 그대로 알지 못한다. 그는 그것을 사실 그대로 알지 못하므로 그 마음을 깨닫지 못하고 곧 선정을 잃고 만다. 이렇게 선을 닦는 사람을 쇠퇴했는데도 스스로는 불길처럼 왕성하다고 생각하는 사람이라고 하느니라.

선을 닦는 사람은 즐거움이 멸하고 괴로움도 멸하는데 기쁨과 걱정의 뿌리는 이미 멸한 상태이며 괴로움도 없고 즐거움도 없는 평정・기억・청정함이 있는 제4선을 성취하여 노닌다. 그러나 그는 다른 잡다한 생각들을 사유하며 무량공처無量空處의 길을 닦아 익힌다. 선을 닦던 그 사람은 곧 이렇게 생각한다.

'내 마음은 바른 생각을 닦아 익혀 쾌락하고 고요하다. 즉 제4선에서 무량공처로 나아갔으며 이것은 훌륭한 쉼이요 고요함이다.'

그러나 선을 닦는 그 사람은 '차라리 욕심을 싫어하는 생각을 사유하여 제4선에 들어갈지언정 다른 잡다한 생각들을 사유하며 무량공처에 들어가서는 안 된다'는 것을 사실 그대로 알지 못한다. 그는 그것을 사실 그대로 알지 못하므로 그 마음을 깨닫지 못하고 곧 선정을 잃고 만다. 이렇게 선을 닦는 사람을 쇠퇴했는데도 스스로는 불길처럼 왕성하다고 생각하는 사람이라 하느니라.

선을 닦는 사람은 색色에 대한 모든 생각을 벗어나서 상대가 있다는 생각을 없애고 약간의 생각도 기억하지 않아 곧 무량공無量空이 되고 이 무량공처를 성취하여 노닌다. 그러나 그는 다른 잡다한 생각들을 사유하며 무량식처無量識處의 길을 닦아 익힌다. 선을 닦던 그 사람은 곧 이렇게 생각한다.

'내 마음은 바른 생각을 닦아 익혀 쾌락하고 고요하다. 즉 무량공처에서 무량식처로 나아갔으며 이것은 훌륭한 쉼이요 고요함이다.'

그러나 선을 닦는 그 사람은 '차라리 욕심을 싫어하는 생각을 사유하여 무량공처에 들어갈지언정 다른 잡다한 생각들을 사유하며 무량식처로 들어가서는 안 된다'는 것을 사실 그대로 알지 못한다. 그는 그것을 사실 그대로 알지 못하므로 그 마음을 깨닫지 못하고 곧 선정을 잃고 만다. 이렇게 선을 닦는 사람을 쇠퇴했는데도 스스로는 불길처럼 왕성하다고 생각하는 사람이라고 하느니라.

선을 닦는 사람은 일체 무량공처를 지나 곧 무량식처가 되고 이 무량식처를 성취하여 노닌다. 그러나 그는 다른 잡다한 생각을 생각하며 무소유처의 길을 닦아 익힌다. 선을 닦던 그 사람은 곧 이렇게 생각한다.

'내 마음은 바른 생각을 닦아 익혀 쾌락하고 고요하다. 즉 무량식처에서 무소유처無所有處로 나아갔으며 이것은 훌륭한 쉼이요 고요함이다.'

그러나 선을 닦는 그 사람은 '차라리 욕심을 싫어하는 생각을 사유하여 무량식처에 들어갈지언정 다른 잡다한 생각들을 사유하며 무소유처에 들어가서는 안 된다'는 것을 사실 그대로 알지 못한다. 그는 그것을 사실 그대로 알지 못하므로 그 마음을 깨닫지 못하고 곧 선정을 잃고 만다. 이렇게 선을 닦는 사람을 쇠퇴했는데도 스스로는 불길처럼 왕성하다고 생각하는 사람이라고 하느니라.

선을 닦는 사람은 일체 무량식처를 지나 곧 무소유가 되고 이 무소유처를 성취하여 노닌다. 그러나 그는 다른 잡다한 생각들을 사유하며 비유상비무상처非有想非無想處의 길을 닦아 익힌다. 선을 닦던 그 사람은 곧 이렇게 생각한다.

'내 마음은 바른 생각을 닦아 익혀 쾌락하고 고요하다. 즉 무소유처에서 비유상비무상처로 나아갔으며 이것은 훌륭한 쉼이요 고요함이다.'

그러나 선을 닦는 그 사람은 '차라리 욕심을 싫어하는 생각을 사유하여 무소유처에 들어갈지언정 다른 잡다한 생각들을 사유하며 비유상비무상처에 들어가서는 안 된다'는 것을 사실 그대로 알지 못한다. 그는 그것을 사실 그대로 알지 못하므로 그 마음을 깨닫지 못하고 곧 선정을 잃고 만다. 이렇게 선을 닦는 사람을 쇠퇴했는데도 스스로는 불길처럼 왕성하다고 생각하는 사람이라고 하느니라.

선을 닦는 사람 중 어떤 자를 '쇠퇴하면 곧 쇠퇴한 줄을 사실 그대로 아는 사람'이라고 하는가?

선을 닦는 사람은 행하고 생각하고 목표한 바에 따라 일체 무소유처를 지나 곧 비유상비무상이 되고 이 비유상비무상처를 성취하여 노닌다. 그러나 그가 이 행을 받아들이지 않고, 이 생각과 목표를 기억하지 않으며 오직 본래의 자리로 물러서게 하는 생각, 즉 무소유처와 서로 호응하는 생각만 한다고 하자. 그러면 선을 닦던 그 사람은 곧 이렇게 생각한다.

'내 마음은 본래의 모양을 떠나 다시 다른 곳으로 나아갔고 비유상비무상처를 잃어버리고 선정도 사라져버렸다.'

그는 그것을 사실 그대로 알고 나서는 여如에서 물러나지 않고 그 마음도 선정〔定〕을 잃어버리지 않는다. 이렇게 선을 닦는 사람을 쇠퇴하면 곧 쇠퇴한 줄을 사실 그대로 아는 사람이라고 하느니라.

선을 닦는 사람은 행하고 생각하고 목표한 바에 따라 일체 무량식처無量識處를 지나 곧 무소유가 되고 이 무소유처를 성취하여 노닌다. 그러나 그가 이 행을 받아들이지 않고 이 생각과 목표를 기억하지 않으며 오직 본래의 자리로 물러서게 하는 생각, 즉 무량식처와 서로 호응하는 생각만 한다고 하자. 그러면 선을 닦던 그 사람은 곧 이렇게 생각한다.

'내 마음은 본래의 모양을 떠나 다른 곳으로 나아갔고 무소유처를 잃어버리고 선정도 사라져버렸다.'

그는 그것을 사실 그대로 알고 나서는 여如에서 물러나지 않고 그 마음도 선정을 잃어버리지 않는다. 이렇게 선을 닦는 사람을 쇠퇴하면 곧 쇠퇴한 줄을 사실 그대로 아는 사람이라고 하느니라.

선을 닦는 사람은 행하고 생각하고 목표한 바에 따라 일체 무량공처無量空處를 지나 곧 무량식이 되고 이 무량식처를 성취하여 노닌다. 그러나 그가 이 행을 받아들이지 않고 이 생각과 목표를 기억하지 않으며 오직 본래의 자리로 물러서게 하는 생각, 즉 무량공처와 서로 호응하는 생각만 한다고 하자. 그러면 선을 닦던 그 사람은 곧 이렇게 생각한다.

'내 마음은 본래의 모양을 떠나 다시 다른 곳으로 나아갔고 무량공처를 잃어버리고 선정도 사라져버렸다.'

그는 그것을 사실 그대로 알고 나서는 여如에서 물러나지 않고 그 마음도 선정을 잃지 않는다. 이렇게 선을 닦는 사람을 쇠퇴하면 곧 쇠퇴한 줄을 사실 그대로 아는 사람이라고 하느니라.

선을 닦는 사람은 행하고 생각하고 목표한 바에 따라 색에 대한 모든 생각을 벗어나고 상대가 있다는 생각을 없애 약간의 생각도 기억하지 않아 곧 무량공이 되고 이 무량공처를 성취하여 노닌다. 그러나 그가 이 행을 받아들이지 않고 이 생각과 목표를 기억하지 않으며 오직 본래의 자리로 물러서게 하는 생각, 즉 색의 즐거움과 서로 호응하는 생각만 한다고 하자. 그러면 선을 닦던 그 사람은 곧 이렇게 생각한다.

'내 마음은 본래의 모양을 떠나 다시 다른 곳으로 나아갔고 무량공처를 잃어버리고 선정도 사라져버렸다.'

그는 그것을 사실 그대로 알고 나서는 여如에서 물러나지 않고 그 마음도 선정을 잃어버리지 않는다. 이렇게 선을 닦는 사람을 쇠퇴하면 곧 쇠퇴한 줄을 사실 그대로 아는 사람이라고 하느니라.

선을 닦는 사람은 행하고 생각하고 목표한 바에 따라 즐거움과 괴로움이 없어지고 기쁨과 걱정은 벌써 이미 멸하였으며 괴롭지도 않고 즐겁지도 않은 평정・기억・청정이 있는 제4선을 성취하여 노닌다. 그러나 그가 이 행을 받아들이지 않고 이 생각과 목표를 기억하지도 않으며 오직 본래의 자리로 물러서게 하는 생각, 즉 제3선과 서로 호응하는 생각만 한다고 하자. 그러면 선을 닦던 그 사람은 곧 이렇게 생각한다.

'내 마음은 본래의 모양을 떠나 다시 다른 곳으로 나아갔고 제4선을 잃어버리고 선정도 사라져버렸다.'

그는 그것을 사실 그대로 알고 나서는 여如에서 물러나지 않고 그 마음도 선정을 잃어버리지 않는다. 이렇게 선을 닦는 사람을 쇠퇴하면 곧 쇠퇴한 줄을 사실 그대로 아는 사람이라고 하느니라.

선을 닦는 사람은 행하고 생각하고 목표한 바에 따라 기쁨과 욕심을 여의고 평정하여 구함이 없이 노닐며 바른 생각과 바른 지혜로써 몸의 즐거움을 느낀다. 이른바 성인께서 말씀하신 거룩한 평정・기억·즐거움에 머묾과 공이 있는 제3선을 성취하여 노닌다. 그러나 그가 이 행을 받아들이지 않고 이 생각과 목표를 기억하지도 않으며 오직 본래의 자리로 물러서게 하는 생각, 즉 제2선과 서로 호응하는 생각만 한다고 하자. 그러면 선을 닦던 그 사람은 곧 이렇게 생각한다.

'내 마음은 본래의 모양을 떠나 다시 다른 곳으로 나아갔고 제3선을 잃어버리고 선정도 사라져버렸다.'

그는 그것을 사실 그대로 알고 나서는 여如에서 물러나지 않고 그 마음도 선정을 잃어버리지 않는다. 이렇게 선을 닦는 사람을 쇠퇴하면 곧 쇠퇴한 줄을 사실 그대로 아는 사람이라고 하느니라.

선을 닦는 사람은 행하고 생각하고 목표한 바에 따라 각과 관을 쉬고 안으로 고요히 한마음이 되어 각도 없고 관도 없으며 선정에서 생기는 기쁨과 즐거움이 있는 제2선을 성취하여 노닌다. 그러나 그가 이 행을 받아들이지 않고 이 생각과 목표를 기억하지도 않으며 오직 본래의 자리로 물러서게 하는 생각, 즉 초선과 서로 호응하는 생각만 한다고 하자. 그러면 선을 닦던 그 사람은 곧 이렇게 생각한다.

'내 마음은 본래의 모양을 떠나 다시 다른 곳으로 나아갔고 제2선을 잃어버리고 선정도 사라져버렸다.'

그는 그것을 사실 그대로 알고 나서는 여如에서 물러나지 않고 그 마음도 선정을 잃어버리지 않는다. 이렇게 선을 닦는 사람을 쇠퇴하면 곧 쇠퇴한 줄을 사실 그대로 아는 사람이라고 하느니라.

선을 닦는 사람은 행하고 생각하고 목표한 바에 따라 욕심을 떠나고 악하고 착하지 않은 법을 여의어 각과 관이 있고 여의는 데서 생기는 기쁨과 즐거움이 있는 초선을 얻어 성취하여 노닌다. 그러나 그가 이 행을 받아들이지 않고 이 생각과 목표를 기억하지도 않으며 오직 본래의 자리로 물러서게 하는 생각, 즉 욕심의 즐거움과 서로 호응하는 생각만 한다고 하자. 그러면 선을 닦던 그 사람은 곧 이렇게 생각한다.

'내 마음은 본래의 모양을 떠나 다시 다른 곳으로 나아갔고 초선을 잃어버리고 선정도 사라져버렸다.'

그는 그것을 사실 그대로 알고 나서는 여如에서 물러나지 않고 그 마음도 선정을 잃어버리지 않는다. 이렇게 선을 닦는 사람을 쇠퇴하면 곧 쇠퇴한 줄을 사실 그대로 아는 사람이라고 하느니라.

선을 닦는 사람 중 어떤 자를 '불길처럼 왕성하면 곧 불길처럼 왕성한 줄을 사실 그대로 아는 사람'이라고 하는가?

선을 닦는 사람은 욕심을 여의고 악하고 착하지 않은 법을 여의어 각과 관이 있고 여의는 데서 생기는 기쁨과 즐거움이 있는 초선을 성취하여 노닌다. 그리고 그가 마음으로 바른 생각을 닦아 익혀 쾌락하고 고요해지면 곧 초선에서 제2선으로 나아가는데 이것은 훌륭한 쉼이요 고요함이다. 그러면 선을 닦던 그 사람은 곧 이렇게 생각한다.

'내 마음은 바른 생각을 닦아 익혀 쾌락하고 고요하다. 즉 초선에서 제2선으로 나아갔으며 이것은 훌륭한 쉼이요 고요함이다.'

그는 그것을 사실 그대로 알고 나서는 곧 그 마음을 깨달아 선정을 잃지 않는다. 이렇게 선을 닦는 사람을 불길처럼 왕성하면 곧 불길처럼 왕성한 줄을 사실 그대로 아는 사람이라고 하느니라.

선을 닦는 사람은 각과 관을 이미 쉬고 안으로 고요히 한마음이 되어 각도 없고 관도 없으며 선정에서 생기는 기쁨과 즐거움이 있는 제2선을 성취하여 노닌다. 그리고 그가 마음으로 바른 생각을 닦아 익혀 쾌락하고 고요해지면 제2선에서 제3선으로 나아가는데 이것은 훌륭한 쉼이요 고요함이다. 그러면 선을 닦던 그 사람은 곧 이렇게 생각한다.

'내 마음은 바른 생각을 닦아 익혀 쾌락하고 고요하다. 즉 제2선에서 제3선으로 나아갔으며 이것은 훌륭한 쉼이요 고요함이다.'

그는 그것을 사실 그대로 알고 나서는 곧 그 마음을 깨달아 선정을 잃지 않는다. 이렇게 선을 닦는 사람을 불길처럼 왕성하면 곧 불길처럼 왕성한 줄을 사실 그대로 아는 사람이라고 하느니라.

선을 닦는 사람은 기쁨과 욕심을 여의고 평정하여 구함 없이 노닐며 바른 생각과 바른 지혜로 몸에 즐거움을 깨닫는다. 이른바 성인께서 말씀하신 성인의 평정·기억·즐거움에 머묾·공이 있는 제3선을 얻어 성취하여 노닌다. 그리고 그가 마음으로 바른 생각을 닦아 익혀 쾌락하고 고요해지면 제3선에서 제4선으로 나아가는데 이것은 훌륭한 쉼이요 고요함이다. 그러면 선을 닦던 그 사람은 곧 이렇게 생각한다.

'내 마음은 바른 생각을 닦아 익혀 쾌락하고 고요하다. 즉 제3선에서 제4선으로 나아갔으며 이것은 훌륭한 쉼이요 고요함이다.'

그는 그것을 사실 그대로 알고 나서는 곧 그 마음을 깨달아 선정을 잃지 않는다. 이렇게 선을 닦는 사람을 불길처럼 왕성하면 곧 불길처럼 왕성한 줄을 사실 그대로 아는 사람이라고 하느니라.

선을 닦는 사람은 즐거움이 멸하고 괴로움도 멸하는데 기쁨과 걱정의 뿌리는 이미 멸한 상태이며 괴로움도 없고 즐거움도 없는 평정·기억·청정이 있는 제4선을 성취하여 노닌다. 그리고 그가 마음으로 바른 생각을 닦아 익혀 쾌락하고 고요해지면 제4선에서 무량공처로 나아가는데 이것은 훌륭한 쉼이요 고요함이다. 그러면 선을 닦던 그 사람은 곧 이렇게 생각한다.

'내 마음은 바른 생각을 닦아 익혀 쾌락하고 고요하다. 즉 제4선에서 무량공처로 나아갔으며, 이것은 훌륭한 쉼이요 고요함이다.'

그는 그것을 사실 그대로 알고 나서는 곧 그 마음을 깨달아 선정을 잃지 않는다. 이렇게 선을 닦는 사람을 불길처럼 왕성하면 곧 불길처럼 왕성한 줄을 사실 그대로 아는 사람이라고 하느니라.

선을 닦는 사람은 색色에 대한 모든 생각을 벗어나 상대가 있다는 생각을 없애고 약간의 생각도 기억하지 않아 곧 무량공이 되고 이 무량공처를 성취하여 노닌다. 그리고 그가 마음으로 바른 생각을 닦아 익혀 쾌락하고 고요해지면 무량공처에서 무량식처로 나아가는데 이것은 훌륭한 쉼이요 고요함이다. 그러면 선을 닦던 그 사람은 곧 이렇게 생각한다.

'내 마음은 바른 생각을 닦아 익혀 쾌락하고 고요하다. 즉 무량공처에서 무량식처로 나아갔으며 이것은 훌륭한 쉼이요 고요함이다.'

그는 그것을 사실 그대로 알고 나서는 곧 그 마음을 깨달아 선정을 잃지 않는다. 이렇게 선을 닦는 사람을 불길처럼 왕성하면 곧 불길처럼 왕성한 줄을 사실 그대로 아는 사람이라고 하느니라.

선을 닦는 사람은 일체 무량공처를 지나 곧 무량식이 되고 이 무량식처를 성취하여 노닌다. 그리고 그가 마음으로 바른 생각을 닦아 익혀 쾌락하고 고요해지면 무량식처에서 무소유처로 나아가는데 이것은 훌륭한 쉼이요 고요함이다. 그러면 선을 닦던 그 사람은 곧 이렇게 생각한다.

'내 마음은 바른 생각을 닦아 익혀 쾌락하고 고요하다. 즉 무량식처에서 무소유처로 나아갔으며 이것은 훌륭한 쉼이요 고요함이다.'

그는 그것을 사실 그대로 알고 나서는 곧 그 마음을 깨달아 선정을 잃지 않는다. 이렇게 선을 닦는 사람을 불길처럼 왕성하면 곧 불길처럼 왕성한 줄을 사실 그대로 아는 사람이라고 하느니라.

선을 닦는 사람은 일체 무량식처를 지나 곧 무소유가 되고 이 무소유처를 성취하여 노닌다. 그리고 그가 마음으로 바른 생각을 닦아 익혀 쾌락하고 고요해지면 무소유처에서 비유상비무상처로 나아가는데 이것은 훌륭한 쉼이요 고요함이다. 그러면 선을 닦던 그 사람은 곧 이렇게 생각한다.

'내 마음은 바른 생각을 닦아 익혀 쾌락하고 고요하다. 즉 무소유처에서 비유상비무상처로 나아가는데 이것은 훌륭한 쉼이요 고요함이다.'

그는 그것을 사실 그대로 알고 나서는 곧 그 마음을 깨달아 선정을 잃지 않는다. 이렇게 선을 닦는 사람을 불길처럼 왕성하면 곧 불길처럼 왕성한 줄을 사실 그대로 아는 사람이라고 하느니라.

'세상에서 선을 닦는 사람에는 진실로 네 종류가 있다'고 한 것은 이 때문에 그렇게 말한 것이다."

부처님께서 이렇게 말씀하시자 모든 비구들은 부처님 말씀을 듣고 기뻐하며 받들어 행하였다.

〔이 행선경에 수록된 경문의 글자 수는 2,577자이다.〕

177) 설경說經〔제4 분별송〕

나는 이와 같이 들었다.

어느 때 부처님께서 구루수拘樓瘦의 도읍인 검마슬담劍磨瑟曇이라는 곳을 유행하셨다.

그때 세존께서 모든 비구들에게 말씀하셨다.

"내가 이제 너희들을 위해 설법하리라. 이것은 처음도 묘하고 중간도 묘하며 마지막도 또한 묘하다. 뜻도 있고 문체도 있으며 구족하고 청정하여 범행梵行을 나타내나니 그 이름을 사종설경四種說經이라고 한다. 이 사종설경의 뜻을 분별해 설명하리니 자세히 듣고 잘 기억하라. 내가 이제 설명해 주겠노라."

그때 모든 비구들은 분부를 받들어 경청하였다.

부처님께서 말씀하셨다.

"어떤 것이 사종설경의 뜻을 분별하는 것인가?

비구는 행하고 생각하고 목표한 바에 따라 욕심을 여의고 악하고 착하지 않은 법을 여의어 각覺도 있고 관觀도 있으며 여의는 데서 생기는 기쁨〔喜〕과 즐거움〔樂〕이 있는 초선初禪을 얻어 성취하여 노닌다. 그런 그가 이 행을 받아들이지 못하고 이 생각과 목표도 기억하지 못하며 오직 뒤로 물러섬의 바탕이 되는 생각, 즉 욕계의 즐거움과 서로 호응하는 생각을 가진다고 하자. 그러면 그 비구는 마땅히 이렇게 알아야 한다.

'나는 이런 생각을 내어 초선에 머무르지도 않고 초선에서 나아가지도 않으며 또한 초선을 싫어하지도 않는다. 나는 이런 생각을 내어 나를 초선에서 물러나게 한다. 따라서 나는 이 선정에 오랫동안 머무르지 못할 것이다.'

그 비구는 마땅히 이렇게 알아야 하느니라.

비구는 행하고 생각하고 목표한 바에 따라 욕심을 여의고 악하고 착하지 않은 법을 여의어 각도 있고 관도 있으며 여의는 데서 생기는 기쁨과 즐거움이 있는 초선을 얻어 성취하여 노닌다. 그런 그가 이 행을 받아들이고 이 생각과 목표를 기억하며 법답게 기억을 수립해 한 뜻에 머문다고 하자. 그러면 그 비구는 마땅히 이렇게 알아야 한다.

'나는 이런 생각을 내어 물러나지도 않고 나아가지도 않으며 또한 싫어하지도 않는다. 나는 이런 생각을 내어 나를 머무르게 한다. 따라

서 나는 반드시 이 선정에 오랫동안 머무르게 될 것이다.'

그 비구는 마땅히 이렇게 알아야 하느니라.

또 비구는 행하고 생각하고 목표한 바에 따라 욕심을 여의고 악하고 착하지 않은 법을 여의어 각도 있고 관도 있으며 여의는 데서 생기는 기쁨과 즐거움이 있는 초선을 얻어 성취하여 노닌다. 그런 그가 이 행을 받아들이지 않고 이 생각과 목표도 기억하지 않으며 오직 위로 올라감의 바탕이 되는 생각, 즉 제2선과 서로 호응하는 생각을 가진다고 하자. 그러면 그 비구는 마땅히 이렇게 알아야 한다.

'나는 이런 생각을 내어 물러나지도 않고 머무르지도 않으며 또한 싫어하지도 않는다. 나는 이런 생각을 내어 나를 위로 올라가게 한다. 따라서 나는 오래지 않아 제2선을 얻게 될 것이다.'

그 비구는 마땅히 이렇게 알아야 하느니라.

또 비구는 행하고 생각하고 목표한 바에 따라 욕심을 여의고 착하지 않은 악법을 여의어 각도 있고 관도 있으며 여의는 데서 생기는 기쁨과 즐거움이 있는 초선을 얻어 성취하여 노닌다. 그런 그가 이 행을 받아들이지 않고 이 생각과 목표도 기억하지 않으며 오직 욕심 없음의 바탕이 되는 생각, 즉 멸식滅息과 서로 호응하는 생각만 가진다고 하자. 그러면 그 비구는 마땅히 이렇게 알아야 한다.

'나는 이런 생각을 내어 물러나지도 않고 머무르지도 않으며 또한 위로 올라가지도 않는다. 나는 이런 생각을 내어 나로 하여금 초선을 싫어하게 한다. 따라서 나는 오래지 않아 번뇌〔漏〕가 다하게 될 것이다.'

그 비구는 마땅히 이렇게 알아야 하느니라.

비구는 행하고 생각하고 목표한 바에 따라 각과 관을 이미 쉬고 안으로 고요히 한마음이 되어 각도 없고 관도 없으며 선정〔定〕에서 생기는 기쁨과 즐거움이 있는 제2선을 성취하여 노닌다. 그런 그가 이 행을 받아들이지 못하고 이 생각과 목표도 기억하지 못한 채 오직 뒤로 물러섬의 바탕이 되는 생각, 즉 초선과 서로 호응하는 생각만 가진다고 하자. 그러면 그 비구는 마땅히 이렇게 알아야 한다.

'나는 이런 생각을 내어 제2선에 머무르지도 않고 제2선에서 나아가지도 않으며 또한 제2선을 싫어하지도 않는다. 나는 이런 생각을 내어 나로 하여금 제2선에서 물러나게 한다. 따라서 나는 이 선정에 오랫동안 머무르지 못할 것이다.'

그 비구는 마땅히 이와 같이 알아야 하느니라.

또 비구는 행하고 생각하고 목표한 바에 따라 각과 관을 쉬고 안으로 고요히 한마음이 되어 각도 없고 관도 없으며 선정에서 생기는 기쁨과 즐거움이 있는 제2선을 얻어 성취하여 노닌다. 그런 그가 이 행을 받아들이고, 이 생각과 목표를 기억하고, 법답게 기억을 수립해 한뜻에 머문다고 하자. 그러면 그 비구는 마땅히 이와 같이 알아야 한다.

'나는 이런 생각을 내어 물러나지도 않고, 나아가지도 않으며, 또한 싫어하지도 않는다. 나는 이런 생각을 내어 나로 하여금 머무르게 한다. 따라서 나는 반드시 이 선정에 오랫동안 머무르게 될 것이다.'

그 비구는 마땅히 이와 같이 알아야 하느니라.

또 비구는 행하고 생각하고 목표한 바에 따라 각과 관을 쉬고 안으로 고요히 한마음이 되어 각도 없고 관도 없으며 선정에서 생기는 기쁨과 즐거움이 있는 제2선을 얻어 성취하여 노닌다. 그런 그가 이 행을 받아들이지 않고, 이 생각과 목표도 기억하지 않은 채 오직 위로 올라감의 바탕이 되는 생각, 즉 제2선과 서로 호응하는 생각만 가진다고 하자. 그러면 그 비구는 마땅히 이렇게 알아야 한다.

'나는 이런 생각을 내어 물러나지도 않고 나아가지도 않으며 또한 싫어하지도 않는다. 나는 이런 생각을 내어 나로 하여금 위로 올라가게 한다. 따라서 나는 오래지 않아 제3선을 얻게 될 것이다.'

그 비구는 마땅히 이와 같이 알아야 하느니라.

비구는 행하고 생각하고 목표한 바에 따라 각과 관을 쉬고 안으로 고요히 한마음이 되어 각도 없고 관도 없으며 선정에서 생기는 기쁨과 즐거움이 있는 제2선을 얻어 성취하여 노닌다. 그런 그가 이 행을 받아들이지 않고 이 생각과 목표도 기억하지 않은 채 오직 욕심 없음의 바탕이 되는 생각, 즉 멸식滅息과 서로 호응하는 생각만 가진다고 하자. 그러면 그 비구는 마땅히 알아야 한다.

'나는 이런 생각을 내어 물러나지도 않고 머무르지도 않으며 또한 위로 올라가지도 않는다. 나는 이런 생각을 내어 나로 하여금 제2선을 싫어하게 한다. 따라서 나는 오래지 않아 반드시 번뇌〔漏〕가 다하게 될 것이다.'

그 비구는 마땅히 이렇게 알아야 하느니라.

비구는 행하고 생각하고 목표한 바에 따라 기쁨과 욕심을 여의고 평정하여 구함 없이 노닐며 바른 생각과 바른 지혜로 몸에 즐거움을 깨닫는다. 이른바 성인께서 말씀하신 성인의 평정·기억·즐거움에 머묾·공空이 있는 제3선을 얻어 성취하여 노닌다. 그런 그가 이 행을 받아들이지 못하고 이 생각과 목표도 기억하지 못한 채 오직 뒤로 물러섬의 바탕이 되는 생각, 즉 제2선과 서로 호응하는 생각만 가진다고 하자. 그러면 그 비구는 마땅히 이와 같이 알아야 한다.

'나는 이런 생각을 내어 제3선에 머무르지도 않고 제3선에서 나아가지도 않으며 또한 제3선을 싫어하지도 않는다. 나는 이런 생각을 내어 나로 하여금 제3선에서 물러나게 한다. 따라서 나는 이 선정〔定〕

에 오랫동안 머무르진 못할 것이다.'

그 비구는 마땅히 이와 같이 알아야 하느니라.

비구는 행하고 생각하고 목표한 바에 따라 기쁨과 욕심을 여의고 평정하여 구함 없이 노닐며 바른 생각과 바른 지혜로 몸에 즐거움을 깨닫는다. 이른바 성인께서 말씀하신 성인의 평정·기억·즐거움에 머묾·공이 있는 제3선을 얻어 성취하여 노닌다. 그런 그가 이 행을 받아들이고 이 생각과 목표를 기억하며 법답게 기억을 수립해 한 뜻에 머문다고 하자. 그러면 그 비구는 마땅히 이와 같이 알아야 한다.

'나는 이 생각을 내어 물러나지도 않고 나아가지도 않으며 또한 싫어하지도 않는다. 나는 이 생각을 내어 나로 하여금 머무르게 한다. 따라서 나는 반드시 이 선정에 오랫동안 머무르게 될 것이다.'

그 비구는 마땅히 이와 같이 알아야 하느니라.

비구는 행하고 생각하고 목표한 바에 따라 기쁨과 욕심을 여의고 평정하여 구함 없이 노닐며 바른 생각과 바른 지혜로 몸에 즐거움을 깨닫는다. 이른바 성인께서 말씀하신 성인의 평정·기억·즐거움에 머묾·공이 있는 제3선을 얻어 성취하여 노닌다. 그런 그가 이 행을 받아들이지 않고 이 생각과 이 목표도 기억하지 못한 채 오직 위로 올라감의 바탕이 되는 생각, 즉 제4선과 서로 호응하는 생각만 가진다고 하자. 그러면 그 비구는 마땅히 이와 같이 알아야 한다.

'나는 이런 생각을 내어 물러나지도 않고 머무르지도 않으며 또한 싫어하지도 않는다. 나는 이런 생각을 내어 나로 하여금 위로 올라가게 한다. 따라서 나는 오래지 않아 제4선을 얻게 될 것이다.'

그 비구는 마땅히 이와 같이 알아야 하느니라.

비구는 행하고 생각하고 목표한 바에 따라 기쁨과 욕심을 여의고 평정하여 구함 없이 노닐며 바른 생각과 바른 지혜로 몸에 즐거움을 깨닫는다. 이른바 성인께서 말씀하신 성인의 평정·기억·즐거움에 머묾·공이 있는 제3선을 얻어 성취하여 노닌다. 그런 그가 이 행을 받아들이지 않고 이 생각과 목표도 기억하지 않은 채 오직 욕심 없음의 바탕이 되는 생각, 즉 멸식滅息과 서로 호응하는 생각만 가진다고 하자. 그러면 그 비구는 마땅히 이와 같이 알아야 한다.

'나는 이런 생각을 내어 물러나지도 않고 머무르지도 않으며 또한 위로 올라가지도 않는다. 나는 이런 생각을 내어 나로 하여금 제3선을 싫어하게 한다. 따라서 나는 오래지 않아 번뇌가 다하게 될 것이다.'

그 비구는 마땅히 이와 같이 알아야 하느니라.

비구는 행하고 생각하고 목표한 바에 따라 즐거움이 멸하고 괴로움도 멸하는데 기쁨과 걱정의 뿌리는 이미 멸한 상태이며 괴로움도 없고 즐거움도 없는 평정·기억·청정이 있는 제4선을 얻어 성취하여 노닌다. 그런 그가 이 행을 받아들이지 못하고 이 생각과 목표도 생각하지 못한 채 오직 뒤로 물러섬의 바탕이 되는 생각, 즉 제3선과 서로 호응하는 생각만 가진다고 하자. 그러면 그 비구는 마땅히 이와 같이 알아야 한다.

'나는 이런 생각을 내어 제4선에 머무르지도 않고 제4선에서 나아가지도 않으며 또한 제4선을 싫어하지도 않는다. 나는 이런 생각을 내어 나를 제4선에서 물러나게 한다. 따라서 나는 이 선정에 오랫동안 머무르진 못할 것이다.'

그 비구는 마땅히 이와 같이 알아야 하느니라.

또 비구는 행하고 생각하고 목표한 바에 따라 즐거움이 멸하고 괴로움도 멸하는데 기쁨과 걱정의 뿌리는 이미 멸한 상태이며 괴로움도 없고 즐거움도 없는 평정·기억·청정이 있는 제4선을 얻어 성취하여 노닌다. 그런 그가 이 행을 받아들이고 이 생각과 목표를 기억하며, 법답게 기억을 수립해 한 뜻에 머문다고 하자. 그러면 그 비구는 마땅히 이와 같이 알아야 한다.

'나는 이런 생각을 내어 물러나지도 않고 나아가지도 않으며 또한 싫어하지도 않는다. 나는 이런 생각을 내어 나로 하여금 머무르게 한다. 따라서 나는 반드시 이 선정에 오랫동안 머무르게 될 것이다.'

그 비구는 마땅히 이와 같이 알아야 하느니라.

또 비구는 행하고 생각하고 목표한 바에 따라 즐거움이 멸하고 괴로움도 멸하는데 기쁨과 걱정의 뿌리는 이미 멸한 상태이며 괴로움도 없고 즐거움도 없는 평정·기억·청정이 있는 제4선을 얻어 성취하여 노닌다. 그런 그가 이 행을 받아들이지 않고 이 생각과 목표도 기억하지 않은 채 오직 위로 올라감의 바탕이 되는 생각, 즉 무량공처無量空處와 서로 호응하는 생각만 가진다고 하자. 그러면 그 비구는 마땅히 이와 같이 알아야 한다.

'나는 이런 생각을 내어 물러나지도 않고 머무르지도 않으며 또한 싫어하지도 않는다. 나는 이런 생각을 내어 나로 하여금 위로 올라가게 한다. 따라서 나는 오래지 않아 무량공처無量空處를 얻게 될 것이다.'

그 비구는 마땅히 이와 같이 알아야 하느니라.

비구는 행하고 생각하고 목표한 바에 따라 즐거움이 멸하고 괴로움도 멸하는데, 기쁨과 걱정의 뿌리는 이미 멸한 상태이며 괴로움도 없고 즐거움도 없는 평정·기억·청정이 있는 제4선을 얻어 성취하여 노닌다. 그런 그가 이 행을 받아들이지 않고 이 생각과 목표도 기억하지 않은 채 오직 욕심 없음의 바탕이 되는 생각, 즉 멸식滅息과 서로 호응하는 생각만 가진다고 하자. 그러면 그 비구는 마땅히 이렇게 생각해야 한다.

'나는 이런 생각을 내어 물러나지도 않고 머무르지도 않으며 또한 위로 올라가지도 않는다. 나는 이런 생각을 내어 나로 하여금 제4선을 싫어하게 한다. 따라서 나는 오래지 않아 번뇌〔漏〕가 다하게 될 것이다.'

그 비구는 마땅히 이와 같이 알아야 하느니라.

비구는 행하고 생각하고 목표한 바에 따라 색色에 대한 모든 생각을 벗어나 상대가 있다는 생각을 없애고 약간의 생각〔想〕조차 기억〔念〕하지 않아 곧 무량공이 되고 이 무량공처無量空處를 성취하여 노닌다. 그런 그가 이 행을 받아들이지 못하고, 이 생각과 목표도 기억하지 못한 채, 오직 뒤로 물러섬의 바탕이 되는 생각, 즉 색色의 즐거움과 서로 호응하는 생각만 가진다고 하자. 그러면 그 비구는 마땅히 이와 같이 알아야 한다.

'나는 이런 생각을 내어 무량공처에 머무르지도 않고 무량공처에서 나아가지도 않으며 또한 무량공처를 싫어하지도 않는다. 나는 이런 생각을 내어 나를 무량공처에서 물러나게 한다. 따라서 나는 이 선정에 오랫동안 머무르진 못할 것이다.'

그 비구는 마땅히 이와 같이 알아야 하느니라.

비구는 행하고 생각하고 목표한 바에 따라 색에 대한 모든 생각을 벗어나 상대가 있다는 생각을 없애고 약간의 생각조차 기억하지 않아 곧 무량공이 되고 이 무량공처를 성취하여 노닌다. 그런 그가 이 행을 받아들이고 이 생각과 목표도 기억하며 법답게 기억을 성취하여 한 뜻에 머문다고 하자. 그러면 그 비구는 마땅히 이와 같이 알아야 한다.

'나는 이런 생각을 내어 물러나지도 않고 나아가지도 않으며 또한 싫어하지도 않는다. 나는 이런 생각을 내어 나로 하여금 머무르게 한다. 따라서 나는 반드시 이 선정에 오랫동안 머무르게 될 것이다.'

그 비구는 마땅히 이와 같이 알아야 하느니라.

비구는 행하고 생각하고 목표한 바에 따라 색에 대한 모든 생각을 벗어나 상대가 있다는 생각을 없애고 약간의 생각조차 기억하지 않아 곧 무량공이 되고 이 무량공처를 성취하여 노닌다. 그런 그가 이 행을 받아들이지 않고 생각과 목표도 생각하지 않은 채 오직 위로 올라감의 바탕이 되는 생각, 즉 무량식처와 서로 호응하는 생각만 가진다고 하자. 그러면 그 비구는 마땅히 이와 같이 알아야 한다.

'나는 이런 생각을 내어 물러나지도 않고 머무르지도 않으며 또한 싫어하지도 않는다. 나는 이런 생각을 내어 나로 하여금 위로 올라가게 한다. 따라서 나는 오래지 않아 무량식처를 얻게 될 것이다.'

그 비구는 마땅히 이와 같이 알아야 하느니라.

또 비구는 행하고 생각하고 목표한 바에 따라 색에 대한 모든 생각을 벗어나 상대가 있다는 생각을 없애고 약간의 생각조차 기억하지 않아 곧 무량공이 되고 이 무량공처를 성취하여 노닌다. 그런 그가 이 행을 받아들이지 않고 이 생각과 목표도 기억하지 않은 채 오직 욕심 없음의 바탕이 되는 생각, 즉 멸식과 서로 호응하는 생각만 가진다고 하자. 그러면 그 비구는 마땅히 이와 같이 알아야 한다.

'나는 이런 생각을 내어 물러나지도 않고 머무르지도 않으며 또한 위로 올라가지도 않는다. 나는 이런 생각을 내어 나로 하여금 무량공처를 싫어하게 한다. 따라서 나는 오래지 않아 번뇌가 없게 될 것이다.'

그 비구는 마땅히 이와 같이 알아야 하느니라.

비구는 행하고 생각하고 목표한 바에 따라 일체 무량공처를 지나 무량식이 되고 이 무량식처無量識處를 성취하여 노닌다. 그런 그가 이 행을 받아들이지 못하고 생각과 목표도 기억하지 못한 채 오직 뒤로 물러섬의 바탕이 되는 생각, 즉 무량공처와 서로 호응하는 생각만 가진다고 하자. 그러면 그 비구는 마땅히 이와 같이 알아야 한다.

'나는 이런 생각을 내어 무량식처에 머무르지도 않고 무량식처에서 나아가지도 않으며 또한 무량식처를 싫어하지도 않는다. 나는 이런 생각을 내어 나로 하여금 무량식처에서 물러나게 한다. 따라서 나는 이 선정에 오랫동안 머무르진 못할 것이다.'

그 비구는 마땅히 이와 같이 알아야 하느니라.

비구는 행하고 생각하고 목표한 바에 따라 일체 무량공처를 지나 무량식이 되고 이 무량식처를 성취하여 노닌다. 그런 그가 이 행을 받아들이고 이 생각과 목표를 기억하며 법답게 기억을 수립하여 한 뜻에 머문다고 하자. 그러면 그 비구는 마땅히 이와 같이 알아야 한다.

'나는 이런 생각을 내어 물러나지도 않고 나아가지도 않으며 또한 싫어하지도 않는다. 나는 이런 생각을 내어 나로 하여금 머무르게 한다. 따라서 나는 반드시 이 선정에 오랫동안 머무르게 될 것이다.'

그 비구는 마땅히 이와 같이 알아야 하느니라.

비구는 행하고 생각하고 목표한 바에 따라 일체 무량공처를 지나 무량식이 되고 이 무량식처를 성취하여 노닌다. 그런 그가 이 행을 받아들이지 않고 이 생각과 목표도 기억하지 않은 채 오직 위로 올라감의 바탕이 되는 생각, 즉 무소유처와 서로 호응하는 생각만 가진다고 하자. 그러면 그 비구는 마땅히 이와 같이 알아야 한다.

'나는 이런 생각을 내어 물러나지도 않고 머무르지도 않으며 또한 싫어하지도 않는다. 나는 이런 생각을 내어 나로 하여금 위로 올라가게 한다. 따라서 나는 오래지 않아 무소유처를 얻게 될 것이다.'

그 비구는 마땅히 이와 같이 알아야 하느니라.

비구는 행하고 생각하고 목표한 바에 따라 일체 무량공처를 지나 곧 무량식이 되고 이 무량식처를 성취하여 노닌다. 그런 그가 이 행을 받아들이지 않고 이 생각과 목표도 기억하지 않은 채, 오직 욕심 없음의 바탕이 되는 생각, 즉 멸식과 서로 호응하는 생각만 가진다고 하자. 그러면 그 비구는 마땅히 이와 같이 알아야 한다.

'나는 이런 생각을 내어 물러나지도 않고 머무르지도 않으며 또한 위로 올라가지도 않는다. 나는 이런 생각을 내어 나로 하여금 무량식처를 싫어하게 한다. 따라서 나는 오래지 않아 번뇌가 없게 될 것이다.'

그 비구는 마땅히 이와 같이 알아야 하느니라.

또 비구는 행하고 생각하고 목표한 바에 따라 일체 무량식처를 지나 곧 무소유가 되고 이 무소유처無所有處를 성취하여 노닌다. 그런 그가 이 행을 받아들이지 못하고 이 생각과 목표도 기억하지 못한 채 오직 물러섬의 바탕이 되는 생각, 즉 무량식처와 서로 호응하는 생각만 가진다고 하자. 그러면 그 비구는 마땅히 이와 같이 알아야 한다.

'나는 이런 생각을 내어 무소유처에 머무르지도 않고 무소유처에서 나아가지도 않으며 또한 무소유처를 싫어하지도 않는다. 나는 이런 생각을 내어 나를 무소유처에서 물러나게 한다. 따라서 나는 이 선정에 오랫동안 머무르진 못할 것이다'

그 비구는 마땅히 이와 같이 알아야 하느니라.

비구는 행하고 생각하고 목표한 바에 따라 일체 무량식처를 지나 곧 무소유가 되고, 이 무소유처를 성취하여 노닌다. 그런 그가 이 행을 받아들이고 이 생각과 목표를 기억하며 법답게 기억을 수립해 한 뜻에 머문다고 하자. 그러면 그 비구는 마땅히 이와 같이 알아야 한다.

‘나는 이런 생각을 내어 물러나지도 않고 나아가지도 않으며 또한 싫어하지도 않는다. 나는 이런 생각을 내어 나로 하여금 머무르게 한다. 따라서 나는 반드시 이 선정에 오랫동안 머무르게 될 것이다.’

그 비구는 마땅히 이와 같이 알아야 하느니라.

비구는 행하고 생각하고 목표한 바에 따라 일체 무량식처를 지나 곧 무소유가 되고 이 무소유처를 성취하여 노닌다. 그런 그가 이 행을 받아들이지 않고 이 생각과 목표도 기억하지 않은 채 오직 위로 올라감의 바탕이 되는 생각, 즉 비유상비무상처非有想非無想處와 서로 호응하는 생각만 가진다고 하자. 그러면 그 비구는 마땅히 이와 같이 알아야 한다.

‘나는 이런 생각을 내어 물러나지도 않고 머무르지도 않으며 또한 싫어하지도 않는다. 나는 이런 생각을 내어 나로 하여금 위로 올라가게 한다. 따라서 나는 오래지 않아 비유상비무상처를 얻게 될 것이다.’

그 비구는 마땅히 이와 같이 알아야 하느니라.

비구는 행하고 생각하고 목표한 바에 따라 일체 무량식처를 지나 곧 무소유가 되고 이 무소유처를 성취하여 노닌다. 그런 그가 이 행을 받아들이지 않고 이 생각과 목표도 기억하지 않은 채, 욕심 없음의 바탕이 되는 생각, 즉 싫어함과 서로 호응하는 생각만 가진다고 하자. 그러면 그 비구는 마땅히 이와 같이 알아야 한다.

‘나는 이런 생각을 내어 물러나지도 않고 머무르지도 않으며 또한 올라가지도 않는다. 나는 이런 생각을 내어 나로 하여금 무소유처를 싫어하게 한다. 따라서 나는 오래지 않아 번뇌가 다하게 될 것이다.’

그 비구는 마땅히 이와 같이 알아야 하느니라.

생각〔想〕이 있고 앎〔知〕이 있어 이와 같이 알게 되면 나아가 제일인 비유상비무상처非有想非無想處까지도 알게 될 것이니라."

부처님께서 이렇게 말씀하시자 모든 비구들은 부처님 말씀을 듣고 기뻐하며 받들어 행하였다.

〔이 설경에 수록된 경문의 글자 수는 2,820자이다. 『중아함경』 제46권에 수록된 경문의 글자 수는 모두 6,397자이다.〕[1]

---

1 제46권에 수록된 소경 두 개의 숫자를 합하면 5,397자인데, 여기에서는 6,397자로 되어 있어 1,000자의 차이를 보이고 있다.

중아함경 제 47 권

14. 심품 ③

178) 엽사경獵師經〔제4 분별송〕

나는 이와 같이 들었다.

어느 때 부처님께서 왕사성을 유행하실 적에 죽림가란다원竹林迦蘭哆[1]園에 계셨다. 그때 세존께서는 모든 비구들에게 말씀하셨다.

"사냥꾼은 사슴에게 먹이를 줄 때 이렇게 마음먹지는 않는다.

'사슴을 살찌우고 빛깔을 아름답게 하며 힘이 세 지게하고 즐겁게 오래 살게 해 주리라.'

사냥꾼은 사슴에게 먹이를 줄 때에는 이런 마음으로 먹이를 준다.

'오직 먹이를 가까이하게 하여 먹게 한 뒤에 교만하고 방자해져 방심하게 하리라. 방심한 뒤에 곧 사냥꾼과 그 권속들을 따를 것이다.'

---

1 송·원·명 3본에는 이 부분의 가란다迦蘭哆가 모두 가란타迦蘭陀로 되어 있다.

이와 같이 하면 첫 번째 사슴 떼는 사냥꾼이 주는 먹이를 가까이하여 먹고 가까이하여 먹은 뒤에는 곧 교만하고 방자해져 방심하고, 방심한 뒤에는 곧 사냥꾼과 그 권속을 따른다. 그리하여 그 첫 번째 사슴 떼는 사냥꾼과 그 권속들의 경계에서 벗어나지 못한다.

둘째 사슴 떼는 이렇게 생각한다.

'저 첫 번째 사슴 떼는 사냥꾼이 주는 먹이를 가까이하여 먹었다. 가까이하여 먹은 뒤에는 곧 교만하고 방자해져 방심하게 되었고, 방심하게 된 뒤에는 곧 사냥꾼과 그 권속을 따르고 있다. 이와 같이 되어 저 첫 번째 사슴 떼는 사냥꾼과 그 권속들의 경계를 벗어나지 못했다. 우리는 이제 차라리 사냥꾼이 주는 먹이를 먹지 말고 두려움에서 벗어나 일 없는 곳〔無事處 : 숲〕에서 풀이나 먹고 물이나 마시는 게 낫지 않을까?'

두 번째 사슴 떼는 이렇게 생각한 뒤에 곧 사냥꾼이 주는 먹이를 버리고 두려움에서 벗어나 아무 일이 없는 곳〔無事處〕을 의지하여 풀을 먹고 물을 마시며 살았다. 그들은 여름이 되어 모든 풀과 물이 없어져 몸이 극히 여위어지고 기력마저 쇠하자 곧 사냥꾼과 그 권속들을 따랐다. 이렇게 그 두 번째 사슴떼들도 사냥꾼과 그 권속들의 경계를 벗어나지 못하였다.

세 번째 사슴 떼도 또한 이렇게 생각하였다.

'저 첫 번째·두 번째 사슴 떼들은 모두 사냥꾼과 그 권속들의 경계를 벗어나지 못하였다. 우리는 이제 차라리 사냥꾼과 그 권속들을 떠나 멀지 않은 곳에서 살고 멀지 않은 곳에 살면서 사냥꾼이 주는 먹이를 가까이하여 먹지 말자. 가까이하여 먹지 않으면 교만하고 방자하거나 방심하지 않을 것이며 방심하지 않으면 곧 사냥꾼과 그 권속들을 따르지 않게 될 것이다.'

그 세 번째 사슴 떼들은 이렇게 생각한 뒤에 곧 사냥꾼과 그 권속들을 떠나 멀지 않은 곳에서 살았다. 멀지 않은 곳에 살면서 사냥꾼이 주는 먹이를 가까이하여 먹지 않았고 가까이하여 먹지 않음으로써 교만하고 방자하거나 방심하지 않았으며 방심하지 않아서 곧 사냥꾼과 그 권속들을 따르지 않았다. 그 사냥꾼과 그 권속들은 곧 이렇게 생각하였다.

'저 셋째 사슴 떼들은 참으로 기이하며 교활하고 꾀가 많구나. 너무도 교활하고 꾀가 많구나. 왜냐하면 내가 주는 먹이를 먹는데도 그들을 잡을 수 없기 때문이다. 우리는 이제 길고 둥근 그물을 만들어 곧 저 세 번째 사슴 떼들이 의지하여 사는 곳에 쳐서 저들을 잡으리라.'

그 사냥꾼과 그 권속들은 이렇게 생각하고 곧 길고 둥근 그물을 만들어 세 번째 사슴 떼들이 의지하여 사는 곳에 둘러치고 그들을 잡았다. 이렇게 그 세 번째 사슴 떼들도 또한 사냥꾼과 그 권속들의 경계를 벗어나지 못하였다.

저 네 번째 사슴 떼들은 이렇게 생각하였다.

'저 첫 번째 · 두 번째 · 세 번째 사슴 떼들은 모두 사냥꾼과 그 권속들의 경계를 벗어나지 못하였다. 우리는 이제 저 사냥꾼과 그 권속들이 이르지 못하는 곳에 가서 살자. 그곳을 의지하여 살면서 사냥꾼이 주는 먹이를 가까이하여 먹지 말자. 가까이하여 먹지 않으면 교만하고 방자하거나 방심하지 않을 것이며 방심하지 않으면 사냥꾼과 그 권속들을 따르지 않으리라.'

저 네 번째 사슴 떼들은 이렇게 생각한 뒤에 곧 사냥꾼과 그 권속들이 미치지 못하는 곳에 의지하여 머물렀다. 그곳을 의지하여 머무르면서 사냥꾼이 주는 먹이를 가까이하여 먹지 않았고, 가까이하여 먹지 않음으로써 교만하고 방자하거나 방심하지 않게 되었으며, 방심하지 않아서 사냥꾼과 그 권속들을 따르지 않았다. 그 사냥꾼과 그 권속들은 곧 이렇게 생각하였다.

'저 네 번째 사슴 떼들은 참으로 기이하고 용감하구나. 기이하고 용맹스럽기가 으뜸이구나. 우리가 저들을 쫓더라도 분명 그들을 잡지 못할 것이고 오히려 다른 사슴들만 두렵고 놀라게 해서 흩어지게 할 것이다. 우리는 이제 차라리 저 네 번째 사슴 떼들에게 그물 치는 일은 포기하는 것이 낫겠다.'

사냥꾼과 그 권속들은 이렇게 생각한 뒤에, 곧 그물 치기를 포기하였다. 이리하여 저 네 번째 사슴 떼들은 곧 사냥꾼과 그 권속들의 경계를 벗어나게 되었다.

비구들이아, 내가 이런 비유를 들어 말한 것은 그 뜻을 이해시키기 위한 것이다. 내가 그것을 설명하리니 너희들은 그 뜻을 관찰하여 보라. 저 사냥꾼이 주는 먹이란 5욕欲의 공덕功德인 줄 알아야 할 것이다. 즉 눈이 빛깔을 지각知覺하고 귀가 소리를 지각하며 코가 냄새를 지각하고 혀가 맛을 지각하며 몸이 촉감을 지각하는 것이다. 사냥꾼의 먹이란 마땅히 이 오욕의 공덕인 줄 알아야 할 것이다. 사냥꾼이란 악마의 왕임을 마땅히 알아야 할 것이요, 사냥꾼의 권속이란 악마의 권속임을 마땅히 알아야 할 것이며 사슴 떼들이란 사문과 범지梵志임을 마땅히 알아야 할 것이니라.

첫 번째 사문과 범지들은 마왕이 주는 먹이, 곧 세상 시주들의 음식을 가까이하여 먹는다. 그들은 그것을 가까이하여 먹은 뒤 곧 교만하고 방자해져 방심하게 되며 방심하게 된 뒤에는 곧 마왕과 그 권속을 따르게 된다. 이와 같이 첫 번째 사문과 범지들은 마왕과 그 권속들의 경계를 벗어나지 못한다. 마치 저 첫 번째 사슴 떼들이 사냥꾼의 먹이를 가까이하여 먹고, 가까이하여 먹은 뒤에 곧 교만하고 방심하게 되며, 방심한 뒤에는 사냥꾼과 그 권속을 따르고, 이렇게 하여 첫 번째 사슴 떼들이 사냥꾼과 그 권속들의 경계를 벗어나지 못하는 것과 같다. 마땅히 저 첫 번째 사문과 범지도 또한 이와 같다고 관찰하여야 하느니라.

두 번째 사문과 범지들은 이렇게 생각한다.

'저 첫 번째 사문과 범지들은 마왕이 주는 먹이, 곧 세상 시주들의 음식을 가까이하여 먹었다. 가까이하여 먹은 뒤에는 교만하고 방자해져 방심하게 되었고, 방심한 뒤에는 마왕과 그 권속들을 따르게 되었다. 이리하여 저 첫 번째 사문과 범지들은 마왕과 그 권속들의 경계를 벗어나지 못했다. 우리는 이제 차라리 이 세상 시주들의 음식을 버리고, 두려움을 떠나 일 없는 곳에서 살면서 과일이나 나무뿌리를 먹는 것이 낫지 않을까?'

저 두 번째 사문과 범지들은 이렇게 생각하고, 곧 세상 시주들의 음식을 버리고 두려움을 떠나 일 없는 곳에서 과일과 나무뿌리를 먹고 살았다. 그들은 여름이 되어 모든 과일과 나무뿌리가 없어지자 몸이 극히 여위고 기력도 쇠하였다. 기력이 쇠하자 곧 마음의 해탈〔心解脫〕과 지혜의 해탈〔慧解脫〕이 쇠퇴해졌고 마음의 해탈과 지혜의 해탈이 쇠퇴해진 뒤에는 곧 마왕과 그 권속들을 따랐다. 이렇게 저 두 번째 사문과 범지도 또한 마왕과 그 권속들의 경계를 벗어나지 못하였다.

이는 마치 저 두 번째 사슴 떼들의 경우와 같다. 그들은 이렇게 생각하였다.

'저 첫 번째 사슴 떼들은 사냥꾼의 먹이를 가까이하여 먹었고, 가까이하여 먹은 뒤에는 교만하고 방자해져 방심하였으며, 방심한 뒤에는 사냥꾼과 그 권속들을 따랐다. 이렇게 저 첫 번째 사슴 떼들은 사냥꾼과 그 권속들의 경계를 벗어나지 못했다. 우리는 이제 차라리 사냥꾼

의 먹이를 버리고 두려움을 떠나 일 없는 곳에서 살면서 풀이나 먹고 물이나 마시는 게 낫지 않을까?'

저 두 번째 사슴 떼들은 이렇게 생각한 뒤에 곧 사냥꾼의 먹이를 버리고 두려움을 떠나 일 없는 곳에서 풀을 먹고 물을 마시며 살았다. 그러다가 그들은 여름이 되어 모든 풀과 물이 다해 몸이 극히 여위고 기력이 쇠하자 곧 사냥꾼과 그 권속을 따랐다. 이렇게 저 두 번째 사슴 떼들도 또한 사냥꾼과 그 경계를 벗어나지 못하였다. 저 두 번째 사문과 범지도 또한 이와 같다고 관찰하여야 하느니라.

저 세 번째 사문과 범지는 또한 이렇게 생각한다.

'저 첫 번째·두 번째 사문과 범지는 모두 마왕과 그 권속들의 경계를 벗어나지 못했다. 우리는 이제 차라리 마왕과 그 권속들을 떠나 멀지 않은 곳에서 살고 멀지 않은 곳에 살면서 세상 시주들의 음식을 가까이하여 먹지 말자. 가까이하여 먹지 않으면 교만하고 방자하거나 방심하지 않을 것이며, 방심하지 않으면 마왕과 마왕의 권속을 따르지 않으리라.'

저 세 번째 사문과 범지들은 이렇게 생각하고, 곧 마왕과 그 권속들을 떠나 멀지 않은 곳에서 살았다. 멀지 않은 곳에 살면서 세상 시주들의 음식을 가까이하여 먹지 않았고 가까이하여 먹지 않음으로써 교만하고 방자하거나 방심하지 않게 되었으며 교만하고 방자하거나 방심하지 않아서 마왕과 그 권속들을 따르지 않았다. 그러나 그들은 모든 것은 존재한다는 소견〔有見〕과 존재하지 않는다는 소견〔無見〕의 두 가지 견해를 받아 가졌다. 그들은 이 두 가지 견해를 받아 가졌기 때문에 곧 마왕과 그 권속들을 따랐다. 이렇게 저 셋째 사문과 바라문도 또한 마왕과 그 권속들의 경계를 벗어나지 못하였다.

이는 마치 저 세 번째 사슴 떼들과 같다. 그들도 또한 이렇게 생각하였다.

'첫 번째·두 번째 사슴 떼들 모두 사냥꾼과 그 권속들의 경계를 벗어나지 못했다. 우리는 이제 차라리 사냥꾼과 그 권속들을 떠나 멀지 않은 곳에서 살고 멀지 않은 곳에서 살면서 사냥꾼의 먹이를 가까이하여 먹지 말자. 가까이하여 먹지 않으면 교만하고 방자하거나 방심하지 않을 것이며 교만하고 방자하거나 방심하지 않으면 사냥꾼과 그 권속들을 따르지 않으리라.'

저 세 번째 사슴 떼들은 이렇게 생각하고 곧 사냥꾼과 그 권속들을 떠나 멀지 않은 곳에서 살았다. 멀지 않은 곳에 살면서 사냥꾼의 먹이를 가까이하여 먹지 않았고 가까이하여 먹지 않음으로써 교만하고 방자하거나 방심하지 않게 되었으며 교만하고 방자하거나 방심하지 않아서 사냥꾼과 그 권속들을 따르지 않았다. 그 사냥꾼과 그 권속들은 이렇게 생각하였다.

'저 세 번째 사슴 떼들은 참으로 기이하며 교활하고 꾀가 많다. 너무도 교활하고 꾀가 많구나. 왜냐하면 내 먹이를 먹는데도 그것을 잡을 수 없기 때문이다. 나는 이제 길고 둥근 그물을 만들어 곧 저 세 번째 사슴 떼들이 의지하여 머무는 곳에 쳐서 그들을 잡으리라.'

그 사냥꾼과 그 권속들은 이렇게 생각하고 곧 길고 둥근 그물을 쳐서 그들을 잡았다. 이렇게 세 번째 사슴 떼들도 또한 사냥꾼과 그 권속들의 경계를 벗어나지 못하였다. 여기에서 '의지한다'는 것은 모든 것은 존재한다는 소견〔有見〕임을 마땅히 알아야 할 것이다. '머무른다'는 것은 모든 것은 존재하지 않는다는 소견〔無見〕임을 마땅히 알아야 할 것이다. 저 세 번째 사문과 범지도 또한 이와 같다고 관찰하여야 하느니라.

저 네 번째 사문과 범지들도 또한 이렇게 생각한다.

'저 첫 번째 · 두 번째 · 세 번째 사문과 범지들 모두 마왕과 그 권속들의 경계를 벗어나지 못했다. 우리는 이제 마왕과 그 권속들이 미치지 못하는 곳에 의지하여 머무르자. 그곳에 의지하여 살면서 세상 시주들의 음식을 가까이하여 먹지 말자. 가까이하여 먹지 않으면 교만하고 방자하거나 방심하지 않을 것이고 방심하지 않으면 마왕과 그 권속들을 따르지 않으리라.'

저 네 번째 사문과 범지들은 이렇게 생각하고 곧 마왕과 그 권속이 미치지 못하는 곳에 의지하여 머물렀다. 그곳에 의지하여 머무르면서 세상 시주들의 음식을 가까이하여 먹지 않았고 가까이하여 먹지 않음으로써 교만하고 방자하거나 방심하지 않았으며 방심하지 않아서 마왕과 그 권속들을 따르지 않았다. 이렇게 저 네 번째 사문과 범지들은 곧 마왕과 그 권속들의 경계를 벗어났다.

이는 마치 저 네 번째 사슴 떼들의 경우와 같다. 그들도 또한 이렇게 생각하였다.

'저 첫 번째 · 두 번째 · 세 번째 사슴 떼들 모두 사냥꾼과 그 권속들의 경계를 벗어나지 못했다. 우리는 이제 저 사냥꾼과 그 권속들이 미치지 못하는 곳으로 가서 살자. 그곳에 의지하여 머무르면서 사냥꾼이 주는 먹이를 가까이하여 먹지 말자. 가까이하여 먹지 않으면 교만하고 방자하거나 방심하지 않을 것이며 방심하지 않으면 사냥꾼과 그 권속들을 따르지 않으리라.'

저 네 번째 사슴 떼들은 이렇게 생각한 뒤에 곧 사냥꾼과 그 권속들이 미치지 못하는 곳에 의지하여 머물렀다. 그곳에 의지하여 머무르면서 사냥꾼이 주는 먹이를 가까이하여 먹지 않았고 가까이하여 먹지 않음으로써 교만하고 방자하거나 방심하지 않았으며 방심하지 않아서 사냥꾼과 그 권속들을 따르지 않았다. 그 사냥꾼과 그 권속들은 이렇게 생각하였다.

‘저 네 번째 사슴 떼들은 참으로 기이하고 용맹하구나. 기이하고 용맹스럽기가 으뜸이구나. 우리가 저들을 쫓더라도 분명 그들을 잡지 못할 것이요, 오히려 다른 사슴들만 두려워하고 놀라서 흩어지게 할 것이다. 우리는 이제 차라리 저 네 번째 사슴 떼들에게는 그물 치기를 포기하리라.’

그 사냥꾼과 그 권속들은 이렇게 생각한 뒤에 곧 그물 치기를 포기하였다. 이렇게 저 네 번째 사슴 떼들은 곧 사냥꾼과 그 권속들의 경계를 벗어났느니라. 저 네 번째 사문과 범지들도 또한 이와 같다고 관찰하여야 하느니라.

비구들아, 마땅히 이러한 것을 배워 마왕과 그 권속들이 미치지 못하는 곳에 의지하고 머물러라. 그러면 어떤 것이 마왕과 그 권속들이 미치지 못하는 곳인가? 이른바 비구들이 욕심을 여의고 착하지 않은 악법을 여의며 나아가 제4선을 얻어 성취하여 노니는 것이니, 이것을 마왕과 그 권속들이 미치지 못하는 곳이라 한다. 또 어떤 것이 마왕과 그 권속들이 미치지 못하는 곳인가? 이른바 비구들이 자애로운 마음〔慈心〕으로 1방方을 두루 채워 성취하여 노닐고, 이와 같이 2·3·4방과 4유維·상·하 일체를 두루 채우는 것이다. 자애로운 마음으로 맺힘〔結〕도 없고 원망〔怨〕도 없으며 성냄도 없고 다툼〔諍〕도 없이 지극히 넓고 매우 크며 한량없이 잘 닦아 일체 세간을 두루 채워 성취하여 노니는 것이다. 이와 같이 슬픈 마음〔悲心〕·기쁜 마음〔喜心〕도 마찬가지이며·평정한 마음〔捨心〕으로 맺힘도 없고 원망도 없으며 성냄도 없고 다툼도 없이 지극히 넓고 매우 크며 한량없이 잘 닦아 모든 세간을 두루 채워 성취하여 노니는 것이니 이것을 마왕과 그 권속들이 미치지 못하는 곳이라 하느니라.

또 어떤 것이 마왕과 그 권속들이 미치지 못하는 곳인가? 이른바 비구가 색色에 대한 모든 생각을 벗어나며 나아가 비유상비무상처非有想非無想處를 성취하여 노니는 것이니 이것을 마왕과 그 권속들이 미치지 못하는 곳이라 한다. 또 어떤 것을 마왕과 그 권속들이 미치지 못하는 곳이라 하는가? 이른바 비구가 일체의 비유상비무상처를 지나 생각〔想〕과 앎〔知〕이 사라진 몸의 촉감〔身觸〕을 성취하여 노닐고 모든 번뇌가 다한 지혜〔漏盡智〕로 보는 것이니 이것을 마왕과 그 권속들이 미치지 못하는 곳이라 한다. 비구들아, 이런 곳에 의지하고 머물러 마왕과 그 권속들이 미치지 못하게 해야 한다. 마땅히 이렇게 배워야 하느니라."

부처님께서 이렇게 말씀하시자 모든 비구들은 부처님 말씀을 듣고 기뻐하며 받들어 행하였다.

〔이 엽사경에 수록된 경문의 글자 수는 2,396자이다.〕

179) 오지물주경五支物主經〔제4 분별송〕

나는 이와 같이 들었다.

어느 때 부처님께서 사위국을 유행하실 적에 승림급고독원에 계셨다. 그때에 오지五支라는 물주物主[2]가 이른 아침에 사위성을 나가 부처님 계신 곳으로 가서 부처님을 뵈옵고 공양하고 받들어 섬길까 하고 생각하였다. 그러다가 오지 물주는 곧 이렇게 생각하였다.

'고요히 앉아 계시는 부처님을 뵈옵거나 여러 높은 비구를 뵈옵는

2 팔리어로는 thapati이고, 장인匠人 또는 건축가建築家라는 뜻이다.

것은 우선 그만두자. 나는 이제 차라리 한 그루 사라娑羅나무가 있는 말리末利라는 이교도의 동산으로 가리라.'

이에 오지 물주는 비도比道[3]로 가서 유희하여 좋아하여 건두아리巾頭阿梨숲 부근에 있는 한 그루 사라나무가 있는 말리 이교도의 동산으로 나아갔다. 그때 사라나무가 있는 말리 이교도의 동산에는 문기자文祁子[4]라는 어떤 이교도 사문이 그곳의 큰 종주가 되어 여러 사람의 스승으로서 존경을 받으면서 이교도 5백 명을 거느리고 있었다. 그는 그 시끄러운 무리 가운데서 높은 소리로 떠들어대면서 몇 가지 축생론畜生論에 대하여 연설하였다. 그것은 이른바 왕론王論·적론賊論·투쟁론鬪諍論·음식론飮食論·의복론衣被論·부인론婦人論·동녀론童女論·음녀론淫女論·세간론世間論·사도론邪道論·해중론海中論 등이었다. 이와 같이 여러 대중들과 함께 여러 가지 축생론에 대하여 설명하고 있었다.

이교도의 사문 문기자는 멀리서 오지 물주가 오는 것을 보고 곧 대중들에게 조용히 하라고 분부하였다.

"너희들은 조용히 하라. 떠들지 말고 스스로 조심하라. 저기 사문 구담의 제자 오지 물주가 온다. 이 사위국에 살고 있는 사문 구담의 재가 제자 중에 저 오지 물주보다 나은 사람은 없다. 왜냐하면 저 사람은 조용한 것을 좋아하고 조용한 것을 찬양한다. 만일 그가 이 대중들의 조용한 모습을 본다면 아마 다가올 것이다."

그때 이교도 사문 문기자는 대중들에게 분부하고 나서 자기도 잠자코 앉아 있었다. 이에 오지 물주는 이교도 사문 문기자에게로 가서 서로 안부를 묻고 나서 물러나 한쪽에 앉았다. 이교도 사문 문기자가 말하였다.

---

3 송·원 2본에는 차도此道로 되어 있다.

4 팔리어로는 maṇḍikāputta이다.

"물주야, 만일 누군가 네 가지 일을 갖추었다면, 나는 그를 선행善行 중에 제일선第一善을 성취한 무상사無上士로서 제일의 진리를 얻은 정직한 사문이라고 시설한다. 어떤 것이 넷인가? 몸으로 나쁜 업을 짓지 않고 입으로 나쁜 말을 하지 않으며 삿된 생활을 하지 않고, 나쁜 생각을 기억하지 않는 것이다. 물주야, 만일 누군가 이 네 가지를 갖추었다면 나는 그를 선행善行 중에 제일선第一善을 성취한 무상사로서 제일의 진리를 얻은 정직한 사문이라고 시설하리라."

오지 물주는 이교도 사문 문기자의 말을 듣고 옳다고도 하지 않고 그르다고도 하지 않은 채 곧 자리에서 일어나 떠났다. 그는 생각했다.

'나는 이제 부처님께 나아가 그가 한 말을 말씀드리고 그 뜻을 여쭈어 보리라.'

그리고는 곧 부처님께 나아가 머리를 조아려 예배하고 물러나 한쪽에 앉아 이교도 사문 문기자와 나눈 이야기를 부처님께 말씀드렸다.

세존께서는 그 말을 들으시고 나서 곧 말씀하셨다.

"물주야, 만일 이교도 사문 문기자의 말과 같다면 사지의 뼈마디가 부드럽고 연한 어린 아이가 똑바로 누워 잠을 자더라도 또한 선행 중에 제일선을 성취한 무상사로서 제일의 진리를 얻은 정직한 사문이라 할 것이다. 물주야, 어린아이는 아직 몸이라는 생각도 없는 자인데 하물며 몸으로 나쁜 업을 짓겠느냐? 아이는 그저 몸을 움직일 뿐이다. 물주야, 어린아이는 아직 입이라는 생각이 없는데 하물며 나쁜 말을 하겠느냐? 오직 울 뿐이다. 물주야, 어린아이는 아직 생활이라는 생각이 없는데 하물며 삿된 생활을 하겠느냐? 오직 끙끙거리는 소리를 낼 뿐이다. 물주야, 어린아이는 아직 생각이 없는데 하물며 나쁜 기억이 있겠느냐? 오직 어머니의 젖만 기억할 뿐이다. 물주야, 만일 이교도 사문 문기자의 말과 같다면 이러한 어린아이도 선행 중에 제일의 선행을 성취한 무상사로서 제일의 진리를 얻은 정직한 사문이라고 해야 할 것이다.

물주야, 만일 누가 다음의 네 가지 일을 갖추었다면 나는 그를 선행 중에 제일의 선행을 성취하였다고 말하리라. 그러나 무상사는 아니요, 제일의 진리를 얻은 것도 아니며 또한 정직한 사문도 아니라고 시설한다. 어떤 것이 넷인가? 몸으로 나쁜 업을 짓지 않고 입으로 나쁜 말을 하지 않으며 삿된 직업을 가지지 않고 나쁜 생각을 기억하지 않는 것이다. 물주야, 만일 누군가 이 네 가지 일을 갖추었다면 나는 그를 선행 중에 제일의 선행을 성취하였다고 하리라. 그러나 무상사는 아니요 제일의 진리를 얻은 것도 아니며 또한 정직한 사문도 아니라고 시설한다. 물주야, 몸의 업〔身業〕과 입의 업〔口業〕을 나는 계戒라고 시설한다. 그리고 물주야, 나는 기억〔念〕은 마음이 소유하는 것이고 마음과 서로 따르는 것이라고 시설한다.

물주야, 나는 말하나니 마땅히 착하지 않은 계〔不善戒〕를 알아야 하고 마땅히 착하지 않은 계가 어디서 생기는 것인지 알아야 하며 마땅히 착하지 않은 계가 어디에서 남김없이 멸하고 어디에서 남김없이 무너지는지 알아야 하며 마땅히 성현의 제자들이 어떻게 착하지 않은 계를 없애는지를 알아야 한다.

물주야, 나는 말하나니 마땅히 착한 계〔善戒〕를 알아야 하고 마땅히 착한 계가 어디서 생기는지 알아야 하며 마땅히 착한 계가 어디에서 남김없이 소멸되고 어디에서 남김없이 무너지는지 알아야 하며 마땅히 성현의 제자들이 어떻게 착한 계를 없애는지를 알아야 한다.

물주야, 나는 말하나니 마땅히 착하지 않은 기억〔不善念〕을 알아야 하고 마땅히 착하지 않은 기억이 어디서 생기는지 알아야 하며 마땅히 착하지 않은 기억이 어디에서 남김없이 소멸되고 어디에서 남김없이 무너지는지 알아야 하며 마땅히 성현의 제자들이 어떻게 착하지 않은 생각을 없애는지를 알아야 한다.

물주야, 나는 말하나니 마땅히 착한 기억〔善念〕을 알아야 하고 마땅히 착한 기억이 어디서 생기는지 알아야 하며 마땅히 착한 기억이 어디에서 남김없이 소멸하고 어디에서 남김없이 무너지는지 알아야 하며 마땅히 성현의 제자들이 어떻게 착한 기억을 없애는지를 알아야 하느니라.

물주야, 어떤 것이 착하지 않은 계〔不善戒〕인가? 착하지 않은 몸의 행과 착하지 않은 입과 뜻의 행이니 이것을 착하지 않은 계라고 한다. 물주야, 이 착하지 않은 계는 어디서 생기는가? 내가 그것이 생기는 곳을 말해 주리라. 마땅히 그것은 마음에서 생기는 줄을 알아야 한다. 왜 마음에서 생긴다고 하는가? 만일 마음에 탐욕이 있고 성냄이 있으며 어리석음이 있으면 이런 마음에서 그 착하지 않은 계가 생긴다는 것을 알아야 한다.

물주야, 착하지 않은 계戒는 어디에서 남김없이 멸하고 어디에서 남김없이 무너지는가? 많이 아는 거룩한 제자들은 몸의 착하지 않은 업을 버리고 몸의 착한 업을 닦으며 입과 뜻의 착하지 않은 업을 버리고 입과 뜻의 착한 업을 닦나니 이것이 착하지 않은 계가 남김없이 멸하고 남김없이 무너지는 것이다. 물주야, 성현의 제자들은 어떻게 착하지 않은 계를 없애는가? 혹 많이 아는 거룩한 제자들은 자신의 몸〔內身〕을 몸으로 관찰하고 나아가 감각〔覺〕과 마음〔心〕과 법法을 감각과 마음과 법으로 관찰한다. 성현의 제자들은 이와 같이 행하여 착하지 않은 계를 없애느니라.

물주야, 어떤 것이 착한 계〔善戒〕인가? 착한 몸의 업과 착한 입과 뜻의 업이니, 이것을 착한 계라고 한다. 물주야, 이 착한 계는 어디서 생기는가? 내가 그것이 생기는 곳을 말해 주리라. 그것은 마음에서 생기는 줄을 마땅히 알아야 한다. 왜 마음에서 생긴다고 하는가? 만일 마음에 탐욕이 없고 성냄이 없으며 어리석음이 없으면 이런 마음에서 착한 계가 생기는 줄을 마땅히 알아야 한다.

물주야, 착한 계는 어디에서 남김없이 멸하고 어디에서 남김없이 무너지는가? 만일 많이 아는 거룩한 제자들이 계를 행하되 계에 집착하지 않으면 이 착한 계는 남김없이 멸하고 남김없이 무너진다. 물주야, 성현의 제자들은 어떻게 착한 계를 없애는가? 혹 많이 아는 거룩한 제자들은 자신의 몸을 몸으로 관찰하고 나아가 감각과 마음과 법을 감각과 마음과 법으로 관찰한다. 성현의 제자들은 이렇게 행하여 착한 계를 없애느니라.

물주야, 어떤 것이 착하지 않은 기억〔不善念〕인가? 탐욕의 기억〔欲念〕과 성냄의 기억〔恚念〕과 해침의 기억〔害念〕이니 이것을 착하지 않은 기억이라 한다. 물주야, 착하지 않은 기억은 어디에서 생기는가? 내가 그것이 생기는 곳을 말해 주리라. 그것은 생각〔想〕에서 생기는 줄을 마땅히 알아야 한다. 왜 생각에서 생긴다고 하는가? 나는 말하나니 생각에는 많은 종류·한량없는 종류·여러 종류가 있는데 그 중에는 혹 탐욕스러운 생각·혹은 성내는 생각·해치려는 생각도 있다. 물주야, 중생은 탐욕 세계의 생각으로 말미암아 착하지 않은 기억을 일으켜 탐욕의 세계〔欲界〕와 서로 호응한다. 만일 이런 생각이 있으면 그 생각으로 말미암아 착하지 않은 기억을 일으켜 탐욕 세계와 서로 호응한다. 물주야, 중생은 성냄과 해침 세계의 생각으로 말미암아 착하지 않은 기억을 내어 성냄과 해침의 세계와 서로 호응한다. 만일 이런 기억이 있으면 그 생각으로 말미암아 착하지 않은 생각을 일으켜 성냄과 해침의 세계와 서로 호응하나니 이 착하지 않은 생각은 이런 생각으로 말미암아 생기느니라.

물주야, 착하지 않은 기억은 어디에서 남김없이 멸하고 어디에서 남김없이 무너지는가? 많이 아는 거룩한 제자들은 욕심을 여의고 악하고 착하지 않은 법을 여의어 각覺도 있고 관觀도 있으며 여의는 데서 생기는 기쁨과 즐거움이 있는 초선을 얻어 성취하여 노닌다. 여기에서 착하지 않은 기억은 남김없이 멸하고 남김없이 무너진다. 물주야, 성현의 제자들은 어떻게 착하지 않은 기억을 없애는가? 혹 많이 아는 거룩한 제자들은 자신의 몸을 몸으로 관찰하고 감각과 마음과 법을 감각과 마음과 법으로 관찰한다. 성현의 제자들은 이렇게 행하여 착하지 않은 기억을 없애느니라.

물주야, 어떤 것이 착한 기억〔善念〕인가? 탐욕이 없는 기억〔無欲念〕·성냄이 없는 기억〔無恚念〕·해침이 없는 기억〔無害念〕이니, 이것을 착한 기억이라고 한다. 물주야, 착한 기억은 어디에서 생기는가? 내가 그것이 생기는 곳을 말해 주리라. 그것은 생각〔想〕에서 생기는 줄을 알아야 한다. 왜 생각에서 생긴다고 하는가? 나는 말하나니, 생각에는 많은 종류·한량없는 종류·여러 종류가 있는데 그 중에는 혹 탐욕이 없는 생각〔無欲想〕·성냄이 없는 생각〔無恚想〕·해침이 없는 생각〔無害想〕도 있다. 물주야, 중생은 탐욕 세계의 생각이 없음으로 말미암아 착한 생각을 내어 탐욕이 없는 세계와 서로 호응한다. 만일 생각이 있으면 그 생각으로 말미암아 착한 기억을 일으켜 탐욕이 없는 세계와 서로 호응한다. 물주야, 중생은 성냄과 해침이 없는 세계를 말미암아 착한 기억을 일으켜 성냄과 해침이 없는 세계와 서로 호응한다. 만일 생각이 있으면 그 생각으로 말미암아 착한 기억을 일으켜 성냄과 해침이 없는 세계와 서로 호응하나니 이런 착한 기억은 이런 생각〔想〕으로 말미암아 생기느니라.

물주야, 착한 기억은 어디에서 남김없이 멸하고 어디에서 남김없이 무너지는가? 만일 많이 아는 거룩한 제자들은 즐거움이 멸하고 괴로움도 멸하는데 기쁨과 걱정의 뿌리는 이미 멸한 상태이며 괴로움도 없고 즐거움도 없는〔不苦不樂〕 평정〔捨〕·기억〔念〕·청정淸淨이 있는 제4선을 성취하여 노닌다. 여기에서 착한 기억은 남김없이 멸하고 남김없이 무너진다. 물주야, 성현의 제자들은 어떻게 착한 기억을 없애는가? 혹 많이 아는 거룩한 제자들은 자신의 몸을 몸으로 관찰하고 나아가 느낌〔覺 : 受〕과 마음〔心〕과 법法을 감각과 마음과 법으로 관찰한다. 성현의 제자들은 이렇게 행하여 착한 기억을 없애느니라.

물주야, 혹 많이 아는 거룩한 제자들은 지혜로써 착하지 않은 계〔不善戒〕를 관찰하여 사실 그대로 알고 착하지 않은 계가 어디서 생기는지 사실 그대로 알며 지혜로써 관찰하여 착하지 않은 계가 남김없이 멸하고 남김없이 무너짐을 사실 그대로 알고 성현의 제자들은 이렇게 착하지 않은 계를 없앤다는 것을 사실 그대로 아느니라. 혹 지혜로써 착한 계〔善戒〕를 관찰하여 사실 그대로 알고 착한 계가 생기는 곳을 사실 그대로 알며 지혜로써 관찰하여 착한 계가 남김없이 멸하고 남김없이 무너짐을 사실 그대로 알고 성현의 제자들은 이렇게 착한 계를 없앤다는 것을 사실 그대로 아느니라.

혹 지혜로써 착하지 않은 기억〔不善念〕을 관찰하여 사실 그대로 알고 착하지 않은 기억이 생기는 곳을 사실 그대로 알며 지혜로써 관찰하여 착하지 않은 기억이 남김없이 멸하고 남김없이 무너짐을 사실 그대로 알고 성현의 제자들은 이렇게 착하지 않은 기억을 없앤다는 것을 사실 그대로 아느니라. 혹 지혜로써 착한 기억〔善念〕을 관찰하여 사실 그대로 알고 착한 기억이 생기는 곳을 사실 그대로 알며 지혜로써 관찰하여 착한 기억이 남김없이 멸하고 남김없이 무너짐을 사실 그대로 알고 성현의 제자들은 이렇게 착한 기억을 없앤다는 것을 사실 그대로 아느니라.

왜냐하면 바른 소견〔正見〕을 말미암기 때문에 바른 뜻〔正志〕이 생기고 바른 뜻을 말미암기 때문에 바른 말〔正語〕이 생기며 바른 말을 말미암기 때문에 바른 행동〔正業〕이 생기고 바른 행동을 말미암기 때문에 바른 생활이 생기며 바른 생활을 말미암기 때문에 바른 방편〔正方便〕이 생기고 바른 방편을 말미암기 때문에 바른 기억〔正念〕이 생기며 바른 기억을 말미암기 때문에 바른 선정〔正定〕이 생긴다. 성현의 제자들 마음이 이렇게 확고해지면 곧 일체의 음욕과 성냄과 어리석음에서 해탈하게 되느니라.

물주야, 성현의 제자들이 이렇게 바로 마음이 해탈하면, 곧 '일체의 생이 이미 다하고 범행은 이미 서고 할 일을 이미 마쳐 다시는 후세의 목숨을 받지 않는다'는 것을 사실 그대로 아나니 이것을 두고 길을 본 유학有學이 8지支를 성취하고 번뇌가 다한 아라하가 10지支[5]를 성취한 것이라 하느니라.

물주야, 무엇을 길을 본 유학有學이 성취하는 8지라 하는가? 이른바 유학의 바른 소견과 나아가 유학의 바른 선정이니 이것을 길을 본 유학이 성취하는 8지라 한다. 물주야, 무엇을 번뇌가 다한 아라하가 성취하는 10지라고 하는가? 이른바 무학의 바른 소견과 나아가 무학의 바른 지혜이니 이것을 번뇌가 다한 아라하가 성취하는 10지支라고 한다. 물주야, 만일 누군가 이 10지를 갖추었다면 나는 그를 선행 중 제일의 선행을 성취하고 무상사로서 제일의 진리를 얻은 정직한 사문이라 시설하느니라."

---

5 8정도에 정지正智와 정해탈正解脫을 더해 10지支라고 한다.

부처님께서 이렇게 말씀하시자 오지 물주와 모든 비구들은 부처님 말씀을 듣고 기뻐하며 받들어 행하였다.

〔이 오지물주경에 수록된 경문의 글자 수는 2,178자이다.〕

180) 구담미경瞿曇彌經[6]〔제4 분별송〕

나는 이와 같이 들었다.

어느 때 부처님께서 석기수釋羈瘦를 유행하실 적에 가비라위加維羅衛[7]의 니구류尼拘類나무 동산에 계셨다. 그때 마하파라사발제구담미摩訶簸邏闍鉢提瞿曇彌[8]는 금실로 지은 옷을 가지고 부처님께 나아가 부처님 발에 머리를 조아리고 물러나 한쪽에 앉아 아뢰었다.

"세존이시여, 이 금실로 지은 황금색 새 옷은 제가 세존을 위해 손수 만든 것입니다. 원컨대 저를 사랑하고 가엾이 여기시어 받아 주소서."

세존께서 말씀하셨다.

"구담미여, 이 옷을 가져다 비구들에게 보시하시오. 비구들에게 보시하는 것이 곧 내게 공양하는 것이고 또한 대중에게 공양하는 것입니다."

대생주大生主 구담미는 재삼 되풀이해 아뢰었다.

---

6 이 경의 이역본으로 송宋시대 시호施護가 한역한 『불설분별보시경佛說分別布施經』이 있다.

7 팔리어로는 Kapilavathu이고, 가비라위加毘羅衛로 음역하기도 한다. 부처님 탄생지이다.

8 팔리어로 Mahāpajāpati이고, 부처님의 이모이다. 대생주大生主 혹은 대애도大愛道로 의역하기도 한다.

"세존이시여, 금실로 짠 이 황금색 새 옷은 제가 세존을 위해 손수 만든 것입니다. 원컨대 저를 사랑하고 가엾이 여기시어 받아 주소서."

세존께서도 또한 재삼 되풀이해 말씀하셨다.

"구담미여, 이 옷을 가져다 비구들에게 보시하십시오. 비구들에게 보시하는 것이 곧 내게 공양하고 또한 대중에게 공양하는 것입니다."

그때 존자 아난은 세존 뒤에 서서 불자拂子를 들고 부처님을 모시고 있었다. 이에 존자 아난이 여쭈었다.

"세존이시여, 이 대생주 구담미는 세존에게 은혜가 많습니다. 세존의 어머니께서 돌아가신 뒤 세존을 젖 먹여 길렀나이다."

세존께서 말씀하셨다.

"그렇다, 아난아. 그렇다, 아난아. 대생주 구담미는 진실로 내게 은혜를 많이 베풀었다. 내 어머니께서 돌아가신 뒤 젖을 먹여 나를 길러 주었다. 그러나 아난아, 나도 또한 대생주 구담미에게 많은 이익을 주었다. 왜냐하면 대생주 구담미는 나로 인해 부처님과 법과 비구들에게 스스로 귀의하게 되어 3존尊[9]과 괴로움〔苦〕·괴로움의 발생〔習〕·괴로움의 소멸〔滅〕·괴로움의 소멸〔道〕에 이르는 길에 대하여 의심하지 않고 믿음·계·많은 지식·보시·지혜를 성취하였으며 살생을 멀리해 끊고 도둑질·사음·거짓말과 술을 멀리해 끊었기 때문이다. 아난아, 만일 어떤 사람이 남을 인해 부처님과 법과 비구들에게 스스로 귀의하게 되어 3존과 괴로움·괴로움의 발생·괴로움의 소멸·괴로움의 소멸에 이르는 길에 대하여 의심하지 않고, 믿음·계·많은 지식·보시·지혜를 성취하며 살생을 멀리해 끊고, 도둑질·사음·거짓말과 술을 멀리해 끊게 되었다면, 그 사람은 그에게 한평생 동안

---

9 3보寶라고도 하며, 불佛·법法·승僧을 말한다.

음식·의복·평상·탕약과 그 밖에 많은 여러 가지 생활 도구를 공양한다 하더라도 그 은혜를 다 갚지 못할 것이다.

또 아난아, 보시의 대상이 되는 대중〔施衆〕[10]에 일곱 부류가 있고, 열네 가지 사사로운 보시〔十四私施〕가 있다. 그런 보시를 하면 큰 복을 얻고 큰 과보를 증득할 것이며 큰 공덕을 얻고 크고 넓은 과보가 있을 것이다. 아난아, 큰 복이 있고 큰 결과가 있으며 큰 공덕이 있고 크고 넓은 과보가 있게 하는 일곱 부류의 대중에게 하는 보시란 무엇인가? 믿음이 있는 큰 종족의 남자나 여자가 부처님께서 세상에 계실 때 부처님을 비롯해 부처님과 비구들에게 보시하면 이것을 첫 번째 대중에게 하는 보시라 하니, 그것은 큰 복과 큰 결과와 큰 공덕을 얻고 크고 넓은 과보를 받는다. 또 믿음이 있는 큰 종족의 남자나 여자가 세존께서 반열반하신 지 오래지 않아 2부중에게 보시하는 것, 비구대중에게 보시하는 것, 비구니대중에게 보시하는 것, 비구들의 동산에 들어가 그들에게 말하기를 '대중 가운데 이러한 비구가 오면 그에게 보시하리라' 하는 것이다. 다시 비구니들의 방에 들어가 그들에게 말하기를 '대중 가운데 이러한 비구니가 오면 그들에게 보시하리라'고 하면 이것을 다섯 번째 대중에게 하는 보시라고 하나니, 큰 복을 얻고 큰 결과를 얻으며 큰 공덕을 얻고 크고 넓은 과보가 있으리라.

아난아, 미래에는 유명한 종족 출신으로, 정진하지 않으면서 가사를 입는 비구들이 있을 것이다. 그는 정진하지 않지만 대중을 의지하기 때문에, 대중을 인연하기 때문에, 대중을 높이기 때문에, 대중을

10 팔리본에는 보시의 대상이 되는 일곱 가지 부류를 다음과 같이 기록하고 있다. ① 부처님 재세시의 2부중, ② 부처님 멸도 후 2부중, ③ 비구 승단, ④ 비구니 승단, ⑤ 특정한 비구·비구니, ⑥ 일정한 숫자의 비구 대중, ⑦ 일정한 숫자의 비구니 대중에게 보시하는 것이다.

말미암기 때문에 정진하지 않는 그에게 보시하는 자가 있을 것이다. 나는 그때의 그 시주는 한량없고 셀 수 없으며 계산할 수 없는 복을 얻고 착함과 즐거움을 얻을 것이라고 말한다. 하물며 현재 비구가 행할 일을 성취하거나 버릴 일을 성취하고 행할 일과 버릴 일을 다 성취하며 소박하고 정직함을 성취하거나 부드럽고 유연함을 성취하거나 소박함과 정직함과 부드럽고 유연함을 다 성취하며 인욕을 성취하거나 즐거움을 성취하거나 인욕과 즐거움을 다 성취하며 서로 호응함을 성취하거나 기강紀綱을 성취하거나 서로 호응함과 기강 세움을 다 성취하며 위엄 있는 거동을 성취하거나 유행하며 노닒을 성취하거나 위엄 있는 거동과 유행하며 노닒을 다 성취하며 믿음을 성취하거나 계를 성취하거나 많은 지식을 성취하거나 보시를 성취하거나 지혜를 성취하고 믿음·계·많은 지식·보시와 지혜를 다 성취함이겠는가? 이것을 일곱 부류의 대중에게 하는 보시라 하나니, 큰 복과 큰 결과와 큰 공덕을 얻고 크고 넓은 과보가 있을 것이다. 이것을 일곱 부류의 대중에게 보시를 행하면 큰 복과 큰 결과와 큰 공덕을 얻고 큰 과보가 있을 것이라고 하는 것이니라.

아난아, 어떤 것이 큰 복을 얻고 큰 결과를 얻으며 큰 공덕을 얻고 크고 넓은 과보가 있는 열네 가지 사사로운 보시인가? 어떤 믿음이 있는 종족의 남자나 여자가 여래에게 보시하고 연각에게 보시하며 아라하에게 보시하고 아라하로 향하는 이에게 보시하며 아나함에게 보시하고 아나함으로 향하는 이에게 보시하며 사다함에게 보시하고 사다함으로 향하는 이에게 보시하며 수다원에게 보시하고 수다원으로 향하는 이에게 보시하며 모든 욕심을 떠난 외도 선인仙人[11]에게 보시

11 탐욕의 더러움을 벗어난 이교도를 지칭하는 말이다. 원문은 '이욕외선인離欲外仙人'으로 되어 있다.

하고, 정진하는 사람에게 보시하며 정진하지 않는 이에게 보시하고 축생에게 보시하는 것이다.

아난아, 축생에게 보시하면 백 배의 복을 얻고 정진하지 않는 이에게 보시하면 천 배의 복을 얻고 정진하는 사람에게 보시하면 백천 배의 복을 얻고 모든 욕심을 떠난 외도 선인에게 보시하면 억백천 배의 복을 얻게 되며 수다원을 향하는 이에게 보시하면 한량없는 복을 얻고 수다원을 얻은 이에게 보시해도 한량없는 복을 얻으며 사다함을 향하는 이에게 보시해도 한량없는 복을 얻고 사다함을 얻은 이에게 보시해도 한량없는 복을 얻으며 아나함을 향하는 이에게 보시해도 한량없는 복을 얻고 아나함을 얻은 이에게 보시해도 한량없는 복을 얻으며 아라하를 향하는 이에게 보시해도 한량없는 복을 얻고 아라하를 얻은 이에게 보시해도 한량없는 복을 얻으며 연각에게 보시해도 한량없는 복을 얻는다. 하물며 여래·무소착·등정각께 보시함이겠는가? 이 열네 가지 사사로운 보시는 큰 복과 큰 결과와 큰 공덕을 얻고 크고 넓은 과보가 있으리라.

다시 아난아, 네 가지 보시와 세 가지 깨끗한 보시〔三淨施〕가 있다. 어떤 것을 넷이라 하는가? 혹 어떤 보시는 주는 사람은 깨끗한데 받는 사람이 깨끗하지 못하며 혹 어떤 보시는 받는 사람은 깨끗한데 주는 사람이 깨끗하지 못하며 혹 어떤 보시는 주는 사람도 깨끗하지 못하고 받는 사람도 또한 깨끗하지 못하며 혹 어떤 보시는 주는 사람도 깨끗하고 받는 사람도 또한 깨끗하다.

아난아, 어떤 보시가 주는 사람은 깨끗한데 받는 사람은 깨끗하지 못한 것인가? 주는 사람은 정진하여 묘한 법을 행하며 미래도 보고 결과도 보며 이렇게 보고 이렇게 말한다.

'보시도 있고 보시의 결과도 있다.'

그러나 받는 사람은 정진하지 않고 나쁜 법을 행하며 미래도 보지 않고 결과도 보지 않으며 이렇게 보고 이렇게 말한다.

'보시도 없고 보시의 결과도 없다.'

이런 보시를 주는 사람은 깨끗한데 받는 사람은 깨끗하지 못하다고 하는 것이니라.

아난아, 어떤 보시가 받는 사람은 깨끗한데 주는 사람은 깨끗하지 못한 것인가? 주는 사람은 정진하지 않고 나쁜 법을 행하며 미래도 보지 않고 결과도 보지 않으며 이렇게 보고 이렇게 말한다.

'보시도 없고 보시의 결과도 없다.'

그러나 받는 사람은 정진하고 묘한 법을 행하며 미래도 보고 결과도 보며 이렇게 보고 이렇게 말한다.

'보시도 있고 보시의 결과도 있다.'

이런 보시를 받는 사람은 깨끗한데 주는 사람은 깨끗하지 못하다고 하는 것이다.

아난아, 어떤 보시가 주는 사람도 깨끗하지 못하고 받는 사람도 또한 깨끗하지 못한 것인가?

주는 사람도 정진하지 않고 나쁜 법을 행하며 미래도 보지 않고 결과도 보지 않으며 이렇게 보고 이렇게 말한다.

'보시도 없고 보시의 결과도 없다.'

그리고 받는 사람도 또한 정진하지 않고 나쁜 법을 행하며 미래도 보지 않고 결과도 보지 않으며 이렇게 보고 이렇게 말한다.

'보시도 없고 보시의 결과도 없다.'

이런 보시를 주는 사람도 깨끗하지 못하고 받는 사람도 또한 깨끗하지 못하다고 하는 것이니라.

아난아, 어떤 보시가 주는 사람도 깨끗하고 받는 사람도 또한 깨끗한 것인가? 주는 사람도 정진하여 묘한 법을 행하고 미래도 보고 결과도 보며 이렇게 보고 이렇게 말한다.

'보시도 있고 보시의 결과도 있다.'

그리고 받는 사람도 또한 정진하고 묘한 법을 행하며 미래도 보고 결과도 보며 이렇게 보고 이렇게 말한다.

'보시도 있고 보시의 결과도 있다.'

이런 보시를 주는 사람도 깨끗하고 받는 사람도 또한 깨끗하다고 하는 것이다."

이에 세존께서는 게송으로 말씀하셨다.

정진하는 사람이 정진 않는 이에게 보시하고
법다이 행해 기쁜 마음 얻으며
업과 또한 그 과보 있다 믿으면
이는 주는 이가 깨끗한 보시니라.

정진하지 않는 이가 정진하는 이에게 보시하고
법다이 행하지 않아 기쁜 마음 없으며
업과 또한 그 과보 믿지 않으면
이는 받는 이가 깨끗한 보시니라.

게으른 사람이 정진 않는 이에게 보시하고
법다이 행치 않아 기쁜 마음 없으며
업과 또 그 과보 믿지 않으면
이런 보시 크고 넓은 과보 없으리.

정진하는 이가 정진하는 이에게 보시하고
법다이 행하여 기쁜 마음 얻으며
업과 또한 그 과보 있다 믿으면
이런 보시 크고 넓은 과보 있으리.

종들과 가난하고 궁한 이에게
제 것 갈라 보시하고 또 기뻐하면서
업을 믿고 또한 과보 있다 믿으면
이런 보시 훌륭하다고 사람들 칭찬하네.

바르게 몸과 입을 잘 보호하고
손을 펴 법으로 물건을 빌며
욕심 없이 욕심을 떠난 이에게 보시하면
이런 재물 보시가 제일이니라.

부처님께서 이렇게 말씀하시자 존자 아난과 여러 비구들은 부처님 말씀을 듣고 기뻐하며 받들어 행하였다.

〔이 구담미경에 수록된 경문의 글자 수는 1,520자이다.〕

181) 다계경多界經[12]〔제4 분별송〕

나는 이와 같이 들었다.

12 이 경의 이역본으로는 송宋시대 법현法賢이 한역한 『불설사품법문경佛說四品法門經』이 있다.

어느 때 부처님께서 사위국을 유행하실 적에 승림급고독원에 계셨다. 그때 존자 아난은 혼자 편안하고 고요한 곳에서 편안히 앉아 깊이 사유思惟하다가 마음속으로 이렇게 생각하였다.

'모든 두려움은 모두 어리석음에서 생기며 지혜에서는 생기지 않는다. 모든 사고와 재앙과 걱정과 슬픔은 다 어리석음에서 생기며 지혜에서는 생기지 않는다.'

이에 존자 아난이 해질 무렵이 되어 편안하고 고요한 자리에서 일어나 부처님께 나아가 부처님 발에 머리를 조아리고 물러나 한쪽에 앉아 여쭈었다.

"세존이시여, 저는 이제 편안한 곳에서 편안히 앉아 깊이 사유하다가 마음속으로 '모든 두려움은 모두 어리석음에서 생기며 지혜에서는 생기지 않는다. 모든 사고와 재앙과 걱정과 슬픔은 모두 어리석음에서 생기며 지혜에서는 생기지 않는다'고 생각하였습니다."

세존께서 말씀하셨다.

"그렇다. 아난아, 그렇다. 아난아, 모든 두려움은 모두 어리석음에서 생기며 지혜에서는 생기지 않는다. 모든 사고와 재앙과 걱정과 슬픔은 모두 어리석음에서 생기며 지혜에서는 생기지 않는 것이다. 아난아, 마치 갈대 무더기나 풀 무더기에서 불이 일어나 누각과 집을 태우는 것처럼 아난아, 그와 같이 모든 두려움은 어리석음에서 생기며 지혜에서는 생기지 않느니라. 모든 사고와 재앙과 걱정과 슬픔도 모두 어리석음에서 생기는 것이며 지혜에서는 생기지 않느니라.

아난아, 과거에 만일 두려움이 있었다면 그것은 모두 어리석음에서 생겼던 것이지 지혜에서 생겼던 것이 아니다. 모든 사고와 재앙과 걱정과 슬픔이 있었다면 그것은 어리석음에서 생겼던 것이지 지혜에서 생겼던 것이 아니다. 아난아, 미래에 만일 두려움이 있다면 그것은 모두 어리석음에서 생길 것이요 지혜에서는 생기지 않을 것이다. 모든 사고와 재앙과 걱정과 슬픔이 있다면 그것은 모두 어리석음에서 생길 것이요 지혜에서는 생기지 않을 것이다. 아난아, 현재에 있는 모든 두려움도 어리석음에서 생기는 것이요 지혜에서 생기는 것이 아니다. 그리고 모든 사고와 재앙과 걱정과 슬픔도 모두 어리석음에서 생기는 것이요 지혜에서 생기는 것이 아니다.

아난아, 이것을 어리석음에는 두려움이 있고 지혜에는 두려움이 없으며 어리석음에는 사고와 재앙과 걱정과 슬픔이 있고 지혜에는 사고와 재앙과 걱정과 슬픔이 없다고 하는 것이다. 아난아, 모든 두려움·사고·재앙·걱정 및 슬픔은 어리석음에서 생기는 것이지 지혜에서 생기는 것이 아니니라."

이에 존자 아난은 눈물을 흘리고 슬피 울면서 합장하고 부처님을 향하여 여쭈었다.

"세존이시여, 어떤 비구가 어리석고 지혜롭지 못한 것입니까?"

세존께서는 대답하셨다.

"아난아, 만일 어떤 비구가 계界를 알지 못하고 처處[13]를 알지 못하며 인연을 알지 못하고 옳은 것〔是處〕과 옳지 않은 것〔非處〕을 알지 못한다면 아난아, 이런 비구는 어리석고 지혜롭지 못한 자이니라."

"세존이시여, 그런 비구는 어리석고 지혜롭지 못합니다. 세존이시여, 어떤 비구가 지혜로우며 어리석지 않은 비구입니까?"

세존께서는 대답하셨다.

"아난아, 만일 어떤 비구가 계를 알고 처를 알고 인연을 알며 옳은 것과 옳지 않은 것을 안다면 아난아, 이런 비구는 지혜로우며 어리석

---

13 처(處, āyatana)는 곧 12처를 가리킨다.

지 않은 자이니라."

"세존이시여, 그런 비구는 지혜로우며 어리석지 않습니다. 세존이시여, 어떤 비구가 계界[14]를 아는 비구입니까?"

"아난아, 혹 어떤 비구는 18계界를 보아 진실 그대로 아나니, 곧 안계眼界·색계色界·안식계眼識界와 이계耳界·성계聲界·이식계耳識界와 비계鼻界·향계香界·비식계鼻識界와 설계舌界·미계味界·설식계舌識界와 신계身界·촉계觸界·신촉계身觸界와 의계意界·법계法界·의식계意識界를 아느니라. 아난아, 이 18계를 보아 진실 그대로 아느니라.

또 아난아, 6계를 보아 진실 그대로 아나니, 곧 땅의 경계〔地界〕·물의 경계〔水界〕·불의 경계〔火界〕·바람의 경계〔風界〕·허공의 경계〔空界〕·의식의 경계〔識界〕이다. 아난아, 이 6계를 보아 진실 그대로 아느니라.

아난아, 또 6계를 보아 진실 그대로 아나니, 곧 탐욕의 경계〔欲界〕·성냄의 경계〔恚界〕·해침의 경계〔害界〕·탐욕이 없는 경계〔無欲界〕·성냄이 없는 경계〔無恚界〕·해침이 없는 경계〔無害界〕이다. 아난아, 이 6계를 보아 진실 그대로 아느니라.

아난아, 또 6계를 보아 진실 그대로 아나니, 곧 즐거움의 경계〔樂界〕·괴로움의 경계〔苦界〕·기쁨의 경계〔喜界〕·근심의 경계〔憂界〕·평정의 경계〔捨界〕·무명의 경계〔無明界〕이다. 아난아, 이 6계를 보아 진실 그대로 아느니라.

아난아, 또 4계를 보아 진실 그대로 아나니, 곧 느낌의 경계〔覺界〕·생각의 경계〔想界〕·지어감의 경계〔行界〕·의식의 경계〔識界〕이다. 아난아, 이 4계를 보아 진실 그대로 아느니라.

---

14 범어로는 Dhātu이고, 결부結付의 뜻을 가진 Dhā에서 나온 말이다. 요소要素·기초基礎·층層이라는 뜻이 있다.

아난아, 또 3계를 보아 진실 그대로 아나니, 곧 욕계欲界·색계色界·무색계無色界이다. 아난아, 이 3계를 보아 진실 그대로 아느니라.

아난아, 또 3계를 보아 진실 그대로 아나니, 곧 색계色界·무색계無色界·멸계滅界이다. 아난아, 이 3계를 보아 진실 그대로 아느니라.

아난아, 또 3계를 보아 진실 그대로 아나니, 곧 과거의 경계〔過去界〕·미래의 경계〔未來界〕·현재의 경계〔現在界〕이다. 아난아, 이 3계를 보아 진실 그대로 아느니라.

아난아, 또 3계를 보아 진실 그대로 아나니, 곧 묘한 경계〔妙界〕, 묘하지 않은 경계〔不妙界〕, 중간의 경계〔中界〕이다. 아난아, 이 3계를 보아 진실 그대로 아느니라.

아난아, 또 3계를 보아 진실 그대로 아나니, 곧 착한 경계〔善界〕·착하지 않은 경계〔不善界〕·무기無記의 경계이다. 아난아, 이 3계를 보아 진실 그대로 아느니라.

아난아, 또 3계를 보아 진실 그대로 아나니, 곧 유학有學의 경계·무학無學의 경계·유학도 무학도 아닌 경계〔非學非無學界〕이다. 아난아, 이 3계를 보아 진실 그대로 아느니라.

아난아, 또 2계를 보아 진실 그대로 아나니, 곧 유루계有漏界와 무루계無漏界이다. 아난아, 이 2계를 보아 진실 그대로 아느니라.

아난아, 또 2계를 보아 진실 그대로 아나니, 유위계有爲界와 무위계無爲界이다. 아난아, 이 2계를 보아 진실 그대로 아느니라. 아난아, 이상의 62계界를 보아 진실 그대로 알면 이러한 비구를 계를 아는 비구라고 하느니라."

존자 아난이 여쭈었다.

"세존이시여, 그런 비구는 계를 아는 비구입니다. 세존이시여, 어떤 비구가 처處를 아는 비구입니까?"

세존께서 대답하셨다.

"아난아, 혹 어떤 비구는 12처處를 보아 사실 그대로 아나니, 곧 안처眼處·색처色處·이처耳處·성처聲處·비처鼻處·향처香處·설처舌處·미처味處·신처身處·촉처觸處·의처意處·법처法處이다. 아난아, 이 12처를 보아 사실 그대로 아느니라. 아난아, 이런 비구는 처를 아는 비구이니라."

"세존이시여, 그런 비구는 처를 아는 비구입니다. 세존이시여, 어떤 비구가 인연因緣을 아는 비구입니까?"

"아난아, 혹 어떤 비구는 인연과 인연을 따라 일어나는 것을 보아 진실 그대로 아나니, 곧 이것을 인하여 저것이 있고 이것이 없으면 저것이 없으며 이것이 생기면 저것이 생기고 이것이 멸하면 저것이 멸함을 안다. 이른바 무명無明을 인연하여 행行이 있고 나아가 생生을 인연하여 늙음과 죽음이 있으며 만일 무명이 멸하면 행이 멸하고 나아가 생이 멸하면 늙음과 죽음이 사라진다고 보아 진실 그대로 아느니라. 아난아, 이런 비구는 인연을 아는 비구이니라."

존자 아난이 여쭈었다.

"세존이시여, 그런 비구는 인연을 아는 비구입니다. 어떤 비구가 그렇지 않은 것을 아는 비구입니까?"

세존께서는 대답하셨다.

"아난아, 혹 어떤 비구는 그런 것은 그렇다고 보아 진실 그대로 알고 그렇지 않은 것은 그렇지 않다고 보아 진실 그대로 안다. 아난아, 만일 한 세상에 두 전륜왕이 있어 아울러 다스린다면 그것은 끝내 그럴 리 없고 만일 한 세상에는 한 전륜왕만이 있어 혼자 다스린다고 한다면 그것은 반드시 그럴 수 있다. 아난아, 만일 한 세상에 두 여래가 있다면 그것은 끝내 그럴 리 없고 만일 한 세상에는 한 여래만이 있다고 한다면 그것은 반드시 그럴 수 있다.

아난아, 만일 진리를 본 사람이 일부러 부모를 해치고 아라하를 죽이며 성현들을 쳐부수고 부처님에게 악한 마음을 품으며 여래에게 피를 흘리게 한다고 한다면 그것은 끝내 그럴 리 없다. 그러나 만일 범부가 일부러 부모를 해치고 아라하를 죽이며 성현들을 쳐부수고 부처님에게 악한 마음을 품으며 여래에게 피를 흘리게 한다고 한다면 그것은 반드시 그럴 수 있다. 아난아, 만일 진리를 본 사람이 일부러 계를 범하고 계를 버리며 도를 그만둔다고 한다면 그것은 끝내 그럴 리 없다. 그러나 만일 범부가 일부러 계를 범하고 계를 버리며 도를 그만둔다면 그것은 반드시 그럴 수 있느니라.

아난아, 만일 진리를 본 사람이 이 마음을 버리고 밖을 향하여 높은 것을 구하고 복밭을 구한다고 한다면 그것은 끝내 그럴 리 없다. 그러나 만일 범부가 이 마음을 버리고 밖을 향하여 높은 것을 구하고 복밭을 구한다고 한다면 그것은 반드시 그럴 수 있다. 아난아, 만일 진리를 본 사람이 다른 사문 범지를 좇아 '여러분, 보아야 할 것은 보고 알아야 할 것은 아시오'라고 말하더라고 한다면 그것은 끝내 그럴 리 없다. 그러나 만일 범부가 다른 사문 범지를 좇아 '여러분, 보아야 할 것은 보고 알아야 할 것은 아시오'라고 말하더라고 한다면, 그것은 반드시 그럴 수 있다.

아난아, 만일 진리를 본 사람이 좋고 나쁨을 점치는 것을 믿는다고 한다면, 그것은 끝내 그럴 리 없다. 그러나 만일 범부가 점을 믿고 길흉을 묻는다고 한다면 그것은 반드시 그럴 수 있다. 아난아, 만일 진리를 본 사람이 다른 사문 범지를 좇아 좋고 나쁨을 점치는 점쟁이와 서로 어울려 괴로움이 있고 번거로움이 있다고 보며 이것은 진실이라고 본다면 그것은 끝내 그럴 리 없다. 그러나 만일 범부가 다른 사문 범지를 좇아 좋고 나쁨을 점치는 점쟁이와 서로 어울려 괴로움이 있고 번거로움이 있다고 보며 이것은 진실이라고 본다면 그것은 반드시 그럴 수 있느니라.

아난아, 만일 진리를 본 사람이 심한 괴로움, 너무도 심한 괴로움을 일으켜 사랑하지도 못하고 좋아하지도 못하며 생각하지도 못하고 기억하지도 못하며 나아가 목숨을 끊으려 하고 이 마음을 버리고 다시 밖을 향해 구해 '혹 어떤 사문 범지가 한 구절의 주문이나 두 구절·세 구절·네 구절·많은 구절·백천 구절의 주문을 가지고 나를 괴로움에서 벗어나게 하리라' 하여, 거기서 괴로움의 발생〔苦習〕과 괴로움에서 나아갈 길〔苦趣〕과 갖가지 괴로움의 다함〔苦盡〕을 구한다고 한다면 그것은 끝내 그럴 리 없다. 그러나 만일 범부가 이 마음을 버리고 다시 밖을 향해 구하여 '혹 어떤 사문 범지가 한 구절의 주문이나 두 구절·세 구절·네 구절·많은 구절·백천 구절의 주문을 가지고 나를 괴로움에서 벗어나게 하리라' 하여 거기서 괴로움의 발생과 괴로움에서 나아갈 길과 갖가지 괴로움의 다함을 구한다면 그것은 반드시 그럴 수 있다. 아난아, 만일 진리를 본 사람이 8유有를 받는다고 한다면 그것은 끝내 그럴 리 없다. 그러나 만일 범부가 8유有를 받는다면 그것은 반드시 그럴 수 있느니라.

아난아, 만일 몸으로 악한 행을 저지르고 입과 뜻으로 악한 행을 저질러서 이것을 인연하여 몸이 무너지고 목숨이 끝난 뒤에 좋은 곳으로 가서 하늘에 난다고 한다면 그것은 끝내 그럴 수 없다. 그러나 만일 몸으로 악한 행을 저지르고 입과 뜻으로 악한 행을 저질러 이것을 인연하여 몸이 무너지고 목숨이 끝난 뒤에 나쁜 곳으로 가서 지옥에 난다면 그것은 반드시 그럴 수 있다. 아난아, 만일 몸의 묘한 행과 입과 뜻의 묘한 행이 있어서 이것을 인연하여 몸이 무너지고 목숨이 끝난 뒤에는 나쁜 곳으로 가서 지옥에 난다고 한다면 그것은 끝내 그럴 수 없다. 만일 몸의 묘한 행과 입과 뜻의 묘한 행이 있고 이것을 인연하여 몸이 무너지고 목숨이 끝난 뒤에 좋은 곳으로 가서 하늘에 난다고 한다면 그것은 반드시 그럴 수 있다.

아난아, 만일 몸으로 악한 행을 저지르고 입과 뜻으로 악한 행을 저지르고도 즐거움의 과보를 받는다고 한다면 그것은 끝내 그럴 수 없다. 아난아, 만일 몸으로 악행을 저지르고 입과 뜻으로 악행을 저질러 괴로움의 과보를 받는다고 한다면 그것은 반드시 그럴 수 있다. 아난아, 만일 몸의 묘한 행과 입과 뜻의 묘한 행이 괴로움의 과보를 받는다고 한다면 그것은 끝내 그럴 수 없다. 그러나 만일 몸의 묘한 행과 입과 뜻의 묘한 행이 즐거움의 과보를 받는다고 한다면 그것은 반드시 그럴 수 있느니라.

아난아, 만일 마음을 더럽히고 지혜를 약하게 하는 5개蓋[15]를 끊지 않고서 마음이 바르게 4념처念處를 세우려고 한다면 그것은 끝내 그럴 수 없다. 그러나 만일 마음을 더럽히고 지혜를 약하게 하는 5개를 끊고 마음이 바르게 4념처를 세우려고 한다면 그것은 반드시 그럴 수 있다. 아난아, 마음을 더럽히고 지혜를 약하게 하는 5개를 끊지 않고 또 마음이 바르게 4념처를 세우지 않고서 7각의覺意를 닦으려고 한다면, 그것은 끝내 그럴 수 없다. 그러나 만일 마음을 더럽히고 지혜를 약하게 하는 5개를 끊고 또 마음이 바르게 4념처를 세우고서 7각의를 닦으려 한다면 그것은 반드시 그럴 수 있다. 아난아, 만일 마음을 더럽히고 지혜를 약하게 하는 5개를 끊지 않고 마음이 바르게 4념처를 세우지 않고 또 7각의를 닦지 않고서 위없는 바른 깨달음을 얻으

15 탐욕貪欲·진에瞋恚·수면睡眠·도거掉擧·의疑 다섯 가지이다.

려고 한다면 그것은 끝내 그럴 수 없다. 그러나 만일 마음을 더럽히고 지혜를 약하게 하는 5개를 끊고 마음이 바르게 4념처를 세우고 또 7각의를 닦고서 위없는 바른 깨달음을 얻으려고 한다면 그것은 반드시 그럴 수 있다. 아난아, 만일 마음을 더럽히고 지혜를 약하게 하는 5개를 끊지 않고 마음이 바르게 4념처를 세우지 못하고 7각의를 닦지 않고 또 위없는 바른 깨달음을 얻지 못하고서 괴로움의 끝을 보려고 한다면 그것은 끝내 그럴 수 없다. 그러나 만일 마음을 더럽히고 지혜를 약하게 하는 5개를 끊고 마음이 바르게 4념처를 세우고 7각의를 닦고 또 위없는 바른 깨달음을 얻고서 괴로움의 끝을 보려고 한다면 그것은 반드시 그럴 수 있다. 아난아, 이런 비구가 그런 것과 그렇지 않은 것을 아는 비구이니라."

존자 아난은 아뢰었다.

"세존이시여, 그런 비구는 그런 것과 그렇지 않은 것을 아는 비구입니다."

이에 존자 아난은 합장하고 부처님을 향하여 여쭈었다.

"세존이시여, 이 경은 무엇이라 이름하며, 어떻게 받들어 가져야 합니까?"

세존께서는 말씀하셨다.

"아난아, 이 다계多界·법계·감로계·다고多鼓·법고·감로고· 법경法鏡인 4품品[16]을 받아 가져야 한다. 그러므로 이 경을 일컬어 다계경多界經이라 이름하느니라."

부처님께서 이렇게 말씀하시자 존자 아난과 모든 비구들은 부처님 말씀을 듣고 기뻐하며 받들어 행하였다.

16 여기서 4품은 앞에서 지적한 계界·처處·연기緣起·처비처處非處를 가리킨다.

〔이 다계경에 수록된 경문의 글자 수는 2,236자이다. 『중아함경』 제47권에 수록된 경문의 글자 수는 모두 8,330자이고, 「심품」에 수록된 경문의 글자 수는 모두 21,022자이다.〕[17]

17 제45권에서 제47권까지 「심품」의 경문 글자 수는 실제 20,022자인데, 여기에는 21,022자로 기록되어 있어 실제 숫자보다 1,000자가 많다. 그것은 제46권에서 1,000자의 차이 때문인 듯하다.

중아함경 제 48 권

15. 쌍품雙品 ①

〔이 「쌍품」에는 모두 열 개의 소경이 있는데, 앞에 있는 다섯 개의 소경은 제4 분별송에 해당되고 뒤에 있는 다섯 개의 소경은 제5 후송後誦에 해당되므로 쌍품이라고 이름한 것이다.〕

두 개의 마읍경馬邑經과
우각사라림경牛角娑羅林經과
또 하나의 우각사라림경이 있고
구해경求解經이 마지막에 수록되었다.

182) 마읍경馬邑經[1] ①〔제4 분별송〕

나는 이와 같이 들었다.

어느 때 부처님께서 앙기국鴦騎國[2]을 유행하실 적에 큰 비구들과 함

1 이 경의 이역본으로 『증일아함경』 제47권 「목우품」 여덟 번째 소경이 있다.

께 마읍馬邑[3]으로 가시어 비구들과 함께 마림사馬林寺에 머무셨다. 그때 세존께서 모든 비구들에게 말씀하셨다.

"사람들은 그대들을 보고 사문이라고 한다. 사람들이 너희들에게 사문인가 하고 물으면 너희들은 스스로 사문이라고 말하는가?"

모든 비구들은 아뢰었다.

"그렇습니다, 세존이시여."

세존께서 다시 말씀하셨다.

"그런 까닭에 너희들은 그런 뜻에서 사문으로서 마땅히 사문다운 법과 범지다운 법을 배워야 한다. 사문다운 법과 범지다운 법을 배우고 나면 너희는 진정한 참 사문이 되고 거짓 사문이 아니다. 따라서 너희들이 만일 의복·음식·평상·탕약과 여러 가지 생활 도구를 받으면 그것을 공급해 준 사람은 큰 복을 얻고 큰 결과를 얻으며 큰 공덕과 크고 넓은 과보를 얻을 것이다. 그러므로 너희들은 마땅히 그렇게 배워야 하느니라.

무엇이 사문다운 법이고 범지다운 법인가? 몸〔身〕으로 행하는 일을 청정히 하여 하늘을 향해 드러내 숨기지 말고 잘 보호하여 결함이 없게 하는 것이다. 몸으로 행하는 일이 청정하다 하여 스스로 뽐내지도 않고 남을 깔보지도 않으며 더러움도 없고 혼탁함도 없으면 모든 지혜로운 범행자들로부터 칭찬을 받을 것이다. 그러나 만일 너희들이 '나는 몸으로 행하는 일이 청정하여 내가 할 일을 이미 마쳤으니 더 이상 배울 것이 없고, 도덕과 도리를 이미 이루었으니 다시 더 해야 할 것도 없다'고 생각한다면 비구들아, 나는 너희들에게 말하리라.

---

2 팔리어로는 Aṅgā이고, 앙가央伽 또는 앙가鴦伽로 음역하기도 한다. 부처님 재세시 16국 중의 하나였으나 후에 마가다국에 병합되었다.

3 마읍(馬邑, Assapura)은 앙가국의 도성이었다.

'사문의 도리를 구하다가 사문의 도리를 잃는 일이 없게 하라.'

만일 윗단계의 수행을 희망하여 비구의 몸이 청정해졌다면 다음에는 무엇을 꾀해야 할까? 마땅히 입〔口〕으로 행하는 일을 청정히 하기를 배워 하늘을 우러러 드러내 숨기지 말고 잘 보호하여 결함이 없게 하는 것이다. 입으로 행하는 일이 청정하다 하여 스스로 뽐내지도 않고 남을 깔보지도 않으며 더러움도 없고 혼탁함도 없으면 모든 지혜로운 범행자들로부터 칭찬을 받을 것이다. 그러나 만일 너희들이 '나는 몸과 입으로 행하는 일이 청정하여 내가 할 일을 이미 마쳤으니 더 이상 배울 것이 없고, 도덕과 도리를 이미 이루었으니 다시 위로 더 올라가야 할 일도 없다'고 생각한다면 비구들아, 나는 너희들에게 말하리라.

'사문의 도리를 구하다가 사문의 도리를 잃는 일이 없게 하라.'

만일 윗단계의 수행을 희망하여 비구의 몸과 입이 청정해졌다면 다음에는 무엇을 꾀해야 할까? 마땅히 뜻〔意〕으로 행하는 일을 청정히 하기를 배워 하늘을 우러러 드러내 숨기지 말고 잘 보호하여 결함이 없게 하는 것이다. 뜻으로 행하는 일이 청정하다 하여 스스로 뽐내지도 않고 남을 깔보지도 않으며 더러움도 없고 혼탁함도 없으면 모든 지혜로운 범행자들로부터 칭찬을 받을 것이다. 그러나 만일 너희들이 '나는 몸과 입과 뜻으로 행하는 일이 청정하여 내가 할 일을 이미 마쳤으니 더 이상 배울 것이 없고 도덕과 도리를 이미 이루었으니 다시 위로 더 올라가야 할 데도 없다'고 생각한다면 비구들아, 나는 너희들에게 말하리라.

'사문의 도리를 구하다가 사문의 도리를 잃는 일이 없게 하라.'

만일 윗단계의 수행을 희망하여 비구가 몸과 입과 뜻의 행을 청정히 했다면 다음에는 무엇을 꾀해야 할까? 마땅히 명命의 행[4]을 청정히 하는 것을 배워 하늘을 우러러 드러내 숨기지 말고 잘 보호하여 결함이 없게 해야 한다. 이 명이 청정하다 하여 스스로 뽐내지도 않고 남을 깔보지도 않으며 더러움도 없고 혼탁함도 없으면 모든 지혜로운 범행자들로부터 칭찬을 받을 것이다. 그러나 만일 너희들이 '나는 몸과 입과 뜻과 명의 행이 청정하여 내가 할 일을 이미 마쳤으니 더 이상 배울 것이 없고, 도덕과 도리를 이미 이루었으니 다시 위로 더 올라가야 할 것도 없다'고 생각한다면 비구들아, 나는 너희들에게 말하리라.

'사문의 도리를 구하다가 사문의 도리를 잃는 일이 없게 하라.'

만일 윗단계의 수행을 희망하여 비구가 몸과 입과 뜻과 명의 행을 청정히 했다면 다음에는 무엇을 꾀해야 할까? 비구는 마땅히 모든 근根을 보호하기를 배워 언제나 근을 닫아 막기를 생각하고 밝게 통달하기를 생각하며 그 생각을 지켜 보호하고 성취하여야 한다. 그리고 항상 스스로 이런 마음을 내야 한다.

'혹 눈이 빛깔을 보더라도 그 모양을 받아들이지 않고 또한 그 빛깔을 음미하지도 않으리라. 이른바 성내고 다투게 되기 때문에 눈을 잘 지켜 보호하여 마음속에서 탐욕·걱정·슬픔과 착하지 않은 악법을 내지 않나니 그리로 나아가기 위하여 눈을 지켜 보호하는 것이다. 이와 같이 귀·코·혀·몸에 있어서도 또한 그러하며, 혹 뜻이 법을 알더라도 그 모양을 받아들이지 않고 또한 법을 음미하지 않으리라. 이른바 성내고 다투게 되기 때문에 뜻을 잘 지켜 보호하여 마음속에서 탐욕·걱정·슬픔과 착하지 않은 악법을 내지 않나니 그리로 나아가기 위하여 뜻을 지켜 보호하는 것이다.'

---

4 명의 행[命行]이란 8정도의 정명正命에서와 마찬가지로 생활방식 혹은 직업 등을 의미한다. 명命을 청정히 한다는 것은 계율戒律에 합당한 생활방식으로 살아감을 말한다.

그러나 만일 너희들이 '나는 몸·입·뜻·명의 행이 청정하고 모든 근을 지켜 보호하여 내가 할 일을 이미 마쳤으니 더 이상 배울 것이 없고 도덕과 도리를 이미 이루었으니 다시 더 올라가야 할 데도 없다'고 생각한다면, 비구들아, 나는 너희들에게 말하리라.

'사문의 도리를 구하다가 사문의 도리를 잃는 일이 없게 하라.'

만일 다시 윗단계의 수행을 희망하여 비구가 몸·입·뜻·명으로 행하는 것을 청정히 하고 모든 근을 잘 지켜 보호하였다면 다음에는 무엇을 꾀해야 할까? 비구는 마땅히 출입出入에 대하여 바르게 알기를 배워야 하나니, 굽히고 펴기와 구부리고 우러르기와 몸가짐과 차례를 잘 관찰하여 분별하고 승가리와 모든 옷을 바로 입고 발우를 바로 가지며 다니고 서고 앉고 눕기와 잠자고 깨고 말하고 침묵하기를 다 바로 알아야 한다. 그러나 만일 너희들이 '나는 몸·입·뜻·명으로 행하는 것이 청정하고 모든 근을 잘 지켜 보호하며 출입에 대해서도 바르게 알아 내가 할 일을 이미 마쳤으니 더 이상 배울 것이 없고 도덕과 도리를 이미 이루었으니 다시는 더 올라가야 할 데도 없다'고 말한다면 비구들아, 나는 너희들에게 말하리라.

'사문의 도리를 구하다가 사문의 도리를 잃는 일이 없게 하라.'

만일 윗단계의 수행을 희망하여 비구가 몸·입·뜻·명의 행을 청정히 하고 모든 근을 지켜 보호하며 출입에 대해서도 바로 알았다면 다음에는 무엇을 꾀해야 할까? 비구는 마땅히 멀리 떠나 홀로 살기를 배워야 하나니 일 없는 곳에 있거나 혹은 나무 밑이나 비고 편안하며 고요한 곳이나 산·바위·돌집〔石室〕·한데〔露地〕나 짚더미로 가거나 혹은 숲 속이나 화장터로 가야 한다. 그가 이미 일 없는 곳에 있거나 혹은 나무 밑이나 비고 편안하고 고요한 곳에 이르렀다면 니사단尼師檀을 펴고 가부좌를 하고 앉아야 한다. 바른 몸과 바른 원願으로 생각을 다른 데로 보내지 않고 탐욕을 끊고 마음에 다툼을 없애며 남의 재물과 모든 생활 도구를 보아도 탐욕을 일으켜 내 소유로 삼으려고 하지 않나니, 그는 탐욕에 대해서 그 마음을 깨끗이 비운다. 이와 같이 성냄과 잠과 들뜸과 후회함에 대해서도 또한 그러하며 의혹을 끊어 모든 착한 법에 대해서 망설임이 없나니 그는 의혹에 있어서 그 마음을 깨끗이 비우느니라.

그는 마음을 더럽히고 지혜를 약하게 하는 이 5개蓋를 끊고 탐욕을 여의고 착하지 않은 악법을 떠나 제4선을 얻어 성취하여 노닌다. 그는 이미 이와 같은 선정을 얻고 나서는 마음이 청정하여 더러움도 없고 번거로움도 없게 되며 부드럽고 연하여 잘 머물러 움직이지 않는 마음을 얻고 번뇌가 다한 지혜의 신통으로 나아가 징험을 얻게 된다. 그래서 그는 곧 이 괴로움과 이 괴로움의 발생과 이 괴로움의 소멸과 이 괴로움의 소멸에 이르는 길에 대하여 사실 그대로 알고, 또한 이 누(漏 : 煩惱)와 이 누의 발생과 이 누의 소멸과 이 누의 소멸에 이르는 길에 대하여 사실 그대로 안다. 그는 이렇게 보고 이렇게 안 뒤에는 욕루欲漏에서 마음이 해탈하고 유루有漏와 무명루無明漏에서 마음이 해탈한다. 해탈하고 난 다음에는 곧 해탈한 줄을 알아 남[生]은 이미 다하고 범행은 이미 서고 할 일도 이미 마쳐 다시는 후세의 생명을 받지 않는다는 것을 사실 그대로 아느니라. 이런 자를 사문 범지·거룩한 사람·깨끗이 씻은 사람이라 하느니라.

어떤 자를 사문이라 하는가? 이른바 모든 착하지 않은 악법과 모든 누漏의 더러움과 미래 생명의 근본과 번거롭고 뜨거운 괴로움의 과보와 나고 늙고 병들고 죽는 원인이 되는 것을 그친 자, 이런 자를 사문이라 한다. 어떤 자를 범지라 하는가? 이른바 모든 착하지 않은 악법과 모든 누의 더러움과 미래 생명의 근본과 번거롭고 뜨거운 괴로움의 과보와 나고 늙고 병들고 죽는 원인이 되는 것을 멀리 여읜 자, 이런 자를 범지라 한다. 어떤 자를 거룩한 사람이라 하는가? 모든 착하지 않은 악법과 모든 누의 더러움과 미래 생명의 근본과 번거롭고 뜨거운 괴로움의 과보와 나고 늙고 병들고 죽는 원인이 되는 것을 멀리 여읜 자, 이런 자를 거룩한 사람이라 한다. 어떤 자를 깨끗이 씻은 사람이라 하는가? 이른바 모든 착하지 않은 악법과 모든 누의 더러움과 미래 생명의 근본과 번거롭고 뜨거운 괴로움의 과보와 나고 늙고 병들고 죽는 원인이 되는 것을 깨끗이 씻는 자, 이런 자를 깨끗이 씻은 사람이라 한다. 이들을 사문 범지 · 거룩한 사람 · 깨끗이 목욕한 사람이라 하느니라."

부처님께서 이렇게 말씀하시자 모든 비구들은 부처님 말씀을 듣고 기뻐하며 받들어 행하였다.

〔이 마읍경에 수록된 경문의 글자 수는 1,347자이다.〕

183) 마읍경 ②〔제4 분별송〕

나는 이와 같이 들었다.

어느 때 부처님께서 앙기국鴦騎國을 유행하실 적에 큰 비구들과 함께 마읍으로 가시어 비구들과 함께 마림사에 머무셨다. 그때 세존께서 모든 비구들에게 말씀하셨다.

"사람들은 그대들을 보고 사문이라고 한다. 사람들이 너희들에게 사문인가 하고 물으면 너희들은 스스로 사문이라고 말하는가?"

모든 비구들이 아뢰었다.

"그렇습니다, 세존이시여."

부처님께서 다시 말씀하셨다.

“그러므로 너희들은 그런 뜻에서 사문으로서 마땅히 사문의 도의 자취〔道迹〕를 배워 사문답지 않게 되지 말라. 사문의 도의 자취를 배우고 나면 너희는 진정한 참 사문으로서 거짓 사문이 아니다. 따라서 너희들이 만일 의복·음식·평상·탕약과 여러 가지 생활 도구를 받으면 그것을 공급해 준 사람은 큰 복과 큰 결과와 큰 공덕과 크고 넓은 과보를 얻을 것이다. 그러므로 너희들은 그렇게 배워야 하느니라.

어떤 것이 사문의 도의 자취가 아니며 또한 사문이 아닌가? 만일 탐욕〔貪〕이 있는데 탐욕을 쉬지 못하고 성냄〔恚〕이 있는데 성냄을 쉬지 못하며 미워함〔瞋〕이 있는데 미워함을 쉬지 못하고 말 끊음〔不語〕이 있는데 말 끊음을 쉬지 못하며 맺힘〔結〕이 있는데 맺힘을 쉬지 못하고 아낌〔慳〕이 있는데 아낌을 쉬지 못하며 질투〔嫉〕가 있는데 질투를 쉬지 못하고 아첨〔諛諂〕이 있는데 아첨을 쉬지 못하며 속임〔欺誑〕이 있는데 속임을 쉬지 못하고 자신에 대해 부끄러움〔慚〕이 없어 자신에 대해 부끄러워할 줄 모르며 남에게 부끄러워함〔愧〕이 없어 남에게 부끄러워할 줄 모르고 나쁜 욕심이 있는데 나쁜 욕심을 쉬지 못하며 삿된 소견이 있는데 삿된 소견을 쉬지 못하는 것이다. 이것은 사문의 때〔垢〕요 사문의 아첨이며 사문의 거짓이요 사문의 굽음이며 나쁜 곳으로 나아가게 하는 것이며 이미 배운 것을 다하지 못한 것이고 사문의 도의 자취가 아니며 또한 사문이 아니니라.

비유하면 마치 머리도 있고 날도 있는 매우 예리한 새로 만든 도끼가 승가리僧伽梨에 싸여 있는 것과 같다. 나는 저 어리석은 자들이 사문의 도를 배우는 것도 또한 그와 같다고 말한다. 이른바 탐욕이 있는데 탐욕을 쉬지 못하고 성냄이 있는데 성냄을 쉬지 못하며 미워함이 있는데 미워함을 쉬지 못하고 말 끊음이 있는데 말 끊음을 쉬지 못하며 맺힘이 있는데 맺힘을 쉬지 못하고 아낌이 있는데 아낌을 쉬지 못하며 질투가 있는데 질투를 쉬지 못하고 아첨이 있는데 아첨을 쉬지 못하며 자신에 대해 부끄러움이 없어 자신에 대해 부끄러워할 줄 모르며 남에게 부끄러워함이 없어 남에게 부끄러워할 줄 모르고 나쁜 욕심이 있는데 나쁜 욕심을 쉬지 못하며 삿된 소견이 있는데 삿된 소견을 쉬지 못하니 승가리를 입고 있지만 나는 그를 사문이라 말하지 않는다.

만일 승가리를 입은 자라면, 탐욕이 있으면 탐욕을 쉬고 성냄이 있으면 성냄을 쉬며 미워함이 있으면 미워함을 쉬고 말 끊음이 있으면 말 끊음을 쉬고 맺힘이 있으면 맺힘을 쉬며 아낌이 있으면 아낌을 쉬고 질투가 있으면 질투를 쉬며 아첨이 있으면 아첨을 쉬고 자신에 대해 부끄러워할 줄 모름이 있으면 자신에 대해 부끄러워할 줄 알고 남에게 부끄러워할 줄 모름이 있으면 남에게 부끄러워할 줄 알며 나쁜 욕심이 있으면 나쁜 욕심을 쉬고 삿된 소견이 있으면 삿된 소견을 쉬어야 한다. 또 그 친척과 벗들은 그에게 가서 이렇게 말해야 한다.

'어진 이여, 그대는 마땅히 승가리 입기를 배워야 한다. 어진 이여, 그대는 승가리 입기를 배워 탐욕이 있으면 탐욕을 쉬고 성냄이 있으면 성냄을 쉬며 미워함이 있으면 미워함을 쉬고 말 끊음이 있으면 말 끊음을 쉬며 맺힘이 있으면 맺힘을 쉬고 아낌이 있으면 아낌을 쉬며 질투가 있으면 질투를 쉬고 아첨이 있으면 아첨을 쉬며 자신에 대해 부끄러워할 줄 모르면 자신에 대해 부끄러워할 줄 알고 남에게 부끄러워할 줄 모르면 남에게 부끄러워할 줄 알며 나쁜 욕심이 있으면 나쁜 욕심을 쉬고 삿된 소견이 있으면 삿된 소견을 쉬어야 한다.'

그러므로 나는 승가리를 입은 자를 보더라도 그가 탐욕·성냄·미워함·말 끊음·맺힘·아낌·질투·아첨·자신에 대해 부끄러워할 줄 모름・남에게 부끄러워할 줄 모름・나쁜 욕심・삿된 소견이 있으면 그가 승가리를 입었더라도 나는 그를 사문이 아니라고 말한다.

이와 같이 옷이 없거나 머리를 땋거나 앉지 않거나 한끼를 먹거나 항상 목욕하거나 물을 지니는 것에 있어서도 또한 마찬가지이다.

물을 지녔다고 해서 나는 그를 사문이라고 하지는 않는다. 만일 물을 지니는 자로서 탐욕이 있으면 탐욕을 쉬고 성냄이 있으면 성냄을 쉬며 미워함이 있으면 미워함을 쉬고 말 끊음이 있으면 말 끊음을 쉬며 맺힘이 있으면 맺힘을 쉬고 아낌이 있으면 아낌을 쉬며 질투가 있으면 질투를 쉬고 아첨이 있으면 아첨을 쉬며 속임이 있으면 속임을 쉬며 자신에 대해 부끄러워할 줄 모르면 자신에 대해 부끄러워할 줄 알고 남에게 부끄러워할 줄 모르면 남에게 부끄러워할 줄 알며 나쁜 욕심이 있으면 나쁜 욕심을 쉬고 삿된 소견이 있으면 삿된 소견을 쉬어야 한다. 또 그 친척과 벗들은 그에게 가서 이렇게 말해야 한다.

'어진 이여, 그대는 마땅히 물을 지녀야 한다. 그대는 물을 지니고 나서 탐욕이 있으면 탐욕을 쉬고 성냄이 있으면 성냄을 쉬며 미워함이 있으면 미워함을 쉬고 말 끊음이 있으면 말 끊음을 쉬며 맺힘이 있으면 맺힘을 쉬고 아낌이 있으면 아낌을 쉬며 질투가 있으면 질투를 쉬고 아첨이 있으면 아첨을 쉬며 자신에 대해 부끄러워할 줄 모르면 자신에 대해 부끄러워할 줄 알고 남에게 부끄러워할 줄 모르면 남에게 부끄러워할 줄 알며 나쁜 욕심이 있으면 나쁜 욕심을 쉬고 삿된 소견이 있으면 삿된 소견을 쉬어라.'

그러므로 나는 그가 물을 지닌 것을 보더라도 탐욕・성냄・미워함・말 끊음・맺힘・아낌・질투・아첨・자신에 대해 부끄러워할 줄 모름・남에게 부끄러워할 줄 모름・나쁜 욕심・삿된 소견이 있으면 그가 아무리 물을 지니고 있다 하더라도 나는 그를 사문이라고 말하지 않는다. 이것이 사문의 도의 자취가 아니라 하고 또한 사문도 아니라고 하는 것이니라.

어떤 것이 사문의 도의 자취이고 또한 사문이 아니라고 하지 못하는 경우인가? 만일 탐욕이 있으면 탐욕을 쉬고 성냄이 있으면 성냄을 쉬며 미워함이 있으면 미워함을 쉬고 말 끊음이 있으면 말 끊음을 쉬며 번뇌가 있으면 번뇌를 쉬고 아낌이 있으면 아낌을 쉬며 질투가 있으면 질투를 쉬고 아첨이 있으면 아첨을 쉬며 자신에 대해 부끄러워할 줄 모름이 있으면 자신에 대해 부끄러워할 줄 알고 남에게 부끄러워할 줄 모름이 있으면 남에게 부끄러워할 줄 알며 나쁜 욕심이 있으면 나쁜 욕심을 쉬고 삿된 소견이 있으면 삿된 소견을 쉬는 것이다. 이것은 사문의 질투·사문의 아첨·사문의 거짓·사문의 굽음 등 나쁜 곳으로 나아가게 하는 것을 이미 없앤 것이고, 사문의 도의 자취를 배운 것이며 또한 사문이 아니라고 하지 못하는 경우이니라. 이것을 사문의 도의 자취라 하고 또한 사문이 아니라고 하지 못하는 경우이니라.

그는 이와 같이 계를 성취하고 몸도 청정하고 입과 뜻도 청정하며 마음에는 탐욕도 없고 성냄도 없으며 잠도 없고 들뜸과 교만도 없으며 의혹이 끊어지고 바른 생각과 바른 지혜를 지녔고 어리석음이 없으며 그 마음은 자애로움〔慈〕과 함께하여 1방에 두루 차서 성취하여 노닌다. 이와 같이 2·3·4방과 4유·상·하 일체에 두루 한다. 그 마음은 자애로움과 함께하여 맺힘〔結〕도 없고 원망도 없으며 성냄도 없고 다툼도 없다. 지극히 넓고 매우 크며 한량없는 선행을 닦아 일체 세간에 두루 차서 성취하여 노닌다. 이와 같이 불쌍히 여김〔悲〕·기뻐함〔喜〕에 있어서도 또한 그러하며 그 마음은 평정함〔捨〕과 함께하여 맺힘도 없고 원망도 없으며 성냄도 없고 다툼도 없으며 지극히 넓고 매우 크며 한량없는 선행을 닦아 일체 세간에 두루 차서 성취하여 노니느니라.

그는 곧 이렇게 생각한다.

'추한 것도 있고 묘한 것도 있으며 생각〔想〕도 있다. 이상 나열한 것에서 벗어나는 길을 사실 그대로 꼭 알아야 한다.'

그는 이렇게 알고 이렇게 본 뒤에는 곧 욕심의 번뇌〔欲漏〕에서 마음이 해탈하고 생명의 번뇌〔有漏〕와 무명의 번뇌〔無明漏〕에서 마음이 해탈한다. 해탈한 뒤에는 곧 해탈한 줄을 알아 생이 이미 다하고 범행은 이미 서고 할 일을 이미 마쳐 다시는 후세의 생명을 받지 않는다고 사실 그대로 안다.

마치 마을에서 멀지 않은 곳에 좋은 못이 있는데 맑은 물이 가득 차 있고 푸른 풀은 언덕을 덮었으며 꽃과 나무는 사방에 둘러 있는 것과 같다. 그러면 혹 동쪽에서 굶주리고 목이 말라 지극히 피로한 어떤 사람이 와서 언덕 위에서 옷을 벗고 못에 들어가 시원하게 목욕하여 때를 씻고 더위를 식히고 또한 목마름을 던다. 이렇게 남쪽·서쪽·북쪽에서도 굶주리고 목이 말라 지극히 피로한 어떤 사람들이 와서 언덕 위에서 옷을 벗고 못에 들어가 시원하게 목욕하여 때를 씻고 더위를 식히고 또한 목마름도 던다. 이와 같이 찰리刹利 큰 종족의 아들이 수염과 머리를 깎고 가사를 입고 지극한 믿음으로 집을 버려 가정이 없이 도를 배워 마음의 행이 그치면 마음이 고요하게 된다. 이 마음이 고요한 사람을 나는 사문 범지·거룩한 사람·깨끗이 목욕한 사람이라고 한다. 이와 같이 범지·거사·공사工師의 큰 종족의 아들들도 수염과 머리를 깎고 가사를 입고 지극한 믿음으로 집을 버려 가정 없이 도를 배워 마음의 행이 그치면 마음이 고요하게 된다. 이 마음이 고요한 사람을 나는 사문 범지·거룩한 사람·깨끗이 목욕한 사람이라 하느니라.

어떤 자를 사문이라 하는가? 모든 착하지 않은 악법과 모든 누漏의 더러움과 미래 생명의 근본과 번거롭고 뜨거운 괴로움의 과보와 나고 늙고 병들고 죽는 원인이 되는 것을 그치는 자, 이런 자를 사문이라 한다.

어떤 자를 범지梵志라 하는가? 모든 착하지 않은 악법과 모든 누의 더러움과 미래 생명의 근본과 번거롭고 뜨거운 괴로움의 과보와 나고 늙고 병들고 죽는 원인이 되는 것을 멀리 여읜 자, 이런 자를 범지라 한다.

어떤 자를 거룩한 사람이라 하는가? 모든 착하지 않은 악법과 모든 누의 더러움과 미래 생명의 근본과 번거롭고 뜨거운 괴로움의 과보와 나고 늙고 병들고 죽는 원인이 되는 것을 멀리 여읜 자, 이런 자를 거룩한 사람이라 한다.

어떤 자를 깨끗이 목욕한 사람이라 하는가? 모든 착하지 않은 악법과 모든 누의 더러움과 미래 생명의 근본과 번거롭고 뜨거운 괴로움의 과보와 나고 늙고 병들고 죽는 원인이 되는 것을 깨끗이 씻은 자, 이런 자를 깨끗이 목욕한 사람이라 한다. 이들을 사문 범지 · 거룩한 사람 · 깨끗이 목욕한 사람이라 하느니라."

부처님께서 이렇게 말씀하시자 모든 비구들은 부처님 말씀을 듣고 기뻐하며 받들어 행하였다.

〔이 마읍경에 수록된 경문의 글자 수는 1,460자이다.〕

184) 우각사라림경牛角娑羅林經[5] ①〔제4 분별송〕

나는 이와 같이 들었다.

어느 때 부처님께서 발기수跋耆瘦를 유행하실 적에 우각사라牛角娑羅라는 숲에 계셨다. 그때 존자 사리자 · 존자 대목건련 · 존자 대가섭 · 존자 대가전연 · 존자 아나율타 · 존자 이월다離越哆 · 존자 아난 등 지식이 많은 높고 큰 비구 제자들도 또한 발기수에 노닐다가 우각사라 숲에 있으면서 모두 부처님께서 머무시는 나뭇잎으로 지은 집 가까이에 머물렀다.

이에 존자 대목건련 · 존자 대가섭 · 존자 대가전연 · 존자 아나율타는 밤이 지나고 이른 아침에 존자 사리자가 있는 곳으로 갔다. 존자 아난은 멀리서 그 여러 존자들이 떠나는 것을 보고 존자 이월다에게 아뢰었다.

"현자 이월다여, 저 존자 대목건련 · 존자 대가섭 · 존자 대가전연 · 존자 아나율타가 밤이 지나고 이른 아침이 되자 존자 사리자에게로 가십니다. 현자 이월다여, 우리도 저 여러 존자들과 함께 존자 사리자에게로 가십시다. 혹 저분들을 따라 가면 존자 사리자로부터 많은 법을 들을 지도 모릅니다."

이에 존자 대목건련 · 존자 대가섭 · 존자 대가전연 · 존자 아나율타 · 존자 이월다 · 존자 아난은 밤이 지나고 이른 아침에 존자 사리자가 있는 곳으로 갔다. 존자 사리자는 멀리서 여러 존자들이 오는 것을 보았다. 존자 사리자는 여러 존자들을 위해 말하였다.

5 이 경의 이역본으로 서진西晋시대 축법호竺法護가 한역한 『생경生經』 중의 소경 「비구각언지경比丘各言志經」이 있다.

"잘 왔소. 현자 아난이여, 잘 왔소. 아난이여, 잘 왔소. 아난이여, 아난은 세존의 시자로서 세존의 뜻을 잘 알고 언제나 세존의 칭찬과 모든 지혜로운 범행인들의 칭찬을 받고 있소. 나는 이제 현자 아난에게 묻겠소. 이 우각사라 동산은 매우 애착이 가고 즐길 만하오. 밤이 되면 밝은 달이 뜨고 모든 사라 나무들이 묘한 향기를 풍기는 것이 마치 하늘꽃과 같소. 현자 아난이여, 어떤 비구가 이 우각사라 동산을 더욱 아름답게 할 수 있겠는지요?"

존자 아난이 대답하였다.

"존자 사리자여, 혹 어떤 비구는 널리 배우고 많이 듣고 잘 지녀 잊지 않으며 널리 아는 것을 쌓아 둡니다. 그가 말하는 법은 처음도 묘하고 중간도 묘하고 마지막도 또한 묘하며, 뜻도 있고 문채도 있으며, 두루 갖추고 청정하여 범행을 드날립니다. 이러한 모든 법을 널리 배우고 많이 들어 천 번이나 음미하며 익히고 생각하고 관찰하는 것은 밝게 보고 깊이 통달하며 그가 설명하는 법은 간단하고 긴요하며 빠르고 날카로워 바른 이치와 서로 호응하고 모든 번뇌를 끊게 합니다. 존자 사리자여, 그러한 비구라면 이 우각사라 동산을 더욱 아름답게 할 것입니다."

존자 사리자는 다시 현자 이월다에게 물었다.

"현자 이월다여, 현자 아난 비구는 이미 아는 대로 말하였소. 내가 이제 다시 묻겠소. 현자 이월다여, 이 우각사라 동산은 매우 애착이 가고 즐길 만하오. 밤이 되면 밝은 달이 뜨고 모든 사라나무들은 다 묘한 향기를 풍기는 것이 마치 하늘꽃과 같소. 현자 이월다여, 어떤 비구가 이 우각사라 동산을 더욱 아름답게 할 수 있겠는지요?"

존자 이월다가 대답하였다.

"존자 사리자여, 혹 어떤 비구는 편안히 앉기를 좋아하여 마음의 행이 그치고 좌선을 폐하지 않아 관觀을 성취하고 항상 한가히 살기를 좋아하여 편안하고 고요한 곳을 즐깁니다. 존자 사리자여, 그러한 비구라면 이 우각사라 동산을 더욱 아름답게 할 수 있을 것입니다."

존자 사리자는 다시 현자 아나율타에게 물었다.

"현자 아나율타여, 현자 이월다 비구가 이미 아는 대로 말하였소. 내가 이제 다시 묻겠소. 현자 아나율타여, 이 우각사라 동산은 매우 애착이 가고 즐길 만하오. 밤이 되면 밝은 달이 뜨고, 모든 사라나무들은 다 묘한 향기를 풍기는 것이 마치 하늘꽃과 같소. 현자 아나율타여, 어떤 비구가 이 우각사라 동산을 더욱 아름답게 할 수 있겠는지요?"

존자 아난율타는 대답하였다.

"존자 사리자여, 혹 어떤 비구는 천안통天眼通을 얻고 천안통을 성취하여 1천 개의 세계를 조그마한 방편으로 잠깐 동안에 다 봅니다. 존자 사리자여, 이는 마치 눈이 밝은 사람이 높은 누각 위에 서 있으면서 그 아래 노지露地에 있는 1천 흙구덩이를 조그마한 방편으로 잠깐 동안에 다 보는 것과 같습니다. 존자 사리자여, 이와 같이 혹 어떤 비구는 천안통天眼通을 얻고 성취하여 1천 세계를 조그마한 방편으로 잠깐 동안에 다 봅니다. 존자 사리자여, 그러한 비구라면 이 우각사라 동산을 더욱 아름답게 할 수 있을 것입니다."

존자 사리자가 다시 현자 가전연에게 물었다.

"현자 가전연이여, 현자 아나율타 비구가 이미 아는 대로 말하였소. 나는 이제 다시 묻겠소. 현자 가전연이여, 이 우각사라 동산은 매우 애착이 가고 즐길 만하오. 밤이 되면 밝은 달이 뜨고 모든 사라나무는 다 묘한 향기를 풍기는 것이 마치 하늘꽃과 같소. 현자 가전연이여, 어떤 비구가 이 우각사라 동산을 더욱 아름답게 할 수 있겠는지요?"

존자 대가전연이 대답하였다.

“존자 사리자여, 마치 두 비구 법사가 함께 매우 심오한 아비담阿毘曇을 논하는 것과 같이 남이 묻는 일을 다 잘 알아 이해하고 그 답도 또한 걸림이 없어 설법하는 말재주가 민첩하다면 존자 사리자여, 그러한 비구라면 이 우각사라 동산을 더욱 아름답게 할 것입니다.”

존자 사리자가 다시 존자 대가섭에게 물었다.

“존자 대가섭이여, 현자 가전연 비구가 이미 아는 대로 말하였소. 내가 이제 다시 묻겠소. 존자 대가섭이여, 이 우각사라 동산은 매우 애착이 가고 즐길 만하오. 밤이 되면 밝은 달이 뜨고 모든 사라나무들은 다 묘한 향기를 풍기는 것이 마치 하늘꽃과 같소. 존자 대가섭이여, 어떤 비구가 이 우각사라 동산을 더욱 아름답게 할 수 있겠는지요?”

존자 대가섭이 대답하였다.

“현자 사리자여, 혹 어떤 비구는 스스로 일 없이 지내며 일이 없음을 칭찬하여 말하고 스스로 욕심이 적으며 욕심이 적음을 칭찬하여 말하고 스스로 족함을 알고 족함을 아는 것을 칭찬하여 말하고 스스로 멀리 떠나 홀로 살아가는 것을 즐기며 멀리 떠나 홀로 살기 좋아하는 것을 칭찬하여 말하고 스스로 수행하고 정근하며 수행하고 정근하는 것을 칭찬하여 말하고 스스로 바른 생각〔正念〕과 바른 지혜를 세우고 바른 생각과 바른 지혜 세우는 것을 칭찬하여 말하며 스스로 선정을 얻고 선정을 얻는 것을 칭찬하여 말하며 스스로 지혜가 있고 지혜 있음을 칭찬하여 말하며 스스로 모든 번뇌가 이미 다했고 모든 번뇌가 이미 다한 것을 칭찬하여 말하며 스스로 마음을 내고 못내 우러러 성취하고 기뻐하며 마음을 내고 못내 우러러 성취하고 기뻐하는 것을 칭찬하여 말합니다. 존자 사리자여, 그러한 비구라면 이 우각사라 동산을 더욱 아름답게 할 것입니다.”

존자 사리자가 다시 존자 목건련에게 물었다.

“현자 목건련이여, 존자 대가섭은 이미 아는 대로 말하였소. 내가 이제 다시 묻겠소. 현자 목견련이여, 이 우각사라 동산은 매우 애정이 가고 즐길 만하오. 밤이 되면 밝은 달이 뜨고, 모든 사라나무들은 다 묘한 향기를 풍기는 것이 마치 하늘꽃과 같소. 현자 목건련이여, 어떤 비구가 이 우각사라 동산을 더욱 아름답게 할 수 있겠는지요?”

존자 대목건련이 대답하였다.

“존자 사리자여, 혹 어떤 비구는 큰 여의족如意足이 있고 큰 위덕이 있으며 큰 복이 있고 큰 위신이 있으며 자재하기 한량없는 여의족이 있습니다. 그는 한량없는 여의족을 행하여 하나를 변화시켜 여럿을 만들고 여럿을 합해 하나를 만들며 하나는 곧 하나 그대로 둡니다.

그는 아는 것이 있고, 보는 것이 있어 돌 벽을 뚫고 지나가는 것이 허공에서와 같이 걸림이 없고 땅속으로 드나드는 것이 마치 물에서와 같으며 땅을 밟듯이 물 위를 걸어 빠지지 않고 허공에 올라가 가부좌를 하고 앉는 것이 마치 새와 같습니다. 그리고 이제 큰 여의족이 있고 큰 위덕이 있으며 큰 복이 있고 큰 위신이 있어 저 해와 달을 손으로 움켜잡고 몸은 범천까지 이릅니다. 존자 사리자여, 그러한 비구라면 이 우각사라 동산을 더욱 아름답게 할 것입니다.”

존자 대목건련이 존자 사리자에게 물었다.

“존자 사리자여, 저와 여러 존자들은 각각 자기가 아는 대로 말하였습니다. 제가 이제 묻겠습니다. 존자 사리자여, 이 우각사라 동산은 매우 애정이 가고 즐길 만합니다. 밤이 되면 밝은 달이 뜨고 모든 사라나무에서 묘한 향기를 풍기는 것이 마치 하늘꽃과 같습니다. 존자 사리자여, 어떤 비구가 이 우각사라 동산을 더욱 아름답게 하겠습니까?"

존자 사리자가 대답하였다.

"현자 목건련이여, 혹 어떤 비구는 마음 쓰기를 따라 자재하면서도 마음을 따르지 않소. 그가 만일 어디서나 선정에 들었다가 오전에 노닐고자 하면 그는 곧 선정에 들었다가 오전에 노닐며 그가 만일 어디서나 선정에 들었다가 한낮이나 해질 녘에 노닐고자 하면 그는 곧 선정에 들었다가 한낮이나 해질 녘에 노닙니다. 현자 목건련이여, 마치 왕이나 왕의 대신에게는 여러 가지 묘한 빛깔이 섞인 옷이 매우 많이 있어서 그가 만일 오전에 입고자 하면 곧 내어 입고 한낮이나 해질 녘에 입고자 해도 곧 내어 입는 것과 같소. 현자 목건련이여, 이와 같이 혹 어떤 비구는 마음 쓰기를 따라 자재하면서도 마음을 따르지 않소. 그가 만일 어디서나 선정에 들었다가 오전에 노닐고자 하면 그는 곧 선정에 들었다가 오전에 노닐며 그가 만일 어디서나 선정에 들었다가 한낮에나 해질 녘에 노닐고자 하면 그는 곧 선정에 들었다가 한낮에나 해질 녘에 노닙니다. 현자 목건련이여, 그러한 비구라면 이 우각사라 동산을 더욱 아름답게 할 것이오."

존자 사리자가 말하였다.

"현자 목건련이여, 나와 여러 현자들은 이미 각각 아는 대로 말하였소. 현자 목건련이여, 우리는 이제 저 여러 현자들과 함께 부처님께 나아가 지금까지 우리가 말한 것 중에서 누가 가장 잘 말하였는가를 알아봅시다."

이에 존자 사리자 · 존자 대목건련 · 존자 대가섭 · 존자 대가전연 · 존자 아나율타 · 존자 이월다 · 존자 아난 등은 부처님 계신 곳으로 나아갔다. 여러 존자들은 부처님 발에 머리를 조아리고 물러나 한쪽에 앉았다. 존자 아난도 또한 부처님 발에 머리를 조아리고 물러나 한쪽에 조용히 섰다.

존자 사리자가 아뢰었다.

"세존이시여, 오늘 현자 대목건련 · 존자 대가섭 · 현자 가전연 · 현자 아나율타 · 현자 이월다 · 현자 아난 등은 밤이 지나고 이른 아침이 되자 제게 왔었습니다. 저는 멀리서 여러 현자들이 오는 것을 보고 그 현자들을 위하여 이렇게 말했습니다.

'잘 왔소. 현자 아난이여, 잘 왔소. 아난이여, 잘 왔소. 아난이여, 세존의 시자는 세존의 뜻을 알고 항상 세존의 칭찬과 모든 지혜로운 범행인들의 칭찬을 받고 있소. 나는 이제 현자 아난에게 묻겠소. 이 우각사라 동산은 매우 애정이 가고 즐길 만하오. 밤이 되면 밝은 달이 뜨고, 모든 사라나무들은 다 묘한 향기를 풍기는 것이 마치 하늘꽃과 같소. 현자 아난이여, 어떤 비구가 이 우각사라 동산을 더욱 아름답게 할 수 있겠는지요?'

현자 아난이 곧 제게 이렇게 대답하였습니다.

'존자 사리자여, 혹 어떤 비구는 널리 배우고 많이 듣고 잘 지녀 잊지 않으며 널리 아는 것을 쌓아 둡니다. 그가 말하는 법은 처음도 묘하고 중간도 묘하고 마지막도 또한 묘하며 뜻도 있고 문체도 있으며 두루 갖추고 청정하여 범행을 드날립니다. 이러한 모든 법을 널리 듣고 많이 들어 천 번이나 음미하며 익히고 생각하고 관찰하는 것은 밝게 보고 깊이 통달하며 그가 설명하는 법은 간단하고 긴요하며 빠르고 날카로워 바른 이치과 서로 호응하고 모든 번뇌를 끊게 합니다. 존자 사리자여, 그러한 비구라면 이 우각사라 동산을 더욱 아름답게 할 것입니다.'"

세존께서는 찬탄하셨다.

"훌륭하고 훌륭하다. 사리자여, 진실로 아난 비구가 말한 것과 같다. 왜냐하면 아난 비구는 많이 듣기〔多聞〕를 성취하였기 때문이니라."

존자 사리자는 아뢰었다.

"세존이시여, 현자 아난이 이렇게 말한 뒤에 저는 다시 현자 이월다에게 이렇게 물었습니다.

'현자 이월다여, 현자 아난 비구는 이미 아는 대로 말하였소. 내가 이제 다시 묻겠소. 현자 이월다여, 이 우각사라 동산은 매우 애정이 가고 즐길 만하오. 밤이 되면 밝은 달이 뜨고 모든 사라나무들은 묘한 향기를 풍기는 것이 마치 하늘꽃과 같소. 현자 이월다여, 어떤 비구가 이 우각사라 동산을 더욱 아름답게 할 수 있겠는지요?'

현자 이월다가 곧 제게 대답하였습니다.

'존자 사리자여, 혹 어떤 비구는 편안히 앉기를 좋아하여 마음의 행이 그치고 좌선을 폐하지 않아 관을 성취하고 항상 한가히 살기를 좋아하여 편안하고 고요한 곳을 즐깁니다. 존자 사리자여, 그러한 비구라면 이 우각사라 동산을 더욱 아름답게 할 것입니다.'"

세존께서는 찬탄하셨다.

"훌륭하고 훌륭하다. 사리자여, 이월다 비구가 말한 바와 같다. 왜냐하면 이월다 비구는 언제나 좌선坐禪을 즐기기 때문이니라."

존자 사리자가 여쭈었다.

"세존이시여, 현자 이월다가 이렇게 말한 뒤에 저는 다시 현자 아나율타에게 물었습니다.

'현자 아나율타여, 현자 이월다 비구가 이미 아는 대로 말하였소. 내가 이제 다시 묻겠소. 현자 아나율타여, 이 우각사라 동산은 매우 애정이 가고 즐길 만하오. 밤이 되면 밝은 달이 뜨고 모든 사라나무들은 묘한 향기를 풍기는 것이 마치 하늘꽃과 같소. 현자 아나율타여, 어떤 비구가 이 우각사라 동산을 더욱 아름답게 하겠는지요?'

현자 아나율타는 곧 제게 대답하였습니다.

'존자 사리자여, 혹 어떤 비구는 천안통을 얻고 천안통을 성취하여 1천 세계를 조그마한 방편으로 잠깐 동안에 다 봅니다. 존자 사리자여, 이는 마치 눈이 밝은 사람이 높은 누각 위에 있으면서 그 아래 노지에 있는 1천 개의 흙구덩이를 조그마한 방편으로 잠깐 동안에 다 보는 것과 같습니다. 존자 사리자여, 이와 같이 만일 어떤 비구가 천안통을 얻고 천안통을 성취하여 1천 세계를 조그마한 방편으로 잠깐 동안에 다 본다면, 존자 사리자여, 그러한 비구라면 이 우각사라 동산을 더욱 아름답게 할 수 있을 것입니다.'"

세존께서는 찬탄하셨다.

"훌륭하고 훌륭하다. 사리자여, 아나율타 비구가 말한 것과 같다. 왜냐하면 아나율타 비구는 천안통天眼通을 성취하였기 때문이니라."

존자 사리자는 아뢰었다.

"세존이시여, 현자 아나율타가 이렇게 말한 뒤에 저는 다시 현자 가전연에게 물었습니다.

'현자 가전연이여, 현자 아나율타 비구가 이미 아는 대로 말하였소. 나는 이제 다시 묻겠소. 현자 가전연이여, 이 우각사라 동산은 매우 애정이 가 즐길만하오. 밤이 되면 밝은 달이 뜨고 모든 사라나무들은 다 묘한 향기를 풍기는 것이 마치 하늘꽃과 같소. 현자 가전연이여, 어떤 비구가 이 우각사라 동산을 더욱 아름답게 하겠는지요?'

현자 가전연이 곧 제게 대답하였습니다.

'존자 사리자여, 마치 두 비구 법사가 함께 매우 심오한 아비담을 논하는 것과 같이 남이 묻는 일을 다 알아 이해하고 그 답도 또한 걸림이 없어 설법하는 말재주가 민첩하면 존자 사리자여, 그러한 비구라면 이 우각사라 동산을 더욱 아름답게 할 수 있을 것입니다.'

세존께서는 찬탄하셨다.

“훌륭하고 훌륭하다. 사리자여, 가전연 비구가 말한 것과 같다. 왜냐하면 가전연 비구는 법을 잘 분별分別하는 법사이기 때문이니라.”

존자 사리자가 아뢰었다.

“세존이시여, 현자 가전연이 이렇게 말한 뒤에 저는 다시 대가섭에게 물었습니다.

‘존자 대가섭이여, 현자 가전연 비구가 이미 아는 대로 말하였소. 내가 이제 다시 묻겠소. 존자 대가섭이여, 이 우각사라 동산은 매우 애정이 가고 즐길 만하오. 밤이 되면 밝은 달이 뜨고 모든 사라나무는 다 묘한 향기를 풍기는 것이 마치 하늘꽃과 같소. 존자 대가섭이여. 어떤 비구가 이 우각사라 동산을 더욱 아름답게 할 수 있겠는지요?’

‘존자 대가섭이 곧 저에게 대답하였습니다.

‘현자 사리자여, 혹 어떤 비구는 스스로 일이 없이 지내며 일이 없음을 칭찬하여 말하고 스스로 욕심이 적으며 욕심이 적음을 칭찬하여 말하고 스스로 족함을 알며 족함을 아는 것을 칭찬하여 말하고 스스로 멀리 떠나 홀로 사는 것을 즐기고 멀리 떠나 홀로 사는 삶을 즐기는 것을 칭찬하여 말하며 스스로 수행하고 정근하며 수행하고 정근하는 것을 칭찬하여 말하고 스스로 바른 생각과 바른 지혜를 세우고 바른 생각과 바른 지혜 세우는 것을 칭찬하여 말하며 스스로 선정을 얻고 선정을 얻는 것을 칭찬하여 말하며 스스로 지혜가 있고 지혜를 칭찬하여 말하며 스스로 모든 번뇌가 이미 다했고 모든 번뇌가 이미 다한 것을 칭찬하여 말하며 스스로 마음을 내고 못내 우러러 성취하고 기뻐하며 마음을 내고 못내 우러러 성취하고 기뻐하는 것을 칭찬하여 말합니다. 현자 사리자여, 그러한 비구라면 이 우각사라 동산을 더욱 아름답게 할 것이오.’”

세존께서 찬탄하셨다.

“훌륭하고 훌륭하다. 사리자여, 가섭이 말한 것과 같다. 왜냐하면 가섭 비구는 항상 일 없기를 행하기 때문이니라.”

존자 사리자가 아뢰었다.

“세존이시여, 존자 대가섭이 이렇게 말한 뒤에 저는 다시 현자 목건련에게 물었습니다.

‘현자 목건련이여, 존자 대가섭이 이미 아는 대로 말하였소. 내가 이제 다시 묻겠소. 현자 목건련이여, 이 우각사라 동산은 매우 애정이 가고 즐길만 하오. 밤이 되면 밝은 달이 뜨고 모든 사라나무들은 다 묘한 향기를 풍기는 것이 마치 하늘꽃과 같소. 현자 목건련이여, 어떤 비구가 이 우각사라 동산을 더욱 아름답게 할 수 있겠는지요?’

현자 대목건련이 곧 저에게 대답하였습니다.

‘존자 사리자여, 혹 어떤 비구는 큰 여의족이 있고 큰 위덕이 있으며 큰 복이 있고 큰 위신이 있으며 자재하기 한량없는 여의족이 있습니다. 그는 한량없는 여의족을 행하여 하나를 변화시켜 여럿을 만들고 여럿을 합해 하나로 만들며 하나는 곧 하나 그대로 둡니다. 그는 아는 것이 있고 보는 것이 있어 돌벽을 뚫고 지나가는 것은 허공에서와 같이 걸림이 없고 땅속으로 드나드는 것은 마치 물에서와 같으며 땅을 밟듯이 물 위를 걸어 빠지지 않고 허공에 올라가 가부좌를 하고 앉는 것이 마치 새와 같습니다. 그리고 이제 큰 여의족이 있고 큰 위덕이 있으며 큰 복이 있고 큰 위신이 있어 저 해와 달을 손으로 움켜잡고 몸은 범천까지 이릅니다. 존자 사리자여, 그러한 비구라면 이 우각사라 동산을 더욱 아름답게 할 것입니다.’”

세존께서는 찬탄하셨다.

“훌륭하고 훌륭하다. 사리자여, 목건련 비구가 말한 것과 같다. 왜냐하면 목건련 비구는 큰 여의족이 있기 때문이니라."

이에 존자 대목건련이 곧 자리에서 일어나 가사 한자락을 벗어 메고 합장하고 부처님을 향하여 아뢰었다.

"세존이시여, 저와 여러 존자들은 그렇게 말한 뒤에 곧 존자 사리자에게 말했습니다.

'존자 사리자여, 저와 여러 존자들은 각각 자기가 아는 대로 말하였습니다. 제가 이제 묻겠습니다. 존자 사리자여, 이 우각사라 동산은 매우 애정이 가고 즐길 만합니다. 밤이 되면 밝은 달이 뜨고 모든 사라나무들은 묘한 향기를 풍기는 것이 마치 하늘꽃과 같습니다. 존자 사리자여, 어떤 비구가 이 우각사라 동산을 더욱 아름답게 할 수 있겠습니까?'

존자 사리자가 곧 저에게 대답하였습니다.

'현자 목건련이여, 혹 어떤 비구는 마음 쓰기를 따라 자재하면서도 마음을 따르지 않소. 그가 만일 어디서나 선정에 들었다가 오전에 노닐고자 하면 그는 곧 선정에 들었다가 곧 오전에 노닐며 그가 만일 어디서나 선정에 들었다가 한낮이나 해질 녘에 노닐고자 하면 그는 어디서나 선정에 들었다가 한낮이나 해질 녘에 노니오. 현자 목건련이여, 마치 왕이나 왕의 대신에게는 여러 가지 묘한 빛깔이 섞인 옷이 매우 많이 있어서 그가 만일 오전에 입고자 하면 곧 내어 입고 한낮이나 해질 녘에 입고자 하면 곧 내어 입는 것과 같소. 현자 목건련이여, 이와 같이 혹 어떤 비구는 마음 쓰기를 따라 자재하면서도 마음을 따르지 않소. 그가 만일 어디서나 선정에 들었다가 오전에 노닐고자 하면 그는 곧 선정에 들었다가 오전에 노닐며 그가 만일 어디서나 선정에 들었다가 한낮이나 해질 녘에 노닐고자 하면 그는 곧 선정에 들었다가 한낮이나 해질 녘에 노닙니다. 현자 목건련이여, 그러한 비구라면 이 우각사라 동산을 더욱 아름답게 할 것이오.'"

세존께서는 찬탄하셨다.

"훌륭하고 훌륭하다. 목건련이여, 사리자 비구가 말한 것과 같다. 왜냐하면 사리자 비구는 마음 쓰기를 따라 자재하기 때문이니라."

이에 존자 사리자가 곧 자리에서 일어나 가사 한 자락을 벗어 메고 합장하고 부처님을 향하여 여쭈었다.

"세존이시여, 저와 여러 현자들이 이렇게 말한 뒤에 저는 다시 말하였습니다.

'현자 목건련이여, 나와 모든 현자들은 이미 각각 아는 대로 말하였소. 현자 목건련이여, 우리는 이제 저 여러 현자들과 함께 부처님께 나아가 지금까지 우리가 말한 것 중에서 누가 가장 잘 말하였는가를 알아봅시다.'

세존이시여. 저희들 중에 누가 가장 잘 말하였습니까?"

세존께서는 대답하셨다.

"사리자여, 모두가 다 좋다. 왜냐하면 그 모든 법은 다 내가 말한 것이기 때문이다. 사리자여, 내 말을 들으라. 그러한 비구들이라면 이 우각사라 동산을 더욱 아름답게 할 것이다. 사리자여, 혹 어떤 비구는 그가 의지해 사는 성이나 촌·읍의 어디에서 밤을 지내고 이른 아침에 가사를 입고 발우를 가지고 마을에 들어가 걸식할 때에 몸을 잘 보호하고 모든 근을 잘 단속하고 그 기억〔念〕을 잘 세운다. 그는 걸식한 뒤 오후가 되면 옷과 발우를 챙기고 손과 발을 씻고 니사단을 어깨에 메고 혹은 일 없는 곳이나 혹은 나무 밑이나 혹은 비고 편안하고 고요한 곳으로 가서 니사단을 펴고 가부좌를 하고 앉는다. 그는 가부좌를 풀기 전에 결국은 번뇌가 다하게 된다. 그가 가부좌를 풀기 전에 결국은 번뇌가 다하게 되면 사리자여, 그러한 비구라면 이 우각사라 동산을 더욱 아름답게 할 것이니라."

부처님께서 이렇게 말씀하시자 비구들은 부처님 말씀을 듣고 기뻐하며 받들어 행하였다.

〔이 우각사라림경에 수록된 경문의 글자 수는 3,785자이다.〕

185) 우각사라림경 ②〔제4 분별송〕

나는 이와 같이 들었다.

어느 때 부처님께서는 나마제那摩提[6]수瘦를 유행하실 적에 건기정사揵祁精舍[7]에 계셨다. 그때 세존께서는 밤이 지나고 이른 아침이 되자 가사를 입고 발우를 가지고 나마제로 가서 걸식하셨고 걸식을 마치고 오후가 되어 우각사라 동산으로 가셨다. 그때 우각사라 동산에는 존자 아나율타阿那律陀와 존자 난제難提[8]와 존자 금비라金毘羅[9] 등 세 족성의 아들이 함께 있었다.

그 존자들의 소행은 이러하였다. 걸식하고 먼저 돌아온 자는 자리를 펴고 물을 길으며 발 씻는 그릇을 내어놓고 씻은 발을 올려놓는 등상〔橙〕·발 닦는 수건·물병·대야를 준비해 놓는다. 빌어온 밥을 다 먹을 수 있는 사람은 다 먹고 남으면 그릇에 덮어둔다. 먹은 뒤에는 발우를 거두고 손과 발을 씻고 니사단[10]을 어깨에 메고 방에 들어가

6 팔리어로는 Nādika이고, 나제가那提迦로 음역하기도 한다. 『잡아함경』 제30권 854번째 소경에는 나리가那梨迦로 되어 있다.

7 팔리어로는 Giñjakāvasatha이고, 긴기가정사緊耆迦精舍라고도 한다. 초벌구이한 벽돌로 지은 정사라는 뜻이다.

8 난제難提는 팔리어로 Nandiya이다.

9 금비라金毘羅는 팔리어로 Kimbila이다.

고요히 앉는다. 혹 걸식하고 뒤에 돌아온 자는 빌어 온 밥을 다 먹을 수 있는 사람은 다 먹고 모자라면 앞사람이 남겨둔 밥을 가져다 먹는다. 그래도 남으면 깨끗한 땅이나 벌레가 없는 물에다 쏟는다. 그는 먹은 밥그릇을 깨끗이 씻어 닦은 뒤에는 한쪽에 치워 두고 자리를 걷고 씻은 발을 얹는 등상을 치우고 발 닦는 수건을 거두고 발 씻는 그릇・물병・대야를 챙기고 물을 뿌려 식당을 쓸고 변소를 소제한 뒤에 가사와 발우를 챙겨 두고 손과 발을 씻고 니사단을 어깨에 메고 방에 들어가 편안히 앉는다. 그 존자들은 해질 무렵이 되어 혹 편안한 자리에서 먼저 일어난 자는 물병이나 대야가 비어 물이 없는 것을 보면 곧 가지고 가서 물을 긷고 그 물그릇이 힘에 겹지 않으면 그대로 가지고 와서 한쪽에 둔다. 만일 그 물 그릇이 힘에 겨우면 곧 손으로 한 비구를 불러 둘이서 들고 와서 한쪽에 두되 서로 말하지도 않고 서로 묻지도 않는다. 그 존자들은 닷새 만에 한 번 모여 서로 법을 말하거나 혹은 성스러운 침묵을 지킨다.

그때 동산지기는 멀리서 세존께서 오시는 것을 보고 꾸짖어 막으면서 말하였다.

"사문, 사문, 이 동산에 들어오지 마시오. 왜냐하면 지금 이 동산에는 존자 아나율타・존자 난제・존자 금비라 등 세 족성의 아들이 계시기 때문입니다. 그들이 만일 당신을 보면 아마 싫어 할 것입니다."

세존께서 말씀하셨다.

"동산지기여, 그들이 만일 나를 보면 틀림없이 좋아하면 했지 싫어하지 않을 것이다."

---

10 니사단尼師壇은 범어로 Niṣīdana이고, 좌구坐具・부구敷具・수좌의隨坐衣로 한역한다. 부처님께서 제정한 비구 6물物의 하나로 앉거나 누울 때 땅에 펴는 네모난 깔개이다.

이때 존자 아나율타가 멀리서 세존께서 오시는 것을 보고 곧 동산지기를 꾸짖었다.

"동산지기여, 세존을 나무라지 말라. 그대 동산지기여, 선서善逝를 나무라지 말라. 우리 세존께서 오신다. 우리 선서께서 오신다."

존자 아나율타는 나아가 세존을 맞아 그 가사와 발우를 받들었고 존자 난제는 부처님을 위하여 평상을 폈으며 존자 금비라는 부처님을 위하여 물을 가지고 왔다. 그때 세존께서 손과 발을 씻으시고 그 존자가 펴놓은 자리에 앉으셔서 곧 물으셨다.

"아나율타여, 너는 항상 안온하고 부족한 것은 없느냐?"

존자 아나율타가 아뢰었다.

"세존이시여, 저는 늘 안온하며 부족한 것도 없습니다."

세존께서는 다시 물으셨다.

"아나율타여, 어떻게 안온하고 부족한 것은 없는가?"

존자 아나율타는 아뢰었다.

"세존이시여, 저는 '곧 내게는 좋은 이익이 있고 큰 공덕이 있다. 말하자면 나는 이미 이러한 범행자들과 함께 수행하고 있다'고 생각합니다. 세존이시여, 저는 항상 저 범행자들을 향해 자비스러운 몸의 업을 행하되 남이 보거나 보지 않거나 한결같아서 다름이 없으며 자비스러운 입의 업과 자비스러운 뜻의 업을 행하되 남이 보거나 보지 않거나 한결같아서 다름이 없이 그렇게 합니다. 세존이시여, 저는 또 '나는 이제 내 마음을 버리고 저 현자들의 마음을 따르자'는 생각이 들면 곧 제 마음을 버리고 저 현자들의 마음을 따랐고 아직 한번도 언짢아하는 마음이 없었습니다. 세존이시여, 저는 이와 같이 항상 안온하고 부족한 것도 없습니다."

세존께서 존자 난제에게 물으셨고, 존자 난제의 대답도 또한 그와 같았다. 세존께서는 다시 존자 금비라에게 물으셨다.

"너는 늘 안온하고 부족한 것은 없느냐?"

존자 금비라가 아뢰었다.

"세존이시여, 저는 늘 안온하며 부족한 것도 없습니다."

"어떻게 안온하고 부족한 것이 없는가?"

존자 금비라가 아뢰었다.

"세존이시여, 저는 '내게는 좋은 이익이 있고 큰 공덕이 있다. 말하자면 나는 이러한 범행자들과 함께 수행하고 있다'고 생각합니다. 세존이시여, 저는 항상 저 범행자들을 향해 자비스러운 몸의 업을 행하되 남이 보거나 보지 않거나 한결같아서 다름이 없으며 자비스러운 입의 업과 자비스러운 뜻의 업을 행하되 남이 보거나 보지 않거나 한결같아서 다름이 없습니다. 세존이시여, 저는 또 '나는 이제 내 마음을 버리고 저 현자들의 마음을 따르자'는 생각이 들면 저는 곧 제 마음을 버리고 저 현자들의 마음을 따랐고 저는 아직 한 번도 언짢아하는 마음이 없었습니다. 세존이시여, 저는 이와 같이 항상 안온하고 부족한 것도 없습니다."

세존께서 찬탄하시며 말씀하셨다.

"훌륭하고 훌륭하다. 아나율타여, 그와 같이 너희들은 언제나 서로 화합하고 안온하여 다툼이 없으며 마음을 하나로 하고 스승을 하나로 하며 물과 젖처럼 하나로 합하였구나. 그러면 혹 사람보다 뛰어난 어떤 법을 얻어 차등을 두고 안락하게 지내는 것인가?"

존자 아나율타가 아뢰었다.

"세존이시여, 그렇습니다. 저희들은 항상 서로 화합하고 안온하여 다툼이 없으며 마음을 하나로 하고 스승을 하나로 하며 물과 젖처럼 하나로 화합하여 사람보다 뛰어난 법을 얻어 차등을 두고 안락하게 지냅니다. 세존이시여, 저희들은 욕심을 여의었고 착하지 않은 악법을 여의었으며 나아가 제4선을 얻어 성취하여 노닙니다. 세존이시여, 이와 같이 저희들은 항상 서로 화합하고 안온하여 다툼이 없으며 마음을 하나로 하고 스승을 하나로 하며 물과 젖처럼 하나로 화합하며 사람보다 뛰어난 법을 얻어 차등을 두고 안락하게 지냅니다."

세존께서 찬탄하시며 말씀하셨다.

"훌륭하고 훌륭하다. 아나율타여, 그렇게 머무는 것을 버리고 그것을 더 지나 혹 다시 다른 것이 있어서 사람보다 뛰어난 법을 얻어 차등을 두고 안락하게 지내는가?"

"세존이시여, 그렇게 머무는 것을 버리고 그것을 더 지나 다시 다른 것이 있어서 사람보다 뛰어난 법을 얻어 차등을 두고 안락하게 지냅니다. 세존이시여, 제 마음은 자애로움〔慈〕과 함께하여 1방方을 두루 채우고 성취하여 노닐며, 이와 같이 2·3·4방과 4유·상·하 일체에 두루합니다. 마음은 자애로움과 함께하여 번민도 없고 원망도 없으며 성냄도 없고 다툼도 없이 지극히 넓고 매우 크며 한량없는 선행을 닦아 일체 세간을 두루 채우고 성취하여 노닙니다. 이와 같이 불쌍히 여김〔悲〕과 기뻐함〔喜〕도 또한 그러하며, 마음은 평정함〔捨〕과 함께하여 번민도 없고 원망도 없으며 성냄도 없고 다툼도 없이 지극히 넓고 매우 크며 한량없는 선행을 닦아 일체 세간을 두루 채우고 성취하여 노닙니다. 세존이시여, 이것이 그렇게 머무는 것을 버리고 그것을 더 지나는 것이니, 이른바 다른 것이 있어서 사람보다 뛰어난 법을 얻어 차등을 두고 안락하게 지낸다는 것입니다."

세존께서 찬탄하시며 말씀하셨다.

"훌륭하고 훌륭하다. 아나율타여, 그렇게 머무는 것을 버리고 그것을 더 지나 혹 다시 다른 어떤 것이 있어서 사람보다 뛰어난 법을 얻어 차등을 두고 안락하게 지내는가?"

"세존이시여, 그렇게 머무는 것을 버리고 그것을 더 지나 다시 다른 것이 있어서 사람보다 뛰어난 법을 얻어 차등을 두고 안락하게 지냅니다. 세존이시여, 저희들은 색色에 대한 모든 생각을 넘어서고 나아가 비유상비무상처非有想非無想處를 얻어 성취하여 노닙니다. 세존이시여, 이것이 그렇게 머무는 것을 버리고 그것을 더 지나는 것이니 이른바 다시 다른 것이 있어서 사람보다 뛰어난 법을 얻어 차등을 두고 안락하게 지낸다는 것입니다."

세존께서 찬탄하며 말씀하셨다.

"훌륭하고 훌륭하다. 아나율타여, 그렇게 머무는 것을 버리고 그것을 더 지나 혹 다시 다른 어떤 것이 있어서 사람보다 뛰어난 법을 얻어 차등을 두고 안락하게 지내는가?"

존자 아나율타가 아뢰었다.

"세존이시여, 그렇게 머무는 것을 버리고 그것을 더 지나, 다른 것이 있어서 사람보다 뛰어난 법을 얻어 차등을 두고 안락하게 지냅니다. 세존이시여, 저희들은 여의족如意足·천이지天耳智·타심지他心智·숙명지宿命智·생사지生死智를 얻었고 모든 번뇌가 이미 다하여 번뇌가 없게 되었으며 마음이 해탈하고 지혜가 해탈하며 현재에 있어서 스스로 알고 스스로 깨닫고 스스로 증험하여 성취하여 노닙니다. 그래서 생은 이미 다하고 범행은 이미 섰으며 할 일은 이미 마쳐 다시는 후세의 생명을 받지 않는다고 사실 그대로 압니다. 세존이시여, 이것이 그렇게 머무는 것을 버리고 그것을 더 지나는 것이니, 이른바 다시 다른 것이 있어서 사람보다 뛰어난 법을 얻어 차등을 두고 안락하게 지낸다는 것입니다."

세존께서는 찬탄하며 말씀하셨다.

"훌륭하고 훌륭하다. 아나율타여, 그렇게 머무는 것을 버리고 그것을 더 지나 혹 다시 다른 어떤 것이 있어서 사람보다 뛰어난 법을 얻어 차등을 두고 안락하게 지내는가?"

존자 아나율타가 아뢰었다.

"세존이시여, 그렇게 머무는 것을 버리고 그것을 더 지나서는 다시 사람보다 뛰어난 법을 얻어 차등을 두고 안락하게 지내게 하는 다른 것이 없습니다."

이에 세존께서는 곧 이렇게 생각하셨다.

'이 큰 종족의 아들들이 노니는 곳은 안온하고 쾌락하다. 나는 이제 저들을 위하여 설법하리라.'

세존께서는 이렇게 생각하고 나서 곧 존자 아나율타 · 존자 난제 · 존자 금비라를 위해 설법하여 마음을 내게 하고 못내 우러르게 하며 성취하게 하고 기뻐하게 하셨다. 한량없는 방편으로써 그들에게 설법하여 마음을 내게 하고 못내 우러르게 하며 성취하게 하고 기뻐하게 하신 뒤에 자리에서 일어나 떠나셨다.

이에 존자 아나율타 · 존자 난제 · 존자 금비라는 세존이 가시는 곳까지 전송해 드리고 곧 자기들 처소로 돌아왔다. 존자 난제와 존자 금비라는 존자 아나율타를 찬탄하며 말하였다.

"훌륭하고 훌륭합니다. 존자 아나율타여, 저희는 존자 아나율타께서 저희들에게 그처럼 큰 여의족이 있고 큰 위덕이 있으며 큰 복이 있고 큰 위신이 있다는 뜻으로 말하는 것을 이전에는 들어보지 못하였습니다. 그런데 존자 아나율타께서는 세존께 저희들을 너무도 칭찬하였습니다."

존자 아나율타도 존자 난제와 금비라를 찬탄하였다.

"훌륭하고 훌륭합니다. 존자들이여, 나도 또한 일찍 존자들에게 이렇게 큰 여의족이 있고 큰 위덕이 있으며 큰 복이 있고 큰 위신이 있다는 말을 다른 이들에게서 듣지 못했습니다. 그러나 나는 오래전부터 마음으로 존자들의 마음을 알았고 또 존자들에게 그렇게 큰 여의족이 있고 큰 위덕이 있으며 큰 복이 있고 큰 위신이 있는 줄을 알고 있었습니다. 그래서 나는 세존에게 그러그러한 말을 한 것입니다."

이때 형체가 아주 묘하고 광명이 아주 빛나는 귀천鬼天의 수장은 먼동이 트려 할 때에 부처님께 나아가 부처님 발에 머리를 조아리고 물러나 한쪽에 서서 세존께 아뢰었다.

"큰 선인이시여, 모든 발기跋耆 사람들은 대단히 좋은 이익을 얻었습니다. 왜냐하면 세존과 존자 아나율타·존자 난제·존자 금비라 등 세 족성의 아들들이 현재 이곳에 계시기 때문입니다."

그때 지신地神은 귀천鬼天 수장首長의 이 말을 듣고 큰 소리로 외쳤다.

"큰 선인이여, 모든 발기 사람들은 대단히 좋은 이익을 얻었습니다. 무슨 까닭인가? 세존과 존자 아나율타·존자 난제·존자 금비라 등 세 족성의 아들들이 현재 이곳에 계시기 때문입니다."

지신에게서 이 소리를 들은 허공천虛空天·사왕천·삼십삼천·험마천(熾摩天 : 焰摩天)·도솔천·화락천·타화락천도 이렇게 외쳤고 그 소리는 잠깐 동안에 범천까지 들렸다.

"큰 선인이시여, 모든 발기 사람들은 아주 좋은 이익을 얻었습니다. 왜냐하면 세존과 존자 아나율타·난제·금비라 등 세 족성의 아들들이 현재 이곳에 계시기 때문입니다."

세존께서는 말씀하셨다.

"그렇고 그렇다, 귀천의 수장이여. 모든 발기 사람들은 큰 좋은 이익을 얻었다. 무슨 까닭인가? 세존과 존자 아나율타·난제·금비라 등 세 족성의 아들들이 현재 이곳에 있기 때문이다. 귀천의 수장이여, 지신은 네 소리를 듣고 곧 큰 소리로 외쳤다.

'큰 선인이여, 모든 발기 사람들은 큰 좋은 이익을 얻었습니다. 왜냐하면 세존과 존자 아나율타 · 난제 · 금비라 등 세 족성의 아들들이 현재 이곳에 계시기 때문입니다.'

지신에게서 이 소리를 들은 허공천 · 사왕천 · 삼십삼천 · 혐마천 · 도솔천 · 화락천 · 타화락천도 이렇게 외쳤고 그 소리는 잠깐 동안에 범천까지 들렸다.

'큰 선인이여, 모든 발기 사람들은 아주 좋은 이익을 얻었습니다. 왜냐하면 세존과 존자 아나율타 · 난제 · 금비라 등 세 족성의 아들들이 현재 이곳에 계시기 때문입니다.'

귀천의 수장이여, 저 세 족성 집안의 이 세 아들들은 수염과 머리를 깎고 지극한 믿음으로 출가하여 집 없이 도를 배운다. 만일 저 세 족성 집 안 사람들이 이 세 아들들의 의지한 바와 행한 바를 기억해 생각한다면 그들도 또한 오랫동안 크게 좋은 이익을 얻어 안온하고 쾌락할 것이다. 그리고 만일 저 촌 · 읍 사람이나 하늘 · 악마 · 범천 · 사문 범지 등 사람에서 하늘에 이르기까지 이 세 족성의 아들이 의지한 바와 행한 바를 기억해 생각한다면 그들도 또한 오랫동안 요익을 얻어 안온하고 쾌락할 것이다. 귀천의 수장이여, 이 세 족성의 아들들은 이렇게 큰 여의족이 있고, 이렇게 큰 위덕이 있으며, 큰 복이 있고 큰 위신이 있느니라."

부처님께서 이렇게 말씀하시자 그 세 족성의 아들들과 귀천의 수장은 부처님 말씀을 듣고 기뻐하며 받들어 행하였다.

〔이 우각사라림경에 수록된 경문의 글자 수는 2,308자이다.〕

186) 구해경求解經〔제4 분별송〕

나는 이와 같이 들었다.

어느 때 부처님께서 구루수拘樓瘦의 도읍인 검마슬담劍磨瑟曇이라는 곳을 유행하셨다.

그때 세존께서 모든 비구들에게 말씀하셨다.

"자기의 뜻으로 남의 마음을 사실 그대로 알지 못하는 자들, 그들은 세존이 바로 깨달은 자라는 것을 알지 못한다. 어떻게 하면 여래를 알아볼 수 있을까?"

그때 비구들은 세존께 아뢰었다.

"세존께서는 법의 근본이시고 세존께서는 법의 주인이시며 법은 세존에게서 나옵니다. 원하옵건대 말씀하여 주소서. 저희들이 듣는다면 그 뜻을 자세히 알게 될 것입니다."

부처님께서 곧 말씀하셨다.

"비구들아, 자세히 듣고 잘 기억하라. 내가 너희들을 위하여 자세히 분별하여 설명하리라."

비구들은 분부를 받아 경청하였다. 세존께서 말씀하셨다.

"자기의 뜻으로써 남의 마음을 사실 그대로 알지 못하는 자들은 마땅히 두 가지 방법으로 여래를 살펴보아야 한다. 첫째는 눈으로 색色을 보는 방법이고, 둘째는 귀로 소리를 듣는 방법이다. 만일 눈에 보이고 귀에 들리는 법이 더러우면 '이것이 그 존자에게 있는 것인가 없는 것인가' 살펴보라. 그렇게 살펴볼 때 그 눈에 보이고 귀에 들리는 더러운 법이 그 존자에게는 없음을 곧 알게 될 것이다. 만일 그것이 없거든 다시 살펴보아야 한다.

만일 눈에 보이고 귀에 들리는 법이 잡雜되면 '이것이 그 존자에게 있는 것인가 없는 것인가' 살펴보라. 그렇게 알아 볼 때 그 눈에 보이고 귀에 들리는 잡된 법이 그 존자에게는 없는 것임을 곧 알게 될 것이다. 만일 그것이 없거든 다시 살펴보아야 한다.

만일 눈에 보이고 귀에 들리는 법이 희고 깨끗하면 '이것이 그 존자에게 있는 것인가 없는 것인가' 살펴보라. 이렇게 살펴볼 때 그 눈에 보이고 귀에 들리는 희고 깨끗한 법이 그 존자에게 있는 것임을 곧 알게 될 것이다.

만일 그것이 있거든 '그 존자는 오랫동안 그 법을 행하였는가 잠깐 동안 행하였는가?' 다시 살펴보라. 이렇게 살펴볼 때 그 존자는 오랫동안 이 법을 행하였고 잠깐 동안 행한 것이 아님을 곧 알게 될 것이다.

만일 그가 항상 수행하거든 다시 '그 존자는 명예나 이익을 위해서 이 선禪에 드는가? 명예나 이익을 위해서 이 선에 드는 것이 아닌가'를 살펴보라. 이렇게 살펴 볼 때 그 존자는 재환災患을 위해서 이 선에 드는 것이 아님을 곧 알게 될 것이다.

만일 어떤 사람이 '그 존자는 즐거이 행하여 두려워하지 않고 욕심을 여의고 욕심을 행하지 않으며 욕심이 이미 다했다'고 말하거든 곧 그에게 이렇게 물어 보라.

'현자여, 현자는 어떤 행이 있고 어떤 힘이 있으며 어떤 지혜가 있기에 현자 스스로 바로 관찰하고는 〈그 존자는 즐거이 행하며 두려워하지 않고 욕심을 여의고 욕심을 행하지 않으며 욕심이 이미 다했다〉고 말하는가?'

그가 이렇게 대답한다고 하자.

'현자여, 나는 그의 마음도 알지 못하고 또한 다른 일도 아는 것이 없다. 그러나 그 존자는 혹 혼자 있거나 혹 대중 가운데 있거나 혹은 어떤 모임에 있으면서 선서가 되기도 하고 또는 선서의 교화를 받는 자들의 그 우두머리가 되기도 한다. 나는 식사 때 그 현자를 볼 수 있었다.

현자여, 나는 그를 알지 못하지만 그 존자에게 직접 이렇게 들었다. 〈나는 즐겁게 행하며 두려워하지 않고 욕심을 여의고 욕심을 부리지 않으며 욕심을 이미 다했다.〉

현자여, 내게는 이런 행과 이런 힘과 이런 지혜가 있기 때문에 나 스스로 바르게 관찰하고 〈그 존자는 즐겁게 행하며 두려워하지 않고 욕심을 여의고 욕심을 부리지 않으며 욕심이 이미 다했다〉고 말하는 것이다.'

그러면 다시 그에게 여래의 법을 물어 보라.

'만일 눈에 보이고 귀에 들리는 법이 더러우면 그 법은 거기서는 다 없어져 남음이 없는가? 만일 눈에 보이고 귀에 들리는 법이 잡되면 그 법도 거기서는 다 없어져 남음이 없는가? 만일 눈에 보이고 귀에 들리는 법이 희고 깨끗하면 그 법도 거기서는 다 없어져 남음이 없는가?'

이제 여래는 그를 위하여 대답하리라.

'만일 눈에 보이고 귀에 들리는 법이 더러우면 그 법은 거기서는 다 없어져 남음이 없다. 만일 눈에 보이고 귀에 들리는 법이 잡되면 그 법은 거기서 다 없어져 남음이 없다. 만일 눈에 보이고 귀에 들리는 법이 더러우면 여래는 그것을 끊어 없애고 뿌리째 뽑아 다시는 나지 않게 한다. 만일 눈에 보이고 귀에 들리는 법이 잡되면 나는 그것을 끊어 없애고 뿌리째 뽑아 다시는 나지 않게 한다. 그러나 눈에 보이고 귀에 들리는 법이 희고 깨끗하면 그것은 나의 희고 깨끗한 법이니, 이러한 것이 나의 경계요, 이러한 것이 사문이다. 나는 이와 같이 바른

법과 율을 성취하였다.'

어떤 믿음이 있는 제자가 여래를 찾아와 뵙고 여래를 받들어 모시고 여래를 따라 법을 들으면 여래는 그를 위하여 높고 또 높으며 묘하고 또 묘한 법을 설하고 검고 흰 것을 잘 가름해 줄 것이다. 여래가 그를 위하여 높고 또 높으며 묘하고 또 묘한 법을 설하고 검고 흰 것을 잘 가름해 주면 그는 그것을 들은 뒤에는 한 법을 끊을 줄 알아 모든 법에서 구경을 얻고 세존을 깨끗한 마음으로 믿으며 '저 세존은 바르게 깨달은 이'라고 할 것이다.

다시 그에게 이렇게 물어 보라.

현자여, 그대는 어떤 행이 있고 어떤 힘이 있으며 어떤 지혜가 있기에 한 법을 끊을 줄 알아 모든 법에서 구경을 얻고 세존을 깨끗한 마음으로 믿으며 저 세존을 바르게 깨달은 이라고 하는가?'

그는 이렇게 대답할 것이다.

'현자여, 나는 세존의 마음을 알지 못하고 또한 다른 일을 아는 것도 아니다. 나는 세존으로 말미암아 이렇게 깨끗한 믿음을 가지게 되었고 세존께서는 나를 위하여 높고 또 높으며 묘하고 또 묘한 법을 설하시고 검고 흰 것을 잘 가름해 주셨다. 현자여, 세존께서 사실 그대로 법을 말씀하시면 나도 사실 그대로 그것을 들었다. 여래께서는 나를 위해 높고 또 높으며 묘하고 또 묘한 법을 설하고 검고 흰 것을 잘 가름해 주셨다. 나는 그것을 사실 그대로 들은 뒤 한 법을 끊을 줄 알아 모든 법에서 구경을 얻고 〈저 세존은 바르게 깨달은 분이구나〉라고 깨끗한 마음으로 세존을 믿게 되었다.

현자여, 내게는 이런 행과 이런 힘과 이런 지혜가 있으므로 나는 한 법을 끊을 줄 알아 모든 법에서 구경을 얻고 〈저 세존은 바르게 깨달은 분〉이라고 깨끗한 마음으로 세존을 믿는다.'

만일 이런 행이 있고 이런 힘이 있으며 여래에게 깊이 마음을 주어 믿음의 뿌리가 이미 서면 이것을 근본을 보고 무너지지 않으며 지혜와 상응한 믿음이라 한다. 사문 범지·하늘·악마·범천 및 어떠한 세상도 그것을 빼앗지는 못할 것이다. 이렇게 여래에 대해 알아보고 이렇게 여래를 바르게 알라."

부처님께서 이렇게 말씀하시자 모든 비구들은 부처님 말씀을 듣고 기뻐하며 받들어 행하였다.

〔이 구해경에 수록된 경문의 글자 수는 1,018자이다. 『중아함경』 제48권에 수록된 경문의 글자 수는 모두 9,919자이며, 제4 분별송의 「쌍품」에 수록된 경문의 글자 수는 모두 9,919자이다.〕[11]

---

11 소경의 숫자를 더하면 9,918자인데 여기엔 9,919자로 되어 있어 1자가 더 많다.

중아함경 제 49 권

15. 쌍품 ②

〔이 쌍품에는 총 다섯 개의 경이 수록되어 있다. 이 후송後誦은 3품 반으로 되어 있으며, 총 36개의 소경이 수록되어 있다.〕

설지경說智經과 아이나경阿夷那經과
구루拘樓에게 밝힌 성도경聖道經과
동원東園에서 논한 소공경小空經과
그리고 마지막엔 대공경大空經이다.

187) 설지경說智經〔제5 일송 후송後誦〕

나는 이와 같이 들었다.

어느 때 부처님께서 사위국을 유행하실 적에 승림급고독원에 계셨다.

그때 세존께서 모든 비구들에게 말씀하셨다.

"만일 어떤 비구가 너희들에게 와서 그가 이미 얻은 지혜를 말하면서 '나의 생은 이미 다하고 범행은 이미 서고 할 일은 이미 마쳐 다시는 후세의 생명을 받지 않는다는 것을 사실 그대로 안다'고 말하거든 너희들은 그 말을 듣고는 마땅히 '그렇다' 하고 기뻐하며 받들어 행하라. '그렇다' 하고 기뻐하며 받들어 행한 뒤에는 다시 그 비구에게 이렇게 물어 보라.

'현자여, 세존께서는 색성음(色盛陰 : 色取蘊)·각성음(覺盛陰 : 受取蘊)·상성음(想盛陰 : 想取蘊)·행성음(行盛陰 : 行取蘊)·식성음(識盛陰 : 識取蘊), 이 5성음盛陰에 대해 말씀하셨다. 현자여, 이 5성음을 어떻게 알고 어떻게 보아야 그것에 집착함이 없고 번뇌가 다하여 마음이 해탈한 줄을 알 수 있겠는가?'

이렇게 물었을 때 만일 번뇌가 다한 비구로서 범행을 알고 이미 법을 세운 자라면 응당 이렇게 대답할 것이다.

'여러분, 색성음은 과果가 아니요 공허한 것이며 욕심 낼 것이 아니요 항상 있는 것도 아니며 의지할 것도 아니요 변하는 법이다. 나는 그런 줄을 알기 때문에 만일 색성음에 대해서 욕망이 있고 물듦이 있으며 집착함이 있고 묶임과 묶임의 번뇌가 있으면 그것을 없애고 욕심 내지 않으며 마음을 멸하고 쉬고 그쳐 집착함이 없고 번뇌가 다하여 마음이 해탈한 줄을 알게 된다. 이와 같이 각·상·행에 대해서도 또한 그러하다. 또 식성음은 과果가 아니요 공허한 것이며 욕심 낼 것이 아니요 항상 있는 것도 아니며 의지할 것도 아니요 변하는 법이다. 나는 그런 줄을 알기 때문에 만일 식성음에 대해서 욕망이 있고 물듦이 있으며 집착이 있고 묶임과 묶임의 번뇌가 있으면 그것을 없애고 욕심 내지 않으며 마음을 멸하고 쉬고 그쳐 집착함이 없고 번뇌가 다하여 마음이 해탈한 줄을 안다.

여러분, 나는 이 5성음盛陰을 이렇게 알고 이렇게 보기 때문에 집착함이 없고 번뇌가 다하여 마음이 해탈한 줄을 알게 된다.'

번뇌가 다한 비구로서 범행을 알고 이미 법을 세운 자라면 틀림없이 이렇게 대답할 것이다.

너희들은 그런 말을 들으면 마땅히 그렇다고 인정하고 기뻐하며 받들어 행하여야 하느니라. 그렇다고 인정하고 기뻐하며 받들어 행한 뒤에는 다시 그 비구에게 이렇게 물어 보라.

'현자여, 세존께서는 4식食에 대하여 말씀하셨는데 중생들은 그것으로써 살고 몸을 기르게 된다. 어떤 것이 그 넷인가? 첫째는 거칠거나 섬세한 단식摶食이요, 둘째는 갱락식更樂食이요, 셋째는 의념식意念食이요, 넷째는 식식識食이다.

현자여, 이 네 가지 음식을 어떻게 알고 어떻게 보아야 집착함이 없고 번뇌가 다하여 마음이 해탈한 줄을 알게 되는가?'

번뇌가 다한 비구로서 범행을 알고 법을 세운 자라면 마땅히 이렇게 대답할 것이다.

'여러분, 나는 단식에 대해서 만족하지도 않고 실망하지도 않으며 의지하지도 않고 얽매이지도 않으며 물들지도 않고 집착하지도 않아 해탈을 얻고 다 해탈하여 마음에 전도됨이 없다. 그리하여 생은 이미 다하고 범행은 이미 서고 할 일은 이미 마쳐 다시는 후세의 생명을 받지 않는다는 것을 사실 그대로 안다. 이와 같이 갱락식과 의념식에 있어서도 또한 그러하며 식식에 대해서도 만족하지도 않고 실망하지도 않으며 의지하지도 않고 얽매이지도 않으며 물들지도 않고 집착하지도 않아 해탈을 얻고 모두 해탈하여 마음에 전도됨이 없다. 그리하여 생은 이미 다하고 범행은 이미 서고 할 일은 이미 마쳐 다시는 후세의 생명을 받지 않는다는 것을 사실 그대로 안다. 여러분, 나는 이 4식에

대하여 이렇게 알고 이렇게 보기 때문에 집착함이 없고 번뇌가 다하여 마음이 해탈한 줄을 알게 된다.'

번뇌가 다한 비구로서 범행을 알고 이미 법을 세운 자라면 마땅히 이렇게 대답할 것이다.

너희들은 그런 말을 들으면 마땅히 그렇다고 인정하고 기뻐하며 받들어 행해야 하느니라. 그렇다고 인정하고 기뻐하며 받들어 행한 뒤에는 다시 그 비구에게 이렇게 물어 보라.

'현자여, 세존께서는 4설說에 대하여 말씀하셨다. 어떤 것이 그 네 가지인가? 첫째는 견견설見見說이요, 둘째는 문문설聞聞說이요, 셋째는 식식설識識說이요, 넷째는 지지설知知說이다. 현자여, 이 4설에 대하여 어떻게 알고 어떻게 보아야 집착함이 없고 번뇌가 다하여 마음이 해탈한 줄을 알게 되는가?'

번뇌가 다한 비구로서 범행을 알고 법을 세운 자라면 마땅히 이렇게 대답할 것이다.

'여러분, 나는 견견설에 대해서 만족하지도 않고 실망하지도 않으며 의지하지도 않고 얽매이지도 않으며 물들지도 않고 집착하지도 않아 해탈을 얻고 모두 해탈하여 마음에 전도됨이 없다. 그리하여 생은 이미 다하고, 범행은 이미 서고 할 일은 이미 마쳐 다시는 후세의 생명을 받지 않는다는 것을 사실 그대로 안다. 이와 같이 문문설·식식설에 있어서도 또한 그러하며 지지설에 대해서도 만족하지도 않고 실망하지도 않으며 의지하지도 않고 얽매이지도 않으며 물들지도 않고 집착하지도 않아 해탈을 얻고 모두 해탈하여 마음에 전도됨이 없다. 그리하여 생은 이미 다하고 범행은 이미 서고 할 일은 이미 마쳐 다시는 후세의 생명을 받지 않는다는 것을 사실 그대로 안다. 여러분, 나는 이 4설을 이렇게 알고 이렇게 보기 때문에 집착함이 없고 번뇌가 다

하여 마음이 해탈한 줄을 알게 된다.'

번뇌가 다한 비구로서 범행을 알고 이미 법을 세운 자라면 마땅히 이렇게 대답할 것이다.

너희들은 그런 말을 들으면 마땅히 그렇다고 인정하고 기뻐하며 받들어 행하여야 하느니라. 그렇다고 인정하고 기뻐하며 받들어 행한 뒤에는 다시 그 비구에게 이렇게 물어 보라.

'현자여, 세존께서는 안처眼處·이처耳處·비처鼻處·설처舌處·신처身處·의처意處 등 이 안〔內〕의 6처處에 대하여 말씀하셨다. 현자여, 이 안의 6처를 어떻게 알고 어떻게 보아야 집착함이 없고 번뇌가 다하여 마음이 해탈한 줄을 알게 되는가?'

번뇌가 다한 비구로서 범행을 알고 법을 세운 자라면 마땅히 이렇게 대답할 것이다.

'여러분, 나는 눈〔眼〕과 눈의 식〔眼識〕과 눈의 식으로 아는 법을 함께 알아 두 법을 다 알아 마쳤다. 여러분, 만일 눈과 눈의 식과 눈의 식으로 아는 법의 즐거움을 다하고 나서 그것을 없애고 욕심 내지 않으며 마음을 멸하고 쉬고 그치면 집착함이 없고 번뇌가 다하여 마음이 해탈한 줄을 알게 된다. 이와 같이 귀·코·혀·몸에 있어서도 또한 그러하다. 또 뜻〔意〕과 뜻의 식〔意識〕과 뜻의 식으로 아는 법을 함께 알아 두 법을 다 알아 마쳤다. 여러분, 만일 뜻과 뜻의 식과 뜻의 식으로 아는 법의 즐거움을 다하고 나서 그것을 없애고 욕심 내지 않으며 마음을 멸하고 쉬고 그치면 집착함이 없고 번뇌가 없어져 마음이 해탈한 줄을 알게 된다. 여러분, 나는 안의 6처를 이렇게 알고 이렇게 보기 때문에 집착함이 없고 번뇌가 다하여 마음이 해탈한 줄을 알게 된다.'

번뇌가 다한 비구로서 범행을 알고 이미 법을 세운 자라면 마땅히 이렇게 대답할 것이다.

너희들은 그런 말을 들으면 마땅히 그렇다고 인정하고 기뻐하며 받들어 행하여야 하느니라. 그렇다고 인정하고 기뻐하며 받들어 행한 뒤에는 다시 그 비구에게 이렇게 물어 보라.

'현자여, 세존께서는 땅 경계〔地界〕·물 경계〔水界〕·불 경계〔火界〕·바람 경계〔風界〕·허공 경계〔空界〕·식 경계〔識界〕 등의 6계界에 대하여 말씀하셨다. 현자여, 이 6계를 어떻게 알고 어떻게 보아야 집착함이 없고 번뇌가 다하여 마음이 해탈한 줄을 알게 되는가?'

번뇌가 다한 비구로서 범행을 알고 이미 법을 세운 자라면 마땅히 이렇게 대답할 것이다.

'여러분, 나는 땅 경계를 내 소유라고 보지 않고 나는 땅 경계의 소유도 아니며 땅 경계는 신神도 아니다. 그런데 이른바 3수受는 땅 경계를 의지하여 머무르고 식의 사자使者는 이를 집착한다. 그것을 없애고 욕심 내지 않으며 마음을 멸하고 쉬고 그치면 집착함이 없고 번뇌가 다하여 마음이 해탈한 줄을 알게 된다.

이와 같이 물 경계·불 경계·바람 경계·허공 경계도 또한 그러하다. 식 경계는 내 소유가 아니요 나도 식 경계의 소유가 아니며 식 경계는 신神도 아니다. 그런데 3수는 식 경계를 의지하여 머무르고 식의 사자는 이를 집착한다. 그것을 없애고 욕심 내지 않으며 마음을 멸하고 쉬고 그치면 집착함이 없고 번뇌가 다하여 마음이 해탈한 줄을 알게 된다. 여러분, 나는 이 6계를 이렇게 알고 이렇게 보기 때문에 집착함이 없고 번뇌가 다하여 마음이 해탈한 줄을 알게 된다.'

번뇌가 다한 비구로서 범행을 알고 이미 법을 세운 자라면 마땅히 이렇게 대답할 것이다.

너희들은 그런 말을 들으면 마땅히 그렇다고 인정하고 기뻐하며 받들어 행하여야 하느니라. 그렇다고 인정하고 기뻐하며 받들어 행한 뒤에는 다시 그 비구에게 이렇게 물어 보라.

'현자여, 어떻게 알고 보아야 이 안 몸〔內身〕이 함께 가지고 있는 식과 또 바깥의 모든 모양과 일체의 나와 내가 지은 것과 또 교만의 번뇌를 끊고 그것을 뿌리째 뽑아 다시는 나지 않게 하겠는가?'

번뇌가 다한 비구로서 범행을 알고 이미 법을 세운 자라면 마땅히 이렇게 대답할 것이다.

'여러분, 나는 출가하여 도를 배우기 전에 이미 나고 늙고 병들고 죽는 것과 울고 괴로워하고 근심하고 슬퍼하는 것을 싫어해서 이 큰 괴로움의 무더기를 끊고자 하였다. 여러분, 나는 그것을 싫어한 끝에 이렇게 관찰하였다.

〈집이란 지극히 비좁고 괴로운 곳이요, 집을 나가 도를 배우는 것은 시원하고 넓고 크다. 내가 지금 집에서 살면 쇠사슬에 묶여 한 평생 범행梵行을 깨끗이 닦을 수 없다. 나는 이제 적거나 많거나 상관없이 재물을 버리고, 또 적거나 많거나 상관없이 친척을 버리고 수염과 머리를 깎고 가사를 입고 지극한 믿음으로 출가하여 집 없이 도를 배우자.〉

여러분, 나는 그 뒤에 적거나 많거나 상관없이 재물을 버리고 적거나 많거나 상관없이 친척을 버리고 수염과 머리를 깎고 가사를 입고 지극한 믿음으로 출가하여 집 없이 도를 닦았다.

여러분, 나는 친척과 재물을 버리고 출가하여 도를 배운 뒤에는 비구가 갖추어야 할 요목을 배우고 금계禁戒를 닦아 익히며 종해탈從解脫[1]을 지켜 보호하였다. 또 위의와 예절을 잘 지키고 털끝만한 죄를

1 계율戒律, 즉 바라제목차波羅提木叉이다.

보아도 언제나 두려워하였으며 학문의 요긴한 뜻을 받아 가졌었다.

여러분, 나는 살생을 여의고 살생을 끊었다. 그래서 칼이나 막대기를 버렸고 자신에 대해서도 부끄러워하고 남에게도 부끄러워하였으며 사랑하고 가엾이 여기는 마음으로 곤충에 이르기까지 모두를 이익하게 하였으니 나는 살생에 있어서 내 마음을 깨끗이 버렸다.

또 나는 도둑질을 여의고 도둑질을 끊었다. 그래서 남이 준 뒤에야 받고 주는 것 받기를 좋아하였으며 언제나 보시하기를 좋아하고 기뻐하여 아낌이 없었고 그리고 그 갚음을 바라지 않았으니, 나는 도둑질에 있어서 내 마음을 깨끗이 버렸다.

여러분, 나는 범행이 아닌 것을 여의고 범행이 아닌 것을 끊었다. 그래서 범행을 부지런히 닦고 묘한 행을 힘써 닦아 청정하고 더러움이 없었고 욕심을 여의고 사음을 끊었으니 나는 범행이 아닌 것에 있어서 내 마음을 깨끗이 버렸다.

여러분, 나는 거짓말을 여의고 거짓말을 끊었다. 그래서 진실한 말을 하여 진실을 즐거워하고 진실에 머물러 움직이지 않았으며 일체를 믿어 세상을 속이지 않았으니 나는 거짓말에 있어서 내 마음을 깨끗이 버렸다.

여러분, 나는 이간질하는 말을 여의고 이간질하는 말을 끊었다. 그래서 이간질하는 말로 사람들의 화합을 깨뜨리지 않았다. 여기서 들은 말을 저기에 옮겨 이것을 깨뜨리려 하지 않았고 저기서 들은 말을 여기에 옮겨 저것을 깨뜨리려 하지 않았다. 갈라서려는 자는 합치게 하고 합친 자에겐 서로 기뻐하게 하며 당파를 만들지 않고 당파를 즐기지 않으며 당파를 칭찬하지 않았으니, 나는 이간질하는 말에 있어서 내 마음을 깨끗이 버렸다.

여러분, 나는 추악한 말을 여의고 추악한 말을 끊었다. 만일 말하는 바 말씨가 추하고 거칠며 악한 음성이 귀에 거슬리면, 많은 사람들이 좋아하지 않고 사랑하지 않는 것이므로 남을 괴롭게 하고 안정을 얻지 못하게 한다. 그래서 나는 이런 말을 끊었다. 만일 그 말이 맑고 온화하며 부드럽고 윤택해 귀에도 순하고 마음에도 들면 기뻐할 만하고 사랑할 만하여 남을 안락하게 하고 말과 음성이 함께 분명하여 남을 두렵게 하지 않고 남을 안정되게 한다. 나는 이런 말을 하나니, 나는 추한 말에 있어서 내 마음을 깨끗이 버렸다.

여러분, 나는 꾸밈말을 여의고 꾸밈말을 끊었다. 때에 맞는 말·참말·법다운 말·이치에 맞는 말·고요한 말을 하여 다툼을 그치게 하는 것을 좋아하고 때를 따라 적당함을 얻고 잘 가르치고 잘 꾸짖나니 나는 꾸밈말에 있어서 내 마음을 깨끗이 버렸다.

여러분, 나는 살림살이를 여의고 살림살이를 끊었다. 그래서 저울과 말[斗]과 섬을 버렸고 또한 재물을 받지 않으며 사람을 결박하지 않고 말질을 속이려 하지 않으며 조그마한 이익으로 남을 속이지 않나니 나는 살림살이에서 내 마음을 깨끗이 버렸다.

여러분, 나는 과부나 처녀 받는 것을 여의고 과부나 처녀 받는 것을 끊었으니 나는 과부나 처녀 받는 것에 있어서 내 마음을 깨끗이 버렸다. 여러분 나는 종奴 받는 것을 여의고 종 받는 것을 끊었으니 나는 종 받는 것에 있어서 내 마음을 깨끗이 버렸다. 여러분, 나는 코끼리·말·소·염소 받는 것을 여의고 코끼리·말·소·염소 받는 것을 끊었으니 나는 코끼리·말·소·염소 받는 것에 있어서 내 마음을 깨끗이 버렸다. 여러분, 나는 닭이나 돼지 받는 것을 여의고 닭이나 돼지 받는 것을 끊었으니 나는 닭이나 돼지 받는 것에 있어서 내 마음을 깨끗이 버렸다. 여러분, 나는 농사나 상점 받는 것을 여의고 농토나 점포 받는 것을 끊었으니 나는 농토나 점포 받는 것에 있어서 내 마음을 깨끗이 버렸다. 여러분, 나는 생벼 · 보리 · 콩 받는 것을 여의고 생벼 · 보리 · 콩 받는 것을 끊었으니 나는 생벼 · 보리 · 콩 받는 것에 있어서 내 마음을 깨끗이 버렸다. 여러분, 나는 술을 여의고 술을 끊었으니 나는 술 마시는 것에 있어서 내 마음을 깨끗이 버렸다.

여러분, 나는 높고 넓고 큰 평상 쓰는 것을 여의고 높고 넓고 큰 평상 쓰는 것을 끊었으니 나는 높고 넓고 큰 평상 쓰는 것에 있어서 내 마음을 깨끗이 버렸다. 여러분, 나는 화만 · 영락 · 바르는 향 · 연지분 쓰는 것을 여의고 화만 · 영락 · 바르는 향 · 연지분 쓰는 것을 끊었으니 나는 화만 · 영락 · 바르는 향 · 연지분 쓰는 것에 있어서 내 마음을 깨끗이 버렸다. 여러분, 나는 노래 · 춤 · 풍류와 그것을 보고 듣는 것을 여의고 노래 · 춤 · 풍류와 그것을 보고 듣는 것을 끊었으니 나는 노래 · 춤 · 풍류를 보고 듣는 것에 있어서 내 마음을 깨끗이 버렸다. 여러분, 나는 금〔生色〕[2] · 은〔像〕[3] 등 보배를 받는 것을 여의고 금 · 은 등의 보배 받는 것을 끊었으니 나는 금 · 은 등의 보배 받는 것에 있어서 내 마음을 깨끗이 버렸다. 여러분, 나는 오후의 음식을 여의고 오후의 음식을 끊고 하루에 한 끼 먹으며 밤이나 공부 때에는 먹지 않나니 나는 오후의 음식에 있어서 내 마음을 깨끗이 버렸다.

여러분, 나는 이미 이 거룩한 계의 몸을 성취하였다. 그리고 또 나는 만족할 줄을 안다. 옷은 다만 몸을 가리기 위해 가지고 음식은 다만 몸을 기르기 위해 먹는다. 내가 가는 곳마다 옷과 발우가 나를 따르니 더 이상 돌아보거나 그리울 것이 없다. 마치 기러기가 두 날개로 공중을 나는 것과 같나니 나도 또한 그와 같다. 여러분, 나는 이미 이 거룩한 계의 몸과 또 매우 만족할 줄 아는 것을 성취하였으며 다시 모

2 생색生色은 범어로 jāta-rupa이고, 금金의 이명이다.

3 상像은 범어로 rūpya이고, 사색似色이라고도 하며, 은銀의 이명이다.

든 감각기관〔根〕을 지켜 언제나 막기를 생각하고 밝게 통달하기를 생각하며 그 생각하는 마음을 잘 지켜 보호하여 성취하게 되었다. 그래서 항상 생각을 일으키기를 좋아하여 혹 눈으로 빛깔을 보더라도 그 모양을 받아들이지 않고, 또한 그 빛깔을 음미하지도 않는다. 무슨 까닭인가? 분노하고 다투게 되기 때문에 눈을 지켜 단속하여 마음속에 탐욕 · 근심 · 슬픔과 착하지 않은 악법을 일으키지 않으며 그리로 나아가기 위해 눈을 지켜 단속하는 것이다. 이와 같이 귀 · 코 · 혀 · 몸에 있어서도 또한 그러하며 혹 뜻으로 법을 알더라도 그 모양을 받아들이지 않고 또한 그 법을 음미하지 않는다. 무슨 까닭인가? 분노하고 다투게 되기 때문에 뜻을 지켜 단속하여 마음속에 탐욕 · 근심 · 슬픔과 착하지 않은 악법을 일으키지 않으며 그리로 나아가기 위해 뜻을 지켜 단속하는 것이다.

여러분, 나는 이 거룩한 계의 몸과 아주 만족할 줄 아는 것을 성취하고 모든 감각〔根〕을 깨끗이 단속하고 들고남을 바로 알아 잘 관찰하고 분별하며 굽히고 펴기와 구부리고 우러르기와 몸가짐을 바로 알고 승가리와 여러 가지 옷을 바르게 입고 발우를 바르게 가지며 다니고 서기와 앉고 눕기와 잠자고 깨기와 말하고 잠잠하기를 바르게 알고 있다.

여러분, 나는 이미 이 거룩한 계의 몸과 매우 만족할 줄 아는 것을 성취하고 또한 거룩한 계로 모든 감관을 단속하고 들고남을 바르게 알게 되었다.

그리고 멀리 떨어져 일 없는 곳에서 혼자 살거나, 혹은 나무 밑이나 비고 편안하고 고요한 곳이나 산바위 · 돌집 · 한데〔露地〕 · 짚무더기로 가고 혹은 숲 속이나 혹은 화장터로 갔다. 여러분, 나는 일 없는 곳에 있거나 혹은 나무 밑이나 비고 편안하고 고요한 곳에 가서는 니사단을 펴고 가부좌를 하고 앉아 바른 몸과 바른 소원으로 생각이 다른 데로 향하지 않게 하였다. 탐욕을 끊어 없애고 마음에는 다툼이 없어 남의 재물이나 모든 생활 도구를 보아도 탐욕을 일으켜 내 소유로 만들려고 하지 않았으니 나는 탐욕에 있어서 그 마음을 깨끗이 버렸다. 이와 같이 성냄·수면·들뜸·뉘우침에 있어서도 또한 그러하며 의심을 끊고 미혹을 없애 모든 착한 법에 대해서 망설임이 없나니 나는 의혹에 있어서 그 마음을 깨끗이 버렸다. 여러분, 나는 이미 마음을 더럽히고 지혜를 약하게 하는 이 5개蓋를 끊고 욕심을 여의고 착하지 않은 악법을 여의며 나아가 제4선을 증득하고 성취하여 노닌다. 여러분, 나는 이미 이러한 청정하고 고요한 마음을 얻어 더러움이 없고 번거로움이 없고 부드럽고 연하며 잘 머물러 움직이지 않는 마음을 얻고 번뇌가 다한 신통의 지혜로 나아가 스스로 징험을 얻었다.

여러분, 나는 이 괴로움에 대하여 사실 그대로 알고, 이 괴로움의 발생과 이 괴로움의 소멸과 이 괴로움의 소멸에 이르는 길에 대하여 사실 그대로 알았다. 또 이 누漏에 대하여 사실 그대로 알고 이 누의 발생과 이 누의 소멸과 이 누의 소멸에 이르는 길에 대하여 사실 그대로 알았다. 나는 이렇게 알고 이렇게 보았기 때문에 욕루欲漏에서 마음이 해탈하고 유루有漏와 무명루無明漏에서 마음이 해탈하고 해탈한 뒤에는 곧 해탈한 줄을 알았다. 그리하여 생은 이미 다하고 범행은 이미 서고 할 일은 이미 마쳐 다시는 후세의 생명을 받지 않는다는 것을 사실 그대로 알았다.

여러분, 나는 이렇게 알고 이렇게 보았기 때문에 안 몸에 있는 식과 바깥의 모든 모양과 일체의 나와 내가 지은 것과 또 교만을 끊고 뿌리째 뽑아 다시는 나지 않게 하였다.'

번뇌가 다한 비구로서 범행을 알고 이미 법을 세운 자라면 마땅히 이렇게 대답할 것이다. 너희들은 그런 말을 들으면 마땅히 그렇다고 인정하고 기뻐하며 받들어 행하여야 하느니라.

그렇다고 인정하고 기뻐하며 받들어 행한 뒤에는 다시 그 비구에게 이렇게 말하라.

'현자여, 현자가 처음에 말하였을 때 우리는 이미 옳다 하고 마음으로 기뻐하였다. 그러나 우리는 현자에게서 높고 또 높으며 지혜로운 대답의 변재를 듣고 싶었다. 그래서 우리는 현자에게 묻고 또 물은 것이다.'"

부처님께서 이렇게 말씀하시자 모든 비구들은 부처님 말씀을 듣고 기뻐하며 받들어 행하였다.

〔이 설지경에 수록된 경문의 글자 수는 2,846자이다.〕

188) 아이나경阿夷那經〔제5 후송〕

나는 이와 같이 들었다.

어느 때 부처님께서 사위국을 유행하실 적에 동원東園 녹자모鹿子母 강당[4]에 계셨다. 그때 세존께서는 해질 무렵이 되어 고요한 자리에서 일어나 당堂 아래로 내려와 밖의 당 그늘을 거니시면서 여러 비구들을 위해 매우 깊고 미묘한 법을 널리 설명하셨다. 그때 이교도인 사문 만

4 동원 녹자모 강당은 사위성의 동쪽에 있다. 따라서 동원東園이라고도 한다. 사위성의 장자 미가라Migāra는 본래 외도를 신봉하였다. 그 후 딸인 비사가毘舍佉의 교화로 불교에 귀의하게 되었고, 이때 "비사가가 비록 나의 딸이지만 실재 나의 부모와 같다"고 말했다 한다. 그래서 당시 사람들이 비사가를 '미가라의 어머니'로 불렀다. 미가라는 의역하면 녹鹿이다. 따라서 녹자모 강당은 곧 미가라의 딸인 비사가가 지어 부처님께 공양한 정사를 말한다.

두蠻頭의 제자 아이나阿夷那[5]는 멀리서 세존께서 고요한 자리에서 일어나 당에서 내려와 당 그림자로 인해 생긴 그늘 속을 거니시며 모든 비구들을 위해 매우 깊고 미묘한 법을 널리 설명하시는 것을 보았다. 그때 이학異學인 만두의 제자 아이나는 부처님 계신 곳으로 나아가 문안드리고 부처님을 따라 거닐었다. 세존께서는 돌아보시고 물으셨다.

"아이나여, 사문 만두는 참으로 5백 가지 생각을 하고 있는가? 그리고 다른 어떤 사문 범지가 일체를 알고 일체를 보았으면 그는 스스로 '나는 남음이 없고 남음이 없음을 안다'고 일컬으며 그에게 허물이 있는 것을 보면 스스로 '허물이 있다'고 일컫는가?"

만두의 제자 아이나가 대답하였다.

"구담이시여, 사문 만두는 참으로 5백 가지 생각을 하고 있습니다. 그리고 만일 다른 어떤 사문 범지가 일체를 알고 일체를 보았으면 그는 스스로 '나는 남음이 없고 남음이 없음을 안다'고 일컬으며 그에게 허물이 있는 것을 보면 스스로 '허물이 있다'고 일컫습니다."

세존께서 다시 물으셨다.

"아이나여, 그대는 왜 '사문 만두는 참으로 5백 가지 생각을 한다. 그리고 만일 다른 어떤 사문 바라문이 일체를 알고 일체를 보았으면 그는 스스로 〈나는 남음이 없고 남음이 없는 것을 안다〉고 일컬으며 그에게 허물이 있는 것을 보면 스스로 〈허물이 있다〉고 일컫는다'고 말하는가?"

"구담이시여, 사문 만두는 이렇게 말합니다.

'나는 다니거나 서거나 앉거나 눕거나 혹은 잠자거나 깨어있거나 혹은 낮이나 밤이나 항상 걸림이 없이 알고 또 본다. 때로는 달리는 코

---

5 팔리어로 Ajita이다.

끼리 · 방일하게 날뛰는 말 · 달리는 수레 · 반역한 군사 · 달리는 남자 · 달리는 여자를 만나고, 혹은 이런 길을 가다가 사나운 코끼리 · 사나운 말 · 사나운 소 · 사나운 개를 만나며, 혹은 독사 떼를 만나고 던지는 흙덩이에 맞으며 혹은 막대기로 맞으며 개천에 떨어지거나 뒷간에 빠지며, 혹은 누운 소를 타거나 깊은 구덩이에 떨어지며, 혹은 가시밭 속에 들어가고, 혹은 촌이나 읍을 보고 그 이름과 길을 물으며, 혹은 남자나 여자를 보고 그 성과 이름을 묻고, 혹은 빈 집을 관찰한다. 이렇게 하고는 대중 속으로 들어온다. 그들은 들어온 뒤에 내게 이렇게 묻는다.

〈존자여, 어디로 가시나이까?〉

나는 그들에게 말한다.

〈여러분, 나는 나쁜 세계로 가게 된다.〉'

구담이시여, 사문 만두蠻頭는 이러한 종류의 5백 가지 생각을 생각하고, 만일 다른 어떤 사문 범지가 일체를 알고 일체를 보았으면 그는 스스로 〈나는 남음이 없고 남음이 없는 것을 안다〉고 말하며, 또 그에게 허물이 있는 것을 봅니다."

이에 세존께서는 거닐기를 그만두시고 곧 거니시던 길 머리로 가시어 니사단尼師檀을 펴고 가부좌를 하고 앉아 모든 비구들에게 물으셨다.

"비구들아, 내가 말한 지혜에 대한 일을 너희들은 받아 가졌느냐?"

모든 비구들은 잠자코 대답이 없었다. 세존께서는 재삼 물으셨다.

"내가 말한 지혜에 대한 일을 너희들은 받아 가졌느냐?"

모든 비구들도 또한 재삼 잠자코 대답이 없었다. 그때 어떤 비구가 곧 자리에서 일어나 가사 한 자락을 벗어 메고 합장하고 부처님을 향하여 아뢰었다.

"세존이시여, 지금이 바로 그때입니다. 선서시여, 지금이 바로 그때입니다. 만일 세존께서 모든 비구들은 위하여 지혜에 대한 일을 말씀하신다면 모든 비구들은 그것을 듣고 잘 받아 가질 것입니다."

이에 세존께서는 말씀하셨다.

"비구들아, 자세히 듣고 잘 기억하라. 내가 너희들을 위하여 자세히 분별하여 말하리라."

비구들이 아뢰었다.

"예, 분부대로 경청하겠습니다."

부처님께서는 말씀하셨다.

"대개 두 가지 무리가 있다. 하나는 법다운 무리요, 다른 하나는 법답지 않은 무리이다. 어떤 것이 법답지 않은 무리인가? 어떤 사람이 법답지 않은 일을 행하고 법답지 않은 법을 말하면 그 무리들도 또한 법답지 않은 일을 행하고 법답지 않은 법을 말한다. 그 법답지 않은 사람은 법답지 않은 무리들 앞에서 자기가 아는 것을 허망하게 말한다. 진실이 아닌 것을 나타내 보이고 분별하면서 그 행을 주장하고 널리 펴서 차례차례 법을 설명한다. 그러나 남의 잘못을 끊고자 하더라도 그것을 힐난하여 말하지 못하고, 이 바른 법과 율 중에서는 자기가 아는 것을 칭찬하고 주장할 수 없다. 그런데도 저 법답지 않은 사람은 법답지 않은 무리 앞에서 스스로 '나는 지혜가 있어 두루 안다'고 일컫는다. 이 중에서 만일 지혜에 대한 일을 이렇게 말하는 자가 있다면 그들을 법답지 않은 무리라 하느니라.

어떤 것이 법다운 무리인가? 혹 어떤 사람이 법다운 일을 행하고 법다운 법을 말하면 그 무리도 또한 법다운 일을 행하고 법다운 법을 말한다. 그 법다운 사람은 법다운 무리 앞에서 자기가 아는 것을 진실되게 말한다. 진실을 나타내 보이고 분별하여 그 행을 주장하고 널리 펴 차례차례 설명한다. 그리고 그는 남의 잘못을 끊고자 하면 힐난하여 곧 그것을 말할 수 있고 이 바른 법 중에서 자기가 아는 것을 칭찬하고 주장할 수 있다. 그러므로 그 법다운 사람은 법다운 무리 앞에서 스스로 '나는 지혜가 있어 두루 안다'고 말한다. 이 중에서 만일 지혜에 대한 일을 이렇게 말하는 자가 있다면 그들을 법다운 무리라 하느니라.

그러므로 너희들은 마땅히 법과 법 아님, 이치와 이치 아님을 알아야 하고 법과 법 아님, 이치와 이치 아님을 안 뒤에는 너희들은 마땅히 법다움과 이치다움을 배워야 하느니라."

부처님께서는 이렇게 말씀하시고 곧 자리에서 일어나 방에 들어가 편안히 앉으셨다. 이에 모든 비구들은 곧 이렇게 말하였다.

"여러분, 마땅히 아셔야 하오. 세존께서는 이렇게 말씀하셨습니다. '그러므로 너희들은 마땅히 법法과 법 아님〔非法〕, 이치〔義〕와 이치 아님〔非義〕을 알아야 하고 법과 법 아님, 이치와 이치 아님을 안 뒤에는 마땅히 법다움과 이치다움을 배워야 하느니라.'

이렇게 그 뜻을 간략히 말씀하시고는 자세하게 분별하시지 않고 곧 자리에서 일어나 방에 들어가 편안히 앉으셨습니다."

그들은 다시 이렇게 말하였다.

"여러분, 아까 세존께서 간략히 말씀하신 그 뜻을 누가 자세하게 분별해 줄 수 있겠습니까?"

그들은 다시 이렇게 말하였다.

"존자 아난은 부처님의 시자로서 부처님의 뜻을 알고 항상 부처님과 모든 지혜로운 범행인들의 칭찬을 받고 있습니다. 존자 아난이라면 능히 아까 부처님께서 간략하게 말씀하신 그 뜻을 자세하게 분별할 수 있을 것입니다. 여러분, 우리 다 같이 존자 아난에게 가서 이 뜻을 설명해 달라고 간청해 봅시다. 그리고 만일 존자 아난이 우리를 위해 분별해 주거든 우리는 마땅히 잘 받아 가집시다."

이에 모든 비구들은 존자 아난에게 가서 서로 안부를 묻고 물러나 한쪽에 앉아 아뢰었다.

"존자 아난이여, 마땅 아셔야 합니다. 아까 세존께서는 이렇게 말씀하셨습니다.

'너희들은 마땅히 법과 법 아님, 이치와 이치 아님을 알아야 한다. 그리고 법과 법 아님, 이치와 이치 아님을 안 뒤에는 마땅히 법다움과 이치다움을 배워야 한다.'

이렇게 그 뜻을 간략히 말씀하시고는 더 이상 자세하게 분별해 주시지 않고 곧 자리에서 일어나 방에 들어가 편안히 앉으셨습니다. 그래서 저희들은 이렇게 생각하였습니다.

'여러분, 아까 세존께서 간략히 말씀하신 그 뜻을 누가 자세하게 분별해 줄 수 있겠습니까?'

그리고 저희는 다시 이렇게 생각하였습니다.

'존자 아난은 부처님의 시자로서 부처님의 뜻을 알고 항상 부처님과 모든 지혜로운 범행자들의 칭찬을 받고 있습니다. 존자 아난이라면 능히 아까 세존께서 간략히 말씀하신 그 뜻을 자세하게 분별해 줄 수 있을 것입니다.'

그러니 부디 아난이여, 저희들을 사랑하고 가엾이 여겨 그 뜻을 자세히 말씀해 주십시오."

존자 아난이 말하였다.

"여러분, 내가 비유를 들어 말하리니 잘 들어보십시오. 지혜로운 사람은 비유를 들어 말하면 그 뜻을 빨리 이해합니다. 여러분, 어떤 사람이 나무 심〔實〕[6]을 얻기 위하여 도끼를 가지고 숲속으로 들어갔습니다. 그는 큰 나무가 뿌리 · 줄기 · 마디 · 가지 · 잎 · 꽃 · 나무 심으로 된 것을 보고 뿌리 · 줄기 · 마디 · 나무 심은 건드리지 않고 가지와 잎만 건드렸습니다. 여러분의 말도 또한 그와 같습니다. 세존께서 현재 계시는데 그 분을 내버려두고 내게 와서 그 뜻을 묻다니요. 왜냐하면 여러분, 세존께서는 눈이요 지혜며, 이치요 법이며, 법의 주인이요 법의 장수로서 진리의 뜻을 말씀하십니다. 일체의 뜻은 오직 저 세존에게서 나온다는 것을 아셔야 합니다. 여러분은 마땅히 세존께 나아가 '세존이시여, 이것은 무엇이며, 이것은 어떠한 뜻입니까?' 하고 물어보십시오. 만일 세존께서 말씀하여 주시거든 여러분은 마땅히 잘 받아 가지십시오."

모든 비구들이 아난에게 아뢰었다.

"그렇습니다. 존자 아난이여, 세존께서는 눈이요 지혜이며, 이치요 법이며, 법의 주인이요 법의 장수로서 진리의 뜻을 말씀하시고, 일체 뜻은 오직 저 세존에게서 나옵니다. 그러나 존자 아난께서는 부처님의 시자로서 부처님의 뜻을 아시고, 항상 부처님과 모든 지혜로운 범행인들의 칭찬을 받고 있습니다. 존자 아난이시라면 아까 저 세존께서 간략히 말씀하신 뜻을 자세하게 분별해 주실 수 있을 것입니다. 원컨대 존자 아난이여, 저희들을 사랑하고 가엾이 여겨 그것을 자세하게 말씀해 주십시오."

존자 아난이 모든 비구들에게 말하였다.

"여러분, 모두 내 말을 들으시오. 여러분, 삿된 소견은 법이 아니요 바른 소견이라야 법이라 할 수 있습니다. 만일 삿된 소견으로 말미암아 한량없이 악한 법을 내면 이것은 이치가 아니며, 만일 바른 소견으

6 팔리본에는 Sāra로 되어 있다. 이는 수심樹心 혹은 목재로 쓸 만한 부분을 뜻한다.

로 말미암아 한량없이 착한 법을 내면 이것은 바른 이치입니다. 여러분, 나아가 삿된 지혜는 법이 아니며, 바른 지혜가 법입니다. 만일 삿된 지혜로 말미암아 한량없이 악한 법을 내면 이것은 이치가 아니며, 만일 바른 지혜로 말미암아 한량없이 착한 법을 내면 이것은 바른 이치입니다.

여러분, 이른바 세존께서는 '너희들은 마땅히 법과 법 아님, 이치와 이치 아님을 알아야 한다. 법과 법 아님, 이치와 이치 아님을 안 뒤에는 마땅히 법다움과 이치다움을 배워야 하느니라'라고 그 뜻을 간략히 말씀하시고는 자세하게 분별하지 않으셨습니다. 그리고 곧 자리에서 일어나 방에 들어가 편안히 앉으셨습니다. 이렇게 세존께서 그 뜻을 간략히 말씀하시고 자세하게 분별하지 않으신 것을 나는 이런 글귀로써 자세하게 분별하였습니다. 여러분, 부처님께 나아가 이 일을 낱낱이 말씀드리십시오. 만일 세존께서 말씀하신 그 뜻과 같거든 여러분들은 곧 받아 가지십시오."

이에 모든 비구들은 존자 아난의 말을 들어 잘 받아가져 외우고 곧 자리에서 일어나 존자 아난을 세 번 돌고는 떠나갔다. 그들은 부처님께 나아가 머리를 조아려 예배하고 물러나 한쪽에 앉아 세존께 아뢰었다.

"세존이시여, 세존께서는 아까 간략히 이 뜻을 말씀하시고 자세하게 분별하지 않고는 곧 자리에서 일어나 방에 들어가 편안히 앉으셨습니다. 그래서 존자 아난이 이런 글귀와 이런 글로써 그것을 자세하게 설명하였습니다."

세존께서 들으시고 찬탄하며 말씀하셨다.

"훌륭하고 훌륭하다. 내 제자 중에는 안목도 있고 지혜도 있으며 법도 있고 이치도 있구나. 왜냐하면 스승이 제자를 위하여 그 뜻을 간략히 말하고 자세하게 분별해 주지 않자 그 제자가 이런 글귀와 이런 글로써 그것을 자세하게 설명하였기 때문이다. 아난이 말한 바와 같이 너희들은 마땅히 그렇게 받아 가져야 한다. 왜냐하면 설해진 대로 그 뜻을 관찰해 보면 분명 그러하기 때문이니라."

부처님께서 이렇게 말씀하시자 모든 비구들은 부처님 말씀을 듣고 기뻐하며 받들어 행하였다.

〔이 아이나경에 수록된 경문의 글자 수는 1,828자이다.〕

189) 성도경聖道經〔제5 후송〕

나는 이와 같이 들었다.

어느 때 부처님께서 구루수拘樓瘦의 도읍인 검마슬담劍磨瑟曇이라는 곳을 유행하셨다.

그때 세존께서 모든 비구들에게 말씀하셨다.

"중생으로 하여금 청정을 얻고 근심과 슬픔과 울음을 여의게 하며 걱정과 괴로움과 번민을 없애 곧 법다움을 얻게 하는 하나의 도道가 있다. 이른바 거룩한 바른 선정〔正定〕이 그것인데, 그것을 익히고 그것을 도우며 또한 그것을 준비하는 것으로 또 7지支가 있다. 그러므로 거룩한 바른 선정에서는 익힘을 말하며 도움을 말하고 또한 갖춤을 말하는 것이다. 어떤 것을 7지라 하는가? 바른 소견〔正見〕·바른 뜻〔正志〕·바른 말〔正語〕·바른 업〔正業〕·바른 생활〔正命〕·바른 방편〔正方便〕·바른 생각〔正念〕이다. 만일 이 7지의 익힘과 도움과 준비가 있어 잘 나아가 마음이 하나가 되면 이것을 거룩한 바른 선정이라고 하는데 거기에는 익힘과 도움과 준비가 있다. 왜냐하면 바른 소견은 바른 뜻을 낳고 바른 뜻은 바른 말을 낳으며 바른 말은 바른 업을 낳고 바른 업은 바른 생활을 낳으며 바른 생활은 바른 방편을 낳고 바른 방편은 바른 생각을 낳으며 바른 생각은 바른 선정을 낳기 때문이다. 현성의 제자는 이렇게 마음에 바른 선정이 있어 갑자기 사음과 성냄과 어리석음을 없앤다. 현성의 제자는 이렇게 바른 마음으로 해탈하여 갑자기 알게 된다. 즉 생은 이미 다하고 범행은 이미 서고 할 일은 이미 마쳐 다시는 후세의 생명을 받지 않는다는 것을 사실 그대로 안다. 그 중에서 바른 소견이 제일 앞에 있다.

만일 삿된 소견을 삿된 소견이라고 보면 이것은 바른 소견〔正見〕이요, 만일 바른 소견을 바른 소견이라 보면 이것도 또한 바른 소견이다. 어떤 것을 삿된 소견이라 하는가? 이른바 보시도 없고 재齋도 없고 또한 주설呪說도 없으며 선악의 업도 없고 선악업의 과보도 없으며 이 세계도 없고 저 세계도 없으며 아비도 없고 어미도 없다고 보는 것이다. 또 세상에는 좋은 곳에 이르고 잘 가고 잘 향하며 이 세상과 저 세상을 스스로 알고 스스로 깨닫고 스스로 징험하고 성취하여 노니는 참 사람도 없다고 보는 것이다. 이것을 삿된 소견이라 한다.

어떤 것을 바른 소견이라 하는가? 이른바 보시도 있고 재도 있고 또한 주설도 있으며 선악의 업도 있고 선악업의 과보도 있으며 이 세계도 있고 저 세계도 있으며 아비도 있고 어미도 있다고 보는 것이다. 또 세상에는 좋은 곳에 이르고 잘 가고 잘 향하며 이 세상과 저 세상을 스스로 알고 스스로 깨닫고 스스로 징험하고 성취하여 노니는 참 사람도 있다고 보는 것이다. 이것을 바른 소견이라 한다. 이것이 '삿된 소견을 삿된 소견이라 보면 이것은 바른 소견이요, 바른 소견을 바른 소견이라 보면 이것도 또한 바른 소견이다'라고 하는 것이다.

그가 이렇게 안 뒤에 곧 배우기를 구하고 삿된 소견을 끊어 바른 소견을 성취하려고 하면 이것을 바른 방편이라 한다. 비구가 삿된 소견을 끊고 바른 소견을 성취하려고 생각하면 이것을 바른 생각이라 한다. 이 3지支는 바른 소견을 따르고 바른 소견의 방편을 따른다. 그러므로 바른 소견이 가장 앞에 있느니라.

만일 삿된 뜻을 삿된 뜻이라 보면 이것은 바른 뜻〔正志〕이라 할 것이요, 만일 바른 뜻을 바른 뜻이라 보면 이것도 또한 바른 뜻이라 할 것이다. 어떤 것을 삿된 뜻이라 하는가? 탐욕이 있는 생각·성냄이 있는 생각·해침이 있는 생각이니, 이것을 삿된 뜻이라 한다. 어떤 것을 바른 뜻이라 하는가? 탐욕이 없는 생각·성냄이 없는 생각·해침이 없는 생각, 이것을 바른 뜻이라 한다. 이것이 '삿된 뜻을 삿된 뜻이라 보면 이것은 바른 뜻이라 할 것이요, 바른 뜻을 바른 뜻이라 보면 이것도 또한 바른 뜻이라 할 것이다'라고 하는 것이다.

그가 이렇게 안 뒤에 곧 배우기를 구하고 삿된 뜻을 끊어 바른 뜻을 성취하려고 하면 이것을 바른 방편이라 한다. 비구가 삿된 뜻을 끊고 바른 뜻을 성취하려고 생각하면 이것을 바른 생각이라 한다. 이 3지는 바른 뜻을 따르고 바른 소견의 방편을 따른다. 그러므로 바른 소견이 가장 앞에 있다고 하느니라.

만일 삿된 말을 삿된 말이라 보면 이것은 바른 말〔正語〕이요, 만일 바른 말을 바른 말이라 보면 이것도 또한 바른 말이다. 어떤 것을 삿된 말이라 하는가? 거짓말·이간하는 말·추악한 말·꾸밈말이니, 이것을 삿된 말이라 한다. 어떤 것을 바른 말이라 하는가? 거짓말·이간하는 말·추악한 말·꾸밈말을 여읜 말이니 이것을 바른 말이라 한다. 이것이 '삿된 말을 삿된 말이라 보면 이것은 바른 말이요, 바른 말을 바른 말이라 보면 이것도 또한 바른 말이다'라고 하는 것이다.

그가 이렇게 안 뒤에 곧 배우기를 구하고 삿된 말을 끊어 바른 말을 성취하려고 하면 이것을 바른 방편이라고 한다. 비구가 삿된 말을 끊고 바른 말을 성취하려고 생각하면 이것을 바른 생각이라고 한다. 이 3지는 바른 말을 따르고 바른 소견의 방편을 따른다. 그러므로 바른 소견이 가장 앞에 있느니라.

만일 삿된 업을 삿된 업이라 보면 이것은 바른 업〔正業〕이요, 만일 바른 업을 바른 업이라 보면 이것도 또한 바른 업이다. 어떤 것이 삿된 업인가? 살생·도둑질·사음이니 이것을 삿된 업이라 한다. 어떤 것을 바른 업이라 하는가? 살생·도둑질·사음을 여읜 업이니 이것을 바른 업이라 한다. 이것이 '삿된 업을 삿된 업이라 보면 이것은 바른 업이요, 바른 업을 바른 업이라 보면 이것도 또한 바른 업이다'라고 하는 것이다.

그가 이렇게 안 뒤에 곧 배우기를 구하고 삿된 업을 끊어 바른 업을 성취하려고 하면 이것을 바른 방편이라 한다. 비구가 삿된 업을 끊고 바른 업을 성취하려고 생각하면 이것을 바른 생각이라 한다. 이 3지는 바른 업을 따르고 바른 소견의 방편을 따른다. 그러므로 바른 소견이 가장 앞에 있느니라.

만일 삿된 생활을 삿된 생활이라 보면 이것은 바른 생활〔正命〕이요, 만일 바른 생활을 바른 생활이라 보면 이것도 또한 바른 생활이다. 어떤 것을 삿된 생활이라 하는가? 만일 구하는 것이 있어 뜻에 차지 않으면 여러 가지 축생의 주문을 외우는 등 삿된 방법으로 존속해 가는 것이다. 그는 법답지 않게 법이 아닌 것으로써 의복을 구하고 법답지 않게 법이 아닌 것으로써 음식·평상·탕약과 모든 생활 도구를 구한다. 이것을 삿된 생활이라 한다. 어떤 것을 바른 생활이라 하는가? 만일 구하지도 않고 구하는 것이 뜻에 차지 않더라도 여러 가지 축생의 주문을 외우는 등 삿된 방법으로 생활을 존속해 가지 않는 것이다. 그는 법답게 의복을 구하고 법답게 음식·평상·탕약과 여러 가지 생활 도구를 구한다. 이것을 바른 생활이라 한다. 이것이 '삿된 생활을 삿된 생활이라 보면 이것은 바른 생활이요, 바른 생활을 바른 생활이라 보면 이것도 또한 바른 생활이다'라고 하는 것이다.

그가 이렇게 안 뒤에 곧 배우기를 구하고 삿된 생활을 끊고 바른 생활을 성취하려고 하면 이것을 바른 방편이라 한다. 비구가 삿된 생활을 끊고 바른 생활을 성취하려고 하면 이것을 바른 생각이라 한다. 이 3지는 바른 생활을 따르고 바른 소견의 방편을 따른다. 그러므로 바른 소견이 가장 앞에 있느니라.

어떤 것을 바른 방편〔正方便〕이라 하는가? 비구는 이미 생긴 나쁜 법은 끊으려고 하기 때문에 서둘러 방편을 구하고 온 마음을 다해 정근한다. 아직 생기지 않은 나쁜 법은 생기지 않게 하려고 하기 때문에 서둘러 방편을 구하고 온 마음을 다해 정근한다. 아직 생기지 않은 착한 법은 생기게 하려고 하기 때문에 서둘러 방편을 구하고 온 마음을 다해 정근한다. 이미 생긴 착한 법은 그대로 머물게 하고 잊지 않고 물러나지 않게 하며 더 자라고 널리 퍼지게 하며 닦아 익히고 원만히 갖춰지게 하려고 하기 때문에 서둘러 방편을 구하고 온 마음을 다해 정근한다. 이것을 바른 방편이라 하느니라.

어떤 것을 바른 생각〔正念〕이라 하는가? 비구는 안 몸〔內身〕을 몸으로 관찰하고 나아가 감각·마음·법에 이르기까지 법 그대로 관찰한다. 이것을 바른 생각이라 하느니라.

어떤 것을 바른 선정〔正定〕이라 하는가? 비구는 욕심을 여의고 착하지 않은 악법을 여의며 나아가 제4선을 얻어 성취하여 노닌다. 이것을 바른 선정이라 하느니라.

어떤 것을 바른 해탈〔正解脫〕이라 하는가? 욕심내는 마음으로부터 해탈하고 성내는 마음 어리석은 마음으로부터 해탈한다. 이것을 바른 해탈이라 하느니라.

어떤 것을 바른 지혜〔正智〕라 하는가? 비구는 욕심내는 마음으로부터 해탈한 줄을 알고 성내는 마음 어리석은 마음으로부터 해탈한 줄을 안다. 이것을 바른 지혜라 하느니라.

다시 이것을 학자學者[7]가 성취하는 8지라 하고 번뇌가 다한 아라하가 성취하는 10지[8]라 한다.

어떤 것을 학자가 성취하는 8지라 하는가? 유학有學의 바른 소견과 나아가 유학의 바른 선정이니, 이것을 학자가 성취하는 8지라 한다. 어떤 것을 번뇌가 다한 아라하가 성취하는 10지라 하는가? 무학無學의 바른 소견과 나아가 무학의 바른 지혜이니, 이것을 번뇌가 다한 아라하가 성취하는 10지라 한다. 왜냐하면 바른 소견은 삿된 소견을 끊기 때문이다. 만일 삿된 소견으로 인하여 한량없는 착하지 않은 악법이 생기면 그는 그것도 또한 끊고 만일 바른 소견으로 인하여 한량없는 착한 법이 생기면 그는 곧 그것을 닦고 익혀 가득 차고 구족하게 한다. 그리고 나아가서는 바른 지혜는 삿된 지혜를 끊기 때문이다. 만일 삿된 지혜로 인하여 한량없는 착하지 않은 악법이 생기면 그는 또한 그것을 끊고 만일 바른 지혜로 인하여 한량없는 착한 법이 생기면 그는 곧 그것을 닦고 익혀 가득 차고 구족하게 한다.

이것을 20선품善品과 20불선품不善品이라 한다. 곧 이 40대법품大法品을 설하여 범륜梵輪을 굴리면 어떤 사문 범지 · 하늘 · 악마 · 범천 및 그 밖의 세상도 그것을 제어하거나 그르다고 말하지 못할 것이다.

내가 말한 40대법품으로 범륜을 굴리면 어떤 사문 범지 · 하늘 · 악

7 아라한, 즉 무학無學에 상대되는 개념이다.

8 8지支, 즉 8정도에 정지正智 · 정해탈正解脫을 더한 것이다.

마·범천 및 그 밖의 세상도 그것을 제어하거나 그르다고 하지 못한다. 따라서 만일 다음과 같은 사문 범지가 있다면 그들은 법다움에 있어서 열 가지 꾸지람〔詰責〕이 있게 된다. 어떤 것이 열 가지 꾸지람인가? 혹 어떤 이는 바른 소견을 헐뜯고 삿된 소견을 칭찬하거나 혹은 삿된 소견을 가진 사문 범지를 공양하고 칭찬한다. 내가 말한 40대법품으로 범륜을 굴리면 사문 범지·하늘·악마·범천 및 그 밖의 세상도 그것을 제어하거나 그르다고 하지 못한다. 따라서 만일 그런 사문 범지가 있다면 그는 법다움에 있어서 첫 번째의 꾸지람을 듣게 된다.

더 나아가서 어떤 이는 바른 지혜를 헐뜯고 삿된 지혜를 칭찬하거나, 혹은 삿된 지혜를 가진 사문 바라문을 공양하고 칭찬한다. 내가 말한 40대법품으로 범륜을 굴리면 어떤 사문 범지·하늘·악마·범천 및 그 밖의 세상도 그것을 제어하거나 그르다고 하지 못한다. 따라서 만일 그런 사문 범지가 있다면 그는 법다움에 있어서 열 번째의 꾸지람을 듣게 된다. 이처럼 내가 말한 40대법품으로 범륜을 굴리면 어떤 사문 범지·하늘·악마·범천 및 그 밖의 세상도 그것을 제어하거나 그르다고 하지 못한다. 따라서 만일 위와 같은 사문 범지가 있다면 그들은 법다움에 있어서 열 가지 꾸지람을 듣게 되느니라. 또 혹 어떤 사문 범지는 쭈그리고 앉아 쭈그려 앉으라고 말하고 아무것도 가지지 않으면서 아무것도 가지지 말라고 말하며 원인이 없다고 말하고 지음이 없다고 말하여 이른바 이런 저런 지은 바 선악을 주장하고 서로를 단절하고 파괴한다. 그러나 내가 말한 40대법품으로 범륜을 굴리면 어떤 사문 범지·하늘·악마·범천 및 그 밖의 세상도 그것을 제어하거나 그르다고 말하지 못한다. 따라서 그들에게도 또한 꾸지람과 근심과 두려움이 있게 되느니라."

부처님께서 이렇게 말씀하시자 모든 비구들은 부처님 말씀을 듣고 기뻐하며 받들어 행하였다.

〔이 성도경에 수록된 경문의 글자 수는 1,805자이다.〕

190) 소공경小空經〔제5 후송〕

나는 이와 같이 들었다.

어느 때 부처님께서 사위국을 유행하실 적에 동원東園 녹자모鹿子母 강당에 계셨다. 그때 존자 아난이 해질 무렵이 되어 고요한 자리에서 일어나 부처님께 나아가 그 발에 머리를 조아려 예배하고 물러나 한쪽에 앉아 여쭈었다.

"세존께서는 언젠가 석도읍釋都邑이라고 하는 석가족의 성을 유행하셨습니다. 저는 그때 세존에게서 이러한 이치에 대한 설명을 들었습니다.

'아난아, 나는 공空을 많이 수행한다.'

세존께서 설하신 말씀을 제가 잘 이해하였고 잘 받아 가졌다고 하겠습니까?"

세존께서 말씀하셨다.

"아난아, 너는 그때 내 말을 진실로 잘 알고 잘 받아 가졌다. 왜냐하면 나는 그때부터 지금까지 공을 많이 수행하였다. 아난아, 이 녹자모 강당은 텅 비어 코끼리·말·소·염소·재물·미곡·종들이 없다. 비지 않은 것이 있다면 오직 비구들뿐이다. 아난아, 만일 이 가운데 그것이 없다면 그 때문에 나는 그것을 공하다고 볼 것이다. 그러나 만일 여기에 다른 것이 있다면 나는 진실로 있다고 볼 것이다. 아난아, 이것을 진실과 공을 행하여 거꾸로 되지 않았다고 한다.

아난아, 비구가 만일 공을 많이 행하려고 한다면 그 비구는 마을에 대한 생각〔村想〕을 하지 말고 사람에 대한 생각〔人想〕을 생각하지 말며, 오로지 일이 없는 곳에 대한 생각〔無事想〕[9]만을 자꾸 생각하라. 그는 이렇게 알아 마을에 대한 생각을 비우고, 사람에 대한 생각을 비운다. 그러나 오직 할 일이 없는 곳에 대한 생각만은 비우지 않는다. 그는 이렇게 깨닫는다.

'혹 어떤 피로는 마을에 대한 생각 때문에 있지만 나에게는 그것이 없다. 혹 어떤 피로는 사람에 대한 생각 때문에 있지만 나에게는 그것도 없다. 피로가 있다면 오직 일이 없는 곳에 대한 생각 때문에 있다.'

만일 그것이 그 가운데 없다면 그 때문에 그는 그것을 공하다고 볼 것이다. 그러나 만일 거기에 다른 것이 있다면 그는 진실로 있다고 볼 것이다. 아난아, 이것을 진실과 공을 행하여 거꾸로 되지 않았다고 한다.

다시 아난아, 비구가 만일 공을 많이 행하려고 한다면 그 비구는 사람에 대한 생각도 하지 말고, 일이 없는 곳에 대한 생각도 하지 말며, 오로지 땅에 대한 생각〔地想〕만을 자꾸 생각하라. 그 비구는 혹 그 땅에 높고 낮음이 있고 뱀떼가 있으며, 가시덤불이 있고, 모래가 있으며, 돌산이 험하고 깊은 물이 있는 것을 보더라도 그것을 생각하지 말라. 만일 그 땅이 편편하기 손바닥 같고 경관이 좋은 곳을 보거든 마땅히 그것을 자꾸 생각하라.

아난아, 마치 소가죽을 백 개의 못으로 펴 바를 때에 팽팽하게 펴 바르면 주름살도 없고 오그라들지도 않는 것과 같다. 만일 그 땅에 높고 낮음이 있고 뱀 떼가 있으며, 가시덤불이 있고 모래가 있으며, 돌

9 팔리본에는 한림상(閑林想, araññasaññā)으로 되어 있다. 즉 한적한 숲속에서의 생활에 대한 생각을 말한다.

산이 험하고 깊은 물이 있는 것을 보더라도 그것은 생각하지 말라. 만일 그 땅이 편편하기 손바닥 같고, 경관이 좋은 곳을 보거든 마땅히 그것을 자꾸 생각하라. 그는 이렇게 알아 사람에 대한 생각도 비우고 일이 없는 곳에 대한 생각도 비운다. 그러나 오직 땅에 대한 생각만은 비우지 않는다. 그는 이렇게 깨닫는다.

'혹 어떤 피로는 사람에 대한 생각 때문에 있지만 나에게는 그것이 없다. 혹 어떤 피로는 일이 없는 곳에 대한 생각 때문에 있지만 나에게는 그것도 없다. 피로가 있다면 오직 땅에 대한 생각 때문에 있다.'

만일 그것이 그 가운데 없다면 그 때문에 그는 그것을 공하다고 볼 것이다. 그러나 만일 거기에 다른 것이 있다면 그는 진실로 있다고 볼 것이다. 아난아, 이것을 진실과 공을 행하여 거꾸로 되지 않았다고 한다.

다시 아난아, 비구가 만일 공을 많이 행하려고 한다면 그 비구는 일이 없는 곳에 대한 생각을 생각하지 말고 땅에 대한 생각도 생각하지 말며 오로지 한량없는 허공에 대한 생각〔無量空處想〕만을 자꾸 생각하라. 그는 이렇게 알아 일이 없는 곳에 대한 생각도 비우고 땅에 대한 생각도 비운다. 그러나 오직 한량없는 허공에 대한 생각만은 비우지 않는다. 그는 이렇게 깨닫는다.

'혹 어떤 피로는 일이 없는 곳에 대한 생각 때문에 있지만 나에게는 그것이 없다. 혹 어떤 피로는 땅에 대한 생각 때문에 있지만 나에게는 그것도 없다. 피로가 있다면 오직 한량없는 허공에 대한 생각 때문에 있다.'

만일 그 가운데 그것이 없으면 그 때문에 그는 그것을 공하다고 볼 것이다. 그러나 만일 거기에 다른 것이 있다면 그는 진실로 있다고 볼 것이다. 아난아, 이것을 진실과 공을 행하여 거꾸로 되지 않았다고 한다.

다시 아난아, 비구가 만일 공을 많이 행하려고 한다면 그 비구는 땅에 대한 생각도 생각하지 말고 한량이 없는 허공에 대한 생각도 생각하지 말며 오로지 한량없는 식이 있는 곳에 대한 생각〔無量識處想〕만을 자꾸 생각하라. 그는 이렇게 알아 땅에 대한 생각도 비우고 한량없는 허공에 대한 생각도 비운다. 그러나 오직 한량없는 식이 있는 곳에 대한 생각만은 비우지 않는다. 그는 이렇게 깨닫는다.

'혹 어떤 피로는 땅에 대한 생각 때문에 있지만 나에게는 그것이 없다. 혹 어떤 피로는 한량없는 허공에 대한 생각 때문에 있지만 나에게는 그것도 없다. 피로가 있다면 오직 한량없는 식이 있는 곳에 대한 생각 때문에 있다.'

만일 그 가운데 그것이 없으면 그 때문에 그는 그것을 공하다고 볼 것이다. 그러나 만일 거기에 다른 것이 있다면 그는 진실로 있다고 볼 것이다. 아난아, 이것을 진실과 공을 행하여 거꾸로 되지 않았다고 한다.

다시 아난아, 비구가 만일 공을 많이 행하려고 한다면 그 비구는 한량없는 허공에 대한 생각도 생각하지 말고 한량없는 식이 있는 곳에 대한 생각도 생각하지 말며 오로지 아무것도 가지지 않는 곳에 대한 생각〔無所有處想〕만을 자꾸 생각하라. 그는 이렇게 알아 한량없는 허공에 대한 생각도 비우고 한량없는 식이 있는 곳에 대한 생각도 비운다. 그러나 오직 아무것도 가지지 않는 곳에 대한 생각만은 비우지 않는다. 그는 이렇게 깨닫는다.

'혹 어떤 피로는 한량없는 허공에 대한 생각 때문에 있지만 나에게는 그것이 없다. 혹 어떤 피로는 한량없는 식이 있는 곳에 대한 생각 때문에 있지만 나에게는 그것도 없다. 피로가 있다면 오직 아무것도

가지지 않는 곳에 대한 생각 때문에 있다.'

만일 그 가운데 그것이 없으면 그 때문에 그는 그것을 공하다고 볼 것이다. 그러나 만일 거기에 다른 것이 있다면 그는 진실로 있다고 볼 것이다. 아난아, 이것을 진실과 공을 행하여 거꾸로 되지 않았다고 한다.

다시 아난아, 비구가 만일 공을 많이 행하려고 한다면 그 비구는 한량없는 식이 있는 곳에 대한 생각을 생각하지 말고 아무것도 가지지 않는 곳에 대한 생각도 생각하지 말며 오로지 무상심정無想心定만을 자꾸 생각하라. 그는 이렇게 알아 한량없는 식이 있는 곳에 대한 생각을 비우고 아무것도 없는 곳에 대한 생각도 비운다. 그러나 오직 무상심정만은 비우지 않는다. 그는 이렇게 깨닫는다.

'혹 어떤 피로는 한량없는 식이 있는 곳에 대한 생각 때문에 있지만 나에게는 그것이 없다. 혹 어떤 피로는 아무것도 가지지 않는 곳에 대한 생각 때문에 있지만 나에게는 그것도 없다. 피로가 있다면 오직 무상심정 때문에 있다.'

만일 그 가운데 그것이 없으면 그 때문에 그는 그것을 공하다고 볼 것이다. 그러나 만일 거기에 다른 것이 있으면 그는 진실로 있다고 볼 것이다. 아난아, 이것을 진실과 공을 행하여 거꾸로 되지 않았다고 한다.

그는 이렇게 생각한다.

'나는 무상심정無想心定을 이미 행하였고 이미 생각하였다. 이미 행하고 이미 생각한 것이라면 나는 그것을 즐기지도 않고 그것을 구하지도 않으며 거기에 머무르지도 않는다.'

그는 이렇게 알고 이렇게 보아 탐욕의 번뇌〔欲漏〕에서 마음이 해탈하고 생명의 번뇌〔有漏〕에서 마음이 해탈하며 무명의 번뇌〔無明漏〕에서 마음이 해탈한다. 해탈한 뒤에는 곧 해탈한 줄을 알아 생은 이미 다하고 범행은 이미 서고 할 일은 이미 마쳐 다시는 후세의 생명을 받지 않는다는 것을 사실 그대로 안다.

그는 이렇게 알아 탐욕의 번뇌를 비우고 생명의 번뇌를 비우고 무명의 번뇌를 비운다. 그러나 오직 생명이 있는 자기 몸의 6처處만은 비우지 않는다. 그는 이렇게 깨닫는다.

'혹 어떤 피로는 탐욕의 번뇌 때문에 있지만 나에게는 그것이 없다. 혹 어떤 피로는 생명의 번뇌 때문에 있지만 나에게는 그것도 없다. 피로가 있다면 오직 생명이 있는 내 몸의 6처 때문에 있다.'

만일 그 가운데 그것이 없으면 그 때문에 그는 그것을 공하다고 볼 것이다. 만일 거기에 다른 것이 있다면 그는 진실로 있다고 볼 것이다. 아난아, 이것을 진실과 공을 행하여 거꾸로 되지 않았다고 하는 것이다. 왜냐하면 번뇌가 다하여 번뇌가 없어지고 함이 없는 마음으로 해탈하였기 때문이니라.

아난아, 과거의 모든 여래·무소착·등정각도 모두 이 진실과 공을 행하여 거꾸로 되지 않았으니 왜냐하면 번뇌가 다하여 번뇌가 없어지고, 함이 없는 마음으로 해탈하였기 때문이다. 아난아, 미래의 모든 여래·무소착·등정각도 모두 이 진실과 공을 행하여 거꾸로 되지 않을 것이니 왜냐하면 번뇌가 다하여 번뇌가 없어지고, 함이 없는 마음으로 해탈할 것이기 때문이다. 아난아, 지금 현재의 나 여래·무소착·등정각도 또한 이 진실과 공을 행하여 거꾸로 되지 않나니 왜냐하면 번뇌가 다하여 번뇌가 없어지고 함이 없는 마음으로 해탈하였기 때문이다.

아난아, 너는 마땅히 이렇게 배워야 한다. 나도 또한 이 진실과 공을 행하여 거꾸로 되지 않나니 왜냐하면 번뇌가 다하여 번뇌가 없어지고 함이 없는 마음으로 해탈하였기 때문이다. 그러므로 아난아, 너도 마땅히 이렇게 배워야 하느니라."

부처님께서 이렇게 말씀하시자 존자 아난과 모든 비구들은 부처님 말씀을 듣고 기뻐하며 받들어 행하였다.

〔이 소공경에 수록된 경문의 글자 수는 1,423자이다.〕

191) 대공경大空經〔제5 후송〕

나는 이와 같이 들었다.

어느 때 부처님께서는 석가족이 사는 가유라위迦維羅衛에 유행하실 적에 니구류尼拘類 동산에 계셨다.

그때 세존께서는 밤이 지나고 이른 아침이 되자 가사를 입고 발우를 가지고 가유라위에 들어가 걸식하셨다. 걸식을 마치시고 오후가 되어 가라차마석정사加羅差摩釋精舍[10]로 가셨다. 그때 가라차마석정사에는 많은 평상자리를 펴고 많은 비구들이 그곳에 머물고 있었다. 그때 세존께서는 가라차마석정사에서 나와 다시 가라석정사加羅釋精舍[11]로 가셨다. 그때 존자 아난은 많은 비구들과 함께 가라석정사에 있으면서 가사를 만들고 있었다. 존자 아난은 멀리 부처님께서 오시는 것을 보고 마중을 나가 부처님의 가사와 발우를 받아 들고 돌아와 자리를 펴고 물을 길어다 부처님 발을 씻어 드렸다. 부처님께서는 발을 씻으시고 가라석정사에서 존자 아난이 펴놓은 자리에 앉아 말씀하셨다.

---

10 팔리본에는 Kāḷakhemakassa Sakkassa vihāra로 되어 있다. 즉 석가족 가라차마(加羅差摩, Kāḷakhemaka)가 건립한 정사라는 뜻이다.

11 팔리본에는 석가족 Ghaṭāya의 정사로 되어 있다.

"아난아, 가라차마석정사에는 많은 평상자리를 펴고 많은 비구들이 그곳에 머물고 있었다."

존자 아난이 아뢰었다.

"그렇습니다. 세존이시여, 가라차마석정사에는 많은 평상자리를 펴고 많은 비구들이 그곳에 머물고 있습니다. 왜냐하면 저희들이 지금 가사를 만들고 있기 때문입니다."

세존께서 다시 아난에게 말씀하셨다.

"비구는 떠들기를 좋아하거나 떠들기를 즐겨하거나 떠드는 자리에 모이지 않아야 하고 무리 짓기를 좋아하거나 무리 짓기를 즐겨하거나 무리 짓는 자리에 모이지 않아야 하며 무리를 떠나려고 하지 않거나 멀리 떠난 곳에서 혼자 있기를 즐겨하지 않으면 안 된다. 만일 어떤 비구가 떠들기를 좋아하며 떠들기를 즐겨하고 떠드는 자리에 모이며 무리 짓기를 좋아하고 무리 짓기를 즐겨하며 무리 짓는 자리에 모이며 무리를 떠나려 하지 않고 멀리 떠나 혼자 지내는 것을 즐겨하지 않는다고 하자. 그는 이른바 생명의 즐거움 · 거룩한 즐거움 · 욕심이 없는 즐거움 · 떠난 즐거움 · 쉬는 즐거움 · 바르게 깨닫는 즐거움 · 먹음이 없는 즐거움 · 나고 죽지 않는 즐거움 등 이러한 즐거움을 쉽게 얻으려 하더라도 끝내 그리 될 수 없을 것이다.

아난아, 만일 어떤 비구가 떠들기를 좋아하지 않으며 떠들기를 즐겨하지 않고 떠드는 자리에 모이지 않으며 무리 짓기를 좋아하지 않고 무리 짓기를 즐겨하지 않으며 무리 짓는 자리에 모이지 않고 무리를 떠나기를 좋아하고 항상 멀리 떠난 곳에서 혼자 있기를 즐겨한다고 하자. 그는 이른바 생명의 즐거움 · 거룩한 즐거움 · 욕심이 없는 즐거움 · 떠나는 즐거움 · 쉬는 즐거움 · 바르게 깨닫는 즐거움 · 먹음이 없는 즐거움 · 나고 죽지 않는 즐거움 등 이러한 즐거움을 쉽게 얻으려면 반드시 그리 될 수 있느니라.

아난아, 비구는 떠들기를 좋아하거나 떠들기를 즐겨하거나 떠드는 자리에 모이지 않아야 하고 무리 짓기를 좋아하거나 무리 짓기를 즐겨하거나 무리 짓는 자리에 모이지 않아야 하며 무리를 떠나기를 좋아하고 멀리 떠난 곳에서 혼자 있기를 즐겨하지 않으면 안 된다. 만일 어떤 비구가 떠들기를 좋아하고 떠들기를 즐겨하며 떠드는 자리에 모이고 무리 짓기를 좋아하고 무리 짓기를 즐겨하며 무리 짓는 자리에 모이며 무리를 떠나려 하지 않고 멀리 떠나 혼자 지내는 것을 즐겨하지 않는다고 하자. 그는 잠깐 동안의 즐거운 마음의 해탈이나 오랫동안 움직이지 않는 마음의 해탈을 얻으려 하더라도 끝내 그리 될 수 없을 것이다.

아난아, 만일 어떤 비구가 떠들기를 좋아하지 않고 떠들기를 즐겨하지 않으며 떠드는 자리에 모이지 않고 무리 짓기를 좋아하지 않고 무리 짓기를 즐겨하지 않으며 무리 짓는 자리에 모이지 않으며 무리 떠나기를 좋아하고 항상 멀리 떠난 곳에서 혼자 있기를 즐겨한다고 하자. 그는 잠깐 동안의 즐거운 마음의 해탈이나 오랫동안 움직이지 않는 마음의 해탈을 얻으려 하면 반드시 그리 될 수 있느니라.

왜냐하면 나는 나를 즐겁게 하는 어떠한 색色도 보지 못하였다. 그 색은 무너지고 변하여 시간이 지나면 반드시 슬픔·울음·근심·괴로움을 가져온다. 그러므로 나는 이곳이나 다른 곳에 머무르면서 바르게 깨닫고 모두 깨달았나니, 이른바 색에 대한 모든 생각을 넘어서서 바깥의 허공을 관찰하였다.

아난아, 나는 그곳에 머무른 뒤에 기쁨이 생겼다. 나는 이 기쁨을 모두 몸으로 깨닫고 바른 생각과 바른 지혜로서 기쁨이 생기고 고요함이 생기고 즐거움이 생기고 선정〔定〕이 생겼다. 그래서 나는 이 선정을 전부 몸으로 깨닫고 바른 생각과 바른 지혜가 되었다. 아난아, 혹 어떤 비구·비구니·우바새·우바이들이 함께 나를 찾아오면 나는 곧 그들을 위하여 멀리 떠나 욕심이 없음을 즐기는 이런 마음을 쓰고 다시 그들에게 이 법을 설명하여 그들에게 권하고 그들을 돕는다.

아난아, 만일 비구가 공空을 많이 행하려 한다면 그 비구는 마땅히 마음을 꼭 붙잡아 거기에 머물러 일정하게 하여야 한다. 그는 마음을 붙잡아 거기에 머물러 일정하게 한 뒤에 반드시 마음의 공을 생각하여야 한다. 아난아, 만일 비구가 '나는 마음을 꼭 붙잡아 거기에 머무르지 않고 일정하게 하지 않고도 마음의 공을 생각한다'고 말한다면 그 비구는 스스로 크게 피로하기만 할 것이다.

아난아, 비구는 어떻게 마음을 꼭 붙잡고 거기에 머물러 일정하게 하는가? 비구가 여의는 데서 생기는 기쁨과 즐거움에 그 몸을 모두 담그고 적시면 두루 충만해져 여의는 데서 생기는 기쁨과 즐거움이 두루하지 않는 곳이 없게 된다. 아난아, 마치 사람이 목욕하는 그릇에 가루비누를 담고 거기에 물을 섞어 환을 만들고 그 몸을 담그고 적시면 두루 충만해져 안팎에 골고루 빠진 곳이 없게 되는 것과 같다. 비구도 여의는 데서 생기는 기쁨과 즐거움에 그 몸을 모두 담그고 적시면 두루 충만해져 여의는 데서 생기는 기쁨과 즐거움이 두루하지 않는 곳이 없게 되느니라.

아난아, 비구는 이와 같이 마음을 꼭 붙잡아 거기에 머물러 일정하게 한다. 그는 마음을 꼭 붙잡아 거기에 머물러 일정하게 한 뒤에는 마땅히 마음의 공空을 생각하여야 한다. 그러나 마음의 공을 생각한 뒤에 그 마음이 움직이고 가까운 곳으로 나아가지 않으며 청정하지도 않고 머무르지도 않아 마음의 공을 이해하지 못한다고 하자. 아난아, 만일 비구가 관찰할 때 마음의 공을 생각하지만 그 마음이 움직이고 가까운 곳으로 나아가지 않으며 청정하지도 않고 머무르지도 않아 마음의 공을 이해하지 못한다는 것을 알았다면 그 비구는 마땅히 바깥의 공을 생각하여야 한다. 그러나 그가 바깥 공을 생각한 뒤에도 그 마음이 움직이고 가까운 곳으로 나아가지 않으며 청정하지도 않고 머무르지도 않아 바깥의 공을 이해하지 못한다고 하자.

아난아, 만일 비구가 관찰할 때 바깥의 공을 생각하지만 그 마음이 움직이고 가까운 곳으로 나아가지 않으며 청정하지고 않고 머무르지도 않아 바깥의 공을 이해하지 못한다는 것을 알았다면 그 비구는 마땅히 마음의 공과 바깥의 공을 함께 생각하여야 한다. 그러나 그가 안팎의 공을 생각한 뒤에도 그 마음이 움직이고 가까운 곳으로 나아가지 않으며 청정하지도 않고 머무르지도 않아 안팎의 공을 이해하지 못한다고 하자.

아난아, 만일 비구가 관찰할 때 안팎의 공을 생각하지만 그 마음이 움직이고 가까운 곳으로 나아가지 않으며 청정하지도 않고 머무르지도 않아 안팎의 공을 이해하지 못한다는 것을 알았다면 그 비구는 마땅히 움직이지 않는 것을 생각하여야 한다. 그러나 그가 움직이지 않는 것을 생각한 뒤에도 그 마음이 움직이고 가까운 곳으로 나아가지 않으며 청정하지도 않고 머무르지도 않아 움직이지 않는 것을 이해하지 못한다고 하자.

아난아, 만일 비구가 관찰할 때 움직이지 않는 것을 생각하지만 그 마음이 움직이고 가까운 곳으로 나아가지 않으며 청정하지도 않고 머무르지도 않아 움직이지 않는 것을 이해하지 못한다는 것을 알았다면 그 비구는 이런 저런 마음을 정定으로 다루고 또 다루고 익히고 또 익히며 부드럽고 또 부드럽게 하여 좋고 유쾌하고 온화하게 하고 멀리 떠난 즐거움을 누리게 해야 한다. 만일 이런 저런 마음을 이런 저런 정으로 다루고 또 다루고 익히고 또 익히며 부드럽고 또 부드럽게 하여 좋고 유쾌하고 온화하게 되고 멀리 떠난 즐거움을 누리게 되었다면 마땅히 마음의 공을 성취하여 노닐어야 한다. 그는 마음의 공을 성취하여 노닌 뒤에는 마음이 움직이지 않고 가까운 곳으로 나아가며 청정하게 머무르게 되어 마음의 공을 이해하게 된다. 아난아, 이와 같이 비구가 관찰할 때 마음의 공을 성취하여 노닌 뒤에는 마음이 움직이지 않고 가까운 곳으로 나아가며 청정하게 머무르게 되어 마음의 공을 이해하게 되었다는 것을 안다면 이것을 바른 앎이라 한다.

아난아, 비구는 마땅히 바깥의 공을 성취하여 노닐어야 한다. 그는 바깥의 공을 성취하여 노닌 뒤에는 마음이 움직이지 않고 가까운 곳으로 나아가며 청정하게 머무르게 되어 바깥의 공을 이해하게 된다. 아난아, 이와 같이 비구가 관찰할 때 바깥의 공을 성취하여 노닌 뒤에는 마음이 움직이지 않고 가까운 곳으로 나아가며 청정하게 머무르게 되어 바깥의 공을 이해하게 되었다는 것을 안다면 이것을 바른 앎이라 한다.

아난아, 비구는 마땅히 안팎의 공을 성취하여 노닐어야 한다. 그는 안팎의 공을 성취하여 노닌 뒤에는 마음이 움직이지 않고 가까운 곳으로 나아가며 청정하게 머무르게 되어 안팎의 공을 이해하게 된다. 아난아, 이와 같이 비구가 관찰할 때 안팎의 공을 성취하여 노닌 뒤에는 마음이 움직이지 않고 가까운 곳으로 나아가며 청정하게 머무르게 되어 안팎의 공을 이해하게 되었다는 것을 안다면 이것을 바른 앎이라 하느니라.

아난아, 마땅히 움직이지 않음을 성취하여 노닐어야 한다. 그는 움직이지 않음을 성취하여 노닌 뒤에는 마음이 움직이지 않고 가까운 곳으로 나아가며 청정하게 머무르게 되어 움직이지 않는 것을 이해하게 된다. 아난아, 이와 같이 비구가 관찰할 때 움직이지 않음을 성취하여 노닌 뒤에는 마음이 움직이지 않고 가까운 곳으로 나아가며 청정하게 머무르게 되어 움직이지 않음을 이해하게 되었다는 것을 안다면 이것을 바른 앎이라 한다.

아난아, 그 비구가 이곳에 머무르면서 만일 그 마음이 거닐고자 하면 그 비구는 선실禪室에서 나와 바깥의 선실 그늘을 거닐며 모든 근을 안에 머물게 하고 마음이 밖으로 향하지 않게 하며 뒤에도 앞의 생각을 계속해야 한다. 이와 같이 거닌 뒤 마음속에 탐욕과 슬픔과 착하지 않은 악법이 생기지 않으면 이것을 바른 앎이라 하느니라.

아난아, 그 비구가 이곳에 머물면서 만일 그 마음이 앉아서 선정에 들려고 하면, 그 비구는 거닐기를 그만두고 거니는 길머리로 가서 니사단을 펴고 가부좌를 하고 앉아야 한다. 이와 같이 앉아서 선정에 든 뒤 탐욕과 슬픔과 착하지 않은 악법이 생기지 않으면 이것을 바른 앎이라 한다.

아난아, 그 비구가 이곳에 머물면서 만일 그 마음이 무엇을 생각하고자 하면 그 비구는 만일 그것이 욕심 · 성냄 · 해침의 세 가지 착하지 않은 악한 생각이면 그 세 가지 착하지 않은 악한 생각을 생각하지 말고 만일 그것이 욕심이 없고 성냄이 없으며 해침이 없는 세 가지 착한 생각이면 그 세 가지 착한 생각을 마땅히 생각하여야 한다. 이렇게 생각한 뒤 마음속에 탐욕과 슬픔과 착하지 않은 악법이 생기지 않으면 이것을 바른 앎이라 한다.

아난아, 그 비구가 이곳에 머물면서 그 마음이 만일 무엇을 말하고자 하면 그 비구는 만일 그 이야기가 거룩하지 않은 이야기로서 이치와 서로 걸맞지 않는 이른바 왕론王論 · 적론賊論 · 투쟁론鬪爭論 · 음식론飮食論 · 의복론衣服論 · 부인론婦人論 · 동녀론童女論 · 음녀론淫女論 · 세간론世間論・사도론邪道論・해중론海中論과 같은 여러 가지 축생론畜生論이면 논하지 말고, 만일 그 이야기가 거룩한 논으로서 이치와 서로 걸맞아 마음을 부드럽게 하고 모든 음개陰蓋가 없는 이른바 시론施論・계론戒論・정론定論・혜론慧論・해탈론解脫論・해탈지견론解脫知見論・점손론漸損論・불회론不會論・소욕론少欲論・지족론知足論・무욕론無欲論・단론斷論・멸론滅論・연좌론燕坐論・연기론緣起論과 같은 사문의 이야기이면 논하여야 한다. 이렇게 논한 뒤 마음속에 탐욕과 슬픔과 착하지 않은 악법이 생기지 않으면 이것을 바른 앎이라 하느니라.

또 아난아, 즐거워할 만하고 마음으로 생각할 만하며 애욕과 서로 걸맞는 5욕欲의 공덕功德[12]이 있다. 그것은 눈으로 빛깔을 지각하고 귀로 소리를 지각하며 코로 냄새를 지각하고 혀로 맛을 지각하며 몸으로 촉감을 지각하는 것이다. 만일 비구의 마음이 거기에 이르면 그는 '이 5욕의 공덕은 욕의 공덕에 따라 내 마음에서 활동하는 것이다' 하고 관찰하여야 한다. 왜냐하면 이 5욕의 공덕은 앞도 없고 뒤도 없이 그 욕의 공덕을 따라 마음에서 활동하는 것이기 때문이다. 아난아, 만일 비구가 관찰할 때 이 5욕의 공덕은 그 욕의 공덕을 따라 마음에서 활동하는 것임을 안다면 그 비구는 이런 저런 욕의 공덕을 항상됨이 없다고 관찰하고 쇠해서 없어지는 것이라 관찰하며 욕심낼 것이 없다고 관찰하고 끊어 없애야 할 것이라 관찰하며 끊어 버리고 떠나야 할 것이라고 관찰할 것이다. 그리하여 만일 이 5욕의 공덕에 욕심이 생기고 물듦이 있으면 그는 곧 그것을 없애버릴 것이다. 아난아, 만일 비구가 이렇게 관찰할 때 이 5욕의 공덕에 탐욕이 있고 물듦이 있는 줄 알아 그것을 이미 끊었다면 이것을 바른 앎이라 하느니라.

다시 아난아, 5성음盛陰이 있으니 색성음色盛陰과 각覺・상想・행

12 오욕공덕五欲功德은 5욕을 구성하는 요소要素, 혹은 5욕을 일으키는 힘을 가진 요소 또는 원인을 뜻한다.

行·식識의 성음盛陰이다. 이른바 비구는 '이것은 색色이요, 이것은 색의 원인〔色集〕이요, 이것은 색의 멸〔色滅〕이다. 각·상·행도 또한 그러하며 이것은 식識이요, 이것은 식의 원인〔識集〕이요, 이것은 식의 멸〔識滅〕이다'라고 이와 같이 흥하고 쇠함을 관찰한다. 만일 이 5성음에 아만我慢이 있으면 그는 곧 그것을 없앤다. 아난아, 만일 어떤 비구가 이와 같이 관찰할 때 5음陰에 아만이 이미 없어진 줄을 알면 이것을 바른 앎이라 하느니라.

아난아, 이 법은 한결같이 옳고 한결같이 즐거우며 한결같이 생각해야 할 것으로서 번뇌도 없고 집착도 없으며, 악마도 이르지 못하고 악도 이르지 못하며, 모든 착하지 않은 악법과 더러움과 미래 생명의 근본과 번거롭고 극심한 괴로움의 과보와 나고 늙고 병들고 죽는 원인이 되는 것도 또한 거기에 이르지 못한다. 이것이 이른바 방일하지 않음을 성취한 것이다. 왜냐하면 이 방일하지 않음으로 인하여 모든 여래·무소착·등정각은 깨달음을 얻었고 방일하지 않은 근根으로 인하여 한량없는 착한 법이 나고, 혹은 도품道品을 따르기 때문이다. 그러므로 아난아, 너는 마땅히 이렇게 배워야 하니 '나도 또한 방일하지 않음을 성취하리라'고 그렇게 배워야 한다. 아난아, 믿음이 있는 제자가 무슨 까닭으로 목숨이 다하도록 세존을 따라 행하고 받들어 섬기느냐?"

존자 아난이 세존께 아뢰었다.

"세존께서는 법의 근본이시고 법의 주인이시며 법은 세존으로부터 나옵니다. 원하옵건대 말씀하여 주소서. 저희들이 그것을 들으면 그 뜻을 자세히 알 수 있을 것입니다."

부처님께서는 곧 말씀하셨다.

"아난아, 자세히 듣고 그것을 잘 기억하라. 내가 너를 위해 자세히 분별해 말하리라."

존자 아난은 분부를 받고 경청하였다.

"아난아, 그 정경正經과 가영歌詠과 기설記說 때문에 믿음이 있는 제자가 목숨이 다하도록 세존을 따라 행하고 받들어 섬기는 것이 아니다. 아난아, 그런 법은 다만 저들이 오랫동안 자주 듣고 천 번이나 외워 익히며 마음으로 관찰하고 밝은 지혜로 깊이 통달한 것일 뿐이다. 그러나 만일 그 논論이 이치와 상응하는 성인의 논으로서 마음을 부드럽고 연하게 하며 모든 음개陰蓋를 없애는 이른바 시론·계론·정론·혜론·해탈론·해탈지견론·점손론·불회론·소욕론·지족론·무욕론·단론·멸론·연좌론·연기론이면 이것은 바로 사문들이 논해야 할 것이다. 이것 때문에 믿음이 있는 제자가 목숨이 다하도록 세존을 따라 행하고 받들어 섬기는 것이다.

아난아, 다음과 같이 하면 번잡한 스승이 되고 번잡한 제자가 되며 번잡한 범행이 된다. 아난아, 어떤 자를 번잡한 스승이라 하는가? 혹 어떤 스승은 세상에 나와 꾀하고 생각하는 일이 있어 꾀하고 생각하는 땅에 머물며 생각하고 관찰하는 것이 잡되고 범인이지만 말재주는 있다. 그는 일 없는 곳〔無事處 : 阿蘭若〕이나 숲이나 나무 밑에 살며, 혹은 고요하여 소리가 없고 멀리 떠나 악이 없으며 사람들이 없는 높은 바위에 살면서 이치를 따라 편안히 앉는다. 혹은 그런 곳에 살면서 악을 멀리 여의기를 배우고 꾸준히 힘써 기운이 왕성한 마음을 얻어 현재에서 즐겁게 산다. 그가 악을 멀리 여의기를 배우고 꾸준히 힘써 안온하고 쾌락하게 노닌 뒤에 제자를 데리고 돌아오면 범지·거사·마을의 백성들이 따른다. 그는 제자를 데리고 돌아와 범지·거사·마을의 백성들이 따른 뒤에는 곧 교만한 마음을 가지고 집으로 돌아온다. 이와 같은 자를 번잡한 스승이라 하는데 이것은 착하지 않은 악법이요, 더러운 것으로서 미래에 존재하는 근본이 되고 번거롭고 뜨거운 괴로움의 과보가 되며 생·노·병·사의 원인이 되는 재앙이니 이런 자를 번잡한 스승이라 하느니라.

아난아, 어떤 자를 번잡한 제자라고 하는가? 그 스승의 제자들은 멀리 떠나기를 배운다. 그들은 일 없는 곳이나 숲이나 나무 밑에서 살며, 혹은 고요하여 소리가 없고 멀리 떠나 악이 없으며 사람들이 없는 높은 바위에 살면서 이치를 따라 편안히 앉는다. 혹은 그런 곳에 살면서 멀리 떠나기를 배우고 꾸준히 힘써 기운이 왕성한 마음을 얻어 현재 세상에서 즐겁게 산다. 그가 멀리 떠나기를 배우고 꾸준히 힘써 안온하고 쾌락하게 노닌 뒤에 제자를 데리고 돌아오면 바라문·거사·마을의 백성들이 따른다. 그는 제자를 데리고 돌아와 바라문·거사·마을의 백성들이 따른 뒤에는 곧 교만한 마음을 가지고 집으로 돌아온다. 이와 같은 자를 번잡한 제자라고 하는데 이것은 착하지 않은 악법이 되고 더러운 것으로서 미래 생명의 근본이 되며 번거롭고 뜨거운 괴로움의 과보가 되고 생·노·병·사의 원인이 되는 재앙이니 이런 자를 번잡한 제자라 하느니라.

아난아, 어떤 것을 번잡한 범행이라 하는가? 만일 여래가 세상에 출현하면 그는 무소착無所著·등정각等正覺·명행성위明行成爲·선서善逝·세간해世間解·무상사無上士·도법어道法御·천인사天人師·불중우佛衆祐라 불린다. 그는 일 없는 곳이나 숲이나 나무 밑에 살고, 혹은 고요하여 소리가 없고 멀리 떠나 악이 없으며 사람들이 없는 높은 바위에 살면서 이치를 따라 편안히 앉는다. 아난아, 여래는 무엇 때문에 일 없는 곳이나 숲이나 나무 밑에 살고, 혹은 고요하여 소리가 없고 멀리 떠나 악이 없으며 사람들이 없는 높은 바위에 살면서 이치를 따라 편안히 앉는가?"

존자 아난이 세존께 아뢰었다.

"세존이시여, 세존께서는 법의 근본이시고 법의 주인이시며 법은 세존으로부터 나옵니다. 오직 원하옵건대 설하여 주십시오. 들으면 그 뜻을 자세히 알 수 있을 것입니다."

부처님께서 곧 말씀하셨다.

"아난아, 자세히 듣고 잘 기억하라. 내가 너를 위해 두루 분별해 말하리라."

존자 아난은 분부를 받고 경청하였다.

"아난아, 여래는 아직 얻지 못한 것을 얻고자 하고 아직 거두지 못한 것을 거두고자 하며 아직 깨닫지 못한 것을 깨닫고자 하기 때문에 일 없는 곳이나 숲이나 나무 밑에 살고 혹은 고요하여 소리가 없고 멀리 떠나 악이 없으며 사람들이 없는 높은 바위에 살면서 이치를 따라 편안히 앉는 것이 아니다. 아난아, 여래는 다만 두 가지 뜻이 있기 때문에 일 없는 곳이나 숲이나 나무 밑에 살고 혹은 고요하여 소리가 없고 멀리 떠나 악이 없으며 사람들이 없는 높은 바위에 살면서 이치를 따라 편안히 앉는 것이다. 첫째는 현재 스스로 즐겁게 살고자 함이요, 둘째는 후세의 사람들을 사랑하고 가엾이 여기기 때문이다.

혹 후세에 태어나는 어떤 사람은 여래를 본받아 일 없는 곳이나 숲이나 나무 밑에 살고 혹은 고요하여 소리가 없고 멀리 떠나 악이 없으며 사람들이 없는 높은 바위에 살면서 이치를 따라 편안히 앉을 것이다. 아난아, 여래는 이 때문에 일 없는 곳이나 숲이나 나무 밑에 살고 혹은 고요하여 소리가 없고 멀리 떠나 악이 없으며 사람들이 없는 높은 바위에 살면서 이치를 따라 편안히 앉는 것이다.

혹은 그는 그런 곳에 살면서 악을 멀리 여의기를 배우고 꾸준히 힘써 기운이 왕성한 마음을 얻어 현재에 즐겁게 산다. 그가 악을 멀리 여의기를 배우고 꾸준히 힘써 안온하고 쾌락하게 노닌 뒤에 범행을 지니고 돌아오면 비구·비구니·우바새·우바이[13]들이 따른다. 그는 범행을 지니고 돌아와 비구·비구니·우바새·우바이들이 따르더라도 교만하지도 않고 집으로 돌아가지도 않는다. 아난아, 만일 그가 움직이지 않고 마음이 해탈하여 징험을 얻었다. 나는 그에게는 장애가 있으리라고 생각하지 않는다. 만일 그가 4증상심增上心을 얻어 현재 즐겁게 산다면 그것은 본래 꾸준히 힘써 방일함이 없이 노닐었기 때문이요, 거기에 혹 실수가 있더라도 그것은 제자가 많이 모였기 때문이다.

또 아난아, 그 스승의 제자들도 일 없는 곳이나 숲이나 나무 밑에 살고 혹은 고요하여 소리가 없고 멀리 떠나 악이 없으며 사람들이 없는 높은 바위에 살면서 이치를 따라 편안히 앉는 것을 본받는다. 혹은 그런 곳에 살면서 멀리 떠나 정근精勤을 배우고 4증상심을 얻어 현재 즐겁게 산다. 그들이 멀리 떠나 꾸준히 힘써 안온하고 쾌락하게 노닌 뒤에는 범행을 지니고 돌아오면 비구·비구니·우바새·우바이가 따른다. 그러나 그들은 범행을 지니고 돌아와 비구·비구니·우바새·우바이가 따르면 곧 교만한 마음을 가지고 집으로 돌아온다. 이와 같은 것을 번잡한 범행이라고 하는데 이것은 착하지 않은 악법이고 더러운 것으로서 미래 존재의 근본이 되며 번거롭고 뜨거운 괴로움의 과보가 되고 생·노·병·사의 원인이 되는 재앙이니 이것을 번잡한 범행이라 하느니라.

아난아, 번잡한 스승과 번잡한 제자보다도 이 번잡한 범행이 더 옳지 못하고 좋아할 만한 것이 아니며 사랑할 만한 것이 아니요 가장 마

13 고려대장경에는 우바사優婆私로 되어 있고, 성본聖本에는 우바이優婆夷로 되어 있다. 이하 우바사를 우바이로 바꾸어 번역하였다.

음으로 생각할 것이 못 된다.

아난아, 그러므로 너희들은 나에게 사랑하는 마음을 품고 원망하는 마음을 품지 말라. 아난아, 어떤 것이 제자가 스승에게 원망하는 마음을 품고 사랑하는 마음을 품지 않는 것인가? 만일 스승이 제자들을 위해 설법하고 가엾이 여겨 불쌍하게 생각하며 진리를 구하고 요익饒益을 구하며 안온과 쾌락을 구하여 자비심을 낸다면 이것은 요익을 위하고 쾌락을 위하며 요익의 즐거움을 위해서이다. 그런데 만일 그 제자가 공경하지 않고 순종하지 않으며 지혜를 세우지 않고 그 마음이 법과 그 다음 법으로 향해 가지 않으며 바른 법을 받지 않고 스승의 가르침을 어기며 능히 선정〔定〕을 얻지 못하면 이러한 제자는 스승에 대해서 원망하는 마음을 품고 사랑하는 마음을 품지 않는 것이니라.

아난아, 어떤 것이 제자가 스승에게 사랑하는 마음을 품고 원망하는 마음을 품지 않는 것인가? 만일 스승이 제자를 위해 설법하고 가엾이 여기고 불쌍하게 생각하며 진리를 구하고 요익을 구하며 안온과 쾌락을 구하여 자비심을 낸다면 이것은 요익을 위하고 쾌락을 위하며 요익의 즐거움을 위해서이다. 그러므로 만일 그 제자가 공경하고 순종하여 지혜를 세우고 그 마음이 법과 그 다음 법으로 향해 가며 바른 법을 받아 가지고 스승의 가르침을 어기지 않으며 능히 선정을 얻으면 이러한 제자는 스승에 대해서 사랑하는 마음을 품고 원망하는 마음이 없는 것이니라.

그러므로 아난아, 너희들은 나에게 사랑하는 마음을 품고 원망하는 마음을 품지 말라. 왜냐하면 나는 도공陶工이 기와를 만들듯이 그렇게 말하지 않기 때문이다. 아난아, 내가 말하는 것은 지극히 엄하고 급하며 지극히 괴로운 것이다. 만일 진실히 가지는 자라면 반드시 거기에 머무르게 될 것이니라."

부처님께서 이렇게 말씀하시자 존자 아난과 비구들은 부처님 말씀을 듣고 기뻐하며 받들어 행하였다.

〔이 대공경에 수록된 경문의 글자 수는 3,678자이다. 『중아함경』 제49권에 수록된 경문의 글자 수는 모두 11,580자이고, 제5 후송의 「쌍품雙品」에 수록된 경문의 글자 수는 모두 11,580자이다〕[14]

14 소경의 경문 글자 수를 합하면 11,579자인데 여기에서는 11,580자로 되어 있어 실제보다 1자가 더 많다.

중아함경 제50권

16. 대품大品 ①

〔이 「대품」에는 총 열 개의 소경이 수록되어 있다.〕

가루오다이경加樓烏陀夷經과
모리파군나경牟犁破群那經과
발타화리경跋陀和利經 · 아습구경阿濕具經과
주나경周那經 · 우바리경優婆離經과
조어지경調御地經 · 치혜지경癡慧地經과
아리타경阿梨吒經 · 차제경嗏帝經이다.

192) 가루오다이경加樓烏陀夷經〔제5 후송〕

나는 이와 같이 들었다.

어느 때 부처님께서 앙가국鴦伽國에 노니실 적에 큰 비구들과 함께 아화나阿惒那[1]로 가시어 건야정사揵若精舍[2]에 머물고 계셨다.

그때 세존께서는 밤이 지나고 이른 아침이 되자 가사를 입고 발우를 가지고 아화나로 들어가 걸식하셨다. 식사를 마치고 오후가 되자 가사와 발우를 챙기고 손과 발을 씻은 뒤에 니사단을 어깨에 걸치고 어떤 숲으로 가서 거닐려고 하셨다.

그때 존자 오다이烏陀夷[3]도 또한 밤이 지나고 이른 아침이 되자 가사를 입고 발우를 가지고 아화나로 들어가 걸식하였다. 그리고 식사를 마치고 오후가 되자 가사와 발우를 챙기고 손과 발을 씻은 뒤에 니사단을 어깨에 걸치고 부처님 뒤를 따라 모시고 가면서 생각하였다.

'만일 세존께서 지금 거닐려고 하신다면 나도 또한 거기 가서 거닐으리라.'

그때 세존께서는 숲속으로 들어가 어떤 나무 밑에 이르러 니사단을 펴고 가부좌를 하고 앉으셨다. 존자 오다이도 또한 그 숲으로 들어가 부처님에게서 멀지 않은 어떤 나무 밑에 이르러 니사단을 펴고 가부좌를 하고 앉았다.

존자 오다이는 고요한 곳에서 혼자 앉아 마음속으로 이렇게 생각하였다.

'세존께서는 우리들에게 많은 이익을 주시고 선서께서는 우리들에게 많은 안온을 주신다. 세존께서는 우리들의 많은 괴로운 법을 덜어주시고 즐거운 법을 더해 주신다. 세존께서는 우리들의 한량없는 착하지 않은 악법을 덜어주시고 한량없는 모든 착하고 묘한 법을 더해 주신다.'

존자 오다이는 해질 무렵에 편안한 자리에서 일어나 부처님 계신

---

1 팔리어로 Āpaṇa이고, 마을 이름이다.

2 건야는 팔리어로 Keniya이고, 어느 결만외도結鬘外道의 정사 이름이다.

3 팔리어로 Udāyin이다.

곳으로 나아가 부처님 발에 머리를 조아리고 물러나 한쪽에 앉았다.

세존께서 말씀하셨다.

"오다이여, 부족한 것 없이 안온하고 쾌락하며 기력은 한결같은가?"

"예, 세존이시여. 저는 부족한 것 없이 안온하고 즐거우며 기운도 한결같습니다."

세존께서 다시 물으셨다.

"오다이여, 너는 왜 부족한 것 없이 안온하고 즐거우며 기력이 한결 같은가?"

"세존이시여, 저는 고요한 곳에서 혼자 앉아 마음으로 이렇게 생각하였습니다.

'세존께서는 우리들에게 많은 이익을 주시고 선서께서는 우리들에게 많은 안온을 주신다. 세존께서는 우리들의 많은 괴로운 법을 덜어주시고 즐거운 법을 더해 주신다. 세존께서는 우리들의 한량없는 착하지 않은 악법을 덜어주시고 한량없는 모든 착하고 묘한 법을 더해 주신다.'

세존께서는 옛날 모든 비구들에게 '너희들은 점심때가 지나서 먹는 음식을 끊으라'고 말씀하셨습니다. 세존이시여, 저희들은 그 말씀을 듣고 그 말씀을 감당하지 못하였고 그 말씀을 좋아하지도 않았습니다. 그리고는 이렇게 생각했습니다.

'만일 어떤 믿음이 있는 바라문이나 거사가 동산에 찾아와 큰 보시로써 복을 지으면 우리는 제각기 손으로 받아 그것을 먹었다. 그런데 이제 세존께서는 우리로 하여금 그것을 끊게 하시고 선서께서는 우리로 하여금 그것을 끊게 하신다.'

또 저희들은 '이 대사문은 음식을 소화시키지도 못한다'고 말했습니다. 그러나 저희들은 세존의 위신과 묘한 덕을 공경하고 존중하기 때문에 차마 어길 수 없었습니다. 그래서 저희들은 점심때가 지나서 먹는 음식을 끊었습니다.

또 세존께서는 옛날에 모든 비구들에게 '너희들은 밤에 먹는 음식을 끊으라'고 말씀하셨습니다. 세존이시여, 저희들은 그 말씀을 듣고 그 말씀을 감당하지 못하였고 그 말씀을 좋아하지도 않았습니다. 그리고는 이렇게 생각했습니다.

'두 끼 중에서 가장 제일이요 가장 미묘하며 가장 훌륭하고 가장 맛있는 것인데 이제 세존께서는 우리로 하여금 그것을 끊게 하시고 선서께서는 우리로 하여금 그것을 끊게 하신다.'

또 저희들은 '이 대사문은 음식을 소화시키지도 못한다'고 말하였습니다. 세존이시여, 옛날에 어떤 거사는 여러 가지 깨끗하고 맛있는 음식을 많이 가지고 집으로 돌아가 그 아내들에게 말했습니다.

'당신들은 이것을 받아 한곳에 잘 두시오. 내가 여러 사람들과 모여 밤에 함께 먹을 것이며 아침이나 점심으로는 먹지 않으리라.'

세존이시여, 저희들은 이렇게 생각했습니다.

'여러 집에서 베푸는 것으로서 지극히 맛있고 가장 훌륭한 것은 오직 밤에 먹는 음식뿐이다. 그런데 우리는 아침이나 점심만 먹는다. 그리고 세존께서는 우리로 하여금 그것을 끊게 하시고 선서께서는 우리로 하여금 그것을 끊게 하신다.'

또 저희들은 '이 대사문은 음식을 소화시키지 못한다'고 말했습니다. 그러나 저희들은 세존의 위신과 묘한 덕을 공경하고 존중하기 때문에 차마 어길 수 없었습니다. 그러므로 저희들은 밤에 먹는 음식을 끊었습니다.

세존이시여, 저희들은 다시 이렇게 생각하였습니다.

'어떤 비구는 그때가 아닌 때에 마을에 들어가 걸식하다가 혹은 이미 일을 벌였거나 아직 일을 벌이지 않은 도적을 만나고 혹은 호랑이를 만나고 사슴을 만나며 혹은 호랑이와 사슴을 한꺼번에 만나고 혹은 표범을 만나고 큰 곰을 만나며 혹은 표범과 큰 곰을 한꺼번에 만났다. 또 어떤 이는 그러한 곳을 가다가 혹은 사납고 모진 코끼리 · 모진 말 · 사나운 소 · 사나운 개를 만나고 혹은 뱀 떼를 만나며 혹은 흙덩이에 맞고 혹은 막대기로 맞으며 혹은 개울에 떨어지고 혹은 뒷간에 빠지며 혹은 누운 소를 타고 혹은 깊은 구덩이에 떨어지며 혹은 가시덤불에 들어갔다. 혹은 빈집을 보고 그런 집에 들어갔는데 여자가 그를 보고 불러 서로 부정한 짓을 행했다.'

세존이시여, 예전에 깜깜한 밤 보슬비가 내리고 번개가 번쩍번쩍 치는데 어떤 비구가 때 아닌 때〔非時〕에 남의 집에 들어가 걸식하였습니다. 그때 그 집 부인은 밖에 나와 그릇을 씻다가 번개불빛 속에서 멀리 비구를 보았습니다. 그녀는 '저것은 귀신이다'고 하면서 놀라고 두려워 온몸에 털이 곤두서 저도 모르게 소리를 치는 바람에 뱃속의 아기가 떨어졌습니다. 그리고 '당신은 귀신입니다. 당신은 귀신입니다'라고 말했습니다. 그때 그 비구는 부인을 보고 말했습니다.

'부인이여, 나는 귀신이 아닙니다. 나는 사문으로서 지금 걸식하러 왔습니다.'

그때 부인은 그 비구를 지극히 매섭고 모질게 꾸짖으면서 이렇게 말했습니다.

'이 사문을 일찍 죽게 하소서. 이 사문의 부모도 일찍 죽게 하소서. 이 사문의 종족은 모두 없어지게 하소서. 이 사문으로 하여금 배가 터지게 하소서. 이 까까중이 스스로 검은 옷을 두르고는 자식을 없애고 종자까지 끊는구나. 너는 차라리 예리한 칼로 네 배를 가를지언정 때 아닌 때〔非時〕인 밤중에 걸식하지는 말라. 아, 이 사문이 내 아기를 떨

어뜨렸구나.'

세존이시여, 저는 그 일을 기억하고 곧 기쁨을 느꼈습니다. 세존이시여, 저는 그 때문에 기쁨이 온몸에 가득 차고 바른 생각과 바른 지혜로써 기쁘고 고요하며 즐거운 선정을 얻었습니다. 세존이시여, 저는 이 선정이 온몸에 가득 참으로 말미암아 바른 생각과 바른 지혜가 되었습니다. 이리하여 세존이시여, 저는 부족함 없이 안온하고 쾌락하며 기력도 여전합니다."

세존께서 찬탄하여 말씀하셨다.

"훌륭하고 훌륭하다. 오다이여, 너는 지금 저 어리석은 사람들과는 다르구나. 나는 저 어리석은 사람들을 위해 '너희들은 그것을 끊으라'고 말하였다. 그러나 그들은 '이것은 사소한 일이다. 끊을 것도 못된다. 그런데 세존은 우리들에게 그것을 끊으라 하고 선서는 우리들에게 그것을 끊으라 하신다'고 말하고, 또 '이 대사문은 음식을 소화시키지도 못한다' 하며 그들은 그것을 끊지 않았다. 그리고 그들은 내게 불만을 가질 뿐만 아니라 계를 잘 보호해 지키는 다른 비구들에 대해서도 또한 불만을 가진다.

오다이여, 저 어리석은 사람은 욕심에 아주 굳고 단단하게 결박되어 갈수록 더하고 갈수록 급해지며 그것을 끊지 못하고 거기에서 벗어나지 못한다.

오다이여, 그것은 마치 파리가 콧물이나 가래침에 엉겨 붙어 그 속에서 혹은 괴로워하고 혹은 죽는 것과 같다. 오다이여, 만일 어떤 사람이 '그 파리는 굳고 단단하게 결박되지 않았고 갈수록 심하고 급하지 않아서 그것을 끊고 벗어날 수 있다'고 말한다면 그것을 바른 말이라 하겠느냐?"

존자 오다이가 아뢰었다.

"아닙니다. 세존이시여, 왜냐하면 그 파리는 콧물이나 가래침에 엉겨 붙어 그 속에서 혹은 괴로워하거나 혹은 죽기 때문입니다. 그러므로 세존이시여, 그 파리는 아주 굳고 단단하게 결박되어 갈수록 심하고 갈수록 급해지며 그것을 끊지 못하고 거기에서 벗어나지 못합니다."

"오다이여, 나는 저 어리석은 사람들을 위해 '너희들은 그것을 끊으라'고 말하지만 그들은 '이것은 사소한 일이다. 끊을 것도 없다. 그런데 세존은 우리에게 그것을 끊으라 하고 선서는 우리에게 그것을 끊으라고 하신다'고 말한다. 그리고 또 '이 대사문은 음식을 소화시키지도 못한다'고 말하면서 그것을 끊지 않는다. 그리고 그들은 내게 불만을 가질 뿐만 아니라 계를 잘 보호해 지키는 다른 비구들에 대해서도 또한 불만을 가진다. 오다이여, 저 어리석은 사람은 욕심에 아주 굳고 단단하게 묶여 갈수록 더하고 갈수록 급해지며 그것을 끊지 못하고 거기서 벗어나지 못한다.

오다이여, 내가 만일 큰 종족의 아들들을 위해 '너희들은 그것을 끊으라'고 말하면 그들은 '이것은 사소한 일이다. 끊을 것도 없다. 그런데 세존은 우리에게 그것을 끊으라 하고 선서는 우리에게 그것을 끊으라고 하신다'고 말하지 않는다. 그리고 또 그들은 '이 대사문은 음식을 소화시키지도 못한다'고도 말하지 않는다. 그래서 그들은 그것을 끊는다. 또 그들은 내게 불만을 가지지도 않고 계를 잘 보호해 지키는 다른 비구들에 대해서도 또한 불만을 가지지 않는다. 오다이여, 저 큰 종족의 아들들은 그렇게 굳고 단단하게 결박되지도 않고 갈수록 더하고 급하지도 않아서 곧 그것을 끊고 거기서 벗어날 수 있느니라.

오다이여, 그들은 마치 코끼리왕이 나이 60이 되어 자신감이 넘치는 마하능가摩訶能伽[4]로서 그 어금니와 발과 몸뚱이가 완전하게 갖추어져 있고 근력도 왕성한 것과 같다. 그는 아무리 단단하게 묶여 있어도 한 번 힘을 내어 몸을 움직이면 그 단단한 결박을 곧 끊고 제 집으로 돌아간다. 오다이여, 만일 어떤 사람이 '저 큰 코끼리왕은 나이 60이 되어 자신감이 넘치는 마하능가로서 그 어금니와 발과 몸뚱이가 완전하게 갖추어져 있고 근력도 왕성하다. 그러나 그는 아주 굳고 단단하게 묶여 갈수록 더하고 갈수록 급해지며 그것을 끊지도 못하고 거기서 벗어나지도 못한다'고 말한다면 그것을 바른 말이라 하겠는가?"

"아닙니다, 세존이시여. 왜냐하면 그 큰 코끼리왕이 나이 60이 되면 자신감이 넘치는 마하능가로서 그 어금니와 발과 몸뚱이가 완전하게 갖추어지고 근력도 왕성합니다. 그는 아무리 굳고 단단하게 묶였어도 만일 한번 힘을 써 몸을 움직이면 그 단단한 결박을 단박에 끊고 제 집으로 돌아가기 때문입니다. 세존이시여, 그러므로 그 큰 코끼리왕은 나이 60이 되면 자신감이 넘치는 마하능가로서 그 어금니와 발과 몸뚱이가 완전하게 갖추어져 있고 근력도 왕성합니다. 그리고 그는 그렇게 굳고 단단하게 묶이지도 않고 갈수록 더하고 급하지도 않아서 그것을 끊고 곧 거기서 벗어날 수 있습니다."

"그렇다. 오다이여, 내가 저 큰 종족의 아들들을 위해 '너희들은 그것을 끊으라'고 말하면 그들은 '이것은 사소한 일이다. 끊을 것도 없다. 그런데 세존은 우리에게 그것을 끊으라 하고 선서는 우리에게 그것을 끊으라고 말씀하신다'고 말하지 않는다. 그리고 또한 '이 대사문은 음식을 소화시키지도 못한다'고 말하지도 않는다. 그래서 그들은 곧 그것을 끊는다. 또 그들은 내게 불만을 가지지 않고 계를 잘 보호해 지키는 다른 비구들에 대해서도 또한 불만을 가지지 않는다. 오다

4 마하능가(摩訶能伽, mahānāga)는 큰 코끼리를 말한다. 팔리본에는 rañño nāga, 즉 왕의 코끼리로 되어 있다.

이여, 저 큰 종족의 아들들은 그렇게 굳고 단단하게 묶이지 않고 갈수록 더하고 급하지도 않아서 그것을 곧 끊고 거기서 벗어난다.

오다이여, 만일 내가 저 어리석은 사람들을 위해 '너희들은 그것을 끊으라'고 말하면 그들은 '이것은 사소한 일이다. 끊을 것도 없다. 그런데 세존은 우리에게 그것을 끊으라 하고 선서는 우리에게 그것을 끊으라 하신다'고 말한다. 그리고 또한 '이 대사문은 음식을 소화시키지도 못한다'고 말하면서 그것을 끊지 않는다. 그래서 그들은 내게 불만을 가질 뿐만 아니라 계를 잘 보호해 지키는 다른 비구들에 대해서도 또한 불만을 가진다. 오다이여, 저 어리석은 사람들은 아주 굳고 단단하게 묶여, 갈수록 더하고 갈수록 급해지며, 그것을 끊지도 못하고 거기서 벗어나지도 못한다.

오다이여, 그들은 마치 재물도 없고 세력도 없는 어느 가난하고 궁한 사람과 같다. 그에게 하나 있는 아내는 애꾸눈에 못생겨서 사랑할만하지 못하고 겨우 한 채 있는 집은 무너져 비가 새고 까마귀나 새들이 깃들어 살아 더러워 살 수가 없으며 하나뿐인 침상도 부서지고 부러져 누울 수가 없고 겨우 하나 있는 병도 깨어져 쓸 수가 없다. 그는 비구가 걸식을 마치고 오후가 되어 손과 발을 깨끗이 씻고 어떤 나무 밑에서 니사단을 펴고 앉아 시원하고 고요하게 증상심을 닦는 것을 보면 그는 그것을 본 뒤에 이렇게 생각한다.

'사문은 쾌락하다. 사문은 열반과 같다. 그러나 나는 못나고 덕이 없다. 왜냐하면 내게 하나뿐인 아내는 애꾸눈에 못생겨서 사랑할 수가 없지만 그렇다고 버릴 수도 없다. 오직 한 채 있는 집은 무너져 비가 새며 까마귀나 새들이 깃들어 더러워서 살 수가 없지만 그렇다고 버릴 수도 없다. 거기에 있는 침상 한 개도 부서지고 부러져 누울 수가 없지만 그렇다고 버릴 수도 없다. 마침 하나 있는 병도 깨어져 쓸 수가 없지만 그렇다고 버릴 수도 없다. 나도 차라리 저 비구처럼 수염과 머리를 깎고 가사를 입고 지극한 믿음으로 출가하여 집 없이 도를 배웠으면 좋겠다.'

오다이여, 만일 어떤 사람이 '저 가난하고 궁한 사람은 재물도 없고 또한 세력도 없다. 그는 그 가난에 아주 굳고 단단하게 묶이지 않았고 갈수록 더하고 급하지도 않아서 그것을 곧 끊고 거기서 벗어날 수 있다'고 말한다면 그것을 바른 말이라 하겠느냐?"

"아닙니다. 세존이시여, 왜냐하면 그 가난하고 궁한 사람은 재물도 없고 또한 세력도 없습니다. 그에게 하나 있는 아내는 애꾸눈에 못생겨서 사랑할 수 없지만 그는 버리지 못합니다. 겨우 한 채 있는 집은 무너져 새며 까마귀나 새들이 깃들어 더러워서 살 수 없지만 그는 버리지 못합니다. 거기에 있는 침상 한 개도 부서지고 부러져 누울 수 없지만 그는 버리지 못합니다. 겨우 하나 있는 병도 깨어져 쓸데가 없지만 그는 버리지 못합니다. 그러고도 그는 비구처럼 수염과 머리를 깎고 가사를 입고 지극한 믿음으로 출가하여 집 없이 도를 배웠으면 좋겠다고 생각합니다. 세존이시여, 그러므로 그 가난하고 궁한 사람은 재물도 없고 세력도 없지만 그 가난에 아주 굳고 단단하게 묶여 갈수록 더하고 갈수록 급해지며 그것을 끊지도 못하고 벗어나지도 못합니다."

"그렇다, 오다이여. 만일 내가 저 어리석은 사람들을 위해 '너희들은 그것을 끊으라'고 말하면 그들은 '이것은 사소한 일이다. 끊을 것도 없다. 그런데 세존은 우리에게 그것을 끊으라 하고 선서는 우리에게 그것을 끊으라 하신다'고 말한다. 그리고 그들은 또 '이 대사문은 음식을 소화시키지도 못한다'고 말한다. 그래서 그들은 그것을 끊지 못한다. 또 그들은 내게 불만을 가질 뿐만 아니라 계를 잘 보호해 지키는 비구들에 대해서도 불만을 가진다. 오다이여, 그러므로 저 어리석은 사람들은 아주 굳고 단단하게 묶여 갈수록 더하고 갈수록 급해서 그것을 끊지도 못하고 거기서 벗어나지도 못하는 것이다.

오다이여, 만일 내가 저 큰 종족의 아들들을 위해 '너희들은 그것을 끊으라'고 말하면 그들은 '이것은 사소한 일이다. 끊을 것도 없다. 그런데 세존은 우리에게 그것을 끊으라 하고 선서는 우리에게 그것을 끊으라 하신다'고 말하지 않는다. 그리고 또 '이 대사문은 음식을 소화시키지도 못한다'고 말하지도 않는다. 그래서 그들은 곧 그것을 끊는다. 또 그들은 내게 불만을 가지지 않고 계를 잘 보호해 지키는 다른 비구들에 대해서도 또한 불만을 가지지 않는다. 오다이여, 그러므로 저 큰 종족의 아들들은 아주 굳고 단단하게 묶이지도 않고 갈수록 더하고 갈수록 급하지도 않아서 그것을 끊을 수도 있고 거기서 벗어날 수도 있느니라.

오다이여, 그들은 마치 아주 큰 부자로서 재물이 많이 있고 목축과 산업은 헤아릴 수 없으며 봉호와 식읍과 미곡이 풍부하며 또 여러 가지 생활 도구와 종들과 코끼리, 말들도 그 수가 한량없는 어떤 거사나 거사의 아들과 같다. 그는 비구가 걸식한 뒤에 오후가 되어 손과 발을 깨끗이 씻고 어떤 나무 밑에 니사단을 펴고 앉아 시원하고 고요하게 증상심을 닦고 있는 것을 보면 그는 그것을 보고 이렇게 생각한다.

'사문은 쾌락한다. 사문은 열반과 같다. 나도 차라리 이 지극히 풍부한 금보金寶·재산·곡물·코끼리·말·종들을 버리고 저런 비구가 되어 수염과 머리를 깎고 가사를 입고 지극한 믿음으로 출가하여 집 없이 도를 닦았으면 좋겠다.'

오다이여, 만일 어떤 사람이 '저 거사나 거사의 아들은 아주 굳고 단단하게 묶여 갈수록 더하고 갈수록 급해지며 그것을 끊지도 못하고 거기서 벗어나지도 못한다'고 말한다면 그것을 바른 말이라 하겠느냐?"

존자 오다이가 아뢰었다.

"아닙니다, 세존이시여. 왜냐하면 그 거사나 거사의 아들은 지극히 풍부한 금보·재산·곡물·코끼리·말·종들을 버리고 즐거이 비구가 되어, 수염과 머리를 깎고 가사를 입고 지극한 믿음으로 출가하여 집 없이 도를 배우기 때문입니다. 세존이시여, 그러므로 그 거사나 거사의 아들은 아주 굳고 단단하게 묶이지 않았고 갈수록 더하지도 않으며 갈수록 급하지도 않아서 그것을 곧 끊고 거기서 벗어날 수 있습니다."

"그렇다. 오다이여. 만일 내가 저 큰 종족의 아들들을 위해 '너희들은 그것을 끊으라' 하면 그들은 '이것은 사소한 일이다. 끊을 것도 없다. 그런데 세존은 우리에게 그것을 끊으라 하고 선서는 우리에게 그것을 끊으라 하신다'고 말하지 않는다. 그리고 또한 '이 대사문은 음식을 소화시키지도 못한다'고 말하지도 않는다. 그래서 그들은 곧 그것을 끊는다. 또 그들은 내게 불만을 가지지 않고 계를 잘 보호해 지키는 다른 비구들에 대해서도 불만을 가지지 않는다. 오다이여, 그러므로 저 큰 종족의 아들들은 아주 굳고 단단하게 묶이지 않고 갈수록 더하고 갈수록 급하지도 않아서 곧 그것을 끊고 거기서 벗어날 수 있느니라.

오다이여, 비구는 모든 법을 버리려고 한다. 그는 모든 법을 버리려고 하다가 욕심과 서로 호응하는 생각을 내어 사랑하고 좋아하는 데에 얽매인다. 그래서 그는 이것을 좋아하여 끊지도 않고 머무르지도 않으며 뱉지도 않는다. 오다이여, 나는 그것을 결박結縛이라 말하고 해탈이라 말하지 않는다. 왜냐하면 모든 번뇌는 좋지 않기 때문이다.

오다이여, 모든 번뇌는 좋지 않기 때문에 나는 그것을 결박이라 말하고 해탈이라 말하지 않는다. 오다이여, 비구는 모든 법을 버리려 한다. 그는 모든 것을 버리려고 하다가 욕심과 서로 호응하는 생각을 내어 사랑하고 좋아하는 데에 얽매인다. 그래서 그는 이 끊고 머무르고 뱉는 것을 즐거워하지 않는다. 오다이여, 나는 또한 그것을 결박이라 말하고, 해탈이라 말하지 않는다. 왜냐하면 모든 번뇌는 좋지 않기 때문이다. 오다이여, 모든 번뇌는 좋지 않기 때문에 나는 그것을 결박이라 말하고, 해탈이라 말하지 않느니라.

오다이여, 비구는 모든 법을 버리려고 한다. 그는 모든 법을 버리려고 하다가 혹 때로 그 뜻을 잊어버리고는 타고난 욕심과 서로 호응하는 기억〔念〕으로 사랑하고 즐겨하는 데에 얽매이고 느린 관찰〔遲觀〕은 빨리 멸해버린다. 오다이여, 마치 쇠뭉치나 쇠보습이 온종일 불에 달았을 때에 어떤 사람이 두 세 방울의 물을 떨어뜨리면 물방울은 오래 가지 못하고 물이 곧 없어지는 것과 같다. 오다이여, 이와 같이 어떤 비구는 모든 법을 버리려 한다. 그는 모든 법을 버리려 하다가 혹 때로는 그 뜻을 잊어버리고 타고난 욕심과 서로 호응하는 생각으로 사랑하고 즐겨하는 데에 얽매이고 느린 관찰은 빨리 멸해버린다. 오다이여, 나는 또한 이것도 결박이라 말하고 해탈이라 말하지 않는다. 왜냐하면 모든 번뇌는 좋지 않기 때문이다. 오다이여, 모든 번뇌는 좋지 않기 때문에 나는 그것을 결박이라 말하고 해탈이라 말하지 않는다.

오다이여, 괴로움의 뿌리 속에 있으면서 생사가 없는 데서 노닐고 애욕이 다한 위없는 경계에서 마음이 잘 해탈하면 오다이여, 나는 그것을 해탈이라 말하고 결박이라 말하지 않는다. 왜냐하면 모든 번뇌가 이미 다하였기 때문이다. 오다이여, 모든 번뇌가 다하였기 때문에 나는 그것을 해탈이라 말하고 결박이라 말하지 않느니라.

오다이여, 성인의 즐거움이 아닌 범부의 즐거움이 있다. 그것은 병의 근본이요, 등창의 근본이며, 화살과 가시의 근본이다. 그것은 밥〔食〕이 있고 생·사가 있으니 닦을 것도 아니요 익힐 것도 아니며 자세하게 펼 것도 아니니다. 그러므로 나는 그것을 닦을 것이 아니라고 말한다. 오다이여, 성인의 즐거움이 있다. 그것은 욕심이 없는 즐거움·악을 여읜 즐거움·번뇌를 쉰 즐거움·바르게 깨닫는 즐거움이다. 그것은 밥도 없고 생·사도 없으니 닦아야 할 것이요 익혀야 할 것이며 자세하게 펴야 할 것이다. 그러므로 나는 그것을 닦아야 한다고 말한다.

오다이여, 무엇이 성인의 즐거움이 아닌 범부의 즐거움으로서 병의 근본이요 등창의 근본이며 화살과 가시의 근본이요 밥이 있고 생·사가 있어 닦을 것도 아니요 익힐 것도 아니며 자세하게 펼 것도 아니어서 내가 닦을 것이 아니라고 말하는 것인가? 만일 5욕으로 인하여 즐거움이 생기고 좋은 것이 생기면 그것은 성인의 즐거움이 아니요 범부의 즐거움이다. 그것은 병의 근본이요 등창의 근본이며 화살과 가시의 근본이요 밥이 있고 생·사가 있으니 닦을 것이 아니요 익힐 것이 아니며 자세하게 펼 것이 아니다. 그러므로 나는 그것을 닦을 것이 아니라고 말한다.

오다이여, 무엇이 성인의 즐거움으로서 욕심이 없는 즐거움·악을 여읜 즐거움·번뇌를 쉰 즐거움·바르게 깨달은 즐거움이며 밥도 없고 생·사도 없는 것이니 닦아야 할 것이요, 익혀야 할 것이며, 자세하게 펴야 할 것이어서 내가 그것을 닦아야 한다고 말한 것인가? 오다이여, 만일 비구가 욕심을 여의고 착하지 않은 악법을 여의며 나아가 제4선을 얻어 성취하여 노닐면 이 즐거움은 성인의 즐거움이다. 그것은 욕심이 없는 즐거움·악을 여읜 즐거움·번뇌를 쉰 즐거움·

바르게 깨달은 즐거움으로서 밥도 없고 생사도 없으니 닦아야 하고 익혀야 하며 자세하게 펴야 할 것이다. 그러므로 나는 그것은 닦아야 할 것이라고 말한다.

오다이여, 어떤 비구는 욕심을 여의고 착하지 않은 법을 여의어 각覺도 있고 관觀이 있으며 여의는 데서 생기는 기쁨과 즐거움이 있는 초선을 얻어 성취하여 노니는데 성인은 이것을 '이동한다'고 말한다. 이 가운데 어떤 것을 성인은 '이동한다'고 말하는가? 그 가운데에는 각과 관이 있다. 이것을 성인은 '이동한다'고 말한다. 또 이 가운데 어떤 것을 성인은 '이동한다'고 말하는가? 오다이여, 그 비구는 각과 관을 이미 쉬고 안으로 고요히 한마음이 되어 각도 없고 관도 없으며 선정에서 생기는 기쁨과 즐거움이 있는 제2 선을 얻어 성취하여 노니는데 성인은 이것을 '이동한다'고 말한다. 이 가운데 어떤 것을 성인은 '이동한다'고 말하는가? 만일 여기서 기쁨을 얻으면 성인은 이것을 '이동한다'고 말하느니라.

또 그 가운데 어떤 것을 성인은 '이동한다'고 말하는가? 오다이여, 그 비구는 기쁨의 욕심을 여의고 모든 법을 버리고 구함이 없이 노닐며 바른 생각과 바른 지혜로 몸의 즐거움을 깨닫는다. 이른바 성인이 말씀하신 성인의 평정〔捨〕·기억〔念〕·즐거움에 머묾〔樂住〕·공空이 있는 제3선을 얻어 성취하여 노니는데 성인은 이것을 '이동한다'고 말한다. 그 가운데 어떤 것을 성인은 '이동한다'고 말하는가? 만일 그것을 이동한다고 하여 마음으로 즐거워하면 성인은 그것을 '이동한다'고 말한다. 또 그 가운데 어떤 것을 성인은 '이동하지 않는다'고 말하는가?

오다이여, 그 비구는 즐거움이 멸하고 괴로움도 멸하는데 기쁨과 걱정의 뿌리는 이미 멸한 상태이다. 그리하여 괴로움도 없고 즐거움도 없는 평정〔捨〕·기억〔念〕·청정清淨이 있는 제4선을 얻어 성취하여 노니는데 성인은 이것을 '이동하지 않는다'고 말하느니라.

오다이여, 어떤 비구는 욕심을 여의고 착하지 않은 악법을 여의어 각覺도 있고 관觀도 있으며 여의는 데서 생기는 기쁨과 즐거움이 있는 초선을 얻어 성취하여 노닌다. 그러나 오다이여, 나는 이것을 '아직 없애지 못했다' 하고 '끊지 못했다' 하며 '넘지 못했다' 한다.

그 가운데 어떤 것이 넘어서는 것인가? 오다이여, 그 비구가 각과 관을 이미 쉬고 안으로 고요히 한마음이 되어 각도 없고 관이 없으며 선정에서 생기는 기쁨과 즐거움이 있는 제2선을 얻어 성취하여 노닐면 이것을 그 가운데서 넘어선 것이라 한다. 그러나 오다이여, 나는 이것도 또한 '아직 없애지 못했다' 하고 '끊지 못했다' 하며 '넘어서지 못했다' 한다.

또 그 가운데서 어떤 것이 넘어서는 것인가? 오다이여, 그 비구는 기쁨의 욕심을 여의고 모든 법을 여의어 구함 없이 노닐며 바른 생각과 바른 지혜로 몸에 즐거움을 깨닫는다. 이른바 성인이 말씀하신 성인의 평정 · 기억 · 즐거움에 머묾 · 공이 있는 제3선을 성취하여 노닌다. 이것을 그 가운데서 넘어선 것이라 한다. 그러나 오다이여, 나는 이것도 또한 '아직 없애지 못했다' 하고 '끊지 못했다' 하며 '넘지 못했다' 한다.

또 그 가운데 어떤 것이 넘어서는 것인가? 그 비구는 즐거움이 멸하고 괴로움도 멸하는데 기쁨과 걱정의 뿌리는 이미 멸한 상태이다. 그리하여 괴로움도 없고 즐거움도 없는 평정과 기억과 청정이 있는 제4선을 얻어 성취하여 노닐면 이것을 그 가운데서 넘어선 것이라고 한다. 그러나 오다이여, 나는 이것도 또한 '아직 없애지 못했다' 하고 '끊지 못했다' 하며 '넘지 못했다' 하느니라.

또 그 가운데 어떤 것이 넘어서는 것인가? 오다이여, 그 비구가 색

色에 대한 모든 생각을 지나서 상대가 있다는 생각을 없애고 약간의 생각도 기억하지 않아 한량없는 공인, 이 한량없는 공처를 성취하여 노닐면, 이것을 그 가운데서 넘어선 것이라 한다. 그러나 오다이여, 나는 이것도 또한 '아직 없애지 못했다' 하고 '끊지 못했다' 하며 '넘지 못했다' 한다.

또 그 가운데 어떤 것이 넘어서는 것인가? 오다이여, 그 비구가 일체 한량없는 공처를 지나서 한량없는 식인, 이 한량없는 식처를 성취하여 노닐면 이것을 그 가운데서 넘어선 것이라 한다. 그러나 오다이여, 나는 이것도 또한 '아직 없애지 못했다' 하고 '끊지 못했다' 하며 '넘지 못했다' 하느니라.

또 그 가운데 어떤 것이 넘어서는 것인가? 오다이여, 그 비구가 일체 한량없는 식처를 지나서 무소유인, 이 무소유처를 성취하여 노니면, 이것을 그 가운데서 넘어선 것이라 한다. 그러나 오다이여, 나는 이것도 또한 '아직 없애지 못했다' 하고 '끊지 못했다' 하며 '넘지 못했다' 한다.

또 그 가운데 어떤 것이 넘어서는 것인가? 그 비구가 일체 무소유처를 지나서 생각이 있는 것도 없는 것도 아닌 비유상비무상처를 성취하여 노닐면 이것을 그 가운데서 넘어선 것이라 한다. 그러나 오다이여, 나는 비유상비무상처까지 이르더라도 이것도 또한 '아직 없애지 못했다' 하고 '끊지 못했다' 하며 '넘지 못했다' 하느니라.

오다이여, 비록 어떠한 번뇌라도 그것이 많거나 혹은 적거나 거기에 오래 머무르면 나는 그것을 '아직 없애지 못했다' 하고 '끊지 못했다' 하며 '넘지 못했다'고 말한다. 그러면 나도 그것을 끊지 못한다고 생각하느냐?"

존자 오다이가 아뢰었다.

"아닙니다. 세존이시여."

세존께서는 찬탄해 말씀하셨다.

"훌륭하고 훌륭하다. 오다이여, 너는 저 어리석은 사람들과는 같지 않구나. 내가 저 어리석은 사람들을 위해 '너희들은 그것을 끊으라'고 말하면, 그들은 '이것은 사소한 일이다. 끊을 것도 없다. 그런데 세존은 우리에게 그것을 끊으라 하시고 선서는 우리에게 그것을 끊으라 하신다'고 말한다. 그리고 또 '이 대사문은 음식을 소화시키지도 못한다'고 말한다. 그래서 그들은 그것을 끊지 않는다. 또 그들은 내게 불만을 가질 뿐만 아니라 계를 잘 보호해 지키는 다른 비구들에 대해서도 불만을 가진다. 오다이여, 그러므로 저 어리석은 사람들은 아주 굳고 단단하게 묶여 갈수록 더하고 갈수록 급해지며 그것을 끊지도 못하고 거기서 벗어나지도 못하느니라.

그러나 오다이여, 만일 내가 저 큰 종족의 아들들을 위해 '너희들은 그것을 끊으라'고 말하면 그들은 '이것은 사소한 일이다. 끊을 것도 없다. 그런데 세존은 우리에게 그것을 끊으라 하시고 선서는 우리에게 그것을 끊으라 하신다'고 말하지 않는다. 그리고 또 '이 대사문은 음식을 소화시키지도 못한다'고 말하지도 않는다. 그래서 그들은 곧 그것을 끊는다. 또 그들은 내게 불만을 가지지 않고 계를 잘 보호해 지키는 다른 비구들에 대해서도 불만을 가지지 않는다. 오다이여, 그러므로 저 큰 종족의 아들들은 아주 굳고 단단하게 묶이지 않아 갈수록 더하고 급하지 않으며 그것을 곧 끊고 거기서 벗어날 수 있느니라."

부처님께서 이렇게 말씀하시자 존자 오다이는 부처님의 말씀을 듣고 받들어 행하였다.

〔이 가루오다이경에 수록된 경문의 글자 수는 4,467자이다.〕

193) 모리파군나경牟犁破群那經[5]〔제5 후송〕

나는 이와 같이 들었다.

어느 때 부처님께서 사위국에 유행하실 적에 승림급고독원에 계셨다.

그때 모리파군나牟犁破羣那는 비구니들과 자주 모임을 가졌다. 만일 어떤 사람이 모리파군나 비구에게 비구니들에 대하여 말하면 그는 그 말을 듣고는 곧 성내고 미워하고 질투하며 마침내는 싸우기까지 하였다. 그리고 만일 어떤 사람이 비구니들에게 모리파군나 비구에 대하여 말하면 그 비구니들도 그 말을 듣고는 곧 성내고 미워하고 질투하며 마침내는 싸우기까지 하였다. 여러 비구들은 이 말을 듣고 곧 부처님께 나아가 부처님 발에 예배하고 물러나 한쪽에 앉아 아뢰었다.

"세존이시여, 모리파군나 비구는 비구니들과 함께 자주 모임을 가집니다. 그래서 만일 어떤 사람이 모리파군나 비구에게 비구니들에 대하여 말하면 그는 그 말을 듣고는 곧 성내고 미워하고 질투하며 마침내는 싸우기까지 합니다. 그리고 또 만일 어떤 사람이 비구들에게 모리파군나 비구에 대하여 말하면 그 비구니들도 그 말을 듣고는 곧 성내고 미워하고 질투하며 마침내는 싸우기까지 합니다."

세존께서는 이 말을 들으시고 한 비구에게 말씀하셨다.

"너는 모리파군나 비구에게 가서 세존이 부른다고 전하라."

"예, 그렇게 하겠습니다. 세존이시여."

그 비구는 이렇게 대답하고 곧 자리에서 일어나 부처님 발에 머리를 조아려 예를 올리고 세 바퀴 돌고 나서 물러갔다. 그는 모리파군나

5 이 경의 이역본으로 『증일아함경』 「예삼보품禮三寶品」 여덟 번째 소경이 있다.

비구에게 가서 말했다.

"세존께서 너를 부르신다."

모리파군나는 그 말을 듣고 부처님께 나아가 예배하고 물러나 한쪽에 앉았다.

세존께서 말씀하셨다.

"파군나여, 너는 참으로 비구니들과 함께 자주 모임을 가지느냐? 그리고 만일 어떤 사람이 너에게 비구니에 대하여 말하면, 너는 그 말을 듣고는 곧 성내고 미워하고 질투하며 마침내는 싸우기까지 하느냐? 또 만일 어떤 사람이 비구니들에게 너에 대하여 말하면, 그 비구니들도 그 말을 듣고는 곧 성내고 미워하고 질투하며 마침내는 싸우기까지 하느냐? 파군나여, 너는 참으로 그렇게 했느냐?"

"사실입니다. 세존이시여."

세존께서 다시 물으셨다.

"파군나여, 너는 지극한 믿음으로 출가하여 집 없이 도를 배우느냐?"

"그렇습니다. 세존이시여."

세존께서 말씀하셨다.

"파군나여, 네가 지극한 믿음으로 출가하여 집 없이 도를 배우는 자라면 마땅히 이렇게 배워야 한다. 곧 만일 집 때문에 욕심과 생각이 생기거든 그것을 끊고, 만일 욕심 없는 것에 대해 의욕과 생각이 생기거든 그것을 익히고 그것을 닦고 그것을 널리 펴야 한다. 파군나여, 너는 마땅히 이렇게 배워야 하느니라."

그때 세존께서 모든 비구들에게 말씀하셨다.

"너희들은 지극한 믿음으로 출가하여 집 없이 도를 배우느냐?"

"그렇습니다. 세존이시여."

세존께서 모든 비구들에게 다시 말씀하셨다.

"그런 까닭에 너희들이 지극한 믿음으로 출가하여 집 없이 도를 배우는 자라면 마땅히 이렇게 배워야 한다. 곧 만일 집 때문에 욕심과 생각이 생기거든 그것을 끊고, 만일 욕심이 없는 것에 대해 의욕과 생각이 생기거든 그것을 익히고 그것을 닦고 그것을 널리 펴야 한다. 비구들아, 너희들은 마땅히 이렇게 배워야 하느니라.

나는 예전에 여러 비구들에게 일찍이 이렇게 말하였다.

'너희 비구들아, 지식이 많은 비구이건 혹 지식이 적은 비구이건 모두 한 자리에 앉아 먹는 것〔一坐食〕을 배우라. 한 자리에 앉아 먹는 것을 배우고 나면 애씀도 없고 구함도 없으며 병들어 아프지 않아 몸은 가볍고 기력도 편하고 단단하며 안온하고 쾌락하리라.'

저 모든 비구들은 지식이 많거나 지식이 적거나 그들은 모두 한 자리에 앉아 먹기를 배웠다. 한 자리에 앉아 먹기를 배운 뒤에는 애씀도 없고 구함도 없으며 병들어 아프지도 않아 몸은 가볍고 기력도 편하고 단단하며 안온하고 쾌락하였다. 그래서 모든 비구들은 다 내 마음에 들었고 나도 또한 그들을 많이 꾸짖지 않았다. 그 모든 비구들은 그로 말미암아 바른 생각이 생겨 법으로 향하고 법으로 나아갔다.

그것은 마치 말몰이가 마차에 올라 왼손에는 고삐를 잡고 오른손에는 채찍을 들고 팔방으로 난 길 어느 곳이나 마음대로 가는 것과 같다. 이와 같이 그 모든 비구들은 모두 내 마음에 들었고 나도 또한 많이 꾸짖지 않았다. 그들은 이로 말미암아 바른 생각이 생겨 법으로 향하고 법으로 나아갔다. 또 그것은 마치 좋은 땅에 사라娑羅나무 숲이 있고 그 숲을 관리하는 사람이 총명하고 슬기로우며 또 게으르지 않은 것과 같다. 그는 때를 따라 그 사라나무 뿌리를 기르되 자주자주 호미로 북돋고 거름을 주며 또 물을 대어 준다. 높은 데는 파 내리고 낮은 데는 메워 주며, 만일 그 주위에 나쁜 풀이 나면 김매어 없애 버리고, 만일 어울려 나서 굽고 뒤틀려 곧지 않으면 뿌리를 뽑아 옮겨 심으며, 만일 가지가 가로 굽으면 곧 그것을 잘라 준다. 그리고 만일 그 가까운 쪽에 곧고 좋은 나무가 새로 나면 곧 때맞춰 손질하되 자주 자주 호미로 북돋고 거름을 주며 물을 대어준다. 이렇게 하여 그 좋은 땅의 사라나무 숲은 갈수록 더욱 무성해진다. 이와 같이 그 모든 비구들은 내 마음에 들었고, 나도 또한 많이 꾸짖지 않았다.

그리고 나는 그들에게 옷·발우·음식·평상·탕약과 모든 생활 도구 때문에 좋은 말만 하거나 공손하라고 말하지 않았다. 왜냐하면 만일 그것들을 얻지 못하면 도리어 말이 곱지 않고 공손하지 않게 되어 말이 곱지 않고 공손하지 않는 법을 성취하게 되기 때문이니라.

만일 어떤 비구가 멀리 떠나서 멀리 떠남을 의지하고 멀리 떠난 곳에 머물며 말이 곱고 공손하여 고운 말과 공손한 법을 성취한다면 나는 그를 말이 곱고 공손하다고 말한다.

왜냐하면 혹 어떤 사람은 잘 보호하고 착하게 노닐지만 다른 사람이 악한 말을 하지 않는 것을 조건으로 하기 때문이다. 만일 남이 나쁜 말을 하지 않으면 그는 곧 화를 내지도 않고 미워하지도 않으며 근심에 휘감기지도 않고 성내지도 않으며 악을 드러내지도 않는다. 여러 비구들은 그것을 보고 곧 '이 사람은 욕됨을 참고 온화하며 잘 견디고 잘 제어하며 매우 안정되고 잘 쉰다'고 생각한다. 그러나 만일 남이 나쁜 말을 하면 그는 곧 화내고 미워하며 근심에 휘감기고 성내며 악을 드러낸다. 그때 그 비구들은 그것을 보고 '이 사람은 성질이 모질고 급하며 더럽고 거칠어 안정되지 못하고 제어하지도 못하며 쉬지도 못한다'고 생각한다.

왜냐하면 비구들아, 옛날에 어떤 거사의 부인이 있었는데 그 이름은 비타제鞞陀提[6]였다. 그는 큰 부자로서 재물이 많고 목축牧畜과 산업도 헤아릴 수 없이 많았으며 봉호封戶와 식읍食邑과 미곡이 풍부하였으며 또 여러 가지 생활 도구도 풍부하였다. 그때 비타제라는 그 부인은 다음과 같은 큰 명성이 사방에 널리 퍼졌다.

'거사의 부인 비타제는 욕됨을 참고 잘 견디고 온화하며 잘 제어하고 매우 안정되며 잘 쉰다.'

그때 거사의 부인 비타제에게는 흑黑이라는 종이 있었다. 그녀는 본래부터 부인의 시종으로서 묘하고 고운 말을 쓰고 많은 착한 일을 행했다. 그 종 흑은 이렇게 생각했다.

'우리 집 거사의 부인 비타제에게는 '거사의 부인 비타제는 욕됨을 참고 잘 견디고 온화하며 잘 제어하고 매우 안정되며 잘 쉰다'는 큰 명성이 있어 사방에 널리 퍼져 있다. 내가 이제 이 부인 비타제가 정말 성을 내는지 성을 내지 않는지 시험해 보리라.'

이에 종 흑은 아침에 일부러 드러누워 일찍 일어나지 않았다. 부인은 '흑아, 왜 빨리 일어나지 않느냐?'고 불렀다. 흑은 그 말을 듣고 곧 이렇게 생각했다.

'우리 집 거사의 부인 비타제도 사실 성을 내는구나. 성을 내지 않는 것이 아니다. 다만 내가 요리를 잘 만들고 살림을 잘 경영하고 잘 지켜주기 때문에 이제 우리 집 거사의 부인 비타제에게 〈거사의 부인 비타제는 욕됨을 참고 잘 견디며 온화하여 잘 제어하고 매우 안정되며 잘 쉰다〉는 이러한 큰 명성이 있게 된 것이고 사방에 널리 퍼지게 되었을 뿐이다. 나는 이제 다시 우리 집 거사의 부인이 참으로 성을 내는가, 성을 내지 않는가를 확실히 시험해 보리라.'

---

6 팔리어로는 Vedehikā이다.

이에 종 흑은 아주 늦게까지 일어나지 않았다. 부인은 '흑아, 왜 이토록 늦게까지 일어나지 않느냐?' 하며 불렀다. 흑은 이 말을 듣고 이렇게 생각했다.

'우리 집 거사의 부인 비타제는 사실 성을 낸다. 성을 내지 않는 것이 아니다. 다만 내가 요리를 잘 만들고 가업家業을 잘 경영하고 잘 지켜주기 때문에 우리 집 거사의 부인에게 〈거사의 부인 비타제는 욕됨을 참고 잘 견디고 온화하며 잘 제어하고 매우 안정되며 잘 쉰다〉는 큰 명성이 있게 되었고 사방에 그 이름이 널리 퍼지게 된 것일 뿐이다. 나는 이제 다시 우리 집 거사의 부인이 참으로 성을 내는가, 성을 내지 않는가를 더 확실히 시험해 보리라.'

이에 종 흑은 해질 무렵에야 일어났다. 그러자 부인은 '이 종년 흑아, 왜 해질 무렵이 되어서야 일어나 제가 할 일도 제대로 하지 않고, 또한 남을 시킬 일도 시키지 않느냐? 흑아, 너는 이제 내 말도 잘 듣지 않는구나. 이 흑이 나를 업신여기는구나' 하고 부르짖었다. 그리고는 화가 치밀고 분통이 터져 이마에 세 줄 핏대를 세우고 얼굴을 실쭉거리더니 스스로 달려가 문을 닫아 빗장을 채우고는 몽둥이로 머리를 때리니 머리가 터져 피가 흘렀다. 이에 종 흑은 머리가 터져 피가 흐르자 곧 밖으로 달려 나가 이웃들에게 말하고 호소하는 소리로 시끄러이 여러 곳에 외쳐댔다.

'여러분, 욕됨을 참기를 공부한다는 사람이 이렇게 잘 견디고 온화하며 잘 제어하고 매우 안정되며 잘 쉬는 것을 보았습니까? 부인은 〈이 종년 흑아, 어쩌자고 해질 무렵에야 일어나서 제가 할 일도 제대로 하지 않고 남을 시킬 일도 시키지 않느냐? 이 종년이 이젠 내 말도 듣지 않는구나. 이 종년이 나를 업신여기는구나〉 하며 나를 꾸짖더니 곧 화가 치밀고 분통이 터져 이마에 세 줄 핏대를 세우고 얼굴을 실쭉

거리더니 스스로 달려가 문을 닫아 빗장을 채우고 몽둥이로 내 머리를 때려 머리가 터져 피가 흐르게 하였습니다.'

그때 거사의 부인 비타제는 이렇게 하여 곧 '거사의 부인 비타제는 성질이 모질고 급하며 더럽고 거칠며 안정되지 못하고 제어하지 못하며 쉬지 않았다'는 지극히 나쁜 이름이 사방에 흘러 퍼지게 되었다. 비구들아, 이처럼 혹 어떤 자는 남이 나쁜 말을 하지 않기 때문에 잘 보호하고 착하게 노니는 것이다. 만일 남이 나쁜 말을 하지 않으면 그는 곧 화내지도 않고 미워하지도 않으며 근심에 휘감기지도 않고 성내지도 않으며 악을 드러내지도 않는다. 여러 비구들은 그것을 보고 곧 '이 사람은 잘 참고 온화하고 잘 견디며 잘 제어하고 매우 안정되며 잘 쉰다'고 생각한다. 그러나 만일 남이 나쁜 말을 하면 그는 곧 화를 내고 미워하며 근심에 휘감기고 성내며 악을 드러낸다. 그때에는 비구들이 그것을 보고 곧 '이 사람은 성질이 모질고 급하며 더럽고 거칠다. 안정되지도 못하고 제어하지도 못하며 쉬지도 않았다'고 생각하느니라.

"다시 다섯 가지 말하는 방식[7]이 있으니, 어떤 사람은 말을 할 때 혹은 때에 알맞기도 하고 혹은 때에 알맞지 않기도 하며 혹은 참되기도 하고 혹은 참되지 않기도 하며 혹은 부드럽기도 하고 혹은 딱딱하기도 하며 혹은 상냥하기도 하고 혹은 거칠기도 하며 혹은 뜻이 있기도 하고 혹은 뜻이 없기도 하다. 너희 비구들아, 이 다섯 가지 말하는 방식으로 남이 말할 때에 혹 마음이 변하거나 바뀌어 혹 입으로 나쁜 말을 하면, 나는 '너희들은 그로 인해 반드시 쇠하리라'고 말한다. 너희들은 마땅히 이 다섯 가지 말하는 방식으로 남이 말할 때에도 마음

7 고려대장경에는 호언도互言道로 되어 있다. 여기서는 원·명·성본에 의거하여 오언도五言道로 수정하여 번역하였다.

이 변하지 않고 입으로 나쁜 말을 하지 않으며 원수를 향해서도 그를 위해 사랑하고 가엾이 여기는 마음을 일으키는 것을 배워야 한다. 그래서 마음은 자애로움〔慈〕과 함께하여 1방方에 두루 차서 성취하여 노닐고 이렇게 2·3·4방과 4유·상·하 일체에 두루하며 마음은 자애로움과 함께하여 맺힘도 없고 원망도 없으며 성냄도 없고 다툼도 없이 지극히 넓고 매우 크며 한량이 없는 선행을 닦아 일체 세간에 두루 차서 성취하여 노닐어야 한다. 이와 같이 불쌍히 여김〔悲〕과 기뻐함〔喜〕에 있어서도 또한 그러하며 마음은 평정함〔捨〕과 함께하여 맺힘도 없고 원망도 없으며 성냄도 없고 다툼도 없이, 지극히 넓고 매우 크고 한량이 없이 잘 닦아, 일체 세간에 두루 차서 성취하여 노닐어야 한다. 너희들은 마땅히 이렇게 배워야 하느니라.

마치 어떤 사람이 큰 호미와 가래를 가지고 와서 '나는 이 땅덩이를 땅덩이가 아닌 것으로 만들 수 있다'고 하고, 곧 여러 곳을 파내고 또 파내어 가래침과 오줌으로 그것을 더럽히는 것과 같다. 만일 나쁜 말을 하는 자가 '이 땅덩이를 땅덩이가 아닌 것으로 만들겠다'고 말한다면 너희들 생각에는 어떠하냐? 그 사람이 이런 방법으로 이 땅덩이를 땅덩이가 아닌 것으로 만들 수 있겠느냐?"

모든 비구들이 아뢰었다.

"아닙니다. 세존이시여, 왜냐하면 이 땅덩이는 매우 깊고 지극히 넓어 헤아릴 수 없습니다. 그러므로 저 사람의 이런 방법으로는 이 땅덩이를 땅덩이가 아닌 것으로 만들 수 없습니다. 세존이시여, 그것은 다만 그 사람을 피로하게 할 뿐일 것입니다."

"그렇다. 이 다섯 가지 말하는 방식이 있으니, 어떤 사람은 말을 할 때 혹은 때에 알맞기도 하고 혹은 때에 알맞지 않기도 하며 혹은 참되기도 하고 혹은 참되지 않기도 하며 혹은 부드럽기도 하고 혹은 딱딱하기도 하며 혹은 상냥하기도 하고 혹은 거칠기도 하며 혹은 뜻이 있기도 하고 혹은 뜻이 없기도 하다. 너희 비구들아, 이 다섯 가지 말하는 방식으로 남이 말할 때에 혹 마음이 변하거나 혹은 입으로 나쁜 말을 한다면 나는 '너희들은 그로 인해 틀림없이 쇠하리라'고 말한다. 너희들은 마땅히 이 다섯 가지 말하는 방식으로 남이 말할 때에도 마음이 변하지 않고 입으로 나쁜 말을 하지 않으며, 그 말하는 사람을 향해 사랑하고 가엾이 여기는 마음을 일으키는 것을 배워야 한다. 그래서 마음의 활동을 땅처럼 하여 맺힘도 없고 원망도 없으며 성냄도 없고 다툼도 없이 지극히 넓고 매우 크며 한량이 없는 선행을 닦아 일체 세간에 두루 차서 성취하여 노닐어야 한다. 너희들은 마땅히 이렇게 배워야 하느니라.

마치 어떤 사람이 큰 횃불을 들고 말하기를 '나는 이 횃불로써 항하수〔恒伽水〕를 태워 끓일 것이다'라고 한다면 너희들 생각에는 어떠하냐? 그 사람이 그런 방법으로 항하수를 데워 끓일 수 있겠는가?"

모든 비구들이 아뢰었다.

"아닙니다, 세존이시여. 왜냐하면 세존이시여, 저 항하수는 매우 깊고 지극히 넓어 헤아릴 수 없기 때문입니다. 그러므로 그 사람의 그런 방법으로는 항하수를 데워 끓일 수가 없습니다. 세존이시여, 그것은 그를 피로하게만 할 뿐일 것입니다."

"그렇다. 이 다섯 가지 말하는 방식이 있으니, 어떤 사람은 말을 할 때 혹은 때에 알맞기도 하고 혹은 때에 알맞지 않기도 하며 혹은 참되기도 하고 혹은 참되지 않기도 하며 혹은 부드럽기도 하고 혹은 딱딱하기도 하며 혹은 상냥하기도 하고 혹은 거칠기도 하며 혹은 뜻이 있기도 하고 혹은 뜻이 없기도 하다. 너희 비구들아, 이 다섯 가지 말하는 방식으로 남이 말할 때에 혹 마음이 변하여 바뀌거나 혹은 입으로 나쁜 말을 한다면 나는 '너희들은 그로 인해 반드시 쇠퇴하게 되리라'고 말한다. 너희들은 마땅히 이 다섯 가지 말하는 방식으로 남이 말할 때에도 마음이 변하여 바뀌지 않고 입으로 나쁜 말을 하지 않으며 그 말한 사람을 향하여 사랑하고 가엾이 여기는 마음을 일으키는 것을 배워야 한다. 그래서 마음의 활동을 항하수처럼 하여 맺힘도 없고 원망도 없으며 성냄도 없고 다툼도 없이 지극히 넓고 매우 크며 한량이 없는 선행을 닦아 일체 세간에 두루 차서 성취하여 노닐어야 한다. 너희들은 마땅히 이렇게 배워야 하느니라.

마치 그림을 그리는 스승과 제자가 여러 가지 채색을 가지고 와서 '나는 이 허공에 형상을 그리고 채색으로 칠해 장엄하리라'고 말한다면 너희들 생각에는 어떠하냐? 그 그림을 그리는 스승과 제자가 그런 방법으로 허공에 형상을 그리고 채색으로 칠해 장엄할 수 있겠느냐?"

모든 비구들이 아뢰었다.

"아닙니다, 세존이시여. 왜냐하면 저 허공은 물질〔色〕이 아니어서 볼 수도 없고 마주할 수도 없습니다. 그러므로 그 그림을 그리는 스승과 제자의 그런 방법으로는 허공에 형상을 그리고 채색으로 칠해 장엄할 수 없기 때문입니다. 세존이시여, 그것은 그 그림 그리는 스승이나 제자를 피로하게만 할 뿐일 것입니다."

"그렇다. 이 다섯 가지 하는 방식이 있으니, 어떤 사람은 말을 할 때 혹은 때에 알맞기도 하고 혹은 때에 알맞지 않기도 하며, 혹은 참되기도 하고 혹은 참되지 않기도 하며, 혹은 부드럽기도 하고 혹은 딱딱하기도 하며, 혹은 상냥하기도 하고 혹은 거칠기도 하며, 혹은 뜻이 있기도 하고 혹은 뜻이 없기도 하다. 너희 비구들아, 이 다섯 가지 말하는 방식으로 남이 말할 때 혹 마음이 변하고 바뀌거나 혹은 입으로 나쁜 말을 한다면 나는 '너희들은 그로 인해 반드시 쇠퇴하리라'고 말한다. 너희들은 마땅히 이 다섯 가지 말하는 방식으로 남이 말할 때에도 마음이 변하여 바뀌지 않고 입으로 나쁜 말을 하지 않으며 그 말한 사람을 위해 사랑하고 가엾이 여기는 마음을 일으키는 것을 배워야 한다. 그래서 마음의 활동을 허공처럼 하여 맺힘도 없고 원망도 없으며 성냄도 없고 다툼도 없이 지극히 넓고 매우 크며 한량없는 선행을 닦아 일체 세간에 두루 차서 성취하여 노닐어야 한다. 너희들은 마땅히 이렇게 배워야 하느니라.

또 마치 고양이 가죽 주머니를 부드럽게 다루어 매우 연하게 하고 찔꺽거리는 소리를 없애면 찔꺽거리는 소리가 나지 않는 것과 같다. 혹 어떤 사람이 주먹으로 치거나 돌을 던지고 막대기로 때리거나 혹은 칼로 베고 혹은 땅에 메친다면 너희들 생각에는 어떠하냐? 그 부드럽게 다루어 매우 연하게 하고 찔꺽거리는 소리를 없애 찔꺽거리는 소리가 없는 고양이 가죽 주머니가 다시 찔꺽거리는 소리를 내겠느냐?"

모든 비구들이 아뢰었다.

"아닙니다. 세존이시여. 왜냐하면 세존이시여, 저 고양이 가죽 주머니는 부드럽게 다루어 매우 연하고 찔꺽거리는 소리를 없애 찔꺽거리는 소리가 나지 않기 때문입니다. 그러므로 다시는 찔꺽거리는 소리를 내지 않습니다."

"그와 같이 모든 비구들아, 혹 어떤 사람은 주먹으로 치거나 돌을 던지고 막대기로 때리거나 칼로 벨 것이다. 비구들아, 만일 어떤 사람이 주먹으로 치거나 돌을 던지고 막대기로 때리거나 또는 칼로 벨 때에 혹 마음이 변하여 바뀌거나 입으로 나쁜 말을 한다면 나는 '너희들은 그로 인해 반드시 쇠퇴하리라'고 말한다. 너희들은 마땅히 남이 주먹으로 치거나 돌을 던지고 막대기로 때리거나 또는 칼로 벨 때에도 마음이 변하지 않고 입으로 나쁜 말을 하지 않으며 그때린 사람을 향해 사랑하고 가엾이 여기는 마음을 일으키는 것을 배워야 한다. 그래서 마음의 활동을 고양이 가죽 주머니처럼 하여 맺힘도 없고 원망도 없으며 성냄도 없고 다툼도 없이 매우 넓고 매우 크며 한량없는 선행을 닦아 일체 세간에 두루 차서 성취하여 노닐어야 한다. 너희들은 마땅히 그렇게 배워야 하느니라.

혹은 어떤 도적이 와서 예리한 톱이나 칼로써 너희들의 몸을 마디마디 자른다고 하자. 비구들아, 만일 어떤 도적이 와서 예리한 톱이나 칼로써 너희들의 몸을 마디마디 자를 때 혹 마음이 변하여 바뀌거나 입으로 나쁜 말을 한다면 나는 '너희들은 그로 인해 반드시 쇠퇴하리라'고 말한다. 너희들은 마땅히 어떤 도적이 와서 예리한 톱이나 칼로써 너희들의 몸을 마디마디 자를 때에도 마음이 변하여 바뀌지 않고 입으로 나쁜 말을 하지 않으며 그 자르는 사람에게 자애로움과 슬픈 마음을 일으키는 것을 배워야 한다. 그래서 마음은 자애로움과 함께하여 1방方에 두루 차서 성취하여 노닐고 이렇게 2·3·4방과 4유·상하 일체에 두루하고 마음은 자애로움과 함께하여 맺힘도 없고 원망도 없으며 성냄도 없고 다툼도 없이 지극히 넓고 매우 크며 한량없는 선행을 닦아 일체 세간에 두루하여 성취하여 노닐어야 한다. 이와 같이 불쌍히 여김과 기뻐함에 있어서도 또한 그러하며 마음은 평정함〔捨〕과 함께하여 맺힘도 없고 원망도 없으며 성냄도 없고 다툼도 없이 매우 넓고 매우 크며 한량없는 선행을 닦아 일체 세간에 두루 차서 성취하여 노닐어야 한다. 너희들은 마땅히 이렇게 배워야 하느니라."

이에 세존께서 모든 비구들을 찬탄하여 말씀하셨다.

"훌륭하고 훌륭하다, 비구들아. 너희들은 마땅히 사문의 가르침인 예리한 톱과 칼의 비유를 자주자주 생각하고 사문의 가르침인 예리한 톱과 칼의 비유를 자주자주 생각해 마쳐야 한다. 너희들은 남이 좋지 못한 나쁜 말을 나에게 했을 때 내가 그 말을 듣고 참지 못하는 것을 본 적이 있느냐?"

모든 비구들은 대답하였다.

"아닙니다. 세존이시여."

세존께서 다시 모든 비구들을 찬탄하며 말씀하셨다.

"훌륭하고 훌륭하다. 비구들아, 너희들은 마땅히 사문의 가르침인 예리한 톱과 칼의 비유를 자주자주 생각하여야 한다. 사문의 가르침인 예리한 톱과 칼의 비유를 자주자주 생각하고 나면 너희들은 동방에서 노닐더라도 반드시 안락을 얻어 여러 가지 괴로운 재앙이 없을 것이요, 남방·서방·북방에 노닐더라도 반드시 안락을 얻어 여러 가지 괴로운 재앙이 없을 것이다.

훌륭하고 훌륭하다. 비구들아, 너희들은 마땅히 사문의 가르침인 예리한 톱과 칼의 비유를 자주자주 생각하여야 한다. 너희들이 사문의 가르침인 예리한 톱과 칼의 비유를 자주자주 생각한다면 나는 너희들이 모든 착한 법에 머무른다고도 말하지 못하거늘 하물며 쇠퇴한다고 말하겠는가? 밤·낮으로 착한 법만이 자라나고 쇠퇴하지 않을 것이다.

훌륭하고 훌륭하다. 너희들은 마땅히 사문의 가르침인 예리한 톱과 칼의 비유를 자주자주 생각하여야 한다. 비구들아, 사문의 가르침인 예리한 톱과 칼의 비유를 자주자주 생각하고 나면, 2과果 중에서 반드시 그 하나를 얻을 것이니, 곧 현세에서 구경의 지혜를 얻거나 혹은 다시 남음이 있어 아나함阿那含을 얻을 것이니라."

부처님께서 이렇게 말씀하시자 모든 비구들은 부처님 말씀을 듣고 기뻐하며 받들어 행하였다.

〔이 모리파군나경에 수록된 경문의 글자 수는 3,358자이다. 『중아함경』 제50권에 수록된 경문의 글자 수는 모두 7,825자이다.〕

중아함경 제 51 권

16. 대품 ②

194) 발타화리경跋陀和利經[1]〔제5 후송〕

나는 이와 같이 들었다.

어느 때 부처님께서 사위국에 유행하실 적에 승림급고독원에서 큰 비구들과 함께 여름 안거를 지내셨다.

그때 세존께서는 모든 비구들에게 말씀하셨다.

“나는 한 자리에서 먹고 한 자리에서 먹은 뒤에는 애씀도 없고 구함도 없으며 몸에는 병이 없어 가볍고 기력도 강녕하며 안온하고 쾌락하다. 너희들도 또한 한 자리에서 먹기〔一坐食〕를 배워야 한다. 한 자리에서 먹은 뒤에는 애씀도 없고 구함도 없으며 몸에는 병이 없어 가볍고 기력도 강녕하며 안온하고 쾌락하리라.”

---

1 이 경의 참고 경문으로는『증일아함경』제47권「목우품牧牛品」일곱 번째 경이 있다.

그때 존자 발타화리跋陀和利[2]도 또한 대중 가운데 있었다. 이에 존자 발타화리는 곧 자리에서 일어나 가사 한 자락을 벗어 메고 합장하고 부처님께 아뢰었다.

"세존이시여, 저는 한 자리에서 먹기를 견뎌내지 못하겠습니다. 왜냐하면 만일 제가 한 자리에서 먹으면 일을 마치지 못한 것 같아서 마음이 괴롭고 후회가 되기 때문입니다. 세존이시여, 그래서 저는 한 자리에서 먹기를 견뎌내지 못하겠습니다."

세존께서 말씀하셨다.

"발타화리여, 만일 내가 청을 받았을 때에 너도 또한 나를 따라오면 나는 너에게 한 자리에서 먹을 음식을 가져갈 것을 허락하리라. 발타화리여, 그렇게 하면 너는 유쾌하게 생활할 수 있으리라."

존자 발타화리가 다시 아뢰었다.

"세존이시여, 세존께서 그렇게 하시더라도 저는 또한 한 자리에서 먹는 것은 견뎌내지 못하겠습니다. 왜냐하면 만일 제가 한 자리에서만 먹으면 일을 마치지 못한 것 같아서 마음이 괴롭고 후회가 되기 때문입니다. 세존이시여, 그래서 저는 한 자리에서만 먹는 것을 견뎌내지 못하겠습니다."

세존께서 다시 재삼 모든 비구들에게 말씀하셨다.

"나는 한 자리에서 먹은 뒤에는 애씀도 없고 구함도 없으며, 몸에 병이 없어 가볍고 기력도 강녕하며 안온하고 쾌락하다. 너희들도 또한 한 자리에서 먹기를 배워야 한다. 한 자리에서 먹은 뒤에는 애씀도 없고 구함도 없으며 몸에 병이 없어 가볍고 기력도 강녕하며 안온하고 쾌락하게 되리라."

---

2 팔리어로는 Bhaddāli이다.

존자 발타화리도 또한 재삼 자리에서 일어나 가사 한자락을 벗어 메고 합장하고 부처님께 아뢰었다.

"세존이시여, 저는 한 자리에서 먹는 것을 견뎌내지 못하겠습니다. 왜냐하면 만일 제가 한 자리에서 먹으면 일을 마치지 못한 것 같아서 마음이 괴롭고 후회가 되기 때문입니다. 세존이시여, 그래서 저는 한 자리에서 먹는 것은 견뎌내지 못하겠습니다."

세존께서도 다시 재삼 말씀하셨다.

"발타화리여, 만일 내가 청을 받았을 때에 너도 또한 나를 따라오면 나는 너에게 한 자리에서 먹을 음식을 가져가는 것을 허락하리라. 발타화리여, 만일 그렇게 하면 너는 유쾌하게 생활할 수 있으리라."

존자 발타화리도 또한 재삼 아뢰었다.

"세존께서 그렇게 하시더라도 저는 다시 한 자리에서 먹는 것만은 견뎌내지 못하겠습니다. 왜냐하면 만일 제가 한 자리에서 먹으면 일을 마치지 못한 것 같아서 마음이 괴롭고 후회가 되기 때문입니다. 세존이시여, 그래서 저는 한 자리에서 먹는 것을 견뎌내지 못하겠습니다."

그때 세존께서는 비구들을 위하여 한 자리에서 먹는 계율에 대하여 자세하게 말씀하시고 모든 비구들은 다 그 계와 세존의 경계와 모든 미묘한 법을 받들어 배웠다. 그러나 오직 존자 발타화리만은 감당할 수 없다고 말하고 자리에서 일어나 떠나갔다. 왜냐하면 그는 구족계와 세존의 경계와 모든 미묘한 법을 배우려 하지 않았기 때문이다. 그리고 존자 발타화리는 드디어 숨어서 한 여름 동안 세존을 만나지 않았다. 왜냐하면 구족계와 세존의 경계와 모든 미묘한 법을 배우려 하지 않았기 때문이다.

그 무렵 모든 비구들은 부처님을 위하여 가사를 만들고 있었다. 세존께서는 사위국에서 여름 안거를 마치셨고 석 달을 지낸 뒤에 의복을 기우셨다. 그런 뒤에 가사를 챙기고 발우를 가지고 장차 세상에 나가 돌아다니려고 하셨다.

존자 발타화리는 모든 비구들이 부처님을 위해 가사를 만들고 세존께서는 사위국에서 여름 안거를 마치고 석 달을 지낸 뒤에 가사를 기우시고 그 가사를 챙기고 발우를 가지고 장차 세상에 나가 행각하려 한다는 소식을 들었다. 존자 발타화리는 그 소식을 듣고 여러 비구들이 있는 곳으로 갔다. 모든 비구들은 멀리서 존자 발타화리가 오는 것을 보고 곧 이렇게 말하였다.

"현자 발타화리여, 마땅히 알아야 한다. 이것은 부처님을 위해 짓는 가사이다. 세존께서는 사위국에서 여름 안거를 마치셨다. 석 달을 지낸 뒤에 가사를 기우시고 그 가사를 챙기고 발우를 가지고 장차 세상에 나가 행각하려 하신다. 발타화리여, 너는 마땅히 스스로 거기 가서 몸을 잘 지켜 조심하여 뒷날에 번민과 괴로움을 가져오게 하지 말라."

존자 발타화리는 이 말을 듣고 나서 곧 부처님 계신 곳으로 나아가 부처님 발에 예배하고 아뢰었다.

"세존이시여, 제가 참으로 잘못하였습니다. 제가 참으로 잘못하였습니다. 바보 같고 어리석었으며 멍텅구리 같고 착하지 않았습니다. 왜냐하면 세존께서는 비구들을 위해 한 자리에서 먹는 계를 널리 말씀하시고 모든 비구들은 다 계와 세존의 경계와 모든 미묘한 법을 받드는데 오직 저만이 감당 할 수 없다고 말하고 자리에서 일어나 떠나갔었기 때문입니다. 왜냐하면 구족계와 세존의 경계와 모든 미묘한 법을 배우려 하지 않았기 때문입니다."

세존께서는 말씀하셨다.

"발타화리여, 많은 비구와 비구니들이 사위국에서 여름 안거를 지내고 있었는데 그들은 나를 알고 나를 보았다. 그들은 '발타화리라고 하는 비구는 세존의 제자로서 구족계와 세존의 경계와 모든 미묘한 법을 배우지 않는다'고 하였는데 너는 그때 그것을 몰랐다. 발타화리여, 너는 그때 그런 사실을 몰랐느냐?

또 발타화리여, 많은 우바새와 우바이들이 사위국에서 여름 안거를 지내고 있었는데 그들은 나를 알고 나를 보았다. 그들은 '발타화리라는 비구는 세존의 제자로서 구족계와 세존의 경계와 모든 미묘한 법을 배우지 않는다'고 하였는데 너는 그때 그것을 몰랐다. 발타화리여, 너는 그때에 그런 사실을 몰랐느냐?

또 발타화리여, 많은 이교도의 사문 범지들이 사위국에서 여름 안거를 지내고 있었는데 그들은 나를 알고 나를 보았다. 그들은 '발타화리라는 어떤 비구는 사문 구담의 제자로서 이름과 덕망이 있으면서 구족계와 세존의 경계와 모든 미묘한 법을 배우지 않는다'고 하였는데 너는 그때 그것을 몰랐다. 발타화리여, 너는 그때 그런 사실을 몰랐느냐?

발타화리여, 내가 만일 구해탈俱解脫을 한 어떤 비구에게 말하기를 '너는 와서 이 진탕에 들어가라'고 한다면 발타화리여, 너의 생각에는 어떠하냐? 내가 그 비구에게 명령하였는데 그 비구가 과연 가만히 있거나 혹은 다른 곳으로 피해 가겠느냐?"

"아닙니다."

"발타화리여, 만일 어떤 비구가 비록 구해탈은 아니더라도 혜해탈慧解脫이 있거나 비록 혜해탈은 아니더라도 신증身證이 있거나 비록 신증은 아니더라도 견도見到가 있거나 비록 견도는 아니더라도 신해탈이 있거나 비록 신해탈身解脫은 아니더라도 법행이 있거나 비록 법행法行은 아니더라도 신행信行이 있는 자인 경우에 내가 그에게 말하기를 '너는 와서 이 진탕에 들어가라'고 한다면 발타화리여, 네 생각에는 어떠하냐? 내가 그 비구에게 명령하였는데 그 비구가 과연 가만히 있거나 혹은 다른 곳으로 피해 가겠느냐?"

"아닙니다."

세존께서 말씀하셨다.

"발타화리여, 너의 생각에는 어떠하냐? 너는 그때에 신행 · 법행 · 신해탈 · 견도 · 신증 · 혜해탈 · 구해탈을 얻었는가?"

"아닙니다."

"발타화리여, 너는 그때 빈집과 같지 않았더냐?"

이에 존자 발타화리는 세존 면전에서 직접 꾸지람을 듣자 마음속에 근심과 슬픔을 품고 머리를 떨어뜨려 잠자코 변명할 말이 없었으나 무엇을 물으려는 듯하였다. 이에 세존께서 존자 발타화리를 면전에서 직접 꾸짖기를 마치시고 다시 그를 기뻐하게 하려고 곧 말씀하셨다.

"발타화리여, 너는 그때에는 내게 대해서 법을 믿는 생각이 없었고 법을 사랑하는 생각이 없었으며 법에 대해 논쟁하려는 생각도 없었다. 어째서 그런 줄 아는가? 내가 비구들을 위해 한 자리에서 먹는 계를 자세하게 설명하자 모든 비구들은 다 계와 세존의 경계와 모든 미묘한 법을 받들어 배우는데 오직 너만은 감당할 수 없다고 말하고 곧 자리에서 일어나 떠나갔었다. 왜냐하면 구족계와 및 세존의 경계와 모든 미묘한 법을 배우려 하지 않았기 때문이다."

존자 발타화리가 아뢰었다.

"실로 그렇습니다. 왜냐하면 세존께서 비구들을 위해 한 자리에서 먹는 계를 자세히 설명하셨을 때 모든 비구들은 다 계와 세존의 경계와 모든 미묘한 법을 받들어 배우는데 오직 저만이 감당할 수 없다고 말하고 자리에서 일어나 떠나갔기 때문입니다. 왜냐하면 구족계와 세존의 경계와 모든 미묘한 법을 배우려 하지 않았기 때문입니다. 오직 원하옵건대 세존께서는 저의 잘못을 용서하옵소서. 저는 이 잘못을 안 뒤에는 스스로 뉘우치고 지금부터는 조심하여 다시는 범하지 않겠습니다."

세존께서 말씀하셨다.

"발타화리여, 그와 같이 너는 참으로 바보 같고 어리석었으며, 멍텅구리 같고 착하지 않았다. 왜냐하면 내가 비구들을 위해 한 자리에서 먹는 계를 자세히 설명하자 모든 비구들은 다 계와 세존의 경계와 모든 미묘한 법을 받들어 배우는데 오직 너만은 감당할 수 없다고 말하고 곧 자리에서 일어나 떠나갔기 때문이다. 왜 그렇게 하였던가? 너는 구족계와 세존의 경계와 모든 미묘한 법을 배우려 하지 않았기 때문이다. 발타화리여, 만일 네가 너에게 있는 허물을 보고 스스로 뉘우쳐 지금부터는 조심하여 다시는 범하지 않는다면 발타화리여, 만일 그렇게 하면 이 거룩한 법과 율에 있어서 이익이 있고 손해는 없을 것이다. 만일 네가 너에게 있는 허물을 보거든 스스로 뉘우치고 지금부터는 조심하여 다시는 범하지 않아야 하느니라.

발타화리여, 너의 생각에는 어떠하냐? 혹 어떤 비구는 계를 배우지 않고 그는 일 없는 곳이나 숲속이나 나무 밑에 살기도 하고 혹은 고요하여 소리가 없고 멀리 떠나 악이 없으며 사람들이 없는 높은 바위에 살면서 이치를 따라 편안히 앉기도 한다. 또 그는 멀리 떠난 곳에서 살면서 수행하고 정근하여 증상심增上心을 얻어 현세에서 즐겁게 산다. 그는 멀리 떠난 곳에서 살면서 수행하고 정근하여 안온하고 쾌락해진 뒤에는 세존의 계를 모함하고 비방하며 하늘과 모든 지혜로운 범행자를 모함하고 비방하며, 또한 스스로의 계도 모함하고 비방한다. 그는 세존의 계를 모함하고 비방하며 하늘과 모든 지혜로운 범행자를 모함하고 비방하며 또한 스스로의 계를 모함하고 비방한 뒤에는 곧 즐거움을 내지 않게 된다. 즐거움을 내지 않은 뒤에는 곧 기쁨을 내지 않게 되고 기쁨을 내지 않은 뒤에는 곧 몸을 쉬지 못하고 몸을 쉬지 못한 뒤에는 곧 편안함을 깨닫지 못하며 편안함을 깨닫지 못한 뒤에는 곧 마음이 안정되지 못한다. 발타화리여, 그 어진 제자는 마음이 안정되지 못한 뒤에는 곧 사실 그대로 보지 못하고 사실 그대로 알지 못하느니라.

발타화리여, 너의 생각에는 어떠하냐? 혹 어떤 비구는 구족계를 배우고 그는 일 없는 곳이나 숲이나 나무 밑에서 살거나 혹은 고요하여 소리가 없고 멀리 떠나 악이 없으며 사람들이 없는 높은 바위에 살면서 이치를 따라 편안히 앉는다. 또 그는 멀리 떠난 곳에 살면서 수행하고 정근하여 증상심을 얻어 현세에서 즐겁게 산다. 그는 멀리 떠난 곳에서 살면서 수행하고 정근하여 안온하고 쾌락해진 뒤에는 세존의 계를 모함하거나 비방하지 않고 하늘과 모든 지혜로운 범행자를 모함하거나 비방하지 않으며 또한 스스로의 계도 모함하거나 비방하지 않는다. 그는 세존의 계를 모함하거나 비방하지 않고 하늘과 모든 지혜로운 범행자를 모함하거나 비방하지 않으며 또한 스스로의 계도 모함하거나 비방하지 않은 뒤에는 곧 즐거움을 내게 된다. 즐거움을 낸 뒤에는 곧 기쁨을 내며 기쁨을 낸 뒤에는 곧 몸을 쉬고 몸을 쉰 뒤에는 곧 편함을 깨닫고 편함을 깨달은 뒤에는 곧 마음이 안정된다.

발타화리여, 그 어진 제자는 마음이 안정된 뒤에는 곧 사실 그대로 보고 사실 그대로 알며, 사실 그대로 보고 사실 그대로 안 뒤에는 곧 욕심을 여의고 착하지 않은 악법을 떠나 각覺과 관觀이 있고 여의는 데서 생기는 기쁨과 즐거움이 있는 초선을 얻어 성취하여 노닌다. 발타화리여, 이것을 그가 그때 제1의 증상심增上心을 얻은 것이라고 한다. 그것은 그를 곧 현세에서 힘들지 않고 안락하게 살 수 있게 하며 두려움이 없이 편안히 살고 안온하고 쾌락하게 하여 열반에 오르게 하느니라.

그는 다시 거기서 각과 관을 이미 쉬고 안으로 고요하여 한 마음이 되어 각도 없고 관도 없으며 선정에서 생기는 기쁨과 즐거움이 있는 제2선을 얻어 성취하여 노닌다. 발타화리여, 이것을 그가 그때 제2의 증상심을 얻은 것이라고 한다. 그것은 그를 곧 현세에서 힘들지 않고 안락하게 살 수 있게 하며 두려움이 없이 편안히 살고 안온하고 쾌락하게 하여 열반에 오르게 하느니라.

그는 다시 거기서 기쁨과 욕심을 여의고 평정하여 구함 없이 노닐며 바른 생각과 바른 지혜로 몸에 즐거움을 깨닫는다. 이른바 성인께서 말씀하신 성인의 평정〔捨〕·기억〔念〕·즐거움에 머묾〔樂住〕·공空이 있는 제3선을 얻어 성취하여 노닌다. 발타화리여, 이것을 그가 그때 제3의 증상심을 얻은 것이라 한다. 그것은 그를 곧 현세에서 힘들지 않고 안락하게 살 수 있게 하며 두려움이 없이 편안히 살고 안락하고 쾌락하게 하여 열반에 오르게 한다.

그는 다시 거기서 즐거움이 멸하고 괴로움도 멸하는데 기쁨과 걱정의 뿌리는 이미 멸한 상태이며 괴로움도 없고 즐거움도 없는〔不苦不樂〕 평정〔捨〕·기억〔念〕·청정清淨이 있는 제4선을 얻어 성취하여 노닌다. 발타화리여, 이것을 그가 그때 제4의 증상심을 얻은 것이라 한다. 그것은 그를 곧 현세에서 힘들지 않고 안락하게 살 수 있게 하며 두려움이 없이 편안히 살고 안온하고 쾌락하게 하여 열반에 오르게 하느니라.

그는 이와 같이 선정을 얻고 마음이 청정해져 더러움도 없고 번뇌도 없으며 부드럽고 연하게 잘 머무르고 움직이지 않는 마음을 얻어 과거를 기억하는 숙명지宿命智의 신통을 깨달아 스스로 체험한다. 그래서 그는 어떠한 행을 하고 어떠한 모양이었는지 한량없는 과거에 겪었던 일을 다 기억한다. 곧 1생・2생・백생・천생과 성겁成劫・패겁敗劫과 한량없는 성겁・패겁 동안에 그 중생들의 이름은 무엇이었는지 또 그가 옛날에 겪은 일, 곧 '나는 거기에 태어나 어떤 성과 어떤 이름으로서 어떻게 살고 무엇을 먹고 어떤 괴로움과 즐거움을 받았으며, 얼마큼 오래 살고 얼마큼 오래 머물렀으며, 어떻게 목숨을 마쳤다'는 것과 여기서 죽어 저기에 나고 저기서 죽어 여기에 난 것을 다 기억한다. 또 '나는 태어나 이 세상에서는 어떤 성과 어떤 이름으로서 어떻게 살고 무엇을 먹고 어떤 괴로움과 즐거움을 받았으며 얼마큼 오래 살고 얼마큼 오래 머물렀으며 어떻게 목숨을 마쳤다'는 것을 다 기억한다. 발타화리여, 이것을 그가 그때 이 제1의 명달明達을 얻은 것이라 한다. 그는 본래 방일함이 없이 멀리 떠난 곳에서 살기 좋아하면서 수행하고 정근하여 어리석음이 멸해 지혜가 생기고 어둠이 무너져 환함이 되고 무명이 멸해 밝음이 생긴 것이다. 이른바 과거를 기억하는 숙명지宿命智의 신통을 체험하여 명달한 것이다.

그는 또 이와 같이 선정을 얻고 마음이 청정해져 더러움도 없고 괴로움도 없으며 부드럽고 연하게 잘 머무르고 움직이지 않는 마음을 얻어 생사지生死智의 신통을 깨달아 스스로 체험한다. 그래서 그는 사람의 눈보다 훌륭한 청정한 천안으로써 이 중생들이 죽는 때와 나는 때, 좋은 육체인지 나쁜 육체, 묘하고 묘하지 않은 것과 좋은 곳과 좋지 않은 곳으로 오가는 것을 본다. 이 중생들이 짓는 업을 따라 그것을 사실 그대로 보나니, 만일 이 중생들이 몸의 나쁜 행과 입과 뜻의 나쁜 행을 성취하여 성인을 비방하고 삿된 소견으로써 삿된 소견의 업을 성취하면 그는 이것을 인연하여 몸이 무너지고 목숨이 끝난 뒤에는 반드시 나쁜 곳으로 가서 지옥에 태어나는 것을 본다. 또 만일 중생들이 몸의 묘한 행과 입과 뜻의 묘한 행을 성취하여 성인을 비방하지 않고 바른 소견으로 바른 소견의 업을 성취하면 그는 이것을 인연하여 몸이 무너지고 목숨이 끝난 뒤에는 반드시 좋은 곳으로 올라가 천상에 나는 것을 본다. 발타화리여, 이것을 그가 그때 제2의 명달을 얻은 것이라 한다. 그는 본래 방일함이 없이 멀리 떠난 곳에서 살기를 좋아하면서 수행하고 정근하여 어리석음이 멸해 지혜가 생기고 어둠이 무너져 환함이 생기며 무명이 멸해 밝음이 생긴 것이다. 이른바 생사지生死智의 신통을 체험하여 명달한 것이다.

그는 또 이와 같이 선정을 얻고 마음이 청정해져 더러움도 없고 괴로움도 없으며 부드럽고 연하게 잘 머무르고 움직이지 않는 마음을 얻어 누진지漏盡智의 신통을 깨달아 스스로 체험한다. 그래서 그는 이 괴로움에 대하여 사실 그대로 알고 이 괴로움의 발생을 알며 이 괴로움의 소멸을 알고 이 괴로움의 소멸에 이르는 길에 대하여 사실 그대로 안다. 또 이 번뇌에 대하여 사실 그대로 알고 이 번뇌의 발생을 알며 이 번뇌의 소멸을 알고 이 번뇌의 소멸에 이르는 길에 대하여 사실 그대로 안다. 그는 이렇게 알고 이렇게 보아 욕심의 번뇌〔欲漏〕에서 마음이 해탈하고 생명의 번뇌〔有漏〕와 무명의 번뇌〔無明漏〕에서 마음이 해탈한다. 해탈한 뒤에는 곧 해탈한 줄을 알아 생은 이미 다하고 범행은 이미 서고 할 일은 이미 마쳐 다시는 후세의 생명을 받지 않는다는 것을 사실 그대로 안다. 발타화리여, 이것을 그가 그때 제3의 명달을 얻은 것이라 한다. 그는 본래 방일함이 없이 멀리 떠난 곳에서 살기를 좋아하면서 수행하고 정근하여 어리석음이 멸해 지혜가 생기고 어둠이 무너져 밝음이 생기며 무명이 멸해 밝음이 생긴 것이다. 이른바 누진지漏盡智의 신통을 체험하여 명달한 것이다.”

이에 존자 발타화리는 곧 자리에서 일어나 가사 한 자락을 벗어 메고 합장하고 부처님을 향해 아뢰었다.

"세존이시여, 무슨 인연으로 여러 비구들이 똑같이 계를 범했는데도 어떤 사람은 애써 다스리고 어떤 사람은 애써 다스리지 않습니까?"

세존께서는 말씀하셨다.

"발타화리여, 어떤 비구는 자주 계를 범한다. 그는 자주 계를 범하기 때문에 모든 범행인들의 꾸지람을 받고 보고 들은 것에 대해 남의 의심을 산다. 그는 모든 범행인들의 꾸지람을 받고 보고 들은 것에 대해 남의 의심을 사고서는 곧 논論 밖의 여러 가지 다른 일을 주장하면서 화내고 미워하며 분노하고 발악하며 대중을 괴롭히고 대중을 업신여기다가 '내가 이제 대중을 기쁘게 하고 또 만족하게 하리라'고 그렇게 말하고 그렇게 생각한다. 발타화리여, 그때 모든 비구들은 곧 이렇게 생각한다.

'그러나 이 사람은 자주 계를 범하고 자주 계를 범하기 때문에 모든 범행인들의 꾸지람을 받고 보고 들은 것에 대해 남의 의심을 산다. 그는 모든 범행인들의 꾸지람을 받고 보고 들은 것에 대해 남의 의심을 사고서는 곧 논 밖의 여러 가지 다른 일을 주장하면서 화내고 미워하며 분노하고 발악하며 대중을 괴롭히고 대중을 업신여기다가 〈내가 이제 대중을 기쁘게 하고 또 만족하게 하리라〉고 말하는구나.'

그래서 그 비구들은 이것을 보고 '여러분, 그 사람은 그대로 보아 언제나 그 허물에 있게 하자'고 이렇게 서로 말한다. 발타화리여, 모든 비구들은 이와 같이 그를 그대로 보아 언제나 그 허물에 있게 하느니라.

혹 어떤 비구는 자주자주 계를 범한다. 그는 자주자주 계를 범하기 때문에 모든 범행梵行인들의 꾸지람을 받고 보고 들은 것에 대해 남의 의심을 살 뿐이다. 그는 모든 범행인들의 꾸지람을 받고 보고 들은 것에 대해 남의 의심을 사고도 논論 밖의 여러 가지 다른 일을 주장하지 않고 화내고 미워하고 질투하거나 분노하고 발악하지도 않으며 대중을 괴롭히지도 않고 대중을 업신여기지도 않는다. 그리고 또 '나는 이제 대중을 기쁘게 하고 또 만족하게 하리라'고 이렇게 말하지도 않고 생각하지도 않는다. 발타화리여, 모든 비구들은 곧 이렇게 생각한다.

'이 사람은 자주자주 계를 범하고 자주자주 계를 범하기 때문에 모든 범행인들의 꾸지람을 받고 보고 들은 것에 대해 남의 의심을 산다. 그러나 그는 모든 범행인들의 꾸지람을 받고 보고 들은 것에 대해 남의 의심을 사고도 논 밖의 여러 가지 다른 일을 주장하지 않고 화내고 미워하고 질투하거나 분노하고 발악하지도 않으며 대중을 괴롭히지도 않고 대중을 업신여기지도 않는다. 그리고 또 〈나는 이제 대중을 기쁘게 하고 또 만족하게 하리라〉고 이렇게 말하지도 않는구나.'

그래서 그 비구들은 이것을 보고 '여러분, 이 사람은 이대로 보아 빨리 그 허물을 멸하게 하자'고 이렇게 서로 말한다. 발타화리여, 모든 비구들은 그를 이대로 보아 빨리 그 허물을 멸하게 하였다. 그리고 가볍게 금계를 범한 것도 또한 이와 같으니라.

발타화리여, 만일 어떤 비구가 믿음이 있고 사랑이 있으며 생각이 있으면 '이제 이 비구는 믿음이 있고 사랑이 있으며 생각이 있다. 만일 우리가 이 사람을 애써 고치려고 한다면 이제 이 사람은 믿음이 있고 사랑이 있으며 생각이 있기 때문에 반드시 끊을 것이다. 우리들은 차라리 함께 이 사람을 잘 이끌어 보호하자'고 하며 모든 비구들은 곧 그를 잘 이끌어 보호한다. 발타화리여, 비유하면 애꾸눈인 사람과 같다. 그 친족들은 그를 가엾이 생각하고 불쌍히 여겨 그의 이익과 넉넉하기를 바라고 안온과 쾌락을 구해 서로 잘 이끌어 보호한다. 그래서 그 사람을 춥거나 덥거나 목마르거나 굶주리게 하지 않고 병이나 근심을 없게 하며 먼지를 씌우거나 연기로 맵게 하지 않는다. 왜냐하면 그 사람이 한쪽 눈을 마저 잃을까 두려워하기 때문이다. 그래서 친족들은 그를 잘 이끌어 보호하는 것이다. 발타화리여, 이와 같이 또 어떤 비구가 사소한 믿음이 있고 조그만 사랑이 있으며 조금 생각이 있으면 모든 비구들은 곧 이렇게 생각한다.

'이제 이 비구는 믿음이 조금 있고 사랑이 조금 있으며 생각이 조금 있다. 만일 우리가 이 사람을 혹독하게 다스리면 이 사람은 조그만 믿음이 있고 조그만 사랑이 있으며 조금 생각이 있기 때문에 그는 반드시 끊을 것이다. 우리는 차라리 함께 이 사람을 잘 이끌어 보호하자.'

그래서 모든 비구들은 함께 잘 이끌어 보호하기를 마치 친족들이 애꾸눈인 사람을 보호하는 것과 같이 하느니라."

이에 존자 발타화리가 곧 자리에서 일어나 가사 한 자락을 벗어 메고 합장하고 부처님을 향해 여쭈었다.

"세존이시여, 무슨 인연으로 옛날에는 작은 계를 시설하여도 받들어 가지는 비구가 많더니 요즘은 세존께서 많은 계를 시설하여도 받들어 가지는 비구가 적습니까?"

세존께서 말씀하셨다.

"발타화리여, 만일 비구들이 이익을 얻지 못하면 곧 기뻐하고 좋아하는 법〔喜好法〕이 없고, 만일 비구들이 이익을 얻으면 곧 기뻐하고 좋아하는 법을 낸다. 기뻐하고 좋아하는 법을 내면 나 세존은 이 기뻐하고 좋아하는 법을 끊고자 하기 때문에 곧 제자들을 위해 계를 설한다. 그래서 칭찬과 명예가 넓고 커져서 임금까지 알게 되어 큰 복이 있고 많은 지식을 얻는다. 발타화리여, 만일 대중이 많이 들어 알지 못하면 곧 기뻐하고 좋아하는 법을 내지 않고, 대중이 많이 알면 곧 기뻐하고 좋아하는 법을 낸다. 만약 대중이 기뻐하고 좋아하는 법을 내면 나 세존은 이 기뻐하고 좋아하는 법을 끊고자 하기 때문에 곧 제자들을 위해 계를 설한다. 발타화리여, 나는 현세의 번뇌를 끊으려고 하기 때문에 제자들을 위하여 계를 설하는 것이 아니요, 나는 후세의 번뇌를 끊으려고 하기 때문에 제자들을 위하여 계를 설하는 것이다. 발타화리여, 그러므로 나는 제자들의 번뇌를 끊으려고 하기 때문에 계를 설하는 것이요, 그들이 내 가르침을 받게 되는 것이다.

발타화리여, 나는 옛날에 모든 비구들을 위하여 청정한 말〔馬〕의 비유를 들어 말한 적이 있다. 거기에는 어떤 까닭이 있었는지 너는 기억하느냐?"

존자 발타화리는 아뢰었다.

"세존이시여, 거기에는 이런 까닭이 있었습니다. 무슨 까닭인가 하오면, 세존께서는 모든 비구들을 위해 한 자리에 앉아 먹는 계를 자세히 말씀하셨고, 모든 비구들은 다 계와 세존의 경계와 모든 미묘한 법을 받들어 배웠습니다. 그러나 오직 저만은 감당할 수 없다고 말하고 자리에서 일어나 떠나갔으니, 그것은 구족한 계와 세존의 경계와 모든 미묘한 법을 배우려 하지 않았기 때문입니다. 세존이시여, 이것이 그 까닭이었습니다."

세존께서 다시 말씀하셨다.

"발타화리여, 거기에는 그 까닭만 있는 것이 아니다. 발타화리여, 만일 내가 모든 비구들을 위하여 청정한 말의 비유를 들어 말하였다면 너는 반드시 한 마음이 아니었을 것이요, 잘 공경하지 않았을 것이며, 생각하여 듣지 않았을 것이다. 발타화리여, 이것이 이 가운데 있는 다른 까닭이니라."

이에 존자 발타화리가 곧 자리에서 일어나 가사 한 자락을 벗어 메고 합장하고 부처님께 아뢰었다.

"세존이시여, 지금이야말로 바로 그때입니다. 선서시여, 지금이야말로 바로 그때입니다. 만일 세존께서 모든 비구들을 위해 청정한 말의 비유를 말씀하시면 모든 비구들은 세존의 가르침을 듣고 마땅히 잘 받아 가질 것입니다."

세존께서 말씀하셨다.

"발타화리여, 마치 말을 부릴 줄 아는 사람이 청정한 좋은 말을 얻은 것과 같아서 먼저 그 입짓을 다스리고 그 입짓을 다스린 뒤에는 저야 좋아하건 말건 날뛰는 것을 좋아하지 않는다. 왜냐하면 아직 완전히 훈련되지 않았기 때문이다. 발타화리여, 만일 청정한 좋은 말이 조련사의 훈련에 따라 첫째 훈련을 성취하면 그 말 조련사는 다시 입에 재갈물리기와 다리 옭아매기를 훈련시킨다. 다리를 옭아매고, 입에 재갈을 물려 달리기를 훈련시켜, 궁중에 올려 임금이 타는 위없는 행을 감당하게 한다. 가장 훌륭한 쉼으로 모든 사지와 뼈마디를 훈련시켜 모든 훈련이 성취되면 저야 좋아하건 말건 날뛰는 것을 좋아하지 않게 된다. 왜냐하면 자주자주 훈련시켰기 때문이다.

발타화리여, 만일 청정한 좋은 말을 그 말 조련사가 자주자주 다스려 성취하게 되면 그때 그 말은 부드러워지고 매우 부드러워져 위없는 부드러움이 되고, 제일 위없는 부드러움이 된다. 그래서 위없는 행을 얻고, 제일의 행을 얻어 곧 왕이 타게 되면 왕의 곡식을 먹고 왕의 말이라고 일컬어진다. 발타화리여, 이와 같이 만일 어질고 지혜로운 사람이 10무학법無學法[3], 즉 무학의 바른 소견에서부터 나아가 무학의

3 8정도에 정지正智와 정해탈正解脫을 더한 것이다.

바른 지혜에 이르기까지를 다 성취하면 그는 그때 부드러워지고 매우 부드러워져 위없는 부드러움이 되고 제일의 위없는 부드러움이 된다. 그래서 위없는 그침을 얻고 제일의 그침을 얻어 모든 굽은 것을 버리고 모든 더러움을 버리며 모든 두려움을 버리고 모든 어리석음을 없애며 모든 아첨을 버리고 모든 번뇌를 그치며 모든 때를 깨끗이 하여 집착이 없게 된다. 그래서 공경할 만하고 존중할 만하며 받들 만하고 제사지낼 만하여 모든 천상과 인간의 좋은 복밭이 되느니라."

부처님께서 이렇게 말씀하시자 존자 발타화리와 모든 비구들은 부처님 말씀을 듣고 기뻐하며 받들어 행하였다.

〔이 발타화리경에 수록된 경문의 글자 수는 4,307자이다.〕

195) 아습패경阿濕貝經[4]〔제5 후송〕

나는 이와 같이 들었다.

어느 때 부처님께서 가시국迦尸國에 노니실 적에 큰 비구들과 함께 어떤 곳에 계셨다.

그때 부처님께서 모든 비구들에게 말씀하셨다.

"나는 하루에 한 끼를 먹는다. 하루에 한 끼를 먹은 뒤에는 하는 일도 없고 구함도 없으며, 몸에는 병이 없으며 가볍고 편안하며, 기력이 강녕하며 안온하고 쾌락하다. 너희들도 또한 하루에 한 끼를 먹으라. 하루에 한 끼를 먹으면 애씀도 없고 구함도 없어서 몸에는 병이 없으며 가볍고 편안하며, 기력이 강녕하며 안온하고 쾌락하리라."

4 송·원·명 3본에는 「아습구경阿濕具經」으로 되어 있다. 송·원·명 3본에서는 본문에서도 아습구라고 하였다.

그때 세존께서는 모든 비구들을 위하여 하루에 한 끼 먹는 계를 시설하셨고 모든 비구들은 다 계와 세존의 경계와 모든 미묘한 법을 배웠다.

이에 세존께서는 여기 저기 다니시다가 가라뢰迦羅賴에 이르러 가라뢰의 북쪽 마을 시섭화尸攝和 숲에 계셨다. 이때 가라뢰에는 아습패阿濕貝와 불나바수弗那婆修[5]라는 두 비구가 있었는데, 그들은 옛날 그 지방의 지주地主요 사주寺主요 종주宗主였었다. 그들은 아침·저녁·점심·오후 참을 먹고 아침·저녁·점심·오후 참을 먹은 뒤에는 하는 일도 없고 구함도 없으며 병들어 아픈 일도 없고 몸은 가볍고 편안하며 기력이 강녕하며 안온하고 쾌락하였다. 여러 비구들은 이 소식을 듣고 아습패와 불나바수 비구가 있는 곳으로 가서 그들에게 말하였다.

"아습패와 불나바수여, 세존께서는 가시국에 노니시다가 큰 비구들과 함께 어떤 곳에 계시면서 모든 비구들에게 말씀하셨소.

'나는 하루에 한 끼를 먹는다. 하루에 한 끼를 먹은 뒤에는 하는 일도 없고 구함도 없으며 병들어 아픈 일도 없고 몸은 가볍고 편안하며, 기력이 강녕하며 안온하고 쾌락하다. 너희들도 또한 하루에 한 끼를 먹으라. 하루에 한 끼를 먹으면 하는 일도 없고 구함도 없으며 병들어 아픈 일도 없고 몸은 가볍고 편안하며 기력이 강녕하며 안온하고 쾌락하리라.'

그때 세존께서 모든 비구들을 위하여 하루에 한 끼 먹는 계를 자세

5 팔리어 Assaji의 음역이고, 마숙馬宿이라 의역하기도 한다. 이 비구는 석가족 왕족 출신으로 무리를 지어 계율에 어긋나는 행위들을 자행했던 6군 비구 중 한 사람이다. 위엄 있고 단정하며 걸음걸이가 훌륭하기로 제일이었던 아습구(阿濕具, Assaji : 馬勝)와는 다른 사람이다. 불나바수(弗那婆修, Punabasuka)는 만숙滿宿이라 의역하며, 역시 석가족 출신으로 6군 비구 중 한 사람이다.

히 말씀하시자 모든 비구들은 다 계와 세존의 경계와 모든 미묘한 법을 받들어 배웠소. 아습패와 불나바수여, 그대들도 또한 하루에 한 끼를 먹으시오. 하루에 한 끼를 먹으면 하는 일도 없고 구함도 없으며 병들어 아픈 일도 없고 몸은 가볍고 편안하며 기력이 강녕하며 안온하고 쾌락하리라. 그대들은 세존과 비구들의 뜻을 어기지 마시오."

아습패와 불나바수는 이 말을 듣고 대답하였다.

"여러분, 우리는 아침 · 저녁 · 점심 · 오후 참을 먹습니다. 아침 · 저녁 · 점심 · 오후 참을 먹은 뒤에는 하는 일도 없고 구함도 없으며 병들어 아픈 일도 없고 몸은 가볍고 편안하며 기력이 강녕하며 안온하고 쾌락합니다. 그런데 우리가 무엇 때문에 현재를 버리고 미래를 기다릴 필요가 있겠습니까?"

이렇게 재삼 되풀이하였으나 그 여러 비구들은 아습패와 불나바수의 나쁘고 사특한 소견을 버리게 하지 못하고 곧 자리에서 일어나 그들을 버리고 떠났다. 비구들은 부처님 계신 곳으로 나아가 부처님 발에 머리를 조아리고 물러나 한쪽에 앉아 아뢰었다.

"세존이시여, 이 가라뢰에는 아습패와 불나바수라는 두 비구가 있는데 그들은 옛날 이 지방의 지주요 종주요 사주였습니다. 그들은 아침 · 저녁 · 점심 · 오후 참을 먹고 아침 · 저녁 · 점심 · 오후 참을 먹은 뒤에는 하는 일도 없고 구함도 없으며 병들어 아픈 일도 없고 몸은 가볍고 편안하며 기력이 강녕하며 안온하고 쾌락하다 하였습니다. 세존이시여, 저희들은 그 말을 듣고 곧 그 아습패와 불나바수 비구가 있는 곳으로 가서 그들에게 말했습니다.

'아습패와 불나바수여, 세존께서는 가시국에 노니실 적에 큰 비구들과 함께 어떤 곳에 계시면서 모든 비구들에게 이렇게 말씀하셨소.

〈나는 하루에 한 끼를 먹는다. 하루에 한 끼를 먹은 뒤에는 하는 일도 없고 구함도 없으며 병이 없이 몸은 가볍고 기력은 강녕하며 안온하고 쾌락하다. 너희들도 또한 하루에 한 끼를 먹으라. 하루에 한 끼를 먹으면 하는 일도 없고 구함도 없으며 병들어 아픈 일도 없고 몸은 가볍고 편안하며 기력이 강녕하며 안온하고 쾌락하리라.〉

그때 세존께서 모든 비구들을 위하여 하루에 한 끼 먹는 계를 시설하시자 모든 비구들은 다 계와 세존의 경계와 모든 미묘한 법을 받들어 배웠소. 아습패와 불나바수여, 그대들도 또한 하루에 한 끼만 먹으시오. 하루에 한 끼를 먹으면 하는 일도 없고 구함도 없으며 병들어 아픈 일도 없고 몸은 가볍고 편안하며 기력이 강녕하며 안온하고 쾌락하리라. 그대들은 세존과 비구들의 뜻을 어기지 마시오.'

아습패와 불나바수는 이 말을 듣고 저희들에게 이렇게 대답했습니다.

'여러분, 우리는 아침·저녁·점심·오후 참을 먹습니다. 아침·저녁·점심·오후 참을 먹은 뒤에는 하는 일도 없고 구함도 없으며 병들어 아픈 일도 없고 몸은 가볍고 편안하며 기력이 강녕하며 쾌락합니다. 그런데 우리가 무엇 때문에 현재를 버리고 미래를 기다릴 필요가 있겠습니까?'

이렇게 재삼 되풀이하였으나 세존이시여, 저희들은 아습패와 불나바수의 나쁘고 삿된 소견을 버리게 하지 못하였고 곧 자리에서 일어나 그들을 버리고 떠나왔습니다."

세존께서 이 말을 들으시고 한 비구에게 분부하셨다.

"너는 저 아습패와 불나바수 비구가 있는 곳에 가서 아습패와 불나바수에게 세존이 부른다고 전하라."

"예, 세존이시여."

그 비구는 곧 자리에서 일어나 부처님 발에 머리를 조아리고 세 바퀴 돌고는 물러갔다. 그는 아습패와 불나바수에게 가서 말했다.

"아습패와 불나바수여, 세존께서 두 분을 부르십니다."

아습패와 불나바수는 이 말을 듣고 곧 부처님 계신 곳으로 나아가 부처님 발에 머리를 조아리고 물러나 한쪽에 앉았다. 세존께서 물으셨다.

"아습패와 불나바수여, 여러 비구들은 너희들에게 이렇게 말했다고 한다.

'아습패와 불나바수 비구여, 세존께서는 가시국을 유행하실 적에 큰 비구들과 함께 어떤 곳에 계시면서 모든 비구들에게 말씀하셨소.

〈나는 하루에 한 끼를 먹는다. 하루에 한 끼를 먹은 뒤에는 하는 일도 없고 구함도 없으며 병들어 아픈 일도 없고 몸은 가볍고 편안하며 기력이 강녕하며 안온하고 쾌락하다. 너희들도 또한 하루에 한 끼를 먹으라. 하루에 한 끼를 먹은 뒤에는 하는 일도 없고 구함도 없으며 병들어 아픈 일도 없고 몸은 가볍고 편안하며 기력이 강녕하며 안온하고 쾌락하리라.〉

그때 세존께서 모든 비구들에게 하루에 한 끼를 먹는 계를 자세히 시설하시자 모든 비구들은 다 계와 세존의 경계와 모든 미묘한 법을 받들어 배웠소. 아습패와 불나바수여, 그대들도 또한 하루에 한 끼만 먹으시오. 하루에 한 끼를 먹으면 하는 일도 없고 구함도 없으며 병들어 아픈 일도 없고 몸은 가볍고 편안하며 기력이 강녕하며 안온하고 쾌락하리라. 그대들은 세존과 비구들의 뜻을 어기지 마시오.'

그리고 아습패와 불나바수여, 너희들은 그 말을 듣고 모든 비구들에게 이렇게 말했다고 한다.

'여러분, 우리는 아침・저녁・점심・오후 참을 먹습니다. 아침・저녁・점심・오후 참을 먹은 뒤에는 하는 일도 없고 구함도 없으며 병들어 아픈 일도 없고 몸은 가볍고 편안하며 기력이 강녕하며 안온하고 쾌락합니다. 그런데 우리가 무엇 때문에 현재를 버리고 미래를 기다릴 필요가 있겠습니까?'

이렇게 재삼 되풀이하였으나 아습패와 불나바수여, 그 모든 비구들은 너희들의 그 나쁘고 삿된 소견을 버리게 하지 못하였고 곧 자리에서 일어나 너희들을 버리고 떠나갔다고 한다. 이 말이 사실이냐?"

아습패와 불나바수는 아뢰었다.

"사실입니다."

세존께서 말씀하셨다.

"아습패와 불나바수여, 너희들은 내가 '만일 즐거운 감각〔樂覺〕을 깨달으면 그는 즐거운 감각을 깨달은 뒤에는 착하지 않은 나쁜 법은 더욱 늘어나고 착한 법은 더욱 줄어들며 만일 괴로운 감각〔苦覺〕을 깨달으면 그는 괴로운 감각을 깨달은 뒤에는 착하지 않은 나쁜 법은 더욱 줄어들고 착한 법은 더욱 늘어난다'고 이렇게 설법한 것으로 아는가?"

"예, 저희들은 세존께서 '만일 즐거운 감각을 깨달으면 그는 즐거운 감각을 깨달은 뒤에는 착하지 않은 법은 더욱 늘어나고 착한 법은 더욱 줄어들며 만일 괴로운 감각을 깨달으면 그는 괴로운 감각을 깨달은 뒤에는 착하지 않은 법은 더욱 줄어들고 착한 법은 더욱 늘어난다'고 그렇게 설법하신 것으로 알고 있습니다."

세존께서는 아습패와 불나바수 비구를 꾸짖으셨다.

"너희 미련한 사람들아, 어떻게 내가 그렇게 설법했다고 알게 되었느냐? 너희들 미련한 사람들아, 누구에게서 듣고 그렇게 설법했다고 알게 되었느냐? 너희 미련한 사람들아, 나는 전혀 그렇게 말하지 않았는데 너희들은 완전히 그렇게 받아 가지는구나. 너희들 미련한 사람들아, 많은 비구들을 위하여 물음을 받았을 때는 마땅히 '저희는 알지 못합니다' 하고 이렇게 법답게 대답했어야 할 것이 아니냐? 이 모든 비구들에게 물어 보리라."

그때 세존께서 모든 비구들에게 말씀하셨다.

"너희들도 또한 내가 '만일 즐거운 감각을 깨달으면 그는 즐거운 감각을 깨달은 뒤에는 착하지 않은 법은 더욱 늘어나고 착한 법은 더욱 줄어들며 만일 괴로운 감각을 깨달으면 그는 괴로운 감각을 깨달은 뒤에는 착하지 않은 법은 더욱 줄어들고 착한 법은 더욱 늘어난다'고 이렇게 설법했다고 알고 있느냐?"

여러 비구들이 아뢰었다.

"아닙니다. 세존이시여."

"너희들은 내가 어떻게 설법하였다고 알고 있느냐?"

여러 비구들이 아뢰었다.

"세존이시여, 저희들은 세존께서 이렇게 설법하신 것으로 알고 있습니다.

'혹은 즐거운 감각을 깨달으면 착하지 않은 나쁜 법은 더욱 늘어나고 착한 법은 더욱 줄어드는 수도 있으며 혹은 즐거운 감각을 깨달으면 착하지 않은 나쁜 법은 더욱 줄어들고 착한 법은 더욱 늘어나는 수도 있다. 혹은 괴로운 감각을 깨달으면 착하지 않은 나쁜 법은 더욱 늘어나고 착한 법은 더욱 줄어드는 수도 있으며 혹은 괴로운 감각을 깨달으면 착하지 않은 나쁜 법은 더욱 줄어들고 착한 법은 더욱 늘어나는 수도 있다.'

세존이시여, 저희들은 세존께서 이렇게 설법하신 것으로 알고 있습니다."

세존께서는 이 말을 들으시고 찬탄하며 말씀하셨다.

"훌륭하고 훌륭하다. '혹 즐거운 감각을 깨달으면 착하지 않은 나쁜 법은 더욱 늘어나고 착한 법은 더욱 줄어드는 수도 있으며 혹은 즐거운 감각을 깨달으면 착하지 않은 나쁜 법은 더욱 줄어들고 착한 법은 더욱 늘어나는 수도 있다. 혹은 괴로운 감각을 깨달으면 착하지 않은 나쁜 법은 더욱 늘어나고 착한 법은 더욱 줄어드는 수도 있으며 혹은 괴로운 감각을 깨달으면 착하지 않은 나쁜 법은 더욱 줄어들고 착한 법은 더욱 늘어나는 수도 있다'는 너희들의 말과 같다. 왜냐하면 나도 또한 '혹은 즐거운 감각을 깨달으면 착하지 않은 나쁜 법은 더욱 늘어나고 착한 법은 더욱 줄어드는 수도 있으며 혹은 즐거운 감각을 깨달으면 착하지 않은 나쁜 법은 더욱 줄어들고 착한 법은 더욱 늘어나는 수도 있다. 혹은 괴로운 감각을 깨달으면 착하지 않은 나쁜 법은 더욱 늘어나고 착한 법은 더욱 줄어드는 수도 있으며 혹은 괴로운 감각을 깨달으면 착하지 않은 나쁜 법은 더욱 줄어들고 착한 법은 더욱 늘어나는 수도 있다'고 이렇게 말하기 때문이다.

만일 내가 사실 그대로 알지 못하고 보지 못하며 이해하지 못하고 얻지 못하며 바르게 다 깨닫지 못했다면 혹 즐거운 감각을 깨달아 착하지 않은 나쁜 법이 더욱 늘어나고 착한 법은 더욱 줄어들더라도 나는 응당 '즐거운 감각을 끊으라'고 말하지 않을 것이다. 만일 내가 사실 그대로 알지 못하고 보지 못하며 이해하지 못하고 얻지 못하며 바르게 다 깨닫지 못했다면 혹 즐거운 감각을 깨달아 착하지 않은 나쁜 법이 더욱 줄어들고 착한 법은 더욱 늘어나더라도 나는 응당 '즐거운 감각을 닦으라'고 말하지 않을 것이다. 만일 내가 사실 그대로 알지 못하고 보지 못하며 이해하지 못하고 얻지 못하며 바르게 다 깨닫지 못했다면 혹 괴로운 감각을 깨달아 착하지 않은 법이 더욱 늘어나고 착한 법은 더욱 줄어들더라도 나는 응당 '괴로운 감각을 끊으라'고 말하지 않을 것이다. 만일 내가 사실 그대로 알지 못하고 보지 못하며 이해하지 못하고 얻지 못하며 바르게 다 깨닫지 못했다면 혹 괴로운 감각을 깨달아 착하지 않은 나쁜 법이 더욱 줄어들고 착한 법은 더욱 늘어나더라도 나는 응당 '괴로운 감각을 닦으라'고 말하지 않을 것이니라.

그러나 나는 사실 그대로 알고 보며 이해하고 얻었으며 바르게 다 깨달았으므로 혹 즐거운 감각을 깨달아 착하지 않은 나쁜 법이 더욱 늘어나고 착한 법은 더욱 줄어들면, 그 때문에 나는 '즐거운 감각을 끊으라'고 말한다. 나는 사실 그대로 알고 보며 이해하고 얻었으며 바르게 다 깨달았으므로 혹 즐거운 감각을 깨달아 착하지 않은 나쁜 법이 더욱 줄어들고 착한 법은 더욱 늘어나면 그 때문에 나는 '즐거운 감각을 닦으라'고 말한다. 나는 사실 그대로 알고 보며 이해하고 얻었으며 바르게 다 깨달았으므로 혹 괴로운 감각을 깨달아 착하지 않은 나쁜 법이 더욱 늘어나고 착한 법은 더욱 줄어들면 그 때문에 나는 '괴로운 감각을 끊으라'고 말한다. 나는 사실 그대로 알고 보며 이해하고 얻었으며 바르게 다 깨달았으므로 혹 괴로운 감각을 깨달아 착하지 않은 나쁜 법이 더욱 줄어들고 착한 법은 더욱 늘어나면 그 때문에 나는 괴로운 감각을 닦으라고 말한다.

무슨 까닭인가? 나는 '모든 몸의 즐거움을 닦으라'고도 말하지 않고 또한 '모든 몸의 즐거움을 닦지 말라'고도 말하지 않는다. 나는 '모든 몸의 괴로움을 닦으라'고도 말하지 않고 또한 '모든 몸의 괴로움을 닦지 말라'고도 말하지 않는다. 나는 '모든 마음의 즐거움을 닦으라'고도 말하지 않고 또한 '모든 마음의 즐거움을 닦지 말라'고도 말하지 않는다. 나는 '모든 마음의 괴로움을 닦으라'고도 말하지 않고 또한 '모든 마음의 괴로움을 닦지 말라'고도 말하지 않는다.

어떠한 몸의 즐거움을 닦지 말라고 나는 말하는가? 만일 몸의 즐거움을 닦아서 착하지 않은 나쁜 법은 더욱 늘어나고 착한 법은 더욱 줄어들면 그러한 몸의 즐거움은 닦지 말라고 나는 말한다. 어떠한 몸의 즐거움을 닦으라고 나는 말하는가? 만일 몸의 즐거움을 닦아 착하지 않은 나쁜 법은 더욱 줄어들고 착한 법은 더욱 줄어들면 그러한 몸의 즐거움은 닦으라고 나는 말한다. 어떠한 몸의 괴로움을 닦지 말라고 나는 말하는가? 만일 몸의 괴로움을 닦아 착하지 않은 나쁜 법은 더욱 늘어나고 착한 법은 더욱 줄어들면, 그러한 몸의 괴로움은 닦지 말라고 나는 말한다. 어떠한 몸의 괴로움을 닦으라고 나는 말하는가? 만일 몸의 괴로움을 닦아 착하지 않은 나쁜 법은 더욱 줄어들고 착한 법은 더욱 늘어나면 그러한 몸의 괴로움은 닦으라고 나는 말한다.

어떠한 마음의 즐거움을 닦지 말라고 나는 말하는가? 만일 마음의 즐거움을 닦아 착하지 않은 나쁜 법은 더욱 늘어나고 착한 법은 더욱 줄어들면, 그러한 마음의 즐거움은 닦지 말라고 나는 말한다. 어떠한 마음의 즐거움을 닦으라고 나는 말하는가? 만일 마음의 즐거움을 닦아 착하지 않은 나쁜 법은 더욱 줄어들고 착한 법은 더욱 늘어나면, 그러한 마음의 즐거움은 닦으라고 나는 말한다. 어떠한 마음의 괴로움을 닦지 말라고 나는 말하는가? 만일 마음의 괴로움을 닦아 착하지 않은 나쁜 법은 더욱 늘어나고 착한 법은 더욱 줄어들면 그러한 마음의 괴로움은 닦지 말라고 나는 말한다. 어떠한 마음의 괴로움을 닦으라고 나는 말하는가? 만일 마음의 괴로움을 닦아 착하지 않은 나쁜 법은 더욱 줄어들고 착한 법은 더욱 늘어나면 그러한 마음의 괴로움은 닦으라고 나는 말하느니라.

그는 닦아야 할 법을 사실 그대로 알고 닦지 않아야 할 법도 사실 그대로 안다. 그는 닦아야 할 법을 사실 그대로 알고, 닦지 않아야 할 법도 사실 그대로 안 뒤에는 닦지 않아야 할 법은 곧 닦지 않고, 닦아야 할 법은 곧 닦는다. 닦지 않아야 할 법은 곧 닦지 않고, 닦아야 할 법을 곧 닦은 뒤에는 곧 착하지 않은 나쁜 법은 더욱 줄어들고 착한 법은 더욱 늘어난다.

나는 모든 비구에게 '방일放逸하지 말라'고도 말하지 않고 또한 모든 비구에게 '방일함이 없게 행동하려 하지 말라'고도 말하지 않는다. 나는 어떤 비구에게 '방일함이 없게 행동하려 하지 말라'고 말하는가? 혹 어떤 비구는 구해탈俱解脫이 있다. 어떤 비구에게 구해탈이 있는가? 혹 어떤 비구는 8해탈解脫을 몸으로 체험해 성취하여 노닐고 지혜로써 관찰하여 모든 번뇌가 이미 다하고 또 이미 그것을 안다. 이런 비구는 구해탈이 있으므로 나는 이런 비구에게는 '방일함 없게 행동하려 하지 말라'고 말한다. 왜냐하면 이 사람은 본래 이미 방일한 행동이 없기 때문이다. 만일 이 비구가 본래부터 방일함이 있었다면 끝내 그리 될 수 없었을 것이다. 그러므로 나는 이런 비구에게는 방일함이 없게 행동하려 하지 말라고 말한다.

혹 어떤 비구는 구해탈이 아닌 혜해탈慧解脫만 있다. 어떤 비구에게 혜해탈이 있는가? 혹 어떤 비구는 8해탈을 몸으로 체험해 성취하여 노닐지는 못하지만 지혜로써 관찰하여 모든 번뇌가 이미 다하고 이미 그것을 안다. 이런 비구는 혜해탈이 있으므로 나는 이런 비구에게도 '방일함이 없게 행동하려 하지 말라'고 말한다. 왜냐하면 이 사람은 본래 이미 방일한 행동이 없기 때문이다. 만일 이 사람이 본래부터 방일함이 있었다면 끝내 그리 될 수 없었을 것이다. 그러므로 나는 이런 비구에게는 '방일함이 없게 행동하려 하지 말라'고 말한다. 그래서 나는 이런 두 부류 비구에게는 '방일함이 없게 행동하려 하지 말라'고 말한다.

나는 어떤 비구에게 '방일하지 말라'고 말하는가? 혹 어떤 비구는 구해탈俱解脫도 아니요, 또한 혜해탈도 아니지만 신증身證이 있다. 어떤 비구에게 신증이 있는가? 혹 어떤 비구는 8해탈을 몸으로 체험해 성취하여 노닐지만 지혜로써 관찰하여 모든 번뇌가 이미 다하고 또 이미 그것을 알지는 못한다. 이런 비구는 몸의 증득〔身證〕만 있나니 이런 비구에게 나는 '방일하지 말라'고 말한다. 나는 이 비구가 방일하지 않으면 어떤 결과가 있는 것을 보기에 이 비구에게 '방일하지 말라'고 말하는 것인가? 만일 이 비구가 모든 근根을 항복받고 선지식을 친근히 하며 이치를 따라 머무른다면 모든 번뇌가 이미 다해 번뇌가 없게 되어 마음이 해탈하고 지혜로 해탈하며 현세에서 스스로 알고 스스로 깨닫고 스스로 증득하여 성취하여 노닐게 된다. 즉 생은 이미 다하고 범행은 이미 서고 할 일은 이미 마쳐 다시는 후세의 생명을 받지 않는다는 것을 사실 그대로 알게 된다. 나는 이 비구가 방일하지 않으면 이러한 결과가 있음을 본다. 그러므로 나는 이런 비구에게 '방일하지 말라'고 말하느니라.

혹 어떤 비구는 구해탈도 아니요 혜해탈도 아니며 또한 신증도 아니지만 견도見到가 있다. 어떤 비구에게 견도가 있는가? 혹 어떤 비구는 한결같이 결정코 부처님과 법과 스님을 믿고 들은 법을 따라 곧 지혜로써 관觀을 왕성하게 하고 인忍을 왕성하게 한다. 이런 비구는 견도가 있나니, 이런 비구에게 나는 '방일하지 말라'고 말한다. 나는 이 비구가 방일하지 않으면 어떤 결과가 있는 것을 보기에 이 비구에게 '방일하지 말라'고 말하는 것인가? 만일 이 비구가 모든 근을 항복받고 선지식을 친근히 하며 이치를 따라 머무른다면 모든 번뇌가 이미 다해 번뇌가 없게 되어 마음이 해탈하고 지혜가 해탈하며 현세에서 스스로 알고 스스로 깨닫고 스스로 증득하여 성취하여 노닐게 된다. 즉 생은 이미 다하고 범행은 이미 서고 할 일은 이미 마쳐 다시는 후세의 생명을 받지 않는다는 것을 사실 그대로 알게 된다. 나는 이 비구가 방일하지 않으면 이러한 결과가 있음을 본다. 그러므로 나는 이런 비구에게 '방일하지 말라'고 말하느니라.

혹 어떤 비구는 구해탈도 아니요 혜해탈도 아니며, 신증도 아니요 또한 견도도 아니지만 신해탈信解脫이 있다. 어떤 비구에게 신해탈이 있는가? 혹 어떤 비구는 한결같이 결정코 부처님과 법과 스님들을 믿고 들은 법을 따라 지혜로써 관觀하고 인忍하지만 견도見到만은 못하다. 이런 비구는 신해탈이 있나니 나는 이런 비구에게는 '방일하지 말라'고 말한다. 나는 이 비구가 방일하지 않으면 어떤 결과가 있는 것을 보기에 이 비구에게 '방일하지 말라'고 말하는 것인가? 만일 이 비구가 모든 근을 항복받고 선지식을 친근하며 이치를 따라 머무른다면 모든 번뇌가 이미 다해 번뇌가 없게 되어 마음이 해탈하고 지혜가 해탈하며 현세에서 스스로 알고 스스로 깨닫고 스스로 증득하여 성취하여 노닐게 된다. 즉 생은 이미 다하고 범행은 이미 서고 할 일은 이미 마쳐 다시는 후세의 생명을 받지 않는다는 것을 사실 그대로 알게 된다. 나는 이 비구가 방일하지 않으면 이러한 결과가 있음을 본다. 그러므로 나는 이런 비구에게 '방일하지 말라'고 말하느니라.

혹 어떤 비구는 구해탈도 아니요 혜해탈도 아니며 신증도 아니요 견도도 아니며 또한 신해탈도 아니지만 법행法行이 있다. 어떤 비구에게 법행이 있는가? 혹 어떤 비구는 한결같이 결정코 부처님과 법과 스님들을 믿고 들은 법을 따라 곧 지혜로써 관을 왕성하게 하고 인을 왕성하게 한다. 이런 비구는 행법이 있나니 나는 이런 비구에게는 '방일하지 말라'고 말한다. 나는 이 비구가 방일하지 않으면 어떠한 결과가 있는 것을 보기에 이 비구에게 '방일하지 말라'고 말하는 것인가? 만일 이 비구가 모든 근을 항복받고 선지식을 친근히 하며 이치를 따라 머무른다면 두 가지 결과 중에서 반드시 하나를 얻을 것이니, 곧 현세에서 구경지究竟智를 얻거나 만일 남음이 있으면 아나함阿那含을 얻을 것이다. 나는 이 비구가 방일하지 않으면 이러한 결과가 있음을 본다. 그러므로 나는 이런 비구에게 '방일하지 말라'고 말하느니라.

혹 어떤 비구는 구해탈도 아니요 혜해탈도 아니며 신증도 아니요 견도도 아니며 신해탈도 아니요 또한 법행도 아니지만 신행信行이 있다. 어떤 비구에게 신행이 있는가? 혹 어떤 비구는 한결같이 결정코 부처님과 법과 스님을 믿고 들은 법을 따라 지혜로써 관觀하고 인忍하지만 법행法行만은 못하다. 이런 비구는 신행이 있나니 나는 이런 비구에게는 '방일하지 말라'고 말한다. 나는 이 비구가 방일하지 않으면 어떠한 결과가 있는 것을 보기에 이 비구에게 '방일하지 말라'고 말하는 것인가? 만일 이 비구가 모든 근을 항복받고 선지식을 친근히 하며 이치를 따라 머무른다면 두 가지 결과 중에서 반드시 하나를 얻을 것이니, 곧 현세에서 구경지를 얻거나 만일 남음이 있으면 아나함을 얻을 것이다. 나는 이 비구가 방일하지 않으면 이러한 결과 있음을 본다. 그러므로 나는 이런 비구에게 '방일하지 말라'고 말한다. 나는 이런 여러 비구들에게는 '방일하지 말라'고 말하느니라.

나는 '일체 모든 비구가 구경지究竟地를 얻는다'고도 말하지 않고, 또한 '일체 모든 비구는 처음부터 구경지究竟地를 얻었다'고도 말하지 않는다. 그러나 점점 배우고 익혀 자취로 나아가고 가르침을 받고 꾸지람을 받은 뒤에는 모든 비구가 구경지를 얻나니, 이것이 모든 비구가 얻는 구경지이니라. 어떻게 비구는 점점 배우고 익혀 자취로 나아가고 가르침을 받고 꾸지람을 받은 뒤에 모든 비구가 구경지를 얻게 되는가? 또 어떤 것이 모든 비구가 얻는 구경지인가? 혹 믿음이 있는 자들은 나를 찾아오고 찾아와서는 곧 받들어 익히며 받들어 익힌 뒤에는 곧 일심으로 법을 듣고 일심으로 법을 들은 뒤에는 곧 그 법을 가지며 법을 가진 뒤에는 곧 생각하고 생각한 뒤에는 곧 헤아리며 헤아린 뒤에는 곧 관찰한다. 어진 제자들은 관찰한 뒤에는 몸으로 진리를 증득하고 지혜로 더욱 왕성하게 관찰한다. 곧 그는 이렇게 생각한다.

'이 진리를 나는 아직 몸으로 증득하지 못했고 또한 지혜로 왕성하게 관찰하는 것도 아니다. 나는 이제 이 진리를 몸으로 증득하고 지혜로 더욱 왕성하게 관찰하리라.'

이렇게 점점 배우고 익혀 자취로 나아가고 가르침을 받고 꾸지람을 받은 뒤에 모든 비구들은 구경지를 얻나니 이것이 모든 비구가 얻는 구경지이니라."

이에 부처님께서는 다시 말씀하셨다.

"아습패와 불나바수여, 사구四句라는 법이 있다. 나는 너희들을 위해 말하리니 너희들은 알고자 하는가?"

아습패와 불나바수가 아뢰었다.

"세존이시여, 저희들은 누구이며 또 무엇으로 말미암아 법을 알 수 있겠습니까?"

이에 세존께서는 이렇게 생각하셨다.

"이 어리석은 사람들은 지극히 크고 영원한 나의 바른 법과 율을 지나쳐 버리는구나. 혹 어떤 법률에서는 스승이 음식에 탐착해서 음식을 떠나지 못하더라도 그 제자들이 금방 방일하게 행동하지는 않는다. 하물며 음식에 탐착하지 않고 음식을 멀리 떠난 나에게 있어서이겠는가? 믿음이 있는 제자들이면 응당 이렇게 말하리라.

'세존께서는 저희들의 스승이요, 저희들은 세존의 제자입니다. 세존이시여, 저희를 위해 설법하시고 선서시여, 저희들을 위해 설법하

시어 저희들로 하여금 이 길고 긴 밤에 진리를 얻고 이익과 안온과 기쁨을 얻게 하소서.'

그래서 그 믿음 있는 제자들은 세존의 경계에서 하는 일이 많을 것이며 세존의 경계에서 유익한 것이 많을 것이다. 세존의 경계에서 많은 일을 하며 세존의 경계에 들어와 세존의 경계에 머무르는 자는 혹 동방에서 놀더라도 반드시 안락을 얻어 여러 가지 괴로움이 없을 것이다. 또 혹 남방·서방·북방에서 놀더라도 반드시 안락을 얻어 여러 가지 괴로움이 없을 것이다.

만일 믿음이 있는 제자라면 세존의 경계에서 하는 일이 많고 세존의 경계에서 이익이 많을 것이다. 세존의 경계에서 행하는 것이 많고 세존의 경계에 들어와 세존의 경계에 머무른다면 나는 그들에게 '모든 착한 법에 머무르게 된다'고도 말하지 않을 터인데 하물며 '쇠퇴하리라'고 말하겠는가? 밤낮으로 착한 법을 자라게만 하고 쇠퇴하지 않을 것이다. 만일 믿음이 있는 제자라면 세존의 경계에서 하는 일이 많고 세존의 경계에서 이익이 많을 것이다. 세존의 경계에서 하는 일이 많고 세존의 경계에 들어와 세존의 경계에 머무르는 자는 두 가지 결과 중에서 반드시 하나를 얻을 것이다. 곧 현세에서 구경지를 얻거나 혹은 다시 남음이 있으면 아나함을 얻을 것이다."

부처님께서 이렇게 말씀하시자 모든 비구들은 부처님 말씀을 듣고 기뻐하며 받들어 행하였다.

〔이 아습패경에 수록된 경문의 글자 수는 4,199자이다. 『중아함경』 제51권에 수록된 경문의 글자 수는 모두 8,506자이다.〕

중아함경 제 52 권

16. 대품 ③

196) 주나경周那經[1]〔제5 후송〕

나는 이와 같이 들었다.

어느 때 부처님께서 발기국跋耆國을 유행하실 적에 사미촌舍彌村에 계셨다. 그때 사미 주나周那는 저 파화波和에서 여름 안거를 지내고 있었다.

그 파화에는 친자親子라는 니건尼揵이 있었는데 그곳에서 목숨을 마쳤다. 목숨을 마친 지 오래지 않아 니건 친자[2]의 모든 제자들은 각각 서로 헐뜯으며 화합하지 않았고 각각 서로 헐뜯으며 화합하지 못할

1 이 경의 이역본으로는 송나라 때 시호施護가 한역한 『불설식쟁인연경佛說息諍因緣經』이 있다.

2 니건친자(尼揵親子, Nigaṇṭha nātaputta)는 부처님 시대에 생존했던 자이나교의 중흥조이며, 6사 외도 중 한 사람이다.

일만 말했다. 그래서 서로 싸우고서 결박하며 서로 미워하고 다투었다.

"나는 이 법을 아는데 너는 모른다. 너는 어떤 법을 아느냐? 내가 아는 것 만 하냐? 나는 단정한데 너는 단정하지 않다. 나는 법에 맞는데 너는 맞지 않다. 너는 앞에 말해야 할 것을 뒤에 말하고 뒤에 말해야 할 것을 앞에 말한다. 나는 네게 이겼고 너는 나만 못하다. 내가 네게 일을 물으면 너는 대답하지 못하니 나는 이미 너를 항복받았다. 너는 다시 내게 물으라. 만일 네가 움직이면 나는 다시 너를 묶으리라."

이렇게 서로 교만하고 그저 말싸움에서 이기려고만 하는데 아무도 그들을 꾸짖는 사람이 없었다. 그래서 속가에 남아 있던 니건 친자의 재가 제자들은 이 니건 친자의 모든 제자들을 싫어하고 걱정하였다. 무슨 까닭인가? 그들이 하는 말은 다 나쁜 법法과 율律로서 그것은 번뇌를 벗어나는 길이 아니요, 바른 깨달음으로 나아가는 것이 아니며, 또한 선서善逝의 말씀도 아니었기 때문이다. 그들은 서로를 파괴하여 머무를 곳이 없었고, 의지할 데가 없었으며, 그들이 존경하는 스승도 또한 여래·무소착·등정각이 아니었다.

이에 사미 주나는 여름 안거를 마치고 3개월을 지낸 뒤 기운 옷을 챙기고 발우를 가지고 사미촌 북쪽에 있는 시섭화림尸攝和林으로 갔다. 사미 주나는 존자 아난이 있는 곳으로 가서 그 발에 절하고 물러나 한 쪽에 앉았다.

존자 아난이 물었다.

"현자 주나여, 어디서 오는 길이며 어디서 여름 안거를 지냈느냐?"

사미 주나는 대답하였다.

"존자 아난이시여, 저는 파화에서 오는 길이며 파화에서 여름 안거를 지냈습니다. 존자 아난이시여, 파화에는 친자라는 한 니건이 있었는데 그는 그곳에서 목숨을 마쳤습니다. 그가 목숨을 마친 지 오래지 않아 니건 친자의 모든 제자들은 각각 서로 헐뜯으며 화합하지 않았고 각각 서로 헐뜯으며 화합하지 못할 일에 대해서만 말했습니다. 그래서 서로 싸우고 서로 결박하며 서로 미워하고 서로 다투었습니다.

"나는 이 법을 아는데 너는 알지 못한다. 너는 어떤 법을 아느냐? 내가 아는 것만 하냐? 나는 단정한데 너는 단정하지 않다. 나는 법에 맞는데 너는 법에 맞지 않다. 너는 앞에 말해야 할 것을 뒤에 말하고, 뒤에 말해야 할 것을 앞에 말한다. 나는 네게 이겼고 너는 내게 졌다. 내가 네게 일을 물으면 너는 대답하지 못하니 나는 이미 너를 항복받았다. 너는 다시 내게 물으라. 만일 네가 움직이면 나는 너를 다시 묶으리라."

이렇게 서로 교만만 부리고 그저 말싸움에서 이기려고만 하는데 아무도 그들을 꾸짖는 사람이 없습니다. 그래서 흰 옷을 입는 니건 친자의 재가 제자들은 모두 이 니건 친자의 모든 제자들을 싫어하고 걱정하고 있습니다. 왜냐하면 그들이 하는 말은 다 나쁜 법과 율로서 그것은 번뇌를 벗어나는 길이 아니요 바른 깨달음으로 나아가는 것이 아니며 또한 선서의 말씀이 아니었기 때문입니다. 그들은 서로를 파괴하여 머무를 곳이 없었고 의지할 데가 없었으며, 그들이 존경하는 스승도 또한 여래 · 무소착 · 등정각이 아니었습니다."

존자 아난이 이 말을 듣고 곧 말하였다.

"현자 주나여, 이 이야기로 말미암아 부처님을 가서 뵙고 부처님께 여쭐 수 있으리라. 현자 주나여, 이제 함께 부처님께 나아가 세존께 이 일을 자세히 말씀드리자. 혹 이로 말미암아 부처님에게서 다른 법을 들을지도 모르겠구나."

이에 존자 아난은 사미 주나와 함께 부처님께 나아가 부처님 발에 예배하였다. 존자 아난은 물러나 한쪽에 앉고 사미 주나도 물러나 한쪽에 앉았다.

존자 아난이 아뢰었다.

"세존이시여, 오늘 사미 주나는 저를 찾아와 제 발에 머리를 조아리고 한쪽에 앉았습니다. 저는 그에게 '현자 주나여, 너는 어디서 오는 길이며, 어디서 여름 안거를 지냈느냐?'고 물었습니다. 주나는 곧 저에게 이렇게 대답했습니다.

'존자 아난이시여, 저는 파화에서 오는 길이며 파화에서 여름 안거를 지냈습니다. 존자 아난이시여, 파화에는 친자라는 한 니건이 있었는데 그는 그곳에서 목숨을 마쳤습니다. 그가 목숨을 마친 지 오래지 않아 니건 친자의 모든 제자들은 각각 서로 헐뜯으며 화합하지 않았고 각각 서로 헐뜯으며 화합하지 못할 일만 말했습니다. 그래서 서로 싸우고 서로 결박하며 서로 미워하고 서로 다투었습니다.

〈나는 이 법을 아는데 너는 모른다. 너는 어떤 법을 아느냐? 내가 아는 것만 하냐? 나는 단정한데 너는 단정하지 않다. 나는 법에 맞는데 너는 법에 맞지 않다. 너는 앞에 말해야 할 것을 뒤에 말하고 뒤에 말해야 할 것을 앞에 말한다. 나는 네게 이겼고 너는 내게 졌다. 내가 네게 일을 물으면 너는 대답하지 못하니 나는 이미 너를 항복받았다. 너는 다시 내게 물으라. 만일 네가 움직이면 나는 다시 너를 묶으리라.〉

이렇게 서로 교만만 부리고 그저 말싸움에서 이기려고만 하는데 아무도 그들을 꾸짖는 사람이 없었습니다. 니건 친자의 재가 제자들은 모두 니건 친자의 모든 제자들을 싫어하고 걱정하였습니다. 왜냐하면 그들이 하는 말은 나쁜 법과 율로서 그것은 번뇌를 벗어나는 길이 아니요, 바른 깨달음으로 나아가는 것이 아니며, 또한 선서의 말씀이 아니었기 때문입니다. 그들은 서로를 파괴하여 머무를 곳이 없었고 의지할 데가 없었으며 그들이 존경하는 스승도 또한 여래 · 무소착 · 등정각이 아니었습니다.'

세존이시여, 저는 이 말을 듣자 놀랍고 두려워 온몸의 털이 곤두섰으며 세존께서 돌아가신 뒤에 어떤 비구라도 대중 가운데서 이런 싸움을 일으키지 않았으면 하고 걱정하였습니다. 왜냐하면 이런 싸움은 많은 사람에게 이익 되지 않고 많은 사람에게 고통을 줄 것이기 때문입니다. 그것은 도리도 아니요 이익도 아니며 또 안온과 쾌락도 아니요, 나아가 천상과 인간에 이르기까지 지극한 고통과 재앙을 일으킬 것입니다. 세존이시여, 저는 어떤 비구가 세존 앞에 앉아 지극한 마음으로 세존을 존경하고 선서를 잘 보호하는 것을 보았습니다. 세존이시여, 저는 그것을 보고 곧 이렇게 생각했습니다.

'만일 이 비구가 세존께서 돌아가신 뒤에 대중 가운데서 이런 싸움을 일으키면 그 싸움은 많은 사람에게 이익 되지 않고 많은 사람에게 고통을 줄 것이다. 그것은 도리가 아니요 이익이 아니며 안온과 쾌락도 아니요 나아가 천상과 인간에 이르기까지 지극한 고통과 재앙을 일으킬 것이다.'"

이에 세존께서 물으셨다.

"아난아, 너는 대중 가운데에서 어떤 싸움이 있는 것을 보았기에 그 싸움은 많은 사람에게 이익 되지 못하고 많은 사람에게 고통을 주며 그것은 도리도 아니요 이익도 아니며 안온과 쾌락도 아니요 나아가 천상과 인간에 이르기까지 지극한 고통과 재앙을 일으키는 것이라고 하느냐?"

"세존이시여, 이른바 어떤 싸움은 증상계〔增上戒〕, 증상심〔慍上心〕,

증상관〔增上觀〕으로 인하여 대중 가운데서 생깁니다. 세존이시여, 이른바 이런 싸움은 많은 사람에게 유익하지 않고 많은 사람에게 고통을 주며 그것은 도리도 아니요 이익도 아니며 안온과 쾌락도 아니요 나아가 천상과 인간에 이르기까지 지극한 고통과 재앙을 일으킬 것입니다."

세존께서 말씀하셨다.

"아난아, 이른바 증상계·증상심·증상관으로 인한 그런 싸움은 매우 드물다. 아난아, 만일 어떤 싸움이 도를 인하고 도의 자취〔道迹〕를 인해서 대중 가운데서 생기면 아난아, 이른바 그런 싸움은 많은 사람에게 유익하지 못하고 많은 사람에게 고통을 주며 그것은 도리가 아니요 이익도 아니며 안온과 쾌락도 아니다. 아난아, 너는 그 중에서 어떤 두 비구가 각기 다른 소견으로 싸움을 일으키는 것을 볼 것이다.

'이것은 법이다, 이것은 법이 아니다, 이것은 율이다, 이것은 율이 아니다, 이것은 범하는 것이다, 이것은 범하는 것이 아니다, 가볍다, 무겁다, 참회해야 한다, 참회할 것이 아니다, 조심해야 한다, 조심할 것이 아니다, 남음이 있다, 남음이 없다, 일어난다, 일어나지 않는다.'

아난아, 너의 생각에는 어떠하냐? 4념처念處·4정단正斷·4여의족如意足·5근根·5력力·7각지覺支·8지성도支聖道 등 나의 법취를 스스로 알고 스스로 깨닫고 스스로 증득하겠는가? 아난아, 니건尼揵 친자는 사실 살운야薩云若[3]가 아니면서 스스로 살운야라고 일컬었다. 아난아, 만일 니건 친자가 일체를 알고 일체를 보는 자라면 그는 제자들을 위하여 여섯 가지 싸움의 원인〔六諍本〕을 시설하여 그것을 듣고 그치게

3 살운야(薩云若, Sabbaññā)는 일체지자一切知者를 말한다.

하였을 것이니라."

이에 존자 아난이 합장하고 부처님을 향해 아뢰었다.

"세존이시여, 지금이 바로 그때입니다. 선서시여, 지금이 바로 그때입니다. 만일 세존께서 모든 비구들을 위해 여섯 가지 싸움의 원인을 말씀하신다면 모든 비구들은 세존에게서 그것을 듣고 잘 받아 가질 것입니다."

세존께서 말씀하셨다.

"아난아, 자세히 듣고 잘 기억하라. 나는 너희들을 위해 자세히 분별하여 설명하리라."

존자 아난이 아뢰었다.

"예, 분부대로 듣겠습니다."

부처님께서 말씀하셨다.

"아난아, 혹 어떤 사람은 화를 잘 내어 원한을 맺는다. 아난아, 사람이 화를 잘 내어 원한을 맺으면 그는 스승을 공경하지 않고 법을 보지 못하며 계를 지키지 않는 것이다. 그는 스승을 공경하지 않고 법을 보지 못하며 계를 지키지 않은 뒤에는 곧 대중 가운데서 이러한 싸움을 일으킨다. 이른바 이런 싸움은 많은 사람에게 유익하지 못하고 많은 사람에게 고통만 준다. 그것은 도리가 아니요 이익이 아니며 안온과 쾌락도 아니요 나아가 천상과 인간에 지극한 고통과 재앙을 일으킨다. 아난아, 이러한 싸움을 네가 안팎에서 보아 다하지 않거든 너는 그 싸움을 끊기 위해 빨리 방편을 구해서 지극히 부지런히 공부하여 바른 생각과 바른 지혜로 참고 견디어 물러나지 않게 하라. 아난아, 마치 어떤 사람이 불 때문에 머리가 타고 옷이 타면 빨리 방편을 구해 머리를 구하고 옷을 구하는 것과 같다. 아난아, 이와 같이 만일 네가 싸움을 안팎에서 보아 다하지 않았거든 그 싸움을 끊기 위해 너는 빨리 방편을 구해서 지극히 부지런히 공부하여 바른 생각과 지혜로 참고 견디어 물러나지 않게 하라.

아난아, 네가 다시 안팎에서 보아 이러한 싸움이 다 없어졌거든 너는 그 싸움을 다시 일어나지 않게 하기 위해 그들의 마음을 거듭 보호하며 언제나 방일하지 말라. 그렇게 하면 너는 그 싸움의 뿌리를 끊게 되리라. 아난아, 비유하면 마치 어떤 사람이 불 때문에 머리가 타고 옷이 타면 빨리 방편을 써서 머리를 구하고 옷을 구하는 것과 같다. 이와 같이 너는 싸움을 안팎에서 보아 다 없어졌거든 너는 그 싸움을 다시 일어나지 않게 하기 위해 그들의 마음을 거듭 보호하며 언제나 방일하지 말라. 그렇게 하면 너는 그 싸움의 뿌리를 끊게 되리라. 이와 같이 말 끊음〔不語〕·맺음〔結〕·아낌〔慳〕·질투〔嫉〕·아첨〔諂〕·속임〔誑〕·스스로 부끄러워하지 않음〔無慚〕·남에게 부끄러워하지 않음〔無愧〕·나쁜 욕심〔惡欲〕·삿된 소견〔邪見〕 등 이런 것들은 다 나쁜 성질로서 제어하기 어렵다.

아난아, 만일 어떤 사람이 이러한 나쁜 욕심과 삿된 소견으로 나쁜 성질들을 제어하지 못하면 그는 스승을 존경하지 않고, 법을 보지 못하며 계를 지키지 못한다. 그는 스승을 존경하지 않고 법을 보지 못하며 계를 지키지 못한 뒤에는 곧 대중 가운데서 이러한 싸움을 일으키나니 이러한 싸움은 많은 사람에게 유익하지 못하고 많은 사람에게 고통을 준다. 그것은 도리가 아니요 이익이 아니며 안온과 쾌락도 아니요 나아가 천상과 인간에 이르기까지 지극한 고통과 재앙만 일으키느니라.

아난아, 네가 안팎에서 보아 이러한 싸움이 다하지 않았거든 이 싸움을 끊기 위해 너는 빨리 방편을 구해서 아주 부지런히 공부하여 바른 생각과 바른 지혜로 참고 견디어 물러나지 않게 하라. 아난아, 비유하면 마치 어떤 사람이 불 때문에 머리가 타고 옷이 타면 빨리 방편을 써서 머리를 구하고 옷을 구하는 것과 같다. 아난아, 이와 같이 너는 싸움을 안팎에서 보아 다하지 않았거든 그것을 끊기 위해 너는 빨리 방편을 구해 아주 열심히 공부하여 바른 생각과 바른 지혜로 참고 견디어 물러나지 않게 하라.

아난아, 네가 안팎에서 보아 이러한 싸움이 다 없어졌거든 너는 그 싸움이 다시 일어나지 않게 하기 위해 그들의 마음을 거듭 보호하며 언제나 방일하지 말라. 그렇게 하면 너는 그 싸움의 뿌리를 끊게 되리라. 아난아, 마치 어떤 사람이 불 때문에 머리가 타고 옷이 타면 빨리 방편을 써서 머리를 구하고 옷을 구하는 것과 같다. 이와 같이 네가 안팎에서 보아 싸움이 다 없어졌거든 그것을 다시 일어나지 않게 하기 위해 그들의 마음을 거듭 보호하며 언제나 방일하지 말라. 그렇게 하면 너는 그 싸움의 뿌리를 끊게 되리라.

다시 아난아, 싸움을 그치게 하는 일곱 가지 방법〔七止諍〕 있다. 첫째는 면전에서 싸움을 그치게 하는 율〔面前止諍律〕을 주는 것이요, 둘째는 기억하고 있는 것을 말해 주어 싸움을 그치게 하는 율〔憶止諍律〕을 주는 것이며, 셋째는 제정신일 때 가르쳐 싸움을 그치게 하는 율〔不癡止諍律〕을 주는 것이요, 넷째는 스스로 잘못을 드러내게 하여 싸움을 그치게 하는 율〔自發露止諍律〕을 주는 것이며, 다섯째는 그대라 하며 죄를 추궁하여 싸움을 그치게 하는 율〔君止諍律〕을 주는 것이요, 여섯째는 여기 저기 찾아다니며 의견을 물어 싸움을 그치게 하는 율〔展轉止諍律〕을 주는 것이며, 일곱째는 똥 닦은 걸레를 버리듯 하여 싸움을 그치게 하는 율〔如棄糞掃止諍律〕을 주는 것이다.

아난아, 어떤 것이 '면전에서 싸움을 그치게 하는 율'을 주는 것이며, '면전에서 싸움을 그치게 하는 율'을 의지하여 어떻게 그 싸움을 끊는가? 아난아, 한 사람이 한 사람을 가르치고 나무래서 법률로써 보호하며 스승처럼 가르쳐서 면전에서 기뻐하게 한다. 또 한 사람이 두 사람, 한 사람이 많은 사람, 한 사람이 여러 사람을 가르치고 나무래서 법률로써 보호하며 스승처럼 가르쳐 면전에서 기뻐하게 한다. 두 사람이 두 사람을 가르치고 나무래서 법률로써 보호하며 스승처럼 가르쳐 면전에서 기뻐하게 한다. 또 두 사람이 많은 사람, 두 사람이 여러 사람, 두 사람이 한 사람을 가르치고 나무래서 법률로써 보호하며 스승처럼 가르쳐 면전에서 기뻐하게 한다. 많은 사람이 많은 사람을 가르치고 나무래서 법률로써 보호하며 스승처럼 가르쳐 면전에서 기뻐하게 한다. 또 많은 사람이 여러 사람, 많은 사람이 한 사람, 많은 사람이 두 사람을 가르치고 나무래서 법률로써 보호하며 스승처럼 가르쳐 면전에서 기뻐하게 한다. 여러 사람이 여러 사람을 가르치고 나무래서 법률로써 보호하며 스승처럼 가르쳐 면전에서 기뻐하게 한다. 또 여러 사람이 한 사람, 여러 사람이 두 사람, 여러 사람이 많은 사람을 가르치고 나무래서 법률로써 보호하며 스승처럼 가르쳐 면전에서 기뻐하게 한다. 아난아, 이것을 '면전에서 싸움을 그치게 하는 율'을 주는 것이라 하며 이렇게 '면전에서 싸움을 그치게 하는 율'을 의지하여 그 싸움을 끊는다.

아난아, 어떤 것이 '기억하고 있는 것을 말해 주어 싸움을 그치게 하는 율'을 주는 것이며, '기억하고 있는 것을 말해 주어 싸움을 그치게 하는 율'을 의지하여 어떻게 그 싸움을 끊는가? 아난아, 만일 어떤 사람이 계를 범하고도 기억하지 못하면, 여러 비구들은 그것을 보고 그에게 이렇게 말해야 한다.

'너는 일찍이 계를 범하고도 스스로 기억하지 못하는구나. 그대는 마땅히 여러 사람에게서 기억하고 있는 것을 말해 주는 율[憶律]을 구

해야 할 것이다. 여러 사람들은 분명 그대에게 기억하고 있는 것을 말해 줄 것이다.'

아난아, 그래서 만일 어느 곳에 여러 사람들이 화합해서 모이면 그 비구는 거기 가서 가사 한 자락을 벗어 메고 신을 벗고 그 속에 들어가 나이와 덕이 많은 비구들 발에 머리를 조아리고 무릎 꿇고 앉아 합장하고는 이렇게 말해야 한다.

'여러 스님들이여, 제가 일찍이 계를 범하고도 기억하지 못하는 것을 용서하십시오. 저는 지금부터 여러 스님들에게 기억하고 계신 것을 말씀해 주시는 율을 구합니다. 원컨대 여러 스님들께서는 화합하여 저에게 기억하고 계신 것을 말씀해 주십시오.'

아난아, 대중들은 그 비구를 위해 화합하여 모였으니 마땅히 그에게 기억하고 있는 것을 말해 주는 율을 주고 법과 율로써 스승처럼 가르쳐서 면전에서 기뻐하게 한다. 아난아, 이것을 '기억하고 있는 것을 말해 주어 싸움을 그치게 하는 율'을 주는 것이라 하며, 이렇게 '기억하고 있는 것을 말해 주어 싸움을 그치게 하는 율'을 의지하여 그 싸움을 끊는다.

아난아, 어떤 것이 '제정신일 때 가르쳐 싸움을 그치게 하는 율'을 주는 것이며, '제정신일 때 가르쳐 싸움을 그치게 하는 율'을 의지하여 어떻게 그 싸움을 끊는가?

아난아, 만일 어떤 사람이 미친 증세가 생겨 마음이 뒤집히고 미친 증세가 생겨 마음이 뒤집힌 뒤에 사문의 법이 아닌 부정한 짓을 많이 저지르고 법다운 행을 따르지 않으며 또 거슬리는 말을 했다고 하자. 뒷날 그가 본심으로 돌아왔을 때 모든 비구들은 그를 보고 말할 것이다.

'너는 일찍이 미친 증세가 생겨 마음이 뒤집히고 미친 증세가 생겨 마음이 뒤집힌 뒤에는 사문의 법이 아닌 부정한 짓을 많이 저지르고 사문의 법다운 행을 따르지 않았으며 또 거슬리게 말하였다. 그대는 이제 본심으로 돌아왔다. 그대는 마땅히 여러 사람들에게서 제정신일 때 가르쳐 주는 율〔不癡律〕을 구해야 한다. 여러 사람들은 그대에게 제정신일 때 가르쳐 주는 율을 줄 것이다.'

아난아, 만일 어느 곳에 대중이 화합해서 모이면 그 비구는 거기 가서 가사 한 자락을 벗어 메고 신을 벗고 그 속에 들어가 나이와 덕이 많은 비구들 발에 머리를 조아리고 무릎 꿇고 앉아 합장하고 이렇게 말해야 한다.

'여러 스님들이여, 저는 일찍이 미친 증세가 생겨 마음이 뒤집혔고 미친 증세가 생겨 마음이 뒤집힌 뒤에는 사문의 법이 아닌 부정한 짓을 많이 저지르고 법다운 행을 따르지 않았으며 거슬리는 말을 하였습니다. 저는 이제 본심으로 돌아왔습니다. 저는 지금 여러 스님들에게 제정신일 때 가르쳐 주는 율을 구합니다. 원컨대 여러 스님들께서는 화합하여 저에게 제정신일 때 가르쳐 주는 율을 주십시오.'

아난아, 대중들은 그 비구를 위해 화합하여 모였으니 마땅히 그에게 제정신일 때 가르쳐 율을 주고 법과 율로써 스승처럼 가르쳐 면전에서 기뻐하게 해야 한다. 아난아, 이것을 '제정신일 때 가르쳐 싸움을 그치게 하는 율'을 주는 것이라 하며 이렇게 '제정신일 때 가르쳐 싸움을 그치게 하는 율'을 의지하여 그 싸움을 끊는다.

아난아, 어떤 것이 '스스로 잘못을 드러내게 하여 싸움을 그치게 하는 율'을 주는 것이며, '스스로 잘못을 드러내게 하여 싸움을 그치게 하는 율'을 의지하여 어떻게 그 싸움을 끊는가? 아난아, 만일 어떤 사람이 계를 범했는데 남이 혹은 말하고 혹은 말하지 않으며, 혹은 기억하고 혹은 기억하지 못한다고 하자. 그러면 아난아, 만일 어느 곳에 대중이 화합해서 모이면 그 비구는 거기 가서 가사 한 자락을 벗어 메고 신을 벗고 그 속에 들어가 나이와 덕이 많은 비구들 발에 머리를 조아리고 무릎 꿇고 앉아 합장하고 이렇게 말해야 한다.

'여러 스님들이여, 제가 이러 이러한 계를 범했사온데 용서하십시오. 저는 이제 여러 큰스님들에게 지극한 마음으로 저의 죄를 드러내 스스로 말하고 보이며 감히 숨기지 않습니다. 보다 더 잘 보호하고 지켜 뒤에 다시는 범하지 않겠습니다.'

아난아, 모든 비구들은 마땅히 그에게 '그대는 스스로 범한 줄을 아는가?'고 물어야 하고, 그는 마땅히 '저는 진실로 제가 범한 줄을 압니다'라고 대답해야 한다. 대중들은 다시 그에게 '보다 더 잘 보호하고 지켜 다시는 범하지 말라'고 말할 것이다. 아난아, 이것을 '스스로 잘못을 드러내게 하여 싸움을 그치게 하는 율'을 주는 것이라 하며, 이렇게 '스스로 잘못을 드러내게 하여 싸움을 그치게 하는 율'을 의지하여 그 싸움을 끊는 것이다.

아난아, 어떤 것이 '그대라 하며 죄를 추궁하여 싸움을 그치게 하는 율'을 주는 것이며, '그대라 하며 죄를 추궁하여 싸움을 그치게 하는 율'을 의지하여 어떻게 그 싸움을 끊는가? 아난아, 만일 어떤 사람이 수치를 알지 못하고 보고 들은 것을 뉘우치지 않으며 다른 사람들로부터 나쁜 욕심을 가진 것으로 의심받는다고 하자. 그는 계를 범한 뒤에 어떤 것을 안다고 일컫고 어떤 것을 보았다고 일컫는다. 어떤 것을 안다고 일컬은 뒤에는 어떤 것을 보았다고 일컫고, 어떤 것을 보았다고 일컬은 뒤에는 어떤 것을 안다고 일컫는다. 그는 또 대중 가운데서도 어떤 것을 안다고 일컫고 어떤 것을 보았다고 일컫는데, 어떤 것을 안다고 일컬은 뒤에는 어떤 것을 보았다고 일컫고, 어떤 것을 보았다고 일컬은 뒤에는 어떤 것을 안다고 일컫는다. 아난아, 그 비구를 위하기 때문에 대중은 서로 화합해 모여 마땅히 다음과 같이 그대라고 부르며 죄를 추궁하는 율을 주어야 한다.

'그대는 도가 없고, 그대는 이치가 없으며, 그대는 악하고 착하지 않다. 무슨 까닭인가? 이른바 그대는 계를 범한 뒤에 어떤 것을 안다고 일컫고 한곳을 보았다고 일컬었다. 어떤 것을 안다고 일컬은 뒤에는 어떤 것을 보았다고 일컫고, 어떤 것을 보았다고 일컬은 뒤에는 어떤 것을 안다고 일컬었다. 또 그대는 대중 가운데서도 어떤 것을 안다고 일컫고, 어떤 것을 보았다고 일컬었다. 어떤 것을 안다고 일컬은 뒤에는 어떤 것을 보았다고 일컬었고, 어떤 것을 보았다고 일컬은 뒤에는 어떤 것을 안다고 일컬었기 때문이다.'

아난아. 이것을 '그대라 하며 죄를 추궁하여 싸움을 그치게 하는 율'을 주는 것이라 하며, 이렇게 '그대라 하며 죄를 추궁하여 싸움을 그치게 하는 율'을 의지하여 그 싸움을 끊는다.

아난아, 어떤 것이 '여기 저기 찾아다니며 의견을 물어 싸움을 그치게 하는 율'을 주는 것이며, '여기 저기 찾아다니며 의견을 물어 싸움을 그치게 하는 율'을 의지하여 어떻게 그 싸움을 끊는가? 아난아, 어떤 두 비구가 그 사이에 약간 뜻이 달라 싸움을 일으킨다고 하자.

'이것은 법이다, 이것은 법이 아니다, 이것은 율이다, 이것은 율이 아니다, 이것은 범하는 것이다, 이것은 범하는 것이 아니다, 가볍다, 무겁다, 말해야 한다, 말할 것이 없다, 보호해야 한다, 보호할 것이 없다, 남음이 있다, 남음이 없다, 참회해야 한다, 참회할 것이 없다.'

아난아, 그 비구들은 이 싸움을 외처猥處에서 그쳐야 한다. 만일 외처에서 그치면 이 싸움은 그쳤다고 말할 수 있다. 그러나 만일 그것을 외처에서 그치지 못하면 이 싸움은 대중에게 알려야 한다. 만일 대중 속에서 그치면 이 싸움은 그쳤다고 말할 수 있다. 그러나 만일 대중

속에서도 그치지 않으면 아난아, 근처에 머무는 이들 중에 만일 경을 가졌고 율을 가졌으며 모母[4]를 가진 비구가 있거든 이 비구들은 마땅히 그리로 가서 이 싸우는 일에 대해 말해야 한다. 만일 그리로 가던 길에서 그치면 이 싸움은 그쳤다고 말할 수 있다. 그러나 만일 그리로 가던 길에서도 그치지 않으면 이 싸움은 다시 대중을 향해 말해져야 한다. 만일 대중 앞에서 그치면 이 싸움은 그쳤다고 말할 수 있다. 그러나 만일 대중 앞에서도 그치지 않는다고 하자. 아난아, 만일 경을 가졌고, 율을 가졌으며, 모母를 가진 많은 도반과 조력자들이 있다면, 그 비구들은 마땅히 이 싸움을 그치게 하고, 법과 율로써 스승처럼 가르쳐 면전에서 기뻐하게 하여야 한다. 아난아, 이것을 '여기 저기 찾아다니며 의견을 물어 싸움을 그치게 하는 율'을 주는 것이라 하며, 이렇게 '여기 저기 찾아다니며 의견을 물어 싸움을 그치게 하는 율을 의지하여 그 싸움을 끊는다.

아난아, 어떤 것이 '똥 닦은 걸레를 버리듯 하여 싸움을 그치게 하는 율'을 주는 것이며, '똥 닦은 걸레를 버리듯 하여 싸움을 그치게 하는 율'을 의지하여 어떻게 그 싸움을 끊는가? 아난아, 만일 어떤 절에서 모든 비구들이 서로 싸우고 미워하며 서로 다투면 아난아, 그 모든 비구들은 두 파로 갈라진다. 두 파로 갈라진 뒤에 만일 한 파 중에 나이와 덕이 가장 많은 비구거나 그 다음 비구, 또는 종주거나 그 다음이 있으면 아난아, 이 비구는 저 비구들에게 이렇게 말해야 한다.

'여러분, 우리들이 도가 없고 이치가 없었던 것을 용서하십시오. 우리들은 악하고 착하지 못했습니다. 무슨 까닭인가? 우리들은 이 잘

4 모(母, mātika)를 이역본인 『불설식재인연경』에서는 마달리가摩怛里迦로 음역하였다. 율律에서는 논장論藏, 즉 아비담阿毘曇을 모母·본모本母·논본論本이라고 한다. 또 마덕륵가摩德勒迦·마다라가摩多羅迦로 음역하기도 한다.

말해진 법과 율에 대한 지극한 믿음으로 출가하여 집 없이 도를 배우는 자들입니다. 그런데 서로 싸우고 서로 미워하며 서로 다투고 있습니다. 여러분, 이 싸움으로 인해 우리들이 계를 범했거든 우리들 자신을 위하고 또 여러분들을 위해 투라자偸羅柘[5]로 다스리고 가상응家相應으로 다스리십시오. 우리들은 이제 여러분에게 지극한 마음으로 스스로 잘못을 드러내어 스스로 말하고 스스로 보이며 감히 숨기지 않습니다. 보다 더 잘 보호하고 지켜 다시는 범하지 않겠습니다.'

아난아, 만일 이 부파 중에서 응하는 비구가 아무도 없으면 아난아, 이 비구는 다시 저 둘째 부파로 가서 나이와 덕이 많은 비구의 발에 머리를 조아리고 무릎을 꿇고 앉아 합장하고 이렇게 말해야 한다.

'여러 존자시여, 우리들이 도가 없고 이치가 없는 것을 용서하십시오. 우리들은 악하고 착하지 못합니다. 무슨 까닭인가? 우리들은 이 잘 말해진 법과 율에 대해 지극한 믿음으로 출가하여 집 없이 도를 배우는 자들입니다. 그런데 서로 싸우고 서로 미워하며 서로 다투고 있습니다. 여러분, 이 싸움으로 인해 우리들이 계를 범했거든 우리들 자신을 위하고 또 여러분들을 위해 투라자로 다스리고 가상응으로 다스리십시오. 이제 여러 장로들과 존자들께 지극한 마음으로 스스로 잘못을 드러내어 스스로 말하고 스스로 보이며 감히 숨기지 않습니다. 보다 더 잘 보호하고 지켜서 뒤에 다시는 범하지 않겠습니다.'

아난아, 그 비구들은 이 비구에게 '현자여, 그대는 스스로 계를 범한 줄을 아는가?'라고 말하고, 이 비구는 응당 '실로 스스로 계를 범한 줄을 압니다'라고 대답해야 한다. 그러면 그 비구들은 마땅히 '보다 더 잘 보호하고 지켜서 다시는 범하지 말라'고 말해야 한다. 둘째 부파도

5 투라자(偸羅柘, thulavajja)는 중죄重罪라는 뜻이다.

또한 이와 같다.

아난아, 이것을 '똥 닦은 걸레를 버리듯 하여 싸움을 그치게 하는 율'을 주는 것이라 하며, 이렇게 '똥 닦은 걸레를 버리듯 하여 싸움을 그치게 하는 율'을 의지하여 그 싸움을 그친다. 아난아, 나는 이제 너를 위해 6위로법慰勞法을 말하리니 자세히 듣고 잘 기억하라."

존자 아난이 아뢰었다.

"예, 분부 받자와 경청하겠습니다."

부처님께서 말씀하셨다.

"어떤 것을 6위로법이라 하는가? 사랑하는 몸의 업으로써 모든 범행인을 대하라. 이 법은 위로법으로서 사랑스런 법이요 즐거운 법이다. 이것은 남을 사랑하게 하고 존중하게 하며 받들게 하고 공경하게 하며 닦게 하고 거둬주게 하여 사문을 얻고 한 마음을 얻게 하며 정진을 얻고 열반을 얻게 한다. 사랑하는 입의 업과 사랑하는 뜻의 업도 또한 그러하다.

또 만일 법다이 얻은 법의 이익이 있고 자기가 얻은 밥이 발우에 있거든 이러한 이익을 나누어 모든 범행인들에게 베풀어라. 이 법은 위로법으로서 사랑스런 법이요 즐거운 법이다. 이것은 남을 사랑하게 하고 존중하게 하며 받들게 하고 공경하게 하며 닦게 하고 거둬주게 하여 사문을 얻고 한 마음을 얻게 하며 정진을 얻고 열반을 얻게 한다.

또 만일 이지러지지 않고 뚫리지도 않으며, 더러움도 없고 검지도 않으며, 땅과 같아서 남을 따르지 않고 성인이 칭찬하는 바로서 완전하게 갖추어 잘 받아 가진 계가 있거든 이러한 계를 나누어 모든 범행인들에게 베풀어라. 이 법은 위로법으로서 사랑스런 법이요 즐거운 법이다. 이것은 남을 사랑하게 하고 존중하게 하며 받들게 하고 공경하게 하며 닦게 하고 거두어주게 하여 사문을 얻고 한 마음을 얻게 하며 정진을 얻고 열반을 얻게 한다.

또 만일 생사를 벗어나는 거룩한 소견이 있어서 밝게 보고 깊이 통달하여 능히 바로 괴로움을 없앴거든 이러한 소견을 나누어 펴 모든 범행인들에게 베풀어라. 이 법은 위로법으로서 사랑스런 법이요 즐거운 법이다. 이것은 남을 사랑하게 하고 존중하게 하며 받들게 하고 공경하게 하며 닦게 하고 거두어 주게 하여 사문을 얻고 한 마음을 얻게 하며 정진을 얻고 열반을 얻게 한다. 아난아, 내가 말하는 6위로법이란 이 때문에 말한 것이다.

아난아, 만일 너희들이 저 여섯 가지 싸움의 원인을 바로 끊고, 혹 대중 가운데서 싸움이 일어나더라도 이 싸움을 그치게 하는 일곱 가지 방법〔七止諍〕으로 '똥 닦은 걸레를 버리듯 하여 싸움을 그치게 하는 율'로써 그치게 하고, 다시 이 6위로법을 행하면 아난아, 너희들은 내가 세상을 떠난 뒤에도 함께 어울려 화합하고 기뻐하며 싸우지 않을 것이다. 한 마음을 같이 하고 한 가르침을 같이 하며 물과 젖이 하나로 합하듯 쾌락하게 노니는 것이 내가 세상에 있을 때와 같을 것이니라."

부처님께서 이렇게 말씀하시자 존자 아난과 모든 비구들은 부처님 말씀을 듣고 기뻐하며 받들어 행하였다.

〔이 주나경에 수록된 경문의 글자 수는 4,230자이다.〕

197) 우바리경優婆離經〔제5 후송〕

나는 이와 같이 들었다.

어느 때 부처님께서 첨파국瞻波國에 노니실 적에 항가恒伽못 기슭에 계셨다.

그때 존자 우바리優婆離는 해질 무렵에 편안한 자리〔燕坐 : 참선하는 자리〕에서 일어나 부처님 계신 곳으로 나아가 부처님 발에 머리를 조아리고 물러나 한쪽에 앉아 여쭈었다.

"세존이시여, 만일 비구들이 서로 화합해 살면서 다른 업을 짓고 다른 업을 말한다면 이것은 법다운 업이며, 율다운 업이 되겠습니까?"

세존께서는 대답하셨다.

"아니니라. 우바리여."

"세존이시여, 만일 비구들이 서로 화합해 살면서 마땅히 '면전에서 가르치는 율〔面前律〕'을 주어야 할 자에게 '기억하고 있는 것을 말해 주는 율〔憶律〕'을 주고, 마땅히 '기억하고 있는 것을 말해 주는 율'을 주어야 할 자에게 '면전에서 가르치는 율'을 준다면, 이것은 법다운 업이며, 율다운 업이 되겠습니까?"

"아니니라. 우바리여."

"세존이시여, 만일 비구들이 서로 화합해 살면서 마땅히 '기억하고 있는 것을 말해 주는 율'을 주어야 할 자에게 '제정신일 때 가르쳐 주는 율〔不癡律〕'을 주고, '제정신일 때 가르쳐 주는 율'을 주어야 할 자에게 '기억하고 있는 것을 말해 주는 율'을 준다면, 이것은 법다운 업이며, 율다운 업이 되겠습니까?"

"아니니라. 우바리여."

"세존이시여, 만일 비구들이 서로 화합해 살면서 마땅히 '제정신일 때 가르쳐 주는 율'을 주어야 할 자에게 '스스로 잘못을 드러내게 하는 율〔自發露律〕'을 주고, '마땅히 잘못을 스스로 드러내게 하는 율'을 주어야 할 자에게 '제정신일 때 가르쳐 주는 율'을 준다면, 이것은 법다운 업이며 율다운 업이 되겠습니까?"

"아니니라. 우바리여."

"세존이시여, 만일 비구들이 서로 화합해 살면서 마땅히 '스스로 잘못을 드러내게 하는 율'을 주어야 할 자에게 '그대라고 부르며 죄를 추궁하는 율〔君律〕'을 주고, '그대라고 부르며 죄를 추궁하는 율'을 주어야 할 자에게 '스스로 잘못을 드러내게 하는 율'을 준다면, 이것은 법다운 업이며 율다운 업이 되겠습니까?"

"아니니라. 우바리여."

"세존이시여, 만일 비구들이 서로 화합해 살면서 마땅히 '그대라고 부르며 죄를 추궁하는 율'을 주어야 할 자를 꾸짖고, 마땅히 꾸짖어야 할 자에게 '그대라고 부르며 죄를 추궁하는 율'을 준다면, 이것은 법다운 업이며 율다운 업이 되겠습니까?"

"아니니라. 우바리여."

"세존이시여, 만일 비구들이 서로 화합해 살면서 마땅히 꾸짖어야 할 자를 아래에 두고, 마땅히 아래에 두어야 할 자를 꾸짖는다면, 이것은 법다운 업이며 율다운 업이 되겠습니까?"

"아니니라. 우바리여."

"세존이시여, 만일 비구들이 서로 화합해 살면서 마땅히 아래에 두어야 할 자를 위로 올리고, 마땅히 위로 올려야 할 자를 아래에 둔다면, 이것은 법다운 업이며 율다운 업이 되겠습니까?"

"아니니라. 우바리여."

"세존이시여, 만일 비구들이 서로 화합해 살면서 마땅히 위로 올려야 할 자를 물리치고, 마땅히 물리쳐야 할 자를 위로 올린다면, 이것은 법다운 업이며 율다운 업이 되겠습니까?

"아니니라. 우바리여."

"세존이시여, 만일 비구들이 서로 화합해 살면서 마땅히 물리쳐야 할 자에게 '기억하고 있는 것을 말해 주는 율'을 주고, 마땅히 '기억하고 있는 것을 말해 주는 율'을 주어야 할 자를 물리친다면, 이것은 법다운 업이며 율다운 업이 되겠습니까?"

"아니니라. 우바리여."

"세존이시여, 만일 비구들이 서로 화합해 살면서 마땅히 '기억하고 있는 것을 말해 주는 율'을 주어야 할 자를 근본을 좇아 다스리고, 마땅히 근본을 좇아 다스려야 할 자에게 '기억하고 있는 것을 말해 주는 율'을 준다면, 이것은 법다운 업이며 율다운 업이 되겠습니까?"

"아니니라. 우바리여."

"세존이시여, 만일 비구들이 서로 화합해 살면서 마땅히 근본을 좇아 다스려야 할 자를 몰아내고, 마땅히 몰아내야 할 자를 근본을 좇아 다스린다면, 이것은 법다운 업이며 율다운 업이 되겠습니까?"

"아니니라. 우바리여."

"세존이시여, 만일 비구들이 서로 화합해 살면서 마땅히 몰아내야 할 자에게 교만하지 않음〔不慢〕[6]을 보이게 하고, 마땅히 교만하지 않음을 보이게 해야 할 자를 몰아낸다면, 이것은 법다운 업이며 율다운 업이 되겠습니까?"

"아니니라. 우바리여."

"세존이시여, 만일 비구들이 서로 화합해 살면서 마땅히 교만하지 않음을 보이게 해야 할 자를 다스리고, 마땅히 다스려야 할 자를 교만하지 않음을 보이게 한다면, 이것은 법다운 업이며 율다운 업이 되겠

6 팔리본에는 mānatta, 즉 속죄의식贖罪儀式이라 하였고, 『사분율四分律』에서는 마나타 麼那埵라 하였다. 이는 6일 밤낮 동안 참회하여 스스로도 기뻐하고 대중을 기쁘게 하는 의식이다.

습니까?"

"아니니라. 우바리여."

세존께서 말씀하셨다.

"우바리여, 만일 비구들이 서로 화합해 살면서 다른 업을 짓고 다른 업을 말한다면, 이것은 법답지 않은 업이요 율답지 않은 업으로서 대중에게도 또한 죄가 있다. 우바리여, 만일 비구들이 서로 화합해 살면서 마땅히 '면전에서 가르치는 율'을 주어야 할 자에게 '기억하고 있는 것을 말해 주는 율'을 주고 마땅히 '기억하고 있는 것을 말해 주는 율'을 주어야 할 자에게 '면전에서 가르치는 율'을 준다면, 이것은 법답지 않은 업이요 율답지 않은 업으로서 대중에게도 또한 죄가 있다. 우바리여, 만일 비구들이 서로 화합해 살면서 마땅히 '기억하고 있는 것을 말해 주는 율'을 주어야 할 자에게 '제정신일 때 가르쳐 주는 율'을 주고, 마땅히 '제정신일 때 가르쳐 주는 율'을 주어야 할 자에게 '기억하고 있는 것을 말해 주는 율'을 준다면, 이것은 법답지 않은 업이요 율답지 않은 업으로서 대중에게도 또한 죄가 있다. 우바리여, 만일 비구들이 서로 화합해 살면서 마땅히 '제정신일 때 가르쳐 주는 율'을 주어야 할 자에게 '스스로 잘못을 드러내게 하는 율'을 주고, 마땅히 '스스로 잘못을 드러내게 하는 율'을 주어야 할 자에게 '제정신일 때 가르쳐 주는 율'을 준다면 이것은 법답지 않은 업이요 율답지 않은 업으로서 대중에게도 또한 죄가 있느니라.

우바리여, 만일 비구들이 서로 화합해 살면서 마땅히 스스로 잘못을 드러내게 하는 율을 주어야 할 자에게 그대라고 부르며 죄를 추궁하는 율을 주고, 마땅히 그대라고 부르며 죄를 추궁하는 율을 주어야 할 자에게 스스로 잘못을 드러내게 하는 율을 준다면, 이것은 법답지 않은 업이요 율답지 않은 업으로서 대중에게도 또한 죄가 있다.

우바리여, 만일 비구들이 서로 화합해 살면서 마땅히 '그대라고 부르며 죄를 추궁하는 율'을 주어야 할 자를 꾸짖고 마땅히 꾸짖어야 할 자에게 '그대라고 부르며 죄를 추궁하는 율'을 준다면, 이것은 법답지 않은 업이요 율답지 않은 업으로서 대중에게도 또한 죄가 있다. 우바리여, 만일 비구들이 서로 화합해 살면서 마땅히 꾸짖어야 할 자를 아래에 두고, 마땅히 아래에 두어야 할 자를 꾸짖는다면, 이것은 법답지 않은 업이요 율답지 않은 업으로서 대중에게도 또한 죄가 있다. 우바리여, 만일 비구들이 서로 화합해 살면서 마땅히 아래에 두어야 할 자를 위로 올리고, 마땅히 위로 올려야 할 자를 아래에 둔다면, 이것은 법답지 않은 업이요 율답지 않은 업으로서 대중에게도 또한 죄가 있다. 우바리여, 만일 비구들이 서로 화합해 살면서 마땅히 위로 올려야 할 자를 물리치고, 마땅히 물리쳐야 할 자를 위로 올린다면, 이것은 법답지 않은 업이요 율답지 않은 업으로서 대중에게도 또한 죄가 있느니라.

우바리여, 만일 비구들이 서로 화합해 살면서 마땅히 물리쳐야 할 자에게 '기억하고 있는 것을 말해 주는 율'을 주고, 마땅히 '기억하고 있는 것을 말해 주는 율'을 주어야 할 자를 물리친다면, 이것은 법답지 않은 업이요 율답지 않은 업으로서 대중에게도 또한 죄가 있다. 우바리여, 만일 비구들이 화합해 살면서 마땅히 '기억하고 있는 것을 말해 주는 율'을 주어야 할 자를 근본을 좇아 다스리고 근본을 좇아 다스릴 자에게 '기억하고 있는 것을 말해 주는 율'을 준다면, 이것은 법답지 않은 업이요 율답지 않은 업으로서 대중에게도 또한 죄가 있다. 우바리여, 만일 비구들이 화합해 살면서 마땅히 근본을 좇아 다스려야 할 자를 몰아내고, 마땅히 몰아내야 할 자를 근본을 좇아 다스린다면, 이것은 법답지 않은 업이요 율답지 않은 업으로서 대중에게도 또한 죄가 있다. 우바리여, 만일 비구들이 화합해 살면서 마땅히 몰아내야 할 자에게 겸손하고, 마땅히 교만하지 않음을 보이게 해야 할 자를 몰아낸다면, 이것은 법답지 않은 업이요, 율답지 않은 업으로서 대중에게도 또한 죄가 있다. 우바리여, 만일 비구들이 화합해 살면서 마땅히 교만하지 않음을 보이게 해야 할 자를 다스리고, 마땅히 다스려야 할 자를 교만하지 않음을 보이게 한다면 이것은 법답지 않은 업이요 율답지 않은 업으로서 대중에게도 또한 죄가 있느니라.

우바리여, 만일 비구들이 화합해 살면서 자기가 지은 업에 따라 곧 그 업을 말하면, 이것은 법다운 업이요 율다운 업으로서 대중에게도 또한 죄가 없다. 우바리여, 만일 비구들이 서로 화합해 살면서 마땅히 '면전에서 가르치는 율'을 주어야 할 자에게는 곧 '면전에서 가르치는 율'을 주고, 마땅히 '기억하고 있는 것을 말해 주는 율'을 주어야 할 자에게는 곧 '기억해야 하고 있는 것을 말해 주는 율'을 주며, 마땅히 '제정신일 때 가르쳐 주는 율'을 주어야 할 자에게는 곧 '제정신일 때 가르쳐 주는 율'을 주고, 마땅히 '스스로 잘못을 드러내게 하는 율'을 주어야 할 자에게는 곧 '스스로 잘못을 드러내게 하는 율'을 주며, 마땅히 '그대라고 부르며 죄를 추궁하는 율'을 주어야 할 자에게는 마땅히 '그대라고 부르며 죄를 추궁하는 율'을 죽고, 마땅히 꾸짖어야 할 자는 꾸짖으며, 마땅히 아래에 두어야 할 자는 곧 아래에 두고, 마땅히 위로 올려야 할 자는 곧 위로 올리며, 마땅히 물리쳐야 할 자는 물리치고, 마땅히 기억할 자는 곧 기억하며, 마땅히 근본을 좇아 다스려야 할 자는 곧 근본을 좇아 다스리고, 몰아내야 할 자는 곧 몰아내며, 마땅히 교만하지 않음을 보이게 해야 할 자에게는 곧 교만하지 않음을 보이게 하고, 마땅히 다스려야 할 자는 곧 다스린다면, 이것은 법다운 업이요 율다운 업으로서 대중에게도 또한 죄가 없느니라.

우바리여, 너는 마땅히 짓는 업에 따라 곧 그 업을 말하는 것을 배워야 한다. 그리고 마땅히 '면전에서 가르치는 율'을 줄 자에게는 곧 '면전에서 가르치는 율'을 주고, 마땅히 '기억하고 있는 것을 말해 주는 율'을 주어야 할 자에게는 곧 '기억하고 있는 것을 말해 주는 율'을 주며, 마땅히 '제정신일 때 가르쳐 주는 율'을 주어야 할 자에게는 곧 '제정신일 때 가르쳐 주는 율'을 주고, 마땅히 '스스로 잘못을 드러내게 하는 율'을 주어야 할 자에게는 곧 '스스로 잘못을 드러내게 하는 율'을 주며, 마땅히 '그대라고 부르며 죄를 추궁하는 율'을 주어야 할 자에게는 곧 '그대라고 부르며 죄를 추궁하는 율'을 주고, 마땅히 꾸짖어야 할 자는 곧 꾸짖고, 마땅히 아래에 두어야 할 자는 곧 아래에 두며, 마땅히 위로 올려야 할 자는 곧 위로 올리고, 마땅히 물리쳐야 할 자는 곧 물리치며, 마땅히 기억해야 할 자는 곧 기억하고, 마땅히 근본을 좇아 다스려야 할 자는 곧 근본을 좇아 다스리며, 마땅히 몰아내야 할 자는 곧 몰아내고, 마땅히 교만하지 않음을 보이게 해야 할 자는 곧 교만하지 않음을 보이게 하며, 마땅히 다스려야 할 자는 곧 다스려야 한다. 우바리여, 너는 마땅히 이렇게 배워야 하느니라."

부처님께서 이렇게 말씀하시자 존자 우바리와 모든 비구들은 부처님 말씀을 듣고 기뻐하며 받들어 행하였다.

〔이 우바리경에 수록된 경문의 글자 수는 1,561자이다.〕

198) 조어지경調御地經〔제5 후송〕

나는 이와 같이 들었다.

어느 때 부처님께서 왕사성에 유행하실 적에 죽림가란다원竹林迦蘭陀

園에 계셨다. 그때 사미 아이나화제阿夷那和提도 또한 왕사성에 노닐면서 일 없는 곳〔無事處 : 절〕의 선실禪室에 있었다.

그때 왕의 동자〔王童子〕 기바선나耆婆先那는 오후에 천천히 걸어 사미 아이나화제가 있는 곳으로 가서 서로 인사하고 물러나 한쪽에 앉아 말하였다.

"현자 아기사나阿寄舍那여, 물을 말이 있는데 들어 주겠습니까?"

"어진 왕동자여, 묻고 싶으면 물으십시오. 제가 듣고 생각해 보겠습니다."

왕동자가 물었다.

"아기사나여, 비구가 이 법과 율 안에서 방일하지 않고 수행하고 정근하면 한 마음이 된다는 것이 사실입니까?"

"어진 왕동자여, 사실입니다. 비구가 이 법과 율 안에서 방일하지 않고 수행하고 정근하면 한 마음이 됩니다."

"현자 아기사나여, 그러면 그대가 들은 대로 그대가 외운 대로 '비구가 이 법과 율 안에서 방일하지 않고 수행하고 정근하면 한 마음이 된다'는 그대로를 저에게 모두 말해주십시오."

"어진 왕동자여, 저는 제가 들은 대로 제가 외운 대로 '비구가 이 법과 율 안에서 방일하지 않고 수행하고 정근하면 한 마음이 된다'는 그대로를 당신에게 자세히 말할 수 없습니다. 어진 왕동자여, 혹 제가 들은 대로 외운 대로 '비구가 이 법과 율 안에서 방일하지 않고 수행하고 정근하면 한 마음이 된다'는 그대로를 말하더라도 아마 어진 왕동자는 그것을 알아듣지 못할 것입니다. 그러면 저는 헛수고만 하게 될 것입니다."

왕동자는 사미에게 말했다.

"현자 아기사나여, 그대는 아직 다른 사람에게 항복 당한 적이 없는

데 무슨 생각으로 스스로 물러섭니까? 현자 아기사나여, 그대가 들은 대로 그대가 외운 대로 '비구가 이 법과 율 안에서 방일하지 않고 수행하고 정근하면 한 마음이 된다'는 그대로를 저에게 말해 보십시오. 만일 제가 알아들으면 좋고, 만일 제가 알아듣지 못하면 저는 다시는 아무 법도 묻지 않겠습니다."

이에 사미 아이나화제는 들은 대로 외운 대로 '비구가 이 법과 율 안에서 방일하지 않고 수행하고 정근하면 한 마음이 된다'는 그대로를 왕동자 기바선나에게 말하였다.

이에 왕동자 기바선나가 말하였다.

"현자 아기사나여, 설령 비구가 이 법과 율 안에서 방일하지 않고 수행하고 정근한다고 하더라도 한 마음은 끝내 될 수 없습니다."

왕동자는 이렇게 말하고 곧 자리에서 일어나 하직 인사도 하지 않고 떠나 버렸다. 왕동자 기바선나가 떠난 지 얼마 되지 않아 사미 아이나화제는 부처님 계신 곳에 나아가 머리를 조아려 예배하고 물러나 한쪽에 앉아 왕동자 기바선나와 서로 이야기한 것을 모두 부처님께 아뢰었다. 세존께서 들으시고 곧 사미에게 말씀하셨다.

"아기사나여, 그만두라. 왕동자 기바선나를 어떻게 하겠는가? 그는 욕심을 부리고 욕심에 집착하여 욕애欲愛에 먹히고 욕심에 불타고 있다. 따라서 지금으로서는 욕심을 끊고 욕애를 끊고 욕심의 번열을 끊어 욕지欲知가 없고 욕견欲見이 없으며 욕각欲覺이 없는 경지를 이 왕동자는 알려고 하고 보려고 하더라도 끝내 그리 될 수 없느니라. 무슨 까닭인가? 아기사나여, 왕동자 기바선나는 언제나 욕심을 부리기 때문이니라.

아기사나여, 마치 코끼리 길들임·말 길들임·소 길들임·사람 길들임의 네 가지 길들임〔四調御〕이 있는데, 그 중에는 길들이려 해도 길들일 수 없는 둘과 길들이려 하면 길들일 수 있는 둘이 있는 것과 같다. 아기사나여, 네 뜻에는 어떠하냐? 만일 그 둘이 길들이려 해도 길들일 수 없는 것이라면, 길들이지 않았고, 길들이지 못한 상태에 있으며, 훈련받지 않은 그것이 훈련을 받아들인다는 것은 끝내 있을 수 없는 일이다. 그러나 만일 그 둘이 길들이려 하면 길들일 수 있고 잘 길들일 수 있는 것이라면, 길들일 수 있지만 아직 길들이지 못한 상태에 있고 훈련받지 못한 그것이 훈련을 받아들인다는 것은 분명 있을 수 있는 일이니라.

이와 같으니 아기사나여, 그만두라. 왕동자 기바선나를 어떻게 하겠느냐? 그는 욕심을 부리고 욕심에 집착하며 욕애에 먹히고 욕심에 불타고 있다. 그래서 지금으로서는 욕심을 끊고 욕애를 끊으며 욕심에 불타는 것을 끊어 욕지가 없고 욕견이 없으며 욕각이 없는 경지를 왕동자는 알려고 하고 보려고 하더라도 끝내 그리 될 수 없느니라. 무슨 까닭인가? 아기사나여, 왕동자 기바선나는 언제나 욕심을 부리기 때문이니라.

아기사나여, 마을에서 멀지 않은 곳에 큰 돌산이 있었는데 그 산이 이지러진 데도 없고 뚫린 곳도 없으며 속이 꽉 차 비지 않았고 견고하여 움직이지 않으며 모두 붙어 한 덩이로 되어 있었다. 어떤 두 사람은 그것을 직접 보려고 하였다. 그 중 한 사람은 곧장 산으로 올라갔고 다른 한 사람은 산 아래 머물러 있었다. 돌산 위로 올라간 사람은 돌산 너머 있는 좋고 편편한 땅과 동산 · 수풀 · 맑은 샘 · 꽃이 피어 있는 못 · 긴 강과 하수河水를 본 뒤에 산 아래 있는 사람에게 말했다.

'너는 저 산 너머에 있는 좋고 편편한 땅과 동산 · 수풀 · 맑은 샘 · 꽃이 피어 있는 못 · 긴 강과 하수가 보이느냐?'

산 밑에 있는 사람이 대답했다.

'내가 보기에는 그 너머에 좋고 편편한 땅과 동산 · 수풀 · 맑은 샘 · 꽃이 피어 있는 못 · 긴 강과 하수가 있을 수 없다.'

이에 돌산 위에 있던 사람은 재빨리 내려와 산 아래 있는 사람을 붙들고 산 위로 얼른 올라가서 물었다.

'너는 이 산 너머에 있는 좋고 편편한 땅과 동산 · 수풀 · 맑은 샘 · 꽃이 피어 있는 못 · 긴 강과 하수가 보이느냐?'

그 사람은 그제서야 비로소 '보인다'고 대답했다. 다시 그 사람에게 물었다.

'네가 아까는 그것이 있을 수 없다고 하다가 지금은 보인다고 하니 무슨 까닭인가?'

그 사람은 대답했다.

'내가 아까는 산이 가려서 보지 못했다.'

이와 같나니, 아기사나여 그만두라. 왕동자 기바선나를 어떻게 하겠는가? 그는 욕심을 부리고 욕심에 집착하며 욕애에 먹히고 욕심에 불타고 있다. 지금으로서는 욕심을 끊고 욕애를 끊고 욕심의 번열을 끊어 욕지가 없고 욕견이 없으며 욕각이 없는 경지를 왕동자는 알려고 하고 보려고 하더라도 끝내 그리 될 수 없느니라.

아기사나여, 옛날에 찰리족刹利族의 정생왕頂生王에게 코끼리 잡는 사람이 있었다. 왕은 그에게 '너 코끼리 잡는 기술자야, 나를 위해 야생 코끼리를 잡아가지고 와서 내게 알려라'고 했다. 그때 코끼리 잡는 기술자는 왕의 명령을 받고 곧 왕의 코끼리를 타고 들판의 숲으로 갔다. 그는 들판 숲속에서 큰 야생 코끼리를 보고 그것을 잡아 왕의 코끼리 목에 잡아매었다. 왕의 코끼리는 그 야생 코끼리를 끌고 숲 밖으로 나와 궁으로 갔다. 코끼리 잡는 기술자는 정생왕에게 가서 아뢰었다.

"대왕이시여, 이미 야생 코끼리를 잡아다가 밖에 매어 두었습니다. 왕의 뜻대로 하소서."

정생왕이 명하였다.

"훌륭한 코끼리 조련사여, 너는 이제 빨리 이 야생 코끼리를 길들이고 항복받아 길이 잘 든 코끼리로 만들어라. 그리고 잘 길들인 뒤에는 곧 내게 와서 알려라."

이에 훌륭한 코끼리 조련사는 왕의 명령을 받고 아주 큰 막대기를 어깨에 메고 야생 코끼리가 있다는 곳으로 가서 막대기를 땅에 박고 야생 코끼리의 목을 매어 야생을 좋아하는 코끼리의 마음을 억제하고 야생에 대한 욕심을 없애고 야생에 대한 생각에서 생긴 피로를 쉬게 하였다. 그래서 마을을 좋아하게 하고 사람을 따르게 하기 위해 코끼리 조련사는 먼저 음식부터 주었다. 아기사나여, 만일 그 야생 코끼리가 처음부터 코끼리 조련사가 주는 음식을 받아먹으면 그 코끼리 조련사는 곧 이렇게 생각한다.

'이 야생 코끼리는 반드시 살 것이다. 무슨 까닭인가? 이 큰 야생 코끼리가 처음부터 음식을 받아먹기 때문이다.'

만일 그 야생 코끼리가 처음부터 코끼리 조련사가 주는 음식을 받아먹으면 코끼리 조련사는 부드럽고 상냥한 말로 눕고 일어나며 가고 오며 집고 버리며 굽히고 펴라고 말한다. 만일 그 야생 코끼리가 코끼리 조련사를 따른다면 부드럽고 상냥한 말로 '눕고 일어나며 가고 오며 집고 버리며 굽히고 펴라'고 하면 그 말대로 야생 코끼리는 코끼리 조련사가 시키는 대로 따를 것이다.

아기사나여, 만일 그 야생 코끼리가 코끼리 조련사의 명을 따르면 그 코끼리 조련사는 곧 두 앞다리 · 두 뒷다리 · 두 볼기짝 · 두 옆구리 · 꼬리 · 등 · 목 · 머리 · 귀 · 어금니를 결박하고, 또 그 코를 결박한 뒤에 사람을 시켜 갈고리를 가지고 그 머리 위에 타게 한다. 그리고 많은 사람을 시켜 칼·방패·긴 창·양지창·민눈창·도끼·큰 도끼를 가지고 그 앞에 서게 한다. 코끼리 조련사는 손에 칼을 들고 야생 코끼리 앞에서 '나는 이제 너를 다루어 움직이지 못하게 하리니 너를 다룰 때 절대로 움직이지 말라'고 말한다. 만일 그 야생 코끼리가 코끼리 조련사가 다루는 대로 움직이지 않는다면, 그때 그는 앞다리를 들지 않고 또한 뒷다리도 움직이지 않으며, 두 볼기짝·두 옆구리·꼬리·등·목·머리·귀·어금니 및 코를 모두 움직이지 않는다. 이처럼 야생 코끼리는 코끼리 조련사의 명령을 따라 가만히 있고 움직이지 않느니라.

아기사나여, 만일 그 야생 코끼리가 코끼리 조련사의 명령을 따라 가만히 있고 움직이지 않는다면 그는 그때에는 칼과 방패·긴 창·양지창·민눈창·도끼와 큰 고함 소리를 참고, 또 고둥을 불고 북을 치며 종을 치더라도 능히 다 참고 견딘다. 만일 그 야생 코끼리가 그것들을 능히 참고 견딘다면 그는 그때에는 길들고, 잘 길들고, 제일로 길들고, 최상으로 길들여져서 제일 빠르고 위없이 빨라 왕이 타는 코끼리가 되어 왕의 곡식을 받아먹고 왕의 코끼리라 일컬어진다.

이와 같이 아기사나여, 만일 때로 여래가 세상에 나오면 무소착·등정각·명행성위·선서·세간해·무상사·도법어·천인사·불중우라 불린다. 그는 이 세상에서 하늘·악마·범천·사문 범지 등 사람에서 하늘에 이르기까지를 스스로 알고 스스로 깨달으며 스스로 체험하고 성취하여 노닌다. 그의 설법은 처음도 묘하고 중간도 묘하고 마지막도 또한 묘하다. 뜻도 있고 문채도 있으며, 구족하고 청정하여 범행을 나타낸다. 그의 설법을 거사의 아들이 들으면 거사의 아들은 그것을 듣고는 여래의 설법을 믿게 되고 그는 그것을 믿은 뒤에는 수염과 머리를 깎고 가사를 입고 지극한 믿음으로 출가하여 집 없이 도를 배우느니라.

아기사나여, 그때 거룩한 제자들은 집에서 나와 밖에서 산다. 이 야생 코끼리가 탐욕을 내고 즐기고 집착하는 것은 숲속에서 살기 때문인 것처럼 아기사나여, 이 하늘과 사람이 탐욕을 내고 즐기고 집착하는 것은 빛깔・소리・냄새・맛・감촉 등 이 5욕 가운데서 살기 때문이다. 여래는 처음으로 그 비구들을 길들일 때 '너희들은 마땅히 몸과 목숨을 청정히 보호하고 입과 뜻과 목숨을 청정히 보호하라'고 말한다. 만일 거룩한 제자가 몸과 목숨을 청정히 보호하고 입과 뜻과 목숨을 청정히 보호하면, 여래는 다시 그 비구들을 길들인다.

'너희들은 마땅히 안 몸〔內身〕을 몸 그대로 관찰하고 나아가 감각〔覺〕과 마음〔心〕과 법法에 이르기까지 관찰하되 감각과 마음과 법 그대로 관찰하라.'

만일 거룩한 제자들이 몸을 관찰하기를 몸 그대로 하고 나아가 감각과 마음과 법에 이르기까지 관찰하되 감각과 마음과 법에 대하여 사실 그대로 관찰하면 이 4념처念處는 이른바 거룩한 제자들의 마음속에서 그 마음을 결박하여 집을 좋아하는 뜻을 제어하고 집에 대한 욕심을 없애며 집에 대한 생각에서 생기는 피로를 쉬게 한다. 그래서 바른 법을 좋아하게 하고 성인의 계를 닦아 익히게 한다.

아기사나여, 마치 코끼리 조련사가 찰리 정생왕의 명령을 받고는 아주 큰 막대기를 오른쪽 어깨에 메고 야생 코끼리가 있는 곳으로 가서 막대기를 땅에 박고 야생 코끼리 목을 매어 야생을 좋아하는 뜻을 제어하고 야생에 대한 욕심을 없애고 야생의 피로를 쉬게 하여 마을을 좋아하게 하고 사람을 따르게 하는 것과 같다. 이와 같이 아기사나여, 이 4념처는 이른바 거룩한 제자들의 마음속에서 그 마음을 결박하여 집을 좋아하는 뜻을 제어하고 집에 대한 욕심을 없애고 집에 대한 생각에서 생기는 피로를 쉬게 한다. 그래서 바른 법을 좋아하게 하고 성인의 계를 닦아 익히게 한다.

만일 거룩한 제자들이 안 몸을 관찰하되 몸 그대로 관찰하고 나아가 감각과 마음과 법에 이르기까지 관찰하되 감각과 마음과 법에 대하여 사실 그대로 관찰하면 여래는 다시 그 비구들을 길들인다.

'너희들은 마땅히 안 몸을 관찰하되 몸 그대로를 관찰하여 욕심과 서로 어울리려는 생각을 내지 말고 나아가 감각과 마음과 법에 대하여 관찰하되 감각과 마음과 법에 대하여 사실 그대로 관찰하여 법이 아닌 것과 서로 어울리려는 생각을 내지 말라.'

만일 거룩한 제자가 안 몸을 관찰하되 몸 그대로를 관찰하여 욕심과 서로 어울리려는 생각을 내지 않고 나아가 감각과 마음과 법을 관찰하되 감각과 마음과 법에 대하여 사실 그대로를 관찰하여 법이 아닌 것과 서로 어울리려는 생각을 내지 않는다면 이런 거룩한 제자들은 여래의 가르침을 따르는 것이니라.

아기사나여, 마치 야생 코끼리가 코끼리 조련사의 부드럽고 상냥한 말을 따라 눕고 일어나며 가고 오며 집고 버리며 굽히고 펴고 한다면 이런 야생 코끼리는 코끼리 조련사의 명령을 따르는 것인 것과 같다. 이와 같이 아기사나여, 만일 거룩한 제자들이 안 몸을 관찰하되 몸 그대로를 관찰하여 욕심과 서로 어울리려는 생각을 내지 않고 나아가 감각과 마음과 법을 관찰하되 감각과 마음과 법에 대하여 사실 그대로를 관찰하여 법이 아닌 것과 서로 어울리려는 생각을 내지 않는다면 이런 거룩한 제자들은 곧 여래의 가르침을 따르는 것이니라.

만일 거룩한 제자들이 여래의 가르침을 따르면 여래는 다시 그 비구들을 길들인다.

'너희들은 마땅히 욕심을 여의고 착하지 않은 악법을 여의며 나아가 제4선을 얻어 성취하여 노닐라.'

만일 거룩한 제자들이 욕심을 여의고 착하지 않은 나쁜 법을 여의며 나아가 제4선을 성취하여 노닐게 되면, 이런 거룩한 제자들은 곧 여래를 따라 머물고 이동하지 않는다. 아기사나여, 마치 야생 코끼리가 코끼리 조련사의 다룸을 좇아 움직이지 않을 때에는 앞다리도 들지 않, 또한 뒷다리도 움직이지 않으며 두 볼기짝·두 옆구리·꼬리·등·목·머리·귀·어금니 및 코를 모두 움직이지 않는 것과 같다. 이와 같이 아기사나여, 만일 거룩한 제자들이 욕심을 여의고 착하지 않은 나쁜 법을 여의며 나아가 제4선을 얻어 성취하여 노닐게 되면 이런 거룩한 제자들은 곧 여래를 따라 머물고 이동하지 않느니라.

만일 거룩한 제자들이 여래를 따라 머물고 움직이지 않으면 그들은 그때에는 능히 굶주림과 목마름·추위·더위·모기·등에·파리·벼룩·바람·햇볕 따위의 시달림을 참고 욕설과 매질도 능히 참아내며 몸이 모든 병에 걸려 지극히 고통스럽고 심지어는 목숨이 끊어지려 하더라도 그런 어려움을 다 능히 참고 견뎌낸다. 아기사나여, 마치 야생 코끼리가 코끼리 조련사를 따라 가만히 있고 움직이지 않으면 그는 그때에는 칼과 방패·긴 창·양지창·민눈창·도끼와 큰 고함 소리 등을 참고, 또 고둥을 불고 북을 치며 종을 치더라도 다 능히 참고 견디는 것과 같다. 이와 같이 아기사나여, 만일 거룩한 제자들이 여래를 따라 머물러 움직이지 않으면 그는 그때에는 능히 굶주림과 목마름·추위·더위·모기·등에·파리·벼룩·바람·햇볕 따위의 시달림을 참고 욕설과 매질도 능히 참아내며 몸이 모든 병에 걸려 지극히 고통스럽고 심지어는 목숨이 끊어지려 하더라도 그런 어려움까지 다 능히 참고 견디느니라.

아기사나여, 만일 거룩한 제자가 여래를 따라 능히 참고 견디면 그는 그때에는 길들고, 잘 길들고, 제일로 길들고, 최상으로 길들여져서 제일로 쉬고 최상으로 쉬어, 모든 악과 두려움, 어리석음 및 아첨을 버리고 청정하게 티끌을 없애 때가 없고 더러움이 없어 부를 만하고 청할 만하며 공경할 만하고 존중할 만하며 실로 공양할 만하여 모든 하늘과 인간의 좋은 복밭이 된다. 아기사나여, 마치 야생 코끼리가 잘 참아내면 그는 그때에는 길들고, 잘 길들고, 제일로 길들고, 최상으로 길들여져서, 제일 빠르고 위없이 빨라 왕이 타고 다니는 코끼리가 되어 왕의 곡식을 받아먹고 왕의 코끼리라고 불리는 것과 같다. 이와 같이 아기사나여, 만일 거룩한 제자들이 여래를 따라 잘 참고 견뎌내면 그들은 그때에는 길들고, 잘 길들고, 제일로 길들고, 최상으로 길들여져서 제일로 쉬고 최상으로 쉬어 모든 악과 두려움, 어리석음 및 아첨을 버리고 청정하게 티끌을 없애 때가 없고 더러움이 없어 부를 만하고 청할 만하며 공경할 만하고 존중할 만하며 실로 공양할 만하여 모든 하늘과 인간의 좋은 복밭이 되느니라.

아기사나여, 어린 야생 코끼리가 길들지 못하고 죽으면 길들지 못하고 죽었다고 말하며, 젊거나 늙은 야생 코끼리도 길들지 못하고 죽으면 길들지 못하고 죽었다고 말한다. 아기사나여, 어린 거룩한 제자가 길들지 못하고 목숨을 마치면 길들지 못하고 목숨을 마쳤다고 말하며, 젊거나 늙은 거룩한 제자도 길들지 못하고 목숨을 마치면 길들지 못하고 목숨을 마쳤다고 말한다.

아기사나여, 어린 야생 코끼리가 잘 길들여졌다가 죽으면 잘 길들여졌는데 죽었다고 말하고 젊거나 늙은 야생 코끼리도 잘 길들여졌다가 죽으면 잘 길들여졌는데 죽었다고 말한다. 아기사나여, 어린 거룩한 제자가 잘 길들여졌다가 목숨을 마치면 잘 길들여졌는데 목숨을 마쳤다고 말하고 젊거나 늙은 거룩한 제자도 잘 길들여졌다가 목숨을 마치면 잘 길들여졌는데 목숨을 마쳤다고 말하느니라."

부처님께서 이렇게 말씀하시자 사미 아이나화제와 모든 비구들은 부처님 말씀을 듣고 기뻐하며 받들어 행하였다.

〔이 조어지경에 수록된 경문의 글자 수는 2,891자이다. 『중아함경』 제5권에 수록된 경문의 글자 수는 모두 8,682자이다.〕

중아함경 제53권

16. 대품 ④

199) 치혜지경癡慧地經[1]〔제5 후송〕

나는 이와 같이 들었다.

어느 때 부처님께서 사위국에 유행하실 적에 승림급고독원에 계셨다. 그때 세존께서 모든 비구들에게 말씀하셨다.

"나는 이제 너희들을 위하여 어리석은 법과 지혜로운 법을 말하리니, 자세히 듣고 잘 기억하라."

모든 비구들은 분부를 받고 경청하였다.

부처님께서 말씀하셨다.

"어떤 것이 어리석은 법〔愚癡法〕인가? 저 어리석은 사람은 세 가지 모양의 어리석은 표標와 어리석은 상像이 있기 때문에 곧 어리석음을

---

1 이 경의 이역본으로는 동진東晋시대 축담무란竺曇無蘭이 한역한 『불설니리경佛說泥犁經』이 있다.

성취하고 사람들도 그를 어리석다고 말한다. 어떤 것이 세 가지인가? 어리석은 사람은 나쁜 생각을 하고 나쁜 말을 하며 나쁜 일을 행한다. 그러므로 어리석어진 것이고 사람들도 그를 어리석다고 말한다. 만일 어리석은 사람이 나쁜 생각을 하지 않고 나쁜 말을 하지 않으며 나쁜 일을 행하지 않는다면 그는 어리석지 않고 사람들도 그를 어리석다고 말하지 않을 것이다. 그러나 어리석은 사람은 나쁜 생각을 하고 나쁜 말을 하며 나쁜 일을 행한다. 그러므로 어리석고 사람들도 그를 어리석다고 말하느니라.

그 어리석은 사람은 현세에서 몸과 마음으로 세 가지 근심과 고통을 받는다. 어리석은 사람이 현세에 몸과 마음으로 받게 되는 세 가지 근심과 고통이란 무엇인가? 어리석은 사람은 하는 일이 있거나 혹은 모여 앉거나 뒷골목에 있거나 시장판에 있거나 혹은 네거리에 있으면서 어리석은 사람에 해당되는 일을 말한다. 또 어리석은 사람은 살생과 도둑질과 사음을 행하고 거짓말과 나아가 삿된 소견을 가지며, 또 다른 한량없는 착하지 않은 나쁜 법을 성취한다. 만일 한량없는 착하지 않은 나쁜 법을 성취한 사람이 있으면 다른 사람들은 그것을 보고 나서 곧 그를 나쁘다고 말한다. 그 어리석은 사람은 이 말을 듣고 곧 이렇게 생각한다.

'만일 한량없는 착하지 않은 나쁜 법을 성취한 사람이 있을 때 다른 사람들이 그것을 보고 나서 그를 나쁘다고 말한다면 내게도 또한 이러한 한량없는 착하지 않은 나쁜 법이 있으니, 만일 다른 사람들이 이 사실을 안다면 그들도 또한 나를 나쁘다고 말할 것이다.'

이것을 어리석은 사람이 현세에서 몸과 마음으로 받는 첫 번째 근심과 고통이라 하느니라.

그 어리석은 사람은 또 왕의 신하가 죄인을 붙들어다 여러 가지로 괴롭게 다스리는 것을 본다. 이른바 손을 끊고 발을 끊고 손과 발을 한꺼번에 끊으며 귀를 자르고 코를 자르고 귀와 코를 한꺼번에 자르며 혹은 난도질하기도 하고 혹은 수염을 뽑고 머리를 뽑고 수염과 머리를 한꺼번에 뽑기도 하며 혹은 감옥에 가두고 옷에 불을 싸서 태우기도 하며 혹은 사옹초沙壅草로 묶어 불사르기도 하고 혹은 쇠로 만든 나귀의 뱃속에 넣기도 하며 혹은 쇠로 만든 돼지의 입안에 넣기도 하며 혹은 쇠로 만든 호랑이의 입안에 넣고 태우기도 하며 혹은 구리솥에 두기도 하고 혹은 쇠솥에 넣어 삶기도 하며 혹은 동강동강 끊기도 하고 혹은 날카로운 꼬챙이로 찌르기도 하며 혹은 갈고리에 꿰기도 하고 혹은 쇠평상에 눕혀 끓는 기름을 쏟기도 하며 혹은 쇠절구에 앉혀 쇠공이로 찧기도 하고 혹은 독룡에 쏘이게도 하며 혹은 채찍으로 갈기기도 하고 혹은 지팡이로 때리기도 하며 혹은 방망이로 치기도 하고 혹은 산채로 푯대 끝에 꿰기도 하며 혹은 목을 베어 나무에 매달기도 한다. 그 어리석은 이는 이것을 보고는 곧 이렇게 생각한다.

'만일 한량없이 착하지 않은 나쁜 법을 성취하면 왕은 그것을 알고 붙들어다 저렇게 괴롭게 다스린다. 내게도 또한 이러한 한량없이 착하지 않은 나쁜 법이 있으니, 만일 왕이 알면 나도 또한 저렇게 괴롭게 다스려지고 고문을 당하리라.'

이것을 어리석은 사람이 현세에서 그 몸과 마음으로 받는 두 번째 근심과 고통이라 하느니라.

또 저 어리석은 사람은 몸으로 짓는 악행을 행하고 입과 뜻으로 짓는 악행을 행한다. 그는 혹 때로 병이 들어 고통스러워하며 평상에 앉거나 눕고, 혹은 침대에 앉거나 누우며, 혹은 땅에 앉거나 누우면서 몸으로 혹독한 고통을 느끼고 심지어는 목숨이 끊어질 지경에 이른다. 그때 그가 몸으로 지은 악행과 입과 뜻으로 지은 악행은 그의 위에 매달려 있게 되는데, 마치 해질 무렵에 해가 넘어가면 높은 산 그림자가 땅에 드리워지는 것과 같다. 이와 같이 그가 몸으로 지은 악행과 입과 뜻으로 지은 악행은 때가 되면 그의 위에 매달려 있게 된다. 그때 그는 곧 이렇게 생각한다.

'이것은 바로 내가 몸으로 지은 악행과 입과 뜻으로 지은 악행이 내 위에 매달려 있는 것이다. 나는 지난날 복을 짓지 않고 악을 많이 지었다. 나는 어떤 곳에서 악한 짓을 했고 흉하고 사납게 굴었으며 이치답지 않은 짓을 했으며 복을 짓지 않고 선을 짓지 않았고 두려워할 줄 몰랐다. 따라서 만일 내가 돌아가고 의지할 곳이 있다면 나는 틀림없이 나쁜 곳으로 갈 것이다.'

그래서 그것을 뉘우치고 그것을 뉘우친 뒤에는 어질지 않은 채로 죽으며 착하지 않은 채로 목숨을 마치게 된다. 이것을 어리석은 사람이 현세에서 그 몸과 마음으로 받는 세 번째 근심과 고통이라 하느니라.

또 저 어리석은 사람은 몸으로 악행을 저지르고 입과 뜻으로 악행을 저지른다. 그는 몸으로 악행을 저지르고 입과 뜻으로 악행을 저지른 뒤에는 그것을 인연하여 그 몸이 무너지고 목숨이 끝나면 반드시 나쁜 곳으로 가서 지옥에 날 것이다. 그곳에 태어난 뒤에는 괴로움의 과보를 받는데 전혀 좋아할 만한 것이 없고 즐거워할 만한 것이 없으며 마음으로 생각할 만한 것이 없다. 만일 '전혀 좋아할 만한 것이 없고 즐거워할 만한 것이 없으며 마음으로 생각할 만한 것이 없는 곳이다'라고 말한다면 그것은 곧 지옥을 말한다. 왜냐하면 그 지옥이란 전혀 좋아할 만한 것이 없고 즐거워할 만한 것이 없으며 생각할 만한 것이 없는 곳이기 때문이니라."

그때 어떤 비구가 곧 자리에서 일어나 가사 한 자락을 벗어 메고 합장하고 부처님께 여쭈었다.

"세존이시여, 지옥의 고통은 어떻습니까?"

"비구야, 지옥의 고통은 이루 다 말할 수 없느니라. 이른바 지옥의 고통이란 비구야, 지옥에는 오직 고통만이 있을 뿐이니라."

비구가 또 물었다.

"세존이시여, 비유로써 그 뜻을 나타내 주실 수 있겠습니까?"

"비유로써 그 뜻을 나타낼 수 있다. 비구야, 비유하면 왕의 신하들은 도적을 붙잡아 찰리 정생왕에게 가서 이렇게 말한다.

'천왕이여, 이 도적은 죄가 있습니다. 원컨대 천왕께서 다스리소서.'

찰리 정생왕이 신하들에게 명령했다.

'너희들이 데리고 가서 이 죄인을 다스리되 아침에 창 백 개를 찔러라.'

왕의 신하들은 분부를 받고 곧 데리고 가서 그 죄를 다스리되 아침에 창 백 개를 찔렀다. 그러나 그 사람은 여전히 살아 있었다. 찰리 정생왕이 물었다.

'그 사람은 어떻게 되었느냐?'

'천왕이여, 그 사람은 여전히 살아 있습니다.'

'너희들은 가서 낮에 다시 창 백 개를 찔러라.'

신하들은 명령을 받고 낮에 다시 창 백 개를 찔렀다. 그러나 그 사람은 여전히 살아 있었다. 찰리 정생왕이 다시 물었다.

'그 사람은 어떻게 되었느냐?'

'대왕이여, 그 사람은 여전히 살아 있습니다.'

'너희들은 가서 저녁때에 다시 창 백 개를 찔러라.'

신하들은 명령을 받고 저녁때에 다시 창 백 개를 찔렀다. 그러나 그 사람은 여전히 살아 있었다. 그러나 온몸이 뚫어지고 부서지고 문드러져 한곳도 성한 곳이 없었으며, 마치 돈 구멍처럼 되었다. 찰리 정생왕이 다시 물었다.

'그 사람은 어떻게 되었느냐?'

'대왕이여, 그 사람은 여전히 살아 있습니다. 그러나 그는 온몸이 뚫어지고 부서지고 문드러져 한곳도 성한 곳이 없으며, 마치 돈 구멍처럼 되었습니다.'

비구들아, 너희들 생각에는 어떠하냐? 만일 그 사람이 하루에 3백 번 창에 찔렸다면 그 사람은 이로 인하여 몸과 마음이 괴로움을 느껴 매우 근심하고 괴로워하겠느냐?"

"세존이시여, 창에 한 번만 찔려도 오히려 극심한 고통을 느끼는데 하물며 하루에 3백 번 창에 찔리는 것이겠습니까? 어찌 괴로움을 느끼지 않겠으며 매우 근심하고 고통스러워하지 않겠습니까?"

이에 세존께서 손으로 팥알만 한 돌을 집어 들고 말씀하셨다.

"비구들아, 너희들은 내가 손으로 집어 든 이 팥알만한 돌이 보이느냐?"

"보입니다. 세존이시여."

"비구들아, 너희들 생각에는 어떠하냐? 내가 든 이 팥알만 한 돌과 저 설산을 비교한다면 어느 것이 더 크냐?"

"세존이시여, 세존께서 손에 든 그 팥알만한 돌을 저 설산과 비교한다면 비록 그것을 백 배·천 배·백천만 배를 하더라도 결국 저 설산에는 미치지 못할 것입니다. 헤아릴 수도 없고 셀 수도 없으며, 비유할 수도 없고 견줄 수도 없습니다. 그저 저 설산왕이 지극히 크고 매우 클 뿐입니다."

세존께서 말씀하셨다.

"비구들아, 만일 내가 손에 든 팥알만한 돌을 저 설산과 비교한다면 비록 그것을 백 배 · 천 배 · 백천만 배를 하더라도 결국 저 설산에는 미치지 못할 것이다. 헤아릴 수도 없고 셀 수도 없으며 비유할 수도 없고 견줄 수도 없다. 그저 저 설산왕이 지극히 크고 매우 클 뿐이다. 이와 같이 비구들아, 만일 그 사람이 하루에 3백 번 창에 찔리고 그것으로 인하여 그 몸과 마음이 극심한 근심과 고통을 느끼더라도 그것을 지옥의 고통에 비한다면 비록 백 배 · 천 배 · 백천만 배를 하더라도 마침내 미치지 못할 것이요, 헤아릴 수도 없고 셀 수도 없으며, 비유할 수도 없고 견줄 수도 없다. 그저 저 지옥은 지극히 괴롭고 매우 괴로울 뿐이니라.

비구들아, 어떤 것이 지옥의 괴로움인가? 중생이 지옥에 나게 되어 그곳에 태어나고 나면 옥졸들은 곧 손으로 그를 붙잡고 벌겋게 달군 쇠도끼를 가지고 그 몸을 쪼개어 혹은 8각형으로 만들기도 하고 혹은 6각형으로 만들기도 하며 혹은 네모로 만들기도 하고 혹은 둥글게 만들기도 하며 혹은 높이고 혹은 낮추며 혹은 좋게도 하고 혹은 나쁘게도 한다. 그는 이렇게 고문을 당해 고통이 닥쳐와 지치고 햇수 또한 너무 길어 백천 년 동안 한량없는 고통을 받는다. 그 고통은 지극하고도 심하지만 착하지 않은 나쁜 업이 다 없어질 때까지는 끝내 죽지도 못한다. 이것을 지옥의 괴로움이라 하느니라.

비구들아, 어떤 것이 지옥의 괴로움인가? 중생이 지옥에 나게 되어 그곳에 태어나고 나면 옥졸들은 곧 손으로 그를 붙들고 벌겋게 달은 쇠대패를 가지고 그 몸을 깎아 내는데 혹은 8각형으로 만들기도 하고 혹은 6각형으로 만들기도 하며 혹은 네모로 만들기도 하고 혹은 둥글게 만들기도 하며 혹은 높이고 혹은 낮추며 혹은 좋게 하고 혹은 나쁘게 한다. 그는 이렇게 고문을 당해 고통이 닥쳐와 지치고 햇수 또한 너무 길어 백천 년 동안 한량없는 고통을 받는다. 그 고통은 지극하고

도 심하지만 그는 반드시 착하지 않은 나쁜 업이 다 없어질 때까지는 끝내 죽지도 못한다. 이것을 지옥의 괴로움이라 하느니라.

비구들아, 어떤 것이 지옥의 괴로움인가? 중생이 지옥에 나게 되어 이미 그곳에 태어나고 나면 옥졸들은 곧 손으로 그를 붙들고 벌겋게 달은 쇠창 위에 억지로 앉게 하고 곧 쇠집게로 그 입을 벌려 벌겋게 달은 쇠구슬을 입에 넣는다. 그러면 그 쇠구슬은 입술을 태우고 혀를 태우며 잇몸을 태우고 목구멍을 태우며 심장을 태우고 위를 태우면서 몸을 통과해 밑으로 내려간다. 그는 이렇게 고문을 당해 고통이 닥쳐와 지치고 햇수 또한 매우 길어 백천 년 동안 한량없는 고통을 받는다. 그 고통은 지극하고 심하지만 그는 착하지 않은 나쁜 업이 다 없어질 때까지는 끝내 죽지도 못한다. 이것을 지옥의 괴로움이라 하느니라.

비구들아, 어떤 것이 지옥의 괴로움인가? 중생이 지옥에 나게 되어 이미 그곳에 태어나고 나면 옥졸들은 곧 손으로 그를 붙들고 벌겋게 달은 쇠창 위에 억지로 앉게 하고, 곧 쇠집게로 그의 입을 벌려 끓는 구리 쇳물을 그 입에 부어 넣는다. 그러면 그 구리 쇳물은 입술을 태우고 혀를 태우며 잇몸을 태우고 목구멍을 태우며 심장을 태우고 위를 태우면서 몸속을 통과해 밑으로 나온다. 그는 이렇게 고문을 당해 고통이 닥쳐와 지치고 햇수 또한 매우 길어 백천 년 동안 한량없는 고통을 받는다. 그 고통은 지극하고 심하지만 그는 착하지 않은 나쁜 업이 다 없어질 때까지는 끝내 죽지도 못한다. 이것을 지옥의 괴로움이라 하느니라.

비구들아, 어떤 것이 지옥의 괴로움인가? 중생이 지옥에 나게 되어 이미 그곳에 태어나고 나면 옥졸들은 곧 손으로 그를 붙들고 벌겋게 달은 쇠바닥에 반듯이 눕게 하고 사지를 벌려 다섯 곳을 묶고는 두 손과 두 발에 쇠못을 치고 따로 쇠못 하나를 배에 못질한다. 그는 이렇게 고문을 당해 고통이 닥쳐와 지치고 햇수 또한 매우 길어 백천 년 동안 한량없는 고통을 받는다. 그 고통은 지극하고 심하지만 그는 착하지 않은 나쁜 업이 다 없어질 때까지는 끝내 죽지도 못한다. 이것을 지옥의 괴로움이라 하느니라.

비구들아, 어떤 것이 지옥의 괴로움인가? 중생이 지옥에 나게 되어 이미 그곳에 태어나고 나면 옥졸들은 곧 손으로 그를 붙들고, 벌겋게 달은 쇠바닥에다 엎드리게 하고는 입에서 혀를 뽑아 백 개의 못을 쳐서 팽팽하게 펴 주름살이 없게 하는데, 마치 소가죽에 백 개의 못을 쳐서 팽팽하게 펴 주름살이 없게 하는 것과 같다. 이와 같이 중생이 지옥에 나게 되어 이미 그곳에 태어나고 나면 옥졸들은 곧 손으로 그를 붙들고 벌겋게 달은 쇠판에 엎드리게 하고는 입에서 혀를 뽑아 백 개의 못을 쳐서 팽팽하게 펴서 주름살이 없게 한다. 그는 이렇게 고문을 당해 고통이 닥쳐와 지치고 햇수 또한 매우 길어 백천 년 동안 한량없는 고통을 받는다. 그 고통은 지극하고 심하지만 그는 착하지 않은 나쁜 업이 다 없어질 때까지는 끝내 죽지도 못한다. 이것을 지옥의 괴로움이라 하느니라.

비구들아, 어떤 것이 지옥의 괴로움인가? 중생이 지옥에 나게 되어 이미 그곳에 태어나고 나면 옥졸들은 곧 손으로 그를 붙들고 머리에서 가죽을 벗겨 발까지 내려가거나 발에서 가죽을 벗겨 머리까지 올라온다. 그리고는 곧 벌겋게 달은 쇠수레에 잡아매고 벌겋게 달은 쇠바닥 위에서 끌고 오락가락 한다. 그는 이렇게 고문을 당해 고통이 닥쳐와 지치고 햇수 또한 매우 길어 백천 년 동안 한량없는 고통을 받는다. 그 고통은 지극하고 심하지만 그는 착하지 않은 나쁜 업이 다 없어질 때까지는 끝내 죽지도 못한다. 이것을 지옥의 괴로움이라 하느니라.

비구들아, 어떤 것이 지옥의 괴로움인가? 중생이 지옥에 나게 되어 이미 그곳에 태어나고 나면 옥졸들은 벌겋게 타는 불덩어리를 들고 땅에 치게 하고, 또 다시 손으로 집어 그 몸에 쏟아 붓게 한다. 그는 이렇게 고문을 당해 고통이 닥쳐와 지치고 햇수 또한 매우 길어 백천 년 동안 한량없는 고통을 받는다. 그 고통은 지극하고 심하지만 그는 착하지 않은 나쁜 업이 다 없어질 때까지는 끝내 죽지도 못한다. 이것을 지옥의 괴로움이라 하느니라.

비구들아, 어떤 것이 지옥의 괴로움인가? 중생이 지옥에 나게 되어 이미 그곳에 태어나고 나면 옥졸들은 벌겋게 타는 불산 위를 오르내리게 한다. 그가 만일 발을 내리면 그 껍질과 살과 피가 곧 타서 없어지고 그가 발을 들면 그 껍질과 피는 이전처럼 살아난다. 그는 이렇게 고문을 당해 고통이 닥쳐와 지치고 햇수 또한 매우 길어 백천 년 동안 한량없는 고통을 받는다. 그 고통은 지극하고 심하지만 그는 착하지 않은 나쁜 업이 다 없어질 때까지는 끝내 죽지도 못한다. 이것을 지옥의 괴로움이라 하느니라.

비구들아, 어떤 것이 지옥의 괴로움인가? 중생이 지옥에 나게 되어 이미 그곳에 태어나고 나면 옥졸들은 곧 손으로 그를 붙들고 벌겋게 달은 쇠솥에 그의 몸을 거꾸로 들어 발을 위로 하고 머리를 밑으로 하여 솥 안에 집어넣는다. 그러면 그는 그 안에서 올라왔다가 내려갔다가 하고 혹은 사방으로 빙빙 돌며 그 몸에서 거품이 생겨 그 몸을 다시 삶는다. 마치 콩이나 팥·온두蘊豆·고두苦豆·겨자를 물이 많은 솥 안에 넣고 그 밑에다 불을 세게 때면 그 콩들은 그 안에서 혹은 올라왔다가 혹은 내려갔다가 하고 혹은 사방으로 빙빙 돌며 제 거품에 휘감겨 삶기는 것과 같다. 이와 같이 중생이 지옥에 나게 되어 이미 거기에 태어나고 나면 옥졸들은 손으로 곧 그를 붙들고 벌겋게 달은 쇠솥에 그를 거꾸로 들어 발을 위로 하고 머리를 밑으로 하여 솥 안에 넣는다. 그러면 그는 그 안에서 올라왔다가 내려갔다가 하고 혹은 사방으로 빙빙 돌며 그 몸에서 거품이 생겨 그 몸을 도로 삶는다. 그는 이와 같이 고문을 당해 고통이 닥쳐와 지치고 햇수 또한 매우 길어 백천 년 동안 한량없는 고통을 받는다. 그 고통은 지극하고 심하지만 그는 착하지 않은 나쁜 업이 다 없어질 때까지는 끝내 죽지도 못한다. 이것을 지옥의 괴로움이라 하느니라.

비구들아, 어떤 것이 지옥의 괴로움인가? 그 지옥 속에는 또 6갱락更樂이라는 지옥이 있다. 중생이 그곳에 나게 되어 이미 그곳에 태어나고 나면 비록 눈으로 빛깔을 보아도 기쁘지 않고 맘에 들지도 않으니, 그것은 기쁜 것도 또한 맘에 드는 것도 아니다. 마음으로 좋아하지 않으니 그것은 사랑스러운 것도 아니다. 마음이 좋다 하거나 즐겁다 하지도 않으니 그것은 좋은 것도 아니요 즐거운 것도 아니다. 귀로 듣는 소리 · 코로 맡는 냄새 · 혀로 맛보는 맛 · 몸으로 느끼는 촉감 · 뜻으로 아는 법이 모두 기쁘지 않고 맘에 들지도 않으니, 그것은 기쁜 것도 맘에 드는 것도 아니다. 마음으로 좋아하지 않으니 그것은 사랑스러운 것도 아니며, 마음이 좋아하고 즐거워하지도 않으니 그것은 좋은 것도 즐거운 것도 아니다. 이것을 지옥의 괴로움이라 하느니라.

비구야, 나는 너희들을 위하여 한량없는 방편으로써 저 지옥에 대하여 말하였고 그 지옥에서 일어나는 일들을 말하였다. 그러나 지옥의 고통을 낱낱이 다 말할 수는 없다. 그저 지옥에는 오직 괴로움만 있을 뿐이니라.

비구들아, 만일 어리석은 사람이 혹 때로는 지옥을 벗어나 축생으로 태어나면 그 축생도 또한 몹시 괴로운 것이다.

비구들아, 어떤 것이 축생의 괴로움인가? 어떤 중생은 축생 세계에 태어나 이른바 어둠 속에서 나서 어둠 속에서 자라고 어둠 속에서 죽는다. 그것은 어떤 것인가? 땅에서 사는 벌레를 말한다. 어리석은 사람은 본래부터 음식 맛을 탐하고 집착함으로써 몸으로 악행을 짓고 입과 뜻으로 악행을 짓는다. 그는 몸으로 악행을 짓고 입과 뜻으로 악행을 지은 뒤에는 그 인연 때문에 몸이 무너지고 목숨이 끝나면 축생 세계에 태어난다. 이른바 어둠 속에서 나서 어둠 속에서 자라다가 어둠 속에서 죽나니 이것을 축생의 괴로움이라 하느니라.

비구들아, 어떤 것이 축생의 괴로움인가? 어떤 중생은 축생 세계에 태어나 이른바 몸속에서 나서 몸속에서 자라고 몸속에서 죽는다. 그것은 어떤 것인가? 부스럼 벌레를 말한다. 어리석은 사람은 본래부터 음식 맛을 탐하고 집착함으로써 몸으로 악행을 짓고 입과 뜻으로 악행을 짓는다. 그는 몸으로 악행을 짓고 입과 뜻으로 악행을 지은 뒤에는 그 인연으로 몸이 무너지고 목숨이 끝나면 축생 세계에 난다. 이른바 몸속에서 나서 몸속에서 자라다가 몸속에서 죽나니 이것을 축생의 괴로움이라 하느니라.

비구들아, 어떤 것이 축생의 괴로움인가? 어떤 중생은 축생 세계에 태어나 이른바 물에서 나서 물에서 살고 물속에서 죽는다. 그것은 어떤 것인가? 이른바 고기 · 마갈어摩竭魚[2] · 거북 · 악어 · 바다뱀〔婆留尼〕 · 제비提鼻[3] · 제비가라提鼻伽羅[4] · 제비가라提鼻伽羅[5]들을 말한다. 어리석은 사람은 본래부터 음식 맛을 탐하고 집착함으로써 몸으로 악

2 말갈어(摩竭魚, makara)는 바다에 사는 큰 물고기이다.

3 팔리어로 timi이고, 큰 물고기 이름이다.

4 팔리어로 timiṅgala이고, 배를 삼켜 버린다는 큰 물고기이다.

5 송 · 원 · 명 3본에는 제제비가라提提鼻伽羅로 되어 있다.

행을 짓고 입과 뜻으로 악행을 짓는다. 그는 몸으로 악행을 짓고 입과 뜻으로 악행을 지은 뒤에는 그 인연으로 몸이 무너지고 목숨이 끝나면 축생 세계에 난다. 이른바 물속에서 나서 물속에서 자라다가 물속에서 죽나니, 이것을 축생의 괴로움이라 하느니라.

비구들아, 어떤 것이 축생의 괴로움인가? 어떤 중생은 축생 세계에 태어나 생풀이나 생나무를 씹어 먹는다. 그것은 어떤 것인가? 이른바 코끼리와 말·낙타·소·나귀·사슴·물소·돼지 따위이다. 어리석은 사람은 본래부터 음식 맛을 탐하고 집착함으로써 몸으로 악행을 짓고 입과 뜻으로 악행을 짓는다. 그는 몸으로 악행을 짓고 입과 뜻으로 악행을 지은 뒤에는 그 인연으로 몸이 무너지고 목숨이 끝나면 축생 세계에 난다. 이른바 생풀이나 생나무를 씹어 먹나니 이것을 축생의 괴로움이라 하느니라.

비구들아, 어떤 것이 축생의 괴로움인가? 어떤 중생은 축생 세계에 태어나 사람의 대소변 냄새만 맡아도 곧 그리로 달려가 그것을 먹는데, 마치 뭇 남녀들이 음식 냄새를 맡고 곧 그리로 달려가는 것과 같다. 그래서 '그 음식 그 음식' 하고 되뇐다. 이와 같이 비구들아, 어떤 중생은 축생 세계에 태어나 사람의 대소변 냄새만 맡아도 곧 그리로 달려가 그것을 먹는다. 그것은 어떤 것인가? 이른바 닭·돼지·개·승냥이·까마귀·구루라拘樓羅·구릉가拘稜迦 따위를 말한다. 어리석은 사람은 본래부터 음식 맛을 탐하고 집착함으로써 몸으로 악행을 짓고 입과 뜻으로 악행을 짓는다. 그는 몸으로 악행을 짓고 입과 뜻으로 악행을 지은 뒤에는 그 인연으로 몸이 무너지고 목숨이 끝나면 축생 세계에 태어나서 오줌·똥을 먹나니 이것을 축생의 괴로움이라 하느니라.

비구들아, 나는 너희들을 위하여 한량없는 방편으로써 저 축생에 대하여 말하고 그 축생들이 겪는 일을 말하였다. 그러나 이 축생의 괴로움을 낱낱이 다 말할 수는 없다. 그저 축생은 오직 괴로움만 있을 뿐이니라.

비구들아, 혹 어리석은 사람이 축생을 벗어나 다시 사람으로 태어나려 하더라도 그것은 지극히 어려운 일이다. 왜냐하면 저 축생들은 인의仁義를 행하지 않고 예법을 행하지 않으며 묘하고 착한 일을 행하지 않기 때문이다. 저 축생들은 다시 서로 잡아먹는데 강한 놈은 약한 놈을 잡아먹고 큰놈은 작은 놈을 잡아먹는다. 비구들아, 마치 이 땅에 가득 찬 물 속에 수명이 한량없는 백천 년이나 산 눈먼 거북이 있고, 그 물 위에는 오직 구멍이 하나뿐인 작고 가벼운 나무 판때기가 바람에 불려 이리저리 떠다니는 것과 같다. 비구들아, 너희들 생각에는 어떠하냐? 저 눈먼 거북의 머리가 과연 그 작고 가벼운 나무 판때기의 하나뿐인 구멍에 맞아 들어갈 수 있겠느냐?"

"세존이시여, 혹 맞아 들어갈 수도 있겠지만 그러나 그것은 언제 있을지도 모를 매우 어려운 일입니다."

"비구들아, 혹 때로는 그 눈먼 거북이 한 백년쯤 지난 뒤에 동방으로 와서 한 번 머리를 쳐들면 그 구멍이 하나뿐인 작은 목판은 동풍에 불려 남방으로 옮겨간다. 혹 때로는 그 눈먼 거북이 한 백년쯤 지난 뒤에 남방으로 와서 한 번 머리를 쳐들면 그 구멍이 하나뿐인 작은 목판은 남풍에 불려 서방으로 옮겨간다. 혹 때로는 그 눈먼 거북이 한 백년쯤 지난 뒤에 서방으로 와서 한 번 머리를 쳐들면 그 구멍이 하나뿐인 목판은 서풍에 불려 북방으로 옮겨간다. 혹 때로는 그 눈먼 거북이 북방으로 와서 한 번 머리를 쳐들면 그 구멍이 하나뿐인 목판은 북풍에 불려 여러 곳으로 떠돈다. 비구들아, 너희들 생각에는 어떠하냐? 저 눈먼 거북의 머리가 과연 그 목판의 하나뿐인 구멍에 맞아 들어갈 수 있겠느냐?

“세존이시여, 혹 맞아 들어갈 수도 있기는 하겠지만 그러나 언제 있을지도 모를 매우 어려운 일입니다.”

“비구들아, 이와 같이 저 어리석은 사람이 축생에서 벗어나 다시 사람으로 태어나는 것도 또한 매우 어렵다. 왜냐하면 저 축생들은 인의를 행하지 않고 예법을 행하지 않으며 묘하고 착한 일을 행하지 않기 때문이다. 저 축생들은 서로를 잡아먹는데 강한 놈은 약한 놈을 잡아먹고 큰놈은 작은 놈을 잡아먹느니라.

비구들아, 혹 어리석은 사람이 축생을 벗어나 다시 사람으로 태어나더라도 그가 태어나는 집안은 보잘것없는 종족으로서 신분이 천하며 괴롭고 빈궁하며 음식이 부족해도 먹을 것을 구하기가 매우 어려울 것이다. 그것은 어떤 것인가? 이른바 옥졸의 집·장인의 집·교수巧手의 집·옹기장이의 집 등이다. 이와 같은 여러 하천한 집으로서 괴롭고 빈궁하며 음식이 부족해도 먹을 것을 구하기 매우 어렵느니라. 그는 이러한 집에 나게 되는데 이러한 집에 태어난 뒤에는 혹은 장님이 되기도 하고 혹은 절름발이가 되기도 하며 혹은 팔이 짧거나 혹은 꼽추가 되기도 하고 혹은 왼손잡이거나 나쁜 빛깔에 염소 얼굴로서 추하고 더럽고 수명이 짧기도 하며 언제나 남에게 부림을 받느니라.

그는 몸으로 악행을 짓고 입과 뜻으로 악행을 짓는다. 그는 몸으로 악행을 짓고 입과 뜻으로 악행을 지은 뒤에는 그 인연 때문에 몸이 무너지고 목숨이 끝나면 도로 나쁜 곳으로 가서 지옥에 태어난다. 이는 마치 다음과 같다. 두 사람이 함께 도박을 하였는데 그 중의 한 사람은 처음으로 이런 짓을 한 자였다. 그는 곧 종들을 잃고 또 처자도 잃고 다시 그 몸이 연기 나는 방 안에 거꾸로 매달리게 되었다. 그는 곧 생각하였다.

'나는 먹지도 못하고 마시지도 못했다. 나는 처음으로 이런 짓을 하고도 곧 종들을 잃고 처자도 잃고 다시 내 몸이 연기 나는 방 안에 거꾸로 매달리게 되었다.'

비구들아, 이 짓이 아주 조그마한 것이지만 그는 종들을 잃고 처자도 잃고 다시 그 몸이 연기 나는 방 안에 거꾸로 매달리게 되었다. 비구들아, 그는 이 짓을 해도 되는 행이라 하여 몸으로 악행을 짓고 입과 뜻으로 악행을 지었다. 그는 몸으로 악행을 짓고 입과 뜻으로 악행을 지은 뒤에는 그 인연으로 몸이 무너지고 목숨이 끝나면 도로 나쁜 곳으로 가서 지옥에 태어난다. 비구들아, 이런 모든 행은 가장 사랑할 만한 것이 아니요, 진실로 즐겨할 만한 것이 아니며, 뜻으로 생각할 만한 것이 아니니라. 비구들아, 그러면 이제 나는 어리석은 법을 낱낱이 말하지 않았는가?"

"그렇습니다. 세존이시여, 어리석은 법을 낱낱이 말씀하셨습니다."

세존께서 다시 말씀하셨다.

"비구들아, 그러면 어떤 것이 지혜로운 법〔智慧法〕인가? 저 지혜로운 사람은 세 가지 모양의 지혜로운 표標와 지혜로운 상像이 있기 때문에 곧 지혜를 성취하고 사람들도 그를 지혜롭다고 말한다. 어떤 것이 그 세 가지인가? 지혜로운 사람은 착한 생각을 하고 착한 말을 하며 착한 일을 행한다. 그러므로 지혜로워지고 사람들도 그를 지혜롭다고 말하는 것이다. 만일 지혜로운 사람이 착한 생각을 하지 않고 착한 말을 하지 않으며 착한 일을 행하지 않는다면 그는 지혜롭지 않고 사람들도 그를 지혜롭다고 말하지 않을 것이다. 그러나 지혜로운 사람은 착한 생각을 하고 착한 말을 하며 착한 일을 행한다. 그러므로 지혜로워지고 사람들도 그를 지혜롭다고 말하느니라.

그 지혜로운 사람은 현세에서 몸과 마음의 세 가지 기쁨과 즐거움을 받는다. 지혜로운 사람이 현세에서 몸과 마음으로 받게 되는 세 가지 기쁨과 즐거움이란 무엇인가? 지혜로운 사람은 혹은 하는 일이 있거나 혹은 모임이 있는 자리에서나 혹은 길거리에 있거나 혹은 시장판에 있거나 혹은 네거리에 있으면서도 지혜로운 사람에 걸맞은 것을 설법한다. 또 지혜로운 사람은 살생과 도둑질과 사음과 거짓말을 끊어 여의고 나아가 삿된 소견을 끊으며 바른 소견을 얻고 또 다른 한량없는 착한 법을 성취한다. 만일 한량없는 착한 법을 성취한 사람이 있으면 다른 사람들은 그것을 보고 곧 칭찬한다. 그 지혜로운 사람은 이 말을 듣고 곧 이렇게 생각한다.

'만일 한량없는 착한 법을 성취하였을 적에 다른 사람이 그것을 보고 칭찬한다면 내게도 또한 이런 한량없는 착한 법이 있으니, 만일 다른 사람이 이를 안다면 그들은 나도 칭찬할 것이다.'

이것을 지혜로운 사람이 현세에서 그 몸과 마음으로 받는 첫 번째 기쁨과 즐거움이라 하느니라.

또 그 지혜로운 사람은 왕의 신하가 온갖 방법으로 도적 다스리는 것을 본다. 이른바 손을 끊고 발을 끊고 손과 발을 한꺼번에 끊으며 귀를 자르고 코를 자르고 귀와 코를 한꺼번에 자르며 혹은 난도질하기도 하고 혹은 수염을 뽑고 혹은 머리를 뽑고 수염과 머리를 한꺼번에 뽑으며 혹은 함檻 속에 가두고 옷으로 싸서 불로 태우기도 하며 혹은 사옹초沙壅草로 묶어 불사르며 혹은 쇠로 만든 나귀의 뱃속에 넣기도 하며 혹은 쇠로 만든 돼지의 입안에 넣기도 하고 혹은 쇠로 만든 호랑이의 입안에 넣기도 하며 혹은 구리솥에 넣어 두기도 하고 혹은 쇠솥에 넣어 삶기도 하며 혹은 동강동강 끊기도 하고 혹은 날카로운 꼬챙이로 찌르기도 하며 혹은 갈고리로 매달기도 하고 혹은 쇠평상에 눕혀 끓는 기름을 쏟기도 하며 혹은 쇠절구에 앉혀 쇠공이로 찧기도 하며 혹은 독룡에 쏘이게 하기도 하며 혹은 채찍으로 갈기기도 하고 혹은 지팡이로 때리고 혹은 방망이로 치기도 하며 혹은 산채로 푯대에 꿰기도 하고 혹은 목을 베어 나무에 달기도 한다. 그 지혜로운 사람은 이것을 보고는 곧 이렇게 생각한다.

'만일 한량없는 착하지 않은 나쁜 법을 성취하면 왕은 그를 붙들어다 저렇게 고문해 다스린다. 그러나 내게는 그러한 한량없는 착하지 않은 나쁜 법이 없으니, 혹 왕이 알더라도 끝내 저렇게 나를 괴롭게 다스리지는 않을 것이다.'

이것을 지혜로운 사람이 현재 세상에서 그 몸과 마음으로 받는 두 번째 기쁨과 즐거움이라 하느니라.

또 그 지혜로운 사람은 몸으로 착한 행을 짓고 입과 뜻으로 착한 행을 짓는다. 그는 혹 때로 병이 들어 평상에 앉거나 눕고 혹은 침대에 앉거나 누우며 혹은 땅에 앉거나 누워서 몸으로 지극히 심한 고통을 느끼고 나아가 목숨이 끊어질 지경에 이른다. 그때 그가 몸으로 지은 착한 행과 입과 뜻으로 지은 착한 행은 그의 위에 매달려 있게 되는데 마치 해질 무렵에 해가 넘어가면 높은 산 그림자가 땅에 드리워지는 것과 같다. 이와 같이 그가 몸으로 지은 착한 행과 입과 뜻으로 지은 착한 행은 그때가 되면 그의 위에 매달려 있게 된다. 그는 곧 이렇게 생각한다.

'이것은 바로 내가 몸으로 지은 착한 행과 입과 뜻으로 지은 착한 행이 위에 매달려 있는 것이다. 나는 지난날 악을 짓지 않고 복을 많이 지었다. 나는 어떤 곳에서도 악을 짓지 않았고 흉하거나 사납지 않았으며, 이치답지 않은 일은 행하지 않았으며 복을 지었고 착한 일을 행했으며 두려워할 줄 알았다. 따라서 만일 내가 돌아가고 의지해야 할 곳이 있다면 나는 반드시 좋은 곳으로 갈 것이다. 그래서 후회하지 않을 것이요 후회하지 않은 뒤에는 어진 채로 죽고 착한 채로 목숨을 마칠 것이다.'

이것을 지혜로운 사람이 현재 세상에서 그 몸과 마음으로 받는 세 번째 기쁨과 즐거움이라 하느니라.

또 그 지혜로운 사람은 몸으로 착한 행을 짓고 입과 뜻으로 착한 행을 짓는다. 그는 몸으로 착한 행을 짓고 입과 뜻으로 착한 행을 지은 뒤에는 그 인연으로 그 몸이 무너지고 목숨이 끝나면 반드시 좋은 곳으로 가서 천상에 태어날 것이다. 그곳에 태어나서는 즐거움의 과보를 받는데 오로지 사랑할 만하고 오로지 즐거워할 만하며 마음으로 생각할 만하다. 만일 그가 '오로지 사랑할 만하고 오로지 즐거워할 만하며 마음으로 생각할 만하다'고 생각한다면 그것은 곧 좋은 곳을 말하는 것이다. 왜냐하면 그 좋은 곳은 오로지 사랑할 만하고 오로지 즐거워할 만하며 마음으로 생각할 만한 곳이기 때문이다."

그때 어떤 비구가 곧 자리에서 일어나 가사 한자락을 벗어 메고 합장하여 부처님께 여쭈었다.

"세존이시여. 좋은 곳[善處]의 즐거움은 어떻습니까?"

"비구야, 좋은 곳의 즐거움은 이루 다 말할 수 없다. 이른바 좋은 곳의 즐거움은 다만 좋은 곳의 즐거움으로서 오직 즐거움만 있을 뿐이니라."

"세존이시여, 비유를 들어 그 뜻을 나타내 주실 수 있겠습니까?"

"비유를 들어 그 뜻을 나타내리라. 비유하면 마치 전륜왕轉輪王이 7보寶와 4종의 인여의족人如意足을 성취한 것과 같다. 비구야, 네 생각에는 어떠하냐? 저 전륜왕이 7보와 4종의 인여의족을 성취하였다면 그는 그것으로 인해 그 몸과 마음으로 지극한 기쁨과 즐거움을 느끼겠느냐?"

비구가 대답하였다.

"세존이시여, 1보와 1인여의족만 성취하여도 오히려 지극한 기쁨과 즐거움을 느끼는데 하물며 전륜왕이 7보와 4종의 인여의족을 성취한 것이겠습니까? 어떻게 지극한 기쁨과 즐거움을 느끼지 않을 수 있겠습니까?"

이에 세존께서는 팥알만 한 돌을 집어 들고 말씀하셨다.

"비구들아, 너희들은 내가 손으로 집어든 이 팥알만 한 돌이 보이느냐?"

"보입니다. 세존이시여."

"비구들아, 너희들 생각에는 어떠하냐? 내가 가진 이 팥알만 한 돌을 저 설산과 비교한다면 어느 것이 더 크다고 하겠는가?"

"세존이시여, 세존께서 손으로 집어든 그 팥알만 한 돌을 저 설산과 비교한다면 비록 그 팥알을 백 배·천 배·백천만 배를 하더라도 결국 설산엔 미치지 못할 것입니다. 헤아릴 수도 없고 셀 수도 없으며 비유할 수도 없고 견줄 수도 없습니다. 그저 저 설산왕은 지극히 크고 매우 클 뿐입니다."

"비구들아, 만일 내가 손으로 집어든 이 팥알만 한 돌을 저 설산과 비교한다면 비록 그 팥알을 백 배·천 배·백천만 배를 하더라도 결국 설산엔 미치지 못할 것이다. 헤아릴 수도 없고 셀 수도 없으며, 비유할 수도 없고 견줄 수도 없다. 그저 설산왕이 지극히 크고 매우 클 뿐이다. 이와 같이 비구들아, 만일 전륜왕이 7보와 4종의 인여의족을 성취하여 몸과 마음으로 느끼는 기쁨과 즐거움을 저 모든 하늘의 즐거움과 비교한다면 비록 전륜왕의 즐거움을 백 배·천 배·백천만 배를 하더라도 그것은 결국 하늘의 즐거움에 미치지 못할 것이다. 헤아릴 수도 없고 셀 수도 없으며 비유할 수도 없고 견줄 수도 없을 것이다. 이른바 좋은 곳인 하늘 세계의 즐거움은 다만 좋은 곳의 즐거움으로서 오직 즐거움만 있을 뿐이니라.

비구들아, 어떤 것이 좋은 곳의 즐거움인가? 그 좋은 곳에는 6갱락이라는 것이 있다. 만일 중생이 그곳에 태어날 일을 지어 그곳에 태어나게 되면, 눈으로 빛깔을 보고 마음으로 '기쁘고 옳다' 하면 그것은 곧 기쁘고 옳은 것이 되고, 마음으로 '사랑스럽고 윤택하다' 하면 그것은 사랑스럽고 윤택한 것이 되며, 마음으로 '좋고 즐겁다' 하면 그것은 곧 좋고 즐거운 것이 된다. 귀로 듣는 소리 · 코로 맡는 냄새 · 혀로 보는 맛 · 몸으로 느끼는 촉감도 그러하며, 뜻으로 아는 법도 모두 마음으로 '기쁘고 좋다'고 하면 그것은 곧 기쁘고 좋은 것이 되고, 마음으로 '사랑스럽고 윤택하다'고 하면 그것은 곧 사랑스럽고 윤택한 것이 되며, 마음으로 '착하고 즐겁다' 하면 그것은 곧 착하고 즐거운 것이 된다. 이것을 좋은 곳의 즐거움이라 하느니라.

비구들아, 나는 너희들을 위하여 한량없는 방편으로써 저 좋은 곳에 대하여 말하였고 그 좋은 곳에서 겪는 일들을 말하였다. 그러나 이 좋은 곳의 즐거움은 낱낱이 말할 수 없다. 다만 좋은 곳에는 오직 즐거움만 있을 뿐이니라.

비구들아, 만일 지혜로운 사람이 혹 때로 좋은 곳에서 내려와 인간 세계에 태어난다면 그의 집은 지극히 크고 풍부하며 즐거워 돈과 재물이 한량없고 여러 가지 목축도 많으며 봉호封戶와 식읍食邑과 미곡이 넘치고 또 여러 가지 생활 도구도 풍족할 것이다. 그것은 어떤 집들인가? 이른바 찰리의 큰 장자의 집 · 바라문의 큰 장자의 집 · 거사의 큰 장자의 집과 또 그 밖의 다른 집으로서 그 집은 지극히 크고 풍부하며 즐거워 돈과 재물이 한량없고 여러 가지 목축도 많으며 봉호와 식읍과 미곡이 차 넘치고 또 여러 가지 생활 도구도 풍족하다. 그는 이런 집에 태어나 몸은 단정하고 사랑스러워 모든 사람들이 공경하고 순종하며 큰 명예가 있고 큰 위덕이 있어 많은 사람이 사랑하고 많은 사람이 생각한다. 그는 몸으로 착한 행을 행하고 입과 뜻으로 착한 행을 행한 뒤에는 그 인연 때문에 몸이 무너지고 목숨이 끝나면 다시 좋은 곳으로 가서 천상에 태어난다. 이는 마치 다음과 같다. 두 사람이 도박을 하였는데 그 중에 한 사람은 처음으로 이런 짓을 하였으나 많은 돈과 재물을 얻었다. 그는 곧 생각하였다.

'나는 농사도 짓지 않았다. 그런데도 처음으로 이런 짓을 해서 많은 재물과 돈을 얻었다.'

비구들아, 이 행은 사소한 것이지만 그는 많은 돈과 재물을 얻었다. 비구들아, 이른바 이 행이란 몸으로 착한 행을 행하고 입과 뜻으로 착한 행을 행하는 것이다. 그는 몸으로 착한 행을 행하고 입과 뜻으로 착한 행을 행한 뒤에는 그 인연 때문에 몸이 무너지고 목숨이 끝나면 다시 좋은 곳으로 가서 천상에 태어난다. 비구들아, 이런 모든 행은 가장 사랑할 만한 것이요. 가장 즐거워할 만한 것이며 마음으로 가장 생각할 만한 것이니라.

비구들아, 그러면 나는 이제 지혜로운 사람의 법에 대하여 다 말하지 않았는가?"

"그렇습니다. 세존이시여, 지혜로운 사람의 법에 대하여 낱낱이 말씀하셨습니다."

세존께서 다시 말씀하셨다.

"이것을 어리석은 사람의 법과 지혜로운 사람의 법이라 한다. 너희들은 마땅히 어리석은 사람의 법과 지혜로운 사람의 법을 알아야 한다. 어리석은 사람의 법과 지혜로운 사람의 법을 안 뒤에는 어리석은 사람의 법은 버리고 지혜로운 사람의 법을 취해야 하나니 너희들은 마땅히 이렇게 배워야 하느니라."

부처님께서 이렇게 말씀하시자 모든 비구들은 부처님 말씀을 듣고 기뻐하며 받들어 행하였다.

〔이 치혜지경에 수록된 경문의 글자 수는 5,638자이다. 『중아함경』 제53권에 수록된 경문의 글자 수는 총 5,638자이다.〕

중아함경 제 54 권

16. 대품 ⑤

200) 아리타경阿梨吒經〔제5 후송〕

나는 이와 같이 들었다.

어느 때 부처님께서 사위국에 유행하실 적에 승림급고독원에 계셨다. 그때에 이전에 솔개를 길들이던〔伽陀婆利〕 아리타阿梨吒 비구는 이러한 나쁜 소견을 내었다.

"나는 세존께서 '욕심을 부려도 장애가 없다'고 설법하신 것으로 알고 있다."

여러 비구들은 이 말을 듣고 아리타 비구가 있는 곳으로 가서 물었다.

"아리타여, 그대는 참으로 '나는 세존께서 욕심을 부려도 장애가 없다고 설하신 것으로 알고 있다'고 말하였는가?"

그때 아리타 비구가 대답하였다.

"여러분, 나는 참으로 세존께서 '욕심을 부려도 장애가 없다'고 설하신 것으로 알고 있습니다."

여러 비구들이 아리타를 꾸짖었다.

"너는 그런 말을 말라. 세존을 모함하고 비방하지 말라. 세존을 비방하는 것은 좋지 못하다. 세존께서는 그렇게 말씀하시지 않으셨다. 아리타여, 욕심에는 장애가 있다. 아리타여, 세존께서는 한량없는 방편으로써 욕심에는 장애가 있다고 말씀하셨다. 아리타여, 너는 빨리 그런 견해를 버려야 한다."

아리타 비구는 여러 비구들의 꾸지람을 받고도 그 나쁜 견해를 굳게 고집하며 여전히 말하였다.

'이것은 진실하고 다른 것은 허망하다.'

이렇게 재삼 되풀이하였다. 여러 비구들은 아리타 비구의 이 나쁜 소견을 버리게 하지 못하고 곧 자리에서 일어나 떠나갔다. 그들은 부처님 계신 곳으로 나아가 부처님 발에 머리를 조아리고 물러나 한쪽에 앉아 아뢰었다.

"세존이시여, 아리타 비구가 '나는 세존께서 욕심을 부려도 장애가 없다고 설법하신 것으로 안다'는 이런 나쁜 소견을 가지고 있습니다. 세존이시여, 저희들은 이 말을 듣고 아리타 비구가 있는 곳으로 가서 물었습니다.

'아리타여, 너는 참으로 〈나는 세존께서 욕심을 부려도 장애가 없다고 설법하신 것으로 안다〉고 말하였는가?'

아리타 비구가 저희들에게 대답했습니다.

'여러분, 나는 참으로 세존께서 〈욕심을 부려도 장애가 없다〉고 설법하신 것으로 압니다.'

세존이시여, 저희들은 아리타를 꾸짖었습니다.

'아리타여, 너는 그런 말을 하지 말라. 세존을 모함하고 비방하지 말라. 세존을 모함하고 비방하는 것은 좋지 못하다. 세존께서는 그렇게 말씀하시지 않으셨다. 아리타여, 욕심에는 장애가 있다. 세존께서는 한량없는 방편으로써 〈욕심에는 장애가 있다〉고 말씀하셨다. 아리타여, 너는 빨리 그런 소견을 버려야 한다.'

저희들이 이렇게 꾸짖었지만 그는 그 나쁜 소견을 굳게 고집하며 여전히 '이것은 진실하고 다른 것은 허망하다'고 재삼 되풀이하였습니다. 세존이시여, 저희들은 아리타 비구의 그 나쁜 소견을 버리게 할 수 없는 것을 알고 곧 자리에서 일어나 떠나왔습니다."

세존께서는 이 말을 들으시고 한 비구에게 분부하셨다.

"너는 아리타 비구에게 가서 '세존께서 너를 부르신다'고 말하라."

이에 한 비구가 세존의 분부를 받고 곧 자리에서 일어나 부처님 발에 머리를 조아리고 세 바퀴 돌고는 떠나갔다. 그는 아리타 비구에게 가서 '세존께서 너를 부르신다'고 말하였다.

아리타 비구는 곧 부처님께 나아가 부처님 발에 머리를 조아리고 물러나 한쪽에 앉았다.

세존께서 물으셨다.

"아리타여, 너는 참으로 '나는 세존께서 욕심을 부려도 장애가 없다고 설법하신 것으로 안다'고 말하였는가?"

"세존이시여, 저는 참으로 세존께서 '욕심을 부려도 장애가 없다'고 설법하신 것으로 알고 있습니다."

세존께서 꾸짖으셨다.

"아리타여, 너는 어떻게 내가 그렇게 설법했다고 알고 있느냐? 누구에게서 내가 그렇게 설법했다고 들었느냐? 너 어리석은 사람아, 나는 전혀 그런 말을 하지 않았는데 너는 한결같이 그렇게 말하는구나.

너 어리석은 사람아, 여러 비구들의 꾸지람을 들었으면 너는 그때 당연히 법대로 대답했어야 할 것이다. 내가 이제 여러 비구들에게 물어보리라."

이에 세존께서 여러 비구들에게 물으셨다.

"비구들아, 너희들도 또한 내가 '욕심을 부려도 장애가 없다'고 이렇게 설법한 것으로 알고 있느냐?"

"아닙니다. 세존이시여."

"그러면 너희들은 내가 어떻게 설법한 것으로 알고 있느냐?"

"저희들은 세존께서 '욕심에는 장애가 있다'고 이렇게 설법하신 것으로 알고 있습니다. 세존께서는 '욕심에는 장애가 있다'고 말씀하셨습니다. 욕심은 뼈다귀와 같습니다. 그러므로 세존께서는 '욕심은 뼈다귀와 같다'고 말씀하셨습니다. 욕심은 살덩이와 같습니다. 그러므로 세존께서는 '욕심은 살덩이와 같다'고 말씀하셨습니다. 욕심은 손에 잡은 횃불과 같습니다. 그러므로 세존께서는 '욕심은 손에 잡은 횃불과 같다'고 말씀하셨습니다. 욕심은 불구덩이와 같습니다. 그러므로 세존께서는 '욕심은 불구덩이와 같다'고 말씀하셨습니다. 욕심은 독사와 같습니다. 그러므로 세존께서는 '욕심은 독사와 같다'고 말씀하셨습니다. 욕심은 꿈과 같습니다. 그러므로 세존께서는 '욕심은 꿈과 같다'고 말씀하셨습니다. 욕심은 빌린 물건과 같습니다. 그러므로 세존께서는 '욕심은 빌린 물건과 같다'고 말씀하셨습니다. 욕심은 나무열매와 같습니다. 그러므로 세존께서는 '욕심은 나무열매와 같다'고 말씀하셨습니다. 저희들은 세존께서 이렇게 설법하신 것으로 압니다."

세존께서 찬탄하며 말씀하셨다.

"훌륭하고 훌륭하구나. 비구들아, 너희들은 내가 그렇게 설법한 것을 알고 있구나. 왜냐하면 나도 또한 '욕심에는 장애가 있다. 그러므로 나는 욕심에는 장애가 있다고 말한다. 욕심은 뼈다귀와 같다. 그러므로 나는 욕심은 뼈다귀와 같다고 말한다. 욕심은 살덩이와 같다. 그러므로 나는 욕심은 살덩이와 같다고 말한다. 욕심은 손에 잡은 횃불과 같다. 그러므로 나는 욕심은 손에 잡은 횃불과 같다고 말한다. 욕심은 불구덩이와 같다. 그러므로 나는 욕심은 불구덩이와 같다고 말한다. 욕심은 독사와 같다. 그러므로 나는 욕심은 독사와 같다고 말한다. 욕심은 꿈과 같다. 그러므로 나는 욕심은 꿈과 같다고 말한다. 욕심은 빚과 같다. 그러므로 나는 욕심은 빚과 같다고 말한다. 욕심은 나무열매와 같다. 그러므로 나는 욕심은 나무열매와 같다고 말한다'고 그렇게 설법했기 때문이다."

세존께서 다시 찬탄하며 말씀하셨다.

"훌륭하고 훌륭하다. 너희들은 내가 이렇게 설법한 것을 알고 있구나. 그러나 저 어리석은 사람 아리타는 거꾸로 그 뜻과 글을 이해하고 있다. 그는 스스로 거꾸로 배우고 이해함으로 인해 나를 모함해 비방하고 자기 자신을 해쳤으며, 계를 범하고 죄를 지어 모든 지혜로운 범행자들의 나무람을 받고 또 큰 죄를 지었다. 너 어리석은 사람 아리타여, 너는 이렇게 악하고 착하지 않은 줄을 아느냐?"

이에 아리타 비구는 세존의 면전에서 직접 꾸지람을 듣고 마음에 근심과 슬픔을 품고 머리를 떨구고 잠자코 있었다. 비록 할 말을 잃고 말이 없었으나 무엇인가 물을 것이 있는 것 같았다. 그때 세존께서 아리타 비구를 직접 꾸짖고 나서 모든 비구들에게 말씀하셨다.

"비구들아, 만일 내 설법을 완전하게 이해했으면 마땅히 그와 같이 받아 가지고 만일 내 설법을 완전히 이해하지 못했으면 곧 나나 저 여러 지혜로운 범행자들에게 물으라. 왜냐하면 혹 어떤 어리석은 사람은 거꾸로 그 뜻과 글을 이해하기 때문이다. 그는 제 자신이 거꾸로 받아 이해하기 때문에 이른바 정경正經·가영歌詠·기설記說·게타偈他·인연因緣·찬록撰錄·본기本起·차설此說·생처生處·광해廣解·미증유법未曾有法 및 설의說義 등 법에 대해 이러이러하다고 안다. 그는 이렇게 안 뜻으로 남과 다투지만 이렇게 안 뜻으로 해탈하지는 못한다.

그가 하는 일은 이 법을 아는데 있었으나 그 뜻은 알지 못하였으니, 그저 지극한 고통만 받고 한갓 스스로 피로할 뿐이다. 왜냐하면 그는 거꾸로 이 법을 받아 이해하기 때문이니라."

비유하면 어떤 사람이 뱀을 잡으려고 곧 뱀을 찾아 나섰다. 그는 뱀을 찾아 들과 숲속을 헤매다가 아주 큰 뱀을 보고 곧 손으로 그 허리를 움켜잡았다. 그러자 뱀은 몸을 돌려 머리를 들더니 그 손 또는 발이나 혹은 다른 곳을 물었다. 그 사람이 하는 일은 뱀을 잡는 데 있었지만 그 이치를 얻지 못하였으니, 그저 지극한 고통만 받고 부질없이 제 자신만 피로하게 하였을 뿐이니라. 왜냐하면 그는 뱀 잡는 법을 잘 알지 못했기 때문이다.

이와 같이 혹 어떤 어리석은 사람은 거꾸로 그 뜻과 글을 받아 이해한다. 그는 자신이 거꾸로 그 뜻과 글을 받아 이해하였기 때문에 이른바 정경·가영·기설·게타·인연·찬록·본기·차설·생처·광해·미증유법과 설의 등 법에 대해 이러이러하다고 안다. 그는 이렇게 안 뜻을 가지고 남과 다투지만 이렇게 안 뜻으로 해탈하지는 못한다. 그 사람이 하는 일은 이 법을 아는데 있었으나 그 뜻은 알지 못하였으니, 그저 지극한 고통만 받고 제 자신만 피로하게 하였을 뿐이다. 왜냐하면 그는 거꾸로 이 법을 받아 이해하였기 때문이니라.

혹 어떤 큰 종족의 아들은 전도되지 않고 그 뜻과 글을 받아 바르게 이해한다. 그는 바르게 그 뜻과 글을 잘 받아 이해하였기 때문에 이른바 정경·가영·기설·게타·인연·찬록·본기·차설·생처·광해·

미증유법과 설의 등 법에 대해 이러이러하다고 안다. 그는 이렇게 안 뜻을 가지고 남과 다투지 않고 이렇게 뜻을 알아 오직 해탈할 뿐이다. 그 사람이 하는 일은 이 법을 아는 데 있었고 또 그 이치를 알았으니 지극한 고통도 받지 않고 또한 피로하지도 않는다. 왜냐하면 전도되지 않고 그 법을 받아 이해하기 때문이니라.

비유하면 어떤 사람이 뱀을 잡으려고 곧 뱀을 찾아 나섰다. 그는 뱀을 찾아 손에 쇠막대기를 잡고 들 숲 속을 헤매다가 아주 큰 뱀을 보자 먼저 쇠막대기로 그 정수리를 누르고 손으로 그 머리를 잡았다. 그러자 그 뱀은 비록 꼬리를 틀어 돌려 손이나 발 혹은 다른 곳을 감기는 했지만 끝내 물지는 못했다. 그 사람이 하는 일은 이 뱀을 잡는 데 있었고 또 그 이치를 알았으니 지극한 고통도 받지 않고 또한 피로하지도 않는다. 무슨 까닭이가? 그는 뱀 잡는 법을 잘 알았기 때문이다. 이와 같이 혹 어떤 큰 종족의 아들들은 전도되지 않고 올바르게 그 뜻과 글을 잘 받아 이해한다. 그들은 전도되지 않고 올바르게 그 뜻과 글을 잘 이해하기 때문에 이른바 정경·가영·기설·게타·인연·찬록·본기·차설·생처·광해·미증유법과 설의 등 법에 대해 이러이러하다고 안다. 그는 이렇게 안 뜻을 가지고 남과 다투지 않고 이렇게 뜻을 알아 오직 해탈할 뿐이다. 그 사람이 하는 일은 이 법을 아는 데 있었고 또 그 뜻마저 알았으니 지극한 고통도 받지 않고 또한 피로하지도 않는다. 왜냐하면 전도되지 않고 그 법을 받아 이해하였기 때문이니라. 또 내가 너희들을 위하여 긴 세월 동안 뗏목의 비유를 설한 것은 그것을 버리게 하고 그것을 받지 않게 하려 했기 때문이다.

어떤 것이 내가 너희들에게 긴 세월 동안 뗏목의 비유를 설하여 그것을 버리게 하고 그것을 받지 않게 하려 한 것인가? 마치 산과 물이 매우 깊고 지극히 넓으며 긴 물살은 빠르고 급해서 떠내려가는 물건이 많은데 그 가운데에는 배도 없고 또한 다리도 없는 것과 같다. 어떤 사람이 와서 저 쪽 언덕에 볼 일이 있어서 그곳을 건너고자 하였다. 그는 건너려 하다가 곧 생각하였다.

'이 산과 물은 매우 깊고 지극히 넓으며 긴 물살은 빠르고 급해서 떠내려가는 물건이 많다. 그러나 그 가운데에는 건너갈 수 있는 배도 없고 또한 다리도 없다. 그런데 나는 저쪽 언덕에 일이 있어 꼭 건너가야 한다. 어떤 방편을 써야 내가 저쪽 언덕까지 안전하게 건너갈 수 있을까?'

그리고 다시 이렇게 생각하였다.

'나는 이제 이쪽 언덕에서 풀과 나무를 끌어 모아 엮어서 뗏목을 만들어 그것을 타고 저쪽 언덕으로 건너가야 하겠다.'

그는 곧 이쪽 언덕에서 풀과 나무를 끌어 모아 엮어서 뗏목을 만들어 그것을 타고 안전하게 저쪽으로 건너갔다. 그는 다시 생각했다.

'이 뗏목은 네게 이익이 많았다. 나는 이 뗏목을 타고서야 안전하게 저쪽 언덕에서 이쪽 언덕으로 건너올 수 있었다. 나는 이제 이것을 오른 쪽 어깨에 메거나 혹은 머리에 이고 가리라.'

그래서 그는 곧 이 뗏목을 오른 쪽 어깨에 메거나 혹은 머리에 이고 간다면 비구들아, 너희들 생각에는 어떠하냐? 그가 이렇게 하는 것이 과연 그 뗏목에게 어떤 이익이 있으리라고 생각하는가?"

모든 비구들이 대답하였다.

"아닙니다. 세존이시여."

"그러면 그 사람이 어떻게 해야 그 뗏목을 위해 유익한 일이 되겠는가? 그 사람이 만일 '이 뗏목은 내게 많은 이익을 주었다. 나는 이것을 타고서야 안전하게 저쪽 언덕에서 이쪽 언덕으로 건너올 수 있었다. 나는 이제 이 뗏목을 도로 물에 두거나 혹은 언덕 가에 버리고 갈까?' 하고 생각하고는 그가 곧 이 뗏목을 도로 물에 두거나 혹은 언덕가에 버리고 간다면 비구들아, 너희들 생각에는 어떠하냐? 그가 이렇게 하는 것이 그 뗏목을 위해 유익한 일이 되겠느냐?"

모든 비구들이 대답하였다.

"유익할 것입니다. 세존이시여."

"이와 같이 나는 너희들을 위하여 긴 세월 동안 뗏목의 비유법으로 설명하여 그것을 버리게 하고 그것을 받지 않게 하려 했다. 만일 너희들이 내가 긴 세월 동안 설한 뗏목의 비유에 대해 잘 안다면 너희들은 마땅히 이 법도 버려야하겠거늘 하물며 법이 아닌 것이겠는가?

다시 6견처見處가 있다. 어떤 것이 그 여섯 가지인가? 비구는 지니고 있는 색질에 대하여 '과거·미래·현재나 혹은 안이거나 밖이거나, 혹은 정밀하거나 추하거나, 혹은 묘하거나 묘하지 않거나, 혹은 가깝거나 멀거나, 다 나〔我〕의 소유가 아니요, 나라는 것이 또한 그의 소유도 아니며, 또한 신神도 아니다'라고 이렇게 지혜롭게 관찰하여 그것을 진실 그대로 안다.

또 '내가 가진 감각〔覺〕·내가 가진 감정〔想〕·내가 가진 이 소견도 다 나의 소유가 아니요, 나라는 것이 또한 저것의 소유도 아니며, 나에는 마땅히 나〔我〕라는 것이 없고 마땅히 존재하는 것도 아니다. 저 일체는 나의 소유가 아니요, 나도 또한 저것의 소유가 아니며, 또한 신도 아니다'라고 이렇게 지혜롭게 관찰하여 그것을 진실 그대로 안다.

또 이런 견해가 있다.

'보고〔見〕 듣고〔聞〕 분별하고〔識〕 아는〔知〕 것을 통해 얻은 것이거나 관찰된 것이거나 마음으로 생각한 것으로서 이 세상에서 저 세상으로 가고 저 세상에서 이 세상으로 온다고 하는 그 모든 것은 나의 소유가

아니요, 나도 또한 저것의 소유가 아니며, 또한 신도 아니다.'

이렇게 지혜롭게 관찰하여 그것을 진실 그대로 안다.

또 '〈이것은 신이다, 이것은 세상이다, 이것은 나다, 나는 응당 후세에 존재하게 되어 있으므로 언제나 변하거나 바뀌지 않고 언제나 멸하지 않는 법이다〉라고 하는 내가 가진 이 소견 모두는 다 나의 소유가 아니요, 나 또한 저것의 소유가 아니며, 또한 신도 아니다'라고 이렇게 지혜롭게 관찰하여 그것을 진실 그대로 아느니라."

그때 한 비구가 자리에서 일어나 가사 한 자락을 벗어 메고 합장하고 부처님을 향해 여쭈었다.

"세존이시여, 혹 안〔內〕을 인하여 두려움이 있습니까?"

"있느니라."

"세존이시여, 어떻게 안을 인하여 두려움이 있습니까?"

세존께서는 대답하셨다.

"어떤 비구는 이렇게 보고 이렇게 말한다.

'혹은 이전에는 나〔我〕라는 것이 있었는데 지금은 없다. 나라는 것을 주장해 보아도 나를 얻을 수 없다.'

그는 이렇게 보고 이렇게 말하면서 근심하고 슬퍼하며 괴로워하고 울며 가슴을 치면서 미친 증세를 일으킨다. 비구야, 이와 같이 안을 인하여 두려움이 있느니라."

비구는 세존을 찬탄한 뒤에 다시 여쭈었다.

"세존이시여, 안을 인하여 두려움이 없기도 합니까?"

"없을 수 있느니라."

"세존이시여, 어떻게 안을 인하여 두려움이 없습니까?"

세존께서 대답하셨다.

"어떤 비구는 이렇게 보지 않고 이렇게 말하지 않는다.

'혹 이전에는 나라는 것이 있었는데 지금은 없다. 나라는 것을 주장해 보아도 나를 얻을 수 없다.'

그는 이렇게 보지 않고 이렇게 말하지 않아 근심하거나 슬퍼하지 않고 괴로워하거나 울지 않으며 가슴을 치면서 미친 증세를 일으키지도 않는다. 비구야, 이와 같이 안을 인하여 두려움이 없느니라."

비구는 세존을 찬탄한 뒤에 다시 여쭈었다.

"세존이시여, 혹 밖을 인하여 두려움이 있기도 합니까?"

"있느니라."

"세존이시여, 어떻게 밖을 인하여 두려움이 있습니까?"

세존께서 대답하셨다.

"어떤 비구는 이렇게 보고 이렇게 말한다.

'이것은 신이다, 이것은 세상이다, 이것은 나다, 나는 마땅히 후세에도 존재하게 될 것이다.'

그는 이렇게 보고 이렇게 말하다가 총명하고 지혜로우며 말을 잘하고 지혜를 성취한 여래를 만나거나, 혹은 여래의 제자를 만난다. 그러면 여래나 혹은 여래의 제자는 일체의 자기 몸을 멸하였기 때문에 법을 연설하고 일체의 번뇌와 일체의 나와 나의 할 일을 버리고 교만의 번뇌를 멸하였기 때문에 법을 연설한다. 여래나 여래의 제자가 일체의 자기 몸을 멸하였기 때문에 법을 연설하고 일체의 번뇌와 일체의 나와 나의 할 일을 버리고 교만의 번뇌를 멸하였기 때문에 법을 연설하면 그는 그때 근심하고 슬퍼하며 괴로워하고 울며 가슴을 치면서 미친 증세를 일으켜 이렇게 말한다.

'나는 완전히 멸망해 다시는 존재하지 않는구나.'

왜냐하면 그 비구는 이른바 긴 세월 동안 사랑할 것도 없고 즐겨할 것도 없으며, 마음으로 생각할 것도 없기 때문이다. 비구야, 많이 행한 그는 곧 근심하고 슬퍼하며 괴로워하고 울면서 가슴을 치고 미친 증세를 일으킨다. 비구야, 이렇게 밖을 인하여 두려움이 있느니라."

비구가 세존을 찬탄하고 다시 여쭈었다.

"세존이시여, 혹 밖을 인하여 두려움이 없기도 합니까?"

"없을 수 있느니라."

"세존이시여, 어떻게 밖을 인하여 두려움이 없습니까?"

세존께서 대답하셨다.

"어떤 비구는 이렇게 보지 않고 이렇게 말하지 않는다.

'이것은 신이다, 이것은 세상이다, 이것은 나다, 나는 마땅히 후세에도 존재하게 될 것이다.'

또 그는 이렇게 보지 않고 이렇게 말하지 않다가 총명하고 지혜로우며 말을 잘하고 지혜를 성취한 여래나 여래의 제자를 만난다. 그러면 여래나 혹은 여래의 제자는 일체의 자기를 멸하였기 때문에 법을 연설하고, 일체의 번뇌와 일체의 나와 나의 할 일을 버리고 교만의 번뇌를 멸하였기 때문에 법을 연설한다. 여래나 여래의 제자가 일체의 자기 몸을 멸하였기 때문에 법을 연설하고 일체의 번뇌와 일체의 나와 나의 할 일을 버리고 교만의 번뇌를 멸하였기 때문에 법을 연설하면 그때, 그는 근심하거나 슬퍼하지 않고 괴로워하거나 울지 않으며 가슴을 치면서 미친 증세를 일으키지도 않는다.

그리고 '나는 완전히 멸망해 다시는 존재하지 않는구나'라고 이렇게 말하지 않는다. 왜냐하면 그 비구는 이른바 오랜 세월 동안 사랑할 만하고 즐겨할 만하며 마음으로 생각할 만하기 때문이다. 비구야, 많이 행한 그는 곧 근심하거나 슬퍼하지 않고 괴로워하지도 않으며 울지도 않고 가슴을 치면서 미친 증세를 일으키지도 않는다. 비구야, 이렇게 밖을 인하여 두려움이 없느니라."

그때 비구는 세존을 찬탄하며 아뢰었다.

"훌륭하고 훌륭하십니다."

이렇게 세존을 찬탄한 뒤에 부처님 말씀을 들어 잘 받아 가져 외우고 곧 잠자코 있었다.

그러자 세존께서 모든 비구들을 찬탄하셨다.

"훌륭하고 훌륭하다. 비구들아, 받을 만한 이러한 것을 받고, 받은 뒤에는 근심하거나 슬퍼하지 말고 괴로워하거나 울지 말며 가슴을 치면서 미친 증세를 일으키지 말라. 너희들은 받을 만한 받을 것을 보고 본 뒤에는 근심하거나 슬퍼하지 않고 괴로워하거나 울지 않으며 가슴을 치면서 미친 증세를 일으키지 않는가?"

"그렇지 않습니다. 세존이시여."

"훌륭하고 훌륭하다. 너희들은 의지할 만한 이러한 견해에 의지하고 본 뒤에는 근심하거나 슬퍼하지 말고 괴로워하거나 울지 말며 가슴을 치면서 미친 증세를 일으키지 말라. 너희들은 의지할 만한 이러한 견해에 의지하는 것을 보고 그것을 본 뒤에는 근심하거나 슬퍼하지 않고 괴로워하거나 울지 않으며 가슴을 치면서 미친 증세를 일으키지 않는가?"

"그렇지 않습니다. 세존이시여."

"훌륭하고 훌륭하다. 너희들은 '언제나 존재하여 변하지 않고 멸하지 않는 그러한 몸을 받아야 한다'고들 한다. 너희들은 '받을 만한 몸인 그러한 몸을 받고 나면 언제나 존재하여 변하지 않고 멸하지 않는다'고 보는가?"

"그렇지 않습니다. 세존이시여."

"훌륭하고 훌륭하다. 이른바 '신이 있기 때문에 내가 있고 신이 없으면 내가 없다'고 하지만, 신이나 신의 소유라 할 만한 것은 얻을 수도 없고 시설할 수도 없다. 또 마음속에 있는 견해나 맺힌 것이나 모든 번뇌도 또한 얻을 수도 없고 시설할 수도 없는 것이다. 비구들아, 소견과 소견의 대상이 서로 계속하는 것을 갖추어 말한다는 것은 마치 '저 아리타阿梨吒 비구는 본래 솔개를 길들이던 사람이었다'는 것과 같지 않겠는가?"

"그렇습니다. 세존이시여, 소견과 소견의 대상이 서로 계속하는 것을 갖추어 말한다는 것은 마치 '저 아리타 비구는 본래 솔개를 길들이던 사람이었다'는 것과 같습니다."

부처님께서 다시 말씀하셨다.

"비구들아, 다시 6견처가 있다. 어떤 것이 여섯 가지인가? 비구는 '과거·미래·현재나 혹은 안이나 밖이나, 혹은 정밀하거나 거칠거나, 혹은 묘하거나 묘하지 않거나, 혹은 가깝거나 멀거나, 그 모든 색色은 다 나의 소유가 아니요, 나도 또한 저것의 소유가 아니며, 또한 신神도 아니다'라고 사실 그대로를 안다.

또 '내가 가진 감각·내가 가진 감정·내가 가진 이 소견도 나의 소유가 아니요, 나도 또한 저것의 소유가 아니며, 나에는 마땅히 나라는 것이 없고, 나는 응당 없는 것이다. 저 일체는 나의 소유가 아니요, 나도 또한 저것의 소유가 아니며, 또한 신도 아니다'라고 이렇게 지혜롭게 관찰하여 그것을 진실 그대로 안다.

또 이런 견해가 있다.

'보고 듣고 분별하고 아는 것을 통해 얻은 것이거나 관찰된 것이거나 마음으로 생각한 것으로서 이 세상에서 저 세상으로 가고 저 세상에서 이 세상으로 온다고 하는 그 모든 것은 나의 소유가 아니요, 나라는 것도 저것의 소유가 아니며, 또한 신도 아니다.'

이렇게 지혜롭게 관찰하여 그것을 진실 그대로 안다.

또 〈이것은 신이다, 이것은 세상이다, 이것은 나다. 또 나는 응당 후세에 존재하는 것이어서 변하거나 바뀌지 않고 언제나 멸하지 않는 법이다〉라고 하는 이런 소견도 모두 나의 소유가 아니요, 나도 또한 저것의 소유가 아니며, 또한 신도 아니다'라고 이렇게 지혜롭게 관찰하여 그것을 진실 그대로 아느니라."

만일 어떤 비구가 이 6견처를 신神이라 보지 않고, 또한 신의 소유라고도 보지 않으면 그는 이렇게 보지 않은 뒤에는 이 세상을 받아들이지 않고 이 세상을 받아들이지 않은 뒤에는 곧 두려움이 없어지며 두려워하지 않음으로 인하여 곧 열반을 얻는다. 그래서 생은 이미 다하고 범행梵行은 이미 서고 할 일을 이미 마쳐 다시는 후세의 생명을 받지 않는다는 것을 진실 그대로 안다. 이것을 '비구가 해자를 건너고 해자를 지나며 성을 부수고 문도 없애며 거룩한 지혜의 거울이 되는 것'이라 하느니라.

어떻게 비구가 해자를 건너는가? 무명無明의 해자를 이미 없애고 이미 알아서 그 근본을 뽑아 끊어버리고 부수고 깨뜨려 다시는 나지 않게 하나니 이렇게 비구가 해자를 건넌다. 어떻게 비구는 해자를 지나는가? 생명에 대한 사랑〔有愛〕을 이미 없애고 이미 알아서 그 근본을 뽑아 끊어버리고 부수고 깨뜨려 다시는 나지 않게 하나니 이렇게 비구는 해자를 지난다. 어떻게 비구가 성을 부수는가? 끝없는 생사를 이미 없애고 이미 알아서 그 근본을 뽑아 끊어버리고 부수고 깨뜨려 다시는 나지 않게 하나니 이렇게 비구가 성을 부순다. 어떻게 비구가 문을 없애는가? 5하분결下分結을 이미 없애고 이미 알아서 그 근본을 뽑아 끊어버리고 부수고 깨뜨려 다시는 나지 않게 하나니 이렇게 비구는 문을 없앤다. 어떻게 비구가 거룩한 지혜의 거울이 되는가? 아만을 이미 없애고 이미 알아서 그 근본을 뽑아 끊어버리고 부수고 깨뜨려 다시는 나지 않게 하나니 이렇게 비구는 거룩한 지혜의 거울이 된다. 이것을 '비구가 해자를 건너고 해자를 지나며 성을 부수고 문을 없애며 거룩한 지혜의 거울이 되는 것'이라 하느니라.

이렇게 바르게 해탈한 여래를 저 인제라(因提羅 : 帝釋天)나 천왕 이사나伊沙那, 또 범천이나 그 권속들은 아무리 구해도 여래가 의지한 식을 얻지 못한다. '여래는 범梵이요, 여래는 차거운 것이며, 여래는 번뇌로 뜨거워지지 않고, 여래는 변하지 않는다'고 나는 이렇게 말한다.

모든 사문 범지들은 나를 모함하고 비방하여 '사문 구담은 중생을 다룰만한 시설이 없다. 그는 진실로 중생이며 모든 것은 단멸해 없어지는 것이라고 주장하지만, 만일 이 자리에 있다면 나가 없다고 말하지는 못하리라'고 진실이 아닌 거짓말을 한다. 저 여래는 현재에 있어서 근심이 없다고 말한다. 혹 어떤 사람이 여래를 몹시 욕하고 매질하고 꾸짖더라도 여래는 그 때문에 성내지 않고 미워하지 않으며 끝내 그를 해칠 마음을 가지지 않는다. 만일 사람들이 여래를 몹시 욕하고 매질하며 꾸짖으면 그때 여래의 마음은 어떠한가? 여래는 이렇게 생각한다.

'내가 본래 만든 것이요 내가 본래 지은 것이다. 그러므로 이런 일을 당한다.'

그래서 사람들이 여래를 몹시 욕하고 매질하며 성내고 꾸짖더라도 여래는 이렇게 생각하는 것이다. 또 혹 다른 사람이 여래를 공경하고 공양하며 예로서 섬기고 존중하더라도 여래는 그 때문에 반가워하지 않고 기뻐하지 않으며 마음으로 즐거워하지 않는다. 만일 다른 사람이 여래를 공경하고 공양하며 예로써 섬기고 존중하면 여래의 마음은 어떠한가? 여래는 이렇게 생각한다.

'나는 지금 아는 것이 있고 끊은 것이 있기 때문에 이런 보답을 받

는다.'

만일 다른 사람이 여래를 공경하고 공양하며 예로서 섬기고 존중하면 여래는 이렇게 생각하느니라."

이에 세존께서는 다시 모든 비구들에게 말씀하셨다.

"만일 다른 사람들이 너희들을 몹시 욕하고 매질하며 성내고 꾸짖거나 또 공경하고 공양하며 예로써 섬기고 존중하더라도 너희들은 그 때문에 성내거나 미워하지 말고 해칠 마음을 일으키지 말며 또한 반가워하거나 기뻐하지 말고 마음으로 즐거워하지도 말라. 왜냐하면 우리는 신神이 없고 신의 소유도 없기 때문이다. 마치 이제 이 승림勝林문 밖에 있는 마른 풀이나 나무를 다른 사람이 가지고 가서 불태우거나 마음대로 쓰는 것과 같다. 너희들 생각에는 어떠하냐? 그 마른 풀이나 나무가 혹 '다른 사람들이 나를 가지고 가서 불태우고 또 마음대로 쓴다'고 이렇게 생각하겠는가?"

"아닙니다. 세존이시여."

"이와 같이 만일 다른 사람들이 너희들을 몹시 욕하고 매질하며 성내고 꾸짖거나 또 혹은 공경하고 공양하며 예로써 섬기고 존중하더라도 너희들은 그 때문에 성내거나 미워하지 말고 해칠 마음을 일으키지 말며 또한 반가워하고 기뻐하거나 마음으로 즐거워하지 말라. 왜냐하면 우리는 신도 없고 신의 소유도 없기 때문이니라.

비구들아, 이제 내 법은 잘 말해져서 드러났고 널리 펴져 비거나 이지러짐이 없으며 두루 펴져 천상과 인간에 전해졌다. 이와 같이 내 법이 잘 말해져서 드러나고 널리 펴져 비거나 이지러짐이 없으며 두루 펴져 천상과 인간에 전해졌으므로 혹 바른 지혜로 해탈해 목숨이 끝나는 사람이 있으면 그는 '생명〔有〕은 끝이 없다'고 주장하지 않으리라. 내 법은 잘 말해져서 드러났고, 자세히 펴져 비거나 이지러짐이 없으며 두루 퍼져 천상과 인간에 전해졌다. 이와 같이 내 법은 잘 말해져서 드러났고 널리 퍼져 비거나 이지러짐이 없으며 두루 퍼져 천상과 인간에 전해졌으므로 혹 5하분결을 없애고 목숨이 끝나는 사람이 있으면 그는 저 세상에 나서 곧 열반에 들고 물러나지 않는 법을 얻어 이 세상에 돌아오지 않으리라.

내 법은 잘 말해져서 드러났고 널리 퍼져 비거나 이지러짐이 없으며 두루 퍼져 천상과 인간에 전해졌다. 이와 같이 내 법은 잘 말해져서 드러났고 널리 퍼져 비거나 이지러짐이 없으며 두루 퍼져 천상과 인간에 전해졌으므로 혹 저 3결結이 이미 없어지고 사음·성냄·어리석음의 세 번뇌가 엷어진 자는 천상과 인간에 한 번 왕래하게 되며 한 번 왕래한 뒤에는 곧 괴로움의 끝을 본다.

내 법은 잘 말해져서 드러났고 널리 퍼져 비거나 이지러짐이 없으며 두루 퍼져 천상과 인간에 전해졌다. 이와 같이 내 법은 잘 말해져서 드러났고, 널리 퍼져 비거나 이지러짐이 없으며, 두루 퍼져 천상과 인간에 전해졌으므로 혹 세 번뇌가 이미 없어지고 수다원을 얻은 자는 나쁜 법에 떨어지지 않고 결정코 바른 깨달음으로 나아가 천상과 인간을 일곱 번 왕래하고 일곱 번 왕래한 뒤에는 괴로움의 끝을 본다. 내 법은 잘 말해져 드러났고 자세히 퍼져 비거나 이지러짐이 없으며 두루 퍼져 천상과 인간에 전해졌다. 이와 같이 내 법은 잘 말해져서 드러났고 자세히 펴져 비거나 이지러짐이 없으며 두루 퍼져 천상과 인간에 전해졌으므로 혹 나를 믿고 즐거워하다가 목숨이 끝나는 자들은 다 좋은 곳에 태어나고 이와 같이 남음이 있을 것이니라."

부처님께서 이렇게 말씀하시자 모든 비구들은 부처님 말씀을 듣고 기뻐하며 받들어 행하였다.

〔이 아리타경에 수록된 경문의 글자 수는 총 4,570자이다.〕

201) 차제경嗏帝經〔제5 후송〕

나는 이와 같이 들었다.

어느 때 부처님께서 사위국에 유행하실 적에 승림급고독원에 계셨다. 그때 계화다자雞和哆子 차제嗏帝 비구[1]는 이러한 나쁜 소견을 내었다.

'나는 세존께서 〈지금의 이 식識은 저 세상에 가서 태어나더라도 달라지지 않는다〉라고 설법하신 것으로 알고 있다.'

여러 비구들은 이 말을 듣고 차제 비구가 있는 곳으로 가서 물었다.

"차제여, 너는 참으로 '나는 세존께서 〈지금의 이 식은 저 세상에 가서 태어나더라도 달라지지 않는다〉고 말씀하신 것으로 알고 있다'고 이렇게 말하였는가?"

차제 비구가 대답하였다.

"여러분, 나는 참으로 세존께서 〈지금의 이 식은 저 세상에 가서 태어나더라도 달라지지 않는다〉고 이렇게 설법하신 것으로 알고 있습니다."

그러자 모든 비구들이 차제 비구를 꾸짖어 말하였다.

"너는 그런 말을 하지 말라. 세존을 모함해 비방하지 말라. 세존을 모함해 비방하는 것은 좋지 못하다. 세존께서는 그렇게 말씀하지 않으셨다. 차제 비구야, 지금의 이 식識은 연緣을 인연하기 때문에 일어난다. 세존께서는 한량없는 방편으로 '식은 연을 인연하기 때문에 일어난다. 식은 연이 있으면 일어나고 연이 없으면 멸한다'고 말씀하셨

1 계화다자雞和哆子는 팔리본에 Kevaṭṭaputta로 되어 있다. 즉 어부漁夫의 아들이라는 뜻이다. 차제嗏帝는 Sāti의 음역이다.

다. 차제 비구야, 너는 빨리 그런 나쁜 소견을 버려야 한다."

차제 비구는 모든 비구들의 꾸짖음을 받고도 그 나쁜 소견을 굳게 고집하여 여전히 '이것은 진실하고 다른 것은 허망하다'고 그렇게 거듭거듭 되풀이 해 말했다. 많은 비구들은 차제 비구의 이 나쁜 소견을 버리게 하지 못하고 곧 자리에서 일어나 떠나갔다. 그들은 부처님 계신 곳으로 나아가 부처님 발에 머리를 조아리고 물러나 한쪽에 앉아 아뢰었다.

"세존이시여, 차제 비구는 이러한 나쁜 소견을 가지고 있습니다.

'나는 세존께서 〈지금의 이 식은 저 세상에 가서 태어나더라도 달라지지 않는다〉고 이렇게 설법하신 것으로 알고 있다.'

세존이시여, 저희들은 그 말을 듣고 차제 비구에게 가서 물었습니다.

'차제 비구야, 너는 참으로 〈나는 세존께서 지금의 이 식은 저 세상에 가서 태어나더라도 달라지지 않는다고 말씀하신 것으로 알고 있다〉고 말하였는가?'

차제 비구가 저희들에게 대답했습니다.

'여러분, 나는 참으로 세존께서 〈지금의 이 식은 저 세상에 가서 태어나더라도 달라지지 않는다〉고 설법하신 것으로 알고 있습니다.'

세존이시여, 그래서 저희들은 그를 꾸짖었습니다.

'차제 비구야, 너는 그런 말을 하지 말라. 세존을 비방해 모함하는 것은 좋지 못하다. 세존께서는 그렇게 말씀하지 않으셨다. 차제 비구야, 지금의 이 식은 연을 따르기 때문에 일어난다. 세존께서는 한량없는 방편으로 〈식은 연을 따르기 때문에 일어난다. 식은 연이 있으면 생기고 연이 없으면 멸한다〉고 말씀하셨다. 차제 비구야, 너는 빨리 그 나쁜 소견을 버려야 한다.'

저희들이 이렇게 꾸짖었으나 그는 나쁜 소견을 굳게 고집하여 여전히 '이것은 진실이요 다른 것은 허망한 것이다'라고 그렇게 재삼 되풀이 해 말했습니다. 세존이시여, 저희들은 이리하여 차제 비구의 나쁜 소견을 버리게 하지 못하고 곧 자리에서 일어나 떠났습니다."

세존께서 이 말을 들으시고 한 비구에게 분부하셨다.

"너는 차제 비구에게 가서 '세존께서 너를 부르신다'고 말하라."

이에 한 비구가 세존의 분부를 받고 곧 자리에서 일어나 부처님 발에 머리를 조아리고 세 바퀴 돌고 나서 떠나갔다. 그는 차제 비구에게 가서 말하였다.

"세존께서 그대를 부르십니다."

차제 비구는 곧 부처님께 나아가 부처님 발에 머리를 조아리고 물러나 한쪽에 앉았다.

세존께서는 물으셨다.

"너는 참으로 '나는 세존께서 〈지금의 이 식識은 저 세상에 가서 태어나더라도 달라지지 않는다〉라고 이렇게 설법하신 것으로 안다'고 그와 같이 말하였는가?"

차제 비구가 아뢰었다.

"세존이시여, 저는 참으로 세존께서 '지금의 이 식은 저 세상에 가서 태어나더라도 달라지지 않는다'고 이렇게 설법하신 것으로 알고 있습니다."

세존께서 물으셨다.

"어떤 것이 식識인가?"

"세존이시여, 이른바 이 식이란 말하고 깨달으며 스스로 짓고 남을 짓게 하며 일어나고 함께 일어나는 것으로서 여기저기서 선하고 악한 업을 지어 그 과보를 받는 것입니다."

세존께서 꾸짖어 말씀하셨다.

"차제 비구야, 너는 어떻게 내가 그렇게 설법하였다고 알고 있으며 너는 누구에게서 내가 그렇게 설법하더라고 들었느냐? 너 어리석은 사람아, 나는 전혀 그런 말을 하지 않았는데 너는 한결같이 그렇게 말하는구나. 너 어리석은 사람아, 모든 비구들에게 꾸짖음을 들었으면 너는 그때 마땅히 법대로 대답했어야 할 것이다. 나는 이제 모든 비구들에게 물어 보리라."

이에 세존께서 모든 비구들에게 물으셨다.

"비구들아, 너희들도 또한 내가 '지금의 이 식은 저 세상에 가서 태어나더라도 달라지지 않는다'고 이렇게 설법했다고 기억하고 있느냐?"

"아닙니다. 세존이시여."

"너희들은 내 설법을 어떻게 기억하고 있느냐?"

모든 비구들이 아뢰었다.

"저희들은 세존께서 '식은 연緣을 따르기 때문에 일어난다'고 설법하신 것으로 압니다. 세존께서는 한량없는 방편으로 '식은 연을 따르기 때문에 일어난다. 식은 연이 있으면 생기고 연이 없으면 멸한다'고 말씀하셨습니다. 저희들은 세존께서 이렇게 설법하신 것으로 기억하고 있습니다."

세존께서 찬탄하며 말씀하셨다.

"훌륭하고 훌륭하다. 비구들아, 너희들은 내가 그렇게 설법한 것을 알고 있구나. 왜냐하면 나도 또한 그렇게 '식은 연을 따르기 때문에 일어난다'고 설법하였기 때문이다. 나는 '식은 연을 따르기 때문에 일어난다. 식은 연이 있으면 생기고 연이 없으면 멸한다'고 말했다. 식은 연하는 바를 따라 생기는데 그 연이란 곧 눈과 빛깔을 연하여 식이 생기는 것을 말하며 식이 생긴 뒤에는 눈의 식〔眼識〕이라고 말한다. 이와 같이 귀·코·혀·몸에 있어서도 또한 그러하며 뜻과 법을 인연하여 식이 생기고 식이 생긴 뒤에는 뜻의 식〔意識〕이라고 말한다. 그것은 마치 불이 연하는 바를 따라 생기는 것과 같나니, 그 연이란 나무를 연하여 불이 생기는 것을 말하며 불이 생긴 뒤에는 나무의 불이라고 말한다. 또 풀이나 똥무더기를 연하여 생긴 불은 풀의 불, 똥무더기의 불이라고 말한다. 이와 같이 식은 연하는 바를 따라 생기는데 그 연이란 곧 눈과 빛깔을 연하여 식이 생기는 것을 말하며 식이 생긴 뒤에는 눈의 식이라고 말한다. 이와 같이 귀·코·혀·몸에 있어서도 또한 그러하며 뜻과 법을 연하여 식이 생기고 식이 생긴 뒤에는 뜻의 식이라 하느니라."

세존께서 다시 찬탄하며 말씀하셨다.

"훌륭하고 훌륭하다. 너희들은 내가 이렇게 설법한 것을 알고 있구나. 그런데 저 어리석은 사람 차제 비구는 거꾸로 그 뜻과 글을 받아 이해하고 있다. 그는 스스로 거꾸로 받아 이해하고 있기 때문에 나를 모함해 비방하고 스스로 자기를 해쳤으며 계를 범하고 죄를 지어 모든 지혜로운 범행자들의 나무람을 받고 또 큰 죄를 지었다. 너 어리석은 사람아, 네가 이렇게 악하고 착하지 않은 줄을 알겠느냐?"

이에 차제 비구는 세존의 면전에서 직접 꾸지람을 듣고 마음에 근심과 슬픔을 품고 머리를 떨구고 잠자코 있었다. 할 말을 잃고 말이 없었으나 무엇인가 물을 것이 있는 것 같았다.

이에 세존께서 차제 비구를 면전에서 직접 꾸짖으신 뒤에 모든 비구들에게 말씀하셨다.

"내 너희들을 위하여 번뇌의 뜨거움도 없고 항상 존재하며 변화하지 않는 법의 최후의 경지에 대하여 설명하리라. 모든 지혜 있는 자들은 이와 같이 관찰해야 한다. 잘 듣고 잘 생각해 기억하라."

부처님께서 말씀하셨다.

"참말을 보느냐?"

"봅니다. 세존이시여."

"여래의 참말을 보느냐?"

"봅니다. 세존이시여."

"여래가 멸한 뒤에는 그 참말도 또한 멸하는 법이라고 보느냐?"

"그렇습니다. 세존이시여."

"참말을 이미 보았느냐?"

"그렇습니다. 세존이시여."

"여래의 참말을 이미 보았느냐?"

"그렇습니다. 세존이시여."

"여래가 멸한 뒤에는 그가 가진 참말도 또한 멸하는 법이라고 이미 보았느냐?"

"그렇습니다. 세존이시여."

"참말에 대하여 의혹이 없느냐?"

"없습니다. 세존이시여."

"여래의 참말에 의혹이 없느냐?"

"없습니다, 세존이시여."

"여래가 멸한 뒤에는 그가 가지고 있는 참말도 또한 멸하는 법이라는 데에 의혹이 없느냐?"

"없습니다, 세존이시여."

"참말은 이러하다고 지혜로써 진실 그대로를 보면 그가 가진 의혹도 또한 멸하느냐?"

"그렇습니다. 세존이시여."

“여래의 참말은 이러하다고 지혜로써 진실 그대로를 보면 그가 가진 의혹도 또한 멸하느냐?”

“그렇습니다. 세존이시여.”

“여래가 멸한 뒤에는 그가 가진 참말도 또한 멸하는 법이라고 이렇게 지혜로써 진실 그대로를 보면 그가 가진 의혹도 또한 멸하느냐?”

“그렇습니다. 세존이시여.”

“참말에 대하여 이미 의혹이 없느냐?”

“그렇습니다. 세존이시여.”

“여래의 참말에 대하여 이미 의혹이 없느냐?”

“그렇습니다. 세존이시여.”

“여래가 멸하면 그가 가진 참말도 또한 멸하는 법이라는 데에 이미 의혹이 없느냐?”

“그렇습니다. 세존이시여.”

세존께서 찬탄하시며 말씀하셨다.

“훌륭하고 훌륭하다. 만일 너희들이 그렇게 알고 그렇게 보고는 이른바 ‘나의 이 소견은 이렇게 청정하다’고 하며, 그것에 집착하고 그것을 아끼며, 그것을 지켜 버리려고 하지 않는다면, 너희들은 내가 긴 세월 동안에 설한 뗏목의 비유에 대해 알고, 그것을 안 뒤에 막힌 것이 트이겠느냐?”

“아닙니다. 세존이시여.”

세존께서 찬탄하며 말씀하셨다.

“훌륭하고 훌륭하다. 만일 너희들이 이렇게 알고 이렇게 보아 이른바 ‘나의 이 소견은 이렇게 청정하다’고 하더라도 그것에 집착하지 않고 그것을 아끼지 않으며, 그것을 지키지 않고 그것을 버리려고 한다면, 너희들은 내가 긴 세월 동안에 설한 뗏목의 비유를 알고, 그것을 안 뒤에 막힌 것이 트이겠느냐?"

"그렇습니다. 세존이시여."

세존께서 찬탄하며 말씀하셨다.

"훌륭하고 훌륭하다. 만일 어떤 이교도異教徒들이 와서 너희들에게 '여러분, 그대들에게 만일 그렇게 청정한 소견이 있다면 거기에는 무슨 뜻이 있고, 무엇을 위한 것이며, 무슨 공덕이 있습니까?' 하고 묻는다면 너희들은 어떻게 대답하겠느냐?"

"세존이시여, 만일 어떤 이교도들이 와서 저희들에게 '여러분, 그대들에게 만일 그렇게 청정한 소견이 있다면 거기에는 무슨 뜻이 있고 무엇을 위한 것이며, 무슨 공덕이 있습니까?' 하고 묻는다면 저희들은 마땅히 '여러분, 그것은 싫어하는 도리를 위한 것이며, 욕심이 없는 도리를 위한 것이며, 참된 도리를 보고 알기 위한 까닭입니다'라고 이렇게 대답하겠습니다. 세존이시여, 만일 어떤 이교도들이 와서 저희들에게 묻는다면 저희들은 마땅히 이렇게 대답하겠습니다."

세존께서 찬탄하며 말씀하셨다.

"훌륭하고 훌륭하다. 만일 이교도들이 와서 너희들에게 묻거든 너희들은 마땅히 그렇게 대답하라. 왜냐하면 여기에서 말한 바 관찰이란 첫째 굵고 가는 단식摶食이요, 둘째 갱락식更樂食이며, 셋째 의념식意念食이요, 넷째 식식識食이다. 이 4식食은 무엇을 말미암고 무엇을 원인하며, 어디서 생겨 무엇 때문에 있는가? 이 4식은 애愛를 말미암고 애를 원인하며, 애에서 생겨 애 때문에 있다. 애는 무엇을 말미암고 무엇을 원인하며, 어디서 생겨 무엇 때문에 있는가? 애는 각覺을 말미암고 각을 원인하며, 각에서 생겨 각 때문에 있다. 각은 무엇을 말미암고 무엇을 원인하며, 어디서 생겨 무엇 때문에 있는가? 각은 갱락更樂을 말미암고 갱락을 원인하며, 갱락에서 생겨 갱락 때문에 있다. 갱락은 무엇을 말미암고 무엇을 원인하며, 어디서 생겨 무엇 때문에 있는가? 갱락은 6처處를 말미암고 6처를 원인하며, 6처에서 생겨 6처 때문에 있다. 6처는 무엇을 말미암고 무엇을 원인하며, 어디서 생겨 무엇 때문에 있는가? 6처는 명색名色을 말미암고 명색을 원인하며, 명색에서 생겨 명색 때문에 있다. 명색은 무엇을 말미암고 무엇을 원인하며, 어디서 생겨 무엇 때문에 있는가? 명색은 식識을 말미암고 식을 원인하며, 식에서 생겨 식 때문에 있다. 식은 무엇을 말미암고 무엇을 원인하며, 어디서 생겨 무엇 때문에 있는가? 식은 행行을 말미암고 행을 원인하며, 행에서 생겨 행 때문에 있다. 행은 무엇을 말미암고 무엇을 원인하며 어디서 생겨 무엇 때문에 있는가? 행은 무명無明을 말미암고 무명을 원인하며, 무명에서 생겨 무명 때문에 있느니라.

이것을 무명을 인연하여 행이 있고 행을 인연하여 식이 있으며 식을 인연하여 명색이 있고 명색을 인연하여 6처가 있으며 6처를 인연하여 갱락이 있고 갱락을 인연하여 각이 있으며 감각을 인연하여 애가 있고 애를 인연하여 수受가 있으며 수를 인연하여 유가 있고 유를 인연하여 생이 있으며 생生을 인연하여 늙음과 죽음·시름·슬픔·울음·걱정·괴로움·번민이 있는 것이라 하느니라.

이리하여 이러한 큰 괴로움의 무더기가 생기고 생을 인연하여 늙음과 죽음이 있으니, 이것을 생을 인연하여 늙음과 죽음이 있다고 말한다. 비구들아, 너희들 생각에는 어떠하냐?"

벼구들이 아뢰었다.

"세존이시여, 생生을 인연하여 늙음과 죽음이 있다는 것은 저희들의 생각에도 그렇다고 생각됩니다. 왜냐하면 생을 인연하여 늙음과 죽음이 있기 때문입니다."

"유를 인연하여 생이 있나니, 이것을 유有를 인연하여 생이 있다고 말한다. 너희들 생각에는 어떠하냐?"

"세존이시여, 유를 인연하여 생이 있다는 것은 저희들 생각에도 그렇다고 생각됩니다. 왜냐하면 유를 인연하여 생이 있기 때문입니다."

"수受를 인연하여 유가 있나니, 이것을 수를 인연하여 유가 있다고 말한다. 너희들 생각에는 어떠하냐?"

"세존이시여, 수를 인연하여 유가 있다는 것은 저희들 생각에도 그렇다고 생각됩니다. 왜냐하면 수를 인연하여 유가 있기 때문입니다."

"애愛를 인연하여 수가 있나니, 이것을 애를 인연하여 수가 있다고 말한다. 너희들 생각에는 어떠하냐?"

"세존이시여, 애를 인연하여 수가 있다는 것은 저희들 생각에도 그렇다고 생각됩니다. 왜냐하면 애를 인연하여 수가 있기 때문입니다."

"각覺을 인연하여 애가 있나니 이것을 각을 인연하여 애가 있다고 말한다. 너희들 생각에는 어떠하냐?"

"세존이시여, 각을 인연하여 애가 있다는 것은 저희들 생각에도 그렇다고 생각됩니다. 왜냐하면 각을 인연하여 애가 있기 때문입니다."

"갱락更樂을 인연하여 각이 있나니 이것을 갱락을 인연하여 각이 있다고 말한다. 너희들 생각에는 어떠하냐?"

"세존이시여, 갱락을 인연하여 각이 있다는 것은 저희들 생각에도 그렇다고 생각됩니다. 왜냐하면 갱락을 인연하여 각이 있기 때문입니다."

"6처處를 인연하여 갱락이 있나니, 이것을 6처를 인연하여 갱락이 있다고 말한다. 너희들 생각에는 어떠하냐?"

"세존이시여, 6처를 인연하여 갱락이 있다는 것은 저희들 생각에도 그렇다고 생각됩니다. 왜냐하면 6처를 인연하여 갱락이 있기 때문입니다."

“명색名色을 인연하여 .6처가 있나니, 이것을 명색을 인연하여 6처가 있다고 말한다. 너희들 생각에는 어떠하냐?”

“세존이시여, 명색을 인연하여 6처가 있다는 것은 저희들 생각에도 그렇다고 생각됩니다. 왜냐하면 명색을 인연하여 6처가 있기 때문입니다.”

“식識을 인연하여 명색이 있나니, 이것을 식을 인연하여 명색이 있다고 말한다. 너희들 생각에는 어떠하냐?”

“세존이시여, 식을 인연하여 명색이 있다는 것은 저희들 생각에도 그렇다고 생각됩니다. 왜냐하면 식을 인연하여 명색이 있기 때문입니다.”

“행行을 인연하여 식이 있나니, 이것을 행을 인연하여 식이 있다고 말한다. 너희들 생각에는 어떠하냐?”

“세존이시여, 행을 인연하여 식이 있다는 것은 저희들 생각에도 그렇다고 생각됩니다. 왜냐하면 행을 인연하여 식이 있기 때문입니다.”

“무명無明을 인연하여 행이 있나니, 이것을 무명을 인연하여 행이 있다고 말한다. 너희들 생각에는 어떠하냐?”

“세존이시여, 무명을 인연하여 행이 있다는 것은 저희들 생각에도 그렇다고 생각됩니다. 왜냐하면 무명을 인연하여 행이 있기 때문입니다.

이것을 무명을 인연하여 행이 있고 행을 인연하여 식이 있으며 식을 인연하여 명색이 있고 명색을 인연하여 6처가 있으며 6처를 인연하여 갱락이 있고 갱락을 인연하여 각이 있으며 각을 인연하여 애가 있고 애를 인연하여 수가 있으며 수를 인연하여 유가 있고 유를 인연하여 생이 있으며 생을 인연하여 늙음과 죽음이 있고 시름·슬픔·울음·근심·괴로움·번민이 생기게 되는 것이라 한다. 이리하여 이러한 큰 괴로움의 무더기가 생기게 됩니다."

세존께서 찬탄하며 말씀하셨다.

"훌륭하고 훌륭하다. 비구들아, 너희들이 한 말이 옳다. 왜냐하면 나도 또한 그렇게 말했기 때문이다. 곧 무명을 인연하여 행이 있고 행을 인연하여 식이 있으며 식을 인연하여 명색이 있고 명색을 인연하여 6처가 있으며 6처를 인연하여 갱락이 있고 갱락을 인연하여 각이 있으며 각을 인연하여 애가 있고 애를 인연하여 수가 있으며 수를 인연하여 유가 있고 유를 인연하여 생이 있으며 생을 인연하여 늙음과 죽음이 있고 시름·슬픔·울음·근심·괴로움·번민이 생기게 되며 이리하여 이러한 큰 괴로움의 무더기가 생기게 되느니라. 생이 멸하면 늙음과 죽음이 멸하나니, 이것을 생이 멸하면 늙음과 죽음이 멸한다고 말한다. 너희들 생각에는 어떠하냐?"

"세존이시여, 생이 멸하면 늙음과 죽음이 멸한다는 것은 저희들 생각에도 그렇다고 생각됩니다. 왜냐하면 생이 멸하면 늙음과 죽음이 멸하기 때문입니다."

"유가 멸하면 생이 멸하나니 이것을 유가 멸하면 생이 멸한다고 말한다. 너희들 생각에는 어떠하냐?"

"세존이시여, 유가 멸하면 생이 멸한다는 것은 저희들 생각에도 그렇다고 생각됩니다. 왜냐하면 유가 멸하면 생이 멸하기 때문입니다."

"수가 멸하면 유가 멸하나니, 이것을 수가 멸하면 유가 멸한다고 말한다. 너희들 생각에는 어떠하냐?"

"세존이시여, 수가 멸하면 유가 멸한다는 것은 저희들 생각에도 그렇다고 생각됩니다. 왜냐하면 수가 멸하면 유가 멸하기 때문입니다."

"애가 멸하면 수가 멸하나니, 이것을 애가 멸하면 수가 멸한다고 말한다. 너희들 생각에는 어떠하냐?"

"세존이시여, 애가 멸하면 수가 멸한다는 것은 저희들 생각에도 그렇다고 생각됩니다. 왜냐하면 애가 멸하면 수가 멸하기 때문입니다."

"각이 멸하면 애가 멸하나니, 이것을 각이 멸하면 애가 멸한다고 말한다. 너희들 생각에는 어떠하냐?"

"세존이시여, 각이 멸하면 애가 멸한다는 것은 저희들 생각에도 그렇다고 생각됩니다. 왜냐하면 각이 멸하면 애가 멸하기 때문입니다."

"갱락이 멸하면 각이 멸하나니, 이것을 갱락이 멸하면 각이 멸한다고 말한다. 너희들 생각에는 어떠하냐?"

"세존이시여, 갱락이 멸하면 각이 멸한다는 것은 저희들 생각에도 그렇다고 생각됩니다. 왜냐하면 갱락이 멸하면 각이 멸하기 때문입니다."

"6처가 멸하면 갱락이 멸하나니, 이것을 6처가 멸하면 갱락이 멸한다고 말한다. 너희들 생각에는 어떠하냐?"

"세존이시여, 6처가 멸하면 갱락이 멸한다는 것은 저희들 생각에도 그렇다고 생각됩니다. 왜냐하면 6처가 멸하면 갱락이 멸하기 때문입니다.

"명색이 멸하면 6처가 멸하나니, 이것을 명색이 멸하면 6처가 멸한다고 말한다. 너희들 생각에는 어떠하냐?"

"세존이시여, 명색이 멸하면 6처가 멸한다는 것은 저희들 생각에도 그렇다고 생각됩니다. 왜냐하면 명색이 멸하면 6처가 멸하기 때문입니다."

"식이 멸하면 명색이 멸하나니, 이것을 식이 멸하면 명색이 멸한다고 말한다. 너희들 생각에는 어떠하냐?"

"세존이시여, 식이 멸하면 명색이 멸한다는 것은 저희들 생각에도 그렇다고 생각됩니다. 왜냐하면 식이 멸하면 명색이 멸하기 때문입니다."

"행이 멸하면 식이 멸하나니, 이것을 행이 멸하면 식이 멸한다고 말한다. 너희들 생각에는 어떠하냐?"

"세존이시여, 행이 멸하면 식이 멸한다는 것은 저희들 생각에도 그렇다고 생각됩니다. 왜냐하면 행이 멸하면 식이 멸하기 때문입니다."

"무명이 멸하면 행이 멸하나니, 이것을 무명이 멸하면 행이 멸한다고 말한다. 너희들 생각에는 어떠하냐?"

"세존이시여, 무명이 멸하면 행이 멸한다는 것은 저희들 생각에도 그렇다고 생각됩니다. 왜냐하면 무명이 멸하면 행이 멸하기 때문입니다.

이것을 무명이 멸하면 행이 멸하고 행이 멸하면 식이 멸하며 식이 멸하면 명색이 멸하고 명색이 멸하면 6처가 멸하며 6처가 멸하면 갱락이 멸하고 갱락이 멸하면 각이 멸하고 각이 멸하면 애가 멸하고 애가 멸하면 수가 멸하고 수가 멸하면 유가 멸하고 유가 멸하면 생이 멸하며 생이 멸하면 늙음과 죽음이 멸하고 시름·슬픔·울음·근심·괴로움·번민이 멸하게 되는 것이라 한다. 이리하여 이러한 큰 괴로움의 무더기가 멸하게 됩니다."

세존께서는 찬탄하며 말씀하셨다.

"훌륭하고 훌륭하다. 비구들아, 너희들의 그 말이 옳다. 왜냐하면 나도 또한 그렇게 말하기 때문이다. 곧 무명이 멸하면 행이 멸하고 행이 멸하면 식이 멸하며 식이 멸하면 명색이 멸하고 명색이 멸하면 6처가 멸하며 6처가 멸하면 갱락이 멸하고 갱락이 멸하면 각이 멸하며 각이 멸하면 애가 멸하고 애가 멸하면 수가 멸하며 수가 멸하면 유가 멸하고 유가 멸하면 생이 멸하며 생이 멸하면 늙음과 죽음이 멸하고 시름·슬픔·울음·근심·괴로움·번민을 멸하게 되며 이리하여 이러한 큰 괴로움의 무더기가 멸하게 되느니라."

세존께서는 다시 찬탄하며 말씀하셨다.

"훌륭하고 훌륭하다. 만일 너희들이 그렇게 알고 그렇게 본다면 너희들은 혹 과거에 대해서 '나는 과거에 있었던가, 과거에 없었던가? 어떻게 과거에 있었으며, 무엇으로 말미암아 과거에 있었던가?'라고 그렇게 생각하겠는가?"

"아닙니다, 세존이시여."

세존께서 찬탄하며 말씀하셨다.

"훌륭하고 훌륭하다. 만일 너희들이 그렇게 알고 그렇게 본다면, 혹 너희들은 미래에 대해서 '내가 미래에 있을 것인가, 내가 미래에 없을 것인가? 어떻게 미래에 있을 것이며, 무엇으로 말미암아 미래에 있을 것인가?'라고 그렇게 생각하겠는가?"

"아닙니다. 세존이시여."

세존께서 찬탄하며 말씀하셨다.

"훌륭하고 훌륭하다. 만일 너희들이 그렇게 알고 그렇게 본다면 너희들은 혹 마음에 대해서 '이것은 어떠하고, 이것은 무엇인가? 이 중생들은 어디서 왔으며 어디로 가는가? 어떤 인因이 이미 있었고 어떤 인이 있을 것인가?'라고 의혹을 가지겠는가?"

"아닙니다, 세존이시여."

세존께서 찬탄하며 말씀하셨다.

"훌륭하고 훌륭하다. 만일 너희들이 그렇게 알고 그렇게 본다면, 너희들은 혹 일부러 부모를 죽이거나, 부처님의 제자 아라하를 해치거나, 대중의 화합을 부수거나, 나쁜 뜻으로 부처님을 대하거나, 여래의 몸에서 피를 내는 그런 짓을 하겠는가?"

"아닙니다. 세존이시여."

세존께서 찬탄하며 말씀하셨다.

"훌륭하고 훌륭하다. 만일 너희들이 그렇게 알고 그렇게 본다면 너희들은 혹 일부러 계를 범하고 계를 버리거나, 도를 닦다가 그만두겠는가?"

"아닙니다. 세존이시여."

세존께서 찬탄하며 말씀하셨다.

"훌륭하고 훌륭하다. 만일 너희들이 그렇게 알고 그렇게 본다면, 너희들은 혹 이것을 버리고 다시 다른 높은 이와 다른 복밭을 구하겠는가?"

"아닙니다, 세존이시여."

세존께서 찬탄하며 말씀하셨다.

"훌륭하고 훌륭하다. 만일 너희들이 그렇게 알고 그렇게 본다면, 너희들은 혹 사문 범지를 보고 '여러 존자시여, 알 수 있는 것은 알고 볼 수 있는 것은 보시는군요' 하고 그렇게 말하겠는가?"

"아닙니다. 세존이시여."

세존께서 찬탄하며 말씀하셨다.

"훌륭하고 훌륭하다. 만일 너희들이 그렇게 알고 그렇게 본다면, 너희들은 혹 길상吉祥을 청정하다고 생각하겠는가?"

"아닙니다. 세존이시여."

세존께서 찬탄하며 말씀하셨다.

"훌륭하고 훌륭하다. 만일 너희들이 그렇게 알고 그렇게 본다면, 너희들이 혹 모든 사문 범지를 위해서 길상과 서로 어울리며, 모든 소견에 고통을 섞고 독을 섞으며, 번열煩熱을 섞고 오뇌懊惱를 섞는 것은 진실한 일이겠는가?"

"아닙니다. 세존이시여."

세존께서 찬탄하며 말씀하셨다.

"훌륭하고 훌륭하다. 만일 너희들이 그렇게 알고 그렇게 본다면 너희들이 혹 몸에 홍역이 나서 몹시 고통스럽고 심지어는 목숨이 끊어지려 할 때에 이것을 버리고 다른 것을 구해서 주문呪文 1구句나 2구·3구·4구·다구多句·백 구를 가진 혹 어떤 사문 범지가 있으면, '그 주문으로 내 고통을 없애 주시오'라고 하며, 이것을 '괴로움의 발생과 괴로움의 득得과 괴로움의 다함을 구하는 것이다'라고 하겠는가?"

"아닙니다. 세존이시여."

세존께서 찬탄하며 말씀하셨다.

"훌륭하고 훌륭하다. 만일 너희들이 그렇게 알고 그렇게 본다면 너희들은 혹 8유有[2]를 받겠는가?"

"아닙니다. 세존이시여."

세존께서 찬탄하며 말씀하셨다.

"훌륭하고 훌륭하다. 만일 너희들이 그렇게 알고 그렇게 본다면, 너희들은 혹 '우리는 사문을 공경하고 사문을 존중하며 사문 구담은 우리 스승이시다'라고 이렇게 말하겠는가?"

"아닙니다. 세존이시여."

"훌륭하고 훌륭하다. 만일 너희들이 스스로 알고 스스로 보고 스스로 깨달아서 제일 바른 깨달음을 얻는다면 너희들은 물음을 따라 대답할 수 있겠는가?"

---

2 8유aṭṭhama-bhava는 여덟 번째로 받는 생명을 말한다. 불법에 들어와 처음 얻게 되는 과위果位인 수다원須陀洹만 얻어도 일곱 번 하늘과 인간 사이를 왕래하고 다시는 생명을 받지 않는다. 따라서 진실하게 수행하는 자에게는 여덟 번째로 생명을 받는 일이 있을 수 없다.

"그렇습니다. 세존이시여."

세존께서 찬탄하며 말씀하셨다.

"훌륭하고 훌륭하다. 나는 너희들을 바르게 제도해 주려고 끝까지 사물의 이치를 알아 괴로움도 없고 흥분도 없으며 언제나 변하거나 바뀌지 않는 법에 대해서 바른 지혜로 알고 바른 지혜로 보며 바른 지혜로 깨닫게 하였다. 그로 말미암아 나는 이전에 '나는 너희들을 위해 법을 설명하여 끝까지 사물의 이치를 알아 괴로워하거나 흥분하지 않고 언제나 변하거나 바뀌지 않는 법에 대해서 바른 지혜로 알고 바른 지혜로 보며 바른 지혜로 깨닫게 하리라'고 말한 것이니라.

다시 3사事가 모여 어머니 태에 들어간다. 아버지 어머니가 한곳에 모여 어머니가 정精이 가득해질 때까지 참고 견디면 향음香陰[3]이 이르게 된다. 이 3사가 서로 모여 어머니 태에 들어가면 어머니는 태속에 아홉 달이나 열 달 동안 지니고 있다가 곧 낳는다. 낳은 뒤에는 피로써 기르니 피란 이 거룩한 법에서는 어머니의 젖을 말하는 것이다. 그 아이는 차츰 모든 근根이 갈수록 커지고 갈수록 성취되어 밥이나 보릿가루를 먹게 되고, 소유蘇油를 몸에 바른다. 그는 눈으로 빛깔을 보아 좋은 빛깔은 좋아하고 나쁜 빛깔은 싫어하며 몸을 세우지 않고 못된 마음만 생각하여 심해탈心解脫과 혜해탈慧解脫을 진실 그대로 알지 못한다. 그래서 그에게서 생기는 착하지 않은 나쁜 법이 남김없이 사라지지도 않고 남김없이 무너지지도 않는다. 이와 같이 귀·코·혀·몸에 있어서도 또한 그러하며 뜻으로 법을 알아 좋은 법은 좋아하고 나쁜 법은 싫어하며 몸을 세우지 않고 못된 마음만 생각하여, 심해탈과

3 죽은 뒤 다음 생을 받기 전까지 존재하는 음陰을 중음中陰 혹은 중유中有라 하며, 중유는 향기를 좇아 이동하고 향기를 먹는다고 하여 이를 건달바乾闥婆라 하기도 한다. 건달바는 식향食香·심향尋香·향음香陰이라 번역한다.

혜해탈을 진실 그대로 알지 못한다. 그래서 그에게서 생기는 착하지 않은 나쁜 법이 남김없이 사라지지도 않고 남김없이 무너지지도 않는다.

그는 이와 같이 싫어하고 싫어하지 않는 감각을 따라 혹은 즐거워하고 혹은 괴로워하며 혹은 괴로워하지도 즐거워하지도 않는다. 그는 그 감각을 좋아하고 구하고 집착해서 그 감각을 받아들인다. 그 감각을 좋아하고, 구하고 집착해서 그 감각을 받아들인 뒤에는 만일 즐거움을 깨달으면 이것을 수受라 한다. 그래서 수를 인연하여 유有가 있고, 유를 인연하여 생生이 있으며 생을 인연하여 늙음과 죽음·시름·슬픔·울음·걱정·괴로움·번민이 생기게 되며 이리하여 이러한 큰 괴로움의 무더기가 생기게 되느니라.

비구들아, 그러면 완전히 애愛에 얽매어 서로 계속하는 것이 저 어부의 아들 차제 비구와 같지 않겠느냐?"

"그렇습니다. 세존이시여. 완전히 애에 얽매어 서로 계속하는 것이 저 어부의 아들 차제 비구와 같습니다."

"비구들아, 어느 때 여래가 세상에 나오면 무소착·등정각·명행성위·선서·세간해·무상사·도법어·천인사·불중우라 호칭〔號〕한다. 그는 눈으로 빛깔을 보아 좋은 빛깔에 대해서도 좋아하지 않고, 나쁜 빛깔에 대해서도 싫어하지 않으며, 몸을 세우고 한량없는 마음을 생각하여 심해탈·혜해탈에 대하여 진실 그대로를 안다. 그래서 그에게서 생기는 착하지 않은 나쁜 법을 남김없이 멸하고, 남김없이 무너뜨린다. 이와 같이 귀·코·혀·몸에 있어서도 또한 그러하며, 뜻으로 법을 알아 좋은 법에도 집착하지 않고, 나쁜 법이라도 미워하지 않으며, 몸을 세우고 한량없는 마음을 생각하여 심해탈과 혜해탈을 진실 그대로 안다. 그래서 그에게서 생기는 착하지 않은 나쁜 법을 남김없이 멸하고, 남김없이 무너뜨린다. 그는 이렇게 싫어하고 싫어하지 않는 감각을 없애 혹은 즐거워하고 혹은 괴로워하며, 혹은 괴로워하지도 즐거워하지도 않지만, 그는 그 감각을 즐거워하지 않고 구하지도 않으며, 집착하지도 않아서 그 감각을 받아들이지 않는다. 그는 감각을 즐거워하지 않고 구하지도 않으며 집착하지도 않은 뒤에는, 만일 즐거움을 깨달으면 그는 곧 그것을 없애 버린다. 그래서 즐거움이 멸하여 곧 수受가 멸하고, 수가 멸하여 곧 유有가 멸하며, 유가 멸하여 곧 생生이 멸하고, 생이 멸하여 곧 늙음과 죽음이 멸하며, 시름과 슬픔·울음·걱정·괴로움·번민도 멸하게 되고, 이리하여 이러한 큰 괴로움의 무더기가 멸하게 되느니라.

비구들아, 그러면 이것이 완전히 애愛가 다한 해탈이 아니겠느냐?"

"그렇습니다. 세존이시여, 그것은 완전히 애가 다한 해탈일 것입니다."

이 법을 말씀하실 때 이 삼천대천세계가 세 차례 진동하여 움직이고 모두 움직이며, 떨고 두루 떨며, 울리고 두루 울리었다. 그러므로 이 경經을 '애愛가 다한 해탈〔愛盡解脫〕'이라 일컬었다.

부처님께서 이렇게 말씀하시자 모든 비구들은 부처님 말씀을 듣고 기뻐하며 받들어 행하였다.

〔이 차제경에 수록된 경문의 글자 수는 4,691자이다. 『중아함경』 제54권에 수록된 경문의 글자 수는 모두 9,261자이고, 「대품」에 수록된 경문의 글자 수는 모두 39,912자이다.〕

중아함경 제 55 권

17. 포리다품晡利多品 ①

〔이 품에는 10개의 소경이 수록되어 있다.〕

지재경持齋經 · 포리다경晡利多經과
라마경羅摩經 · 오하분결경五下分結經과
심예경心穢經 · 전모경箭毛經 둘이며
비마나수경鞞摩那修經과
법락비구니경法樂比丘尼經과
마지막은 대구치라경大拘絺羅經이다.

202) 지재경持齋經[1]〔제5 후송〕

나는 이와 같이 들었다.

---

1 이 경의 이역본으로는 오吳나라 때 지겸支謙이 한역한 『불설재경佛說齋經』과 실역失譯인 「우파이타사가경優陂夷墮舍伽經」과 유송劉宋 때 저거경성沮渠京聲이 한역한 『불설팔관재경佛說八關齋經』이 있다.

어느 때 부처님께서 사위국을 유행하실 적에 동원東園 녹자모鹿子母 강당에 계셨다. 그때 녹자모 비사가毘舍佉는 이른 아침에 목욕하고 희고 깨끗한 옷을 입고 며느리들을 데리고 권속들에게 둘러 싸여 부처님 계신 곳으로 나아가 머리를 조아려 예배하고 물러나 한쪽에 앉았다.

세존께서 물으셨다.

"거사 부인이여, 오늘 목욕하였느냐?"

"세존이시여, 저는 지금 재齋를 지내고 있습니다. 선서시여, 저는 지금 재를 지내고 있습니다."

"거사 부인이여, 지금 어떤 재를 지내고 있는가? 재에는 세 가지가 있으니, 어떤 것이 그 세 가지인가? 첫째는 소치는 아이의 재요, 둘째는 니건尼揵의 재이며, 셋째는 거룩한 8지支의 재이니라.

거사 부인이여, 어떤 것을 소치는 아이의 재라고 하는가? 만일 소치는 아이가 아침에 늪 가운데 소를 풀어놓았다가 저녁에 소를 몰고 마을로 돌아오면 그는 마을로 돌아올 때에 이렇게 생각한다.

'나는 오늘은 여기에 소를 풀어놓았으니 내일은 저기에 소를 풀어놓아야겠다. 나는 오늘은 여기서 소에게 물을 먹였으니 내일은 저기서 소에게 물을 먹어야겠다. 우리 소가 오늘은 여기서 자니 내일은 저기에서 재우자.'

거사 부인이여, 이와 같이 혹 어떤 사람은 재를 지낼 때에 이렇게 생각한다.

'나는 오늘은 이러한 밥을 먹었으니 내일은 저런 밥을 먹어야겠다. 나는 오늘은 이런 물을 마셨으니 내일은 저런 물을 마셔야겠다. 나는 오늘은 이런 음식을 먹었으니 내일은 저런 음식을 먹어야겠다.'

그 사람은 여기서 밤낮으로 욕심의 허물에 집착하나니 이것을 소치는 아이의 재라고 한다. 만일 이처럼 소치는 아이의 재를 지내면 그는 큰 이익을 거두지 못하고 큰 결과를 얻지 못하며 큰 공덕도 없고 또 널리 펴지도 못하리라.

거사 부인이여, 어떤 것을 니건의 재라고 하는가? 만일 집을 나가 니건을 배우는 자라면 그는 사람들에게 이렇게 권할 것이다.

'너는 여기서 동방으로 1백 유연由延을 지나 그 밖에 중생이 있으면 그를 옹호하기 위해 칼과 막대기를 버려라. 이와 같이 남방·서방·북방으로 1백 유연을 지나 그 밖에 중생이 있으면 그를 옹호하기 위해 칼과 막대기를 버리라.'

이렇게 그는 사람들에게 권한다.

'혹은 생각이 있으면 중생을 보호하고, 혹은 생각이 없으면 중생을 보호하지 말라. 너는 보름날 종해탈從解脫[2]을 말할 때에는 옷을 벗고 알몸으로 동쪽을 향해 서서 이렇게 말하라.

〈내게는 부모가 없고 나는 부모의 소유도 아니요, 내게는 처자가 없고 나는 처자의 소유도 아니며, 내게는 노비가 없고 나는 노비의 주인도 아니다.〉'

거사 부인이여, 그는 진실한 말을 권한다고 하지만 도리어 허망한 말을 권하는 것이다. 그는 날마다 그 부모를 보고 곧 '이는 내 부모다'라고 생각하고 그 부모는 날마다 그 아들을 보고 또한 곧 '이는 내 아들이다'라고 생각한다. 그는 처자들을 보고 '이는 내 처자식이다'라고 생각하고 그 처자도 또한 그를 보고 '이는 내 남편이다'라고 생각하며 그는 그 노비들을 보고 '이들은 내 노비다'라고 생각하고 그 노비들도 또한 그를 보고 '이는 우리 상전이다'라고 생각한다. 그는 그렇게 함으

---

2 계율戒律, 즉 바라제목차波羅提木叉를 말한다.

로써 자기에게 주어지지 않은 것을 쓰려고 하니 이것은 주어져서 쓰는 것이 아니다. 이것을 니건의 재라고 한다. 만일 이러한 니건의 재를 가지면 그는 큰 이익을 거두지 못하고 큰 결과를 얻지 못하며 큰 공덕이 없고 또 널리 펴지도 못하느니라.

거사 부인이여, 어떤 것을 거룩한 8지支의 재라고 하는가? 많이 아는 거룩한 제자라면 재를 지낼 때에 이렇게 생각한다.

'아라하(阿羅訶 : 阿羅漢) 진인眞人은 몸과 목숨이 다하도록 살생을 여의고 살생을 끊어 칼과 막대기를 버리고 자신과 남에게 부끄러워할 줄 알고 자비심으로 일체 중생에서부터 나아가 곤충에 이르기까지도 편안하고 이익 되게 하니 그는 살생에 있어서 깨끗이 하여 그 마음을 버렸다. 나도 또한 몸과 목숨이 다하도록 살생을 여의고 살생을 끊어 칼과 막대기를 버리고 자신과 남에게 부끄러워할 줄 알고 자비심으로 일체 중생에서부터 나아가 곤충에 이르기까지도 편안하고 이익 되게 하자. 나도 이제 살생에 있어서 깨끗이 하여 그 마음을 버리자. 그러면 나는 이 부분에서 아라하와 같아져서 다름이 없게 될 것이다.'

그러므로 그는 재를 말하는 것이다.

거사 부인이여, 많이 아는 거룩한 제자라면 재를 지낼 때에 이렇게 생각한다.

'아라하 진인은 몸과 목숨이 다하도록 도둑질을 여의고 도둑질을 끊어주는 것만 가지고, 주는 것만 가지기를 즐겨하며 언제나 보시하기를 좋아하며 마음은 버리기를 즐겨하고 기뻐하며 아까워함이 없고 그 보답을 바라지도 않으며 도둑질로써 숨기지 않고 마음을 능히 스스로 억누르니, 그는 도둑질에 있어 깨끗이 하여 그 마음을 버렸다. 나도 또한 몸과 목숨이 다하도록 도둑질을 여의고 도둑질을 끊어주는 것만 가지고, 주는 것만 가지기를 즐겨하며, 언제나 보시하기를 좋아하고,

마음은 버리기를 즐겨하고 기뻐하며 아까워함이 없고, 그 보답을 바라지도 않으며, 도둑질로써 숨기지 않고, 마음을 능히 스스로 억누르자. 그래서 도둑질에서 깨끗이 하여 그 마음을 버리자. 그러면 나는 이 부분에서 아라하와 같아져서 다름이 없게 될 것이다.'

그러므로 그는 재를 말하는 것이다.

거사 부인이여, 많이 아는 거룩한 제자라면 재를 지낼 때에 이렇게 생각한다.

'아라하 진인은 몸과 목숨이 다하도록 범행梵行이 아닌 것을 여의고 범행이 아닌 것을 끊어 범행을 닦고 지극한 정성으로 마음을 깨끗이 하여 나쁜 냄새와 더러움이 없으며 탐욕을 여의고 음욕을 끊었으니 그는 범행이 아닌 것에 있어서 깨끗이 하여 그 마음을 버렸다. 나도 오늘과 오늘밤만은 범행이 아닌 것을 여의고 범행이 아닌 것을 끊어 범행을 닦고 지극한 정성으로 마음을 깨끗이 하여 나쁜 냄새와 더러움을 없애며 탐욕을 여의고 음욕을 끊자. 그래서 범행이 아닌 것에 있어 깨끗이 하여 그 마음을 버리자. 그러면 나는 이 부분에서 아라하와 같아져서 다름이 없게 될 것이다.'

그러므로 그는 재를 말하는 것이다.

거사 부인이여, 많이 아는 거룩한 제자라면 재를 지낼 때에 이렇게 생각한다.

'아라하 진인은 몸과 목숨이 다하도록 거짓말을 여의고 거짓말을 끊어 진실만을 말하고 진실만을 좋아하며 진실에 머물러 남의 신용을 얻고 세상을 속이지 않으니 그는 거짓말에 있어서 깨끗이 하여 그 마음을 버렸다. 나도 또한 몸과 목숨이 다하도록 거짓말을 여의고 거짓말을 끊어 진실만을 말하고 진실만을 좋아하며 진실에 머물러 남의 신용을 얻고 세상을 속이지 말자. 그래서 거짓말에 있어서 깨끗이 하

여 그 마음을 버리자. 그러면 나는 이 부분에서 아라하와 같아져서 다름이 없게 될 것이다.'

그러므로 그는 재를 말하는 것이다.

거사 부인이여, 많이 아는 거룩한 제자라면 재를 지낼 때에 이렇게 생각한다.

'아라하 진인은 몸과 목숨이 다하도록 술의 방탕을 여의고 술의 방탕을 끊었으니, 그는 술의 방탕에 있어서 깨끗이 하여 그 마음을 버렸다. 나도 또한 몸과 목숨이 다하도록 술의 방탕을 여의고 술의 방탕을 끊자. 그래서 술의 방탕에 있어서 깨끗이 하여 그 마음을 버리자. 그러면 나는 이 부분에서 아라하와 같아져서 다름이 없게 될 것이다.'

그러므로 그는 재를 말하는 것이다.

거사 부인이여, 많이 아는 거룩한 제자라면 재를 지낼 때에 이렇게 생각한다.

'아라하 진인은 몸과 목숨이 다하도록 높고 넓고 큰 평상을 여의어 높고 넓고 큰 평상을 쓰지 않으며 낮은 평상이나 혹은 풀을 깔고 낮은 데서 앉고 눕기를 즐겨하나니 그는 높고 넓고 큰 평상에 있어서 깨끗이 하여 그 마음을 버렸다. 나도 오늘과 오늘밤은 높고 넓고 큰 평상을 여의고 높고 넓고 큰 평상을 쓰지 않으며 낮은 평상이나 혹은 풀을 깔고 낮은 데서 앉고 눕기를 즐기자. 그래서 높고 넓고 큰 평상에 있어서 깨끗이 하여 그 마음을 버리자. 그러면 나는 이 부분에서 아라하와 같아져서 다름이 없게 될 것이다.'

그러므로 그는 재를 말하는 것이다.

거사 부인이여, 많이 아는 거룩한 제자라면 재를 가질 때에 이렇게 생각한다.

'아라하 진인은 몸과 목숨이 다하도록 화만華鬘과 영락瓔珞 · 바르는 향·연지분·노래와 춤·광대놀이를 가서 보거나 듣기를 여의고, 화만과 영락·바르는 향·연지분·노래와 춤·광대놀이를 가서 보거나 듣기를 끊었으니, 그는 화만과 영락·바르는 향·연지분·노래와 춤·광대놀이를 가서 보거나 듣는 데에 있어 깨끗이 하여 그 마음을 버렸다. 나도 오늘과 오늘 밤은 화만과 영락·바르는 향·연지분·노래와 춤·광대놀이를 가서 보거나 듣기를 여의고 화만과 영락·바르는 향·연지분·노래와 춤·광대놀이를 가서 보거나 듣기를 끊자. 그래서 화만과 영락·바르는 향·연지분·노래와 춤·광대놀이를 가서 보거나 듣는 데에 있어서 깨끗이 하여 그 마음을 깨끗이 버리자. 그러면 나는 이 부분에서 아라하와 같아져서 다름이 없게 될 것이다.'

그러므로 그는 재를 말하는 것이다.

거사 부인이여, 많이 아는 거룩한 제자라면 재를 지낼 때에 이렇게 생각한다.

'아라하 진인은 몸과 목숨이 다하도록 때가 아닌 때에 음식 먹는 것을 여의고, 때가 아닌 때에 음식 먹는 것을 끊어, 하루 한 끼를 먹고 밤에는 먹지 않으며 제 때에 먹기를 즐기니, 그는 때가 아닌 때에 음식 먹는 것에 있어서 깨끗이 하여 그 마음을 버렸다. 나도 오늘과 오늘밤은 때가 아닌 때의 음식 먹는 것을 여의고 때가 아닌 때의 음식 먹기를 끊어 하루 한 끼를 먹고 밤에는 먹지 말며 제 때에 먹기를 즐기자. 그래서 때가 아닌 때의 음식 먹는 것에 있어서 깨끗이 하여 그 마음을 버리자. 그러면 나는 이 부분에서 아라하와 같아져서 다름이 없게 될 것이다.'

그러므로 그는 재를 말하는 것이니라.

그는 이 거룩한 8지재支齋를 행한 뒤에는 그 위에 다시 5법法을 닦아 익힌다. 어떤 것이 저 다섯 가지 법인가? 거사 부인이여, 많이 아는 거룩한 제자라면 재를 지낼 때에 여래를 생각한다.

'저 세존은 여래 · 무소착 · 등정각 · 명행성위 · 선서 · 세간해 · 무상사 · 도법어 · 천인사 · 불중우이시다.'

그는 이렇게 여래를 생각한 뒤에는 만일 나쁜 생각이 있으면 그는 곧 그것을 없앨 수 있고, 그가 가진 더럽고 착하지 않은 나쁜 법도 또한 없앨 수 있다. 거사 부인이여, 많이 아는 거룩한 제자는 여래를 생각하기 때문에 마음이 고요해져서 기쁨을 얻고, 만일 나쁜 생각이 있으면 그는 곧 그것을 없앨 수 있으며 그가 가진 더럽고 착하지 않은 나쁜 법도 또한 없앨 수 있는 것이다. 비유하면 사람의 머리에 때가 있을 때 윤기 나는 기름과 더운 물과 사람의 힘으로 그것을 씻어내면 그가 곧 깨끗하게 되는 것과 같다. 이와 같이 많이 아는 거룩한 제자라면 재를 지낼 때에 여래를 생각한다.

'저 세존은 여래 · 무소착 · 등정각 · 명행성위 · 선서 · 세간해 · 무상사 · 도법어 · 천인사 · 불중우이시다.'

그는 이렇게 여래를 생각한 뒤에는 만일 나쁜 생각이 있으면 그는 곧 그것을 없앨 수 있고 그가 가진 더럽고 착하지 않은 나쁜 법도 또한 없앨 수 있다. 거사 부인이여, 많이 아는 거룩한 제자는 여래를 생각하기 때문에 마음이 고요해져 기쁨을 얻고 만일 나쁜 생각이 있으면 그는 곧 그것을 없앨 수 있고 그가 가진 더럽고 착하지 않은 나쁜 법도 또한 없앨 수 있는 것이다. 이것을 많이 아는 거룩한 제자가 깨끗한 재〔梵齋〕를 지내고 깨끗한 이와 함께 만나며 깨끗한 이를 따르기 때문에 마음이 고요해져 기쁨을 얻고 만일 나쁜 마음이 있으면 그는 곧 그것을 없앨 수 있고 그가 가진 더럽고 착하지 않은 나쁜 법도 또한 없앨 수 있는 것이라 하느니라.

거사 부인이여, 많이 아는 거룩한 제자라면 재를 지낼 때에 바른 법을 생각한다.

'이 법은 세존께서 잘 말씀하신 것으로서 사리에 지극하여 언제나 변하지 않고 바른 지혜로 아신 것이요 바른 지혜로 보신 것이며 바른 지혜로 깨달으신 것이다.'

그는 이렇게 법을 생각한 뒤에는 만일 나쁜 생각이 있으면 그는 곧 그것을 없앨 수 있고 그가 가진 더럽고 착하지 않은 나쁜 법도 또한 없앨 수 있다. 거사 부인이여, 많이 아는 거룩한 제자는 법을 생각하기 때문에 마음이 고요해져 기쁨을 얻고 만일 나쁜 생각이 있으면 그는 곧 그것을 없앨 수 있고, 그가 가진 더럽고 착하지 않은 나쁜 법도 또한 없앨 수 있다. 마치 사람의 몸이 깨끗하지 못할 때 밀기울과 가루비누와 더운물과 사람의 힘으로 그 몸을 씻으면 그 몸은 곧 깨끗하게 되는 것과 같다. 이와 같이 많이 아는 거룩한 제자라면 재를 지낼 때에 법을 생각한다.

'이 법은 세존께서 잘 말씀하신 것으로써 사리에 지극하여 언제나 변함이 없고 바른 지혜로 아신 것이요 바른 지혜로 보신 것이며 바른 지혜로 깨달으신 것이다.'

그는 이렇게 법을 생각한 뒤에는 만일 나쁜 생각이 있으면 그는 곧 그것을 없앨 수 있고 그가 가진 더럽고 착하지 않은 나쁜 법도 또한 없앨 수 있다. 거사 부인이여, 많이 아는 거룩한 제자는 법을 생각하기 때문에 마음이 고요해져 기쁨을 얻고 만일 나쁜 생각이 있으면 그는 곧 그것을 없앨 수 있고 그가 가진 더럽고 착하지 않은 나쁜 법도 또한 없앨 수 있다. 거사 부인이여, 이것을 많이 아는 거룩한 제자가 법의 재〔法齋〕를 지내고 법과 함께 모이며 법을 따르기 때문에 마음이 고요해져 기쁨을 얻고 나쁜 생각이 있으면 그는 곧 그것을 없앨 수 있고 그가 가진 더럽고 착하지 않은 나쁜 법도 또한 없앨 수 있는 것이라 하느니라.

거사 부인이여, 많이 아는 거룩한 제자라면 재를 지낼 때에 대중들을 생각한다.

'세존의 제자 대중들은 좋은 곳으로 나아가고 소박하고 정직하며 긴요한 일을 행하고 좋은 결과를 닦는다. 여래의 대중 가운데에는 실로 아라하(阿羅訶 : 阿羅漢) 진인으로 나아가는 사람·아라하의 결과를 얻은 사람·아나함阿那含으로 나아가는 사람·아나함의 결과를 얻은 사람·사다함斯陀含으로 나아가는 사람·사다함의 결과를 얻은 사람·수다원須陀洹으로 나아가는 사람·수다원의 결과를 얻은 사람들이 있다. 이들을 4쌍雙 8배輩의 거룩한 선비라 하며, 이들은 세존의 제자 대중으로서 계·정·혜·해탈·해탈지견을 성취하여 부를 만하고 청할 만하며 공양할 만하고 받들어 섬길 만하며 공경하고 존중할 만하여 천상과 인간의 좋은 복밭이 된다.'

그는 이렇게 대중을 생각한 뒤에는 만일 나쁜 생각이 있으면 그는 곧 그것을 없앨 수 있고 그가 가진 더럽고 착하지 않은 나쁜 법도 또한 없앨 수 있다. 거사 부인이여, 많이 아는 거룩한 제자는 대중을 생각하기 때문에 마음이 고요해져 기쁨을 얻고 만일 나쁜 생각이 있으면 그는 곧 그것을 없앨 수 있고 그가 가진 더럽고 착하지 않은 나쁜 법도 또한 없앨 수 있는 것이다.

마치 사람의 옷에 더러운 때가 있을 때 잿물·콩깍지·가루비누·더운 물·사람의 힘으로 씻으면 그것이 깨끗해지는 것과 같다. 이와 같이 많이 아는 거룩한 제자라면 재를 지낼 때에 대중들을 생각한다.

'세존의 제자 대중들은 좋은 곳으로 나아가고 소박하고 정직하며 긴요한 일을 행하고 좋은 결과를 닦는다. 여래의 대중 가운데에는 실로 아라하 진인 으로 나아가는 사람·아라하의 결과를 얻은 사람·아나함으로 나아가는 사람 · 아나함의 결과를 얻은 사람 · 사다함으로 나아가는 사람 · 사다함의 결과를 얻은 사람 · 수다원으로 나아가는 사람 · 수다원의 결과를 얻은 사람들이 있다. 이들을 4쌍 8배의 거룩한 선비라 하며, 이들은 세존의 제자 대중으로서 계 · 정 · 혜 · 해탈 · 해탈지견을 성취하여 부를 만하고 청할 만하며, 공양할 만하고 받들어 섬길 만하며 공경하고 존중할 만하여 곧 천상과 인간의 좋은 복밭이 된다.'

그는 이렇게 대중을 생각한 뒤에는 만일 나쁜 생각이 있으면 그는 곧 그것을 없앨 수 있고 그가 가진 더럽고 착하지 않은 나쁜 법도 또한 없앨 수 있다.

거사 부인이여, 많이 아는 거룩한 제자는 대중을 생각하기 때문에 마음이 고요해져 기쁨을 얻고 만일 나쁜 생각이 있으면 그는 곧 그것을 없앨 수 있고 그가 가진 더럽고 착하지 않은 나쁜 법도 또한 없앨 수 있는 것이다. 이것을 많이 아는 거룩한 제자가 대중의 재〔衆齋〕를 지내고 대중과 함께 모이며 대중을 따르기 때문에 마음이 고요해져 기쁨을 얻고 만일 나쁜 생각이 있으면 그는 곧 그것을 없앨 수 있고 그가 가진 더럽고 착하지 않은 나쁜 법도 또한 없앨 수 있는 것이라 하느니라.

또 거사 부인이여, 많이 아는 거룩한 제자라면 재를 지낼 때에 자성自性의 계를 생각한다.

'이 계는 이지러지지도 않고 뚫어지지도 않았으며 거칠지도 않고 더럽지도 않으며 지극히 넓고 지극히 커서 그 보답을 바라지도 않는다. 이것은 지혜로운 사람이 칭찬한 것으로서 잘 갖추고 잘 나아가며 잘 받고 잘 가져야 한다.'

그는 이렇게 자성의 계를 생각한 뒤에는 만일 나쁜 생각이 있으면 그는 곧 그것을 없앨 수 있고 그가 가진 더럽고 착하지 않은 나쁜 법도 또한 없앨 수 있다. 거사 부인이여, 많이 아는 거룩한 제자는 이 계를 따르기 때문에 마음이 고요해져 기쁨을 얻고 만일 나쁜 생각이 있으면 그는 곧 그것을 없앨 수 있고 그가 가진 더럽고 착하지 않은 나쁜 법도 또한 없앨 수 있는 것이다.

그것은 마치 거울에 때가 묻어 깨끗하지 않을 때 돌로 갈아 빛내고 사람의 힘으로 닦으면 곧 맑고 깨끗하게 되는 것과 같다. 이와 같이 많이 아는 거룩한 제자라면 재를 지낼 때에 자성의 계를 생각한다.

'이 계는 이지러지지도 않고 뚫어지지도 않았으며, 거칠지도 않고 더럽지도 않으며, 지극히 넓고 지극히 커서 그 보답을 바라지도 않는다. 이것은 지혜로운 사람이 칭찬한 것으로서 잘 갖추고 잘 나아가며 잘 받고 잘 가져야 한다.'

그는 이렇게 자성의 계를 생각한 뒤에는 만일 나쁜 생각이 있으면 그는 곧 그것을 없앨 수 있고 그가 가진 더럽고 착하지 않은 나쁜 법도 또한 없앨 수 있다. 거사 부인이여, 많이 아는 거룩한 제자는 이 계를 생각하기 때문에 마음이 고요해져 기쁨을 얻고 만일 나쁜 생각이 있으면 그는 곧 그것을 없앨 수 있고 그가 가진 더럽고 착하지 않은 나쁜 법도 또한 없앨 수 있는 것이다. 이것을 많이 아는 거룩한 제자가 계의 재〔戒齋〕를 지내고 계와 함께 모이며 계를 따르기 때문에 마음이 고요해져 기쁨을 얻고 만일 나쁜 생각이 있으면 그는 곧 그것을 없앨 수 있고 그가 가진 더럽고 착하지 않은 나쁜 법도 또한 없앨 수 있는 것이라 하느니라.

거사 부인이여, 많이 아는 거룩한 제자라면 재를 가질 때에 모든 하늘을 생각한다.

'진실로 사왕천이 있다. 저 하늘이 만일 믿음을 성취함으로써 여기서 목숨이 끝나고 저기에 나게 되었다면 내게도 또한 그런 믿음이 있다. 저 하늘이 만일 계와 지식·보시·지혜를 성취함으로써 여기서 목숨이 끝나고 저기에 나게 되었다면 내게도 또한 그런 계와 지식·보시·지혜가 있다. 진실로 삼십삼천·염마천·도솔다천·화락천·타화락천이 있다. 저 하늘들이 만일 믿음을 성취함으로써 여기서 목숨이 끝나고 저기에 나게 되었다면 내게도 또한 그런 믿음이 있다. 저 하늘들이 만일 계와 지식·보시·지혜를 성취함으로써 여기서 목숨이 끝나고 저기에 나게 되었다면 내게도 또한 계와 지식·보시·지혜가 있다.'

그는 이렇게 생각하고, 또 모든 하늘들의 믿음과 계·지식·보시·지혜를 생각한 뒤에는 만일 나쁜 생각이 있으면 그는 곧 그것을 없앨 수 있고, 그가 가진 더럽고 착하지 않은 나쁜 법도 또한 없앨 수 있다. 거사 부인이여, 많이 아는 거룩한 제자는 모든 하늘을 생각하기 때문에 마음이 고요해져 기쁨을 얻고, 만일 나쁜 생각이 있으면 그는 곧 그것을 없앨 수 있고, 그가 가진 더럽고 착하지 않은 나쁜 법도 또한 없앨 수 있는 것이다.

마치 훌륭한 빛을 가진 금에 더러운 때가 생길 때에는 불에 달구어 망치로 두드리며 붉은 흙과 사람의 힘으로 갈고 닦고 빛내면 그것은 곧 밝고 깨끗하게 되는 것과 같다. 이와 같이 많이 아는 거룩한 제자라면 재를 지낼 때에 모든 하늘을 생각한다.

'진실로 사왕천이 있다. 저 하늘들이 만일 믿음을 성취함으로써 이 목숨이 끝나 저기에 나게 되었다면 내게도 또한 그런 믿음이 있다. 저 하늘들이 만일 계와 지식·보시·지혜를 성취함으로써 여기서 목숨이 끝나 저기에 나게 되었다면 내게도 또한 그런 계와 지식·보시·지혜가 있다. 진실로 삼십삼천과 염마천·도솔다천·화락천·타화락천이 있다. 저 하늘들이 만일 믿음을 성취함으로써 여기서 목숨이 끝나 저기에 나게 되었다면 내게도 또한 그런 믿음이 있다. 저 하늘들이 만일 계와 지식·보시·지혜를 성취함으로써 여기서 목숨이 끝나 저기에 나게 되었다면 내게도 또한 그런 계와 지식·보시·지혜가 있다.'

그는 이렇게 생각하고 또 모든 하늘들의 믿음과 계와 지식·보시·지혜를 생각한 뒤에는 만일 나쁜 생각이 있으면 그는 곧 그것을 없앨 수 있고, 그가 가진 더럽고 착하지 않은 나쁜 법도 또한 없앨 수 있느니라.

거사 부인이여, 만일 이러한 거룩한 8지재를 행하면 저 열여섯 큰 나라, 이른바 첫째 앙가鴦迦, 둘째 마갈다摩竭陀, 셋째 가시迦尸, 넷째 구살라拘薩羅, 다섯째 구루拘樓, 여섯째 반사라般闍羅, 일곱째 아섭패阿攝貝, 여덟째 아화단제阿和檀提, 아홉째 지제枝提, 열째 발지跋耆, 열한째 발차跋蹉, 열두째 발라跋羅, 열셋째 소마蘇摩, 열넷째 소라타蘇羅吒, 열다섯째 유니喩尼, 열여섯째 검부劍浮 등, 이 모든 나라에 있는 돈·금·은·마니·진주·유리·양가壤伽[3]·벽옥·산호·유소留邵·비류鞞留·비륵鞞勒·마노·대모蝳蝐[4]·적석赤石·선주琁珠들을 설사 어떤 사람이 거기서 왕이 되어 마음대로 쓴다고 하더라도 그 일체는 비구가 거룩한 8지재를 지키는데 비한다면 16분의 1의 가치도 없다.

거사 부인이여, 그러므로 나는 인간의 왕은 천상의 즐거움보다는 못하다고 말하는 것이다. 인간의 50년은 바로 사왕천의 1주야晝夜에 해당된다. 30주야를 한 달로 하고 열두 달을 한 해로 하여 이렇게 5백 년 한 것이 사왕천의 수명이다. 거사 부인이여, 거기에는 반드시 까닭이 있으니, 만일 큰 종족의 남자나 여자가 이 거룩한 8지재를 지

3 팔리어 Saṅkha의 음역어이다.
4 바다거북의 일종으로 등껍질은 장식품 또는 공예품으로 쓰인다.

키면 몸이 무너지고 목숨이 끝난 뒤에는 저 사왕천에 난다. 거사 부인이여, 그러므로 나는 인간의 왕은 천상의 즐거움보다는 못하다고 말하는 것이다. 인간의 백년은 바로 삼십삼천의 1주야에 해당된다. 이 30주야를 한 달로 하고 열두 달을 한 해로 하여 이렇게 천 년 한 것이 삼십삼천의 수명이다. 거사 부인이여, 거기에는 반드시 까닭이 있으니 만일 큰 종족의 남자나 여자가 이 거룩한 8지재를 지키면 몸이 무너지고 목숨이 끝난 뒤에는 저 삼십삼천에 난다.

거사 부인이여, 그러므로 나는 인간의 왕도 천상의 즐거움만은 못하다고 말하는 것이다. 인간의 2백 년은 염마천焰摩天의 1주야다. 이 30주야를 한 달로 하고 열두 달을 한 해로 하여 이렇게 2천 년 한 것이 염마천의 수명이다. 거사 부인이여, 거기에는 반드시 까닭이 있으니, 만일 큰 종족의 남자나 여자가 이 거룩한 8지재를 지키면 몸이 무너지고 목숨이 끝난 뒤에는 저 염마천에 난다.

거사 부인이여, 그러므로 나는 인간의 왕이라 하더라도 천상의 즐거움만은 못하다고 말하는 것이다. 인간의 4백 년은 도솔타천兜率陀天의 1주야에 해당된다. 이 30주야를 한 달로 하고 열두 달을 한 해로 하여 이렇게 4천 년 한 것이 도솔타천의 수명이다. 거사 부인이여, 거기에는 반드시 까닭이 있으니, 만일 큰 종족의 남자나 여자가 이 거룩한 8지재를 지키면 몸이 무너지고 목숨이 끝난 뒤에는 저 도솔타천에 난다.

거사 부인이여, 나는 그러므로 인간의 왕이라 하더라도 천상의 즐거움만은 못하다고 말하는 것이다. 인간의 8백 년은 화락천化樂天의 1주야에 해당된다. 이 30주야를 한 달로 하고 열두 달을 한 해로 하여 이렇게 8천 년 한 것이 화락천의 수명이다. 거사 부인이여, 거기에는 반드시 까닭이 있으니, 만일 큰 종족의 남자나 여자가 이 8지재를 지키면 몸이 무너지고 목숨이 끝난 뒤에는 저 화락천에 난다.

거사 부인이여, 그러므로 나는 인간의 왕이라 하더라도 천상의 즐거움만은 못한 것이라고 말한다. 인간의 1천6백 년은 타화락천他化樂天의 1주야에 해당된다. 이 30주야를 한 달로 하고 열두 달을 한 해로 하여 이렇게 1만 6천 년을 한 것이 타화락천의 수명이다. 거사 부인이여, 거기에는 반드시 까닭이 있으니, 만일 큰 종족의 남자나 여자가 이 거룩한 8지재를 지키면 몸이 무너지고 목숨이 끝난 뒤에는 저 타화락천에 나느니라."

이에 녹자모 비사가는 합장하고 부처님께 아뢰었다.

"세존이시여, 거룩한 8지재는 참으로 기이하고 특이합니다. 그것은 큰 이익과 큰 결과가 있고 큰 공덕이 있으며 널리 퍼짐이 있습니다. 세존이시여, 저는 이제부터 목숨이 다할 때까지 거룩한 8지재를 힘닿는 대로 보시하며 복을 닦겠습니다."

녹자모는 부처님 말씀을 듣고 잘 받아 가진 뒤에 부처님 발에 머리를 조아리고 세 번 돌고 물러갔다.

부처님께서 이렇게 말씀하시자 녹자모 비사가와 모든 비구들은 부처님 말씀을 듣고 기뻐하며 받들어 행하였다.

〔이 지재경에 수록된 경문의 글자 수는 4,049자이다.〕

203) 포리다경晡利多經〔제5 후송〕

나는 이와 같이 들었다.

어느 때 부처님께서 나난대那難大[5]에 유람하실 적에 파화리나波和利㮈동산에 계셨다. 그때 포리다晡利多 거사는 희고 깨끗한 옷을 입고 흰 수건으로 머리를 싸고 지팡이를 짚고 일산을 들고 세속의 신을 신고 집에서 집으로 동산에서 동산으로 숲에서 숲으로 두루 돌아다니다가 만일 사문 범지를 만나면 곧 이렇게 말하였다.

"여러분, 마땅히 아셔야 합니다. 나는 세속을 떠나고 세속을 끊었으며 모든 세속 일을 버렸습니다."

그 사문 범지들은 부드럽고 온화한 말로 대답하였다.

"그렇습니다. 현명한 포리다여, 당신은 세속을 떠나고 세속을 끊었으며 모든 세속 일을 버렸습니다."

포리다 거사는 두루 돌아다니다가 부처님 계신 곳으로 나아가 문안드리고 부처님 앞에 지팡이를 짚고 섰다. 세존께서 말씀하셨다.

"거사여, 거기 자리가 있으니 앉고 싶으면 앉으시오."

포리다 거사가 아뢰었다.

"구담이여, 그 일은 그렇지 않습니다. 그 일은 옳지 않습니다. 왜냐하면 나는 세속을 떠나고 세속을 끊었으며 모든 세속 일을 버렸기 때문입니다. 그런데 사문 구담께서는 어떻게 나를 거사라고 부릅니까?"

세존께서 대답하셨다.

"그대는 겉모양이 거사와 같습니다. 그래서 나는 그대를 거사라고 부릅니다. 거사여, 자리가 있으니 앉고 싶으면 앉으시오."

세존께서 거듭 이렇게 말씀하셨다.

"거사여, 자리가 있으니 앉고 싶으면 앉으시오."

포리다 거사도 또한 재삼 아뢰었다.

"구담이여, 이 일은 그렇지 않습니다. 그 일은 옳지 않습니다. 나는 세속을 떠나고 세속을 끊어 모든 세속 일을 버렸습니다. 그런데 사문

---

5 나난대那難大는 팔리어로 Nālandā이고, 나란다那爛陀로 음역하기도 한다.

구담께서는 어떻게 나를 거사라고 부릅니까?"

세존께서 대답하셨다.

"그대는 겉모양이 거사와 같습니다. 그래서 나는 그대를 거사라고 부릅니다. 거사여, 자리가 있으니 앉고 싶으면 앉으시오."

그리고 세존께서는 이윽고 물으셨다.

"그대는 어떻게 세속을 떠나고 세속을 끊었으며 모든 세속 일을 버렸습니까?"

"구담이여, 나는 우리집 재산 전부를 아이에게 주었습니다. 그리고는 함도 구함도 없이 놀고 있으며, 오직 거기 가서 밥을 먹고 목숨을 보존하고 있습니다. 이렇게 나는 세속을 떠나고 세속을 끊었으며 모든 세속 일을 버렸습니다."

"거사여, 우리 거룩한 법法과 율律 가운데에서는 그렇게 세속 일을 끊지 않습니다. 거사여, 우리 거룩한 법과 율 가운데에는 세속 일을 끊는 여덟 가지 방법이 있습니다."

이에 포리다 거사는 지팡이를 버리고 일산을 물리치고 또 세속의 신을 벗은 뒤에 부처님께 합장하고 여쭈었다.

"구담이시여, 그 거룩한 법 가운데에서는 어떤 것이 세속을 끊는 여덟 가지 일입니까?"

세존께서 말씀하셨다.

"거사여, 많이 아는 거룩한 제자는 살생을 여의고 살생을 끊는 데에 의지하며 도둑질을 여의고 도둑질을 끊는 데에 의지하며 사음을 여의고 사음을 끊는 데에 의지하며 거짓말을 여의고 거짓말을 끊는 데에 의지하며 욕심과 집착이 없고 욕심과 집착을 끊는 데에 의지하며 해침과 성냄이 없고 해침과 성냄을 끊는 데에 의지하며 미워하고 질투하는 번뇌가 없고 미워하고 질투하는 번뇌를 끊는 데에 의지하며 증상만增上慢이 없고 증상만을 끊는 데에 의지합니다.

거사여, 많이 아는 거룩한 제자는 어떻게 살생을 여의고 살생을 끊는 데에 의지하는가? 많이 아는 거룩한 제자는 이렇게 생각합니다.

'살생하는 자는 반드시 현세와 후세에 나쁜 과보를 받는다. 만일 내가 살생하면 곧 자기를 해치고 남을 속이고 비방하며 하늘과 모든 지혜로운 범행자들은 내게 계를 말할 것이요, 사방에서는 모두 내 나쁜 이름을 들을 것이며, 몸이 무너지고 목숨이 끝난 뒤에는 반드시 나쁜 곳으로 가서 지옥에 날 것이다. 이와 같이 살생하면 현세와 후세에 이런 나쁜 과보를 받는다. 나는 이제 살생을 여의고 살생을 끊는 데에 의지하자.'

그래서 그는 곧 살생을 여의고 살생을 끊는 데에 의지하나니 이렇게 많이 아는 거룩한 제자는 살생을 여의고 살생을 끊는 데에 의지합니다.

거사여, 많이 아는 거룩한 제자는 어떻게 도둑질을 여의고 도둑질을 끊는 데에 의지하는가? 많이 아는 거룩한 제자는 이렇게 생각합니다.

'도둑질하는 자는 반드시 현세와 후세에 나쁜 과보를 받는다. 만일 내가 도둑질하면 곧 자기를 해치고 남을 속이고 비방하며 하늘과 모든 지혜로운 범행자들은 내게 계를 말할 것이요, 사방에서는 모두 내 나쁜 이름을 들을 것이며 몸이 무너지고 목숨이 끝난 뒤에는 반드시 나쁜 곳으로 가서 지옥에 날 것이다. 이와 같이 도둑질하면 현세와 후세에 이런 나쁜 과보를 받는다. 나는 이제 도둑질을 여의고 도둑질을 끊는 데에 의지하자.'

그래서 그는 곧 도둑질을 여의고 도둑질을 끊는 데에 의지하나니, 이렇게 많이 아는 거룩한 제자는 도둑질을 여의고 도둑질을 끊는 데에 의지합니다.

거사여, 많이 아는 거룩한 제자는 어떻게 사음邪淫을 여의고 사음을 끊는 데에 의지하는가? 많이 아는 거룩한 제자는 이렇게 생각합니다.

'사음하는 자는 반드시 현세와 후세에 나쁜 과보를 받는다. 만일 내가 사음하면 곧 자기를 해치고 남을 속이고 비방하며 하늘과 모든 지혜로운 범행자들은 내게 계를 말할 것이요, 사방에서는 모두 내 나쁜 이름을 들을 것이며, 몸이 무너지고 목숨이 끝난 뒤에는 반드시 나쁜 곳으로 가서 지옥에 날 것이다. 이와 같이 사음하면 현세와 후세에 이런 나쁜 과보를 받는다. 나는 이제 사음을 여의고 곧 사음을 끊는 데에 의지하자.'

그래서 그는 곧 사음을 여의고 사음을 끊는 데에 의지하나니, 이렇게 많이 아는 거룩한 제자들은 사음을 여의고 사음을 끊는 데에 의지합니다.

거사여, 많이 아는 거룩한 제자는 어떻게 거짓말을 여의고 거짓말을 끊는 데에 의지하는가? 많이 아는 거룩한 제자는 이렇게 생각합니다.

'거짓말하는 자는 반드시 현세와 후세에 나쁜 과보를 받는다. 만일 내가 거짓말하면 곧 자기를 해치고 남을 속이고 비방하며 하늘과 모든 지혜로운 범행자들은 내게 계를 말할 것이요, 사방에서는 모두 내 나쁜 이름을 들을 것이며 몸이 무너지고 목숨을 마친 뒤에는 반드시 나쁜 곳으로 가서 지옥에 날 것이다. 이와 같이 거짓말하면 현세와 후세에 이런 나쁜 과보를 받는다. 나는 이제 거짓말을 여의고 거짓말을 끊는 데에 의지하자.'

그래서 그는 곧 거짓말을 여의고 거짓말을 끊는 데에 의지하나니, 이렇게 많이 아는 거룩한 제자는 거짓말을 여의고 거짓말을 끊는 데에 의지합니다.

거사여, 많이 아는 거룩한 제자는 어떻게 탐착貪著이 없고 탐착을 끊는 데에 의지하는가? 많이 아는 거룩한 제자는 이렇게 생각합니다.

'탐착하는 자는 반드시 현세와 후세에 나쁜 과보를 받는다. 만일 내가 탐착하면 곧 자기를 해치고 남을 속이고 비방하며 하늘과 모든 지혜로운 범행자들은 내게 계를 말할 것이요, 사방에서는 모두 내 나쁜 이름을 들을 것이며, 몸이 무너지고 목숨이 끝난 뒤에는 반드시 나쁜 곳으로 가서 지옥에 날 것이다. 이와 같이 탐착하면 현세와 후세에 이런 나쁜 과보를 받는다. 나는 이제 탐착이 없고 탐착을 끊는 데에 의지하자.'

그래서 그는 곧 탐착이 없고 탐착을 끊는 데에 의지하나니, 이렇게 많이 아는 거룩한 제자는 탐착이 없고 탐착을 끊는 데에 의지합니다.

거사여, 많이 아는 거룩한 제자는 어떻게 해침과 성냄이 없고, 해침과 성냄을 끊는 데에 의지하는가? 많이 아는 거룩한 제자는 이렇게 생각합니다.

'해치고 성내는 자는 반드시 현세와 후세에 나쁜 과보를 받는다. 만일 내가 해치고 성내면 곧 자기를 해치고 남을 속이고 비방하며, 하늘과 모든 지혜로운 범행자들은 내게 계를 말할 것이요, 사방에서는 모두 내 나쁜 이름을 들을 것이며, 몸이 무너지고 목숨이 끝난 뒤에는 반드시 나쁜 곳으로 가서 지옥에 날 것이다. 이와 같이 해치고 성내면 현세와 후세에 이런 나쁜 과보를 받는다. 나는 이제 해침과 성냄이 없고 해침과 성냄을 끊는 데에 의지하자.'

그래서 그는 곧 해침과 성냄이 없고, 해침과 성냄을 끊는 데에 의지하나니, 이렇게 많이 아는 거룩한 제자는 해침과 성냄이 없고 해침과 성냄을 끊는 데에 의지합니다.

거사여, 많이 아는 거룩한 제자는 어떻게 미워하고 질투하는 번뇌가 없고 미워하고 질투하는 번뇌를 끊는 데에 의지하는가? 많이 아는 거룩한 제자는 이렇게 생각합니다.

'미워하고 질투하는 번뇌가 있는 자는 반드시 현세와 후세에 나쁜 과보를 받는다. 만일 네게 미워하고 질투하는 번뇌가 있으면 곧 자기를 해치고 남을 속이고 비방하며 하늘과 모든 지혜로운 범행자들은 내게 계를 말할 것이요, 사방에서는 모두 내 나쁜 이름을 들을 것이며, 몸이 무너지고 목숨이 끝난 뒤에는 반드시 나쁜 곳으로 가서 지옥에 날 것이다. 이와 같이 미워하고 질투하는 번뇌가 있으면 현세와 후세에 이런 나쁜 과보를 받는다. 나는 이제 미워하고 질투하는 번뇌가 없고 미워하고 질투하는 번뇌를 끊는 데에 의지하자.'

그래서 그는 곧 미워하고 질투하는 번뇌가 없고 미워하고 질투하는 번뇌를 끊는 데에 의지하나니, 이렇게 많이 아는 거룩한 제자는 미워하고 질투하는 번뇌가 없고 미워하고 질투하는 번뇌를 끊는 데에 의지합니다.

거사여, 많이 아는 거룩한 제자는 어떻게 증상만增上慢이 없고 증상만을 끊는 데에 의지하는가? 많이 아는 거룩한 제자는 이렇게 생각합니다.

'증상만이 있는 자는 반드시 현세와 후세에 나쁜 과보를 받는다. 만일 내게 증상만이 있으면 곧 자기를 해치고 남을 속이고 비방하며, 하늘과 모든 지혜로운 범행자들은 내게 계를 말할 것이요, 사방에서는 모두 내 나쁜 이름을 들을 것이며, 몸이 무너지고 목숨이 끝난 뒤에는 반드시 나쁜 곳으로 가서 지옥에 날 것이다. 이와 같이 증상만이 있으면 현세와 후세에 이런 나쁜 과보를 받는다. 나는 이제 증상만이 없고 증상만을 끊는 데에 의지하자.'

그래서 그는 곧 증상만이 없고 증상만을 끊는 데에 의지하나니, 이렇게 많이 아는 거룩한 제자는 증상만이 없고 증상만을 끊는 데에 의지합니다. 거사여, 이것을 우리 거룩한 법과 율 가운데에 있는 세속을 끊는 여덟 가지 일이라 합니다."

거사가 여쭈었다.

"구담이시여, 그 거룩한 법과 율 안에는 세속 일을 끊는 그런 것만이 있고, 다시 다른 것은 없습니까?"

세존께서 대답하셨다.

"우리 거룩한 법과 율 안에는 세속 일을 끊는 그 일뿐만이 아니라, 다시 세속 일을 끊는 여덟 가지가 있어 몸으로 경험하게 됩니다."

포리다 거사는 이 말씀을 듣고 곧 흰 수건을 벗은 뒤에 합장하고 부처님을 향하여 여쭈었다.

"구담이시여, 그 거룩한 법과 율 안에는 다시 어떤 여덟 가지가 있어 세속 일을 끊으며 몸으로 경험하게 됩니까?"

세존께서 말씀하셨다.

"거사여, 어떤 개가 굶주리고 배고파서 바짝 여윈 채 푸주간에 갔을 적에 백정이나 백정의 제자는 깨끗이 살을 도려내고 그 뼈다귀를 개에게 던져줍니다. 개는 그 뼈다귀를 얻어 가지고 여기 저기 물어뜯다가 입술이 찢기고 이가 빠지며 혹은 목구멍을 상하기도 합니다. 그러나 그 개는 그것으로 굶주림을 채우지는 못합니다. 거사여, 많이 아는 거룩한 제자는 또한 이렇게 생각합니다.

'욕심은 뼈다귀와 같다. 그러므로 세존께서는 욕심은 뼈다귀와 같다고 말씀하셨다. 그것은 즐거움은 적고 괴로움은 많아서 많은 재환이 따른다. 마땅히 그것을 멀리 떠나야 한다. 만일 여기 욕심을 버리고 착하지 않은 악법을 여의면 이른바 이 일체 세간의 음식은 영원히 다

하여 남음이 없을 것이니, 마땅히 그렇게 닦아 익혀야 한다.'

거사여, 또 마을에서 멀지 않은 곳에 자그마한 고깃덩어리가 땅에 떨어져 있을 때에 혹은 까마귀나 솔개가 그것을 물고 달아나면 나머지 까마귀와 솔개들은 앞다투어 그 뒤를 쫓습니다. 거사여, 그대는 어떻게 생각합니까? 만일 이 까마귀나 솔개가 그 조그마한 고깃덩이를 재빠르게 버리지 않는다면 다른 까마귀나 솔개들이 앞 다투어 계속 쫓아오겠습니까?"

"그렇습니다. 구담이시여."

"거사여, 그대는 어떻게 생각합니까? 만일 그 까마귀나 솔개가 조그마한 고깃덩이를 재빠르게 버리더라도 다른 까마귀나 솔개가 쫓아가겠습니까?"

"아닙니다. 구담이시여."

"거사여, 많이 아는 거룩한 제자도 또한 이렇게 생각합니다.

'욕심은 고깃덩이와 같다. 그러므로 세존께서는 욕심은 고깃덩이와 같다고 말씀하셨다. 그것은 즐거움은 적고 괴로움만 많아서 많은 재환이 따른다. 마땅히 그것을 멀리 여의어야 한다. 만일 여기 욕심을 버리고 착하지 않은 악법을 여의면 이른바 이 일체 세간의 음식은 영원히 다하여 남음이 없을 것이니, 마땅히 그렇게 닦아 익혀야 한다.'

거사여, 또 마치 어떤 사람이 손에 횃불을 잡고 바람을 향해 가는 것과 같습니다. 거사여, 그대는 어떻게 생각합니까? 만일 이 사람이 그 횃불을 빨리 버리지 않는다면 반드시 그 손이나 몸뚱이나 다른 곳을 데겠습니까?"

"그렇습니다. 구담이시여."

"거사여, 그대는 어떻게 생각합니까? 만일 이 사람이 빨리 그 횃불을 버리더라도 그 손이나 몸뚱이나 다른 곳을 데겠습니까?"

"아닙니다. 구담이시여."

"거사여, 많이 아는 거룩한 제자도 또한 이렇게 생각합니다.

'욕심은 횃불과 같다. 그러므로 세존께서는 욕심은 횃불과 같다고 말씀하셨다. 그것은 즐거움은 적고 괴로움만 많아 많은 재환이 따른다. 마땅히 그것을 멀리 여의어야 한다. 만일 여기 욕심을 버리고 착하지 않은 악법을 버리면 이른바 이 일체 세간의 음식은 영원히 다하여 남음이 없을 것이니, 마땅히 그렇게 닦아 익혀야 한다.'

거사여, 또 마치 마을에서 멀지 않은 곳에 큰 불구덩이가 있어 그 안에는 불이 가득 찼으나 연기나 불꽃은 없는 것과 같습니다. 만일 어리석지도 않고 미련하지도 않으며 정신이 돌지도 않아서 스스로 본마음에 머물러 자유자재하면서 즐거우려고 하고 괴로우려고 하지 않으며 괴로움을 몹시 싫어하고 살려고 하지 죽으려 하지 않으며 죽기를 몹시 싫어하는 어떤 사람이 그곳에 왔다고 합시다. 거사여, 그대는 어떻게 생각합니까? 이 사람이 과연 그 불구덩이에 들어가겠습니까?"

"아닙니다. 구담이시여, 왜냐하면 그는 그 불구덩이를 보고는 곧 '만일 불구덩이에 떨어지면 의심할 여지없이 반드시 죽을 것이다. 설사 죽지 않는다 하더라도 분명 극심한 고통을 받을 것이다'라고 생각할 것이기 때문입니다. 그는 불구덩이를 보고는 곧 거기서 멀리 떠나기를 생각하고 그것을 버리기를 바라고 원할 것입니다."

"거사여, 많이 아는 거룩한 제자도 또한 이렇게 생각합니다.

'욕심은 불구덩이와 같다. 그러므로 세존께서는 욕심은 불구덩이와 같다고 말씀하셨다. 그것은 즐거움은 적고 괴로움만 많아 많은 재환이 따른다. 반드시 그것을 멀리 여의어야 한다. 만일 여기 욕심을 여의고 착하지 않는 악법을 버리면 이른바 이 일체 세간의 음식은 영원히 다하여 남음이 없을 것이니, 마땅히 그렇게 닦아 익혀야 한다.'

거사여, 마치 마을에서 멀지 않은 곳에 지극히 모질고 독하며 시꺼먼 빛이 매우 무서운 큰 독사가 있는 것과 같다. 만일 어리석지도 않고 미련하지도 않으며 정신이 돌지도 않아서 본마음에 머물러 자유자재하면서 즐거우려고 하지 괴로우려고 하지 않고 괴로움을 몹시 싫어하며 살려고 하지 죽으려 하지 않으며 죽기를 몹시 싫어하는 어떤 사람이 그곳에 왔다고 합시다. 거사여, 그대는 어떻게 생각합니까? 이 사람이 과연 그 손이나 몸뚱이의 다른 부위를 내밀며 '나를 물어라, 나를 물어라'고 말하겠습니까?"

"아닙니다, 구담이시여. 왜냐하면 그는 독사를 보고는 곧 '만일 내가 손이나 몸뚱이의 어떤 부위를 내밀어 독사가 물게 한다면 의심할 여지없이 반드시 죽을 것이다. 설사 죽지는 않는다 하더라도 분명 극심한 고통을 받을 것이다'라고 생각할 것이기 때문입니다. 그는 독사를 보고는 곧 거기서 멀리 여의기를 생각하고 그것을 버리기를 바라고 원할 것입니다."

"거사여, 많이 아는 거룩한 제자도 또한 이렇게 생각합니다.

'욕심은 독사와 같다. 그러므로 세존께서는 욕심은 독사와 같다고 말씀하셨다. 그것은 즐거움은 적고 괴로움만 많아서 많은 재환이 따른다. 마땅히 그것을 멀리 여의어야 한다. 만일 여기 욕심을 여의고 착하지 않은 악법을 버리면 이른바 이 일체 세간의 음식은 영원히 다하여 남음이 없을 것이니, 마땅히 그렇게 닦아 익혀야 한다.'

거사여, 또 마치 어떤 사람이 꿈에 5욕欲을 구족하여 스스로 즐기다가 깬 뒤에는 하나도 보지 못하는 것과 같습니다. 거사여, 많이 아는 거룩한 제자도 또한 이렇게 생각합니다.

'욕심은 꿈과 같다. 그러므로 세존께서는 욕심은 꿈과 같다고 말씀하셨다. 그것은 즐거움은 적고 괴로움만 많아서 많은 재환이 있다. 마땅히 그것을 멀리 여의어야 한다. 만일 여기 욕심을 여의고 착하지 않은 악법을 버리면 이른바 이 일체 세간의 음식은 영원히 다하여 남음이 없을 것이니, 마땅히 그렇게 닦아 익혀야 한다.'

거사여, 또 마치 어떤 사람이 오락의 도구를 빌리는 것과 같습니다. 그가 혹은 궁전·누각·동산·목욕하는 못·코끼리·말·수레, 혹은 비단과 무명옷, 혹은 가락지·팔찌·영락·목걸이·금·화만·명의名衣·상복上服을 빌렸을 때에 많은 사람들은 그것을 보고 모두 찬탄합니다.

'이처럼 좋고 이처럼 유쾌하다. 만일 재물이 있으면 마땅히 이처럼 스스로 즐겨야 할 것이다.'

그러나 그 물건의 본래 주인은 자기 마음대로 빼앗고, 혹은 사람을 시켜 빼앗고자 하면 그는 곧 자기 마음대로 빼앗고, 혹은 사람을 시켜 빼앗게 합니다. 많은 사람들은 그것을 보고 모두 말합니다.

'저 물건을 빌린 사람은 사실 사람들을 속인 것이다. 저것들은 빌린 것이 아닌가? 왜냐하면 그 물건의 본래 주인은 자기 마음대로 빼앗고 사람을 시켜 빼앗고자 하면 그는 곧 자기 마음대로 빼앗고 사람을 시켜 빼앗게 하기 때문이다.'

거사여, 많이 아는 거룩한 제자도 또한 이렇게 생각합니다.

'욕심은 빌린 물건과 같다. 그러므로 세존께서는 욕심은 빌린 물건과 같다고 말씀하셨다. 그것은 즐거움은 적고 괴로움만 많아서 많은 재환이 따른다. 마땅히 그것을 멀리 여의어야 한다. 만일 여기 욕심을 여의고 착하지 않은 악법을 버리면 이른바 일체 세간의 음식은 영원히 다하여 남음이 없을 것이니, 마땅히 그렇게 닦아 익혀야 한다.'

거사여, 또 마치 마을에서 멀지 않은 곳에 언제나 곱고 아름다운 과일이 많이 달리는 큰 과일나무가 있는 것과 같습니다. 만일 어떤 사람이 와서 굶주리고 고달파 그 과일을 먹고자 한다고 합시다. 그는 이렇게 생각합니다.

'이 나무에는 언제나 곱고 아름다운 과일이 많이 달린다. 나는 배고프고 힘이 떨어져 저 과일을 먹고 싶다. 그러나 이 나무 밑에는 저절로 떨어진 과일이 없어 배불리 먹을 수도 없고 또 가지고 돌아갈 수도 없다. 나는 나무에 올라갈 수가 있다. 나는 이제 차라리 이 나무에 올라가리라.'

그는 이렇게 생각한 뒤에 곧 올라갔습니다. 다시 어떤 사람이 굶주리고 고달파 그 과일을 먹고자 하여 아주 날카로운 도끼를 가지고 왔습니다. 그는 생각했습니다.

'이 나무에는 언제나 곱고 아름다운 과일이 많이 달린다. 그러나 이 나무 밑에는 저절로 떨어진 과일이 없어 배불리 먹을 수도 없고 또 가지고 돌아갈 수도 없다. 또 나는 나무에 오르지도 못한다. 나는 이제 차라리 이 나무를 베어 넘기리라.'

이렇게 생각한 그는 곧 그 나무를 찍어 넘어뜨렸습니다. 거사여, 그대는 어떻게 생각합니까? 만일 나무 위에 있던 사람이 빨리 내려오지 않는다면 나무가 땅에 쓰러질 때에 과연 그 팔이나 몸뚱이 중 다른 부분이 부러지겠습니까?"

"그렇습니다. 구담이시여."

"거사여, 어떻게 생각합니까? 나무 위에 있던 사람이 빨리 내려오더라도 나무가 땅에 쓰러질 때에 과연 그 팔이나 몸뚱이 중 다른 부분이 부러지겠습니까?"

"아닙니다. 구담이시여."

"거사여, 많이 아는 거룩한 제자도 또한 이렇게 생각합니다.

'욕심은 나무 열매와 같다. 그러므로 세존께서는 욕심은 나무 열매와 같다고 말씀하셨다. 그것은 즐거움은 적고 괴로움만 많아서 많은 재환이 따른다. 마땅히 그것을 멀리 여의어야 한다. 만일 여기 욕심을 여의고 착하지 않은 악법을 버리면 이른바 이 일체 세간의 음식은 영원히 다하여 남음이 없을 것이니, 마땅히 그렇게 닦아 익혀야 한다.'

거사여, 이것을 우리 거룩한 법과 율에는 다시 이런 여덟 가지가 있어 세속 일을 끊어 몸으로 징험하는 것이라 합니다.

거사여, 그는 각覺과 관觀을 쉬고 마음은 고요하여 한 마음이 되어 거친 생각도 없고 세밀한 생각도 없으며 선정〔定〕에서 생기는 기쁨과 즐거움이 있는 제2선禪을 얻어 성취하여 노닙니다. 다시 그는 이미 기쁨의 욕심을 여의고 평정하여 구함 없이 노닐며 바른 생각과 바른 지혜로 몸에 즐거움을 깨닫습니다. 이른바 성인께서 말씀하신 성인의 평정〔捨〕·기억〔念〕·즐거움에 머묾〔樂住〕·공空이 있는 제3선을 얻어 성취하여 노닙니다. 다시 그는 즐거움이 멸하고 괴로움도 멸하는데 기쁨과 걱정의 뿌리는 이미 멸한 상태이며, 괴로움도 없고 즐거움도 없는〔不苦不樂〕 평정〔捨〕·기억〔念〕·청정淸淨이 있는 제4선을 얻어 성취하여 노닙니다. 그는 이와 같이 선정의 마음이 맑고 깨끗해 더러움도 없고 괴로움도 없으며, 부드럽고 연하여 잘 머물러 움직이지 않는 마음을 얻고, 번뇌가 다한 지혜의 신통을 닦아 익혀 몸으로 그것을 증득합니다. 그래서 그는 괴로움〔苦〕에 대하여 사실 그대로 알고 이 괴로움의 발생〔苦集〕을 알며 이 괴로움의 소멸〔苦滅〕을 알고 이 괴로움의 소멸에 이르는 길〔苦滅道〕에 대하여 사실 그대로 압니다. 또 이 번뇌〔漏〕에 대하여 사실 그대로 알고, 이 번뇌의 발생〔漏集〕을 알며 이 번뇌의 소멸〔漏滅〕을 알고 이 번뇌의 소멸에 이르는 길〔漏滅道〕에 대하여 사실 그대로 압니다. 그는 이렇게 알고 이렇게 보아 욕심의 번뇌〔欲漏〕에서 마음이 해탈하고 생명의 번뇌〔有漏〕와 무명의 번뇌〔無明漏〕에서 마음이 해탈하고 해탈한 뒤에는 곧 해탈한 줄을 알아 생은 이미 다하고 범행은 이미 서고 할 일은 이미 마쳐 다시는 후세의 생명을 받지 않는다는 것을 진실 그대로 압니다."

이렇게 설법하실 때에 포리다 거사는 티끌과 때를 멀리 여의고 모든 법에 대한 법안法眼이 생겼다. 이에 포리다 거사는 법을 보아 법을 얻고 희고 깨끗한 법을 깨달아 의심을 끊고 의혹에서 벗어나 다시는 달리 높일 이가 없고 다시는 남을 의지할 것 없으며 아무런 망설임도 없이 이미 결과를 증득해 머물러 세존의 법에 대해서 두려움이 없게 되었다. 거기서 그는 부처님 발에 머리를 조아리고 아뢰었다.

"세존이시여, 저는 이제부터 부처님과 법과 승가에 귀의합니다. 원하옵건대 세존이시여, 저를 우바새로 받아 주소서. 저는 오늘부터 몸과 목숨이 다할 때까지 스스로 귀의하겠습니다. 세존이시여, 저는 본래는 희고 깨끗한 옷을 입고 흰 수건으로 머리를 싸매고 지팡이를 짚고 일산을 들었으며 또 세속의 신을 신었습니다. 그리고 집에서 집으로 동산에서 동산으로 숲에서 숲으로 두루 돌아다니다가 사문 범지를 만나면 곧 이렇게 말하였습니다.

'나는 세속을 떠났고 세속을 끊었으며 모든 세속 일을 버렸습니다.'

그러면 그 모든 사문 범지들은 부드럽고 온화한 말로 곧 저에게 말했습니다.

'그렇습니다. 어진 포리다여, 당신은 세속을 떠났고 세속을 끊었으며 모든 세속 일을 버렸습니다.'

세존이시여, 저는 그때 저들이 실로 지혜가 없는데도 저들을 지혜로운 자들이 머무는 곳에 편안히 머무르게 하였고 실로 지혜가 없는데도 저들에게 제사 드렸으며 또 지혜가 없는데도 저들을 먹였고 실로 지혜가 없는데도 저들을 마치 지혜로운 이들처럼 받들어 섬겼습니다.

세존이시여, 저는 오늘부터 모든 비구들과 세존의 제자들은 실로 지혜로운 자들이므로 지혜로운 자들이 머무는 곳에 편안히 머무르게 하고 실로 지혜로운 자들이므로 제사 드리며, 또 지혜로운 자들이므로 음식을 공양하고 실로 지혜로운 자들이므로 지혜로운 사람답게 받들어 섬기겠습니다. 세존이시여, 저는 이제 다시 부처님과 법과 승가에 귀의합니다. 원하옵건대 세존이시여, 저를 우바새로 받아 주소서. 오늘부터 몸과 목숨이 다할 때까지 스스로 귀의하여 목숨이 다하는 그 날까지 그렇게 하겠습니다.

세존이시여, 제가 이전부터 믿고 존경하던 이교도의 사문이나 범지들을 오늘부터 끊겠습니다. 세존이시여, 저는 지금부터 세 번 부처님과 법과 비구들에게 귀의합니다. 원하옵건대 세존이시여, 저를 우바새로 받아 주소서. 저는 오늘부터 몸과 목숨이 다할 때까지 스스로 귀의하겠습니다."

부처님께서 이렇게 말씀하시자 포리다 거사와 모든 비구들은 부처님 말씀을 듣고 기뻐하며 받들어 행하였다.

〔이 포리다경에 수록된 경문의 글자 수는 3,642자이다. 『중아함경』 제55권에 수록된 경문의 글자 수는 모두 7,691자이다.〕

중아함경 제56권

17. 포리다품 ②

204) 라마경羅摩經[1] 〔제5 후송〕

나는 이와 같이 들었다.

어느 때 부처님께서 사위국을 유행하실 적에 동원東園 녹자모鹿子母 강당에 계셨다. 그때 세존께서 오후에 편안한 자리에서 일어나 당堂에서 내려와 존자 아난에게 말씀하셨다.

"나는 이제 너와 함께 아이라바제阿夷羅婆提[2]강으로 가서 목욕하리라."

존자 아난이 대답했다.

1 이 경의 이역본으로 당唐나라 때 현장玄奘이 한역한 『본사경本事經』이 있다.

2 아이라바제阿夷羅婆提는 팔리어로 Ajitavati이고, 아시다벌저阿恃多伐底, 또는 발제跋提로 음역하기도 하며, 또 무승無勝·유금有金으로 의역하기도 한다. 인도 5하河의 하나로서 중인도 구시나가라국에 있던 강 이름이다. 세존께서 이 강의 서쪽 언덕에서 입멸하셨다. 현장 대사는 희련선하熙連禪河와 아이라바제하를 같은 강으로 보았다.

"예."

존자 아난은 지게문 자물쇠를 가지고 여러 집을 두루 돌아다니면서 모든 비구들을 보고 말하였다.

"여러분, 여러분은 모두 범지 라마羅摩의 집으로 가시오."

모든 비구들은 그 말을 듣고 곧 함께 범지 라마의 집으로 갔다.

세존께서 존자 아난을 데리고 아이라바제강으로 가 언덕 위에서 옷을 벗고, 곧 물에 들어가 목욕하신 뒤 도로 나와 몸을 닦고 옷을 입으셨다. 그때 존자 아난은 세존 뒤에 서서 부채로 세존을 부쳐 드리고 있었다.

존자 아난이 합장하고 부처님께 아뢰었다.

"세존이시여, 범지 라마의 집은 극히 좋고 잘 정리되어 매우 즐거운 곳입니다. 원하옵건대 세존께서는 그를 사랑하고 가엾이 여기시어 범지 라마의 집으로 가 주소서."

세존께서 존자 아난을 위해 잠자코 받아 주셨다. 이에 세존께서는 존자 아난을 데리고 범지 라마의 집으로 가셨다.

그때 범지 라마의 집에서는 많은 비구들이 모여 앉아 설법하고 있었다. 부처님께서는 문 밖에 서서 모든 비구들의 설법이 끝나기를 기다리셨다. 많은 비구들이 이내 설법을 마치고 잠자코 앉아 있었다. 세존께서 그런 줄 아시고 기침을 하시면서 문을 두드리자 모든 비구들은 곧 나와 문을 열었다. 세존께서 곧 범지 라마의 집에 들어가 비구들 앞에 자리를 펴고 앉아 물으셨다.

"비구들아, 아까는 무엇을 이야기하였으며, 무슨 일로 여기 이렇게 모여 있는가?"

비구들이 아뢰었다.

"세존이시여, 아까는 법을 연설하였고 이 법을 연설하기 위해 이렇게 여기 모여 있습니다."

"훌륭하고 훌륭하다. 비구들이 모여 앉으면 마땅히 두 가지 일을 행하여야 하나니, 그것은 설법과 침묵이니라. 무엇 때문인가? 내가 이제 너희들을 위하여 설법하리니 자세히 듣고 잘 기억하라."

"예, 분부 받자와 경청하겠습니다."

부처님께서 말씀하셨다.

"여기 두 가지의 구함이 있으니, 첫째는 거룩한 구함이요, 둘째는 거룩하지 못한 구함이다. 어떤 것이 거룩하지 못한 구함인가? 어떤 사람은 실로 병드는 법인데 그 병드는 법을 구하고 실로 늙는 법·죽는 법·근심하는 법인데 그 늙는 법·죽는 법·근심하는 법을 구하며 실로 더러운 법인데 그 더러운 법을 구한다. 실로 병드는 법인데 그 병드는 법을 구한다는 것은 무엇인가? 무엇이 병드는 법인가? 자식과 형제들이 바로 병드는 법이요, 코끼리·말·소·염소·노비·재물·보배·미곡들이 바로 병드는 법이다. 그런데 중생들은 그것에 물들고 집착하며 교만스럽게 받아들여 그 재환災患을 보지 못하고 벗어나는 길을 보지 못한 채 그것을 받아쓰고 있다. 어떤 것이 늙고 죽는 법이고 근심하는 법이며 더러운 법인가? 자식과 형제들이 바로 늙고 죽는 법이고 근심하는 법이며 더러운 법이다. 코끼리·말·소·염소·노비·재물·보배·미곡米穀들이 늙고 죽는 법이요 근심하는 법이며 더러운 법이다. 그런데 중생들은 그것에 빠져 더럽혀지고 집착하며 오만스럽게 받아들여 그 재환災患을 보지 못하고 벗어나는 길을 보지 못한 채 취해 쓰고 있다. 그래서 그들은 병이 없는 위없이 안온한 열반을 구하고 병이 없는 위없이 안온한 열반을 얻고자 하지만 끝내 그리 될 수 없다. 늙음도 없고 죽음도 없으며 근심 걱정도 없고 더러움도 없는 위없이 안온한 열반을 구하고 늙음도 없고 죽음도 없으며 근심 걱정도 없고 더러움도 없는 위없이 안온한 열반을 얻고자 하지만 끝내 그리 될 수 없다. 이것을 거룩한 구함이 아니라고 말한다.

그러면 어떤 것이 거룩한 구함인가? 어떤 사람은 곧 이렇게 생각한다.

'나[我]라고 하는 것은 실로 병드는 법인데도 까닭 없이 병드는 법을 구한다. 나라고 하는 것은 실로 늙는 법 · 죽는 법 · 근심하고 걱정하는 법 · 더러운 법인데도 까닭 없이 늙는 법 · 죽는 법 · 근심하는 법 · 더러운 법을 구한다. 나는 지금 차라리 병이 없는 위없이 안온한 열반을 구하고 늙음도 없고 죽음도 없으며 근심 걱정함도 없고 더러움도 없는 위없이 안온한 열반을 구하자.'

그래서 그 사람이 곧 병이 없는 위없이 안온한 열반을 구하고, 병이 없는 위없이 안온한 열반을 얻고자 한다면 그것은 반드시 그리 될 수 있다. 또 늙음도 없고 죽음도 없고 근심 걱정함도 없고 더러움도 없는 위없이 안온한 열반을 구하고 늙음도 없고 죽음도 없으며 근심 걱정함도 없고 더러움도 없는 위없이 안온한 열반을 얻고자 한다면 그것은 반드시 그리 될 수 있느니라.

나도 본래 위없는 정각을 깨닫기 전에 이렇게 생각했었다.

'나라는 것은 실로 병드는 법인데 까닭 없이 병드는 법을 구한다. 나라는 것은 실로 늙는 법이요 죽는 법이며 근심 걱정하는 법이고 더러운 법인데 까닭 없이 늙는 법 · 죽는 법 · 근심 걱정하는 법 · 더러운 법을 구한다. 나는 지금 차라리 병이 없는 위없이 안온한 열반을 구하고 늙음도 없고 죽음도 없으며 근심 걱정함도 없고 더러움도 없는 위없이 안온한 열반을 구하자.'

나는 그때 나이 젊은 동자童子로서 맑고 깨끗한 새까만 머리에 한창 나이인 29세였다. 그때 한없이 즐겁게 유희하고 화려하게 장식하고 마음대로 돌아다녔다. 나는 그때 부모님이 울부짖고 여러 친척들이 좋아하지 않았지만 나는 수염과 머리를 깎고 가사를 입고 지극한 믿음으로 출가하여 집 없이 도를 배우면서 몸을 청정하게 보호하였고 입과 뜻을 청정하게 보호하였다. 그래서 나는 이 계의 몸을 성취한 뒤에는 병이 없는 위없이 안온한 열반을 구하고 늙음도 없고 죽음도 없으며 근심 걱정도 없고 더러움도 없는 위없이 안온한 열반을 구하고자 하여 다시 아라라가라마(阿羅羅伽羅摩 : 仙人名)를 찾아가서 그에게 물었다.

'아라라여, 저는 당신에게서 범행梵行을 법답게 행하고 싶습니다. 그래도 되겠습니까?'

아라라가 대답하였다.

'현자賢者여, 나는 상관없다. 행하고 싶거든 곧 행하라.'

'아라라여, 당신은 어떻게 이 법을 스스로 알고 스스로 깨닫고 스스로 증득하였습니까?'

아라라가 나에게 대답하였다.

'현자여, 나는 일체의 식처識處를 지나 무소유처無所有處를 얻어 성취하여 노닌다. 그런 까닭에 나는 이 법을 스스로 알고 스스로 깨닫고 스스로 증득하게 되었다.'

나는 다시 생각하였다.

'아라라 혼자에게만 이런 믿음이 있는 것이 아니라 내게도 또한 이 믿음이 있다. 아라라 혼자에게만 이 정진이 있는 것이 아니라 내게도 또한 이 정진이 있다. 아라라 혼자에게만 이 지혜가 있는 것이 아니라 내게도 또한 이 지혜가 있다. 그런데 아라라는 이 법을 스스로 알고 스스로 깨닫고 스스로 증득하였다.'

나는 이 법을 증득하기 위하여 곧 멀리 떠나 비고 고요한 곳에서 혼자 머물며 마음에 방일함이 없이 수행하고 정근하였다. 나는 멀리 떠나 비고 고요한 곳에서 혼자 머물며 마음에 방일함이 없이 수행하고 정근한 지 오래지 않아 그 법을 증득하게 되었다. 그 법을 증득한 뒤에 나는 다시 아라라가라마에게로 가서 물었다.

'아라라여, 당신은 이 법을 스스로 알고 스스로 깨닫고 스스로 증득하였습니까? 이른바 일체의 한량없는 식처를 지나 무소유처를 얻어 성취하여 노닙니까?'

아라라가라마는 내게 대답하였다.

'현자여, 나는 이 법을 스스로 알고 스스로 깨닫고 스스로 증득하였다. 이른바 일체의 한량없는 식처를 지나 무소유처를 얻어 성취하여 노닌다.'

아라라가라마는 다시 내게 말했다.

'현자여, 내가 이 법을 증득한 것과 같이 그대도 또한 그러하며 그대가 이 법을 증득한 것과 같이 나도 또한 그러하다. 현자여, 그대는 여기 와서 나와 함께 이 대중을 통솔하자.'

이렇게 아라라가라마는 스승의 위치에 있으면서도 나를 동등하게 대접하고 최상으로 공경하였으며 최상으로 공양하고 최상의 기쁨을 표하였다. 그러나 나는 다시 생각하였다.

'이 법은 지혜로 나아가지 않고 깨달음으로 나아가지 않으며 열반으로 나아가는 것이 아니다. 나는 이제 차라리 이 법을 버리고 다시 병이 없는 위없이 안온한 열반을 구하고 늙음도 없고 죽음도 없으며 근심 걱정도 없고 더러움도 없는 위없이 안온한 열반을 구하자.'

그래서 나는 곧 이 법을 버리고 다시 병이 없는 위없이 안온한 열반을 구하고 늙음도 없고 죽음도 없으며 근심 걱정도 없고 더러움도 없는 위없이 안온한 열반을 구한 뒤에 울다라라마자(鬱陀羅羅摩子 : 仙人名)

가 있는 곳으로 가서 그에게 물었다.

'울다라여, 저는 당신의 법 안에서 배우고 싶습니다. 그래도 되겠습니까?'

울다라라마자가 내게 대답하였다.

'현자여, 나는 상관없다. 그대가 배우고 싶으면 배우라.'

'울다라여, 그대 아버지 라마羅摩께서는 어떤 법을 스스로 알고 스스로 깨닫고 스스로 증득하였습니까?'

'현자여, 나는 일체의 무소유처를 지나 비유상비무상처非有想非無想處를 얻어 성취하여 노닌다. 현자여, 우리 아버지 라마께서도 이 법을 스스로 알고, 스스로 깨닫고 스스로 증득하였다.'

나는 또 이렇게 생각하였다.

'라마 혼자에게만 이 믿음이 있는 것이 아니라 내게도 또한 이 믿음이 있다. 라마 혼자에게만 이런 정진이 있는 것이 아니라 내게도 또한 이런 정진이 있다. 라마 혼자에게만 이런 지혜가 있는 것이 아니라 내게도 또한 이런 지혜가 있다. 라마는 이 법을 스스로 알고 스스로 깨닫고 스스로 증득하였다. 나라고 어찌 이 법을 스스로 알고 스스로 깨닫고 스스로 증득하지 못하겠는가?'

그래서 나는 이 법을 증득하기 위해 곧 멀리 떠나 비고 고요한 곳에 혼자 머물며 마음에 방일함이 없이 수행하고 정근하였다. 나는 멀리 떠나 비고 고요한 곳에 혼자 머물며 마음에 방일함이 없이 수행하고 정근한 지 오래지 않아 그 법을 증득하게 되었다. 그 법을 증득한 뒤에 나는 다시 울다라라마자에게로 가서 물었다.

'울다라여, 당신의 아버지는 이 법을 스스로 알고 스스로 깨닫고 스스로 증득하였습니까? 이른바 일체의 무소유처를 지나 비유상비무상처를 얻어 성취하여 노닐었습니까?'

울다라라마자가 내게 대답하였다.

'현자여, 우리 아버지 라마께서도 이 법을 스스로 알고 스스로 깨닫고 스스로 증득하였다. 이른바 일체의 무소유처를 지나 비유상비무상처를 얻어 성취하여 노닐었다.'

울다라가 다시 내게 말하였다.

'우리 아버지 라마께서 이 법을 증득한 것과 같이 그대도 또한 그러하며 그대가 이 법을 증득한 것과 같이 우리 아버지도 또한 그러했다. 현자여, 그대는 여기 와서 나와 함께 이 대중을 통솔하자.'

울다라라마자는 스승의 위치에 있으면서도 나를 스승처럼 대접하고 최상으로 공경하였으며 최상으로 공양하고 최상의 기쁨을 표하였다. 나는 또 이렇게 생각하였다.

'이 법은 지혜로 나아가지 않고 깨달음으로 나아가지 않으며 열반으로 나아가는 것이 아니다. 나는 이제 차라리 이 법을 버리고 다시 병이 없는 위없이 안온한 열반을 구하고 늙음도 없고 죽음도 없으며 근심 걱정도 없고 더러움도 없는 위없이 안온한 열반을 구하리라.'

그래서 곧 이 법을 버리고 다시 병이 없는 위없이 안온한 열반을 구하고 늙음도 없고 죽음도 없으며 근심 걱정도 없고 더러움도 없는 위없이 안온한 열반을 구한 뒤에 상정산象頂山 남쪽에 있는 울비라鬱鞞羅의 사나斯那라는 범지 마을로 갔다. 그 땅은 아주 좋아서 즐길 만하며 산림은 울창하고 니련선하尼連禪河의 맑은 물도 언덕까지 찰랑찰랑 흐르고 있었다. 나는 그것을 보고 곧 이렇게 생각했다.

'이 땅은 아주 좋아서 즐길 만하다. 산림은 울창하고 니련선하의 맑은 물도 언덕까지 찰랑찰랑 흐르고 있구나. 만일 큰 종족의 아들이 공부하고자 한다면 이런 곳이 좋을 것이다. 내가 공부하기에도 아주 적절하다. 나는 이제 차라리 여기서 공부하리라.'

그리고는 곧 풀을 가지고 보리수가 있는 데로 가서 그 밑에 깔고 니사단尼師檀을 풀 위에 펴고 가부좌를 하고 앉았다. 나는 번뇌를 다할 때까지는 결코 자리에서 일어나지 않으리라 결심하였다. 과연 나는 자리에서 일어나지 않고 번뇌를 다하게 되었다. 그래서 나는 병이 없는 위없이 안온한 열반을 구하여 곧 병이 없는 위없이 안온한 열반을 얻었고 늙음도 없고 죽음도 없으며 근심 걱정도 없고 더러움도 없는 위없이 안온한 열반을 구하여 곧 늙음도 없고 죽음도 없으며 근심 걱정도 없고 더러움도 없는 위없이 안온한 열반을 얻었다. 그리고 내게는 앎이 생기고 소견이 생기고 결정된 도품법道品法이 있어 생은 이미 다하고 범행은 이미 서고 할 일은 이미 마쳐 다시는 후세의 생명을 받지 않는다는 것을 사실 그대로 알았느니라.

나는 처음으로 위없는 정진각正盡覺을 깨달은 뒤에 곧 '나는 누구에게 먼저 이 법을 설명해야 할까?'라고 생각하다가 다시 '나는 이제 차라리 저 아라라가라마에게 먼저 설법하리라'고 생각하였다. 그때 어떤 하늘이 허공에게 내게 말하였다.

'큰 선인이여, 마땅히 알아야 합니다. 아라라가라마가 이미 목숨을 마친 지 벌써 7일째입니다.'

나도 또한 내 스스로 아라라가라마가 이미 목숨을 마친지 7일째 되는 날인 줄을 알고 있었다. 나는 또 생각하였다.

'아라라가라마, 그 사람은 아주 가버렸으니 이 법을 듣지 못하겠구나. 만일 그가 이 법을 들었더라면 그는 빨리 법을 알아 법으로 나아갔을 것이다.'

내가 처음 위없는 정진각正盡覺을 깨달은 뒤에 '나는 마땅히 누구에게 먼저 이 법을 설명해야 할까?' 하고 생각하다가 나는 다시 이렇게 생각하였다.

'나는 이제 차라리 울다라라마자에게 먼저 설법하리라.'

그때 하늘은 다시 허공에서 내게 말했다.

'큰 선인이여, 마땅히 알아야 합니다. 울다라라마자가 목숨을 마친지 벌써 14일째입니다.'

나도 또한 내 스스로 울다라라마자가 목숨을 마친지 14일째인 줄 알았다. 나는 다시 생각하였다.

'울다라라마자는 아주 가버렸으니 이 법을 듣지 못하겠구나. 만일 그가 이 법을 들었더라면 그는 빨리 법을 알아 법으로 나아갔을 것이다.'

나는 처음으로 위없는 정진각을 깨달은 뒤에 '나는 누구에게 먼저 이 법을 설명해야 할까?' 하고 생각하다가 나는 다시 생각하였다.

'옛날의 저 다섯 비구는 나를 위해 수고하고 내게 많은 이익을 주었다. 내가 고행할 때 그 다섯 비구는 나를 받들어 섬겼다. 나는 이제 저 다섯 비구에게 먼저 이 법을 설명해 주리라.'

나는 다시 생각하였다.

'옛날의 그 다섯 비구는 지금 어디 있을까?'

그래서 나는 사람의 눈보다 뛰어난 청정한 천안天眼으로써 그 다섯 비구들이 바라나국波羅㮈國의 선인이 사는 녹야원鹿野園에 있는 것을 보았다. 나는 곧 보리수 밑에서 옷을 챙겨 발우를 가지고 바라나국의 도읍 가시加尸로 갔다. 그때 이교도 우타優陀가 멀리서 내가 오는 것을 보고 내게 말하였다.

'현자 구담이여, 모든 감관〔根〕은 청정하고 형상은 극히 묘하며 얼굴의 광명은 빛나고 있습니다. 현자 구담이여, 당신의 스승은 누구시며 누구에게서 도를 배웠고 누구의 법을 믿습니까?'

나는 그때 우타에게 곧 게송으로 대답하였다.

나는 가장 높고 가장 훌륭하니라.
일체의 모든 법에 집착하지 않고
모든 애욕 벗어나 스스로 깨쳤거니
다시 또 그 누구를 스승이라 하겠는가.

같은 사람도 없고 나은 사람도 없다.
위없는 깨달음을 스스로 깨쳤나니
나는 여래요 또 천상·인간의 스승으로
그 힘을 성취한 것 두루 아노라.

우타가 다시 내게 물었다.
'현자 구담이시여, 스스로 훌륭하다고 하셨습니까?'
나는 다시 게송으로 그에게 대답하였다.

훌륭한 사람은 이러하나니
이른바 모든 번뇌 이미 다하고
나는 모든 악법 파괴했으니
우타여, 그러므로 나는 훌륭하니라.

우타가 다시 네게 물었다.
'현자 구담이시여, 어디로 가시려 하십니까?'
나는 또 게송으로 그에게 대답하였다.

나는 바라나波羅㮈로 가서
묘한 감로甘露의 북 두드리고

세상에서 아직 굴리지 못한
위없는 법의 바퀴 굴리려 하네.

우타가 내게 말하였다.

'현자 구담이시여, 혹 그럴 수도 있겠군요.'

이렇게 말한 뒤에 그는 곧 샛된 길을 지나 돌아왔다. 나는 선인이 사는 곳인 녹야원으로 갔다. 그때 다섯 비구들은 멀리서 내가 오는 것을 보고 제각기 서로 행동지침을 약속하였다.

'여러분, 우리는 마땅히 알아야 한다. 저 사문 구담이 온다. 그는 욕심이 많고 구하는 것이 많다. 맛있는 음식과 좋은 쌀밥·보릿가루·소酥·꿀을 먹고 삼씨기름을 몸에 바른다. 지금 그가 다시 오고 있으나 너희들은 아예 일어나 맞이하지도 말고 또한 예도 올리지 말며 미리 자리를 준비하여 앉기를 청하지도 말라. 그리고 그가 오거든 〈그대가 앉고 싶다면 마음대로 하라〉고 말하자.'

그때 나는 다섯 비구가 있는 곳으로 갔다. 그러자 다섯 비구는 내게 있는 지극히 훌륭한 위덕威德에 어쩔 수 없어 곧 자리에서 일어나 가사와 발우를 받는 사람도 있고 자리를 펴는 사람도 있으며 물을 가져와 발을 씻어주려는 사람도 있었다. 나는 생각하였다.

'이 어리석은 사람들이여, 어찌 이처럼 마음이 굳지 못한가. 저희끼리 행동지침을 만들어 약속하더니 저희끼리 어기고 있구나.'

나는 그들의 마음을 안 뒤에 그들이 편 자리에 앉았다. 그때 다섯 비구들은 내 성姓과 자字를 부르고 나를 경卿이라고 불렀다. 내가 그들에게 말하였다.

'다섯 비구들아, 나는 여래·무소착·정진각이다. 너희들은 내 본래의 성과 자를 부르지 말고 또한 나를 경이라고 부르지도 말라. 왜냐하면 나는 병이 없는 위없이 안온한 열반을 구하여 병이 없는 위없이 안온한 열반을 얻었고 나는 늙음도 없고 죽음도 없으며 근심 걱정도 없고 더러움도 없는 위없이 안온한 열반을 구하여 늙음도 없고 죽음도 없으며 근심 걱정도 없고 더러움도 없는 위없이 안온한 열반을 얻었기 때문이다. 그래서 내게는 앎이 생기고 소견이 생기고 결정된 도품법이 있어 생은 이미 다하고 범행은 이미 서고 할 일은 이미 마쳐 다시는 후세의 생명을 받지 않는다는 것을 사실 그대로 알았느니라.'

그들은 내게 말하였다.

'경卿 구담이여, 그대는 이전에 그러한 행과 그러한 도의 자취와 그러한 고행을 하고서도 오히려 사람의 법을 벗어난 지극히 거룩한 앎과 소견에 들어갈 수 없었다. 하물며 욕심이 많고 구하는 것이 많아 맛있는 음식과 좋은 쌀밥·보릿가루·소·꿀을 먹으며 삼씨기름을 몸에 바르는 오늘에 있어서이겠는가?'

나는 다시 그들에게 말하였다.

'다섯 비구들아, 너희들은 이전에 내가 이와 같이 모든 감각기관〔根〕이 청정하고 광명이 빛나는 것을 본 일이 있는가?'

다섯 비구가 내게 대답하였다.

'이전에는 경의 모든 감각기관이 청정하고 광명이 빛나는 것을 본 적이 없다. 그대 구담이여, 지금은 모든 감각기관이 청정하고 형색도 매우 아름다우며 얼굴에 광명이 빛나는 것을 본다.'

나는 그때 곧 그들에게 말하였다.

'다섯 비구야, 마땅히 알라. 도를 닦는 모든 사람이 배워서는 안 될 두 가지 치우친 행이 있으니, 하나는 욕심과 향락의 하천한 업인 범인의 행에 집착하는 것이요, 다른 하나는 성현의 법이 아닌 것으로서 도리에 맞지 않는 것에 스스로 번거로워하고 스스로 괴로워하는 것이다. 다섯 비구들아, 이 두 가지 치우친 행을 버리고 중도中道를 취하면 밝음을 이루고 지혜를 이루며 선정〔定〕을 성취하여 자재함을 얻고 지혜로 나아가며 깨달음으로 나아가고 열반으로 나아가게 된다. 그 중도란 이른바 8정도正道이니, 바른 소견〔正見〕에서부터 바른 선정〔正定〕에 이르기까지의 이 여덟 가지를 말하는 것이다.

나는 마음이 내키는 대로 다섯 비구를 가르쳤는데 두 사람을 교화할 때면 세 사람이 밥을 빌고 세 사람이 밥을 가지고 오면 여섯 사람이 먹기에 넉넉하였다. 세 사람을 교화할 때면 두 사람이 밥을 빌고 두 사람이 밥을 가지고 오면 여섯 사람이 먹기에 넉넉하였다. 나는 이렇게 저들을 가르치고 이렇게 저들을 교화시켜 그들로 하여금 병이 없는 위없이 안온한 열반을 구하여 병이 없는 위없이 안온한 열반을 얻고 늙음도 없고 죽음도 없으며 근심 걱정도 없고 더러움도 없는 위없이 안온한 열반을 구하여 늙음·죽음·근심 걱정·더러움이 없는 위없이 안온한 열반을 얻게 하였다. 그래서 그들에게는 앎이 생기고 소견이 생기고 틀림없는 도품법이 있어 생은 이미 다하고 범행은 이미 서고 할 일은 이미 마쳐 다시는 후세의 생명을 받지 않는다는 것을 사실 그대로 알게 하였느니라.'

세존이 다시 그들에게 말하였다.

'다섯 비구들아, 좋아할 만하고 즐길 만하며 마음으로 생각할 만하고 욕심과 잘 어울리는 5욕의 공덕이 있다. 어떤 것이 그 다섯 가지인가? 눈으로 빛깔을 보고 귀로 소리를 들으며 코로 냄새를 맡고 혀로 맛을 보며 몸으로 감촉을 느끼는 것이다. 다섯 비구야, 어리석은 범부는 많이 듣지 못하고 착한 벗을 만나지 못하며 거룩한 법을 알지 못하고 거룩한 법을 모시지 못한다. 그는 이 5욕의 공덕에 부딪쳐 물들고 탐하고 집착하며 교만스럽게 받아들여 그 재앙을 보지 못하고 그것을 벗어나는 길을 보지 못하여 그것을 취하여 쓴다. 마땅히 알라. 그는 모진 악마를 따르고 스스로 모진 악마의 뜻대로 움직이며 모진 악마의 손에 떨어지고 악마의 그물에 걸리며 악마의 올가미에 걸려 악마의 올가미를 벗어나지 못한다.

다섯 비구야, 마치 들사슴이 올가미에 걸린 것과 같나니 마땅히 알라. 그 사슴은 사냥꾼을 따르고 스스로 사냥꾼의 뜻대로 움직이며 사냥꾼의 손에 떨어지고 사냥꾼의 그물에 걸려 사냥꾼이 와도 그것을 벗어나지 못한다. 이와 같이 다섯 비구야, 어리석은 범부는 많이 듣지 못하고 착한 벗을 만나지 못하며 거룩한 법을 알지 못하고 거룩한 법을 모시지 못한다. 그는 이 5욕의 공덕에 부딪쳐 물들고 그것을 탐하고 집착하며 교만스럽게 받아들여 그 재앙을 보지 못하고 그것을 벗어나는 길을 보지 못하여 그것을 받아쓴다. 마땅히 알라. 그는 모진 악마를 따르고 스스로 모진 악마의 뜻대로 움직이며 모진 악마의 손에 떨어지고 악마의 그물에 걸리며 악마의 올가미에 걸려 악마의 올가미를 벗어나지 못한다.

다섯 비구야, 많이 아는 거룩한 제자는 착한 벗을 만나고 거룩한 법을 알며 또 거룩한 법을 모신다. 그는 이 5욕의 공덕에 부딪치지도 않고 물들지도 않으며 탐하지도 않고 집착하지도 않으며 또한 교만스럽지도 않고 받아들이지도 않으며 그 재앙을 보고 그것을 벗어나는 길을 보아 그것을 취해 쓰지 않는다. 마땅히 알라. 그는 모진 악마를 따르지 않고 스스로 모진 악마의 뜻대로 움직이지 않으며 악마의 손에 떨어지지 않고 악마의 그물에 걸리지 않으며 악마의 올가미에 걸리지 않아 곧 악마의 올가미를 벗어난다.

다섯 비구야, 마치 들사슴이 올가미를 벗어나는 것과 같나니, 마땅히 알라. 그 사슴은 사냥꾼을 따르지 않고 스스로 사냥꾼의 뜻대로 움직이지도 않으며 사냥꾼의 손에 떨어지지도 않고 사냥꾼의 그물에 걸리지도 않아 사냥꾼이 와도 곧 벗어날 수 있다. 이와 같이 다섯 비구야, 많이 아는 거룩한 제자는 착한 벗을 만나고 거룩한 법을 알며 또 거룩한 법을 모신다. 그는 5욕의 공덕에 부딪치지도 않고 물들지도 않으며 탐하지도 않고 집착하지도 않으며 또한 교만하지도 않고 받아들이지도 않으며 그 재앙을 보고 그것을 벗어나는 길을 보았으므로 그것을 취해 쓰지 않는다. 마땅히 알라. 그는 모진 악마를 따르지 않고 스스로 악마의 뜻대로 움직이지 않으며 악마의 손에 떨어지지도 않고 악마의 그물에 걸리지도 않으며 악마의 올가미에 걸리지도 않아 곧 악마의 올가미를 벗어나게 되느니라.

다섯 비구야, 만일 때로 여래가 세상에 나오면 무소착·등정각·명행성위·선서·세간해·무상사·도법어·천인사·불중우라 불린다. 그는 5개蓋와 마음의 더러움 내지 슬기의 병을 끊고 욕심을 여의고 착하지 않은 악법을 떠나 제4선禪을 얻어 성취하여 노닌다. 그는 이와 같이 선정〔定〕의 마음이 맑고 깨끗해 더러움도 없고 번거로움도 없으며 부드럽고 연하여 잘 머물러 움직이지 않는 마음을 얻게 되고 번뇌가 다한 지혜의 신통을 닦아 익혀 몸으로 증득한다. 그래서 그는 이 괴로움〔苦〕에 대하여 사실 그대로 알고 이 괴로움의 발생〔苦集〕을 알며 이 괴로움의 소멸〔苦滅〕을 알고 이 괴로움의 소멸에 이르는 길〔苦滅道〕에 대하여 사실 그대로 안다. 또 이 번뇌에 대하여 사실 그대로 알고 이 번뇌의 발생을 알며 이 번뇌의 소멸을 알고 이 번뇌의 소멸에 이르는 길에 대하여 사실 그대로 안다. 그는 이렇게 알고 이렇게 보아 욕심의 번뇌〔欲漏〕에서 마음이 해탈하고 생명의 번뇌와 무명의 번뇌에서 마음이 해탈하고 해탈한 뒤에는 곧 해탈한 줄을 알아 생은 이미 다하고 범행은 이미 서고 할 일은 이미 마쳐 다시는 후세의 생명을 받지 않는다는 것을 사실 그대로 아느니라.

그는 그때에는 자재롭게 다니고 자재롭게 머무르며 자재롭게 앉고 자재롭게 눕는다. 왜냐하면 그는 스스로 한량없는 착하지 않은 악법이 다한 것을 보았기 때문이다. 그러므로 그는 자재롭게 다니고 자재롭게 머무르며 자재롭게 앉고 자재롭게 눕는다. 다섯 비구야, 마치 일이 없고 사람이 없는 곳에 있는 저 들사슴은 자재롭게 다니고 자재롭게 머무르며 자재롭게 엎드리고 자재롭게 눕는 것과 같다. 왜냐하면 그 들사슴은 사냥꾼의 경계에 있지 않기 때문이다. 그러므로 자재롭게 다니고 자재롭게 머무르며 자재롭게 엎드리고 자재롭게 눕느니라. 이와 같이 다섯 비구야, 비구는 번뇌가 다하여 번뇌가 없게 되어 심해탈心解脫하고 혜해탈慧解脫하며 스스로 알고 스스로 깨닫고 스스로 증득하여 성취하여 노닌다. 그래서 생은 이미 다하고 범행은 이미 서고 할 일은 이미 마쳐 다시는 후세의 생명을 받지 않는다는 것을 진실 그대로 안다. 그는 그때에는 자재롭게 다니고 자재롭게 머무르며 자재롭게 앉고 자재롭게 눕는다. 왜냐하면 그는 스스로 한량없는 착하지 않은 악법이 다한 것을 보았기 때문이다. 그러므로 그는 자재롭게 다니고 자재롭게 머무르며 자재롭게 앉고 자재롭게 눕느니라. 다섯 비구야 이것을 남음이 없는 해탈이라 하고 이것을 병이 없는 위없이 안온한 열반이라 하며 이것을 늙음도 없고 죽음도 없으며 근심 걱정도 없고 더러움도 없는 위없이 안온한 열반이라 하느니라.'"

부처님께서 이렇게 말씀하시자 존자 아난과 모든 비구들은 부처님 말씀을 듣고 기뻐하며 받들어 행하였다.

〔이 라마경에 수록된 경문의 글자 수는 4,121자이다.〕

205) 오하분결경五下分結經〔제5 후송〕

나는 이와 같이 들었다.

어느 때 부처님께서는 사위국을 유행하실 적에 승림급고독원에 계셨다. 그때 세존께서 모든 비구들에게 말씀하셨다.

"내가 일찍이 5하분결下分結에 대해 말한 적이 있는데 너희들은 그것을 기억하고 있느냐?"

모든 비구들은 잠자코 대답이 없었다. 세존께서 다시 두 번 세 번 비구들에게 물으셨다.

"내가 일찍이 5하분결에 대해 말한 적이 있는데 너희들은 그것을 기억하고 있느냐?"

그러나 모든 비구들은 여전히 잠자코 대답이 없었다.

그때 존자 만동자鬘童子[3]가 대중들 속에 있었다. 이에 존자 만동자가 곧 자리에서 일어나 가사 한 자락을 벗어 메고 합장하고 부처님께 여쭈었다.

"세존께서는 일찍이 5하분결을 말씀하신 적이 있습니다. 저는 그것을 기억하고 있습니다."

"만동자여, 나는 예전에 5하분결에 대해서 말한 적이 있다. 너는 그것을 기억하느냐?"

"세존께서는 예전에 탐욕〔貪〕이 첫 번째 하분결이라고 말씀하셨습니다. 저는 그렇게 기억하고 있습니다. 세존께서는 성냄〔恚〕·몸에 대한

3 만동자(鬘童子, Mālunkyāputta)는 사위성舍衛城 사람으로 평민 출신이다. 바사닉왕波斯匿王의 재무관財務官 아들로서 장성하여 출가하였다. 그는 각처를 유행하다가 부처님의 설법을 듣고 불문佛門에 들어가 6신통을 얻었다. 『잡아함경』 제12권 290번째 경에서는 마라가구摩羅迦舅로 되어 있다.

그릇된 소견〔身見〕·그릇된 계에 대한 집착〔戒取〕을 말씀하셨고 의심〔疑心〕이 다섯 번째 하분결이라고 말씀하셨습니다. 저는 그렇게 기억하고 있습니다."

세존께서 나무라시며 말씀하셨다.

"만동자여, 너는 어떻게 내가 말한 5하분결을 받아 가졌느냐? 너는 누구에게서 내가 말한 5하분결을 듣고 기억하고 있느냐? 만동자여, 많은 이교도들이 와서 어린 동자의 비유로 너를 꾸짖고 힐책하지는 않았느냐? 만동자여, 어린애는 어리고 연약하여 반듯이 누워 마음에는 아무 욕심이란 생각이 없거늘 하물며 욕심의 얽매임이 있겠느냐? 그러나 그 성질은 번뇌〔使〕이기 때문에 짐짓 욕심의 번뇌〔欲使〕라고 말한다. 만동자여, 어린애는 어리고 연약하여 반듯이 누워 중생이란 생각이 없거늘 하물며 성냄의 얽매임이 있겠느냐? 그러나 그 성질은 번뇌이기 때문에 짐짓 성냄의 번뇌〔恚使〕라고 말한다. 만동자여, 어린애는 어리고 연약하여 반듯이 누워 내 몸이란 생각이 없거늘 하물며 몸이 있다는 소견의 얽매임이 있겠느냐? 그러나 그 성질은 번뇌이기 때문에 짐짓 몸이 있다는 소견의 번뇌〔身見使〕라고 말한다. 만동자여, 어린애는 어리고 연약하여 반듯이 누워, 계라는 생각이 없거늘 하물며 계에 집착하는 마음의 얽매임이 있겠느냐? 그러나 그 성질은 번뇌이기 때문에 짐짓 계에 집착하는 번뇌〔戒取使〕라고 말한다. 만동자여, 어린애는 어리고 연약하여 반듯이 누워, 법이란 생각이 없거늘 하물며 의심의 얽매임이 있겠느냐? 그러나 그 성질은 번뇌이기 때문에 짐짓 의심의 번뇌〔疑使〕라고 말한다. 만동자여, 많은 이교도들이 와서 이 어린 동자를 비유로 들어 꾸짖고 너를 힐책하지 않았느냐?"

이에 존자 만동자는 면전에서 세존께 꾸지람을 듣고는 마음에 근심을 품고 머리를 떨구고 잠자코 말이 없었으나, 무엇인가 물을 것이 있는 것 같았다. 그때 세존께서는 만동자를 면전에서 나무라신 뒤에 잠자코 계셨다.

그때 존자 아난은 세존 뒤에 서서 부채를 들고 세존께 부채질을 하고 있었다. 이에 존자 아난이 합장하고 부처님께 여쭈었다.

"세존이시여, 지금이 바로 그때입니다. 선서이여, 지금이 바로 그때입니다. 만일 세존께서 모든 비구들을 위해 5하분결을 말씀하신다면 모든 비구들은 그 말씀을 듣고 잘 받아 가질 것입니다."

세존께서 말씀하셨다.

"아난아, 자세히 듣고 잘 기억하라."

존자 아난이 대답했다.

"예, 분부를 받들어 경청하겠습니다."

부처님께서 말씀하셨다.

"아난아, 혹 어떤 사람은 탐욕에 얽매여 욕심이 생기고 나면 평정〔捨〕을 사실 그대로 알지 못한다. 그는 평정에 대하여 사실 그대로 알지 못한 뒤에는 욕심〔欲〕이 갈수록 불꽃처럼 왕성해져 그것을 없애버리지 못하나니, 이것이 하분결이니라. 아난아, 혹 어떤 사람은 성냄〔恚〕에 얽매여 성내는 마음이 생기고 나면 평정에 대하여 사실 그대로를 알지 못한다. 그는 평정에 대하여 사실 그대로를 알지 못한 뒤에는 성냄이 갈수록 불꽃처럼 왕성해져 그것을 없애 버리지 못하나니, 이것이 하분결이니라. 아난아, 혹 어떤 사람은 내 몸이 있다는 소견〔有身〕에 얽매여 내 몸이 있다는 소견이 생기고 나면 평정에 대하여 사실 그대로 알지 못한다. 그는 평정에 대하여 사실 그대로 알지 못한 뒤에는 내 몸이 있다는 소견이 갈수록 불꽃처럼 왕성해져 그것을 없애 버리지 못하나니 이것이 하분결이니라. 아난아, 혹 어떤 사람은 그릇된 계율의 집착〔戒取〕에 얽매여 그릇된 계율에 집착하는 마음이 생기고 나면 평정에 대하여 사실 그대로 알지 못한다. 그는 평정에 대하여 사실 그대로 알지 못한 뒤에는 그릇된 계율에 집착이 갈수록 불꽃처럼 왕성해져 그것을 없애 버리지 못하나니, 이것이 하분결이니라. 아난아, 혹 어떤 사람은 의심〔疑〕에 얽매여 의심이 생기고 나면 평정에 대하여 사실 그대로 알지 못한다. 그는 평정에 대하여 사실 그대로 알지 못한 뒤에는 의심이 갈수록 불꽃처럼 왕성해져 그것을 없애 버리지 못하나니, 이것이 하분결이니라.

아난아, 만일 도를 의지하고 자취〔迹〕를 의지한다면 5하분결을 끊을 수 있다. 그러나 그가 이 도를 의지하지 않고 이 자취를 의지하지 않고서 5하분결을 끊으려 한다면 그것은 끝내 그리될 수 없느니라. 아난아, 비유하자면 어떤 사람이 나무 심〔實〕[4]을 구하기 위해 도끼를 가지고 숲속에 들어갔다. 그는 나무가 뿌리와 줄기·가지·잎과 심으로 된 것을 알았다. 이때 그가 그 뿌리와 줄기는 베지 않고 그 심을 얻어 돌아오려 한다면 그것은 끝내 그리될 수 없는 것과 같으니라. 이와 같이 아난아, 만일 도를 의지하고 자취를 의지한다면 5하분결을 끊을 수 있다. 그러나 그가 이 도를 의지하지 않고 이 자취를 의지하지 않고서 5하분결을 끊으려 한다면 그것은 끝내 그리될 수 없느니라.

아난아, 만일 도를 의지하고 자취를 의지하면 5하분결을 끊는다. 그가 이 도를 의지하고 이 자취를 의지해서 5하분결을 끊는다면 그것은 반드시 그리될 수 있다. 아난아, 비유하자면 어떤 사람이 나무심을 구하기 위해 도끼를 가지고 숲속에 들어갔다. 그는 나무가 뿌리와 줄기·가지·잎과 심으로 된 것을 보았다. 이때 그가 그 뿌리와 줄기를

---

4 팔리본에 sāra, 즉 나무 심으로 되어 있다. 문장 내용으로 보아 '목재'를 뜻하는 것으로 생각된다.

베어 심을 얻어 돌아오려 한다면 그것은 반드시 그리될 수 있는 것과 같다. 이와 같이 아난아, 만일 도를 의지하고 자취를 의지한다면 5하분결을 끊을 수 있다. 그가 이 도를 의지하고 이 자취를 의지하여 5하분결을 끊으려 한다면 그것은 반드시 그리될 수 있느니라.

아난아, 어떤 도를 의지하고 어떤 자취를 의지하여야 5하분결을 끊는가? 아난아, 혹 어떤 사람은 욕심에 얽매이지 않는다. 만일 욕심의 얽매임이 생기면 그는 곧 평정에 대하여 사실 그대로를 안다. 그가 평정에 대하여 사실 그대로를 안 뒤에는 그 욕심의 얽매임은 곧 소멸된다. 아난아, 혹 어떤 사람은 성냄에 얽매이지 않는다. 만일 성냄의 얽매임이 생기면 그는 곧 평정에 대하여 사실 그대로를 안다. 그가 평정에 대하여 사실 그대로를 안 뒤에는 그 성냄의 얽매임은 곧 소멸된다. 아난아, 혹 어떤 사람은 내 몸이 있다는 소견에 얽매이지 않는다. 만일 내 몸이 있다는 소견이 생기면 그는 곧 평정에 대하여 사실 그대로를 안다. 그가 평정에 대하여 사실 그대로를 알면 내 몸이 있다는 소견의 얽매임은 소멸된다. 아난아, 혹 어떤 사람은 그릇된 계율의 집착에 얽매이지 않는다. 만일 그릇된 계율에 집착하여 얽맴이 생기면 그는 곧 평정에 대하여 사실 그대로를 안다. 그가 평정에 대하여 사실 그대로를 안 뒤에는 그 그릇된 계율에 대한 집착이 소멸된다. 아난아, 혹 어떤 사람은 의심에 얽매이지 않는다. 만일 의심의 얽맴이 생기면 그는 곧 평정에 대하여 사실 그대로를 안다. 그가 평정에 대하여 사실 그대로를 안 뒤에는 그 의심의 얽매임이 곧 소멸된다. 아난아, 이 도를 의지하고 이 자취를 의지하여 5하분결을 끊느니라.

아난아, 마치 긍가하(恒伽河 : 갠지스강)와 같다. 그 물이 언덕까지 차서 넘치는데 혹 어떤 사람이 와서 저쪽 언덕에 일이 있어 건너려고 할 때에 그는 생각한다.

'이 긍가하의 물은 언덕까지 차서 넘치는데 나는 저쪽 언덕에 일이 있어 건너가려고 한다. 그러나 내 몸에는 저쪽 언덕까지 안온하게 헤엄쳐 갈 힘이 없다.'

아난아, 마땅히 알라. 그 사람은 힘이 없다. 이와 같이 아난아, 혹 어떤 사람이 깨달음·멸滅·열반으로 가는데, 그 마음이 거기로 향하지도 않고 청정하지도 않으며 해탈에 머무르지도 않는다면 아난아, 마땅히 알라. 이 사람은 저 사람이 병에 걸려 힘이 없는 것과 같으니라.

아난아, 마치 긍가하와 같다. 그 물이 언덕까지 차서 넘치는데 혹 어떤 사람이 와서 저쪽 언덕에 일이 있어 건너가려고 할 때에 그는 생각한다.

'이 긍가하 물은 언덕까지 차서 넘치는데 나는 저쪽 언덕에 일이 있어 건너려고 한다. 그리고 이제 내 몸에는 저쪽 언덕까지 헤엄쳐 갈 힘도 있다.'

아난아, 마땅히 알라. 그 사람은 힘이 있다. 이와 같이 아난아, 혹 어떤 사람이 깨달음·멸·열반으로 가는데 그 마음이 거기로 향하고 청정하며 또 해탈에 머무른다면 아난아, 마땅히 알라. 이 사람은 저 힘 있는 사람과 같으니라.

아난아, 또 마치 산과 물이 매우 깊고 지극히 넓으며 긴 물결은 빠르고 급해 많은 물건들이 떠내려가는데 거기엔 배도 없고 또 다리도 없는 것과 같다. 그때 혹 어떤 사람이 와서 저쪽 언덕에 일이 있어 곧 건너가려고 한다. 그는 건너가려고 하다가 곧 생각한다.

'지금 이 산과 물은 매우 깊고 지극히 넓으며 긴 물결은 빠르고 급해 많은 물건들이 떠내려가고 있다. 여기엔 배도 없고 또 다리도 없어 건너갈 수가 없다. 내가 이제 저쪽 언덕에 볼 일이 있어 건너가고 싶

은데 어떤 방편을 써야 안온하게 저쪽 언덕까지 건너갈 수 있을까?'

그는 다시 생각한다.

'나는 이제 이쪽 언덕에서 풀과 나무를 주워 모아 묶어서 떼배를 만들어 그것을 타고 건너가자.'

그는 곧 언덕 가에서 풀과 나무를 주워 모아 묶어서 떼배를 만들고 그것을 타고 강을 건너 저쪽 언덕에 다다랐다. 이와 같이 아난아, 혹 어떤 비구는 염리厭離를 반연하고 염리를 의지하며 염리에 머물러 몸의 악행을 그친다. 그리하여 마음이 여읨〔離〕과 선정〔定〕에 들어감으로써 욕심을 여의고 악하고 착하지 않은 법을 여의어 각覺도 있고 관觀이 있으며 여의는 데서 생기는 기쁨과 즐거움이 있는 초선初禪을 얻어 성취하여 노닌다.

그는 이 경계를 의지하여 그것이 흥하고 쇠하는 것을 관찰하고 깨닫는다. 그는 이 경계를 의지하여 그것이 흥하고 쇠하는 것을 관찰하고 깨달은 뒤에는 거기에 머물러 반드시 번뇌가 다하게 된다. 비록 거기 머물러서 번뇌가 다하지 않더라도 반드시 위로 올라가 그치고 쉴 경계를 얻는다.

어떻게 위로 올라가서 그치고 쉴 경계를 얻는가? 그는 각과 관이 이미 쉬고 안이 고요하여 한마음이 되어 각도 없고 관도 없으며 선정에서 생기는 기쁨과 즐거움이 있는 제2선을 성취하여 노닌다. 그는 이 경계를 의지해서 그것이 흥하고 쇠하는 것을 관찰하여 깨닫는다. 그는 이 경계를 의지해서 그것의 흥하고 쇠하는 것을 관찰하여 깨달은 뒤에는 거기에 머물러 반드시 번뇌가 다하게 된다. 비록 거기 머물러 번뇌가 다하지 않더라도 반드시 위로 올라가 그치고 쉴 경계를 얻는다.

어떻게 위로 올라가 그치고 쉴 경계를 얻는가? 그는 기쁨에 대한 욕심을 여의고 평정하여 구함 없이 노닐며 바른 생각과 바른 지혜로 몸에 즐거움을 깨닫는다. 이른바 성인께서 말씀하신 성인의 평정〔捨〕·기억〔念〕·즐거움에 머묾〔樂住〕·공空이 있는 제3선을 성취하여 노닌다. 그는 이 경계를 의지해서 그것이 흥하고 쇠하는 것을 관찰하여 깨닫는다. 그는 이 경계를 의지해서 그것이 흥하고 쇠하는 것을 관찰하여 깨달은 뒤에는 거기에 머물러 반드시 번뇌가 다하게 된다. 비록 거기 머물러 번뇌가 다하지 않더라도 반드시 위로 올라가 그치고 쉴 경계를 얻는다.

어떻게 위로 올라가 그치고 쉴 경계를 얻는가? 그는 즐거움이 멸하고 괴로움도 멸하는데 기쁨과 걱정의 뿌리는 이미 멸한 상태이며 괴로움도 없고 즐거움도 없는〔不苦不樂〕 평정〔捨〕·기억〔念〕·청정淸淨이 있는 제4선을 얻어 성취하여 노닌다. 그는 이 경계를 의지해서 그것이 흥하고 쇠하는 것을 관찰하여 깨닫는다. 그는 이 경계를 의지해서 그것이 흥하고 쇠하는 것을 관찰하여 깨달은 뒤에는 거기 머물러 반드시 번뇌가 다하게 된다. 비록 거기 머물러 번뇌가 다하지 않더라도 반드시 위로 올라가 그치고 쉴 경계를 얻는다.

어떻게 위로 올라가 그치고 쉴 경계를 얻는가? 그는 모든 색色에 대한 생각을 벗어나고 걸림이 있다는 생각을 멸하며 약간의 생각도 기억하지 않아서 한량없는 허공 세계인 이 무량공처無量空處를 성취하여 노닌다. 그는 이 경계를 의지해서 그것이 흥하고 쇠하는 것을 관찰하여 깨닫는다. 그는 이 경계를 의지해서 그것이 흥하고 쇠하는 것을 관찰하여 깨달은 뒤에는 거기 머물러 반드시 번뇌가 다하게 된다. 비록 거기 머물러 번뇌가 다하지 않더라도 반드시 위로 올라가 그치고 쉴 경계를 얻는다.

어떻게 위로 올라가 그치고 쉴 경계를 얻는가? 그는 일체의 무량공처를 지나서 한량없는 식識인 무량식처無量識處를 성취하여 노닌다. 그는 이 경계를 의지해서 그것이 흥하고 쇠하는 것을 관찰하여 깨닫는다. 그는 이 경계를 의지해서 그것이 흥하고 쇠하는 것을 관찰하여 깨달은 뒤에는 거기 머물러 반드시 번뇌가 다하게 된다. 비록 거기 머물러 번뇌가 다하지 않더라도 반드시 위로 올라가 그치고 쉴 경계를 얻는다.

어떻게 위로 올라가 그치고 쉴 경계를 얻는가? 그는 일체의 무량식처를 지나고 무소유인 이 무소유처無所有處를 성취하여 노닌다. 그가 만일 즐겁고 혹은 괴로우며 혹은 괴롭지도 않고 즐겁지도 않은 것을 깨달으면 그는 이 깨달음이 무상無常한 것임을 관하고 흥하고 쇠함을 관하며 욕심이 없음을 관하고 멸함을 관하며 끊음을 관하고 평정을 관한다. 그는 이렇게 이 깨달음이 무상한 것임을 관하고 흥하고 쇠함을 관하여 욕심이 없음을 관하고 멸함을 관하며 끊음을 관하고 평정을 관한 뒤에 그는 곧 이 세상을 받아들이지 않는다. 이 세상을 받아들이지 않은 뒤에는 곧 두려워하지 않으며 두려워하지 않으므로 인하여 곧 반열반을 얻는다. 그래서 생은 이미 다하고 범행은 이미 서고 할 일은 이미 마쳐 다시는 후세의 생명을 받지 않는다는 것을 사실 그대로 아느니라.

마치 마을에서 멀지 않은 곳에 큰 파초가 있는데, 어떤 사람이 도끼를 가지고 그 파초를 베어 조각내기를 혹은 열 조각을 내기도 하고 혹은 백 조각을 내기도 한다고 하자. 열 조각을 내고 혹은 백 조각을 낸 뒤에 그 잎사귀 잎사귀를 다 헤쳐 보더라도 그 마디조차 보이지 않는데 하물며 그 심이겠느냐? 아난아, 이와 같이 비구가 만일 혹은 괴롭고 혹은 즐거우며 혹은 괴롭지도 않고 즐겁지도 않은 깨달음이 있다면 그는 이 깨달음이 무상한 것임을 관하고 흥하고 쇠함을 관하며 욕심이 없음을 관하고 멸함을 관하며 끊음을 관하고 평정을 관한다. 그는 이와 같이 이 깨달음이 무상한 것임을 관하고 흥하고 쇠함을 관하며 욕심이 없음을 관하고 멸함을 관하며 끊음을 관하고 평정을 관한 뒤에는 곧 이 세상을 받아들이지 않는다. 이 세상을 받아들이지 않은 뒤에는 곧 두려워하지 않으며 두려워하지 않으므로 인하여 곧 반열반을 얻는다. 그래서 생은 이미 다하고 범행은 이미 서고 할 일은 이미 마쳐 다시는 후세의 생명을 받지 않는다는 것을 사실 그대로 아느니라."

이에 존자 아난이 합장하고 부처님께 아뢰었다.

"세존이시여, 참으로 기이하고 참으로 특별합니다. 세존께서는 모든 비구들을 위하여 의지할 곳을 의지하고 의지할 곳을 세워 번뇌를 여읠 것을 말씀하시고 번뇌를 벗어날 것을 말씀하셨습니다. 그러나 모든 비구들은 이른바 위없는 구경의 다함〔究竟盡〕을 빨리 얻지 못합니다."

세존께서 말씀하셨다.

"그렇다. 아난아, 그렇다. 아난아, 참으로 기이하고 참으로 특별하니라. 나는 모든 비구들을 위하여 의지할 곳을 의지하고 의지할 곳을 세워 번뇌를 여읠 것을 말했고 번뇌를 벗어날 것을 말하였다. 그러나 모든 비구들은 이른바 위없는 구경의 다함을 빨리 얻지 못한다. 왜냐하면 사람에게는 우세하고 못함이 있기 때문이니, 사람에게 우세하고 못함이 있기 때문에 도를 닦는 데에 곧 정밀함과 거침이 있고 도를 닦는 데에 정밀함과 거침이 있기 때문에 사람에게 우세하고 못함이 있다. 그러므로 나는 사람에게는 우세하고 못함이 있다고 말하느니라."

부처님께서 이렇게 말씀하시자 존자 아난과 모든 비구들은 부처님 말씀을 듣고 기뻐하며 받들어 행하였다.

〔이 오하분결경에 수록된 경문의 글자 수는 2,326자이다.〕

206) 심예경心穢經[5]〔제5 후송〕

나는 이와 같이 들었다.

어느 때 부처님께서 사위국을 유행하실 적에 승림급고독원에 계셨다. 그때 세존께서 모든 비구들에게 말씀하셨다.

"만일 비구·비구니가 마음속의 5예穢를 뽑아내지 못하고, 마음속의 5박縛을 풀지 못한다면 이것을 비구·비구니의 반드시 물러나는 법이라고 말한다. 어떤 것이 마음속의 5예를 뽑지 못하는 것인가? 혹 어떤 이는 세존을 의심하여 망설이면서 마음을 열지 못하고 마음을 풀지 못하며 마음이 편안하지 못하다. 만일 어떤 사람이 세존을 의심하여 망설이면서 마음을 열지 못하고 마음을 풀지 못하며 마음이 편안하지 못하다면 이것을 첫 번째 마음의 더러움을 뽑지 못한 것이라 하나니, 곧 세존世尊에 대해서 이니라. 이와 같이 법法과 계戒와 교敎에 대해서도 또한 그러하다. 만일 모든 범행자들이 세존의 칭찬을 받을 때에 다른 비구들이 이 범행자들을 나무라고 업신여기며 건드리고 침해하면서 마음을 열지 못하고 마음을 풀지 못하며 마음이 편안하지 못하다면 이것을 다섯 번째 마음의 더러움을 뽑지 못한 것이라 하나니 곧 범행梵行에 대해서이니라.

어떤 것이 마음속의 5박을 풀지 못하는 것인가? 혹 어떤 이는 그 몸에 있어서 물듦을 여의지 못하고 탐욕을 여의지 못하며 애정을 여

5 이 경의 참고 경문으로는 『증일아함』 제49권 「비상품非常品」의 네 번째 경이 있다.

의지 못하고 목마름을 여의지 못한다. 만일 그 몸에 있어서 물듦을 여의지 못하고 탐욕을 여의지 못하며 애정을 여의지 못하고 목마름을 여의지 못한다면 그 마음은 나아가지 못하고 편안하지도 못하며 머무르지도 못하고 스스로 방편을 써서 끊는 연좌(燕坐 : 坐禪)를 이해하지도 못한다. 만일 그 마음이 나아가지 못하고 편안하지 못하며 머무르지 못하고 스스로 방편을 써서 끊는 연좌를 이해 못한다면 이것을 첫 번째 마음의 결박을 풀지 못하는 것이라 하나니, 곧 몸〔身〕에 대한 것이니라.

어떤 비구는 욕심에 있어서 물듦을 여의지 못하고 탐욕을 여의지 못하며 애정을 여의지 못하고 목마름을 여의지 못한다. 만일 욕심에 있어서 물듦을 여의지 못하고 탐욕을 여의지 못하며 애정을 여의지 못하고 목마름을 여의지 못한다면 그 마음은 나아가지 못하고 편안하지도 못하며 머무르지도 못하고 스스로 방편을 써서 끊는 연좌를 이해하지도 못한다. 만일 그 마음이 나아가지 못하고 편안하지도 못하며 머무르지도 못하고 스스로 방편을 써서 끊는 연좌를 이해하지 못한다면 이것을 두 번째 마음의 결박을 풀지 못하는 것이라 하나니, 곧 욕심〔欲〕에 대한 것이니라.

또 성인의 도리와 서로 맞고 부드럽고 연하여 의개疑蓋가 없는 말씀〔說〕, 곧 계·정·혜·해탈·해탈지견·손해·모이지 않음·욕심이 적음·만족할 줄 앎·끊음·욕심이 없음·멸함·고요히 앉음·연기緣起에 대해 설할 경우가 있다. 그러나 그 비구는 이 사문이 말하는 곳으로 나아가지 못하고 편안하지도 못하며 머무르지도 못하고 스스로 방편을 써서 끊는 연좌를 이해하지도 못한다. 만일 그 마음이 나아가지도 못하고 편안하지도 못하며 머무르지도 못하고 스스로 방편을 써서 끊는 연좌를 이해하지도 못한다면 이것을 세 번째 마음의 결박을 풀지 못하는 것이라 하나니 곧 말씀〔說〕에 대한 것이니라.

또 어떤 비구는 자주자주 속인들과 함께 모여 희락질하고 교만을 부리며 공부하지 않는다. 만일 자주자주 속인들과 함께 모여 희락질하고 교만을 부리며 공부하지 않으면 그 마음은 나아가지도 못하고 편안하지도 못하며 머무르지도 못하고 스스로 방편을 써서 끊는 연좌를 이해하지도 못한다. 만일 그 마음이 나아가지 못하고 편안하지도 못하며 머무르지도 못하고 스스로 방편을 써서 끊는 연좌를 이해하지도 못한다면 이것을 네 번째 마음의 결박을 풀지 못하는 것이라 하나니, 곧 모임〔聚會〕에 대한 것이니라.

또 어떤 비구는 조금 소득이 있다 하여 그 중간에 머물러 다시 위로 올라가기를 구하지 않는다. 만일 조금 소득이 있다 하여 그 중간에 머물러 다시 위로 올라가지 않으면 그 마음은 나아가지 못하고 편안하지도 못하며 머무르지도 못하고 스스로 방편을 써서 끊는 연좌를 이해하지도 못한다. 만일 그 마음이 나아가지도 못하고 편안하지도 못하며 머무르지도 못하고 스스로 방편을 써서 끊는 연좌를 이해하지도 못한다면 이것을 다섯 번째 마음의 결박을 풀지 못하는 것이라 하나니 곧 위로 올라감〔昇進〕에 대한 것이니라.

비구들아, 만일 비구·비구니가 그 마음속의 5예를 뽑지 못하고 그 마음속의 5박을 풀지 못한다면 이것을 비구·비구니의 반드시 물러나는 법이라 하느니라.

비구들아, 만일 비구·비구니가 그 마음속의 5예를 잘 뽑고 그 마음속의 5박을 잘 푼다면 이것을 비구·비구니의 맑고 깨끗한 법이라 한다.

어떤 것이 그 마음속의 5예를 잘 뽑는 것인가? 혹 어떤 비구는 세존을 의심하지 않고 망설이지 않아 마음을 열고 마음이 풀리고 마음이 편안하다. 만일 어떤 비구가 세존을 의심하지 않고 망설이지 않아 마음이 열리고 마음이 풀리고 마음이 편안하면 이것을 첫 번째 마음속의 더러움을 잘 뽑는 것이라 하나니 세존世尊에 대한 것이니라. 이와 같이 법法과 계戒와 교教에 대해서도 또한 그러하다. 만일 어떤 범행자가 세존의 칭찬을 받을 때 다른 비구들이 그 범행자를 나무라지 않고 업신여기지 않으며 건드리지 않고 침해하지 않고서 마음을 열고 마음이 풀리며 마음이 편안하면 이것을 다섯 번째 마음속의 더러움을 잘 뽑는 것이라 하나니, 곧 범행梵行에 대한 것이니라.

어떤 것이 마음속의 5박을 푸는 것인가? 혹 어떤 비구는 몸에 있어서 물듦을 여의고 탐욕을 여의며 애정을 여의고 목마름을 여읜다. 만일 몸에 있어서 물듦을 여의고 탐욕을 여의며 애정을 여의고, 목마름을 여의면 그 마음은 나아가고 편안하며 머무르고 스스로 방편을 써서 끊는 연좌(燕坐 : 坐禪)를 이해하게 된다. 만일 그 마음이 나아가고 편안하며 머무르고 스스로 방편을 써서 끊는 연좌를 이해한다면 이것을 첫 번째 마음속의 결박을 푸는 것이라 하나니 곧 몸〔身〕에 대한 것이니라.

다시 어떤 비구는 욕심에 있어 물듦을 여의고 탐욕을 여의며 애정을 여의고 목마름을 여읜다. 만일 욕심에 있어서 물듦을 여의고 탐욕을 여의고 애정을 여의고 목마름을 여의면 그 마음은 나아가고 편안하며 머무르고 스스로 방편을 써서 끊는 연좌를 이해하게 된다. 만일 그 마음이 나아가고 편안하며 머무르고 스스로 방편을 써서 끊는 연좌를 이해한다면 이것을 두 번째 마음속의 결박을 푸는 것이라 하나니 곧 욕심〔欲〕에 대한 것이니라.

성인의 도리와 서로 맞고 부드럽고 연하여 의개가 없는 말씀〔說〕, 곧 계·정·혜·해탈·해탈지견·손해·모이지 않음·욕심이 적음·

만족할 줄 앎·끊음·욕심이 없음·멸함·고요히 앉음·연기를 말하는 경우가 있다. 그때 그 비구는 이 사문이 말한 곳으로 그 마음이 나아가고 편안하며 머무르고 스스로 방편을 써서 끊는 연좌를 이해하게 된다. 만일 그 마음이 나아가고 편안하며 머무르고 스스로 방편을 써서 끊는 연좌를 이해한다면 이것을 세 번째 마음속의 결박을 푸는 것이라 하나니 곧 말씀〔說〕에 대한 것이니라.

어떤 비구는 자주자주 속인들과 함께 모이지 않고 희락질하지도 않으며 교만하지도 않고 공부한다. 만일 자주자주 속인들과 함께 모이지 않고 희락질하지도 않으며 교만하지도 않고 공부하면 그 마음은 나아가고 편안하며 머무르고 스스로 방편을 써서 끊는 연좌를 이해하게 된다. 만일 그 마음이 나아가고 편안하며 머무르고 스스로 방편을 써서 끊는 연좌를 이해한다면 이것을 네 번째 마음속의 결박을 푸는 것이라 하나니 곧 모이지 않음〔不聚會〕에 대한 것이니라.

어떤 비구는 조그만 소득이 있다 하여 그 중간에 머무르지 않고 다시 위로 올라가기를 구한다. 만일 조그만 소득이 있다 하여 그 중간에 머무르지 않고 다시 위로 올라가기를 구하면 그 마음은 나아가고 편안하며 머무르고 스스로 방편을 써서 끊는 연좌를 이해하게 된다. 만일 그 마음이 나아가고 편안하며 머무르고 스스로 방편을 써서 끊는 연좌를 이해한다면 이것을 다섯 번째 마음속의 결박을 푸는 것이라 하나니 곧 위로 올라감〔昇進〕에 대한 것이니라.

만일 비구·비구니가 그 마음속의 5예穢를 잘 뽑고 또 그 마음속의 5박縛을 잘 풀면 이것을 비구·비구니의 맑고 깨끗한 법이라 하느니라.

비구들아, 그들은 이 10지支에 머무른 뒤에 다시 5법法을 닦는다. 어떤 것이 다섯 가지인가? 욕심의 정〔欲定〕을 닦아 단여의족斷如意足을 성취하여 떠남 · 욕심이 없음 · 멸함 · 평정을 의지하여 끊어 버림〔非品〕으로 나아가고, 정진의 정〔精進定〕 · 마음의 정〔心定〕 · 생각의 정〔思惟定〕을 닦아 단여의족을 성취하여 떠남 · 욕심이 없음 · 멸함 · 평정을 의지하여 끊어 버림으로 나아가며, 참고 견딤〔堪任〕이 그 다섯 번째이다. 그들이 이 참고 견딤 등의 열다섯 가지 법을 성취하고 스스로 그 기쁨을 누리는 경지를 성취한다면 반드시 알고 반드시 보고 반드시 바르게 다 깨달아 감로문에 이르러 열반에 가까이 머무르리니, '이런 자들은 열반에 이르지 못할 이가 없다'고 나는 말한다. 마치 닭이 알을 열 개나 혹 열두 개를 낳아 때때로 품어주고 때때로 덥히며 때때로 보살피는 것과 같다. 어미 닭이 설령 게을러서 그 중에 혹 다른 닭이 부리로 쪼고 발로 밟아 부수더라도 거기서 스스로 안온하게 나오는 것이 있다면 그를 제일이라 할 것이다. 이와 같이 비구가 이 참고 견딤 등의 열다섯 가지 법을 성취하여 스스로 그 기쁨을 누린다면 그는 반드시 알고 반드시 보고 반드시 바르게 다 깨달아 반드시 감로문에 이르러 열반에 가까이 머물리니, '이런 자들은 열반에 이르지 못할 이가 없다'고 나는 말한다."

부처님께서 이렇게 말씀하시자 모든 비구들은 부처님 말씀을 듣고 기뻐하며 받들어 행하였다.

〔이 심예경에 수록된 경문의 글자 수는 1,399자이다. 『중아함경』 제56권에 수록된 경문의 글자 수는 모두 7,846자이다.〕

중아함경 제57권

17. 포리다품 ③

207) 전모경箭毛經 ①〔제5 후송〕

나는 이와 같이 들었다.

어느 때 부처님께서는 왕사성을 유행하실 적에 죽림가란다원竹林伽蘭哆園에서 1,250명의 큰 비구들과 함께 여름 안거를 지내셨다. 그때 세존께서는 밤이 지나고 이른 아침이 되자 가사를 입고 발우를 가지고 왕사성에 들어가 밥을 비셨다. 식사를 마치고 나서 가사와 발우를 거두고 손과 발을 씻으시고 니사단을 어깨에 걸치고 이교도의 동산 공작림孔雀林으로 가셨다.

그때 그 이교도의 동산 공작림에는 전모箭毛[1]라는 이교도가 있었다. 그는 명성과 덕망이 있는 종주宗主로서 여러 사람의 스승이었고 또 큰

1 전모箭毛는 팔리어로 sakuḷudāyi이다. 선생우다이善生優陀夷라고도 하며, 이 경의 뒷부분에서는 우다이(優陀夷, udāyi)라고 하였다.

명예가 있어 대중들의 공경과 존중을 받으면서 5백 명의 제자를 거느리고 있었다. 그는 대중 속에서 높고 큰 소리로 여러 가지 축생들의 이야기〔畜生之論〕[2]를 시끄럽게 외쳐대고 있었다. 이른바 왕·도적·싸움·음식·의복·부인·처녀·음녀·세상·공야空野·바다·나라 백성들, 그는 이런 축생들의 논리를 전개하며 대중들과 함께 앉아 떠들고 있었다. 이교도 전모는 멀리서 부처님께서 오시는 것을 보고 그 대중들에게 명령하였다.

"너희들은 잠자코 있으라. 저기 사문 구담이 오신다. 저 대중들은 침묵하는 대중들로서 늘 침묵을 좋아하고 침묵을 찬양한다. 그가 만일 우리가 침묵하고 있는 것을 보면 혹 여기로 올지도 모른다."

이교도 전모는 대중들에게 침묵하게 하고 자기도 잠자코 있었다. 세존께서 이교도 전모가 있는 곳으로 가시자 전모는 곧 자리에서 일어나 가사 한 자락을 벗어 메고 합장하고 부처님께 아뢰었다.

"잘 오셨습니다. 사문 구담이시여, 사문 구담께서는 오랜만에 여기 오셨습니다. 이 자리에 앉으소서."

세존께서 곧 이교도 전모가 펴놓은 자리에 앉으시자 이교도 전모는 곧 세존께 문안드리고 물러나 한쪽에 앉았다.

세존께서 물으셨다.

"우다이優陀夷여, 아까는 무슨 일을 이야기하였으며, 무슨 일로 여기 이렇게 모여 앉아 있느냐?"

이교도 전모가 아뢰었다.

"구담이시여, 그 이야기는 우선 거론하지 마소서. 그 이야기는 재미

---

2 『중아함경』 제26권 「우담바라경優曇婆羅經」과 『장아함경』 제8권 「산타나경散陀那經」을 참고하면 '도를 막는 탁하고 어지러운 말[遮道濁亂之言]'이라 하였는데, 그 안에 27종을 거론하고 있다.

가 없습니다. 사문 구담이시여, 그 이야기는 나중에 들으셔도 그리 어려운 일이 아닙니다."

세존께서 거듭 물으셨다.

"우다이여, 아까는 무슨 일을 이야기하였으며, 무슨 일로 여기 이렇게 모여 앉아 있느냐?"

이교도 전모도 또한 똑같이 거듭해서 아뢰었다.

"구담이시여, 그 이야기는 우선 거론하지 마소서. 그 이야기는 재미가 없습니다. 사문 구담이시여, 그 이야기는 나중에 들으셔도 그리 어려운 일이 아닙니다."

그러다가 다시 말하였다.

"그러나 사문 구담께서 재삼 거론하시니 굳이 듣고자 하신다면 지금 곧 말씀드리겠습니다. 구담이시여, 우리는 구살라국拘薩羅國의 많은 범지들과 함께 구살라 학당에 모여 앉아 이러한 이야기를 하였습니다.

'앙가국鴦伽國·마갈타국摩竭陀國 사람들에게는 크고 좋은 이익이 있다. 앙가국과 마갈타국 사람들은 크고 좋은 이익을 얻었다. 이런 큰 복밭들이 왕사성에서 여름 안거를 함께 지내고 있다.'

구담이시여, 그 복밭이란 곧 불란가섭不蘭迦葉[3]을 말한 것입니다. 왜냐하면 구담이시여, 불란가섭은 이름과 덕망이 있는 종주로서 여러 사람들의 스승이며, 또 큰 명예가 있어 대중의 존경과 존중을 받으면서 5백 명의 이교도 제자를 거느리고 있는데, 그들은 이 왕사성에서 여름 안거를 지내고 있습니다. 이와 같이 마식가리구사리자摩息迦利瞿舍利子[4]·사야비라지자娑若鞞羅遲子[5]·니건친자尼揵親子[6]·파부가전波復迦

3 팔리어로 Pūrāṇa-Kassapa이고, 부처님 당시 6사 외도의 한 사람이다.
4 팔리어로 Makkhali-Gosāla이고, 부처님 당시 6사 외도의 한 사람이다.

栴[7] · 아이다계사검바리阿夷哆雞舍劍婆利[8] 등도 마찬가지입니다. 구담이시여, 아이다계사검바리는 이름과 덕망이 있는 종주로서 여러 사람의 스승이며, 또 큰 명예가 있어 대중의 공경과 존중을 받으면서 5백 명의 이교도 제자를 거느리고 있는데 그들도 이 왕사성에서 여름 안거를 지내고 있습니다.

구담이시여, 또 아까 우리는 사문 구담 이야기도 하였습니다.

'이 사문 구담은 이름과 덕망이 있는 종주로서 여러 사람들의 스승이시며 또 큰 명예가 있어 대중의 공경과 존경을 받으면서 큰 비구 1,250명을 거느리고 있는데 그 분 또한 이 왕사성에서 여름 안거를 지내고 계신다.'

구담이시여, 우리들은 다시 이런 생각을 하였습니다.

'이제 이 모든 사문 범지들 중에 그 누가 제자들의 공경 · 존중 · 공양 · 섬김을 받는가? 혹 제자들에게서 법의 꾸짖음을 받거나, 또는 제자가 스승을 비난하여 〈이 분은 전연 옳지도 않고 당치도 않으며 비슷하지도 않다〉고 말하고는 그만 그를 버리고 떠난 일은 없는가?'

구담이시여, 우리는 또 이런 생각을 하였습니다.

'이 불란가섭은 제자들의 공경 · 존중 · 공양 · 섬김을 받지 못하고 제자들에게서 법의 꾸짖음을 받았다. 또 많은 제자들이 그를 비난하여 〈이 분은 옳지도 않고 당치도 않으며 비슷하지도 않다〉고 말한 뒤에는 곧 그를 버리고 떠났다.'

구담이시여, 옛날에 불란가섭은 자주 제자들과 함께 있으면서 손을

---

5 팔리어로 Sañjaya-Belaṭṭhiputta이고, 부처님 당시 6사 외도의 한 사람이다.
6 팔리어로 Nigaṇtha-Nātaputta이고, 부처님 당시 6사 외도의 한 사람이다.
7 팔리어로 Pakudha-Kaccāyana이고, 부처님 당시 6사 외도의 한 사람이다.
8 팔리어로 Ajita-Kesakambalī이고, 부처님 당시 6사 외도의 한 사람이다.

들고 이렇게 크게 외쳤습니다.

'너희들은 조용하라. 너희들에게 와서 일을 묻는 사람은 아무도 없다. 사람들은 나에게 와서 일을 묻는다. 너희들은 이 일을 결단할 수 없다. 그러나 나는 이 일을 결단할 수 있다.'

그러나 그 제자들은 그 중간에 다시 다른 일을 의논하며 스승의 말이 끝나기를 기다리지도 않았습니다. 구담이시여, 우리는 또 생각하였습니다.

'이와 같이 이 불란가섭은 제자들의 공경·존중·공양·섬김을 받지 못하고 제자들에게서 법의 꾸짖음을 들었다. 또 많은 제자들이 그를 비난하여 〈이 분은 옳지도 않고 당치도 않으며 비슷하지도 않다〉고 말한 뒤에 곧 그를 버리고 떠났다.'

마식가리구사리자·사야비라지자·니건친자·파부가전·아이다계사검바리도 또한 마찬가지입니다. 구담이시여, 저희들은 이렇게 생각하였습니다.

'이 아이다계사검바리는 제자들의 공경·존중·공양·섬김을 받지 못하고 제자들에게서 법의 꾸짖음을 들었다. 또 많은 제자들이 그 스승을 비난하여 〈이 분은 옳지도 않고 당치도 않으며 비슷하지도 않다〉고 말한 뒤에 곧 그를 버리고 떠났다.'

구담이시여, 옛날에 아이다계사검바리는 자주 제자들과 함께 있으면서 손을 들고 이렇게 큰 소리로 외쳤습니다.

'너희들은 조용하라. 너희들에게 와서 일을 묻는 사람은 아무도 없다. 사람들은 나에게 와서 일을 묻는다. 너희들은 이 일을 결단할 수 없다. 그러나 나는 이 일을 결단할 수 있다.'

그러나 그 제자들은 그 중간에 다시 다른 일을 의논하며 스승의 말이 끝나기를 기다리지도 않았습니다. 구담이시여, 우리는 다시 이렇게 생각하였습니다.

'이와 같이 이 아이다계사검바리는 제자들의 공경·존중·공양·섬김을 받지 못하고 제자들에게서 법의 꾸짖음을 들었다. 또 많은 제자들이 그를 비난하여 〈이 분은 옳지도 않고 당치도 않으며 비슷하지도 않다〉고 말한 뒤에 곧 그를 버리고 떠났다.'

그러나 구담이시여, 우리는 다시 이렇게 생각하였습니다.

'이 사문 구담은 제자들의 공경·존중·공양·섬김을 받고 제자들에게서 법의 꾸짖음을 듣지 않는다. 또 제자들이 스승을 비난하여 〈이 분은 옳지도 않고 당치도 않으며 비슷하지도 않다〉고 말한 뒤에 곧 그를 버리고 떠난 일도 없다.'

구담이시여, 옛날에 사문 구담께서는 자주 대중들과 함께 계시면서 한량없는 백천 대중들에게 둘러싸여 설법하였습니다. 그 중에서 어떤 사람이 코를 골면서 졸고 있었는데 다른 한 사람이 그를 보고 '코를 골면서 졸지 말라. 너는 세존께서 설하시는 감로甘露처럼 미묘한 법을 듣고 싶지 않은가?'라고 말하자 그 사람은 곧 잠자코 소리가 없었습니다. 구담이시여, 우리는 또 생각하였습니다.

'이와 같이 이 사문 구담은 제자들의 공경·존중·공양·섬김을 받고 제자들에게서 법의 꾸짖음을 듣지 않는다. 또한 제자들이 스승을 비난하여 〈이 분은 옳지도 않고 당치도 않으며 비슷하지도 않다〉고 말한 뒤에 곧 그를 버리고 떠난 일도 없다.'"

세존께서는 이 말을 들으시고 이교도 전모에게 물으셨다.

"우다이여, 내게 몇 가지 법이 있기에 제자들이 나를 공경하고 존중하며 공양하고 받들어 섬기며 언제나 따르고 떠나지 않는지 너는 아느냐?"

이교도 전모가 아뢰었다.

"구담이시여, 구담에게는 다섯 가지 법法이 있기 때문에 모든 제자들이 공경하고 존중하며 공양하고 받들어 섬기며 언제나 따르고 떠나지 않는 것으로 저는 알고 있습니다. 어떤 것이 그 다섯 가지인가? 사문 구담께서는 거친 옷으로도 만족할 줄 아시고 거친 옷으로써 만족할 줄 아는 것을 찬양하십니다. 이처럼 사문 구담께서 거친 옷으로써 만족할 줄 아시고 거친 옷으로써 만족할 줄 아는 것을 찬양하시는 것, 사문 구담에게는 이 첫 번째 법이 있기 때문에 모든 제자들이 공경하고 존중하며 공양하고 받들어 섬기며 언제나 따르고 떠나지 않는 것으로 저는 알고 있습니다.

또 사문 구담께서는 거친 음식으로써 만족할 줄 아시고 거친 음식으로써 만족할 줄 아는 것을 찬양하십니다. 이처럼 사문 구담께서 거친 음식으로써 만족할 줄 아시고 거친 음식으로써 만족할 줄 아는 것을 찬양하시는 것, 사문 구담에게는 이 두 번째 법이 있기 때문에 모든 제자들이 공경하고 존중하며 공양하고 받들어 섬기며 언제나 따르고 떠나지 않는 것으로 저는 알고 있습니다.

또 사문 구담께서는 적게 자시면서 적게 먹는 것을 찬양하십니다. 이처럼 사문 구담께서 적게 자시면서 적게 먹는 것을 찬양하시는 것, 사문 구담에게는 이 세 번째 법이 있기 때문에 모든 제자들이 공경하고 존중하며 공양하고 받들어 섬기며 언제나 따르고 떠나지 않는 것으로 저는 알고 있습니다.

또 사문 구담께서는 거친 평상으로써 만족할 줄 아시고 거친 평상으로써 만족할 줄 아는 것을 찬양하십니다. 이처럼 사문 구담께서 거친 평상으로써 만족할 줄 아시고 거친 평상으로써 만족할 줄 아는 것을 찬양하시는 것, 사문 구담에게는 이 네 번째 법이 있기 때문에 모든 제자들이 공경하고 존중하며 공양하고 받들어 섬기며 언제나 따르고 떠나지 않는 것으로 저는 알고 있습니다.

또 사문 구담께서는 직접 좌선하시고 좌선하는 것을 찬양하십니다. 이처럼 사문 구담께서 직접 좌선하시고 좌선하는 것을 찬양하시는 것, 사문 구담에게는 이 다섯 번째 법이 있기 때문에 모든 제자들이 공경하고 존중하며 공양하고 받들어 섬기며 언제나 따르고 떠나지 않는 것으로 저는 알고 있습니다.

세존께서는 말씀하셨다."

"우다이여, 나는 그 다섯 가지 법으로써 모든 제자들로 하여금 공경하고 존중하며 공양하고 받들어 섬기게 하며 언제나 따르고 떠나지 않게 하는 것이 아니니라.

우다이여, 내가 가진 옷은 깨끗한 칼로 마름질한 것에 나쁜 빛깔로 물들인 것이다. 이와 같이 거룩한 옷에 나쁜 빛깔로 물들인 것이다. 우다이여, 그런데 혹 나의 어떤 제자들은 몸과 목숨이 다하도록 이른바 내다버린 분소의糞掃衣를 입으면서 이렇게 말한다.

'우리 세존께서는 거친 옷으로써 만족할 줄 아시고 거친 옷으로써 만족할 줄 아는 것을 찬양하신다.'

우다이여, 만일 나의 제자들이 거친 옷으로써 만족할 줄을 안다고 하여 나를 찬양했다면 그들은 이 때문에 나를 공경하지도 존중하지도 않고 공양하지도 받들어 섬기지도 않을 것이다. 또한 서로 따르지도 않을 것이다.

우다이여, 나는 때때로 겨가 섞이지 않고 갖가지 맛이 풍족한 익힌 쌀밥을 먹는다. 우다이여, 그런데 혹 나의 어떤 제자들은 몸과 목숨이 다하도록 밥을 빌어먹거나 내버린 밥을 먹으면서 이렇게 말한다.

'우리 세존께서는 거친 음식으로써 만족할 줄을 아시고 거친 음식으로써 만족할 줄 아는 것을 찬양하신다.'

우다이여, 만일 나의 제자들이 거친 음식으로써 만족할 줄을 안다고 하여 나를 찬양했다면 그들은 이 때문에 나를 공경하지도 존중하지도 않고 공양하지도 받들어 섬기지도 않을 것이다. 또한 서로 따르지도 않을 것이다.

또 우다이여, 나는 비라鞞羅[9] 한 개만큼의 밥을 먹고 혹은 그 반 개만큼의 밥을 먹는다. 우다이여, 그런데 혹 나의 어떤 제자들은 구타拘拖[10] 하나만큼의 밥을 먹고 혹은 그 반 개만큼의 밥을 먹으면서 이렇게 말한다.

'우리 세존께서는 적게 자시면서 적게 먹는 것을 찬양하신다.'

우다이여, 만일 나의 제자들이 적게 먹는다고 하여 나를 찬양했다면 그들은 이 때문에 나를 공경하지도 존중하지도 않고 공양하지도 받들어 섬기지도 않을 것이다. 또한 서로 따르지도 않을 것이다.

또 우다이여, 나는 혹은 높다란 다락에서 지내고 혹은 누각〔棚閣〕에서 지내기도 한다. 우다이여, 그런데 혹 나의 어떤 제자들은 9개월이나 10개월 동안 겨우 하룻밤 정도 지붕이 있는 곳에서 자면서 이렇게 말한다.

'우리 세존께서는 거친 평상에서 지내는 것으로 만족할 줄 아시고 거친 평상에서 지내는 것으로 만족할 줄 아는 것을 찬양하신다.'

우다이여, 만일 나의 제자들이 거친 평상에서 지내는 것으로 만족할 줄 안다고 하여 나를 찬양했다면 그들은 이 때문에 나를 공경하지도 존중하지도 않고 공양하지도 받들어 섬기지도 않을 것이다. 또 서로 따르지도 않을 것이다.

또 우다이여, 나는 항상 비구·비구니·우바새·우바이들 사이에

9 비라(鞞羅, beḷuva)는 나무 열매의 이름이다.

10 팔리어로는 Kosaka이고, 음식을 담는 그릇, 즉 발우를 가리킨다.

서 시끄럽게 지낸다. 그런데 혹 나의 어떤 제자들은 청정한 법을 위해 반 달 만에 한번 대중 속에 들어오면서 또한 이렇게 말한다.

'우리 세존께서는 직접 좌선하시면서 좌선을 찬양하신다.'

우다이여, 만일 나의 제자들이 내가 친히 좌선한다고 하여 나를 찬양했다면 그들은 이 때문에 나를 공경하지도 존중하지도 않고 공양하지도 받들어 섬기지도 않을 것이다. 또한 서로 따르지도 않을 것이다.

우다이여, 내게 이 다섯 가지 법이 있기 때문에 모든 제자들이 나를 공경하고 존중하며 공양하고 받들어 섬기며 언제나 따르고 떠나지 않는 것은 아니다.

우다이여, 내게는 다시 이런 다섯 가지 법이 있기 때문에 모든 제자들로 하여금 공경하게 하고 존중하게 하며 공양하게 하고 받들어 섬기게 하며 언제나 따르고 떠나지 않게 한다. 어떤 것이 그 다섯 가지인가? 우다이여, 내 제자들은 이른바 내게 위없는 계율〔無上戒〕이 있다고 하여 나를 찬양한다.

'세존께서는 계와 큰 계를 행하시는데 그 말씀하신 대로 행동하고 또한 그 행동하신 대로 말씀하신다.'

우다이여, 만일 내 제자들이 내게 위없는 계율이 있다고 하여 나를 찬양한다면 그들은 이 때문에 나를 공경하고 존중하며 공양하고 받들어 섬기며 언제나 따르고 떠나지 않을 것이다.

또 우다이여, 내 제자들은 이른바 내게 위없는 지혜〔無上智〕가 있다고 하여 나를 찬양한다.

'세존께서는 지혜와 지극히 큰 지혜를 써서 만일 담론이 있어 상대하는 사람이 오면 반드시 그를 항복받는다. 이른바 그 말씀은 가히 말로 할 수 없는 바른 법과 율에 대한 것이고 가히 말로 할 수 없는 당신의 말씀에 대한 것이다.'

우다이여, 만일 내 제자들이 내게 위없는 지혜가 있다고 하여 나를 찬양한다면 그들은 이 때문에 나를 공경하고 존중하며 공양하고 받들어 섬기며 언제나 따르고 떠나지 않을 것이다.

우다이여, 내 제자들은 이른바 내게 위없는 지견〔無上知見〕이 있다고 하여 나를 다음과 같이 찬양한다.

'세존께서는 두루 아시어 모르시는 것이 없고 두루 보시어 못 보는 것이 없다. 그는 제자를 위해 설법하시되 인因이 있어서 인이 없는 것이 없고 연緣이 있어서 연이 없는 것이 없으며 모두 답하시어 답하시지 못하는 것이 없고 모두 여의어서 여의시지 못한 것이 없다.'

우다이여, 만일 내 제자들이 내게 위없는 지견이 있다고 하여 나를 찬양한다면 그들은 이 때문에 나를 공경하고 존중하며 공양하고 받들어 섬기며 언제나 따르고 떠나지 않을 것이니라.

우다이여, 내 제자들이 이른바 애욕의 화살을 싫어하여 내게 와서 '괴로움이란 어떤 것이며 괴로움의 발생은 무엇이며 괴로움의 소멸은 어떤 것이고 괴로움의 소멸에 이르는 길은 무엇입니까?' 하고 물을 때 나는 곧 '괴로움이란 이런 것이요 괴로움의 발생은 이런 것이며 괴로움의 소멸은 이런 것이요 괴로움의 소멸에 이르는 길은 이런 것이다' 라고 대답한다. 우다이여, 만일 내 제자들이 내게 와서 물을 때에 내가 그들의 뜻에 맞게 대답하여 그 마음을 기쁘게 하였다면 그들은 이 때문에 나를 공경하고 존중하며 공양하고 받들어 섬기며 언제나 따르고 떠나지 않을 것이다.

우다이여, 나는 제자들을 위하여 혹은 과거를 아는 지혜의 신통을 증득하여 환히 통달한 것〔宿命智通作證明達〕을 설명하고, 혹은 번뇌가 다한 지혜의 신통을 증득하여 환히 통달한 것〔漏盡智通作證明達〕을 설명한다. 우다이여, 만일 내 제자들이 이 바른 법法과 율律에서 가르침을 받고 제도를 얻고 저쪽 언덕에 이르게 되어 의심도 없고 의혹도 없으며 이 착한 법에 대하여 망설임이 없으면 그들은 이 때문에 나를 공경하고 존중하며 공양하고 받들어 섬기며 언제나 따르고 떠나지 않을 것이니라.

우다이여, 이것을 내게 다시 다섯 가지 법이 있어서 모든 제자들로 하여금 나를 공경하게 하고 존중하게 하며 공양하게 하고 받들어 섬기게 하며 언제나 따르고 떠나지 않게 하는 것이라 하느니라."

이때 이교도〔異學〕 전모가 곧 자리에서 일어나 가사 한 자락을 벗어 메고 합장하고 부처님을 향해 아뢰었다.

"구담이시여, 참으로 기이하고 참으로 특별하십니다. 묘한 일을 잘 말씀하시어 제 몸을 윤택하게 하는 것이 마치 감로甘露와 같습니다. 구담이시여, 마치 큰 비가 내려 이 땅의 높고 낮은 곳이 두루 젖게 되는 것과도 같습니다. 이처럼 사문 구담께서는 저희들을 위해 묘한 일을 잘 말씀해 주시어 저희들의 몸을 감로처럼 윤택하게 하셨습니다.

세존이시여, 저는 이미 이해하였습니다. 선서시여, 저는 이미 알았습니다. 세존이시여, 저는 오늘부터 부처님과 법과 승가에 스스로 귀의합니다. 원하옵건대 세존께서는 저를 우바새로 받아 주소서. 저는 오늘부터 이 몸이 다할 때까지 스스로 귀의하여 목숨이 다하는 그 날까지 그렇게 하겠습니다."

부처님께서 이렇게 말씀하시자 이교도 전모는 부처님 말씀을 듣고 기뻐하며 받들어 행하였다.

〔이 전모경 상에 수록된 경문의 글자 수는 2,807자이다.〕

208) 전모경 ②〔제5 후송〕

나는 이와 같이 들었다.

어느 때 부처님께서 왕사성을 유행하실 적에 죽림가란다원에 계셨다. 그때 세존께서는 밤이 지나고 이른 아침이 되자 가사를 입고 발우를 가지고 왕사성에 들어가 밥을 비셨다. 식사를 마치고 나서 가사와 발우를 챙기고 손과 발을 씻으시고 니사단을 어깨에 걸치고 이교도〔異學〕의 동산 공작림孔雀林으로 가셨다.

그때 그 이교도의 동산 공작림에는 전모箭毛라는 이교도가 있었다. 그는 명성과 덕망이 있는 종주宗主로서 여러 사람의 스승이었고 또 큰 명예가 있어 대중들의 공경과 존중을 받으면서 5백 명의 제자를 거느리고 있었다. 그는 대중 속에서 우렁차고 큰 소리로 여러 가지 축생들의 이야기를 하며 시끄럽게 외쳐대고 있었다. 이른바 왕·도적·싸움·음식·의복·부인·처녀·음녀·세상·빈 들판·바다·나라 백성들, 그는 이런 축생들의 논리를 전개하며 대중들과 함께 앉아 떠들고 있었다. 이교도 전모는 멀리서 부처님께서 오시는 것을 보고 그 대중들에게 명령하였다.

"너희들은 잠자코 있으라. 저기 사문 구담이 오신다. 저 대중들은 침묵하는 대중들로서 늘 침묵을 좋아하고 침묵을 찬양한다. 그가 만일 우리가 침묵하고 있는 것을 보면 혹 여기로 올지도 모른다."

이교도 전모는 대중에게 침묵하게 하고 자기도 잠자코 있었다. 세존께서 이교도 전모가 있는 곳으로 가시자 전모는 곧 자리에서 일어나 가사 한 자락을 벗어 메고 합장하고 부처님을 향해 아뢰었다.

"잘 오셨습니다. 사문 구담이시여, 사문 구담께서는 오랜만에 여기 오셨습니다. 이 자리에 앉으소서."

세존께서 곧 이교도 전모가 펴놓은 자리에 앉으시자 이교도 전모는 곧 세존께 문안드리고 물러나 한쪽에 앉았다.

세존께서 물으셨다.

"우다이優陀夷여, 아까는 무슨 일을 이야기하였으며, 무슨 일로 여기 이렇게 모여 앉아 있느냐?"

이교도 전모가 아뢰었다.

"구담이시여, 그 이야기는 우선 거론하지 마소서. 그 이야기는 재미가 없습니다. 사문 구담이시여, 그 이야기는 나중에 들으셔도 그리 어려운 일이 아닙니다."

세존께서 거듭 물으셨다.

"우다이여, 아까는 무슨 일을 이야기하였으며, 무슨 일로 여기 이렇게 모여 앉아 있느냐?"

이교도 전모도 또한 똑같이 아뢰었다.

"구담이시여, 그 이야기는 우선 거론하지 마소서. 그 이야기는 재미가 없습니다. 사문 구담이시여, 그 이야기는 나중에 들으셔도 그리 어려운 일이 아닙니다."

그러다가 다시 말하였다.

"사문 구담께서 재삼 거론하시니 굳이 듣고자 하신다면 지금 곧 말씀드리겠습니다. 구담이시여, 저는 묘한 헤아림이 있고 깊은 생각이 있어 묘한 헤아림 자리에 머무르고 깊은 생각 자리에 머물며 지혜가 있고 변재가 있습니다. 그래서 만일 누가 '나는 진실로 일체를 아는 지혜가 있어서 일체를 알고 일체를 보므로 모르는 것이 없고 못 보는 것이 없다'고 말하면 저는 그에게 가서 어떤 일을 물었습니다. 그러나 그는 알지 못했습니다. 그래서 저는 '이들은 도대체 무엇 하는 사람이냐?'고 생각했습니다."

세존께서는 물으셨다.

"우다이여, 너는 묘한 헤아림이 있고 깊은 생각이 있어 묘한 헤아림 자리에 머무르고 깊은 생각 자리에 머물며 지혜가 있고 변재가 있다고 하였다. 누군가 '나는 진실로 일체를 아는 지혜가 있어 일체를 알고 일체를 보므로 모르는 것이 없고 못 보는 것이 없다'고 말할 때 네가 그에게 가서 어떤 일을 물었지만 그는 알지 못했다고 하였는데, 그가 누구인가?"

이교도 전모가 대답했다.

"구담이시여, 그는 곧 불란가섭不蘭迦葉입니다. 왜냐하면 구담이시여, 불란가섭은 스스로 '나는 진실로 일체를 아는 지혜가 있어 일체를 알고 일체를 보므로 모르는 것이 없고 못 보는 것이 없다'고 말하였습니다. 그러나 저는 묘한 헤아림이 있고 깊은 생각이 있어 묘한 헤아림 자리에 머무르고 깊은 생각 자리에 머물며 지혜가 있고 변재가 있습니다. 그래서 저는 그에게 가서 어떤 일을 물었습니다. 그러나 그는 알지 못하였습니다. 구담이시여, 그래서 저는 '이들은 도대체 무엇 하는 사람이냐?' 하고 생각하였습니다. 이와 같이 마식가리구사리자摩息迦利瞿舍利子·사야비라지자娑若鞞羅遲子·니건친자尼揵親子·파부가전波復迦旃·아이다계사검바리阿夷哆雞舍劒婆利도 또한 마찬가지였습니다. 구담이시여, 아이다계사검바리는 스스로 '나는 일체를 아는 지혜가 있어 일체를 알고 일체를 보므로 모르는 것이 없고 못 보는 것이 없다'고 말했습니다. 그러나 저는 묘한 헤아림이 있고 깊은 생각이 있어 묘한 헤아림 자리에 머무르고 깊은 생각 자리에 머물며 지혜가 있고 변재가 있습니다. 그래서 저는 그에게 가서 어떤 일을 물었습니다. 그러나 그는 알지 못하였습니다. 구담이시여, 그래서 저는 '이들은 도대체 무엇 하는 사람이냐?' 하고 생각하였습니다.

구담이시여. 저는 다시 이렇게 생각했습니다.

'만일 내가 사문 구담을 찾아가 내 과거의 일을 물으면 사문 구담은 반드시 내 과거의 일을 대답해 주실 수 있을 것이다. 만일 내가 사문 구담을 찾아가 내 미래의 일을 물으면 사문 구담은 반드시 내 미래의 일을 대답해 주실 수 있을 것이다. 다시 만일 내가 사문 구담에게 묻고 싶은 것을 다 물어도 사문 구담은 또한 반드시 내가 물은 대로 대답해 주실 것이다.'"

세존께서 말씀하셨다.

"우다이여, 그만두라. 그만두라. 너는 오랜 세월 동안 다른 소견·다른 인내·다른 즐거움·다른 욕심·다른 뜻이 있었기 때문에 내가 말하는 뜻을 다 알지 못한다. 우다이여, 어떤 내 제자는 어떤 인因과 어떤 연緣으로 한량없는 과거 먼 옛날의 삶을 다 기억한다.

말하자면 1생生·2생·백생·천생 동안과 성겁成劫·패겁敗劫과 한량없는 성겁·패겁 동안의 일을 기억한다. 중생들의 이름은 무엇이었다는 것과 나는 일찍 저곳에 태어나 어떠한 성·어떠한 이름·어떠한 신분으로서 어떠한 음식을 먹고 어떤 괴로움과 즐거움을 받았는가에 대한 것과 얼마큼 오래 살고 얼마큼 오래 머무르다가 어떻게 목숨을 마쳤는지를 죄다 기억한다. 또 여기에서 죽어 저기에 나고 저기에서 죽어 여기에 난 것과 내가 여기에 태어나서는 어떠한 성·어떠한 이름·어떠한 신분으로 어떠한 음식을 먹고 어떤 괴로움과 즐거움을 받았는가에 대한 것과 얼마큼 오래 살고 얼마큼 오래 머무르다가 어떻게 목숨을 마쳤는가를 다 기억한다. 그가 내게 와서 과거의 일을 물으면 나는 그에게 과거의 일을 대답해 주고 나도 또한 그에게 가서 과거의 일을 물으면 그도 또한 내게 과거의 일을 대답해 준다. 내가 묻고 싶은 대로 그에게 물으면 그도 또한 내가 물은 대로 대답해 주느니라.

우다이여, 어떤 내 제자는 사람 눈보다 뛰어난 청정한 천안天眼으로써 이 중생들의 죽는 때와 나는 때, 좋은 빛깔과 나쁜 빛깔, 묘하고 묘하지 않은 것을 보며, 그 중생들이 지은 바 업에 따라 좋은 곳과 좋지 않은 곳으로 오고 가는 것을 사실 그대로 본다. 곧 '만일 그 중생들이 몸으로 짓는 나쁜 행을 성취하고 입과 뜻으로 짓는 나쁜 행을 성취하여 성인을 모함해 비방하고 사특한 소견으로써 사특한 소견의 업을 성취하면 그는 그것을 인연하여 그 몸이 무너지고 목숨이 끝난 뒤에는 반드시 나쁜 곳으로 가서 지옥에 날 것이다. 만일 그 중생들이 몸으로 짓는 묘한 행을 성취하고 입과 뜻으로 짓는 묘한 행을 성취하여 성인을 모함해 비방하지 않고 바른 소견으로써 바른 소견의 업을 성취하면 그는 그것을 인연하여 그 몸이 무너지고 목숨이 끝난 뒤에는 반드시 좋은 곳으로 올라가서 하늘에 나게 될 것이다'라고 본다. 그가 내게 와서 미래의 일을 물으면 나는 그에게 미래의 일을 대답해 주고 나도 또한 그에게 가서 미래의 일을 물으면 그도 또한 내게 미래의 일을 대답해 준다. 내가 묻고 싶은 대로 그에게 물으면 그도 또한 내가 물은 대로 대답해 주느니라."

이교도 전모가 아뢰었다.

"구담이시여, 만일 사문 구담께서 그렇게 말씀하신다면 저는 갈수록 모르겠고 저는 갈수록 볼 수 없으며 점점 더 어리석어져서 결국엔 어리석음에 떨어지게 될 겁니다. 사문 구담께서는 이렇게 말씀하셨습니다.

'우다이여, 그만두라. 그만두라. 너는 오랜 세월 동안 다른 소견·다른 인내·다른 즐거움·다른 욕심·다른 뜻이 있었기 때문에 내가 말하는 뜻을 다 알지 못한다. 우다이여, 어떤 내 제자는 어떤 인과 어떤 연으로 한량없는 과거 먼 옛날의 삶을 다 기억한다. 말하자면 1

생·2생·백생·천생 동안과 성겁·패겁 동안과 한량없는 성겁·패겁 동안의 일을 기억한다. 중생들의 이름은 무엇이라는 것과 나는 일찍 저곳에 태어나 어떠한 성·어떠한 이름·어떠한 신분으로서 어떤 음식을 먹고 어떤 괴로움과 즐거움을 받았는가에 대한 것과 얼마큼 오래 살고 얼마큼 오래 머무르다가 어떻게 목숨을 마쳤는지를 죄다 기억한다. 여기에서 죽어 저기에 나고 저기에서 죽어 여기에 난 것과 내가 여기에 태어나서는 어떠한 성·어떠한 이름·어떠한 신분으로 어떤 음식을 먹고 어떤 괴로움과 즐거움을 받았는가에 대해서와 얼마큼 오래 살고 얼마큼 오래 머무르다가 어떻게 목숨을 마쳤는가를 다 기억한다. 그가 내게 와서 과거의 일을 물으면 나는 그에게 과거의 일을 대답해 주고 나도 또한 그에게 가서 과거의 일을 물으면 그도 또한 내게 과거의 일을 대답해 준다. 내가 묻고 싶은 대로 그에게 물으면 그도 또한 내가 물은 대로 대답해 주느니라.

또 우다이여, 어떤 내 제자는 사람 눈보다 뛰어난 청정한 천안으로써 이 중생들의 죽는 때와 나는 때, 좋은 빛깔과 나쁜 빛깔, 묘하고 묘하지 않은 것을 보며 그 중생들이 지은 바 업에 따라 좋은 곳과 좋지 않은 곳으로 오고 가는 것을 사실 그대로 본다. 곧 〈만일 그 중생들이 몸으로 짓는 나쁜 행을 성취하고 입과 뜻으로 짓는 나쁜 행을 성취하여 성인을 모함해 비방하고 사특한 소견으로써 사특한 소견의 업을 성취하면 그는 그것을 인연하여 몸이 무너지고 목숨이 끝난 뒤에는 반드시 나쁜 곳으로 가서 지옥에 날 것이다. 만일 그 중생들이 몸으로 짓는 묘한 행을 성취하고 입과 뜻으로 짓는 묘한 행을 성취하여 성인을 모함해 비방하지 않고 바른 소견으로써 바른 소견의 업을 성취하면 그는 그것을 인연하여 그 몸이 무너지고 목숨이 끝난 뒤에는 반드시 좋은 곳으로 올라가서 하늘에 나게 될 것이다〉라고 본다. 그가 내게 와서 미래의 일을 물으면 나는 그에게 미래의 일을 대답해 주고 나도 또한 그에게 가서 미래의 일을 물으면 그도 또한 내게 미래의 일을 대답해 준다. 내가 묻고 싶은 대로 그에게 물으면 그도 또한 내가 물은 대로 대답해 주느니라.'

구담이시여, 저는 생에 있어서 이전에 한 일과 이전에 얻은 일도 오히려 기억하지 못하거늘 하물며 어떻게 어떤 인因과 어떤 연緣으로 한량없는 먼 옛날에 살았던 일을 다 기억할 수 있겠습니까? 구담이시여, 저는 오히려 회오리바람을 일으키는 귀신도 보지 못하거늘 어떻게 사람 눈보다 뛰어난 청정한 천안으로써 이 중생들의 죽는 때와 나는 때, 좋은 빛깔과 나쁜 빛깔, 묘하고 묘하지 않은 것을 보며, 그 중생들이 지은 바 업에 따라 좋은 곳과 좋지 않은 곳으로 오고 가는 것을 사실 그대로 볼 수 있겠습니까? 구담이시여, 저는 '만일 사문 구담께서 나에게 스승에게서 배운 법을 물으신다면 나는 혹 그에게 만족시킬만한 대답을 할 수도 있을 텐데'라고 생각했습니다."

세존께서 물으셨다.

"우다이여, 너는 스승에게서 어떤 법을 배웠느냐?"

"구담이시여, 그가 말한 빛깔〔色〕은 다른 어떤 빛깔보다 낫습니다. 그러므로 그 빛깔은 가장 훌륭하며 그 빛깔은 최상最上입니다."

"우다이여, 그것은 어떤 빛깔인가?"

"구담이시여, 그 빛깔 이외에 다시 가장 제일이요 가장 묘하며 가장 훌륭하다 할 빛깔은 없습니다. 따라서 그 빛깔은 가장 훌륭하고 최상입니다."

"우다이여, 너는 다음과 같이 말한 어떤 사람과 같다.

'만일 이 나라에서 가장 아름다운 여자가 있다면 나는 그녀를 얻고 싶다.'

그럴 때에 혹 어떤 사람은 그에게 묻는다.

'그대는 이 나라에서 가장 아름다운 여자가 어떠한 성 · 어떠한 이름 · 어떠한 신분인 줄 아는가? 또 키는 큰 가, 작은가? 살결은 거친가, 고운가? 피부는 흰가, 검은가, 혹은 희지도 않고 검지도 않은가? 찰제리의 여자인가? 혹은 바라문 · 거사 · 공사工師의 여자인가? 또 동방 · 남방 · 서방 · 북방의 어느 곳에 있는지 아는가?'

그는 대답한다.

'모른다.'

다시 그에게 묻는다.

'그대는 이 나라에서 가장 아름다운 여자가 어떠한 성 · 어떠한 이름 · 어떠한 신분이고, 키는 큰지 작은지, 살결은 거친지 부드러운지, 피부는 흰지 검은지 혹은 희지도 않고 검지도 않은지, 찰제리 여자인지 혹은 바라문 · 거사 · 공사의 여자인지, 또 동방 · 남방 · 서방 · 북방의 어느 곳에 있는 여자인지 알지도 못하고 보지도 못했으면서 '나는 그 여자를 얻고 싶다'고 말하는가?'

이와 같이 우다이여, 너는 '그가 말한 그 빛깔은 다른 빛깔보다 낫다. 그러므로 그 빛깔은 가장 훌륭하고 그 빛깔은 최상이다'라고 말하였다. 그러나 너에게 그 빛깔에 대해 물으면 너는 그 빛깔을 모르고 있다."

이교도 전모가 아뢰었다.

"구담이시여, 마치 지극히 묘한 자마紫磨색의 금정金精을 금 다루는 기술자가 잘 갈고 닦아 흰 비단을 깔고 햇볕에 놓아두면 그 빛이 지극히 아름답고 그 광명이 찬란하게 빛나는 것과 같습니다. 이와 같이 구담이시여, 저는 '그 빛깔은 다른 빛깔보다 낫다. 그러므로 그 빛깔은 가장 훌륭하고 그 빛깔은 최상이다'라고 말한 것입니다."

세존께서 말씀하셨다.

“우다이여, 나는 이제 너에게 물으리니 너는 아는 대로 대답하라. 우다이여, 네 생각은 어떠하냐? 자마색의 금정을 흰 비단을 깔고 햇볕에 놓아두었을 때 지극히 아름답고 빛나는 그 광명과 캄캄한 밤 빛나는 반딧불의 광명 중에 어느 광명이 더 낫고 더 우수하다고 생각하느냐?”

“구담이시여, 반딧불 광명이 자마 금정의 광명보다 더 낫고 더 우수하다고 하겠습니다.”

“우다이여, 네 생각은 어떠하냐? 캄캄한 밤에 빛나는 반딧불의 광명과 캄캄한 밤에 빛나는 기름 등불의 광명 중에 어느 광명이 더 낫고 더 우수하다고 생각하느냐?”

“구담이시여, 기름 등불의 광명이 반딧불 광명보다 더 낫고 더 우수하다고 하겠습니다.”

“우다이여, 네 생각에는 어떠하냐? 캄캄한 밤에 빛나는 기름 등불의 광명과 캄캄한 밤에 큰 장작더미를 쌓고 태웠을 때 빛나는 광명 중에 어느 광명이 더 낫고 더 우수하다고 생각하느냐?”

“구담이시여, 큰 장작더미를 태우는 그 광명이 기름 등불 광명보다 더 낫고 더 훌륭하다고 하겠습니다.”

“우다이여, 네 생각은 어떠하냐? 캄캄한 밤에 큰 장작더미를 쌓고 태웠을 때 빛나는 광명과 맑게 갠 이른 아침 서방에 빛나는 샛별의 광명 중에 어느 광명이 더 낫고 더 우수하다고 생각하느냐?”

“구담이시여, 샛별 광명이 큰 장작더미를 태우는 광명보다 더 낫고 더 우수하다 하겠습니다.”

“우다이여, 네 생각은 어떠하냐? 맑게 갠 이른 아침 빛나는 샛별의 광명과 맑게 갠 한 밤중 빛나는 달궁전의 광명 중에 어느 광명이 더 낫고 더 우수하다고 생각하느냐?"

"구담이시여, 달궁전의 광명이 샛별의 광명보다 더 낫고 더 우수하다고 하겠습니다."

"우다이여, 네 생각은 어떠하냐? 맑게 갠 한 밤중 빛나는 달궁전의 광명과 하늘에 구름 한 점 없이 맑은 가을날 정오에 빛나는 해궁전의 광명 중에 어느 광명이 더 낫고 더 우수하다고 생각하느냐?"

"구담이시여, 햇빛의 광명이 달빛 광명보다 더 낫고 우수하다고 하겠습니다."

"우다이여, 다시 많은 하늘이 있다. 저 해와 달이 비록 큰 여의족이 있고 큰 위덕이 있으며 큰 복이 있고 큰 위신이 있다고 하지만 그 광명은 원래 저 모든 하늘의 광명에는 미치지 못하느니라. 나는 옛날 저 모든 하늘과 함께 모여 저들과 의논하였는데 내 말이 저 하늘들의 마음에 들었다. 그러나 나는 '그 빛깔은 다른 빛깔보다 낫다. 그 빛깔은 가장 우수하고, 그 빛깔은 최상이다'라고 말하지 않았다. 우다이여, 그런데 너는 반딧불 광명보다도 더 더럽고 더 추한 것으로써 그 빛깔을 다른 빛깔보다 낫다고 하고 그 빛깔이 가장 우수하다 하며 그 빛깔이 최상이라고 말한다. 또 그것에 대해 물으면 모른다고 하는구나."

이교도 전모가 아뢰었다.

"세존이시여, 저는 그 말을 후회합니다. 선서시여, 저는 그 말을 후회합니다."

"우다이여, 너는 무슨 생각으로 '세존이시여, 저는 그 말을 후회합니다. 선서시여, 저는 그 말을 후회합니다'라고 말하는가?"

"구담이시여, 저는 '그 빛깔은 다른 빛깔보다 낫다. 그 빛깔은 가장 우수하며 그 빛깔은 최상이다'라고 말하였습니다. 그런데 사문 구담께서는 저를 잘 단속하시고 잘 가르치고 잘 꾸짖으시어 저의 허망한 생각들을 없애주셨습니다. 구담이시여, 그래서 저는 '세존이시여, 저는 그 말을 후회합니다. 선서시여, 저는 그 말을 후회합니다'라고 말씀드린 것입니다."

이교도 전모가 다시 여쭈었다.

"구담이시여, 후세에는 한결같은 즐거움이 있고 그것을 완전히 현세에서 증득하는 길의 자취도 있습니다."

세존께서 물으셨다.

"우다이여, 무엇이 후세의 한결같은 즐거움이고 그것을 완전히 현세에서 증득하는 길의 자취인가?"

"구담이시여, 혹 어떤 사람은 살생을 여의고 살생을 끊고 도둑질·사음·거짓말 내지 사특한 소견을 여의고 바른 소견을 얻습니다. 구담이시여, 이것을 후세의 한결같은 즐거움이라 하고 이것을 현세에서 완전히 증득하는 길의 자취라고 합니다."

세존께서 말씀하셨다.

"우다이여, 내가 이제 너에게 물으리니 너는 아는 대로 대답하라. 우다이여, 너의 생각은 어떠하냐? 만일 어떤 사람이 살생을 여의고 살생을 끊으면 그는 한결같이 즐겁기만 하겠는가? 혹은 괴로움이 섞이겠는가?"

"구담이시여, 거기에는 괴로움이 섞일 것입니다."

"우다이여, 만일 어떤 사람이 도둑질과 사음 거짓말 내지 사특한 소견을 여의고 바른 소견을 얻으면 그는 한결같이 즐겁기만 하겠는가? 혹은 괴로움이 섞이겠는가?"

"구담이시여, 거기에는 괴로움이 섞일 것입니다."

"우다이여, 그렇다면 그것은 괴로움과 즐거움이 섞인 것을 현세에서 증득하는 것이 아니겠는가?"

"구담이시여, 그렇다면 그것은 괴로움과 즐거움이 섞인 것을 현세에서 증득하는 것입니다."

이교도 전모가 다시 아뢰었다.

"세존이시여, 저는 그 말을 후회합니다. 선서시여, 저는 그 말을 후회합니다."

"우다이여, 너는 무슨 생각으로 '세존이시여, 저는 그 말을 후회합니다'라고 말하는가?"

"구담이시여, 저는 아까 '후세에는 한결같은 즐거움이 있고, 그것을 완전히 현세에서 증득하는 길의 자취도 있습니다'라고 말씀드렸습니다. 그런데 사문 구담께서는 저를 잘 단속하시고 잘 가르치고 잘 꾸짖으시어 저의 허망한 생각들을 없애주셨습니다. 구담이시여, 그래서 저는 '세존이시여, 저는 그 말을 후회합니다. 선서시여, 저는 그 말을 후회합니다'라고 말씀드린 것입니다."

세존께서 말씀하셨다.

"우다이여, 세상에는 한결같은 즐거움이 있고 그것을 완전히 현세에서 증득하는 길의 자취도 있느니라."

이교도 전모는 여쭈었다.

"구담이시여, 무엇이 세상의 한결같은 즐거움입니까? 그리고 무엇이 그것을 완전히 현세에서 증득하는 길의 자취입니까?"

"우다이여, 만일 때로 여래가 세상에 나오면 무소착·등정각·명행성위·선서·세간해·무상사·도법어·천인사·불중우라 호칭한다. 그는 5개蓋와 마음의 더러움과 지혜의 병을 끊고 욕심을 끊고 착하지 않은 나쁜 법을 떠나 각覺과 관觀이 있고 여의는 데서 생기는 기쁨과 즐거움이 있는 초선初禪을 얻어 성취하여 노닌다. 그러나 저 하늘과 같은 계와 마음과 소견은 함께하지 못한다. 다시 그는 각과 관을 이미 그치고 안으로 고요히 한 마음이 되어 각도 없고 관도 없으며 선정〔定〕에서 생기는 기쁨과 즐거움이 있는 제2선을 얻어 성취하여 노닌다. 그러나 저 하늘과 같은 계戒와 마음〔心〕과 소견〔見〕은 함께하지 못한다. 다시 그는 기쁨의 욕심을 여의고 평정하여 구함 없이 노닐며 바른 생각과 바른 지혜로 몸에 즐거움을 깨닫는다. 이른바 성인이 말씀하신 성인의 평정〔捨〕·기억〔念〕·즐거움에 머묾〔樂住〕·공空이 있는 제3선을 얻어 성취하여 노닌다. 그러나 저 하늘과 같은 계와 마음과 소견은 함께하지 못한다. 우다이여, 이것을 한결같이 즐거운 세상이라 하느니라."

"구담이시여, 세상의 한결같은 즐거움은 이것뿐입니까?"

"세상의 한결같은 즐거움은 그것만이 아니다. 우다이여, 현세에서 그것을 완전히 증득하는 또 다른 길의 자취가 있다."

"구담이시여, 다시 어떤 것이 현세에서 그것을 완전히 증득하는 길의 자취입니까?"

세존께서 말씀하셨다.

"우다이여, 비구는 욕심을 여의고 착하지 않은 악법을 떠나 각과 관이 있고 여의는 데서 생기는 기쁨과 즐거움이 있는 초선을 얻어 성취하여 노닌다. 그리고 저 하늘과 같은 계와 마음과 소견을 함께하게 되느니라. 그는 다시 각과 관을 이미 그치고 안으로 고요히 한 마음이 되어 각과 관이 없고 선정에서 생기는 기쁨과 즐거움이 있는 제2선을 얻어 성취하여 노닌다. 그리고 저 하늘과 같은 계와 마음과 소견을 함께하게 되느니라. 그는 다시 기쁨의 욕심을 여의고 평정하여 구함 없이 노닐며 바른 생각과 바른 지혜로 몸에 즐거움을 깨닫는다. 이른바 성인이 말씀하신 성인의 평정·기억·즐거움에 머묾·공이 있는 제3선을 얻어 성취하여 노닌다. 그리고 저 하늘과 같은 계와 마음과 소견을 함께하게 되느니라. 우다이여, 이것을 현세에서 완전히 증득하는 한 길의 자취라 하느니라."

이교도 전모가 여쭈었다.

"구담이시여, 사문 구담의 제자들은 이 세상의 한결같은 즐거움과 한 길의 자취를 현세에서 완전히 증득하기 위하여 사문 구담을 따라 범행을 배우는 것입니까?"

"우다이여, 내 제자들은 이 세상의 한결같은 즐거움과 또한 한 길의 자취를 현세에서 완전히 증득하기 위해서 나를 따라 범행을 배우는 것이 아니다. 우다이여, 그보다 더 낫고 더 묘하며 더 훌륭한 것을 증득하기 위하여 내 제자들은 나를 따라 범행을 배우는 것이니라."

이때 그 대중들은 높고 큰 소리로 '저 가장 제일이요 가장 묘하며 가장 훌륭한 것을 증득하기 위하여 사문 구담의 제자들은 사문 구담을 따라 범행을 배운다'고 외쳐댔다. 이에 이교도 전모는 대중들에게 조용하라고 명령한 뒤에 여쭈었다.

"구담이시여, 가장 제일이요 가장 묘하며 가장 훌륭한 어떤 것을 증득하기 위하여 사문 구담의 제자들은 사문 구담을 따라 범행을 배웁니까?"

세존께서 대답하셨다.

"우다이여, 비구는 즐거움이 멸하고 괴로움도 멸하는데 기쁨과 걱정의 뿌리는 이미 멸한 상태이며 괴로움도 없고 즐거움도 없는〔不苦不樂〕 평정〔捨〕·기억〔念〕·청정淸淨이 있는 제4선을 얻어 성취하여 노닌다. 우다이여, 이것이 가장 제일이요 묘하며 가장 훌륭한 것으로 이것을 증득하기 위하여 내 제자들이 나를 따라 범행을 배우는 것이니라."

이에 이교도 전모는 곧 자리에서 일어나 부처님 발에 머리를 조아리려고 하였다. 이때 이교의 범행을 닦는 이교도 전모의 모든 제자들이 이교도 전모에게 아뢰었다.

"존자시여, 지금 마땅히 스승이 되어야 할 때인데 사문 구담의 제자가 되려 하십니까? 존자께서는 스승이 될 때이니 사문 구담의 제자가 되어서는 안 됩니다."

이렇게 이교도 전모의 제자로서 이교의 범행을 배우던 제자들이 이교도 전모를 막았지만 전모는 세존을 따라 범행을 배웠다.

부처님께서 이렇게 말씀하시자 이교도 전모는 부처님 말씀을 듣고 기뻐하며, 받들어 행하였다.

〔이 전모경 하에 수록된 경문의 글자 수는 3,830자이다.〕

209) 비마나수경鞞摩那修經[11]〔제5 후송〕

나는 이와 같이 들었다.

어느 때 부처님께서 사위국을 유행하실 적에 승림급고독원에 계셨다. 그때 이교도 비마나수鞞摩那修는 오후에 천천히 걸어서 부처님 계신 곳에 나아가 문안드리고 아뢰었다.

"구담이시여, 가장 훌륭한 빛깔입니다. 가장 우수한 빛깔입니다. 구담이시여, 가장 우수한 빛깔입니다."

세존께서는 물으셨다.

"가전迦旃[12]이여, 어떤 빛깔인가?"

---

11 이 경의 이역본으로 유송劉宋 때 구나발타라求那跋陀羅가 한역한 『불설비마숙경佛說鞞摩肅經』이 있다.

12 가전(迦旃, kaccāna)은 비마나수鞞摩那修의 성姓이다.

이교도 비마나수는 대답하였다.

"구담이시여, 그 빛깔〔色〕보다 더 낫고 더 묘하며 더 우수한 빛깔은 없습니다. 구담이시여, 그 빛깔이 가장 우수하고 최상입니다."

세존께서 말씀하셨다.

"가전이여, 너는 마치 이렇게 말하는 어떤 사람과 같다.

'만일 이 나라에서 가장 아름다운 여자가 있다면 나는 그 여자를 얻고 싶다.'

다시 어떤 사람이 그에게 묻는다.

'그대는 이 나라에서 가장 아름다운 그 여자가 성은 무엇이고 이름은 무엇이며 어떤 신분인가를 아는가? 또한 키가 큰지 작은지, 살결이 거친지 고운지, 피부가 흰지 검은지, 혹은 희지도 않고 검지도 않은지 아는가? 그녀는 찰제리 여자인가? 혹은 바라문·거사·공사工師의 여자인가? 동방·남방·서방·북방 어느 쪽에 사는지 아는가?'

그는 '나는 모른다'고 대답한다.

그러면 다시 그에게 묻는다.

'그대는 이 나라에서 가장 아름다운 그 여자가 성은 무엇이고 이름은 무엇이며 어떤 신분인지도 모르고 또 키가 큰지 작은지 살결이 거친지 고운지 피부가 흰지 검은지 혹은 희지도 않고 검지도 않은지 찰제리 여자인지, 혹은 바라문·거사·공사의 여자인지 동방·남방·서방·북방의 어느 쪽에 사는지를 알지도 못하고 보지도 못하면서 〈나는 그 여자를 얻고 싶다〉고 말하는가?'

이와 같이 가전이여, 네가 '그것은 묘한 빛깔이요 가장 묘한 빛깔이다. 그 빛깔은 가장 우수하고 그 빛깔은 최상이다'라고 말하기에 너에게 그 빛깔에 대해 물었는데 너는 알지 못하는구나."

이에 이교도 비마나수는 아뢰었다.

"구담이시여, 그것은 마치 지극히 묘한 자마紫磨색의 금정金精과 같습니다. 금 다루는 기술자가 그것을 잘 갈고 잘 다루어 깨끗하게 한 뒤에 흰 비단을 깔고 햇볕에 놓아두면 그 빛이 지극히 묘하고 그 광명은 찬란하게 빛납니다. 구담이시여, 그래서 나는 '그것은 묘한 빛깔이다. 가장 묘한 빛깔이다. 그 빛깔이 가장 우수하고 그 빛깔이 최상이다'라고 말했습니다."

세존께서 말씀하셨다.

"가전이여, 내가 이제 너에게 물으리니 너는 아는 대로 대답하라. 가전이여, 네 생각은 어떠하냐? 흰 비단을 깔고 자마 금정을 햇볕에 놓아두었을 때 지극히 묘하게 빛나는 그 광명과 캄캄한 밤에 반짝이는 반딧불의 광명 중 어느 광명이 더 낫고 더 우수하다고 생각하느냐?"

이교도 비마나수는 아뢰었다.

"구담이시여, 반딧불 광명이 자마 금정의 광명보다 더 낫고 더 우수하다고 생각합니다."

세존께서 물으셨다.

"가전이여, 네 생각에는 어떠하냐? 캄캄한 밤에 빛나는 반딧불의 광명과 캄캄한 밤에 빛나는 기름 등불의 광명 중에 어느 광명이 더 낫고 더 우수하다고 생각하느냐?"

"구담이시여, 기름 등불의 광명이 반딧불 광명보다 더 낫고 더 우수하다고 생각합니다."

"가전이여, 네 생각에는 어떠하냐? 캄캄한 밤에 빛나는 기름 등불의 그 광명과 캄캄한 밤에 큰 장작더미를 태웠을 때 빛나는 광명 중에 어느 광명이 더 낫고 더 우수하다고 생각하느냐?"

"구담이시여, 큰 장작더미를 태우는 그 광명이 기름 등불 광명보다 더 낫고 더 우수하다고 생각합니다."

"가전이여, 네 생각은 어떠하냐? 큰 장작더미를 쌓고 태웠을 때 빛나는 광명과 맑게 갠 이른 새벽에 반짝이는 샛별의 광명 중에 어느 광명이 더 낫고 더 우수하다고 생각하는가?"

"구담이시여, 샛별의 광명이 큰 장작더미를 태우는 광명보다 더 낫고 더 우수하다고 생각합니다."

"가전이여, 네 생각은 어떠하냐? 맑은 날 이른 새벽에 반짝이는 샛별의 광명과 맑은 날 한밤에 빛나는 달의 광명 중에 어느 광명이 더 낫고 더 우수하다고 생각하는가?"

"구담이시여, 달의 광명이 샛별의 광명보다 더 낫고 더 우수하다고 생각합니다."

"가전이여, 네 생각은 어떠하냐? 맑은 날 한밤에 빛나는 달의 광명과 하늘에 구름 한 점 없이 맑은 가을날 대낮에 빛나는 태양의 광명 중에 어느 광명이 더 낫고 더 우수하다고 생각하는가?"

"구담이시여, 햇빛의 광명이 달빛의 광명보다 더 낫고 더 우세하다고 생각합니다."

세존께서 말씀하셨다.

"가전이여, 다시 많은 하늘이 있다. 이제 이 해와 달이 비록 큰 여의족如意足이 있고 큰 위덕이 있으며 큰 복이 있고 큰 위신이 있다고 하지만 그 광명은 원래 저 모든 하늘의 광명에는 미치지 못하느니라. 나는 옛날 모든 하늘들과 함께 모여 저들과 의논하였는데 내 말이 저 하늘들의 마음에 들었다. 그러나 나는 '그 묘한 빛깔은 가장 묘한 빛깔이다. 그 빛깔이 가장 우수하고 그 빛깔이 제일이다'라고 말하지 않았다. 가전이여, 그런데 너는 반딧불 광명보다도 더 더럽고 더 추한 것을 가지고 '그 묘한 빛깔은 가장 묘한 빛깔이다. 그 빛깔이 가장 우수하고, 그 빛깔이 제일이다'라고 말하면서, 또 그것에 대해 물으면 모른다고 하는구나."

이에 이교도 비마나수는 세존에게 직접 꾸지람을 들은 뒤에 마음에 근심이 생겨 머리를 떨구고 잠자코 있으면서 할 말을 잃고 무언가 살피는 듯하였다. 이에 세존께서 직접 나무라신 뒤에 다시 기쁘게 하려고 곧 말씀하셨다.

"가전이여, 기뻐할 만한 것으로서 마음으로 생각하고 욕심과 어울려 즐거워하는 5욕의 공덕功德이 있으니, 곧 눈으로 빛깔을 보고 귀로 소리를 들으며 코로 냄새를 맡고 혀로 맛을 보며 몸으로 촉감을 느끼는 것이다. 가전이여, 빛깔〔色〕에는 사랑스러운 것도 있고 사랑스럽지 않은 것도 있다. 혹 어떤 사람은 그 빛깔이 마음에 들고 마음에 맞으며 마음에 즐겁고 마음에 흡족하며 마음에 차면 그는 다른 빛깔은 아무리 좋고 아무리 우수하다 하더라도 그것을 바라지 않고 생각하지 않으며 원하지 않고 구하지 않으며 '이 빛깔만이 가장 우수하다' 하고 제일이라고 한다. 가전이여, 이와 같이 소리·냄새·맛에 있어서도 또한 그러하다. 가전이여, 촉감에도 혹은 사랑스러운 것이 있고 사랑스럽지 않은 것이 있다. 혹 어떤 사람은 그 촉감이 마음에 들고 마음에 맞으며 마음에 즐겁고 마음에 흡족하며 마음에 차면 그는 다른 촉감은 아무리 좋고 아무리 우수하다 하더라도 그것을 바라지 않고 생각하지 않으며 원하지 않고 구하지 않으며 '이 촉감만이 가장 우수하다' 하고 제일이라고 하느니라."

이에 이교도 비마나수가 합장하고 부처님을 향해 아뢰었다.

"구담이시여, 참으로 기이하고 참으로 특별합니다. 사문 구담께서는 저를 위해 한량없는 방편으로 욕락을 말씀하시고 욕락이 제일임을 말씀하셨습니다. 구담이시여, 마치 풀에 불을 붙여 나무에 불을 붙이고 나무에 불을 붙여 풀에 불을 붙이는 것과 같습니다. 이와 같이 사문 구담께서는 저를 위해 한량없는 방편으로 욕락을 말씀하시고 욕락이 제일임을 말씀하셨습니다."

세존께서 말씀하셨다.

"그만두라. 그만두라. 가전이여, 너는 오랜 세월 동안 다른 소견·다른 인내·다른 즐거움·다른 욕심·다른 생각을 가졌었기 때문에 내가 말하는 뜻을 다 알지 못한다. 가전이여, 이른바 내 제자들은 초저녁에서 새벽까지 언제나 잠자지 않고 바른 선정〔正定〕과 바른 뜻〔正意〕으로 도품을 닦아 익혀 생은 이미 다하고 범행은 이미 서고 할 일은 이미 마쳐 다시는 후세의 생명을 받지 않는다는 것을 사실 그대로 안다. 그들이라야 내가 말하는 것을 다 아느니라."

이에 이교도 비마나수는 부처님에 대하여 분한 마음이 생겨 미워하고 언짢게 생각하며 세존을 비방하고 세존을 떨어뜨리고자 하였다. 그래서 세존께 여쭈었다.

"구담이시여, 어떤 사문 범지는 세상의 처음도 알지 못하고 세상의 끝도 알지 못하며 다함이 없는 생사도 알지 못하면서 '사리事理에 대한 지극한 지혜를 얻어 생은 이미 다하고 범행은 이미 서고 할 일은 이미 마쳐 다시는 후세의 생명을 받지 않는다는 것을 사실 그대로 안다'고 말합니다. 구담이시여, 나는 그때 이렇게 생각했습니다.

'어떻게 이 사문 범지는 세상의 처음도 알지 못하고 세상의 끝도 알지 못하며 다함이 없는 생사도 알지 못하면서 〈사리에 대한 지극한 지혜를 얻어 생은 이미 다하고 범행은 이미 서고 할 일은 이미 마쳐 다시는 후세의 생명을 받지 않는다는 것을 사실 그대로 안다〉고 말하는가?'"

그러자 세존께서는 곧 이렇게 생각하셨다.

'이 이교도 비마나수가 내게 분한 마음을 품고 나를 미워하고 언짢게 생각하며 나를 비방하고 나를 떨어뜨리려고 하는구나. 그래서 나를 비방하고 나를 떨어뜨리려고 이렇게 말하는구나.

〈구담이시여, 어떤 사문 범지는 세상의 처음도 알지 못하고 세상의 끝도 알지 못하며 다함이 없는 생사도 알지 못하면서 사리에 대한 지극한 지혜를 얻어 생은 이미 다하고 범행은 이미 서고 할 일은 이미 마쳐 다시는 후세의 생명을 받지 않는다는 것을 사실 그대로 안다고 말합니다. 구담이시여, 나는 어떻게 이 사문 범지는 세상의 처음도 알지 못하고 세상의 끝도 알지 못하며 다함이 없는 생사도 알지 못하면서 사리에 대한 지극한 지혜를 얻어 생은 이미 다하고 범행은 이미 서고 할 일은 이미 마쳐 다시는 후세의 생명을 받지 않는다는 것을 사실 그대로 안다고 말하는가 하고 생각하였습니다.〉'

세존께서 그것을 아시고 말씀하셨다.

"가전이여, 만일 어떤 사문 범지가 세상의 처음도 알지 못하고 세상의 끝도 알지 못하며, 다함이 없는 생사도 알지 못하면서 '사리에 대한 지극한 지혜를 얻어 생은 이미 다하고 범행은 이미 서고 할 일은 이미 마쳐 다시는 후세의 생명을 받지 않는다는 것을 사실 그대로 안다'고 말했다면 그는 응당 '세상의 처음도 놔두고 세상의 끝도 놔두라'고 말하였을 것이다. 가전이여 나도 또한 '세상의 처음도 놔두고 세상의 끝도 놔두라'고 말하리라. 설사 1생도 기억하지 못하더라도 나를 찾아오는 제자 비구들이 아첨하지도 않고 속이지도 않으며 소박하고 정직하다면 나는 그들을 교화한다. 만일 그들이 내 교화를 따라 그대로 행한다면 그들은 반드시 바른 법을 알게 될 것이다.

가전이여, 마치 어린애가 나이 어리고 부드럽고 연해서 반듯이 누워 있을 때 그 부모가 아이의 손발을 묶어 놓는 것과 같다. 그 뒤 그 어린애가 자라 모든 감관〔根〕이 성취되었을 때에 그 부모가 그의 손발을 풀어 놓으면 그는 다만 그 결박이 풀린 때만 기억하고 결박되었던 때는 기억하지 못한다. 이와 같이 가전이여, 그래서 나는 '세상의 처음도 놔두고 세상의 끝도 놔두라'고 말한다. 설령 단 1생도 기억하지 못하더라도 나를 찾아오는 제자 비구들이 아첨하지도 않고 속이지도 않으며 소박하고 정직하다면 나는 그들을 교화한다. 만일 그들이 내 교화를 따라 그대로 행한다면 그들은 반드시 바른 법을 알게 될 것이다.

가전이여, 비유하면 기름과 심지로 인하여 등불을 켜는 것과 같다. 사람이 기름을 대어주지 않고 또한 심지를 갈아주지 않으면 앞에 있었던 기름은 이미 없어지고 잇달아 기름을 대어주지 않아 다시 받는 것이 없어진 뒤에는 등불은 저절로 꺼지고 마느니라. 그러므로 가전이여, 나는 '세상의 처음도 놔두고 세상의 끝도 놔두라'고 말한 것이다. 설령 단 1생도 기억하지 못하더라도 나를 찾아오는 제자 비구들이 아첨하지도 않고 속이지도 않으며 소박하고 정직하다면 나는 그들을 교화한다. 만일 그들이 내 교화를 따라 그대로 행한다면 그들은 반드시 바른 법을 알게 될 것이다. 가전이여, 또 마치 나무 10묶음·20묶음·30묶음·40묶음·50묶음·60묶음을 불로 태우면 불이 왕성하게 일어나 결국은 불꽃이 보이는 것과 같다. 만일 사람이 풀이나 나무나 겨나 소똥을 잇달아 대주지 않으면, 먼저 있었던 나무는 이미 없어지고, 잇달아 나무를 대주지 않아 다시 받는 것이 없어진 뒤에는 불은 저절로 꺼지고 마느니라. 이와 같이 가전이여, 나는 '세상의 처음도 놔두고, 세상의 끝도 놔두라'고 말한 것이다. 설령 단 1생도 기억하지 못하더라도 나를 찾아오는 제자 비구들이 아첨하지도 않고 속이지도 않으며 소박하고 정직하다면 나는 그들을 교화한다. 만일 그들이 내 교화를 따라 그대로 행한다면 그들은 반드시 바른 법을 알게 될 것이니라."

부처님께서 이렇게 설법하시자 이교도 비마나수는 티끌을 멀리 하고 때를 여의어 모든 법에 대하여 법안法眼이 생겼다. 이에 이교도 비마나수는 법을 보고 법을 얻어 희고 깨끗한 법을 깨달아 다시 따로 높일 것이 없어지고 다시 다른 것을 의지할 것이 없어져 스스로 의심을 끊고 미혹을 벗어나 망설임이 없이 이미 결과를 증득하여 세존의 법에 대해서 두려움이 없게 되었다.

그는 곧 부처님 발에 머리를 조아리고 아뢰었다.

"세존이시여, 부처님을 따라 출가하여 도를 배우고 구족계를 받아 비구가 되어 범행을 행하기를 원합니다."

세존께서 말씀하셨다.

"훌륭하고 훌륭하다. 비구가 되어 범행을 행하라."

이에 이교도 비마나수는 부처님을 따라 출가하여 도를 배우게 되었고, 곧 구족계를 받아 비구가 되어 범행을 행하였다. 그래서 존자 비마나수는 출가하여 도를 배우고 구족계를 받은 뒤에는 법을 알고 법을 보아 아라하(阿羅訶 : 阿羅漢)가 되었다.

부처님께서 이렇게 말씀하시자 존자 비마나수와 모든 비구들은 부처님 말씀을 듣고 기뻐하며 받들어 행하였다.

〔이 비마나수경에 수록된 경문의 글자 수는 2,147자이다. 『중아함경』 제57권에 수록된 경문의 글자 수는 모두 8,784자이다.〕

중아함경 제 58 권

17. 포리다품 ④

210) 법락비구니경法樂比丘尼經〔제5 후송〕

나는 이와 같이 들었다.

어느 때 부처님께서 사위국을 유행하실 적에 기수급고독원에 계셨다. 그때 비사가毘舍佉 우바이는 법락 비구니가 있는 곳으로 가서 머리를 조아려 그의 발에 절하고 물러나 한쪽에 앉아 법락 비구니에게 아뢰었다.

"어진 이여, 묻고 싶은 일이 있는데 들어 주시겠습니까?"

법락 비구니가 대답하였다.

"비사가여, 마음대로 물으시오. 내가 들은 뒤에 생각해 보겠습니다."

비사가 우바이가 물었다.

"어진 이여, 모두들 자기 몸을 자기 몸이라고 말하는데 어떤 것을 자기 몸이라 합니까?"

"세존께서는 5성음盛陰을 말씀하셨습니다. 곧 자기 몸이란 색성음色盛陰·각성음覺盛陰·상성음想盛陰·행성음行盛陰·식성음識盛陰이니 이것이 세존께서 말씀하신 5성음입니다."

비사가 우바이는 찬탄하며 말하였다.

"훌륭하고 훌륭하십니다. 어진 이여."

비사가 우바이는 이렇게 찬탄한 뒤에 기뻐하며 받들어 행하였다. 비사가 우바이가 다시 물었다.

"어진 이여, 어떤 것을 자기 몸이 있다고 보는 소견〔自身見〕이라 합니까?"

"많이 알지 못하는 어리석은 범부는 착한 벗을 만나지 못하고 거룩한 법을 알지 못하며 거룩한 법을 모시지 못합니다. 그래서 그는 '색이 곧 신〔色是神〕이다'고 보고, '신은 색을 소유한다〔神有色〕'고 보며, '신 속에 색이 있다〔神中有色〕'고 보고, '색 속에 신이 있다〔色中有神〕'고 봅니다. 이와 같이 각覺·상想·행行에 대해서도 마찬가지 견해를 가지고 있고 식識을 신이라 보고 신은 식을 소유한다고 보며 신 속에 식이 있다고 보고 식 속에 신이 있다고 봅니다. 이것을 자기 몸이 있다고 보는 소견이라 합니다."

"훌륭하고 훌륭하십니다. 어진 이여."

비사가 우바이는 이렇게 찬탄한 뒤에 기뻐하며 받들어 행하였다. 그리고 그는 다시 물었다.

"어진 이여, 어떤 것을 자기 몸이 없다고 보는 소견〔無身見〕이라 합니까?"

"많이 아는 거룩한 제자는 착한 벗을 만나고 거룩한 법을 알며 거룩한 법을 모십니다. 그래서 그는 색을 신이라고 보지 않고 신은 색을 소유한다고 보지 않으며 신 속에 색이 있다고 보지 않고 색 속에 신이 있다고도 보지 않습니다. 이와 같이 각·상·행에 대해서도 마찬가지 견해를 가지고 있고 식도 신이라고 보지 않고 신은 식을 소유한다고 보지 않으며 신 속에 식이 있다고 보지 않고 식 속에 신이 있다고도 보지 않습니다. 이것을 자기 몸이 없다고 보는 소견이라고 합니다."

"훌륭하고 훌륭하십니다. 어진 이여."

비사가 우바이는 이렇게 찬찬한 뒤에 기뻐하며 받들어 행하였다. 그리고 그는 다시 물었다.

"어진 이여, 어떤 것이 자신에 대한 소견을 멸하는 것입니까?"

"색성음을 남김없이 끊어 그것을 버리고 뱉고 다하고 거기에 물들지 않고 그것을 멸하고 그치고 없애는 것입니다. 각·상·행·식의 성음도 남김없이 끊어 그것들을 버리고 뱉고 다하고 거기에 물들지 않고 그것을 멸하고 그치고 없애는 것입니다. 이것을 자기 몸에 대한 소견을 멸하는 것이라 합니다."

"훌륭하고 훌륭하십니다. 어진 이여."

비사가 우바이는 이렇게 찬탄한 뒤에 기뻐하며 받들어 행하였다. 그리고 그는 다시 물었다.

"어진 이여, 음陰을 음성陰盛이라 말하고, 음을 성음盛陰이라 말합니다. 음이 곧 성음이고 성음이 곧 음입니까? 아니면 음과 성음은 다른 것입니까?"

"어떤 음은 성음이고, 어떤 음은 성음이 아닙니다. 어떤 음이 곧 성음인가? 만일 색에 번뇌〔漏〕가 있고 집착〔受〕이 있으며, 각·상·행·식에 번뇌가 있고 집착이 있으면 이 음은 곧 성음입니다. 어떤 음이 성음이 아닌가? 만일 색에 번뇌가 없고 집착이 없으며 각·상·행·식에 번뇌가 없고 집착이 없으면 이 음은 성음이 아닙니다."

"훌륭하고 훌륭하십니다. 어진 이여."

비사가 우바이는 이렇게 찬탄한 뒤에 기뻐하며 받들어 행하였다. 그리고 그는 다시 물었다.

"어진 이여, 어떤 것을 8지성도支聖道라 합니까?"

"8지성도란 바른 소견〔正見〕에서부터 바른 선정〔正定〕까지를 말하는 것입니다. 이것이 여덟 가지이므로 8지성도라 합니다."

"훌륭하고 훌륭하십니다. 어진 이여."

비사가 우바이는 이렇게 찬탄한 뒤에 기뻐하며 받들어 행하였다. 그리고 그는 다시 물었다.

"어진 이여, 8지성도는 인위적으로 작용하는 것〔有爲〕입니까?"

"그렇습니다. 8지성도는 인위적으로 작용하는 것입니다."

"훌륭하고 훌륭하십니다. 어진 이여."

비사가 우바이는 이렇게 찬탄한 뒤에 기뻐하며 받들어 행하였다. 그리고 그는 다시 물었다.

"어진 이여, 몇 무더기〔聚〕가 있습니까?"

"세 무더기가 있으니 곧 계의 무더기〔戒聚〕·선정의 무더기〔定聚〕·지혜의 무더기〔慧聚〕입니다."

"훌륭하고 훌륭하십니다. 어진 이여."

비사가 우바이는 이렇게 찬탄한 뒤에 기뻐하며 받들어 행하였다. 그리고 그는 다시 물었다.

"어진 이여, 8지성도가 이 세 무더기〔三聚〕를 포섭합니까, 세 무더기가 8지성도를 포섭합니까?"

"8지성도가 세 무더기를 포섭하는 것이 아니라, 세 무더기가 8지성도를 포섭합니다. 곧 바른 말·바른 행동· 바른 생활 이 3도지道支는 거룩한 계의 무더기에 포섭되고 바른 생각·바른 선정 이 2도지는 거룩한 정의 무더기에 포섭되며 바른 소견·바른 뜻·바른 방편 이 3도지는 거룩한 지혜의 무더기에 포섭됩니다. 그래서 8지성도가 세 무더기를 포섭하는 것이 아니라, 세 무더기가 8지성도를 포섭하는 것이라고 합니다."

"훌륭하고 훌륭하십니다. 어진 이여."

비사가 우바이는 이렇게 찬탄한 뒤에 기뻐하며 받들어 행하였다. 그리고 그는 다시 물었다.

"어진 이여, 멸滅은 상대가 있습니까?"

"멸은 상대가 없습니다."

"훌륭하고 훌륭하십니다. 어진 이여"

비사가 우바이는 이렇게 찬탄한 뒤에 기뻐하며 받들어 행하였다. 그리고 그는 다시 물었다.

"어진 이여, 초선初禪에는 몇 가닥이 있습니까?"

"초선에는 다섯 가닥이 있으니 곧 각覺·관觀·기쁨〔喜〕·즐거움〔樂〕·한 마음〔一心〕입니다. 이것을 초선에 있는 다섯 가닥이라 합니다."

"훌륭하고 훌륭하십니다. 어진 이여."

비사가 우바이는 이렇게 찬탄한 뒤에 기뻐하며 받들어 행하였다. 그리고 그는 다시 물었다.

"어진 이여, 어떤 것이 단斷이며, 어떤 것이 선정의 모양이며, 어떤 것이 선정의 공〔定功〕이며, 어떻게 선정을 닦습니까?"

"만일 마음이 잘 하나가 되면 이것을 선정〔禪定〕이라 하고, 4념처念處를 선정의 모양이라 하며, 4정단正斷을 선정의 힘이라 하고, 4여의족如意足을 선정의 공이라 합니다. 만일 이런 모든 훌륭한 법들을 익혀 꾸준히 힘쓰고 전념하여 닦으면 이것을 선정을 닦는 것이라 합니다."

"훌륭하고 훌륭하십니다. 어진 이여."

비사가 우바이는 이렇게 찬탄한 뒤에 기뻐하며 받들어 행하였다. 그리고 그는 다시 물었다.

"어진 이여, 몇 가지 법이 살아 있던 몸에는 있다가 죽은 뒤에는 없어져 무덤 사이에 버려지면 나무처럼 무정하게 되는 것입니까?"

"세 가지 법이 살아 있던 몸에는 있다가 죽은 뒤에는 없어져 그 몸이 무덤 사이에 버려지면 나무처럼 무정하게 됩니다. 어떤 것이 세 가지인가? 첫째는 목숨이요, 둘째는 따뜻한 기운이요, 셋째는 의식〔識〕입니다. 이것을 세 가지 법이 살아 있던 몸에는 있다가 죽은 뒤에는 없어져 그 몸이 무덤 사이에 버려지면 나무처럼 무정하게 된다고 합니다."

"훌륭하고 훌륭하십니다. 어진 이여."

비사가 우바이는 이렇게 찬탄한 뒤에 기뻐하며 받들어 행하였다. 그리고 그는 다시 물었다.

"어진 이여, 죽음과 멸진정滅盡定에 드는 것은 어떤 차별이 있습니까?"

"죽음이란 수명이 끝나고 따뜻한 기운이 사라지며 모든 기관이 무너지는 것입니다. 그러나 비구가 멸진정에 드는 것은 목숨이 끝나는 것이 아니요, 따뜻한 기운이 사라지는 것도 아니며, 모든 기관이 무너지는 것도 아닙니다. 죽음과 멸진정에 드는 것은 이런 차별이 있습니다."

"훌륭하고 훌륭하십니다, 어진 이여."

비사가 우바이는 이렇게 찬탄한 뒤에 기뻐하며 받들어 행하였다. 그리고 그는 다시 물었다.

"어진 이여, 멸진정滅盡定에 드는 것과 무상정無想定에 드는 것은 어떤 차별이 있습니까?"

"비구가 멸진정에 들면 생각〔想〕과 앎〔知〕이 멸하지만, 무상정에 들면 생각과 앎이 멸하지 않습니다. 멸진정에 드는 것과 무상정에 드는 것은 이런 차별이 있습니다."

"훌륭하고 훌륭하십니다, 어진 이여."

비사가 우바이는 이렇게 찬탄한 뒤에 기뻐하며 받들어 행하였다. 그리고 그는 다시 물었다.

"어진 이여, 멸진정에서 일어나는 것과 무상정에서 일어나는 것은 어떤 차별이 있습니까?"

"비구가 멸진정에서 일어날 때에는 '나는 멸진정에서 일어난다'고 생각하지 않습니다. 그러나 비구가 무상정에서 일어날 때에는 '나는 생각이 있다고 할까? 나는 생각이 없다고 할까?'라는 이런 생각을 합니다. 멸진정에서 일어나는 것과 무상정에서 일어나는 것은 이런 차별이 있습니다."

"훌륭하고 훌륭하십니다. 어진 이여."

비사가 우바이는 이렇게 찬탄한 뒤에 기뻐하며 받들어 행하였다. 그리고 그는 다시 물었다.

"어진 이여, 비구가 멸진정에 들어갈 때에 '나는 멸진정에 들어간다'고 생각합니까?"

"비구가 멸진정에 들어갈 때에 '나는 멸진정에 들어간다'고 생각하지 않습니다. 본래부터 그렇게 마음을 닦아 익혔기 때문에 그렇게 나아가는 것입니다."

"훌륭하고 훌륭하십니다. 어진 이여."

비사가 우바이는 이렇게 찬탄한 뒤에 기뻐하며 받들어 행하였다. 그리고 그는 다시 물었다.

"어진 이여, 비구가 멸진정에서 일어날 때에 '나는 멸진정에서 일어난다'고 생각합니까?"

"비구가 멸진정에서 일어날 때 '나는 멸진정에서 일어난다'고 생각하지 않습니다. 이 몸과 6처處를 인因하고 목숨을 연緣하여 선정에서 일어납니다."

"훌륭하고 훌륭하십니다. 어진 이여."

비사가 우바이는 이렇게 찬탄한 뒤에 기뻐하며 받들어 행하였다. 그리고 그는 다시 물었다.

"어진 이여, 비구가 멸진정에서 일어나고 나면 그 마음은 무엇을 즐거워하고 어디로 나아가며 무엇을 따릅니까?"

"비구가 멸진정에서 일어난 뒤에는 그 마음은 떠남을 즐거워하고 떠남으로 나아가며 떠남을 따릅니다."

"훌륭하고 훌륭하십니다. 어진 이여."

비사가 우바이는 이렇게 찬탄한 뒤에 기뻐하며 받들어 행하였다. 그리고 그는 다시 물었다.

"어진 이여, 몇 가지 감각〔覺〕이 있습니까?"

"세 가지 감각이 있으니 곧 즐거운 감각·괴로운 감각·괴롭지도 않고 즐겁지도 않은 감각입니다. 이것은 무엇을 인연하여 있게 되는가? 갱락更樂을 인연하여 있습니다."

"훌륭하고 훌륭하십니다. 어진 이여."

비사가 우바이는 이렇게 찬탄한 뒤에 기뻐하며 받들어 행하였다. 그리고 그는 다시 물었다.

"어진 이여, 어떤 것이 즐거운 감각이며 어떤 것이 괴로운 감각이며 어떤 것이 괴롭지도 않고 즐겁지도 않은 감각입니까?"

"만일 즐거운 갱락에 부딪치면 몸과 마음에 즐겁고 좋은 감각이 생기나니, 이 감각을 즐거운 감각이라 합니다. 만일 괴로운 갱락에 부딪치면 몸과 마음에 괴롭고 좋지 않은 감각이 생기나니, 이 감각을 괴로운 감각이라 합니다. 만일 괴롭지도 않고 즐겁지도 않은 갱락에 부딪치면 몸과 마음이 괴롭지도 않고 즐겁지도 않으며 좋지도 않고 좋지 않은 것도 아닌 감각이 생기나니, 이 감각을 괴롭지도 않고 즐겁지도 않은 감각이라 합니다."

"훌륭하고 훌륭하십니다. 어진 이여."

비사가 우바이는 이렇게 찬탄한 뒤에 기뻐하며 받들어 행하였다. 그리고 그는 다시 물었다.

"어진 이여, 즐거운 감각에 있어서는 어떤 것이 즐겁고 어떤 것이 괴로우며 어떤 것이 무상無常하고 어떤 것이 재환災患이며 어떤 것이 번뇌〔使〕입니까? 괴로운 감각에 있어서는 어떤 것이 즐겁고 어떤 것이 괴로우며 어떤 것이 무상하고 어떤 것이 재환이며 어떤 것이 번뇌입니까? 또 괴롭지도 않고 즐겁지도 않은 감각에 있어서는 어떤 것이 즐겁고 어떤 것이 괴로우며 어떤 것이 무상하고 어떤 것이 재환이며 어떤 것이 번뇌입니까?"

"즐거운 감각에 있어서는 생기는 것은 즐겁고 머무르는 것도 즐거우나 변하는 것은 괴롭고 무상한 이것이 곧 재환이 되며 탐욕〔欲〕이 그 번뇌〔使〕입니다. 괴로운 감각에 있어서는 생기는 것은 괴롭고 머무르는 것도 괴로우나 변하는 것은 즐겁고 무상한 이것이 곧 재환이며 성냄〔恚〕이 그 번뇌입니다. 괴롭지도 않고 즐겁지도 않은 감각에 있어서는 괴로운 것도 알지 못하고 즐거운 것도 알지 못하며 무상한 것으로 곧 변하는 것이며 무명無明이 그 번뇌입니다."

"훌륭하고 훌륭하십니다. 어진 이여."

비사가 우바이는 이렇게 찬탄한 뒤에 기뻐하며 받들어 행하였다.

그리고 그는 다시 물었다.

"어진 이여, 모든 즐거운 감각은 다 탐욕이 그 번뇌가 되고 모든 괴로운 감각은 성냄이 그 번뇌가 되며 모든 괴롭지도 않고 즐겁지도 않은 감각은 무명이 그 번뇌가 됩니까?"

"즐거운 감각이라 하여 모두가 다 탐욕이 그 번뇌가 되는 것은 아니요, 괴로운 감각이라 하여 모두가 다 성냄이 그 번뇌가 되는 것은 아니며 괴롭지도 않고 즐겁지도 않은 감각이라 하여 모두가 다 무명이 그 번뇌가 되는 것은 아닙니다.

어떤 즐거운 감각이 탐욕의 번뇌가 아닌가? 만일 비구가 탐욕을 여의고 착하지 않은 법을 여의어 각覺도 있고 관觀도 있으며, 여의는 데서 생기는 기쁨과 즐거움이 있는 초선을 얻어 성취하여 노닐면 이것을 탐욕의 번뇌가 아닌 즐거운 감각이라 합니다. 왜냐하면 탐욕을 끊었기 때문입니다. 어떤 괴로운 감각이 성냄의 번뇌가 아닌가? 만일 최상 해탈의 즐거움을 구하여 원하고 애를 쓰며 근심하고 괴로워하면 이것을 성냄의 번뇌가 아닌 괴로운 감각이라 합니다. 왜냐하면 성냄을 끊었기 때문입니다. 어떤 괴롭지도 않고 즐겁지도 않은 감각이 무명의 번뇌가 아닌가? 즐거움이 멸하고 괴로움도 멸하고 기쁨과 걱정의 뿌리는 이미 멸한 상태이며 괴로움도 없고 즐거움도 없는〔不苦不樂〕 평정〔捨〕·기억〔念〕·청정淸淨이 있는 제4선을 얻어 성취하여 노닐면 이것을 무명의 번뇌가 아닌 괴롭지도 않고 즐겁지도 않은 감각이라 합니다. 왜냐하면 무명을 끊었기 때문입니다."

"훌륭하고 훌륭하십니다. 어진 이여."

비사가 우바이는 이렇게 찬탄한 뒤에 기뻐하며 받들어 행하였다. 그리고 그는 다시 물었다.

"어진 이여, 즐거운 감각에는 어떤 상대가 있습니까?"

"즐거운 감각은 괴로운 감각으로 상대를 삼습니다."

"훌륭하고 훌륭하십니다. 어진 이여."

비사가 우바이는 이렇게 찬탄한 뒤에 기뻐하며 받들어 행하였다. 그리고 그는 다시 물었다.

"어진 이여, 괴로운 감각에는 어떤 상대가 있습니까?"

"괴로운 감각은 즐거운 감각으로 상대를 삼습니다."

"훌륭하고 훌륭하십니다. 어진 이여."

비사가 우바이는 이렇게 찬탄한 뒤에 기뻐하며 받들어 행하였다. 그리고 그는 다시 물었다.

"어진 이여, 즐겁기도 하고 괴롭기도 한 감각에는 어떤 상대가 있습니까?"

"즐겁기도 하고 괴롭기도 한 감각은 괴롭지도 않고 즐겁지도 않은 감각으로 상대를 삼습니다."

"훌륭하고 훌륭하십니다. 어진 이여."

비사가 우바이는 이렇게 찬탄한 뒤에 기뻐하며 받들어 행하였다. 그리고 그는 다시 물었다.

"어진 이여, 괴롭지도 않고 즐겁지도 않은 감각에는 어떤 상대가 있습니까?"

"괴롭지도 않고 즐겁지도 않은 감각은 무명無明으로 상대를 삼습니다."

"훌륭하고 훌륭하십니다. 어진 이여."

비사가 우바이는 이렇게 찬탄한 뒤에 기뻐하며 받들어 행하였다. 그리고 그는 다시 물었다.

"어진 이여, 무명에는 어떤 상대가 있습니까?"

"무명은 명明으로 상대를 삼습니다."

"훌륭하고 훌륭하십니다. 어진 이여."

비사가 우바이는 이렇게 찬탄한 뒤에 기뻐하며 받들어 행하였다. 그리고 그는 다시 물었다.

"어진 이여, 명에는 어떤 상대가 있습니까?"

"명은 열반으로 상대를 삼습니다."

"훌륭하고 훌륭하십니다. 어진 이여."

바사가 우바이는 이렇게 대답한 뒤에 기뻐하며 받들어 행하였다. 그리고 그는 다시 물었다.

"어진 이여, 열반에는 어떤 상대가 있습니까?"

"그대는 끝이 없는 일을 묻고자 하는군요. 그러나 그대가 아무리 물어도 내 대답의 끝을 다하진 못할 것입니다. 왜냐하면 열반은 상대가 없기 때문입니다. 열반은 그물이 없고 그물을 벗어나고 그물이 없어진 것입니다. 그러므로 나는 세존을 따라 범행을 행합니다."

이때에 비사가 우바이는 법락 비구니의 설법을 들어 잘 받아 가지고, 잘 외워 익힌 뒤에, 곧 자리에서 일어나 머리를 조아려 법락 비구니의 발에 절하고 세 번 돌고 떠나갔다. 이에 법락 비구니는 비사가 우바이가 떠난 지 오래지 않아 부처님 계신 곳으로 나아가 부처님 발에 머리를 조아려 예를 올리고 물러나 한쪽에 앉아 비사가 우바이와 나눈 이야기를 부처님께 모두 말씀드린 뒤에 합장하고 부처님을 향해 아뢰었다.

"세존이시여, 저는 이렇게 말하고 이렇게 대답하였습니다. 혹 세존을 비방한 것이 되지는 않겠습니까? 진실을 말하고 법다이 말하며, 법과 다음 법을 말한 것이 되겠습니까? 혹 법다운 법 안에 있어서 틀림이나 시비나 허물이 있지는 않겠습니까?"

세존께서 말씀하셨다.

"비구니여, 네가 그렇게 말하고 그렇게 대답한 것은 나를 비방한 것이 아니다. 너는 진실을 말하고 법다이 말하며 법과 다음 법을 말하였다. 너의 말은 법다운 법 안에 있어서 틀리지 않았고 시비나 허물이 없다. 비구니여, 만일 비사가 우바이가 그런 뜻과 그런 말로 내게 와서 물었다면 나도 또한 비사가 우바이를 위하여 그런 뜻과 그런 말로써 대답하였을 것이다. 비구니여, 그 뜻은 네가 말한 것과 같다. 너는 마땅히 그렇게 기억하라. 왜냐하면 그 말은 곧 진리이기 때문이니라."

부처님께서 이렇게 말씀하시자 법락 비구니와 여러 비구들은 부처님 말씀을 듣고 기뻐하며 받들어 행하였다.

〔이 법락비구니경에 수록된 경문의 글자 수는 3,049자이다.〕

211) 대구치라경大拘絺羅經[1]〔제5 후송〕

나는 이와 같이 들었다.

어느 때 부처님께서 왕사성을 유행하실 적에 죽림가란다원에 계셨다. 그때 존자 사리자는 오후에 연좌燕坐에서 일어나 존자 대구치라大拘絺羅가 있는 곳으로 가서 서로 문안하고 물러나 한쪽에 앉았다. 존자 사리자가 말하였다.

"어진 이 구치라여, 묻고 싶은 일이 있는데 들어 주겠소?"

존자 구치라가 아뢰었다.

"존자 사리자여, 묻고 싶은 말이 있으면 물으시오. 내가 듣고 나서 생각해 보리다."

---

1 이 경의 참고 경문으로는 『잡아함경』 제14권 343번째 경과 제9권 253번째 경이 있다.

존자 사리자가 물었다.

"어진 이 구치라여, 착하지 않은 것〔不善〕은 착하지 않다고 말하고, 착하지 않은 뿌리〔不善根〕는 착하지 않은 뿌리라고 말하는데, 어떤 것이 착하지 않은 것이며, 어떤 것이 착하지 않은 뿌리입니까?"

"몸으로 짓는 악한 행과 입과 뜻으로 짓는 악한 행은 착하지 않은 것이요, 탐욕과 성냄과 어리석음은 착하지 않은 뿌리입니다. 이것을 착하지 않은 것이라 하고 이것을 착하지 않은 뿌리라 합니다."

"훌륭하고 훌륭하십니다. 어진 이 구치라여."

존자 사리자는 이렇게 찬탄한 뒤에 기뻐하며 받들어 행하였다. 그리고 그는 다시 물었다.

"어진 이 구치라여, 착한 것〔善〕은 착하다 말하고, 착한 뿌리〔善根〕는 착한 뿌리라 말하는데, 어떤 것이 착한 것이며, 어떤 것이 착한 뿌리입니까?"

"몸으로 짓는 묘한 행과 입과 뜻으로 짓는 묘한 행은 착한 것이요, 탐내지 않음과 성내지 않음과 어리석지 않음은 착한 뿌리입니다. 이것을 착한 것이라 하고, 이것을 착한 뿌리라 합니다."

"훌륭하고 훌륭하십니다. 어진 이 구치라여."

존자 사리자는 이렇게 찬탄한 뒤에 기뻐하며 받들어 행하였다. 그리고 그는 다시 물었다.

"어진 이 구치라여, 지혜는 지혜라고 말하는데, 어떤 것이 지혜입니까?"

"이러한 것을 알기 때문에 지혜라 하오. 어떤 것을 아는가? '이것은 괴로움이다'라고 사실 그대로를 알고, '이것은 괴로움의 원인이다'라고 사실 그대로를 알며, '이것은 괴로움의 멸함이다'라고 사실 그대로를 알고, '이것은 괴로움을 멸하는 길이다'고 사실 그대로를 아는 것이니,

이러한 것을 알기 때문에 지혜라 하는 것입니다."

"훌륭하고 훌륭하십니다. 어진 이 구치라여."

존자 사리자는 이렇게 찬탄한 뒤에 기뻐하며 받들어 행하였다. 그리고 그는 다시 물었다.

"어진 이 구치라여, 식은 식이라고 말하는데, 어떤 것이 식識입니까?"

"식은 이것을 알기 때문에 식이라 하오. 어떤 것을 아는가? 빛깔을 알고 소리를 알며 냄새를 알고 맛을 알며 촉감을 알고 법을 아오. 이것을 알기 때문에 식이라 하는 것입니다."

"훌륭하고 훌륭하십니다. 어진 이 구치라여."

존자 사리자는 이렇게 찬탄한 뒤에 기뻐하며 받들어 행하였다. 그리고 그는 다시 물었다.

"어진 이 구치라여, 지혜와 식 이 두 법은 합해지는 것입니까, 갈라지는 것입니까? 또는 이 두 법은 따로 주장할 수 있는 것입니까?"

"이 두 법은 합해지는 것으로서 갈라지는 것이 아닙니다. 따라서 이 두 법은 따로 주장할 수 없는 것입니다. 왜냐하면 지혜로 아는 것이 곧 식으로 아는 것이기 때문입니다. 따라서 이 두 법은 합해지는 것으로서 나눌 수 없고, 또 이 두 법은 따로 주장할 수 없는 것입니다."

"훌륭하고 훌륭하십니다. 어진 이 구치라여."

존자 사리자는 이렇게 찬탄한 뒤에 기뻐하며 받들어 행하였다. 그리고 그는 다시 물었다.

"어진 이 구치라여, 알 때에 당신은 무엇으로써 압니까?"

"알 때에 나는 지혜로써 압니다."

"훌륭하고 훌륭합니다. 어진 이 구치라여."

존자 사리자는 이렇게 찬탄한 뒤에 기뻐하며 받들어 행하였다. 그리고 그는 다시 물었다.

"어진 이 구치라여, 지혜에는 어떤 뜻이 있고, 어떤 우수함이 있으며, 어떤 공덕이 있습니까?"

"지혜에는 싫어한다는 뜻이 있고, 욕심이 없다는 뜻이 있으며, 사실 그대로 본다는 뜻이 있습니다."

"훌륭하고 훌륭합니다. 어진 이 구치라여."

존자 사리자는 이렇게 찬탄한 뒤에 기뻐하며 받들어 행하였다. 그리고 그는 다시 물었다.

"어진 이 구치라여, 어떤 것이 바른 소견〔正見〕입니까?"

"괴로움에 대하여 사실 그대로 알고, 괴로움의 발생·괴로움의 소멸·괴로움의 소멸에 이르는 길에 대하여 사실 그대로 알면 이것을 바른 소견이라 합니다."

"훌륭하고 훌륭합니다. 어진 이 구치라여."

존자 사리자는 이렇게 찬탄한 뒤에 기뻐하며 받들어 행하였다. 그리고 그는 다시 물었다.

"어진 이 구치라여, 몇 가지 인연으로 바른 소견이 생깁니까?"

"두 가지 인연으로 바른 소견이 생기오. 어떤 것이 둘인가? 첫째는 남에게서 듣는 것이요, 둘째는 자기 마음으로 생각하는 것입니다. 이것을 두 가지 인연으로 바른 소견이 생기는 것이라 합니다."

"훌륭하고 훌륭합니다. 어진 이 구치라여."

존자 사리자는 이렇게 찬탄한 뒤에 기뻐하며 받들어 행하였다. 그리고 그는 다시 물었다.

"어진 이 구치라여, 몇 가지 거둠이 있어 바른 소견을 거두어 심해탈心解脫의 결과와 혜해탈慧解脫의 결과를 얻고, 심해탈의 공덕과 혜해탈의 공덕을 얻습니까?"

"다섯 가지 거둠이 있어 심해탈의 결과와 혜해탈의 결과를 얻고, 심해탈의 공덕과 혜해탈의 공덕을 얻소. 어떤 것이 다섯인가? 첫째는 진제眞諦에 거둠이요, 둘째는 계에 거둠이며, 셋째는 널리 들음에 거둠이요, 넷째는 그침에 거둠이며, 다섯째는 관찰에 거둠입니다. 이것을 다섯 가지 거둠이 있어 바른 소견을 거두어 심해탈의 결과와 혜해탈의 결과를 얻고 심해탈의 공덕과 혜해탈의 공덕을 얻는 것이라 합니다."

"훌륭하고 훌륭합니다. 어진 이 구치라여."

존자 사리자는 이렇게 찬탄한 뒤에 기뻐하며 받들어 행하였다. 그리고 그는 다시 물었다.

"어진 이 구치라여, 어떻게 미래의 생명이 생깁니까?"

"어리석은 범부는 무지하고 많이 듣지 못하여 무명에 덮이고 애욕에 얽매이며 착한 벗을 만나지 못하고 거룩한 법을 알지 못하며 거룩한 법을 모시지 못합니다. 그러므로 미래의 생명이 생기는 것입니다."

"훌륭하고 훌륭합니다. 어진 이 구치라여."

존자 사리자는 이렇게 찬탄한 뒤에 기뻐하며 받들어 행하였다. 그리고 그는 다시 물었다.

"어진 이 구치라여, 어떻게 미래의 생명이 생기지 않게 됩니까?"

"만일 무명이 이미 다하여 명明이 생기고 나면 반드시 괴로움도 다할 것입니다. 그러므로 미래의 생명이 생기지 않는 것입니다."

"훌륭하고 훌륭합니다. 어진 이 구치라여."

존자 사리자는 이렇게 찬탄한 뒤에 기뻐하며 받들어 행하였다. 그리고 그는 다시 물었다.

"어진 이 구치라여, 몇 가지 감각이 있습니까?"

"세 가지 감각이 있소. 곧 즐거운 감각과 괴로운 감각과 괴롭지도 않고 즐겁지도 않은 감각이요. 이것들은 무엇을 인연하여 있는가 하면 갱락更樂을 인연하여 있습니다."

"훌륭하고 훌륭합니다. 어진 이 구치라여."

존자 사리자는 이렇게 찬탄한 뒤에 기뻐하며 받들어 행하였다. 그리고 그는 다시 물었다.

"어진 이 구치라여, 각(覺 : 受)과 상想과 사思, 이 세 가지 법은 합해지는 것입니까, 갈라지는 것입니까? 또 이 세 가지 법은 따로 주장할 수 있는 것입니까?"

"각覺과 상想과 사思, 이 세 가지 법은 합해지는 것이지 갈라지는 것이 아닙니다. 또 이 세 가지 법은 따로 주장〔施設〕할 수 없는 것입니다. 왜냐하면 느낌〔覺〕이 느끼는 것〔所覺〕이요, 생각〔想〕이 생각하는 것〔所想〕이요, 의도〔思〕가 의도하는 것〔所思〕입니다. 그러므로 이 세 가지 법은 합해지는 것이지 갈라지는 것이 아닙니다. 또 이 세 가지 법은 따로 주장할 수 없는 것입니다."

"훌륭하고 훌륭합니다. 어진 이 구치라여."

존자 사리자는 이렇게 찬탄한 뒤에 기뻐하며 받들어 행하였다. 그리고 그는 다시 물었다.

"어진 이 구치라여, 멸滅에는 어떤 상대가 있습니까?"

"멸은 상대가 없소."

"훌륭하고 훌륭합니다. 어진 이 구치라여."

존자 사리자는 이렇게 찬탄한 뒤에 기뻐하며 받들어 행하였다. 그리고 그는 다시 물었다.

"어진 이 구치라여, 5근根은 제각기 다른 행과 다른 경계가 있어서 각각 제 경계를 감수感受합니다. 곧 안근眼根·이근耳根·비근鼻根·설근舌根·신근身根, 이 5근은 제각기 다른 행과 다른 경계가 있어서 각각 제 경계를 감수하는데, 무엇이 그 모든 경계를 다 감수하며 무엇이 그들의 의지처가 됩니까?"

"5근은 제각기 다른 행과 다른 경계가 있어서 각각 제 경계를 받습니다. 곧 안근·이근·비근·설근·신근, 이 5근은 제각기 다른 행과 다른 경계가 있어서 각각 제 경계를 감수하는데, 뜻〔意〕이 그 모든 경계를 다 감수하며 뜻이 그들의 의지처가 되는 것입니다."

"훌륭하고 훌륭합니다. 어진 이 구치라여."

존자 사리자는 이렇게 찬탄한 뒤에 기뻐하며 받들어 행하였다. 그리고 그는 다시 물었다.

"어진 이 구치라여, 뜻〔意〕은 무엇을 의지하여 머무릅니까?"

"뜻은 목숨을 의지하고 목숨을 의지하여 머무릅니다."

"훌륭하고 훌륭합니다. 어진 이 구치라여."

존자 사리자는 이렇게 찬탄한 뒤에 기뻐하며 받들어 행하였다. 그리고 그는 다시 물었다.

"어진 이 구치라여, 목숨은 무엇을 의지하여 머무릅니까?"

"목숨은 따뜻한 기운〔暖〕을 의지하고 따뜻한 기운을 의지하여 머무릅니다."

"훌륭하고 훌륭합니다. 어진 이 구치라여."

존자 사리자는 이렇게 찬탄한 뒤에 기뻐하며 받들어 행하였다. 그리고 그는 다시 물었다.

"어진 이 구치라여, 목숨과 따뜻한 기운, 이 두 법은 합해지는 것입니까, 갈라지는 것입니까? 또 이 두 법은 따로 주장할 수 있는 것입니까?"

"목숨과 따뜻한 기운, 이 두 법은 합해지는 것이지 갈라지는 것이 아닙니다. 또 이 두 법은 따로 주장할 수 없는 것입니다. 왜냐하면 목숨으로 인하여 따뜻한 기운이 있고, 따뜻한 기운으로 인하여 목숨이 있기 때문입니다. 따라서 만일 목숨이 없으면 곧 따뜻한 기운이 없고 따뜻한 기운이 없으면 곧 목숨이 없습니다. 이는 마치 기름과 심지로 인하여 등불을 켤 수 있는 것과 같습니다. 거기에 불꽃으로 인하여 빛이 있고 빛으로 인하여 불꽃이 있으니, 만일 불꽃이 없으면 빛이 없고 빛이 없으면 불꽃이 없을 것입니다. 이와 같이 목숨으로 인하여 따뜻한 기운이 있고 따뜻한 기운으로 인하여 목숨이 있으니, 만일 목숨이 없으면 따뜻한 기운이 없고 따뜻한 기운이 없으면 곧 목숨이 없을 것입니다. 그러므로 이 두 법은 합해지는 것이지 갈라지는 것이 아니며, 또 이 두 법은 따로 주장할 수 없는 것입니다."

"훌륭하고 훌륭합니다. 어진 이 구치라여."

존자 사리자는 이렇게 찬탄한 뒤에 기뻐하며 받들어 행하였다. 그리고 그는 다시 물었다.

"어진 이 구치라여, 몇 가지 법이 산목숨에는 있다가 죽은 뒤에는 없어지고 그 몸이 무덤 사이에 버려지면 나무처럼 무정하게 됩니까?"

"세 가지 법이 산몸에는 있다가 죽은 뒤에는 없어지고 그 몸을 무덤 사이에 버리면 나무처럼 무정해집니다. 어떤 것이 셋인가? 첫째는 목숨이요, 둘째는 따뜻한 기운이며, 셋째는 의식〔識〕입니다. 이 세 가지 법이 산몸에 있다가 죽은 뒤에는 없어지고 그 몸이 무덤 사이에 버려지면 나무처럼 무정해지는 것입니다."

"훌륭하고 훌륭합니다. 어진 이 구치라여."

존자 사리자는 이렇게 찬탄한 뒤에 기뻐하며 받들어 행하였다. 그리고 그는 다시 물었다.

"어진 이 구치라여, 죽음과 멸진정滅盡定에 드는 것은 어떤 차별이 있습니까?"

"죽음은 목숨이 이미 끝나고 따뜻한 기운이 이미 떠나며 모든 근根이 무너지는 것입니다. 그러나 비구는 멸진정에 들어도 목숨이 끝나지 않고 따뜻한 기운이 떠나지 않으며 모든 근이 무너지지 않습니다. 죽음과 멸진정에 드는 것은 이러한 차별이 있습니다."

"훌륭하고 훌륭합니다. 어진 이 구치라여."

존자 사리자는 이렇게 찬탄한 뒤에 기뻐하며 받들어 행하였다. 그리고 그는 다시 물었다.

"어진 이 구치라여, 멸진정에 든 것과 무상정無想定에 든 것은 어떤 차별이 있습니까?"

"비구가 멸진정에 들면 생각〔想〕과 앎〔知〕이 멸합니다. 그러나 비구가 무상정에 들면 생각과 앎이 멸하지 않습니다. 멸진정에 든 것과 무상정에 든 것은 이러한 차별이 있습니다.

"훌륭하고 훌륭합니다. 어진 이 구치라여."

존자 사리자는 이렇게 찬탄한 뒤에 기뻐하며 받들어 행하였다. 그리고 그는 다시 물었다.

"어진 이 구치라여, 멸진정에서 일어나는 것과 무상정에서 일어나는 것은 어떤 차별이 있습니까?"

"비구가 멸진정에서 일어날 때에는 '나는 멸진정에서 일어난다'고 생각하지 않습니다. 그러나 비구가 무상정에서 일어날 때에는 '나는 생각〔想〕이 있다고 할까, 나는 생각이 없다고 할까?' 하고 그렇게 생각합니다. 멸진정에서 일어나는 것과 무상정에서 일어나는 것은 이러한 차별이 있습니다."

"훌륭하고 훌륭합니다. 어진 이 구치라여."

존자 사리자는 이렇게 찬탄한 뒤에 기뻐하며 받들어 행하였다. 그리고 그는 다시 물었다.

"어진 이 구치라여, 비구가 멸진정에 들어갈 때에는 몸의 행과 입과 뜻의 행 중 어느 법을 먼저 멸합니까?"

"비구가 멸진정에 들어갈 때에는 먼저 몸의 행을 멸하고 다음에 입의 행을 멸하며 나중에 뜻의 행을 멸합니다."

"훌륭하고 훌륭합니다. 어진 이 구치라여."

존자 사리자는 이렇게 찬탄한 뒤에 기뻐하며 받들어 행하였다. 그리고 그는 다시 물었다.

"어진 이 구치라여, 비구가 멸진정에서 일어날 때에는 몸의 행과 입과 뜻의 행 중 어느 법이 먼저 생깁니까?"

"비구가 멸진정에서 일어날 때에는 먼저 뜻의 행이 생기고 다음에는 입의 행이 생기며 나중에 몸의 행이 생깁니다."

"훌륭하고 훌륭합니다. 어진 이 구치라여."

존자 사리자는 이렇게 찬탄한 뒤에 기뻐하며 받들어 행하였다. 그리고 그는 다시 물었다.

"어진 이 구치라여, 비구가 멸진정에서 일어날 때에 몇 가지 촉觸을 느낍니까?"

"비구가 멸전정에서 일어날 때에는 세 가지 촉觸을 느낍니다. 어떤 것이 그 세 가지인가 하면, 첫째는 움직이지 않는다는 촉감〔不移動觸〕이요, 둘째는 소유가 없다는 촉감〔無所有觸〕이며, 셋째는 모양이 없다는 촉감〔無相觸〕입니다. 비구가 멸진정에서 일어날 때에는 이 세 가지 촉감을 느낍니다."

"훌륭하고 훌륭합니다. 어진 이 구치라여."

존자 사리자는 이렇게 찬탄한 뒤에 기뻐하며 받들어 행하였다. 그리고 그는 다시 물었다.

"어진 이 구치라여, 공空과 무원無願과 무상無相, 이 세 법은 뜻도 다르고 말도 다릅니까? 혹은 뜻은 하나인데 말만 다릅니까?"

"공과 무원과 무상, 이 세 법은 뜻도 다르고 말도 다릅니다."

"훌륭하고 훌륭합니다. 어진 이 구치라여."

존자 사리자는 이렇게 찬탄한 뒤에 기뻐하며 받들어 행하였다. 그리고 그는 다시 물었다.

"어진 이 구치라여, 몇 가지 인연으로 움직이지 않는 선정〔不移動定〕이 생깁니까?"

"네 가지 인연으로 움직이지 않는 선정이 생깁니다. 어떤 것이 그 네 가지인가 하면, 만일 비구가 탐욕을 여의고 악하고 착하지 않은 법을 여의며, 나아가 제4선을 얻어 성취하여 노닐면, 이것을 네 가지 인연으로 움직이지 않는 선정이 생기는 것이라고 합니다."

"훌륭하고 훌륭합니다. 어진 이 구치라여."

존자 사리자는 이렇게 찬탄한 뒤에 기뻐하며 받들어 행하였다. 그리고 그는 다시 물었다.

"어진 이 구치라여, 몇 가지 인연으로 무소유정無所有定이 생깁니까?"

"세 가지 인연으로 무소유정이 생깁니다. 어떤 것이 그 세 가지인가 하면, 만일 비구가 일체의 색色에 대한 생각을 벗어나고, 마침내 무소유처無所有處를 얻어 성취하여 노닐면, 이것을 세 가지 인연으로 무소유정이 생기는 것이라고 합니다."

"훌륭하고 훌륭합니다. 어진 이 구치라여."

존자 사리자는 이렇게 찬탄한 뒤에 기뻐하며 받들어 행하였다. 그리고 그는 다시 물었다.

"어진 이 구치라여, 몇 가지 인연으로 무상정無想定이 생깁니까?"

"두 가지 인연으로 무상정이 생깁니다. 어떤 것이 그 두 가지인가

하면 첫째는 일체의 생각〔想〕을 기억〔念〕하지 않는 것이요, 둘째는 생각이 없는 경계를 기억하는 것입니다. 이것을 두 인연으로 무상정이 생기는 것이라고 합니다."

"훌륭하고 훌륭합니다. 어진 이 구치라여."

존자 사리자는 이렇게 찬탄한 뒤에 기뻐하며 받들어 행하였다. 그리고 그는 다시 물었다.

"어진 이 구치라여, 몇 가지 인연으로 무상정에 머뭅니까?"

"두 가지 인연으로 무상정에 머무릅니다. 어떤 것이 그 두 가지인가 하면, 첫째는 일체의 생각을 기억하지 않는 것이요, 둘째는 생각이 없는 경계를 기억하는 것입니다. 이것을 두 가지 인연이 있어 무상정에 머무르는 것이라고 합니다."

"훌륭하고 훌륭합니다. 어진 이 구치라여."

존자 사리자는 이렇게 찬탄한 뒤에 기뻐하며 받들어 행하였다. 그리고 그는 다시 물었다.

"어진 이 구치라여, 몇 가지 인연으로 무상정에서 일어납니까?"

"세 가지 인연으로 무상정에서 일어납니다. 첫째는 일체의 생각을 기억하는 것이고, 둘째는 생각이 없는 경계를 기억하지 않는 것이며, 셋째는 이 몸과 6처와 명근命根을 의지하는 것입니다. 이것을 세 가지 인연으로 무상정에서 일어나는 것이라고 합니다."

이와 같이 그 두 분은 '훌륭하고 훌륭합니다'라고 서로를 찬탄하였고, 서로 이야기한 것을 기뻐하며 받들어 행한 뒤에 자리에서 일어나 떠나갔다.

〔이 대구치라경에 수록된 경문의 글자 수는 3,075자이다. 『중아함경』 제58권에 수록된 경문의 글자 수는 모두 6,124자이고, 「포리다품晡利多品」에 수록된 경문의 글자 수는 30,445자이다.〕

중아함경 제59권

18. 예품例品 ①〔제5 후송〕

〔이 「예품」에는 모두 11개의 소경이 수록되어 있다.〕

일체지경一切智經・법장엄경法莊嚴經과
비하제경鞞訶提經・제일득경第一得經과
애생경愛生經・팔성경八城經이며
아나율타경阿那律陀經 둘과
견경見經・전유경箭喩經이며
마지막엔 예경例經이 수록 되었다.

212) 일체지경一切智經〔제5 후송〕

나는 이와 같이 들었다.

어느 때 부처님께서 울두수아鬱頭隨若[1]를 유행하실 적에 보극자림普棘刺林[2]에 계셨다. 그때에 구살라拘薩羅의 왕 바사닉波斯匿[3]은 사문 구담께서 울두수야를 유행하시면서 보극자림에 계신다는 말을 들었다.

구살라의 왕 바사닉은 이 소식을 듣고 한 사람을 불러 명하였다.

"너는 나를 위해 사문 구담께 찾아가 거룩하신 몸은 건강하고 편안하시며 기거는 가볍고 기력도 한결같으신지 문안드리고 오라. 찾아가거든 이렇게 문안드려라.

'구살라의 왕 바사닉은 문안드립니다. 거룩하신 몸은 건강하고 편안하시며 기거는 가벼우시고 기력은 한결같으십니까? 구살라왕 바사닉이 찾아와 뵙고자 합니다.'"

이와 같이 전하라.

그 사람은 분부를 받고 곧 부처님 계신 곳으로 가서 문안드리고 물러나 한쪽에 앉아 아뢰었다.

"구담이시여, 구살라국의 왕 바사닉은 '거룩하신 몸은 건강하고 편안하시며 기거는 가벼우시고 기력은 한결같으십니까?' 하고 문안드립니다. 그리고 또 구살라의 왕 바사닉이 와서 뵙고자 합니다."

세존께서 말씀하셨다.

"구살라 왕 바사닉은 안온하고 쾌락하소서. 또 하늘·사람·아수라·건탑화(揵塔和 : 乾達婆)·나찰과 그 밖의 여러 몸들도 다 안온하고 쾌락하기를, 그리고 구살라 왕 바사닉이 오고 싶다면 오라고 하라."

그 사신은 부처님 말씀을 잘 받아 간직하고 곧 자리에서 일어나 세 번 돌고 물러갔다.

그때 존자 아난은 부처님 뒤에서 불자拂子를 잡고 부처님을 모시고

---

1 팔리본에는 ujuññā로 되어 있다. 교살라국憍薩羅國의 성읍이다.

2 팔리어로는 Kaṇṇakatthala이다. 『장아함경』 25번째 경인 『나형범지경倮形梵志經』에서는 금반녹야림金槃鹿野林으로 한역하였다. 바라나국에 있던 녹야원鹿野苑과는 다르다.

3 바사닉(波斯匿, pasenadi)은 화열和悅 또는 월광月光으로 의역되기도 한다. 현장玄奘은 승군勝軍으로 한역하였고, 의정義淨은 승광勝光으로 한역하였다.

있었다. 그 사신이 떠난 뒤에 세존께서 아난을 돌아보고 말씀하셨다.

"아난아, 우리는 저 동으로 향한 큰 집으로 가서 창을 열고 지게문은 닫고 그 그윽한 곳에 있자. 오늘 구살라의 왕 바사닉이 혼란 없는 한결같은 마음으로 내 설법을 들으려 한다."

존자 아난이 대답했다.

"예."

이에 세존께서는 존자 아난을 데리고 동으로 향한 큰 집으로 가서 창을 열고 지게문은 닫고 그윽한 곳에 자리를 깔고 니사단을 편 뒤에 가부좌를 하고 앉으셨다. 그때 그 사신은 구살라의 왕 바사닉에게 돌아가 아뢰었다.

"천왕이시여, 저는 이미 사문 구담에게 통보하였습니다. 사문 구담께서 지금 천왕을 기다리고 계십니다. 원하옵건대 천왕께서는 때를 아소서."

구살라의 왕 바사닉은 마부에게 명령하였다.

"너는 수레를 준비하라. 내가 지금 사문 구담을 뵈러 가겠다."

마부는 명령을 받고 곧 수레를 준비하였다.

그때 현賢과 월月[4] 두 자매는 구살라의 왕 바사닉과 함께 앉아 밥을 먹다가 오늘 구살라의 왕 바사닉이 부처님을 찾아뵙는다는 말을 듣고 왕에게 아뢰었다.

"대왕이여, 만일 오늘 세존을 찾아가 뵙거든 저희들을 위해 세존께 머리를 조아리고 거룩하신 몸은 건강하고 편안하신지, 기거는 가볍고 기력은 한결같으신지 문안드려 주소서. '현과 월 두 자매도 세존께 머리를 조아리고 〈거룩하신 몸은 건강하고 편안하시며 기거는 가벼우시

4 현(賢, Sakulā)과 월(月, Somā)은 바사닉왕의 여자 형제들이다.

고 기력은 한결같으십니까?〉 하고 문안드린다'고 말씀드려 주소서."

구살라왕 바사닉은 현과 월 두 자매를 위하여 잠자코 그 청을 받아 주었다. 그때 마부가 수레 정비를 마치고 돌아와 왕에게 아뢰었다.

"천왕天王이여, 수레가 준비되었습니다. 천왕의 뜻대로 하소서."

그때 왕은 곧 수레를 타고 울두수야를 떠나 보극자림으로 갔다. 그때 보극자림 문 밖에는 많은 비구들이 한데서 거닐고 있었다. 구살라왕 바사닉이 비구들에게 나아가 물었다.

"여러분, 사문 구담께서는 지금 어디 계십니까? 제가 가서 뵙고자 합니다."

여러 비구들이 대답하였다.

"대왕이여, 저 동으로 향한 큰 집이 창은 열려 있고 지게문은 닫혀 있는데 세존께서는 그 안에 계십니다. 대왕께서 뵙고 싶다면 저 집으로 가셔서 밖에서 기침을 하고 지게문을 두드리십시오. 세존께서 들으시면 반드시 문을 열어 주실 것입니다."

구살라의 왕 바사닉은 곧 수레에서 내려 권속들에게 둘러 싸여 동으로 향한 큰 집까지 걸어가서는 밖에 서서 기침하고 지게문을 두드렸다. 세존께서 그 소리를 들으시고 곧 지게문을 여셨다. 구살라의 왕 바사닉은 곧 그 집에 들어가 부처님 앞으로 나아가 아뢰었다.

"구담이시여, 현과 월 두 자매는 세존께 머리를 조아리고 '거룩하신 몸은 건강하고 편안하시며 기거는 가벼우시고 기력도 한결같으십니까?' 하고 문안드립니다."

세존께서 왕에게 물으셨다.

"현과 월 두 자매는 따로 심부름시킬 사람이 없었던가요?"

"구담이시여, 저는 오늘 현과 월 두 자매와 같이 앉아 밥을 먹었습니다. 그들은 제가 부처님을 뵈러 가겠다는 말을 듣고 곧 저에게 말했습니다.

'대왕이여, 만일 가서 부처님을 뵙거든 저희들을 위해 세존께 머리를 조아리고 거룩하신 몸은 건강하고 편안하신지 기거는 가볍고 기력은 한결같으신지 문안드려 주소서. '현과 월 두 자매도 세존께 머리를 조아리고 〈거룩하신 몸은 건강하고 편안하시며 기거는 가벼우시고 기력은 한결같으십니까?〉 하고 문안드린다'고 말씀드려주소서.'

구담이시여, 현과 월 두 자매는 세존께 머리를 조아리고 '거룩하신 몸은 건강하시고 편안하시며 기거는 가벼우시고 기력도 한결같으십니까?' 하고 문안드립니다."

세존께서 말씀하셨다.

"대왕이여, 현과 월 두 자매는 안온하고 쾌락하소서. 또 하늘·사람·아수라·건답화·나찰과 그 밖의 여러 몸들도 안온하고 쾌락하기를."

이에 구살라 왕 바사닉은 부처님과 서로 안부를 물은 뒤에 물러나 한쪽에 앉아 아뢰었다.

"구담이시여, 제가 여쭐 일이 있습니다. 들어 주신다면 감히 아뢰겠습니다."

"대왕이여, 묻고 싶은 것이 있으면 마음대로 물으십시오."

구살라왕 바사닉이 부처님게 여쭈었다.

"구담이시여, 저는 사문 구담께서 '다른 어떤 사문 범지가 일체를 알고 일체를 보는 일은 과거에도 없었고 미래에도 없을 것이며 현재에도 또한 없다'고 말씀하셨다고 들었습니다. 구담께서는 그 말씀을 기억하십니까?"

세존께서 대답하셨다.

"대왕이여, 나는 '다른 어떤 사문 범지가 일체를 알고 일체를 보는 일은 과거에도 없었고 미래에도 없을 것이며 현재에도 또한 없다'고 말한 기억이 없습니다."

그때 비유라鞞留羅[5] 대장은 구살라왕 바사닉 뒤에서 불자拂子를 들고 왕을 모시고 있었다. 이에 왕은 비유라 대장을 돌아보고 말하였다.

"지난날 내가 대중들과 함께 앉아 있을 때에 누가 제일 먼저 '사문 구담은 다른 어떤 사문 범지가 일체를 알고 일체를 보는 일은 과거에도 없었고 미래에도 없을 것이며 현재에도 또한 없다고 말합니다'라고 말하였는가?"

비유라 대장이 대답하였다.

"천왕天王이여, 상년소길상자想年小吉祥子가 제일 먼저 그렇게 말하였습니다."

구살라왕 바사닉은 그 말을 듣고 곧 한 사람을 불러 명령하였다.

"너는 상년소길상자의 처소로 가서 '구살라의 왕 바사닉이 너를 부른다'고 말하라."

그 사람은 분부를 듣고 상년소길상자에게 가서 말했다.

"연소年小여, 구살라의 왕 바사닉이 그대를 부르신다."

그 사람이 간 뒤에 바사닉왕이 세존께 여쭈었다.

"사문 구담이시여, 혹 사문 구담께서 말씀하신 것으로 기억되는 다른 말씀이 있으십니까?"

세존께서 대답하셨다.

"대왕이시여, 나는 일찍이 '다른 어떤 사문 범지가 여래와 동시에 일체를 알고 동시에 일체를 보는 일은 과거에도 없었고 미래에도 없을 것이며 현재에도 또한 없다'고 말한 것으로 기억합니다. 대왕이여,

---

5 비유라(鞞留羅, Viḍūḍabha)는 유리瑠璃 또는 유리流離로 번역하기도 한다. 바사닉왕의 아들이다.

나는 이렇게 말한 것으로 기억합니다."

구살라왕 바사닉이 그 말을 듣고 나서 찬탄하며 말하였다.

"사문 구담의 말씀은 스승답습니다. 사문 구담의 말씀은 좋은 스승답습니다. 구담이시여, 제가 다시 여쭙고자 하는데 들어 주시겠습니까?"

"대왕이여, 묻고 싶은 것이 있으면 마음대로 물으십시오."

구살라왕 바사닉이 여쭈었다.

"구담이시여, 찰리刹利·범지梵志·거사居士·공사工師, 이 네 종족은 낮고 못함이 있고 차별이 있습니까?"

세존께서 대답하셨다.

"찰리·범지·거사·공사, 저 네 종족은 낮고 못함이 있고 차별이 있습니다. 찰리와 범지 종족은 이 인간 세계에서 최상덕最上德이고, 거사·공사 종족은 이 인간 세계에서 최하덕最下德입니다. 이것이 찰리·범지·거사·공사, 저 네 종족에 낮고 못함이 있고 차별이 있다고 하는 것입니다."

"사문 구담의 말씀은 스승답습니다. 사문 구담의 말씀은 좋은 스승답습니다."

바사닉왕이 아뢰었다.

"구담이시여, 저는 현세의 도리만 묻지 않고 다시 후세의 도리를 여쭙고자 하는데 들어 주시겠습니까?"

세존께서 대답하셨다.

"대왕이여, 묻고 싶으면 마음대로 물으십시오."

구살라왕 바사닉이 여쭈었다.

"구담이시여, 찰리·범지·거사·공사, 이 네 종족은 후세에도 낮고 못함이 있고, 차별이 있겠습니까?"

세존께서 대답하셨다.

"찰리·범지·거사·공사, 저 네 종족은 후세에도 낫고 못함이 있고 차별이 있을 것입니다. 찰리·범지·거사·공사, 이 네 종족이 만일 다섯 가지 단지斷支를 성취하면 반드시 좋은 스승인 여래·무소착·정진각을 증득할 것이요, 반드시 만족하여 불만이 없을 것이며, 또한 긴 밤 동안에 진리와 이익과 안온과 쾌락을 얻을 것입니다.

어떤 것이 그 다섯 가지인가 하면 많이 아는 거룩한 제자가 여래를 믿어 그 뿌리가 생기고 완전히 서서 이른바 사문 범지·하늘·악마 및 그 밖의 세간 어느 누구도 그것을 빼앗을 자가 없게 되면 이것을 첫 번째 단지라고 합니다. 대왕이여, 많이 아는 거룩한 제자가 병이 적고 병이 없으며 알맞게 먹는 도를 성취하여 뜨겁지도 않고 차갑지도 않고 공정하여 다투지 않아서 이른바 먹고 마신 것을 소화시키되 바르고 안온하게 소화시키면 이것을 두 번째 단지라 합니다. 대왕이여, 많이 아는 거룩한 제자가 아첨도 없으며 속임도 없고 소박하고 정직하여 세존과 모든 범행자들에게 참된 모습을 보이면 이것을 세 번째 단지라 합니다. 대왕이여, 많이 아는 거룩한 제자가 언제나 꾸준히 정진하고 악하고 착하지 않은 법을 끊으며 모든 착한 법을 닦고 항상 스스로 뜻을 일으켜 오로지 하고 굳건히 하며 모든 착함의 근본을 위하여 방편 쓰기를 버리지 않으면 이것을 네 번째 단지라 합니다.

또 대왕이여, 많이 아는 거룩한 제자가 지혜를 닦아 흥하고 쇠하는 법을 관찰하고 이러한 지혜를 얻어 거룩한 지혜가 밝게 트이고 분별하고 환히 알아 그로써 바로 괴로움을 다하면 이것을 다섯 번째 단지라 합니다.

대왕이여, 이 찰리·범지·거사·공사, 이 네 종족이 저 다섯 가지 단지를 성취하면 반드시 좋은 스승인 여래·무소착·정진각을 증득할 것이요, 반드시 만족하게 되어 불만이 없을 것이며, 또한 오래도록 도리와 이익과 안온과 쾌락을 얻게 될 것입니다. 이것을 찰리·범지·거사·공사, 이 네 종족이 후세에서도 낫고 못함이 있고 차별이 있는 것이라 합니다."

구살라왕 바사닉이 그 말을 듣고 나서 찬탄하며 말하였다.

"사문 구담의 말씀은 스승답습니다. 사문 구담의 말씀은 훌륭하신 스승답습니다. 구담이시여, 다시 묻고자 하는데 들어 주시겠습니까?"

세존께서 대답하셨다.

"대왕이여, 묻고 싶은 것이 있으면 마음대로 물으십시오."

구살라왕 바사닉이 여쭈었다.

"구담이시여, 이 찰리·범지·거사·공사의 네 종족은 끊는 행〔斷行〕에 있어서도 낫고 못함이 있고 차별이 있습니까?"

세존께서 대답하셨다.

"이 찰리·범지·거사·공사의 네 종족은 끊는 행에 있어서도 낫고 못함이 있고 차별이 있습니다. 대왕이여, 어떻게 생각하십니까? 만일 믿음이 있는 사람이 끊는 것을 믿음이 없는 사람이 끊으려 한다면 그것은 끝내 그리 될 수 없습니다. 또 만일 병이 적은 사람이 끊는 것을 병이 많은 사람이 끊으려 한다면 그것은 끝내 그리 될 수 없습니다. 만일 아첨하지 않고 속이지 않는 사람이 끊는 것을 아첨하고 속이는 사람이 끊으려 한다면 그것은 끝내 그리 될 수 없습니다. 만일 꾸준히 노력하는 사람이 끊는 것을 게으른 사람이 끊으려 한다면 그것도 끝내 그리 될 수 없습니다. 만일 지혜로운 사람이 끊는 것을 나쁜 지혜로 끊으려 한다면 그것도 끝내 그리 될 수 없습니다.

마치 코끼리 다루기·말 다루기·소 다루기·사람 다루기의 네 가지 다루는 일이 있는데, 그 중 두 가지는 길들일 수 없고 부릴 수도 없으며, 두 가지는 길들일 수도 있고 부릴 수도 있는 것과 같습니다. 대왕이여, 어떻게 생각하십니까? 만일 길들일 수도 없고 부릴 수도 없는 그 둘을 길들이고 부려 부림을 감당하게 하려 한다면, 그것은 끝내 그리 될 수 없을 것입니다. 그러나 만일 길들일 수도 있고 부릴 수도 있는 그 둘을 길들이고 부려 부림을 감당하게 하려 한다면 그것은 반드시 그리 될 수 있을 것입니다. 이와 같이 대왕이여, 어떻게 생각하십니까? 믿음이 있는 사람이 끊는 것을 믿음이 없는 사람이 끊을 수 있겠습니까? 그것은 끝내 그리 될 수 없을 것입니다. 병이 적은 사람이 끊는 것을 병이 많은 사람이 끊을 수 있겠습니까? 그것은 끝내 그리 될 수 없을 것입니다. 아첨하지 않고 속이지 않는 사람이 끊는 것을 아첨하고 속이는 사람이 끊을 수 있겠습니까? 그것은 끝내 그리 될 수 없을 것입니다. 꾸준히 노력하는 사람이 끊는 것을 게으른 사람이 끊을 수 있겠습니까? 그것은 끝내 그리 될 수 없을 것입니다. 지혜 있는 사람이 끊는 것을 나쁜 지혜로 끊을 수 있겠습니까? 그것은 끝내 그리 될 수 없을 것입니다. 이와 같이 찰리·범지·거사·공사의 네 종족은 끊는 행에 있어서도 우세하고 못함이 있고 차별이 있습니다."

구살라왕 바사닉은 그 말을 듣고 나서 찬탄하며 말하였다.

"사문 구담의 말씀은 스승답습니다. 사문 구담의 말씀은 우세하고 스승답습니다. 구담이시여, 다시 묻고자 하는데 들어 주시겠습니까?"

세존께서 대답하셨다.

"대왕이여, 묻고 싶은 것이 있으면 마음대로 물으십시오."

구살라왕 바사닉이 여쭈었다.

"구담이시여, 찰리·범지·거사·공사, 이 네 종족은 끊음[斷]에 있어서도 우세하고 못함이 있고 차별이 있습니까?"

세존께서 대답하셨다.

"찰리 · 범지 · 거사 · 공사, 이 네 종족이 끊음에 있어서 저들이 똑같이 끊으면 거기에는 우세하고 못함이 없고 차별도 없습니다. 대왕이여, 이를 비유하면 다음과 같습니다. 동방에서 찰리刹利 동자가 와서 마른 사라娑羅나무를 가져다가 불비비개〔火母〕를 만들어 구멍을 뚫고 비벼 불을 일으키고 남방에서는 범지梵志 동자가 와서 그도 마른 사라나무로 불비비개를 만들어 구멍을 뚫고 비벼 불을 일으키며 서방에서는 거사居士 동자가 와서 그는 마른 전단나무로 불비비개를 만들어 구멍을 뚫고 비벼 불을 일으키고 북방에서는 공사工師 동자가 와서 그는 마른 발투마鉢投摩나무로 불비비개를 만들어 구멍을 뚫고 비벼 불을 일으켰다고 합시다. 대왕이여, 대왕의 생각엔 어떻습니까? 저 여러 종류의 사람들이 여러 종류의 나무를 가지고 불비비개를 만들어 구멍을 뚫고 비벼 불을 일으켰을 때, 혹 어떤 사람이 거기에다 마른 풀이나 나무를 놓는다면 연기가 나고 불꽃이 나고 불빛이 나게 됩니다. 대왕이여, 그 연기와 연기, 불꽃과 불꽃, 불빛과 불빛에 어떤 차별이 있다고 말할 수 있겠습니까?"

구살라왕 바사닉이 대답하였다.

"구담이시여, 이른바 저 여러 종류의 사람이 여러 가지 나무를 가지고 불비비개를 만들어 구멍을 뚫고 비벼 불을 일으켰을 때, 혹 어떤 사람이 거기에다 마른 풀이나 나무를 놓아 연기가 나고 불꽃이 나고 불빛이 생겨난다면 구담이시여, 나는 그 연기와 연기, 불꽃과 불꽃, 불빛과 불빛에 차별이 있다고 말할 수 없습니다."

"그와 같이 대왕이여, 찰리 · 범지 · 거사 · 공사, 이 네 종족도 그들 모두가 똑같이 끊는다면 그 끊음에 있어서는 차별이 있을 수 없습니다."

구살라왕 바사닉은 그 말을 듣고 나서 찬탄하여 말하였다.

"사문 구담의 말씀은 스승답습니다. 사문 구담의 말씀은 좋은 스승답습니다. 다시 여쭙고 싶은 말씀이 있사온데 들어 주시겠습니까?"

세존께서 대답하셨다.

"대왕이여, 묻고 싶은 말이 있으면 마음대로 물으십시오."

"구담이시여, 하늘이 있습니까?"

세존께서 물으셨다.

"대왕이여, 무슨 뜻으로 하늘이 있는가 하고 묻습니까?"

구살라왕 바사닉이 대답하였다.

"구담이시여, 만일 다툼이 있고 다툼을 즐기는 하늘이 있다면 그들은 분명 이 세상에 올 것입니다. 그러나 만일 다툼이 없고, 다툼을 즐기지 않는 하늘이 있다면 그들은 마땅히 이 세상에 오지 않을 것입니다."

그때 비유라 대장은 구살라왕 바사닉 뒤에 서서 불자拂子를 잡고 왕을 모시고 있었다. 비유라 대장이 세존께 여쭈었다.

"구담이시여, 만일 다툼이 없고, 다툼을 즐기지 않는 하늘이 있다면 우선 그 하늘들은 그대로 두십시오. 만일 다툼이 있고 다툼을 즐기는 하늘이 있어 이 세상에 온다면 사문 구담이시여, 반드시 이렇게 말씀하셔야 합니다.

'그 하늘은 복이 수승하고 또한 범행도 수승합니다. 그러나 천왕〔天〕께서는 자재自在로이 그 하늘을 물리치고 그 하늘을 쫓아 버릴 수 있을 것입니다.'"

이때 존자 아난은 세존 뒤에 서서 불자拂子를 들고 세존을 모시고 있었다. 이에 존자 아난은 생각했다.

'이 비유라 대장은 구살라의 왕 바사닉의 아들이요, 나는 세존의 아

들이다. 지금이 바로 아들과 아들이 토론할 때이다.'

이에 존자 아난이 비유라 대장에게 말하였다.

"내가 당신에게 묻고자 합니다. 당신은 아는 대로 대답해 주시오. 대장이여, 당신의 생각은 어떻습니까? 구살라왕 바사닉이 소유한 경계로서 명령이 미치는 곳이라면 구살라왕 바사닉은 복이 수승하고 범행이 수승하기 때문에 과연 자재로이 물리쳐 버리고 쫓아 버릴 수 있겠습니까?"

비유라 대장이 대답했다.

"사문이여, 만일 구살라왕 바사닉이 소유한 경계로서 명령이 미치는 곳이라면 구살라왕 바사닉은 복이 수승하고 범행이 수승하기 때문에 자재로이 물리쳐 버리고 쫓아버릴 수 있을 것입니다."

"대장이여, 당신의 생각은 어떻습니까? 만일 구살라왕 바사닉의 경계가 아니라서 명령이 미치지 못하는 곳이라면 구살라왕 바사닉은 복이 수승하고 범행이 수승하다 하여 마음대로 저들을 물리치고 저들을 쫓아 버릴 수 있겠습니까?"

비유라 대장이 대답하였다.

"사문이며, 만일 구살라왕 바사닉의 경계가 아니라 명령이 미치지 못하는 곳이라면 구살라왕 바사닉은 복이 수승하고 범행이 수승하다 하더라도 자재로이 저들을 물리치고 저들을 쫓아 버릴 수 없을 것입니다."

존자 아난은 다시 물었다.

"대장이여. 혹 삼십삼천이 있다는 말을 들어보았습니까?"

비유라 대장이 대답하였다.

"나는 구살라왕 바사닉과 유희할 때에 삼십삼천이 있다는 말을 들었습니다."

"대장이여, 그대 생각은 어떻습니까? 구살라왕 바사닉은 복이 수승하고 범행이 수승하다 하여 과연 저 삼십삼천을 물리칠 수 있고 저 삼십삼천을 쫓아 버릴 수 있겠습니까?"

비유라 대장이 대답하였다.

"사문이여, 구살라왕 바사닉은 오히려 삼십삼천을 볼 수도 없는데 하물며 삼십삼천을 물리치고 쫓아 버릴 수 있겠습니까? 저 삼십삼천을 물리치고 쫓는다는 것은 있을 수 없는 일입니다."

"그와 같이 대장이여, 만일 다툼이 없고 다툼을 즐기지 않는 하늘이 있어 이 세상에 오지 않는다면 이 하늘은 복이 수승하고 범행이 수승합니다. 만일 다투고 다툼을 즐기는 하늘이 있어 이 세상에 온다면 이 천왕은 오히려 저 하늘도 볼 수 없는데 하물며 물리치고 쫓아 버릴 수 있겠습니까? 만일 저 하늘을 물리치고 쫓아 버리려 한다면 그것은 끝내 그리 될 수 없을 것입니다."

이에 구살라왕 바사닉이 부처님께 여쭈었다.

"구담이시여, 이 사문의 이름은 무엇입니까?"

세존께서 대답하셨다.

"대왕이여, 이 비구의 이름은 아난이라고 하며, 제 시자侍者입니다."

구살라왕 바사닉은 그 말을 듣고 나서 찬탄하며 말하였다.

"아난의 말씀은 스승답습니다. 아난의 말씀은 좋은 스승답습니다. 다시 여쭈어보고 싶은 말씀이 있사온데 들어 주시겠습니까?"

세존께서 대답하셨다.

"대왕이여, 묻고 싶은 말이 있으면 마음대로 물어 보십시오."

구살라왕 바사닉이 여쭈었다.

"구담이시여, 혹 범梵이 있습니까?"

세존께서 물으셨다.

"대왕이여, 무슨 뜻으로 범이 있느냐고 묻습니까? 대왕이여, 만일 제가 범이 있다고 주장한다면 그 범은 청정한 것입니다."

세존께서 구살라왕 바사닉과 이렇게 이야기하고 계실 때에 저 사신은 상년소길상자를 데리고 돌아와서 구살라왕 바사닉에게 나아가 아뢰었다.

"천왕이시여, 상년소길상자가 여기 왔습니다."

구살라왕 바사닉은 상년소길상자에게 물었다.

"전일에 내가 대중과 함께 앉아 있을 때 누가 제일 먼저 '사문 구담께서는 〈어떤 다른 사문 범지가 일체를 알고 일체를 보는 일은 과거에도 없었고 미래에도 없을 것이며 현재에도 또한 없다〉고 이와 같이 말합니다'라고 하였느냐?"

상년소길상자가 대답하였다.

"천왕이시여, 이 비유라 대장이 먼저 말하였습니다."

비유라 대장은 이 말을 듣고 아뢰었다.

"천왕이시여, 이 상년소길상자가 먼저 말하였습니다."

이렇게 그 두 사람이 서로 다투고 있을 때 마부는 곧 수레를 준비하고 구살라왕 바사닉에게 와서 아뢰었다.

"천왕이시여, 수레가 이미 도착했습니다. 천왕이시여, 마땅히 때를 아소서."

바사닉왕은 이 말을 듣고 세존께 아뢰었다.

"제가 사문 구담께 일체지一切知에 대해 묻자 사문 구담께서는 일체지에 대해 대답해 주셨습니다. 제가 사문 구담께 네 가지 청정淸淨에 대하여 묻자 사문 구담께서는 제게 네 가지 청정에 대하여 대답해 주셨습니다. 제가 사문 구담께 얻으신 바를 묻자 사문 구담께서는 제게 얻으신 바를 대답해 주셨습니다. 제가 사문 구담께 범梵이 있느냐고 묻자 사문 구담께서는 저에게 범이 있다고 대답해 주셨습니다. 만일 제가 또 다른 일을 물었더라도 사문 구담께서는 반드시 저에게 다른 일에 대해 대답해 주셨을 것입니다. 구담이시여, 저는 이제 일이 바빠 돌아가려고 하직 인사를 청합니다."

세존께서 대답하셨다.

"대왕이시여, 알아서 하십시오."

구살라왕 바사닉은 부처님 말씀을 들어 잘 받아 가져 외우고 곧 자리에서 일어나 세 번 돌고 떠나갔다.

부처님께서 이렇게 말씀하시자 구살라왕 바사닉과 존자 아난 및 모든 대중들은 부처님 말씀을 듣고 기뻐하며 받들어 행하였다.

〔이 일체지경에 수록된 경문의 글자 수는 3,773자이다.〕

213) 법장엄경法莊嚴經〔제5 후송〕

나는 이와 같이 들었다.

어느 때 부처님께서 석가족들의 나라를 유행하실 적에 석가족의 도읍인 미루리彌婁離라는 곳에 계셨다. 그때 구살라왕 바사닉은 볼 일이 있어 장작長作과 함께 읍명성邑名城으로 나갔다. 구살라왕 바사닉은 그 동산을 지나가다가 고요해 소리도 없고 멀리 떠나 악도 없으며 사람도 없는 나무 아래에서 그 환경을 따라 연좌燕坐하고 있는 사람들을 보았다. 그것을 보자 그는 세존이 생각나 장작에게 말하였다.

"장작아, 지금 이 고요해 소리도 없고 멀리 떠나 죄악도 없으며 사람도 없는 나무 아래에서 그 환경을 따라 사람들이 연좌하고 있구나. 나는 자주 이곳을 찾아와 부처님을 뵈었다. 장작아, 세존은 지금 어디

계시냐? 내가 가서 뵙고 싶구나."

장작이 대답하였다.

"천왕이여, 제가 들으니 세존께서는 지금 석가족 땅에서 유행하시면서 미루리라는 석가족의 서울에 계신다고 합니다."

구살라왕 바사닉이 물었다.

"장작아, 미루리라는 석가족의 서울은 여기서 얼마나 되느냐?"

장작이 대답하였다.

"천왕이여, 여기서 3구루사拘婁舍[6] 정도 됩니다."

구살라왕 바사닉이 말하였다.

"장작아, 수레를 준비하라. 내가 부처님께 가리라."

장작은 명령을 받고 곧 수레를 준비해 놓고는 아뢰었다.

"천왕이여, 수레가 준비되었습니다. 천왕의 뜻대로 하소서."

구살라왕 바사닉은 곧 수레를 타고 성을 나가 미루리라는 석가족의 서울로 갔다. 그때 미루리 문 밖에서는 많은 비구들이 한데〔露地〕에서 거닐고 있었다. 구살라왕 바사닉이 비구들에게 가서 물었다.

"여러분, 세존께서는 지금 어디서 거닐고 계십니까?"

비구대중들이 대답하였다.

"대왕이여, 저 동으로 향한 큰 집에서 창을 열고 지게문을 닫고 그 안에서 거닐고 계십니다. 대왕이여, 만일 뵙고 싶으시면 거기 가서 밖에서 기침하고 지게문을 두드리시오. 세존께서 들으시면 반드시 지게문을 열어 주실 것입니다."

구살라왕 바사닉은 곧 수레에서 내렸다. 그리고 그는 찰리刹利 정생왕頂生王이 인간에 와서 대지를 호령할 때에 쓰는 다섯 가지 장식구 곧

---

6 구루사(拘婁舍, kosa)는 거리를 측량하는 단위이다. 즉 1구루사는 한 마리 소의 울음소리가 들리는 거리를 말한다.

칼·일산·화만·구슬 자루로 된 불자拂子·장식한 신을 다 벗어 장작에게 주었다. 장작은 '오늘은 천왕이 반드시 혼자서 들어가실 모양이다. 우리는 모두 여기서 기다려야 하겠구나' 하고 생각하였다. 이에 구살라왕 바사닉은 권속들에게 둘러싸여 저 동으로 향한 큰 집으로 걸어가 밖에 서서 기침하고 문을 두드렸다. 세존께서는 들으시고 곧 문을 열어 주셨다. 구살라왕 바사닉은 곧 그 집으로 들어가 부처님 앞에 나아가 그 발에 머리를 조아려 예배하고 재삼 자기 성명을 대었다.

'저는 구살라왕 바사닉입니다. 저는 구살라왕 바사닉입니다.'

세존께서는 대답하셨다.

"그렇습니다. 대왕이시여, 당신은 구살라왕 바사닉이십니다. 당신은 구살라왕 바사닉이십니다."

구살라의 왕 바사닉은 재삼 자기 성명을 일컬은 뒤에 부처님 발에 머리를 조아리고 물러나 한쪽에 앉았다.

세존께서 물으셨다.

"대왕이여, 저에게 무슨 도리가 있다고 보았기에 스스로 마음을 낮추고 머리를 조아려 발에 예배하며 공양하고 받들어 섬기십니까?"

구살라왕 바사닉이 대답하였다.

"세존이시여, 저는 부처님에게 법의 고요함이 있음을 보나이다. 그 때문에 저는 '여래·무소착·정진각의 말씀은 훌륭하고 세존의 제자들은 많은 선행으로 나아간다'고 생각하였습니다.

세존이시여, 저는 여러 사람들과 함께 앉았을 때에 어미는 자식과 다투고 자식은 어미와 다투며 부자·형제·자매 친속들이 서로 돌아가며 다투는 것을 보았습니다. 그들이 다툴 때에는 어미는 자식의 허물을 말하고 자식은 어미의 허물을 말하며 부자·형제·자매·친속들이 서로의 허물을 말하는데 하물며 다른 사람이겠습니까? 그러나 저는 보았습니다. 세존의 모든 제자 비구대중은 모두 세존을 따라 범행을 실천합니다. 그리고 혹 어떤 비구가 이런 저런 다툼이 있어 계율을 버리고 도를 중단하더라도 그들은 부처님의 허물을 말하지 않고 법의 허물을 말하지 않으며 대중의 허물을 말하지 않고 다만 스스로 '내가 나쁘다. 내가 덕이 없다. 무엇 때문인가? 나는 세존을 따라 몸과 목숨이 다하도록 범행을 닦을 수 없기 때문이다' 하고 자책할 뿐입니다. 그래서 '저는 세존에게서 법의 고요함을 보았고 그 때문에 저는 〈여래·무소착·정진각의 말씀은 훌륭하고 세존의 제자들은 많은 선행으로 나아간다〉고 생각합니다' 하고 말씀드린 것입니다.

세존이시여, 저는 어떤 사문 범지가 9개월이나 10개월 동안 다소 범행을 배우고 실천하다가 그것을 버리고 옛날로 돌아가 탐욕 때문에 더러워져 탐욕에 물들고 탐욕에 집착하고 탐욕에 얽매어 교만하고 방자하게 그것을 받아 들여 그 재앙을 보지 못하고 거기서 벗어날 길을 보지 못하면서 탐욕 행하기를 즐기는 것을 보았습니다. 세존이시여, 저는 보았습니다. 세존의 모든 제자 비구들은 몸과 목숨이 다하도록 범행을 닦아 수억 생에까지 이릅니다. 저는 이밖에 세존의 집안처럼 이렇게 범행梵行이 청정한 자들은 보지 못했습니다. 그래서 '저는 부처님에게서 법의 고요함을 보았고 그 때문에 저는 〈여래·무소착·정진각의 말씀은 훌륭하고 세존의 제자들은 선행으로 나아간다〉고 생각합니다' 하고 말씀드린 것입니다.

세존이시여, 저는 보았습니다. 어떤 사문 범지는 몸이 몹시 마르고 초췌하며 형상이 매우 추악하고 몸에 흰 물집이 생겨 사람들이 보기 싫어하였습니다. 저는 생각했습니다.

'이 사람들은 어찌하여 몸이 저렇게도 마르고 초췌하며 형색은 매우 추악하고 몸에는 흰 물집이 생겨 사람들이 보기 싫어하게 되었을까?

이 사람은 반드시 범행을 좋아하지 않았거나 혹은 몸에 병이 있거나 혹은 으슥한 곳에서 나쁜 짓을 했을 것이다. 그래서 몸은 마르고 초췌하며 형색은 매우 추악하고 몸에는 흰 버짐이 생겨 사람들이 보고는 기뻐하지 않게 되었을 것이다.'

저는 그들에게 가서 물었습니다.

'여러분은 어찌하여 몸은 마르고 초췌하며 형색은 매우 추악하고 몸에는 흰 버짐이 생겨 사람들이 보고는 기뻐하지 않게 되었는가? 여러분은 범행 닦기를 좋아하지 않는가? 몸에 병이 있는가? 혹은 으슥한 곳에서 나쁜 짓을 했는가? 그 때문에 여러분은 몸은 마르고 초췌하며 형색은 매우 추악하고 몸에는 흰 버짐이 나서 사람들이 보고는 기뻐하지 않게 되었는가?'

그들은 저에게 대답했습니다.

'대왕이시여, 이것은 백병白病입니다. 대왕이시여, 이것은 백병입니다.'

그러나 세존이시여, 저는 보았습니다. 세존의 모든 제자 비구들은 단정한 행동을 좋아하고 얼굴빛이 화열하고 윤택하며 형체는 정결하고 애써 작용함도 없고 구함도 없으며 남의 아내의 밥을 받을 때에는 사슴처럼 하고 몸과 목숨이 다하도록 범행을 실천하는 분들입니다. 저는 그것을 보고 이렇게 생각했습니다.

'이 분들은 왜 단정한 행동을 좋아하고 얼굴빛이 화열하고 윤택하며, 형체는 정결하고 애써 작용함도 없고 구함도 없으며, 남의 아내의 밥을 받을 때에는 사슴처럼 하고, 몸과 목숨이 다하도록 범행을 실천하는 것일까? 이 분들은 혹은 탐욕을 여의었고 혹은 증상심增上心을 얻어 어렵지 않게 현재세계에서 즐겁게 산다. 그러므로 이 분들은 단정한 행동을 좋아하고 얼굴빛이 화열하고 윤택하며 형체는 정결하고 애써 작용함도 없고 구함도 없으며 남의 아내의 밥을 받을 때에는 사슴처럼 하고 몸과 목숨이 다하도록 범행을 실천한다. 만일 저들처럼 단정한 행동을 좋아하려는 마음처럼 행하면 나도 아마 단정한 행동을 좋아하게 될 수 있을 것이다. 왜냐하면 나도 어렵지 않게 5욕欲의 공덕을 얻을 수 있기 때문이다. 그러나 이 분들은 탐욕을 떠나고 증상심을 얻었기 때문에 어렵지 않게 현재에서 즐겁게 살 수 있는 것이다. 그러므로 이 분들은 단정한 행동을 좋아하고 얼굴빛이 화열하고 윤택하며 형체는 정결하고 애써 작용함도 없고 구함도 없으며 남의 아내의 밥을 받을 때에는 사슴처럼 하고 몸과 목숨이 다하도록 범행을 실천하는 것이다.'

그래서 '저는 부처님에게서 법의 고요함을 보았고 그 때문에 저는 〈여래 · 무소착 · 정진각의 말씀은 훌륭하고 세존의 제자들은 선행으로 나아간다〉고 생각하였습니다'라고 말씀드린 것입니다.

또 세존이시여, 저는 보았습니다. 어떤 사문 범지는 총명하고 지혜로워 '총명하고 지혜로우며 널리 들어 결정한다'고 스스로 일컬으면서 모든 경전을 다 외우고 강한 적을 항복받으며 변론을 잘하고 이치를 깨달아 이름과 덕망이 널리 퍼져 모든 세상 사람들이 들어 알지 못하는 이가 없으며 가는 곳마다 모든 주장을 부수고 곧 스스로 자기 주장을 세워 이렇게 말했습니다.

'우리는 사문 구담을 찾아가 이러이러한 일을 물어보자. 만일 그가 대답하면 우리는 저들을 힐난하고, 만일 그가 대답하지 못하더라도 또한 그를 힐난하자. 그런 뒤에 곧 그를 버리고 떠나자.'

그는 세존께서 어느 마을〔村邑〕에서 유행遊行하신다는 말을 듣고 부처님을 찾아갔습니다. 그러나 세존께 감히 어떤 일을 물어보지도 못했거늘 하물며 힐난하였겠습니까? 그래서 '저는 부처님에게서 법의 고요함을 보았고 그 때문에 저는 〈여래 · 무소착 · 정진각의 말씀은 훌륭하고 세존의 제자들은 선행으로 나아간다〉고 생각합니다'라고 말씀드렸던 것입니다.

또 세존이시여, 저는 보았습니다. 어떤 사문 범지는 총명하고 지혜로워 '총명하고 지혜로우며 널리 듣고 결정한다'고 스스로 일컬으면서 모든 경전을 외우고 강한 적을 항복받으며 변론을 잘하고 이치를 깨달아 이름과 덕망이 널리 퍼져 모든 세상 사람들이 들어 알지 못하는 이가 없으며 가는 곳마다 모든 주장을 부수고 곧 스스로 자기 주장을 세워 이렇게 말했습니다.

'우리는 사문 구담을 찾아가 이러이러한 일을 물어보자. 만일 그가 대답하면 우리는 저들을 힐난하고, 만일 그가 대답하지 못하더라도 또한 그를 힐난하자. 그런 뒤에 곧 그를 버리고 떠나자.'

그들은 세존께서 어느 마을에서 유행하신다는 말을 듣고 부처님을 찾아가 세존께 어떤 일을 물어보았습니다. 그러나 세존께서 대답하시자 그들은 그 대답을 듣고는 곧 기뻐하며 부처님 발에 머리를 조아리고 세 번 돌고는 물러갔습니다. 그래서 '저는 부처님에게서 법의 고요함을 보았고 그 때문에 저는 〈여래 · 무소착 · 정진각께서 설하신 법은 훌륭하고 세존의 제자들은 선행으로 나아간다〉고 생각합니다'라고 말씀드렸던 것입니다.

또 세존이시여, 저는 보았습니다. 어떤 사문 범지는 총명하고 지혜로워 '총명하고 지혜로우며 널리 듣고 결정한다'고 스스로 일컬으면서 모든 경전을 외우고 강한 적을 항복받으며 변론을 잘하고 이치를 깨달아 이름과 덕망이 널리 퍼져 모든 세상 사람들이 들어 알지 못하는 이가 없으며 가는 곳마다 모든 주장을 부수고 스스로 자기 주장을 세워 이렇게 말했습니다.

'우리는 사문 구담을 찾아가 이러이러한 일을 물어보자. 만일 그가 대답하면 우리는 그를 힐난하고, 만일 그가 대답하지 못하더라도 또한 그를 힐난하자. 그런 뒤에 곧 그를 버리고 떠나자.'

그들은 세존께서 어느 마을에서 유행하신다는 말을 듣고 부처님께 나아가 세존께 어떤 일을 물어보았습니다. 그러나 세존께서 대답하시면 그들은 그 대답을 듣고는 기뻐하며 스스로 부처님과 법과 비구들에게 귀의하였습니다. 그러면 세존께서는 그들을 우바새로 받아주셨고 그들은 목숨이 다하도록 스스로 귀의하였습니다. 그래서 '저는 세존에게서 법의 고요함을 보았고 그 때문에 저는 〈여래 · 무소착 · 정진각의 말씀은 훌륭하고 세존의 제자들은 선행으로 나아간다〉고 생각합니다'고 말씀드렸던 것입니다.

또 세존이시여, 저는 보았습니다. 어떤 사문 범지는 총명하고 지혜로워 '총명하고 지혜로우며 널리 들어 결정한다'고 스스로 일컬으면서 모든 경전을 외우고 강한 적을 항복받으며 변론을 잘하고 이치를 깨달아 이름과 덕망이 널리 퍼져 모든 세상 사람들이 들어 알지 못하는 이가 없으며 가는 곳마다 모든 주장을 부수고 스스로 자기 주장을 세워 이렇게 말했습니다.

'우리는 사문 구담을 찾아가 이러이러한 일을 물어보자. 만일 그가 대답하면 우리는 그를 힐난하고, 만일 그가 대답하지 못하더라도 또한 그를 힐난하자. 그런 뒤에 곧 그를 버리고 떠나자.'

그들은 세존께서 어느 마을에서 유행하신다는 말을 듣고 부처님께 나아가 세존께 어떤 일을 물어보았습니다. 그러나 세존께서 대답하시자 그들은 그 대답을 듣고는 곧 기뻐하며 세존을 따라 출가하여 도를 배우고 구족계를 받고 비구법 얻기를 구하였습니다. 그러면 부처님께서는 곧 그들을 제도하여 구족계를 주고 비구법을 얻게 하셨습니다.

그들은 출가하여 도를 배우되 구족계를 받고 비구법을 얻은 뒤에는 멀리 떠나 혼자 살면서 마음에 방일함이 없이 수행하고 정근하였습니다. 그들은 멀리 떠나 혼자 살면서 마음에 방일함이 없이 수행하고 정근한 뒤에 수염과 머리를 깎고 가사를 입고 지극한 믿음으로 출가하여 집 없이 도를 배우는 족성자族姓子들이 해야 할 바인 오직 위없는 범행을 마치고 현재세계에서 스스로 알고 스스로 깨닫고 스스로 증득하여 성취하여 노닐었습니다. 곧 생은 이미 다하고 범행은 이미 서고 할 일은 이미 마쳐 다시는 후세의 생명을 받지 않는다는 것을 사실 그대로 보아 알았습니다. 만일 그 분들이 법을 안 뒤에 더 나아가 아라하(阿羅訶 : 阿羅漢)가 되며 아라하가 된 뒤에는 곧 이렇게 생각했습니다.

'여러분, 우리는 이전에는 거의 틀렸었고 거의가 실수였다. 왜냐하면 나는 전에는 사문이 아니면서 사문이라 일컬었고 범행자가 아니면서 범행자라 일컬었으며 아라하가 아니면서 아라하라 일컬었다. 그러나 우리는 이제 사문이요 범행자요 아라하이다.'

그래서 '저는 부처님에게서 법의 고요함을 보았고 그 때문에 저는 〈여래·무소착·정진각께서 설하신 법은 훌륭하고 세존의 제자들은 선행으로 나아간다〉고 생각합니다' 하고 말씀드렸던 것입니다.

또 세존이시여, 제가 나라에 있을 때에는 허물이 없는 자도 죽이게 하였고 허물이 있는 자도 죽이게 하였습니다. 그러나 여럿이 앉아 토론하는 자리에서 저는 '그대들이 여기 함께 있지만 아무도 그대들에게 일을 묻지 않았소. 모두 내게 일을 물었소. 그대들은 이 일을 결정할 수 없지만 나는 이 일을 결정할 수 있소'라고 말할 수 없었습니다. 왜냐하면 그들은 내가 말하는 중간에 다른 일로 서로 다투느라고 앞의 말이 끝나기를 기다리지도 않았기 때문입니다. 저는 세존께서 대중에게 둘러싸여 설법하시는 것을 자주 보았습니다.

그중에 어떤 사람이 코를 골면서 졸고 있을 때 다른 사람은 그에게 이렇게 말했습니다.

'너는 코를 골면서 졸지 말라. 너는 감로甘露 같은 세존의 설법을 들으려고 하지 않느냐?'

그는 이 말을 듣고 곧 잠자코 있었습니다. 저는 생각했습니다. '여래·무소착·정진각·중조어사衆調御士는 참으로 기이하고 참으로 특별하시다. 왜냐하면 칼이나 막대기가 없이도 모두가 스스로 법다워 안온하고 쾌락하기 때문이다.'

그래서 '저는 부처님에게서 법의 고요함을 보았고 그 때문에 저는 〈여래·무소착·정진각께서 설하시는 법은 훌륭하고 세존의 제자들은 선행으로 나아간다〉고 생각합니다'라고 말씀드렸던 것입니다.

세존이시여, 저는 선여仙餘와 숙구宿舊 두 대신에게 돈과 재물을 주고 또 항상 칭찬하였습니다. 또 그들의 목숨은 제게 달렸었습니다. 그러나 세존에게 뜻을 낮추어 공경하고 존중하며 공양하고 받들어 섬기듯이 선여와 숙구 두 신하가 마음을 낮추어 저를 공경하고 존중하며 공양하고 받들어 섬기게 할 수는 없었습니다. 그래서 '저는 부처님에게서 법의 고요함을 보았고 그 때문에 저는 〈여래·무소착·정진각께서 설하시는 법은 훌륭하고, 세존의 제자들은 선행으로 나아간다〉고 생각합니다'라고 말씀드렸던 것입니다.

세존이시여, 저는 옛날 정벌을 나갔다가 어떤 초막에 잘 때에 저 선여와 숙구 두 대신을 시험해 보려고 '머리를 어디로 두고 자는가? 곧 내 쪽으로 두고 자는가, 세존 쪽으로 두고 자는가'를 알아 보았습니다. 그런데 선여와 숙구 두 대신은 초저녁에는 가부좌를 하고 앉아 묵묵히 좌선하다가 밤중이 되자 세존께서 어느 쪽에 계신다는 말을 듣고는 곧 머리를 그쪽으로 두고 발을 제 쪽으로 두었습니다. 저는 그것을 보고 생각했습니다.

'선여와 숙구 이 두 대신은 현재의 좋은 일만 보지 않는구나. 그 때문에 저들은 세존에게 뜻을 낮추어 공경하고 존중하며 공양하고 받들어 섬기는 것처럼 나를 공경하고 존중하며 공양하고 받들어 섬기지 않는 것이다.'

그래서 '저는 부처님에게서 법의 고요함을 보았고 그 때문에 저는 〈여래·무소착·정진각께서 설하시는 법은 훌륭하고 세존의 제자들은 온갖 선행으로 나아간다〉고 생각합니다'라고 말씀드렸던 것입니다.

또 세존이시여, 저는 나라의 왕이고 세존은 법의 왕입니다. 저도 찰리요 세존도 또한 찰리며, 저도 구살라에 있고 세존도 또한 구살라에 있으며, 제 나이도 80이요 세존의 나이도 80입니다. 세존이시여, 따라서 저는 세존의 몸과 목숨이 다할 때까지 기꺼이 뜻을 낮추어 세존을 공경하고 존중하며 공양하고 받들어 섬기겠습니다. 세존이시여, 저는 이제 일이 많아 돌아가려고 하직 인사를 올립니다."

세존께서 말씀하셨다.

"대왕이여, 때를 알아 하십시오."

이에 구살라왕 바사닉은 부처님 말씀을 듣고 잘 받아가져 외운 뒤에 곧 자리에서 일어나 부처님 발에 머리를 조아리고 세 번 돌고 떠나갔다.

그때 존자 아난이 부처님 뒤에서 불자拂子를 들고 부처님을 모시고 있었다. 이에 부처님께서는 아난을 돌아보고 말씀하셨다.

"아난아, 이 미루리彌婁離 동산에 있는 비구들을 모두 강당에 모이게 하라."

이에 존자 아난은 부처님 분부를 받고 미루리 동산에 있는 비구를 모두 강당에 모이게 한 뒤에 부처님께 돌아와 아뢰었다.

"세존이시여, 이 미루리 동산에 있는 비구들이 모두 강당에 모였습니다. 원하옵건대 세존께서는 때를 아소서."

이에 세존께서는 존자 아난을 데리고 강당으로 가서 비구들 앞에 자리를 펴고 앉아 말씀하셨다.

"비구들아, 이제 구살라왕 바사닉은 내 앞에서 이 법장엄경法莊嚴經을 설명하고는 곧 자리에서 일어나 내 발에 머리를 조아리고 세 번 돌고 떠나갔다. 비구들아, 너희들은 마땅히 이 법장엄경을 잘 외우고 잘 익혀야 한다. 왜냐하면 비구들아, 이 법장엄경은 이치답고 법다워 범행의 근본이 되며 그것은 지혜로 나아가고 깨달음으로 나아가며 열반에 이르게 하기 때문이다. 만일 족성자로서 지극한 믿음으로 출가하여 집 없이 도를 배우는 자라면 그도 또한 마땅히 이 법장엄경을 외우고 익혀야 하리라."

부처님께서 이렇게 말씀하시자 모든 비구들은 부처님 말씀을 듣고 기뻐하며 받들어 행하였다.

〔이 법장엄경에 수록된 경문의 글자 수는 3,037자이다.〕

214) 비하제경鞞訶提經〔제5 후송〕

나는 이와 같이 들었다.

어느 때 부처님께서 사위국을 유행하실 적에 승림급고독원에 계셨다. 그때 존자 아난은 사위국에 머무르다가 동원 녹자모鹿子母강당에 조그만 일이 있어 어떤 비구를 데리고 사위국을 나가 동원 녹자모강당으로 가서 볼 일을 마치고 다시 비구를 데리고 승림급고독원으로 돌아오게 되었다.

그때 구살라왕 바사닉이 일분다리一奔陀利 코끼리를 타고 대신 시리아다尸利阿荼와 함께 사위국을 나왔다. 존자 아난은 멀리서 구살라왕 바사닉이 오는 것을 보고 동행한 비구에게 물었다.

"저 분은 구살라왕 바사닉이 아니신가?"

"그렇다."

존자 아난은 곧 길을 벗어나 어떤 나무 밑으로 피해갔다. 구살라왕 바사닉은 멀리서 나무 밑에 있는 존자 아난을 보고 물었다.

"시리아다여, 저 분은 사문 아난이 아니신가?"

"그렇습니다."

구살라왕 바사닉은 시리아다 대신에게 명령하였다.

"너는 이 코끼리를 저 사문 아난이 있는 곳으로 몰고 가라."

시리아다는 왕의 명령을 받고 곧 코끼리를 몰아 존자 아난이 있는 곳으로 갔다.

이에 구살라왕 바사닉이 존자 아난에게 물었다.

"아난이여, 어디서 오며 어디로 가시려 합니까?"

존자 아난이 대답하였다.

"대왕이여, 저는 동원 녹자모강당에서 오며 승림급고독원으로 가는 길입니다."

구살라왕 바사닉이 말하였다.

"아난이여, 만일 승림급고독원에 급한 일이 없다면 나와 함께 아이라바제阿夷羅婆提강으로 같이 가십시다."

존자 아난은 불쌍히 여기는 마음이 있어 구살라왕 바사닉을 위하여 묵묵히 그 청을 받아 주었다. 이에 구살라왕 바사닉은 존자 아난을 앞서게 하고 아이라바제강으로 함께 가서 코끼리에서 내려 코끼리 덮개를 가져다 네 겹으로 땅에 펴고, 존자 아난에게 청하였다.

"아난이여, 이 자리에 앉으소서."

존자 아난이 대답하였다.

"대왕이여, 그만두십시오. 마음만 편하면 족합니다."

구살라왕 바사닉이 재삼 존자 아난에게 간청하였다.

"아난이여, 이 자리에 앉으소서."

존자 아난도 재삼 대답하였다.

"대왕이시여, 그만두십시오. 마음만 편하면 족합니다. 제게는 니사단尼師檀이 있으니 저는 여기 앉겠습니다."

이에 존자 아난은 니사단을 펴고 가부좌를 하고 앉았다.

구살라왕 바사닉은 존자 아난과 서로 안부를 묻고 물러나 한쪽에 앉아 말하였다.

"아난이여, 묻고 싶은 것이 있는데 들어 주시겠습니까?"

존자 아난이 대답하였다.

"대왕이여, 묻고 싶은 것이 있으면 물으십시오. 제가 들은 뒤에 생각해 보겠습니다."

존자 아난이 대답하였다.

"아난이여, 여래께서도 혹 사문 범지들이 싫어하는 몸의 행〔身行〕을 행하십니까?"

존자 아난이 대답하였다.

"대왕이여, 여래께서는 이른바 총명하고 지혜로운 사문 범지 및 그 밖의 세상 사람들이 싫어하는 몸의 행을 행하시지 않습니다."

구살라왕 바사닉이 찬탄하며 말하였다.

"훌륭하고 훌륭합니다. 아난이여, 나는 미치지 못하겠나이다. 또 총명하고 지혜로운 사람이나 그 밖의 세상사람 어느 누구도 미치지 못하였음을 아난은 아시는군요. 아난이여, 만일 착하지 않은 생각으로 모두들 비방하거나 칭찬한다면 우리는 그의 진실을 볼 수 없습니다. 그러나 아난이여, 만일 착한 생각으로 모두들 비방하거나 칭찬한다면 우리는 그의 진실을 보게 됩니다. 아난이여, 혹 여래께서도 총명하고 지혜로운 사문 범지 및 그 밖의 세상 사람들이 싫어하는 몸의 행을 행하십니까?"

존자 아난이 대답하였다.

"대왕이여, 여래께서는 총명하고 지혜로운 사문 범지 및 그 밖의 세상사람들이 싫어하는 몸의 행은 끝내 행하시지 않습니다."

구살라왕 바사닉이 물었다.

"아난이여, 어떤 몸의 행을 말하는 것입니까?

존자 아난이 대답하였다.

"대왕이여, 착하지 않은 몸의 행을 말하는 것입니다."

구살라왕 바사닉이 물었다.

"아난이여, 어떤 것을 착하지 않은 몸의 행이라 합니까?"

존자 아난이 대답하였다.

"대왕이여, 죄가 있는 몸의 행을 말합니다."

구살라왕 바사닉이 물었다.

"아난이여, 어떤 것을 죄가 있는 몸의 행이라 합니까?"

존자 아난이 대답하였다.

"대왕이여, 지혜로운 사람들이 싫어하는 몸의 행을 행하는 것을 말합니다."

구살라왕 바사닉이 물었다.

"아난이여, 지혜로운 사람은 무엇을 싫어합니까?"

존자 아난이 대답하였다.

"대왕이여, 이른바 몸의 행을 행하여 자기도 해치고 남도 해치고 모두 해치며 지혜를 멸하고 악을 도와 열반을 얻지 못하며 지혜로 나아가지 못하고 깨달음으로 나아가지 못하며 열반으로 나아가지 못하는 것입니다. 그래서 그는 행하여야 할 법을 사실 그대로 알지 못하고 행하지 않아야 할 법도 또한 사실 그대로 알지 못합니다. 행하여야 할 법을 사실 그대로 알지 못하고 행하지 않아야 할 법도 또한 사실 그대로 알지 못한 뒤에는 받아야 할 법을 사실 그대로 알지 못하고 받지 않아야 할 법도 또한 사실 그대로 알지 못합니다. 받아야 할 법을 사실 그대로 알지 못하고 받지 않아야 할 법도 또한 사실 그대로 알지 못한 뒤에는 끊어야 할 법을 사실 그대로 알지 못하고 끊지 않아야 할 법도 또한 사실 그대로 알지 못합니다. 끊어야 할 법을 사실 그대로 알지 못하고 끊지 않아야 할 법을 사실 그대로 알지 못한 뒤에는 성취하여야 할 법을 사실 그대로 알지 못하고 성취하지 않아야 할 법도 또한 사실 그대로 알지 못합니다.

성취하여야 할 법을 사실 그대로 알지 못하고 성취하지 않아야 할 법도 또한 사실 그대로 알지 못한 뒤에는 행하여야 할 법은 행하지 않고 행하지 않아야 할 법을 행합니다. 행하여야 할 법은 행하지 않고 행하지 않아야 할 법을 행한 뒤에는 받아야 할 법은 받지 않고 받지 않아야 할 법만 받습니다. 받아야 할 법은 받지 않고 받지 않아야 할 법만 받은 뒤에는 끊어야 할 법은 끊지 않고 끊지 않아야 할 법을 끊습니다. 끊어야 할 법은 끊지 않고 끊지 않아야 할 법을 끊은 뒤에는 성취하여야 할 법을 성취하지 않고 성취하지 않아야 할 법은 성취합니다. 성취하여야 할 법은 성취하지 않고 성취하지 않아야 할 법을 성취한 뒤에는 착하지 않은 법은 더욱 늘어나 그 착한 법은 더욱 줄어들게 됩니다. 그러므로 여래께서는 끝내 그런 법을 행하시지 않는 것입니다."

구살라왕 바사닉이 다시 물었다.

"아난이여, 여래께서는 어떻게 하여 끝내 그런 법을 행하지 않으십니까?"

"대왕이여, 여래께서는 탐욕을 떠나 탐욕이 이미 다하였고 성냄을 떠나 성냄이 이미 다하였으며 어리석음을 떠나 어리석음이 이미 다하였습니다. 여래께서는 모든 착하지 않은 법을 끊고 모든 착한 법을 성취하였으며 가르치는 스승이고 묘한 스승이고 잘 따르는 스승이시며 이끌어 다스리고 따라서 다스리시며 또 잘 말하고 묘하게 말하며 매우 순하게 말하십니다. 그러므로 여래께서는 끝내 그런 법을 행하지 않는 것입니다."

구살라왕 바사닉이 찬탄하며 말하였다.

"훌륭하고 훌륭합니다. 아난이여, 여래께서는 행하지 않아야 할 법은 끝내 행하지 않습니다. 왜냐하면 여래께서는 무소착·정진각이시기 때문입니다. 아난이여, 당신은 그 스승 제자로서 도를 배워 위없이 안온한 열반을 얻으려고 하는 분입니다. 그런 당신도 오히려 그런 법을 행하지 않는데 하물며 여래께서 그런 법을 행하겠습니까?"

바사닉왕은 이렇게 찬탄한 뒤에 다시 물었다.

"아난이여, 여래께서는 혹 총명하고 지혜로운 사문 범지 및 그 밖의 세상 사람들이 싫어하지 않는 몸의 행은 행하십니까?"

존자 아난이 대답하였다.

"대왕이여, 여래께서는 총명하고 지혜로운 사문 범지 및 그 밖의 세상 사람들이 싫어하지 않는 몸의 행은 반드시 행하십니다."

구살라왕 바사닉이 물었다.

"아난이여, 어떤 몸의 행을 말합니까?"

“대왕이여, 착한 몸의 행을 말하는 것입니다.”

“아난이여, 어떤 것을 착한 몸의 행이라 합니까?”

“대왕이여, 죄가 없는 몸의 행을 말합니다.”

“아난이여, 어떤 것을 죄가 없는 몸의 행이라 합니까?”

“대왕이여, 몸의 행을 행하여 지혜로운 사람들이 싫어하지 않는 몸의 행을 말합니다.”

“아난이여, 어떤 것을 지혜로운 사람들이 싫어하지 않습니까?”

존자 아난이 대답하였다.

“대왕이여, 이른바 몸의 행을 행하여 자기도 해치지 않고 남도 해치지 않고 모두 해치지 않으며 깨달음이 있고 지혜가 있으며 악을 돕지 않고 열반을 얻으며 지혜로 나아가고 깨달음으로 나아가며 열반으로 나아가는 것입니다. 그는 행하여야 할 법을 사실 그대로 알고 행하지 않아야 할 법도 또한 사실 그대로 압니다. 행하여야 할 법을 사실 그대로 알고 행하지 않아야 할 법도 또한 사실 그대로 안 뒤에는 받아야 할 법을 사실 그대로 알고 받지 않아야 할 법도 또한 사실 그대로 압니다. 받아야 할 법을 사실 그대로 알고, 받지 않아야 할 법도 또한 사실 그대로 안 뒤에는 끊어야 할 법을 사실 그대로 알고 끊지 않아야 할 법도 또한 사실 그대로 압니다. 끊어야 할 법을 사실 그대로 알고 끊지 않아야 할 법도 또한 사실 그대로 안 뒤에는 성취하여야 할 법을 사실 그대로 알고 성취하지 않아야 할 법도 또한 사실 그대로 압니다.

성취하여야 할 법을 사실 그대로 알고 성취하지 않아야 할 법도 또한 사실 그대로 안 뒤에는 행하여야 할 법은 행하고 행하지 않아야 할 법은 행하지 않습니다. 행하여야 할 법은 행하고 행하지 않아야 할 법은 행하지 않은 뒤에는 받아야 할 법은 받고 받지 않아야 할 법은 받지 않습니다. 받아야 할 법은 받고 받지 않아야 할 법은 받지 않은 뒤에는 끊어야 할 법은 끊고 끊지 않아야 할 법은 끊지 않습니다. 끊어야 할 법은 끊고 끊지 않아야 할 법은 끊지 않은 뒤에는 성취하여야 할 법은 성취하고 성취하지 않아야 할 법은 성취하지 않습니다. 성취하여야 할 법은 성취하고 성취하지 않아야 할 법은 성취하지 않은 뒤에는 착하지 않은 법은 더욱 줄어들고 착한 법은 더욱 늘어나게 됩니다. 그러므로 여래께서는 반드시 그런 법을 행하시는 것입니다."

존자 아난이 대답하였다.

"아난이여, 여래께서는 어떻게 하여 반드시 그런 법을 행하십니까?"

존자 아난이 대답하였다.

"대왕이여, 여래께서는 탐욕을 떠나 탐욕이 이미 다하였고 성냄을 떠나 성냄을 이미 다하였으며 어리석음을 떠나 어리석음이 이미 다하였습니다. 여래께서는 모든 착한 법을 성취하고 모든 착하지 않은 법을 끊었으며 가르치는 스승이고 묘한 스승이고 잘 따르는 스승이시며 이끌어 다스리고 따라 다스리시며 또 잘 말하고 묘하게 말하며 순하게 말하십니다. 그러므로 여래께서는 반드시 그런 법을 행하는 것입니다."

구살라왕 바사닉이 찬탄하였다.

"훌륭하고 훌륭합니다. 아난이여, 여래께서는 행하여야 할 법은 반드시 행하십니다. 왜냐하면 여래께서는 무소착·정진각이시기 때문입니다.

아난이여, 당신은 그 스승의 제자로서 도를 배워 위없이 안온한 열반을 얻으려 하는 분입니다. 그런 당신도 오히려 그런 법을 행하는데 하물며 여래께서 그런 법을 행하시지 않겠습니까? 아난께서 잘 말씀해 주셔서 나는 지금 기쁩니다. 아난께서 시원스럽게 말씀해 주셔서 나는 지금 매우 기쁩니다. 만일 마을에서 실어 오는 벼를 아난께서 법으로 받을 수 있다면 나는 마을에서 실어오는 벼를 그 법을 위하여 모두 다 보시하겠습니다. 아난이여, 만일 코끼리·말·소·염소를 아난께서 법으로 받을 수 있다면 나는 코끼리·말·소·염소를 그 법을 위하여 보시하겠습니다. 아난이여, 만일 부인이나 처녀를 아난께서 법으로 받을 수 있다면 나는 부인과 처녀를 그 법을 위하여 보시하겠습니다. 아난이여, 만일 금〔生色寶〕을 아난께서 법으로 받을 수 있다면 나는 금을 그 법을 위하여 보시하겠습니다. 아난이여, 그러나 이러한 것들은 모두 아난께서 받을 수 없는 것들입니다. 우리 구살라 가문에는 비하제鞞訶提라는 제일 좋은 옷이 있습니다. 이것은 왕[7]이 일산자루 구멍에 넣어서 내게 선물로 보낸 것입니다. 아난이여, 우리 구살라 가문에는 겁패劫貝[8] 등의 여러 가지 옷이 있지만 이 비하제가 가장 낫습니다. 왜냐하면 이 비하제옷은 길이가 16주肘이고 너비는 8주나 되기 때문입니다. 나는 이제 이 비하제옷을 그 법을 위하여 아난께 보시하겠습니다. 아난이여, 이것으로써 3의衣를 만들어 지니시고 우리 구살라 가문이 오래도록 복을 누리게 하소서."

존자 아난이 대답하였다.

"그만두십시오. 대왕이여, 마음만 편하면 족합니다. 저에겐 이미 받아 가진 3의가 있습니다."

구살라왕 바사닉이 아뢰었다.

"아난이여, 내가 비유를 들어 말씀드릴 터이니 들어주소서. 슬기로운 사람은 비유를 들으면 곧 그 이치를 압니다. 큰 비가 내릴 때면 이 아이라바제강엔 물이 가득 차서 언덕을 넘어 흘러넘치게 됩니다. 아

7 팔리본에는 왕이 구체적으로 '마가다의 왕인 위제희韋提希의 아들 아사세阿闍世'로 되어 있다.

8 겁패(劫貝, kappāsika)는 곧 면옷[綿衣]이다.

난께서는 보셨습니까?"

"보았습니다."

"그와 같습니다. 아난이여, 만일 3의가 있으시다면 저 비구·비구니와 배우는 단계에 있는 사라(舍羅 : 沙彌)·사라마니리(舍羅摩尼離 : 沙彌尼)들에게 나누어주십시오. 아난이여, 이 비하제로 3의를 만들어 가지시고 우리 구살라 가문이 오래도록 복을 누리게 하소서."

존자 아난은 구살라왕 바사닉을 위하여 묵묵히 청을 받아드렸다. 이에 바사닉왕은 존자 아난이 묵묵히 청을 받아 준 줄을 알고 비하제옷을 그 법을 위해 존자 아난에게 보시하고는 곧 자리에서 일어나 세 번 돌고 떠나갔다.

왕이 떠나고 얼마 안 있어 존자 아난은 그 비하제옷을 가지고 부처님께 나아가 부처님 발에 머리를 조아리고 물러나 한쪽에 서서 아뢰었다.

"세존이시여, 이 비하제옷은 오늘 구살라왕 바사닉이 법을 위하여 저에게 보시한 것입니다. 원컨대 세존께서는 이 비하제옷 위에 두 발을 놓으시어 저 구살라 가문이 오래도록 복을 누리게 하소서."

이에 세존께서는 그 옷 위에 두 발을 놓으시고 말씀하셨다.

"아난아, 만일 네가 구살라왕 바사닉과 이야기한 것이 있다면 지금 내게 전부 말해 보라."

이에 존자 아난은 구살라왕 바사닉과 나눈 이야기를 전부 부처님께 아뢴 뒤 합장하고 여쭈었다.

"저는 이렇게 말하였습니다. 혹 세존을 비방한 것이 되지나 않을는지요? 혹은 진실로 법다움을 말하고 법과 다음 법을 말한 것으로서 법다움에 있어서 잘못이 없겠습니까?"

"네가 그렇게 말한 것은 나를 비방한 것이 아니다. 진실로 법다움을 말하고, 법과 다음 법을 말한 것이며 법다움에 있어서 잘못이 없다. 아난아, 만일 구살라왕 바사닉이 그런 이치와 그런 말로써 내게 와서 물었다면 나도 또한 그를 위하여 그런 이치와 그런 말로써 대답하였을 것이다. 아난아, 그 이치는 네가 말한 것과 같다. 너는 마땅히 그렇게 받아 가져라. 왜냐하면 그 말은 곧 이치에 맞기 때문이니라."

부처님께서 이렇게 말씀하시자 존자 아난과 모든 비구들은 부처님 말씀을 듣고 기뻐하며 받들어 행하였다.

〔이 비하제경에 수록된 경문의 글자 수는 2,591자이다.〕

215) 제일득경第一得經〔제5 후송〕

나는 이와 같이 들었다.

어느 때 부처님께서 사위국을 유행하실 적에 승림급고독원에 계셨다. 그때 부처님께서 모든 비구들에게 말씀하셨다.

"만일 구살라왕 바사닉의 명령이 미치는 소유 경계 안이라면 구살라왕 바사닉이 제일이다. 그러나 구살라왕 바사닉도 변하고 달라진다. 많이 아는 거룩한 제자는 이와 같이 관찰하고 곧 그와 같이 되는 것을 싫어한다. 그것을 싫어하게 된 뒤에는 그 제일이 되는 것까지도 바라지 않는데 하물며 저 하천한 것이겠느냐?

이른바 해와 달의 광명이 비치는 모든 세계를 곧 1천 세계라고 한다. 이 1천 세계에는 1천 개의 해·1천 개의 달·1천 개의 불우체주弗于逮洲·1천 개의 염부주閻浮洲·1천 개의 구다니주拘陀尼洲·1천 개의 울단월주鬱單越洲·1천 개의 수미산·1천 사대왕천·1천 사천왕자·1천 삼십삼천·1천 석천인다라·1천 염마천·1천 수염마천자・1천 도솔다천・1천 도솔다천자・1천 화락천・1천 선화락천자・1천 타화락천・1천 자재천자・1천 범세계 및 1천 별범別梵이 있다. 그 중에 한 대범천大梵天이 있는데, 그는 매우 부유하고 큰 복이 있으며 화化해서 된 하늘 사람으로서 중생을 만들어 낸 아버지요, 과거에도 있었고 미래에도 있을 것이다. 그러나 그 대범도 변하고 달라진다. 많이 아는 거룩한 제자는 이와 같이 관찰하고 곧 그와 같이 되는 것을 싫어한다. 그것을 싫어하게 된 뒤에는 그 제일이 되는 것까지도 바라지 않는데 하물며 하천한 것이겠는가?

뒷날 이 세계는 무너져 없어진다. 이 세계가 무너져 없어질 때 중생들은 황욱천晃昱天에 태어나는데 거기서 훌륭한 빛깔을 가지며 마음대로 몸을 받아 나서 일체를 구족하고 지절支節은 줄어들지 않으며 모든 근根은 무너지지 않는다. 그들은 기쁨으로 음식을 삼고 형색은 맑고 깨끗하며 몸에서 광명이 나고 허공을 타고 날아다니면서 오래도록 거기서 산다. 그러나 그 황욱천도 또한 다른 것으로 변한다. 많이 아는 거룩한 제자가 이와 같이 관찰하고 곧 그와 같이 되는 것을 싫어한다. 그것을 싫어하게 된 뒤에는 그 제일이 되는 것까지도 바라지 않는데 하물며 하천한 것이겠는가?

또 네 가지 생각이 있어 어떤 비구들은 작다고 생각하고 어떤 비구들은 크다고 생각하며 어떤 비구들은 한량이 없다고 생각하고 어떤 비구들은 그 무엇도 존재하지 않는다고 생각한다. 중생들은 이렇게 생각〔想〕을 즐겨하고 뜻으로 이해하지만 그것도 또한 변하고 달라진다. 많이 아는 거룩한 제자는 이와 같이 관찰하고 곧 그와 같이 되는 것을 싫어한다. 그것을 싫어하게 된 뒤에는 그 제일이 되는 것까지도 바라지 않는데 하물며 하천한 것이겠는가?

다시 여덟 가지 버리는 경계가 있다. 어떤 것이 그 여덟 가지인가?

비구는 안에 색色이라는 생각이 있으면서 밖으로 조그마한 좋은 색과 나쁜 색을 관찰하여 '저 색色을 버린 것을 알고 버린 것을 본다'고 이렇게 생각한다. 이것을 첫째의 버리는 경계라 한다.

다시 비구는 안에 색이라는 생각이 있으면서 밖으로 한량없이 많은 좋은 색과 나쁜 색을 관찰하여 '저 색을 버린 것을 알고 버린 것을 본다'고 이렇게 생각한다. 이것을 둘째의 버리는 경계라 한다.

다시 비구는 안에 색이라는 생각이 없이 밖으로 조그마한 좋은 색과 나쁜 색을 관찰하여 '저 색을 버린 것을 알고 버린 것을 본다'고 이렇게 생각한다. 이것을 셋째의 버리는 경계라 한다.

다시 비구는 안에 색이라는 생각이 없이 밖으로 한량없이 많은 좋은 색과 나쁜 색을 관찰하여 '저 색을 버린 것을 알고 버린 것을 본다'고 이렇게 생각한다. 이것을 넷째의 버리는 경계라 하느니라.

다시 비구는 안에 색이라는 생각이 없이 밖으로 '저것은 푸른빛으로서 푸르게 보이고 푸르게 빛난다. 마치 푸른 물꽃〔水華〕이 푸르러 푸른빛으로서 푸르게 보이고 푸르게 빛나는 것과 같다. 또 마치 만들어 잘 두드리고 잘 다듬어 빛깔이 곱고 윤택한 바라나옷이 푸른빛으로서 푸르게 보이고 푸르게 빛나는 것과 같다'고 색을 관찰한다. 이와 같이 비구는 안에 색이라는 생각이 없이 밖으로 '저것은 푸르러 푸른빛으로서 푸르게 보이고 푸르게 빛난다'고 색을 관찰한다. 그래서 한량없고 한량없이 마음을 깨끗하게 하고 마음을 윤택하게 하여 즐거워하며 조금도 싫어하지 않는다. 그리고 '저 색을 버린 것을 알고 버린 것을 본다'고 이렇게 생각한다. 이것을 다섯째의 버리는 경계라 하느니라.

또 비구는 안에 색이라는 생각이 없이 밖으로 '저것은 누르러 누른빛으로서 누르게 보이고 누르게 빛난다. 마치 빈두가라꽃頻頭歌羅華이 누르러 누른빛으로서 누르게 보이고 누르게 빛나는 것과 같다. 또 마치 잘 만들어 잘 두드리고 잘 다듬어 빛깔이 곱고 윤택한 바라나옷이 누른빛으로서 누르게 보이고 누르게 빛나는 것과 같다'고 색을 관찰한다. 이와 같이 비구는 안에 색이라는 생각이 없이 밖으로 '저 색은 누르러 누른빛으로서 누르게 보이고 누르게 빛난다'고 색을 관찰한다. 그래서 한량없고 한량없이 마음을 깨끗하게 하고 마음을 윤택하게 하여 즐거워하며 조금도 싫어하지 않는다. 그리고 그는 '저 색을 버린 것을 알고 버린 것을 본다'고 이렇게 생각한다. 이것을 여섯째의 버리는 경계라 하느니라.

다시 비구는 안에 색이라는 생각이 없이 밖으로 '저것은 붉어서 붉은빛으로서 붉게 보이고 붉게 빛난다. 마치 가니가라꽃加尼歌羅華이 붉어서 붉은 빛으로서 붉게 보이고 붉게 빛나는 것과 같다. 또 마치 잘 만들어 잘 두드리고 잘 다듬어 빛깔이 곱고 윤택한 바라나옷이 붉어서 붉은 빛으로서 붉게 보이고 붉게 빛나는 것과 같다'고 색을 관찰한다. 이와 같이 비구는 안에 색이라는 생각이 없이 밖으로 '저 색은 붉어서 붉은 빛으로서 붉게 보이고 붉게 빛난다'고 색을 관찰한다. 그래서 한량없고 한량없이 마음을 깨끗하게 하고 마음을 윤택하게 하여 즐거워하며 조금도 싫어하지 않는다. 그리고 그는 '저 색을 버린 것을 알고 버린 것을 본다'고 이렇게 생각한다. 이것을 일곱째의 버리는 경계라 하느니라.

비구는 안에 색이라는 생각이 없이 밖으로 '저 색은 희어서 흰빛으로서 희게 보이고 희게 빛난다. 마치 샛별이 흰 빛으로서 희게 보이고 희게 빛나는 것과 같다. 또 마치 잘 만들어 잘 두드리고 잘 다듬어 빛깔이 곱고 윤택한 바라나옷이 희어서 흰빛으로서 희게 보이고 희게 빛나는 것과 같다'고 색을 관찰한다. 이와 같이 비구는 안에 색이라는 생각이 없이 밖으로 '저 색은 희어서 흰빛으로서 희게 보이고 희게 빛난다'고 색을 관찰한다. 그래서 한량없고 한량없이 마음을 깨끗하게 하고 마음을 윤택하게 하여 즐거워하며 조금도 싫어하지 않는다. 그리고 그는 '저 색을 버린 것을 알고, 버린 것을 본다'고 이렇게 생각한다. 이것을 여덟째의 버리는 경계라 하느니라.

중생은 이렇게 버리는 경계를 즐거워하고 뜻으로 이해하지만 그것도 변하고 달라진다. 많이 아는 거룩한 제자는 이와 같이 관찰하고 곧 그와 같이 되는 것을 싫어한다. 그것들을 싫어하게 된 뒤에는 그 제일이 되는 것까지도 바라지 않는데 하물며 하천한 것이겠는가?

다시 열 가지 일체의 경계가 있다. 어떤 것이 열 가지인가? 어떤 비구는 상·하와 모든 방위가 둘이 아니라는 한 생각을 닦는다. 이른바 한량없는 땅의 경계·한량없는 물의 경계·한량없는 불의 경계·한량없는 바람의 경계·한량없는 푸른 경계·한량없는 누른 경계·한량없는 붉은 경계·한량없는 흰 경계·한량없는 허공의 경계·한량없는 의식 등, 이러한 상·하 모든 방위가 둘이 아니라는 한 생각을 닦는다. 중생은 이렇게 일체의 경계를 즐거워하고 뜻으로 이해하지만 그것도 변하고 달라진다. 많이 아는 거룩한 제자는 이와 같이 관찰하고 곧 그와 같이 되는 것을 싫어한다. 그것들을 싫어하게 된 뒤에는 그 제일이 되는 것까지도 바라지 않는데 하물며 하천한 것이겠는가?

이른바 '나〔我〕가 없고 내 소유가 아니다'라고 하며, 그것을 증득하였기 때문에 도라고 주장하나니, 이것을 제일 맑고 깨끗한 말이라 하고, 가장 제일이라고 주장하느니라. 또 이른바 색色에 대한 모든 생각을 넘어서고 나아가 비유상비무상처를 성취하여 노니나니, 이것을 제일가는 바깥을 의지하여 보는 경계라 하고, 가장 제일가는 의지하여 보는 경계〔依見處〕라 하느니라. 이른바 여섯 가지 갱락처更樂處에 대해서 그 생生·멸滅·맛들임〔味〕·벗어남〔離〕을 지혜로써 사실 그대로 보고 또 그것을 증득하기 때문에 도道라고 주장하나니, 이것을 현재에서 제일로 열반을 구해 열반에 이르는 것이라 하고 현재에서 가장 제일로 열반을 주장하는 것이라 하느니라.

다시 네 가지 끊음〔斷〕이 있다. 어떤 것이 넷인가? 즐거움을 더디 끊는 것, 즐거움을 빨리 끊는 것, 괴로움을 더디 끊는 것, 괴로움을 빨리 끊는 것이 있다. 그 중에서 만일 즐거움을 더디 끊으면 그것은 즐거움을 더디 끊기 때문에 하천하다고 말한다.[9] 그 중에 어떤 사람은 즐거운 탐욕을 끊는다. 만일 이 사람이 이 법을 익히면 조금도 그것을 싫어하지 않고, 만일 다시 어떤 사람이 술 마시기를 익히면 조금도 그것을 싫어하지 않으며, 만일 다시 어떤 사람이 잠자기를 익히면 조금도 그것을 싫어하지 않는다. 이것이 비구들아, 만일 어떤 사람이 이 세 법을 익히면 조금도 그것을 싫어하지 않고, 또한 그것을 완전히 끊을 수 없다고 하는 까닭이다. 그러므로 모든 비구들은 언제나 이 세 법을 버리고 가까이하지 말라. 모든 비구들은 마땅히 이렇게 배워야 하느니라."

그때에 모든 비구들은 부처님 말씀을 듣고 기뻐하며 받들어 행하였다.

세 가지 좋은 뿌리 공양하면
세 가지 병과 덮음 치료되건만
세 가지 상법相法 깨닫지 못해

---

9 이 아래로 '그 중에서 어떤 사람은'에서부터 이 소경의 끝부분인 '싫어할 줄 모르네'라고 한 데까지는 본 경의 내용과 부합하지 않는다. 도리어 『증일아함경』 제12권 「삼공양품三供養品」 제10경의 문장과 동일하다. 따라서 경의 말미에 원본元本을 토대로 하여 이 내용과 부합되는 부분을 번역하였으니, 독자들은 참고하기 바란다.

사랑하고 공경하며 싫어할 줄 모르네.

〔이 제일득경에 수록된 경문의 글자 수는 1,371자이다. 『중아함경』 제59권에 수록된 경문의 글자 수는 모두 10,772자이다.〕

이하는 원본元本에 수록되어 있는 것을 참고로 번역하여 수록한다.

"그 중에서 만일 즐거움을 빨리 끊으면 그것은 즐거움을 빨리 끊기 때문에 또한 하천하다고 말한다. 그 중에서 만일 괴로움을 더디 끊으면 그것은 괴로움을 더디 끊기 때문에 그 끊음도 또한 하천하다고 말한다. 그 중에서 만일 괴로움을 빨리 끊으면 그것은 괴로움을 빨리 끊기 때문에 그 끊음은 널리 퍼지지 않고 두루 퍼지지 않으며 내지 하늘과 사람들도 또한 그것을 칭찬하지도 않고 널리 펴지도 않는다. 그러나 나의 끊음은 널리 퍼지고 두루 퍼지며, 나아가 하늘과 사람들까지도 또한 칭찬하며 널리 편다. 나의 끊음은 널리 퍼지고 두루 퍼지며 나아가 하늘과 사람들까지도 그것을 칭찬하고 또 널리 편다는 것은 무엇인가? 이른바 바른 소견에서부터 바른 선정까지의 8정도를 말하는 것이니, 나의 끊음은 널리 퍼지고 두루 퍼지며 나아가 하늘과 사람들까지도 그것을 칭찬하고 또 널리 편다는 것은 이것을 말한다.

나는 이러하다. 그런데 저 모든 사문 범지들은 거짓으로 거짓말을 지어, 좋지 않고 진실하지 않게 나를 비방한다. 진실로 어떤 중생은 '사문 구담은 주장하는 것이 없다'고 말하며 끊어지고 없어진다고 주장한다. 진실로 어떤 중생은 끊어지고 없어지는 것〔斷壞〕이 나 없음〔無我〕과 같다고 주장하면서 다음과 같이 말하지 않는다.

'저 여래는 현세에서 일체를 끊고 일체를 알아 쉼과 그침과 멸함과 열반을 얻었다.'"

부처님께서 이렇게 말씀하시자 모든 비구들은 부처님 말씀을 듣고 기뻐하며 받들어 행하였다.

중아함경 제 60 권

18. 예품 ②〔제5 후송〕

216) 애생경愛生經[1]〔제5 후송〕

나는 이와 같이 들었다.

어느 때 부처님께서 사위국을 유행하실 적에 승림급고독원에 계셨다. 그때 지극히 사랑하고 염려하여 온화하고 부드러운 마음으로 보고 보아도 싫증이 나지 않는 외아들을 둔 어떤 범지가 있었다. 그런데 그렇게 아끼던 그 아들이 갑자기 죽었다. 아들이 죽자 그는 슬픔에 잠겨 음식도 먹을 수 없고 옷도 입을 줄 모르며 또한 향도 바를 줄 모르고 그저 무덤에 가서 울면서 아들이 누워 있는 곳만 생각하였다. 이에 그 범지는 정처 없이 돌아다니다가 부처님께 나아가 문안드리고 물러

---

1 이 경의 참고 경문으로는 『증일아함경』 제6권 「이양품利養品」 세 번째 소경이 있고, 이역본으로는 서진 때 축법호竺法護가 한역한 『생경生經』 제15 「자명과경子命過經」과 후한 때 안세고安世高가 한역한 『불설바라문자명종애념불리경佛說婆羅門子命終愛念不離經』이 있다.

나 한쪽에 앉았다.

세존께서 물으셨다.

"범지여, 지금 그대의 모양을 보니 본정신이 아닌 것 같구려."

범지가 대답하였다.

"지금 제가 무슨 경황으로 제 정신이 있겠습니까? 왜냐하면 저에겐 오직 하나의 아들이 있었는데 지극히 사랑하고 생각하여 온화하고 부드러운 마음으로 보고 보아도 싫증이 나지 않았습니다. 그런데 외아들이 갑자기 죽었기 때문입니다. 그 아이가 죽자 저는 슬픔에 잠겨 음식을 먹을 수도 없고 옷도 입을 줄 모르며 또한 향도 바르지 않고 그저 무덤에 가서 울면서 아들이 누워 있는 곳만 생각하고 있습니다."

세존께서 말씀하셨다.

"그렇습니다. 범지여, 그렇습니다. 범지여, 만일 애정이 생기면 거기에는 곧 슬픔과 울음·근심·괴로움·번민이 생기는 것입니다."

범지가 말하였다.

"구담이시여, 왜 '애정이 생기면 거기에는 곧 슬픔과 울음·근심·괴로움·번민이 생긴다'고 말씀하십니까? 구담이시여, 마땅히 아소서. 애정이 생기면 기쁨과 즐거움이 생기는 것입니다."

세존께서는 다시 거듭 이렇게 말씀하셨다.

"그렇습니다. 범지여, 그렇습니다. 범지여, 만일 애정이 생기면 거기에는 곧 슬픔과 울음·근심·괴로움·번민이 생깁니다."

범지도 또한 거듭 이렇게 말하였다.

"구담이시여, 왜 '애정이 생기면 거기에는 곧 슬픔과 울음·근심·괴로움·번민이 생긴다'고 말씀하십니까? 구담시여, 마땅히 아소서. 애정이 생기면 기쁨과 즐거움이 생기는 것입니다."

그때 저 바라문은 부처님 말씀을 듣고 옳다고 말하지 않고 그르다고만 말한 뒤에 곧 자리에서 일어나 머리를 내젓고 떠나갔다.

그때 승림勝林 문 앞에서는 많은 시장 아이들이 도박놀이를 하고 있었다. 그 범지는 멀리서 그것을 보고 곧 '세상에 만일 총명하고 지혜로운 사람이 있다면 저 도박꾼보다 나은 사람은 없을 것이다. 나는 이제 저기 가서 구담과 나눈 이야기를 저들에게 모두 말하리라'고 생각하였다. 그래서 그는 많은 시장 아이들이 도박놀이하는 곳으로 가서 세존과 나눈 이야기를 그들에게 모두 말하였다.

많은 도박꾼 시장 아이들은 이 말을 듣고 말하였다.

"범지여, 왜 '애정이 생기면 거기에는 곧 슬픔과 울음·근심·괴로움·번민이 생긴다'고 말씀하십니까? 범지여, 마땅히 아소서. 애정이 생기면 기쁨과 즐거움이 생기는 것입니다."

범지는 이 말을 듣고 곧 '도박꾼 아이들의 말은 꼭 내 생각과 같다'고 생각하며 머리를 끄덕이고 떠났다.

이에 이 이야기는 계속해 퍼져서 마침내 왕궁까지 들어갔다. 구살라왕 바사닉은 사문 구담께서 '만일 애정이 생기면 거기에는 곧 슬픔과 울음·근심·괴로움·번민이 생긴다'고 말씀하셨다는 말을 듣고 말리 황후[2]에게 말하였다.

"나는 들으니 사문 구담께서 '만일 애정이 생기면 거기에는 곧 슬픔과 울음·근심·괴로움·번민이 생긴다'고 말씀하셨다고 하오."

말리 황후는 이 말을 듣고 아뢰었다.

"그렇습니다. 대왕이시여, 그렇습니다. 대왕이시여, 만일 애정이 생기면 거기에는 곧 슬픔과 울음·근심·괴로움·번민이 생깁니다."

---

2 말리(末利, Mallikā)는 마리가摩利迦로 음역하기도 하고, 승만勝鬘으로 의역하기도 한다. 『승만경勝鬘經』은 곧 부처님께서 말리황후의 딸인 승만부인에게 설한 경이다. 모녀의 이름이 같다.

구살라왕 바사닉이 말리황후에게 말하였다.

"스승이 주장하는 말을 들으면 그 제자는 반드시 찬동하기 마련이오. 사문 구담이 당신의 스승이고, 당신은 그의 제자이기 때문에 '만일 애정이 생기면 거기에는 곧 슬픔과 울음·근심·괴로움·번민이 생긴다'고 말하는 것이오."

말리황후가 말하였다.

"대왕이여, 만일 믿지 못하시겠거든 몸소 가서 물으시든지 사신을 보내 물어 보십시오."

이에 바사닉왕은 곧 나리앙가那利鴦伽 범지에게 분부하였다.

"그대는 사문 구담이 계신 곳으로 가서 나를 위해 사문 구담에게, 거룩하신 몸은 건강하시고 편안하여 병환은 없으시며 기거는 가볍고 기력도 여전하신지 문안을 드리거라. 그리고 이렇게 말씀드려라.

'구살라왕 바사닉은 문안드립니다. 거룩한 몸은 건강하시고 편안하여 병환은 없으시며 기거는 가볍고 기력도 여전하십니까? 사문 구담께서는 진실로 〈만일 애정이 생기면 거기에는 곧 슬픔과 울음·근심·괴로움·번민이 생긴다〉고 말씀하셨습니까?'

나리잉가여, 만일 사문 구담께서 어떤 말씀이든 하시는 말씀이 있거든 그대는 마땅히 잘 받아 외워가지고 오너라. 왜냐하면 그러한 분은 절대로 거짓말을 하시지 않기 때문이니라."

나리앙가 범지는 왕의 분부를 받고 곧 부처님께 나아가 문안드리고 물러나 한쪽에 앉아 여쭈었다.

"구담이시여, 구살라왕 바사닉은 문안드립니다. 거룩하신 몸은 건강하시고 편안하여 병환은 없으시며 기거는 가볍고 기력도 여전하십니까? 또 사문 구담께서는 진실로 '만일 애정이 생기면 거기에는 곧 슬픔과 울음·근심·괴로움·번민이 생긴다'고 말씀하셨습니까?"

세존께서 말씀하셨다.

“나리앙가여, 내가 이제 너에게 물으리니 너는 아는 대로 대답하라. 나리앙가여, 너의 생각에는 어떠하냐? 혹 어떤 사람은 그 어머니가 목숨을 마치면 그는 광기가 발동하고 마음이 매우 어지러워 옷을 벗고 알몸으로 아무 길이나 마구 돌아다니면서 ‘여러분, 우리 어머니를 보았습니까? 여러분, 우리 어머니를 보았습니까?’ 하고 외치고 다닌다. 나리앙가여, 이 일만 가지고도 만일 애정이 생기면 거기에는 곧 슬픔과 울음 · 근심 · 괴로움 · 번민이 생긴다는 것을 알 수 있을 것이다. 이와 같이 아버지 · 형님 · 누나 · 여동생의 경우에도 또한 그러하다. 만일 며느리가 목숨을 마치면 그 사람은 광기를 발동하고 마음이 매우 어지러워 옷을 벗고 알몸으로 아무 길이나 돌아다니면서 ‘여러분, 우리 며느리를 보았습니까? 여러분, 우리 며느리를 보았습니까?’ 하고 외치고 다닌다. 나리앙가여 이 일만 가지고도 만일 애정이 생기면 거기에는 곧 슬픔과 울음 · 근심 · 괴로움 · 번민이 생긴다는 것을 알 수 있을 것이니라.

나리앙가여, 옛날에 어떤 부인이 잠깐 친정에 들리러 왔는데, 그 친족들이 그 부인을 다른 곳으로 다시 시집보내려고 하였다. 그 부인은 이 말을 듣고 곧 남편이 있는 집으로 돌아가 그 남편에게 말하였다.

‘여보, 당신은 마땅히 아셔야 합니다. 지금 우리 친족들은 당신의 아내인 나를 억지로 빼앗아 다른 사람에게 다시 시집보내려고 합니다. 어떻게 하면 좋겠습니까?’

그 남자는 부인의 팔을 붙들고 방 안으로 들어가 ‘우리 저승으로 같이 갑시다. 우리 저승으로 같이 갑시다’ 하면서 곧 예리한 칼로 그 부인을 찔러 죽이고, 자기도 함께 죽었다. 나리앙가여, 이 일만 가지고 보아도 만일 애정이 생기면 거기에는 곧 슬픔과 울음 · 근심 · 괴로오움·번민이 생긴다는 것을 알 수 있느니라."

나리앙가 범지는 부처님 말씀을 들어 잘 받아 외워 가지고 곧 자리에서 일어나 세 번 돌고 물러나왔다.

그는 구살라왕 바사닉에게 돌아와 아뢰었다.

"천왕이여, 사문 구담께서는 진실로 '만일 애정이 생기면 거기에는 곧 슬픔과 울음·근심·괴로움·번민이 생긴다'고 말씀하셨습니다."

바사닉왕은 이 말을 듣고 황후에게 말하였다.

"사문 구담께서는 진실로 '만일 애정이 생기면 거기에는 곧 슬픔과 울음·근심·괴로움·번민이 생긴다'고 말씀하셨소."

"대왕이여, 제가 대왕에게 묻겠으니 아는 대로 대답하소서. 대왕이여, 대왕의 생각에는 어떠하십니까? 대왕은 비유라鞞留羅[3] 대장을 사랑하십니까?"

"진실로 사랑하오."

"만일 비유라 대장이 변하고 달라진다면 대왕은 어떻게 하겠습니까?"

"말리여, 만일 비유라 대장이 변하고 달라진다면 나는 반드시 슬퍼하고 울며 근심하고 괴로워하며 번민할 것이오."

"대왕이여, 이 일로써도 만일 애정이 생기면 거기에는 곧 슬픔과 울음·근심·괴로움·번민이 생긴다는 것을 알 수 있습니다."

말리 황후는 다시 물었다.

"대왕이여, 대왕은 시리아다尸利阿荼[4] 대신·일분다리一奔陀利 코끼리·바이리婆夷利[5] 처녀·우일개雨日蓋[6]·가시국加尸國·구살라국을 사

3 비유라(鞞留羅, Viḍūḍabha)는 바사닉왕의 아들로서 뒷날의 유리왕琉璃王이다.
4 시리아다(尸利阿荼, Sirivaḍḍha)는 바사닉왕의 대신이다.
5 바이리(婆夷利, Vajīrī)는 바사닉왕의 딸이다.

랑하십니까?"

"진실로 사랑하오."

"만일 가시국이나 구살라국이 변하고 달라진다면 왕은 어떻게 하겠습니까?"

"말리여, 내가 5욕 공덕을 구족하여 스스로 즐기고 좋아할 수 있는 것은 저 두 나라 때문이오. 만일 가사국과 구살라국이 변하고 달라진다면 나도 목숨이 없는 지경이 될 것이어늘 하물며 슬픔과 울음·근심·괴로움·번민 정도겠소?"

"대왕이여, 이 일만 가지고도 만일 애정이 생기면 거기에는 곧 슬픔과 울음·근심·괴로움·번민이 생긴다는 것을 알 수 있습니다."

말리는 다시 물었다.

"대왕이여, 대왕의 생각에는 어떠하십니까? 대왕께서는 저를 사랑하십니까?"

"나는 진실로 그대를 사랑하오."

"만일 제가 하루아침에 변하고 달라진다면 왕은 어떻게 하시겠습니까?"

"말리여, 만일 그대가 하루아침에 변하고 달라진다면 나는 반드시 슬퍼하고 울며 근심하고 괴로워하며 번민할 것이오."

"대왕이여, 이 일만 가지고도 만일 애정이 생기면 거기에는 곧 슬픔과 울음·근심·괴로움·번민이 생긴다는 것을 알 수 있습니다."

그러자 바사닉왕이 말하였다.

"말리여, 오늘부터는 이 일로 말미암아 사문 구담이 내 스승이요,

6 우일개(雨日蓋, Vāsabhā)는 석가족 마하나마摩訶那摩의 하천한 노비 소생의 여인이다. 바사닉왕이 석가족에게 구혼하였을 때 석가족은 그녀를 정비正妃로 위장하여 시집보냈다. 그 후 그녀가 비유라鞞留羅를 낳았다.

나는 그의 제자가 되었소. 말리여, 나는 지금부터 부처님과 법과 비구승에게 귀의하오. 다만 세존께서 나를 우바새로 받아 주시기를 바랄 뿐이오. 나는 오늘부터 귀의하여 이 목숨 다하는 그 날까지 그렇게 할 것이오."

부처님께서 이렇게 말씀하시자 구살라왕 바사닉과 말리황후는 부처님 말씀을 듣고 기뻐하며 받들어 행하였다.

〔이 애생경에 수록된 경문의 글자 수는 1,678자이다.〕

217) 팔성경八城經[7]〔제5 후송〕

나는 이와 같이 들었다.

어느 때 부처님께서 반열반하신 지 오래지 않아 이름과 덕망이 있는 여러 높은 비구들이 파라리자성波羅利子城[8]을 유행하면서 계원雞園에 머물고 있었다. 이때 팔성八城의 제십第十 거사는 값진 재물을 많이 가지고 파라리자성에 가서 장사하고 있었다. 이에 팔성의 제십 거사는 그 많은 재물을 빨리 팔아 큰 이익을 얻고 너무 좋아 기뻐 뛰면서 파라리자성을 나와 이름과 덕망이 있는 높은 비구들이 많이 머무는 계원으로 가서 머리를 조아려 그들의 발에 절하고 물러나 한쪽에 앉았다.

그때 이름과 덕망이 있는 여러 높은 비구들은 그를 위해 설법하여 마음을 내게 하고 못내 우러르게 하며 성취하게 하고 기뻐하게 하였

7 이 경의 이역본으로 후한後漢시대 안세고安世高가 한역한 『불설십지거사팔성인경佛說十支居士八城人經』이 있다.

8 파라리자성(波羅利子城, Pāṭaliputta-nāgara)은 파릉불성巴陵弗城 또는 화씨성華氏城이라고도 한다. 중인도 마가다국에 있던 성이다.

다. 그들은 한량없는 방편으로 그를 위해 설법하여 마음을 내게 하고 못내 우러르게 하며 성취하게 하고 기뻐하게 한 뒤에 묵묵히 앉아 있었다. 이름과 덕망이 있는 여러 높은 비구들이 그를 위해 설법하여 마음을 내게 하고 못내 우러르게 하며 성취하게 하고 기뻐하게 하자 이에 팔성 사람 제십 거사가 아뢰었다.

"큰스님들이시여, 존자 아난은 지금 어디 계십니까? 제가 찾아가 뵙고자 합니다."

여러 높은 비구들이 대답하였다.

"거사여, 존자 아난은 지금 비사리鞞舍離의 미후彌猴 강가에 있는 높은 누각에 있소. 보고 싶으면 그리로 가보시오."

그때 팔성 사람 제십 거사는 곧 자리에서 일어나 여러 높은 비구들의 발에 머리를 조아려 예를 올리고 세 번 돌고 나서 떠나갔다. 그는 존자 아난이 있는 곳으로 가서 머리를 조아려 그 발에 예를 올리고 물러나 한쪽에 앉아 여쭈었다.

"존자 아난이시여, 묻고 싶은 일이 있는데 들어주시겠습니까?"

존자 아난이 대답하였다.

"거사여, 마음대로 물으시오. 내가 들은 뒤에 생각해 보리다."

거사가 물었다.

"존자 아난이시여, 세존·여래·무소착·정진각께서는 혜안慧眼을 성취하여 제일의第一義를 보셨습니다. 세존께서는 만일 거룩한 제자가 거기에 머물면 번뇌가 남김없이 소멸되고 마음의 해탈을 얻게 된다는 그런 한 법을 혹 말씀하신 적이 있습니까?"

존자 아난이 대답하였다.

"그렇소."

거사가 물었다.

"존자 아난이시여, 세존·여래·무소착·정진각께서는 혜안을 성취하여 제일의를 보셨습니다. 만일 거룩한 제자가 거기에 머물면 번뇌가 남김없이 멸하고 마음의 해탈을 얻게 된다는 그런 한 법을 어떻게 말씀하셨습니까?"

존자 아난이 대답하였다.

"거사여, 많이 들어 아는 거룩한 제자는 탐욕을 여의고 악하고 착하지 않은 법을 여의며 나아가 제4선을 성취하여 노닙니다. 그는 이 경계를 의지하여 법을 관찰하기를 법대로 합니다. 그가 이 경계를 의지하여 법을 관찰하기를 법대로 하면 거기 머물러 혹 번뇌가 다하게 될 수도 있습니다. 그러나 만일 거기에 머물러 번뇌가 다하지 못하게 되면, 혹은 그 법으로 말미암아 법을 욕심내고 법을 사랑하며 법을 좋아하고 법을 생각하며 즐겨하고 기뻐하게 되어 5하분결下分結을 끊습니다. 그리하여 저 세상에 화생하여 반열반한 뒤에는 물러나지 않는 법을 얻어 마침내 이 세상에 돌아오지 않습니다.

거사여, 많이 들어 아는 거룩한 제자는 자애로움〔慈〕과 함께하는 마음으로 한 방위를 가득 채우고 성취하여 노닙니다. 이와 같이 2·3·4방과 4유·상하 모두에 두루하게 합니다. 사랑과 함께하는 마음으로 맺힘〔結〕도 없고 원망〔怨〕도 없으며 성냄도 없고 다툼도 없으며 지극히 넓고 매우 크고 한량없는 선행을 닦아 일체 세간을 가득 채우고 성취하여 노닙니다. 불쌍히 여김〔悲〕·기뻐함〔喜〕도 또한 마찬가지입니다. 평정〔捨〕과 함께하는 마음으로 맺힘도 없고 원망도 없으며 성냄도 없고 다툼도 없으며 지극히 넓고 매우 크고 한량없는 선행을 닦아 일체 세간을 가득 채우고 성취하여 노닙니다. 그는 이 경계를 의지하여 법을 관찰하기를 법대로 합니다. 그가 이 경계를 의지하여 법을 관찰하기를 법대로 하면 거기에 머물러 혹 번뇌가 다하게 될 수도 있습니다. 그러나 만일 거기에 머물러 번뇌가 다하지 못하게 되면 혹은 그 법으로 말미암아 법을 욕심내고 법을 사랑하며 법을 좋아하고 법을 생각하며 즐겨하고 기뻐하여 5하분결을 완전히 끊습니다. 그리하여 저 세상에 화생하여 반열반般涅槃한 뒤에는 물러나지 않는 법을 얻어 마침내 이 세상에 돌아오지 않습니다. 이것이 이른바 혜안을 성취하여 제일의를 보신 여래・무소착・정진각께서 말씀하신 한 법으로서, 만일 거룩한 제자가 여기에 머문다면 번뇌가 남김없이 소멸되고 마음의 해탈을 얻게 됩니다.

또 거사여, 많이 들어 아는 거룩한 제자는 색色에 대한 모든 생각을 벗어나고 나아가서는 비유상비무상非有想非無想의 경계를 성취하여 노닐며 그는 이 경계를 의지하여 법을 관찰하기를 법대로 합니다.

그가 이 경계를 의지하여 법을 관찰하기를 법대로 하면 거기에 머물러 혹 번뇌가 다하게 될 수도 있습니다. 그러나 만일 거기에 머물러 번뇌가 다하지 못하게 되면 혹은 그 법으로 말미암아 법을 욕심내고 법을 사랑하며 법을 좋아하고 법을 생각하며 즐겨하고 기뻐하여 5하분결을 완전히 끊습니다. 그리하여 저 세상에 화생하여 반열반한 뒤에는 물러나지 않는 법을 얻어 마침내 이 세상에 돌아오지 않습니다. 이것이 이른바 혜안을 성취하여 제일의를 보신 여래・무소착・정진각께서 말씀하신 한 법으로서, 만일 거룩한 제자가 여기에 머문다면 번뇌가 남김없이 소멸되고 마음의 해탈을 얻게 됩니다."

이에 팔성의 제십 거사는 곧 자리에서 일어나 가사 한자락을 벗어 메고 합장하고 아뢰었다.

"존자 아난이시여, 참으로 기이하고 참으로 특별하십니다. 저는 존자 아난께 하나의 감로문甘露門을 물었는데 존자 아난께서는 저를 위해 열두 개의 감로법문을 한꺼번에 말씀해 주셨습니다. 이제 이 열두 감로법문은 반드시 의지하는 바를 따라 안온하게 나갈 수 있게 할 것입니다. 존자 아난이시여, 마치 마을에서 멀지 않은 곳에 큰 집이 있어 열두 문을 열어 놓은 것과 같습니다. 혹 어떤 사람이 일이 있어 그 집 안에 들어갔을 때 다시 어떤 사람이 와서 그 사람의 볼 일과 이익과 안온은 생각하지 않고 그 집을 불사르더라도 존자 아난이시여, 그 사람은 반드시 그 열두 개의 지게문에서 자기가 의지하는 문을 따라 나와 안온하게 될 것입니다.

이와 같이 저는 존자 아난께 하나의 감로문을 물었는데 존자 아난께서는 저를 위해 열두 개의 감로법문을 한꺼번에 말씀해 주셨습니다. 저는 이제 이 열두 개의 감로문에서 반드시 의지하는 문을 따라 안온하게 나올 수 있을 것입니다. 존자 아난이시여, 저 범지의 법과 율에서 착하지 않은 법과 율을 말하더라도 저는 오히려 그 스승들께 공양하거늘 하물며 제가 어찌 큰 스승이신 존자 아난께 공양하지 않겠습니까?"

이에 팔성의 제십 거사는 그날 밤으로 지극히 묘하고 깨끗하고 맛있고 또 풍성한 음식을 마련하였다. 그는 음식을 마련한 뒤에 이른 아침에 자리를 펴고 계원雞園의 대중과 비사리鞞舍離의 대중을 청해 한 자리에 모으고 손수 손 씻을 물을 돌린 뒤에 곧 지극히 묘하고 깨끗하고 맛있고 또 풍성한 음식을 손수 나눠드려 모두 배불리 드시게 하였다. 공양이 끝나자 그릇을 거두고 손 씻을 물을 돌린 뒤에 5백 가지 물건으로 집을 사서 따로 존자 아난에게 보시하였다. 존자 아난은 그것을 받아 초제승招提僧[9]에게 보시하였다.

존자 아난이 이렇게 말하자 팔성의 제십거사는 존자 아난의 말씀을

9 초제(招提, cātuddisa)는 곧 사방四方이란 뜻이다. 따라서 초제승은 사방승四方僧이라고도 한다. 일정한 거처 없이 사방을 유행하는 승려들을 말한다.

듣고 기뻐하며 받들어 행하였다.

〔이 팔성경에 수록된 경문의 글자 수는 모두 1,170자이다.〕

218) 아나율타경阿那律陀經 ①〔제5 후송〕

나는 이와 같이 들었다.

어느 때 부처님께서 사위국을 유행하실 적에 승림급고독원에 계셨다. 그때 모든 비구들은 오후〔晡時〕가 되어 연좌燕坐에서 일어나 존자 아나율타阿那律陀에게 가서 머리를 조아려 그 발에 예를 올리고 물러나 한쪽에 앉아 아뢰었다.

"저희들이 묻고 싶은 것이 있습니다. 들어주시겠습니까?"

존자 아나율타가 대답하였다.

"여러분, 묻고 싶은 것이 있으면 물으시오. 내가 들은 뒤에 생각해 보리다."

그러자 여러 비구들이 물었다.

"어떻게 하면 비구는 어질게 죽고 어질게 목숨을 마치게 됩니까?"

존자 아나율타가 대답하였다.

"여러분, 만일 비구가 탐욕을 여의고 악하고 착하지 않은 법을 여의며 나아가 제4선의 경지를 성취하여 노닐면 이것을 어질게 죽고 어질게 목숨을 마치는 것이라고 합니다."

여러 비구들이 다시 물었다.

"비구가 어질게 죽고 어질게 목숨을 마치는 것이 그것뿐입니까?"

"여러분, 비구가 어질게 죽고 어질게 목숨을 마치는 것이 이것만은 아니오. 다시 여러분, 만일 비구가 여의족如意足・천이天耳・타심지他心

智·숙명지宿命智·생사지生死智를 얻어 번뇌를 다하면 무루無漏를 증득하여 심해탈心解脫 하고 혜해탈慧解脫 하며 현재 세계에서 스스로 알고 스스로 깨닫고 스스로 증득하여 성취하여 노닐게 됩니다. 즉 생은 이미 다하고 범행은 이미 서고 할 일은 이미 마쳐 다시는 후세의 생명을 받지 않는다는 것을 진실 그대로 압니다. 이것을 어질게 죽고 어질게 목숨을 마치는 것이라 합니다."

여러 비구들이 다시 물었다.

"비구가 어질게 죽고 어질게 목숨을 마치는 것은 그것뿐입니까?"

"여러분, 비구가 어질게 죽고 어질게 목숨을 마치는 것은 이것뿐이오."

이에 여러 비구들은 존자 아나율타의 말을 듣고 잘 받아 가져 외운 뒤에 곧 자리에서 일어나 존자 아나율타 발에 머리를 조아리고 세 번 돌고 떠나갔다.

존자 아나율타가 이렇게 말하자 여러 비구들은 존자 아나율타의 말을 듣고 기뻐하며 받들어 행하였다.

〔이 아나율타경에 수록된 경문의 글자 수는 353자이다.〕

219) 아나율타경 ②〔제5 후송〕

나는 이와 같이 들었다.

어느 때 부처님께서 사위국을 유행하실 적에 승림급고독원에 계셨다. 그때 여러 비구들은 오후가 되어 연좌에서 일어나 존자 아나율타에게 가서 머리를 조아려 그 발에 예를 올리고 물러나 한쪽에 앉아 아뢰었다.

"저희들이 묻고 싶은 것이 있습니다. 들어주시겠습니까?"

존자 아나율타가 대답하였다.

"여러분, 묻고 싶은 것이 있으면 물으시오. 내가 들은 뒤에 생각해 보리다."

여러 비구들이 물었다.

"어떤 것이 비구가 번열煩熱[10]하지 않고 죽으며 번열하지 않고 목숨을 마치는 것입니까?"

존자 아나율타가 대답하였다.

"여러분, 만일 비구가 소견이 소박하고 정직하며, 거룩한 사랑의 계〔聖愛戒〕를 얻으면 이것을 비구가 번열하지 않고 죽으며 번열하지 않고 목숨을 마친다고 말합니다."

여러 비구들이 다시 물었다.

"비구가 번열하지 않고 죽으며 번열하지 않고 목숨을 마치는 것은 그것뿐입니까?"

존자 아나율타가 대답하였다.

"여러분, 비구가 번열하지 않고 죽으며 번열하지 않고 목숨을 마치는 것은 이것만이 아니오. 여러분, 만일 비구가 안 몸을 관찰하기를 몸 그대로 관찰하고 나아가 감각〔覺〕과 마음〔心〕과 법〔法〕을 관찰할 때도 감각과 마음과 법을 사실 그대로 관찰하면 이것을 비구가 번열하지 않고 죽으며 번열하지 않고 목숨을 마친다고 말합니다."

여러 비구들이 다시 물었다.

"비구가 번열하지 않고 죽으며 번열하지 않고 목숨을 마치는 것은 그것뿐입니까?"

---

10 몸에 열이 나고 가슴속이 답답하며 괴로운 증세를 말한다.

존자 아나율타가 말하였다.

"여러분, 비구가 번열하지 않고 죽으며 번열하지 않고 목숨을 마치는 것은 이것만이 아니오. 여러분, 비구가 자애로움〔慈〕과 함께하는 마음으로 1방方을 두루 채워 성취하여 노닐고 이와 같이 2·3·4방과 4유·상하 일체를 두루 채우며 자애로움과 함께하는 마음으로 맺힘도 없고 원망도 없으며 성냄도 없고 다툼도 없으며 지극히 넓고 매우 크고 한량없는 선행을 닦아 일체 세간을 두루 채우고 성취하여 노닌다고 합시다. 이와 같이 불쌍히 여김〔悲〕·기뻐함〔喜〕도 또한 그러하며, 만일 비구가 평정〔捨〕과 함께하는 마음으로 맺힘도 없고 원망도 없으며, 성냄도 없고 다툼도 없으며, 지극히 넓고 매우 크고 한량없는 선행善行을 닦아 일체 세간을 두루 채우고 성취하여 노닌다면, 이것을 곧 비구가 번열하지 않고 죽으며 번열하지 않고 목숨을 마치는 것이라고 말합니다."

여러 비구들이 다시 물었다.

"비구가 번열하지 않고 죽으며 번열하지 않고 목숨을 마치는 것은 그것뿐입니까?"

존자 아나율타가 대답하였다.

"여러분, 비구가 번열하지 않고 죽으며 번열하지 않고 목숨을 마치는 것은 이것뿐만이 아니오. 여러분, 만일 비구가 색色에 대하여 모든 생각을 벗어나고 나아가 비유상비무상의 경계까지 성취하여 노닐면, 이것을 비구가 번열하지 않고 죽으며 번열하지 않고 목숨을 마치는 것이라고 말합니다."

여러 비구들이 다시 물었다.

"비구가 번열하지 않고 죽으며 번열하지 않고 목숨을 마치는 것은 그것뿐입니까?"

존자 아나율타가 대답하였다.

"여러분, 비구가 번열하지 않고 죽으며 번열하지 않고 목숨을 마치는 것은 이것뿐만이 아니오. 여러분, 만일 비구가 일체의 비유상비무상의 경계를 지나 상想과 지(知 : 受)가 멸한 신촉身觸을 성취하여 노닐고, 또 지혜로 관찰하여 모든 번뇌가 다하면 이것을 비구가 번열하지 않고 죽으며 번열하지 않고 목숨을 마치는 것이라고 말합니다."

여러 비구들이 다시 물었다.

"비구가 번열하지 않고 죽으며 번열하지 않고 목숨을 마치는 것은 그것뿐입니까?"

존자 아나율타가 대답하였다.

"여러분 비구가 번열하지 않고 죽으며 번열하지 않고 목숨을 마치는 것은 그것뿐입니다."

그때 여러 비구들은 존자 아나율타의 말을 듣고 잘 받아 가져 외우고 곧 자리에서 일어나 존자 아나율타 발에 머리를 조아리고 세 번 돌고 떠나갔다.

존자 아나율타가 이렇게 말하자 여러 비구들은 존자 아나율타의 말을 듣고 기뻐하며 받들어 행하였다.

〔이 아나율타경에 수록된 경문의 글자 수는 651자이다.〕

220) 견경見經[11]〔제5 후송〕

나는 이와 같이 들었다.

---

11 이 경의 이역본으로는 역자의 이름을 알 수 없는 『불설사견경佛說邪見經』이 있다.

어느 때 부처님께서 반열반하신 지 오래지 않아 존자 아난은 왕사성을 유행할 적에 죽림가란다원竹林迦蘭哆園에 있었다. 이때 어떤 이학〔異學 : 이교도〕 범지가 있었는데, 그는 존자 아난이 출가하기 전의 친구였다. 그는 오후에 천천히 거닐어 존자 아난에게 가서 서로 인사한 뒤에 물러나 한쪽에 앉아 존자 아난에게 말하였다.

"내가 묻고 싶은 것이 있소. 들어 주시겠습니까?"

존자 아난이 대답하였다.

"범지여, 묻고 싶은 것이 있으면 무엇이든 물으시오. 내가 들은 뒤에 생각해 보리다."

이교도 범지가 물었다.

"사문 구담께서는 '세상은 영원한가, 영원하지 않은가? 세상은 끝이 있는가, 끝이 없는가? 목숨이 곧 몸인가, 목숨과 몸은 다른가? 여래는 마침이 있는가, 마침이 없는가? 여래는 마침이 있기도 하고 마침이 없기도 한가, 여래는 마침이 있지도 않고 마침이 없지도 않는가?'라는 이런 소견들에 대해서는 죄다 제쳐놓고 전혀 말씀하지 않으셨습니다. 사문 구담께서는 이러한 모든 견해에 대하여 마땅히 아셔야 할 일인데 알고 계셨습니까?"

존자 아난이 대답하였다.

"범지여, 세존·여래·무소착·정진각께서는 이른바 '세상은 영원한가, 영원하지 않은가? 세상은 끝이 있는가, 끝이 없는가? 목숨이 곧 몸인가, 목숨과 몸은 다른가? 여래는 마침이 있는가, 마침이 없는가? 여래는 마침이 있기도 하고 마침이 없기도 한가, 여래는 마침이 있지도 않고 마침이 없지도 않는가?'라는 이런 견해들에 대해서는 다 제쳐놓고 전혀 말씀하지 않으셨습니다. 그러나 세존·여래·무소착·정진각께서는 이러한 모든 견해에 대하여 마땅히 알아야 할 일이었으므로 알고 계셨습니다."

이교도 범지가 다시 물었다.

"사문 구담께서는 이른바 '세상은 영원한가, 영원하지 않은가? 세상은 끝이 있는가, 끝이 없는가? 목숨이 곧 몸인가, 목숨과 몸은 다른가? 여래는 마침이 있는가, 마침이 없는가? 여래는 마침이 있기도 하고 마침이 없기도 한가, 여래는 마침이 있지도 않고 마침이 없지도 않는가?'라는 이런 견해에 대해서는 다 제쳐놓고 전혀 말씀하지 않으셨습니다. 그러면 사문 구담께서는 이러한 견해에 대해서 응당 알아야 할 것을 어떻게 아셨습니까?"

존자 아난이 대답했다.

"범지여, 세존·여래·무소착·정진각께서는 이른바 '세상은 영원한가, 영원하지 않은가? 세상은 끝이 있는가, 끝이 없는가? 목숨이 곧 몸인가, 목숨과 몸은 다른가? 여래는 마침이 있는가, 마침이 없는가? 여래는 마침이 있기도 하고 마침이 없기도 한가, 여래는 마침이 있지도 않고 마침이 없지도 않는가?'라는 이런 견해들에 대해서는 다 제쳐놓고 전혀 말씀하시지 않으셨습니다.

이교도 범지여, 그것은 곧 구具이고, 그것은 곧 수受이며, 그것은 곧 취趣이고, 그것은 곧 생生이며, 그것은 곧 후세에 이르는 것입니다. 세존·여래·무소착·정진각께서는 이른바 '세상은 영원한가, 영원하지 않은가? 세상은 끝이 있는가, 끝이 없는가? 목숨이 곧 몸인가, 목숨과 몸은 다른가? 여래는 마침이 있는가, 마침이 없는가? 여래는 마침이 있기도 하고 마침이 없기도 한가, 여래는 마침이 있지도 않고 마침이 없지도 않는가?'라는 이러한 견해들에 대해서는 다 제쳐놓고 전혀 말씀하지 않으셨지만 이 모든 견해가 그와 같음을 아셨습니다. 이런 견해에 대해서는 이와 같이 알아야 합니다."

이교도 범지가 아뢰었다.

"나는 이제 아난께 귀의하겠습니다."

존자 아난이 말하였다.

"범지여, 그대는 내게 귀의하지 마시오. 내가 부처님께 귀의한 것처럼 그대도 또한 부처님께 귀의하시오."

이학 범지가 말하였다.

"아난이여, 저는 이제 부처님과 법과 비구승에게 귀의합니다. 세존께서 저를 우바새로 받아 주시기를 바랍니다. 저는 오늘부터 이 몸이 다할 때까지 스스로 귀의하여 목숨이 다하는 그 날까지 그렇게 하겠습니다."

존자 아난이 이렇게 말하자 이학 범지는 아난의 말을 듣고 기뻐하며 받들어 행하였다.

〔이 경에 수록된 경문의 글자 수는 모두 625자이다.〕

221) 전유경箭喩經[12]〔제5 후송〕

나는 이와 같이 들었다.

어느 때 부처님께서 사위국을 유행하실 적에 승림급고독원勝林給孤獨園에 계셨다. 그때 존자 만동자鬘童子[13]는 혼자 편안하고 고요한 곳에서 연좌燕座하고 사색하다가 마음으로 이렇게 생각하였다.

"이 세상은 영원한가, 이 세상은 영원하지 않은가? 세상은 끝이 있

12 이역본으로는 역자의 이름을 알 수 없는 『불설전유경佛說箭喩經』이 있다.

13 만동자(鬘童子, Māluṅkyaputta)는 마라가구摩羅迦舅라고도 한다. 사위성舍衛城 사람으로 바사닉왕의 재무장관 아들이다. 후에 부처님을 따라 출가하여 6신통을 얻었다.

는가, 세상은 끝이 없는가? 목숨이 곧 몸인가, 목숨과 몸은 다른가? 여래는 마침이 있는가, 여래는 마침이 없는가, 여래는 마침이 있기도 하고 마침이 없기도 한가, 여래는 마침이 있지도 않고 마침이 없지도 않는가? 세존께서는 이런 소견들은 다 제쳐놓고 전혀 말씀하지 않으셨다. 그러나 나는 그것을 원하지 않고, 나는 그것을 참을 수 없으며, 나는 그것을 옳게 여기지 않는다. 만일 세존께서 나를 위하여 '세상은 영원하다'라고 분명히 말씀해 주신다면 나는 그 분을 따라 범행을 배우리라. 그러나 만일 세존께서 나를 위하여 '세상은 영원하다'라고 분명히 말씀해 주지 않으신다면 나는 그를 힐난한 뒤에 그를 버리고 떠나리라. '세상은 영원하지 않은가? 세상은 끝이 있는가, 세상은 끝이 없는가? 목숨이 곧 몸인가, 목숨과 몸은 다른가? 여래는 마침이 있는가, 여래는 마침이 없는가, 여래는 마침이 있기도 하고 마침이 없기도 한가, 여래는 마침이 있지도 않고 마침이 없지도 않는가?'라는 견해에 대해서도 마찬가지이다. 만일 세존께서 나를 위하여 '이것은 진실이요 다른 것은 다 허망한 말이다'라고 분명히 말씀해 주신다면, 나는 그분을 따라 범행을 배우리라. 그러나 만일 세존께서 나를 위하여 '이것은 진실이요 다른 것은 다 허망한 말이다'라고 분명히 말씀해 주지 않으신다면, 나는 그를 힐난한 뒤에 그를 버리고 떠나리라."

존자 만동자는 해질 무렵에 연좌에서 일어나 부처님께 나아가 머리를 조아려 예배하고 물러나 한쪽에 앉아 아뢰었다.

"세존이시여, 저는 오늘 혼자 편안하고 고요한 곳에서 연좌하고 깊이 사색에 잠겼다가 마음으로 이렇게 생각하였습니다.

'이 세상은 영원한가, 이 세상은 영원하지 않은가? 세상은 끝이 있는가, 세상은 끝이 없는가? 목숨이 곧 몸인가, 목숨과 몸은 다른가? 여래는 마침이 있는가, 여래는 마침이 없는가, 여래는 마침이 있기도 하고 마침이 없기도 한가, 여래는 마침이 있지도 않고 마침이 없지도 않는가? 세존께서는 이러한 견해에 대해서는 다 제쳐놓고 전혀 말씀하지 않으셨다.'

그러나 저는 그것을 원하지 않고 저는 그것을 참을 수 없으며 저는 그것을 옳게 여기지 않습니다. 만일 세존께서 분명하게 '세상은 영원하다'고 알고 계신다면 세존이시여, 저를 위하여 말씀하여 주소서. 만일 세존께서 '세상은 영원한가'에 대해 분명하게 알지 못하신다면 '나는 모른다'고 정직하게 말씀하여 주소서. 이와 같이 '세상은 영원하지 않은가? 세상은 끝이 있는가, 세상은 끝이 없는가? 목숨이 곧 몸인가, 목숨과 몸은 다른가? 여래는 마침이 있는가, 여래는 마침이 없는가, 여래는 마침이 있기도 하고 마침이 없기도 한가, 여래는 마침이 있지도 않고 마침이 없지도 않는가?'라는 견해에 대해서도 마찬가지입니다. 만일 세존께서 '이것은 진실이요, 다른 것은 다 허망한 말이다'라고 분명하게 아신다면 세존이시여, 저를 위하여 말씀하여 주소서. 그러나 만일 세존께서 '이것은 진실이요, 다른 것은 다 허망한 말이다'라고 분명하게 알지 못하신다면 '나는 모른다'고 정직하게 말씀하여 주소서."

세존께서 물으셨다.

"만동자야, 내가 이전에 혹 너에게 '세상은 영원하다. 그러니 너는 나를 좇아 범행을 배우라'고 말한 적이 있었더냐?"

"아닙니다. 세존이시여."

"이와 같이 '세상은 영원하지 않은가? 세상은 끝이 있는가, 세상은 끝이 없는가? 목숨이 곧 몸인가, 목숨과 몸은 다른가? 여래는 마침이 있는가, 여래는 마침이 없는가, 여래는 마침이 있기도 하고 마침이 없기도 한가, 여래는 마침이 있지도 않고 마침이 없지도 않은가?' 하는 견해에 대해서도 마찬가지이다. 내가 이전에 혹 너에게 '이것은 진실이요 다른 것은 다 허망한 말이다. 그러니 너는 나를 좇아 범행을 배우라'고 말한 적이 있었더냐?"

"아닙니다. 세존이시여."

"만동자야, 너는 이전에 혹 내게 '만일 세존께서 저에게 〈세상은 영원하다〉고 분명하게 말씀하신다면 저는 세존을 좇아 범행을 배우겠습니다'라고 말한 적이 있었더냐?"

"아닙니다. 세존이시여."

"이와 같이 '세상은 영원하지 않은가? 세상은 끝이 있는가, 세상은 끝이 없는가? 목숨이 곧 몸인가, 목숨과 몸은 다른가? 여래는 마침이 있는가, 여래는 마침이 없는가, 여래는 마침이 있기도 하고 마침이 없기도 한가, 여래는 마침이 있지도 않고 여래는 마침이 없지도 않은가?' 하는 견해에 대해서도 마찬가지이다. 만동자야, 너는 이전에 혹 내게 '만일 세존께서 저에게 〈이것은 진실이요 다른 것은 다 허망한 말이다〉라고 말씀하신다면 저는 세존을 좇아 범행을 배우겠습니다' 하고 말한 적이 있었더냐?"

"아닙니다. 세존이시여."

"만동자야, 나도 이전에 너에게 말한 일이 없고 너도 또한 이전에 내게 말한 일이 없는데, 너 미련한 사람아, 어찌하여 너는 부질없이 나를 모함하고 비방하느냐?"

이에 존자 만동자는 세존의 면전에서 직접 꾸지람을 듣고 마음으로 근심하고 슬퍼하며 머리를 떨구고 잠자코 말이 없었으나, 무엇인가 물을 것이 있는 것 같았다.

이에 세존께서 만동자를 면전에서 직접 꾸짖으신 뒤 모든 비구들에게 말씀하셨다.

"만일 어떤 어리석은 사람이 '만일 세존께서 나에게 〈세상은 영원하다〉고 분명하게 말씀해 주지 않으신다면 나는 세존을 좇아 범행을 배우지 않으리라'고 생각한다면 그 어리석은 사람은 마침내 그것을 알지 못한 채 그 중간에 목숨을 마치고 말 것이다. '세상은 영원하지 않은가? 세상은 끝이 있는가, 세상은 끝이 없는가? 목숨이 곧 몸인가, 목숨과 몸은 다른가? 여래는 마침이 있는가, 여래는 마침이 없는가, 여래는 마침이 있기도 하고 마침이 없기도 한가, 여래는 마침이 있지도 않고 마침이 없지도 않은가?' 하는 견해에 대해서도 마찬가지이다. 만일 어떤 어리석은 사람이 '만일 세존께서 나에게 〈이것은 진실이요, 다른 것은 다 허망한 말이다〉라고 분명하게 말씀하지 않으신다면 나는 세존을 좇아 범행을 배우지 않으리라'고 생각한다면, 그 어리석은 사람은 마침내 그것을 알지 못한 채 그 중간에 목숨을 마치고 말 것이다.

비유하면 마치 어떤 사람이 몸에 독화살을 맞은 것과 같다. 그가 독화살로 말미암아 매우 심한 고통을 받을 때에 그 친족들은 그를 가엾이 생각하고 불쌍히 여기며 그의 이익과 안온을 위해 곧 의사를 청하였다. 그러나 그 사람이 이런 생각을 한다고 하자.

'아직 화살을 뽑아서는 안 된다. 나는 먼저 화살을 쏜 그 사람이 어떤 성·어떤 이름·어떤 신분이며, 키는 큰가 작은가, 살결은 거친가 고운가, 얼굴 빛은 검은가 흰가, 혹은 검지도 않고 희지도 않은가, 찰리족인가 혹은 바라문·거사·공사의 종족인가, 동방·서방·북방 어느 쪽에 사는가를 알아보아야 하겠다.

아직 이 화살을 뽑아서는 안 된다. 나는 먼저 그 활이 산뽕나무로 되었는가, 뽕나무로 되었는가, 물푸레나무로 되었는가, 혹은 뿔로 되었는가를 알아보아야 하겠다.

아직 이 화살을 뽑아서는 안 된다. 나는 먼저 그 궁찰弓扎이 소 힘줄로 되었는가, 노루나 사슴 힘줄로 되었는가, 혹은 실로 되었는가를 알아보아야 하겠다.

아직 이 화살을 뽑아서는 안 된다. 나는 먼저 그 활의 색깔이 검은가, 흰가, 붉은가, 혹은 누른가를 알아보아야 하겠다.

아직 이 화살을 뽑아서는 안 된다. 나는 먼저 그 활줄이 힘줄로 되었는가, 실로 되었는가, 모시로 되었는가, 혹은 삼으로 되었는가를 알아보아야 하겠다.

아직 이 화살을 뽑아서는 안 된다. 나는 먼저 그 화살이 나무로 되었는가, 혹은 대나무로 되었는가를 알아보아야 하겠다.

아직 이 화살을 뽑아서는 안 된다. 나는 먼저 그 살촉을 화살대에 고정시킬 때 소 힘줄을 썼는가, 노루나 사슴 힘줄을 썼는가, 혹은 실을 썼는가를 알아보아야 하겠다.

아직 이 화살을 뽑아서는 안 된다. 나는 먼저 그 화살 깃이 매 털로 되었는가, 보라매나 독수리 털로 되었는가, 고니나 닭털로 되었는가, 혹은 학털로 되었는가를 알아보아야 하겠다.

아직 이 화살을 뽑아서는 안 된다. 나는 먼저 그 살촉이 넓고 길쭉하며 얇은 비錍모양인가, 창 모양인가, 혹은 양쪽으로 날이 선 칼 모양인가를 알아보아야 하겠다.

아직 이 화살을 뽑아서는 안 된다. 나는 먼저 살촉을 만든 사람이 어떤 성・어떤 이름・어떤 신분이며, 키는 큰가 작은가, 살결은 거친가 고운가, 얼굴빛은 흰가 검은가, 혹은 검지도 않고 희지도 않은가, 혹은 동방・남방・서방・북방의 어느 쪽에 사는가를 알아보아야 한다.'

그러다 보면 그 사람은 결국 그것을 알기도 전에 그 중간에 목숨을 마치고 말 것이다.

이와 같이 만일 어떤 어리석은 사람이 '세존께서 나에게 〈세상은 영원하다〉고 분명하게 말씀해 주지 않으시면, 나는 세존을 좇아 범행을 배우지 않으리라'고 생각한다면, 그 어리석은 사람은 마침내 그것을 알기도 전에 그 중간에서 목숨을 마치고 말 것이다. 이와 같이 '세상은 영원하지 않은가? 세상은 끝이 있는가, 세상은 끝이 없는가? 목숨이 곧 몸인가, 목숨과 몸은 다른가? 여래는 마침이 있는가, 여래는 마침이 없는가, 여래는 마침이 있기도 하고 없기도 한가, 여래는 마침이 있지도 않고 마침이 없지도 않은가?'라는 견해들에 대해서도 마찬가지이다. 만일 어떤 어리석은 사람이 '만일 세존께서 나에게 〈이것은 진실이요, 다른 것은 다 허망한 말이다〉라고 말씀하시지 않는다면, 나는 세존을 좇아 범행을 배우지 않으리라'고 한다면 그 어리석은 사람은 마침내 그것을 알기도 전에 그 중간에서 목숨을 마치고 말 것이다.

'세상은 영원하다'는 이런 견해 때문에 나를 좇아 범행을 배운다면 그것은 옳지 못하다. '세상은 영원하지 않은가? 세상은 끝이 있는가, 세상은 끝이 없는가? 목숨이 곧 몸인가, 목숨과 몸은 다른가? 여래는 마침이 있는가, 여래는 마침이 없는가, 여래는 마침이 있기도 하고 없기도 한가, 여래는 마침이 있지도 않고 마침이 없지도 않은가?' 하는 견해에 대해서도 마찬가지이다. 이런 견해 때문에 나를 좇아 범행을 배운다면 그것은 옳지 못하다.

'세상은 영원하다'라는 이런 소견이 있기 때문에 나를 좇아 범행을 배우지 않는다면 이것도 옳지 못하다. '세상은 영원하지 않은가? 세상은 끝이 있는가, 세상은 끝이 없는가? 목숨이 곧 몸인가, 목숨과 몸은 다른가? 여래는 마침이 있는가, 여래는 마침이 없는가, 여래는 마침이 있기도 하고 없기도 한가, 여래는 마침이 있지도 않고 마침이 없지도 않은가?'라는 견해에 대해서도 마찬가지이다. 이런 견해가 있기 때문에 나를 좇아 범행을 배우지 않는다면 이것도 옳지 못하니라.

'세상은 영원하다'라는 이런 견해가 없기 때문에 나를 좇아 범행을 배운다면 그것은 옳지 못하다. '세상은 영원하지 않은가? 세상은 끝이 있는가, 세상은 끝이 없는가? 목숨이 곧 몸인가, 목숨과 몸은 다른가? 여래는 마침이 있는가, 여래는 마침이 없는가, 여래는 마침이 있기도 하고 없기도 한가, 여래는 마침이 있지도 않고 마침이 없지도 않는가?'라는 견해에 대해서도 마찬가지이다. 이런 견해가 없기 때문에 나를 좇아 범행을 배운다면 그것은 옳지 못하다.

'세상은 영원하다'는 이런 견해가 없기 때문에 나를 좇아 범행을 배우지 않는다면 이것도 옳지 못하다. '세상은 영원하지 않는가? 세상은 끝이 있는가, 세상은 끝이 없는가? 목숨이 곧 몸인가, 목숨과 몸은 다른가? 여래는 마침이 있는가, 여래는 마침이 없는가, 여래는 마침이 있기도 하고 없기도 한가, 여래는 마침이 있지도 않고 마침이 없지도 않은가?' 하는 견해에 대해서도 마찬가지이다. 이런 견해가 없기 때문에 나를 좇아 범행을 배우지 않는다면 이것도 옳지 못하니라.

'세상은 영원하다'는 견해를 가진 사람도 남이 있고 늙음이 있으며 병이 있고 죽음이 있으며 슬픔과 울음 · 근심 · 괴로움 · 번민이 있으니 이렇게 하여 순전히 괴로움뿐인 큰 무더기가 생긴다. 이와 같이 '세상은 영원하지 않다. 세상은 끝이 있다. 세상은 끝이 없다. 목숨은 곧 몸이다. 목숨은 몸과 다르다. 여래는 마침이 있다. 여래는 마침이 없다. 여래는 마침이 있기도 하고 마침이 없기도 하다. 여래는 마침이 있지도 않고 마침이 없지도 않다'는 견해를 가진 자도 남이 있고 늙음이 있으며 병이 있고 죽음이 있으며 슬픔과 울음 · 근심 · 괴로움 · 번민이 있으니 이렇게 하여 순전히 괴로움뿐인 큰 무더기가 생기느니라.

'세상은 영원하다'고 나는 한결같이 그렇게 말하지는 않는다. 무슨 까닭으로 한결같이 그렇게 말하지 않는가? 그것은 이치와 맞지 않고 법과 맞지 않으며, 또 범행의 근본이 아니어서 지혜로 나아가지 못하고 깨달음으로 나아가지 못하며 열반으로 나아가지 못하기 때문이다. 그러므로 나는 한결같이 그렇게 말하지는 않는다. 이와 같이 '세상은 영원하지 않다. 세상은 끝이 있다. 세상은 끝이 없다. 목숨은 곧 몸이다. 목숨은 몸과 다르다. 여래는 마침이 있다. 여래는 마침이 없다. 여래는 마침이 있기도 하고 마침이 없기도 하다. 여래는 마침이 있지도 않고 마침이 없지도 않다'고 나는 한결같이 그렇게 말하지는 않는다. 무슨 까닭으로 한결같이 그렇게 말하지 않는가? 그것은 이치와 맞지 않고 법과 맞지 않으며, 또 범행의 근본이 아니어서 지혜로 나아가지 않고 깨달음으로 나아가지 않으며 열반으로 나아가지 않기 때문이다. 그러므로 나는 한결같이 그렇게 말하지는 않느니라.

그러면 나는 어떤 법을 한결같이 말하는가? 나는 이런 이치를 한결같이 말하나니, 곧 괴로움〔苦〕과 괴로움의 발생〔苦集〕과 괴로움의 소멸〔苦滅〕과 괴로움의 소멸에 이르는 길의 자취이니, 나는 이것을 한결같이 말한다. 무슨 까닭으로 나는 이것을 한결같이 말하는가? 이것은 이치와 맞고 법과 맞으며 또 이것은 범행의 근본으로서 지혜로 나아가고 깨달음으로 나아가며 열반으로 나아간다. 그러므로 나는 한결같이 이것만을 말한다. 이것이 바로 말하지 않아야 할 것은 말하지 않고 말하여야 할 것은 말한다고 하는 것이다. 너희들은 마땅히 이렇게 가지고 이렇게 배워야 하느니라."

부처님께서 이렇게 말씀하시자 모든 비구들은 부처님 말씀을 듣고 기뻐하며 받들어 행하였다.

〔이 전유경에 수록된 경문의 글자 수는 2,027자이다.〕

222) 예경例經〔제5 후송〕

나는 이와 같이 들었다.

어느 때 부처님께서 사위국을 유행하실 적에 승림급고독원에 계셨다. 그때 부처님께서 모든 비구들에게 말씀하셨다.

“비구들아, 만일 무명無明을 끊고자 한다면 마땅히 4념처念處를 닦아야 한다. 왜 무명을 끊고자 하면 4념처를 닦아야 하는가? 어느 때 여래가 세상에 나오면 무소착·등정각·명행성위·선서·세간해·무상사·도법어·천인사·불중우라 불린다. 그는 5개蓋와 나아가 마음의 더러움과 지혜의 병을 끊고 안 몸〔內身〕을 관찰하기를 몸 그대로 관찰하고 나아가 감각〔覺〕과 마음〔心〕과 법法을 관찰하기를 감각과 마음과 법 그대로 관찰한다. 이것이 이른바 무명을 끊고자 하면 마땅히 네 곳을 관찰하기를 닦아야 한다는 것이다. 이와 같이 자꾸 끊어 무명에서 해탈하고 무명을 벗어나며 무명을 빼고 끊으며 무명을 멸하고 그치게 하며 무명을 모두 알고 무명을 따로 알려고 해도 또한 그러하다.

무명을 따로 알고자 하면 마땅히 4념처를 닦아야 한다. 왜 무명을 따로 알고자 하면 4념처를 닦아야 하는가? 만일 어느 때 여래가 세상에 나오면 무소착·등정각·명행성위·선서·세간해·무상사·도법어·천인사·불중우라 불린다. 그는 나아가 5개와 마음의 더러움과 지혜의 병을 끊고 안 몸을 관찰하기를 안 몸 그대로 관찰하고 나아가 감각과 마음과 법을 관찰하기를 감각과 마음과 법 그대로 관찰한다.

이것이 이른바 무명을 따로 알고자 하면 마땅히 4념처를 닦아야 한다는 것이니라.

무명을 끊고자 하면 마땅히 4정단正斷을 닦아야 한다. 왜 무명을 끊고자 하면 4정단을 닦아야 하는가? 만일 어느 때 여래가 세상에 나오면 무소착·등정각·명행성위·선서·세간해·무상사·도법어·천인사·불중우라 불린다. 그는 나아가 5개와 마음의 더러움과 지혜의 병을 끊고 이미 생긴 악하고 착하지 않은 법을 끊기 위하여 의욕을 일으켜 방편을 구하고 꾸준히 노력하여 마음을 다해 끊고 아직 생기지 않은 악하고 착하지 않은 법은 생기지 않게 하기 위하여 의욕을 일으켜 방편을 구하고 꾸준히 노력하여 마음을 다해 끊으며 아직 생기지 않은 착한 법은 생기게 하기 위하여 의욕을 일으켜 방편을 구하고 꾸준히 노력하여 마음을 다해 끊고 이미 생긴 착한 법은 오래 머물러 잊지 않고 물러나지 않으며 더하고 자라게 하고 넓고 크게 하며 닦아 익히고 완전히 갖추기 위하여 의욕을 일으켜 방편을 구하고 꾸준히 노력하여 마음을 다해 끊는다. 이것이 이른바 무명을 끊고자 하면 마땅히 4정단을 닦아야 한다는 것이니라. 이와 같이 자꾸 끊어 해탈하고 벗어나며 뽑아 버리고 끊으며 멸하고 그치며 모두 알고 따로 알려고 해도 또한 그러하다.

무명을 따로 알고자 하면 마땅히 4정단을 닦아야 한다. 왜 무명을 따로 알고자 하면 마땅히 4정단을 닦아야 하는가? 만일 어느 때 여래가 세상에 나오면 무소착·등정각·명행성위·선서·세간해·무상사·도법어·천인사·불중우라 불린다. 그는 나아가 5개와 마음의 더러움과 지혜의 병을 끊고 이미 생긴 악하고 착하지 않은 법을 끊기 위하여 의욕을 일으켜 방편을 구하고 꾸준히 노력하여 마음을 다해 끊고 아직 생기지 않은 악하고 착하지 않은 법은 생기지 않게 하기 위하여 의욕을 일으켜 방편을 구하고 꾸준히 노력하여 마음을 다해 끊으며 아직 생기지 않은 착한 법은 생기게 하기 위하여 의욕을 일으켜 방편을 구하고 꾸준히 노력하여 마음을 다해 끊고 이미 생긴 착한 법은 오래 머물러 잊지 않고 물러나지 않으며 더하고 자라게 하고 넓고 크게 하며 닦아 익히고 완전히 갖추기 위해 의욕을 일으켜 방편을 구하고 꾸준히 노력하여 마음을 다해 끊는다. 이것이 이른바 무명을 따로 알고자 하면 마땅히 4정단을 닦아야 한다는 것이니라.

무명을 끊고자 하면 마땅히 4여의족如意足을 닦아야 한다. 왜 무명을 끊고자 하면 4여의족을 닦아야 하는가? 만일 어느 때 여래가 세상에 나오면 무소착·등정각·명행성위·선서·세간해·무상사·도법어·천인사·불중우라 불린다. 그는 나아가 5개蓋와 마음의 더러움과 지혜의 병을 끊고 욕정欲定의 여의족을 닦고 끊는 행을 성취하여 탐욕에서 떠남〔離〕을 의지하고 탐욕 없음〔無欲〕을 의지하며 번뇌의 멸함〔滅〕을 의지하여 끊어 버림〔非品〕으로 나아간다. 이와 같이 정진정精進定·심정心定을 닦는 것도 또한 그러하며 사유정思惟定의 여의족을 닦고 끊는 행을 성취하여 탐욕 여읨을 의지하고 탐욕 없음을 의지하며 번뇌의 멸함을 의지하여 끊어 버림으로 나아간다. 이것이 이른바 무명을 끊고자 하면 마땅히 4여의족을 닦아야 한다는 것이다. 이와 같이 자꾸 끊어 해탈하고 벗어나며 뽑아 버리고 끊으며 멸하고 그치며 모두 알고 따로 알려고 해도 또한 그러하다.

무명을 따로 알고자 하면 마땅히 4여의족을 닦아야 한다. 왜 무명을 따로 알고자 하면 4여의족을 닦아야 하는가? 만일 어느 때 여래가 세상에 나오면 무소착·등정각·명행성위·선서·세간해·무상사·도법어·천인사·불중우라 불린다. 그는 나아가 5개와 마음의 더러움과 지혜의 병을 끊고 욕정의 여의족을 닦고 끊는 행을 성취하여 탐욕 여읨을 의지하고 탐욕 없음을 의지하며 번뇌의 멸함을 의지하여 끊어 버림〔非品〕으로 나아간다. 이와 같이 정진정과 심정을 닦는 것도 또한 그러하며 사유정의 여의족을 닦고 끊는 행을 성취하여 탐욕 여읨을 의지하고 탐욕 없음을 의지하며 번뇌의 멸함을 의지하여 끊어 버림으로 나아간다. 이것이 이른바 무명을 따로 알고자 하면 마땅히 4여의족을 닦아야 한다는 것이니라.

무명을 끊고자 하면 마땅히 4선禪을 닦아야 한다. 왜 무명을 끊고자 하면 4선을 닦아야 하는가? 만일 어느 때 여래가 세상에 나오면 무소착·등정각·명행성위·선서·세간해·무상사·도법어·천인사·불중우라 불린다. 그는 나아가 5개와 마음의 더러움과 지혜의 병을 끊고 탐욕을 여의고 악하고 착하지 않은 법을 여의며 나아가 제4선을 성취하여 노닌다. 이것이 이른바 무명을 끊고자 하면 마땅히 4선을 닦아야 한다는 것이다. 이와 같이 자꾸 끊어 무명에서 해탈하고 무명을 벗어나며 무명을 뽑아버리고 끊으며 무명을 멸하고 그치게 하며 무명을 모두 알고 따로 알려고 해도 또한 그러하다.

무명을 따로 알고자 하면 마땅히 4선을 닦아야 한다. 왜 무명을 따로 알고자 하면 4선을 닦아야 하는가? 만일 어느 때 여래가 세상에 나오면 무소착·등정각·명행성위·선서·세간해·무상사·도법어·천인사·불중우라 불린다. 그는 나아가 5개와 마음의 더러움과 지혜의 병을 끊고 탐욕을 여의고 악하고 착하지 않은 법을 여의며 나아가 제4선을 성취하여 노닌다. 이것이 이른바 무명을 따로 알고자 하면 마땅히 4선을 닦아야 한다는 것이니라.

무명을 끊고자 하면 마땅히 5근根을 닦아야 한다. 왜 무명을 끊고자 하면 마땅히 5근을 닦아야 하는가? 만일 어느 때 여래가 세상에 나오면 무소착·등정각·명행성위·선서·세간해·무상사·도법어 · 천인사 · 불중우라 불린다. 그는 나아가 5개와 마음의 더러움과 지혜의 병을 끊고 탐욕을 여의며 믿음의 뿌리〔信根〕 · 정진의 뿌리〔精進根〕 · 생각의 뿌리〔念根〕 · 선정의 뿌리〔定根〕 · 지혜의 뿌리〔慧根〕를 닦는다. 이것이 이른바 무명을 끊고자 하면 5근을 닦아야 한다는 것이다. 이와 같이 자꾸 끊어 무명에서 해탈하고 무명을 벗어나며 무명을 뽑아 버리고 끊으며 무명을 멸하고 그치게 하며 무명을 모두 알고 따로 알려고 해도 또한 그러하다.

무명을 따로 알고자 하면 마땅히 5근을 닦아야 한다. 왜 무명을 따로 알고자 하면 5근을 닦아야 하는가? 만일 어느 때 여래가 세상에 나오면 무소착 · 등정각 · 명행성위 · 선서 · 세간해 · 무상사 · 도법어 · 천인사 · 불중우라 불린다. 그는 나아가 5개와 마음의 더러움과 지혜의 병을 끊고, 믿음의 뿌리 · 정진의 뿌리 · 생각의 뿌리 · 선정의 뿌리 · 지혜의 뿌리를 닦는다. 이것이 이른바 무명을 따로 알고자 하면 마땅히 5근을 닦아야 한다는 것이니라.

무명을 끊고자 하면 마땅히 5력力을 닦아야 한다. 왜 무명을 끊고자 하면 5력을 닦아야 하는가? 만일 어느 때 여래가 세상에 나오면 무소착 · 등정각 · 명행성위 · 선서 · 세간해 · 무상사 · 도법어 · 천인사 · 불중우라 불린다. 그는 나아가 5개와 마음의 더러움과 지혜의 병을 끊고 믿음의 힘〔信力〕 · 정진의 힘〔精進力〕 · 생각의 힘〔念力〕 · 선정의 힘〔定力〕 · 지혜의 힘〔慧力〕을 닦는다. 이것이 이른바 무명을 끊고자 하면 마땅히 5력을 닦아야 한다는 것이다. 이와 같이 자꾸 끊어 무명에서 해탈하고 무명을 벗어나며 무명을 뽑아버리고 끊으며 무명을 멸하고 그치게 하며 무명을 모두 알고 따로 알려고 해도 또한 그러하다.

무명을 따로 알고자 하면 마땅히 5력力을 닦아야 한다. 왜 무명을 따로 알고자 하면 마땅히 5력을 닦아야 하는가? 만일 어느 때 여래가 세상에 나오면 무소착·등정각·명행성위·선서·세간해·무상사·도법어·천인사·불중우라 불린다. 그는 나아가 5개와 마음의 더러움과 지혜의 병을 끊고 믿음의 힘·정진의 힘·생각의 힘·선정의 힘·지혜의 힘을 닦는다. 이것이 이른바 무명을 따로 알고자 하면 마땅히 5력을 닦아야 한다는 것이니라.

만일 무명을 끊고자 하면 마땅히 7각지覺支를 닦아야 한다. 왜 무명을 끊고자 하면 7각지를 닦아야 하는가? 만일 어느 때 여래가 세상에 나오면 무소착·등정각·명행성위·선서·세간해·무상사·도법어·천인사·불중우라 불린다. 그는 나아가 5개와 마음의 더러움과 지혜의 병을 끊고 염각지念覺支를 닦아 탐욕 여읨을 의지하고 탐욕 없음을 의지하며 번뇌의 멸함을 의지하여 끊어 버림〔非品〕으로 나아간다. 이와 같이 법각지法覺支·정진각지精進覺支·희각지喜覺支·식각지息覺支·정각지定覺支를 닦고 사각지捨覺支를 닦아 탐욕 여읨을 의지하고 탐욕 없음을 의지하며 번뇌의 멸함을 의지하여 끊어 버림〔非品〕으로 나아간다. 이것이 이른바 무명을 끊고자 하면 마땅히 7각지를 닦아야 한다는 것이다. 이와 같이 자꾸 끊어 무명에서 해탈하고 무명을 벗어나며 무명을 뽑아 버리고 끊으며 무명을 멸하고 그치게 하며 무명을 모두 알고 따로 알려고 해도 또한 그러하다.

무명을 따로 알고자 하면 마땅히 7각지를 닦아야 한다. 왜 무명을 따로 알고자 하면 마땅히 7각지를 닦아야 하는가? 만일 어느 때 여래가 세상에 나오면 무소착·등정각·명행성위·선서·세간해·무상사·도법어·천인사·불중우라 불린다. 그는 나아가 5개와 마음의 더러움과 지혜의 병을 끊고 염각지를 닦아 탐욕 여읨을 의지하고 탐욕 없음을 의지하며 번뇌의 멸함을 의지하여 끊어 버림〔非品〕으로 나아간다. 이와 같이 법각지·정진각지·희각지·식각지·정각지를 닦고 사각지를 닦아 탐욕 여읨을 의지하고 탐욕 없음을 의지하며 번뇌의 멸함을 의지하여 끊어 버림〔非品〕으로 나아간다. 이것이 이른바 무명을 따로 알고자 하면 마땅히 7각지를 닦아야 한다는 것이니라.

무명을 끊고자 하면 마땅히 8성도聖道를 닦아야 한다. 왜 무명을 끊고자 하면 8성도를 닦아야 하는가? 만일 어느 때 여래가 세상에 나오면 무소착·등정각·명행성위·선서·세간해·무상사·도법어·천인사·불중우라 불린다. 그는 나아가 5개와 마음의 더러움과 지혜의 병을 끊고 바른 소견〔正見〕을 닦고 내지 바른 선정〔正定〕 등 여덟 가지를 닦는다. 이것이 이른바 무명을 끊고자 하면 8성도를 닦아야 한다는 것이다. 이와 같이 자꾸 끊어 무명에서 해탈하고 무명을 벗어나며 무명을 뽑아 버리고 끊으며 무명을 멸하고 그치게 하며 무명을 모두 알고 따로 알려고 해도 또한 그러하다.

만일 무명을 따로 알고자 하면 마땅히 8성도를 닦아야 한다. 왜 무명을 끊고자 하면 마땅히 8성도를 닦아야 하는가? 만일 어느 때 여래가 세상에 나오면 무소착·등정각·명행성위·선서·세간해·무상사·도법어·천인사·불중우라 불린다. 그는 나아가 5개와 마음의 더러움과 지혜의 병을 끊고 바른 소견을 닦고 내지 바른 선정 등의 여덟 가지를 닦는다. 이것이 이른바 무명을 따로 알고자 하면 마땅히 8성도를 닦아야 한다는 것이니라.

무명을 끊고자 하면 마땅히 열 가지 일체처一切處를 닦아야 한다. 왜 무명을 끊고자 하면 열 가지 일체처를 닦아야 하는가? 만일 어느 때 여래가 세상에 나오면 무소착·등정각·명행성위·선서·세간해·무상사·도법어·천인사·불중우라 불린다. 그는 나아가 5개와 마음의 더러움과 지혜의 병을 끊고 첫째로 땅의 일체 경계, 곧 4유維와 상·하에 둘이 아닌 한량없는 땅의 일체 경계〔地一切處〕를 닦는다. 이와 같이 물의 일체 경계〔水一切處〕·불의 일체 경계〔火一切處〕·바람의 일체 경계〔風一切處〕·파랑의 일체 경계〔靑一切處〕·노랑의 일체 경계〔黃一切處〕·빨강의 일체 경계〔赤一切處〕·하얀색의 일체 경계〔白一切處〕·한량없는 허공의 일체 경계〔無量空處一切處〕를 닦는다. 열째로 한량없는 식識의 일체 경계, 곧 4유와 상·하에 둘이 아닌 한량없는 식의 일체 경계〔無量識處一切處〕를 닦는다. 이것이 무명을 끊고자 하면 열 가지 일체처를 닦아야 한다는 것이다. 이와 같이 자꾸 끊어 무명에서 해탈하고 무명을 벗어나며 무명을 뽑아 버리고 끊으며 무명을 멸하고 그치게 하며 무명을 모두 알고 따로 알려고 해도 또한 그러하니라.

무명을 따로 알고자 하면 마땅히 열 가지 일체처를 닦아야 한다. 왜 무명을 따로 알고자 하면 마땅히 열 가지 일체처를 닦아야 하는가? 만일 어느 때 여래가 세상에 나오면 무소착·등정각·명행성위·선서·세간해·무상사·도법어·천인사·불중우라 불린다. 그는 나아가 5개와 마음의 더러움과 지혜의 병을 끊고 첫째로 땅의 일체 경계, 곧 4유와 상·하에 둘이 아닌 한량없는 땅의 일체 경계를 닦는다. 이와 같이 물의 일체 경계·불의 일체 경계·바람의 일체 경계·파랑의 일체 경계·노랑의 일체 경계·빨강의 일체 경계·하양의 일체 경계·한량없는 허공의 일체 경계를 닦는다. 열째로 한량없는 식의 일체 경계, 곧 4유와 상·하에 둘이 아닌 한량없는 식의 일체 경계를 닦는다. 이것이 무명을 따로 알고자 하면 마땅히 열 가지 일체처를 닦아야 한다는 것이니라.

무명을 끊고자 하면 마땅히 열 가지 무학법無學法을 닦아야 한다. 왜 무명을 끊고자 하면 열 가지 무학법을 닦아야 하는가? 만일 어느 때 여래가 세상에 나오면 무소착·등정각·명행성위·선서·세간해·무상사·도법어·천인사·불중우라 불린다. 그는 나아가 5개와 마음의 더러움과 지혜의 병을 끊고 무학(無學 : 阿羅漢)의 바른 소견을 닦고 내지 무학의 바른 지혜를 닦는다. 이것이 이른바 무명을 끊고자 하면 마땅히 열 가지 무학법을 닦아야 한다는 것이니라. 이와 같이 자꾸 끊어 무명에서 해탈하고 무명을 벗어나며 무명을 뽑아 버리고 끊으며 무명을 멸하고 그치게 하며 무명을 모두 알고 따로 알려고 해도 또한 그러하니라.

무명을 따로 알고자 하면 마땅히 열 가지 무학법을 닦아야 한다. 왜 무명을 따로 알고자 하면 마땅히 열 가지 무학법을 닦아야 하는가? 만일 어느 때 여래가 세상에 나오면 무소착·등정각·명행성위·선서·세간해·무상사·도법어·천인사·불중우라 불린다. 그는 나아가 5개와 마음의 더러움과 지혜의 병을 끊고, 무학의 바른 소견을 닦고 내지 무학의 바른 지혜를 닦는다. 이것이 이른바 무명을 따로 알고자 하면 마땅히 열 가지 무학법을 닦아야 한다는 것이니라.

무명無明과 같이 행行도 또한 그러하고 행과 같이 식識도 또한 그러하며 식과 같이 명색名色도 또한 그러하고 명색과 같이 6처處도 또한 그러하며 6처와 같이 갱락更樂도 또한 그러하고 갱락과 같이 각覺도 또한 그러하며 각과 같이 애愛도 또한 그러하고 애와 같이 수受도 또한 그러하며 수와 같이 유有도 또한 그러하고 유와 같이 생生도 또한 그러하니라.

늙음과 죽음〔老死〕을 끊고자 하면 마땅히 4념처念處를 닦아야 한다. 왜 늙음과 죽음을 끊고자 하면 마땅히 4념처를 닦아야 하는가? 만일 어느 때 여래가 세상에 나오면 무소착·등정각·명행성위·선서·세간해·무상사·도법어·천인사·불중우라 불린다. 그는 나아가 5개와 마음의 더러움과 지혜의 병을 끊고, 안 몸〔內身〕을 관찰하기를 안 몸 그대로 관찰하고, 내지 느낌〔覺〕과 마음〔心〕과 법法을 관찰하기를 느낌과 마음과 법 그대로 관찰한다. 이것이 이른바 늙음과 죽음을 끊고자 하면 마땅히 4념처를 닦아야 한다는 것이니라. 이와 같이 자꾸 끊어 늙음과 죽음에서 해탈하고 늙음과 죽음을 벗어나며, 늙음과 죽음을 멸하고 그치게 하며, 늙음과 죽음을 모두 알고, 따로 알려고 해도 또한 그러하니라.

늙음과 죽음을 따로 알고자 하면 마땅히 4념처를 닦아야 한다. 왜 늙음과 죽음을 따로 알고자 하면 마땅히 4념처를 닦아야 하는가? 만일 어느 때 여래가 세상에 나오면 무소착·등정각·명행성위·선서·세간해·무상사·도법어·천인사·불중우라 불린다. 그는 나아가 5개와 마음의 더러움과 지혜의 병을 끊고, 안 몸을 관찰하기를 안 몸 그대로 관찰하고, 내지 느낌과 마음과 법을 관찰하기를 감각과 마음과 법 그대로 관찰한다. 이것이 이른바 늙음과 죽음을 따로 알고자 하면 마땅히 4념처를 닦아야 한다는 것이니라.

늙음과 죽음을 끊고자 하면 마땅히 4정단正斷을 닦아야 한다. 왜 늙음과 죽음을 끊고자 하면 마땅히 4정단을 닦아야 하는가? 만일 어느 때 여래가 세상에 나오면 무소착·등정각·명행성위·선서·세간해·무상사·도법어·천인사·불중우라 불린다. 그는 나아가 5개와 마음의 더러움과 지혜의 병을 끊고 이미 생긴 악하고 착하지 않은 법을 끊기 위하여 의욕을 일으켜 방편을 구하고 꾸준히 노력하여 마음을 다해 끊고 아직 생기지 않은 악하고 착하지 않은 법은 생기지 않게 하기 위하여 의욕을 일으켜 방편을 구하고 꾸준히 노력하여 마음을 다해 끊으며 아직 생기지 않은 착한 법은 생기게 하기 위하여 의욕을 일으켜 방편을 구하고 꾸준히 노력하여 마음을 다해 끊는다. 이미 생긴 착한 법은 오래 머물러 잊지 않고 물러나지 않으며 더하고 자라게 하고 넓고 크게 하며 닦아 익히고 완전히 갖추기 위하여 의욕을 일으켜 방편을 구하고 꾸준히 노력하여 마음을 다해 끊는다. 이것이 이른바 늙음과 죽음을 끊고자 하면 마땅히 4정단을 닦아야 한다는 것이다. 이와 같이 자꾸 끊어 늙음과 죽음에서 해탈하고 늙음과 죽음을 벗어나며 늙음과 죽음을 뽑아 버리고 끊으며 늙음과 죽음을 멸하고 그치게 하며 늙음과 죽음을 모두 알고 따로 알려고 해도 또한 그러하니라.

늙음과 죽음을 따로 알고자 하면 마땅히 4정단을 닦아야 한다. 왜 늙음과 죽음을 따로 알고자 하면 마땅히 4정단을 닦아야 하는가? 만일 어느 때 여래가 세상에 나오면 무소착·등정각·명행성위·선서·세간해·무상사·도법어·천인사·불중우라 불린다. 그는 나아가 5개와 마음의 더러움과 지혜의 병을 끊고 이미 생긴 악하고 착하지 않은 법을 끊기 위하여 의욕을 일으켜 방편을 구하고 꾸준히 노력하여 마음을 다해 끊고 아직 생기지 않은 악하고 착하지 않은 법은 생기지 않게 하기 위하여 의욕을 일으켜 방편을 구하고 꾸준히 노력하여 마음을 다해 끊으며 아직 생기지 않은 착한 법은 생기게 하기 위하여 의욕을 일으켜 방편을 구하고 꾸준히 노력하여 마음을 다해 끊는다. 이미 생긴 착한 법은 오래 머물러 잊지 않고 물러나지 않으며 더하고 자라게 하며 넓고 크게 하며 닦아 익히고 완전히 갖추기 위하여 욕심을 내어 방편을 구하고 꾸준히 노력하여 마음을 다해 끊는다. 이것이 이른바 늙음과 죽음을 따로 알고자 하면 마땅히 4정단을 닦아야 한다는 것이니라.

늙음과 죽음을 끊고자 하면 마땅히 4여의족如意足을 닦아야 한다. 왜 늙음과 죽음을 끊고자 하면 4여의족을 닦아야 하는가? 만일 어느 때 여래가 세상에 나오면 무소착·등정각·명행성위·선서·세간해·무상사·도법어·천인사·불중우라 불린다. 그는 나아가 5개와 마음의 더러움과 지혜의 병을 끊고 욕정欲定의 여의족을 닦고 끊는 행을 성취하여 탐욕에서 떠남〔離〕을 의지하고 탐욕 없음〔無欲〕을 의지하며 번뇌의 멸함〔滅〕을 의지하여 끊어 버림〔非品〕으로 나아가다. 이와 같이 정진정精進定의 여의족·심정心定의 여의족을 닦는다는 것도 또한 그러하다. 사유정思惟定의 여의족을 닦고, 끊는 행을 성취하여 탐욕 여읨을 의지하고 탐욕 없음을 의지하며 번뇌의 멸함을 의지하여 끊어 버림〔非品〕으로 나아간다. 이것이 이른바 늙음과 죽음을 끊고자 하면 마땅히 4여의족을 닦아야 한다는 것이다. 이와 같이 자꾸 끊어 늙음과 죽음에서 해탈하고, 늙음과 죽음에서 벗어나며, 늙음과 죽음을 뽑아 버리고 끊으며, 늙음과 죽음을 멸하고 그치게 하며 늙음과 죽음을 모두 알고 따로 알려고 해도 또한 그러하니라.

늙음과 죽음을 따로 알고자 하면 마땅히 4여의족을 닦아야 한다. 왜 늙음과 죽음을 따로 알고자 하면 마땅히 4여의족을 닦아야 하는가? 만일 어느 때 여래가 세상에 나오면 무소착·등정각·명행성위·선서·세간해·무상사·도법어·천인사·불중우라 불린다. 그는 나아가 5개와 마음의 더러움과 지혜의 병을 끊고, 욕정의 여의족을 닦고 끊는 행을 성취하여 탐욕 여읨을 의지하고 탐욕 없음을 의지하며 번뇌의 멸함을 의지하여 끊어 버림〔非品〕으로 나아간다. 이와 같이 정진정의 여의족과 심정의 여의족을 닦는 것도 또한 그러하다. 사유정의 여의족을 닦고 끊는 행을 성취하여 탐욕 여읨을 의지하고 탐욕 없음을 의지하며 번뇌의 멸함을 의지하여 끊어 버림〔非品〕으로 나아간다. 이것이 이른바 늙음과 죽음을 따로 알고자 하면 마땅히 4여의족을 닦아야 한다는 것이니라.

늙음과 죽음을 끊고자 하면 마땅히 4선禪을 닦아야 한다. 왜 늙음과 죽음을 끊고자 하면 마땅히 4선을 닦아야 하는가? 만일 어느 때 여래가 세상에 나오면 무소착·등정각·명행성위·선서·세간해·무상사·도법어·천인사·불중우라 불린다. 그는 나아가 5개와 마음의 더러움과 지혜의 병을 끊고 탐욕을 여의고 악하고 착하지 않은 법을 여의며 나아가 제4선을 성취하여 노닌다. 이것이 이른바 늙음과 죽음을 끊고자 하면 마땅히 4선을 닦아야 한다는 것이다. 이와 같이 자꾸 끊어 늙음과 죽음에서 해탈하고 늙음과 죽음에서 벗어나며 늙음과 죽음을 뽑아 버리고 끊으며 늙음과 죽음을 멸하고 그치게 하며 늙음과 죽음을 모두 알고 따로 알려고 해도 또한 그러하니라.

늙음과 죽음을 따로 알고자 하면 마땅히 4선을 닦아야 한다. 왜 늙음과 죽음을 따로 알고자 하면 마땅히 4선을 닦아야 하는가? 만일 어느 때 여래가 세상에 나오면 무소착·등정각·명행성위·선서·세간해·무상사·도법어·천인사·불중우라 불린다. 그는 나아가 5개와 마음의 더러움과 지혜의 병을 끊고 탐욕을 여의고 악하고 착하지 않은 법을 여의며 나아가 제4선을 성취하여 노닌다. 이것이 이른바 늙음과 죽음을 따로 알고자 하면 마땅히 4선을 닦아야 한다는 것이니라.

늙음과 죽음을 끊고자 하면 마땅히 5근根을 닦아야 한다. 왜 늙음과 죽음을 끊고자 하면 마땅히 5근을 닦아야 하는가? 만일 어느 때 여래가 세상에 나오면 무소착·등정각·명행성위·선서·세간해·무상사·도법어·천인사·불중우라 불린다. 그는 나아가 5개와 마음의 더러움과 지혜의 병을 끊고 믿음의 뿌리〔信根〕·정진의 뿌리〔精進根〕·생각의 뿌리〔念根〕·선정의 뿌리〔定根〕·지혜의 뿌리〔慧根〕를 닦는다. 이것이 이른바 늙음과 죽음을 끊고자 하면 마땅히 5근을 닦아야 한다는 것이니라. 이와 같이 자꾸 끊어 늙음과 죽음에서 해탈하고 늙음과 죽음에서 벗어나며 늙음과 죽음을 뽑아 버리고 끊으며 늙음과 죽음을 멸하고 그치게 하며 늙음과 죽음을 모두 알고 따로 알려고 해도 또한 그러하니라.

늙음과 죽음을 따로 알고자 하면 마땅히 5근을 닦아야 한다. 왜 늙음과 죽음을 끊고자 하면 마땅히 5근을 닦아야 하는가? 만일 어느 때 여래가 세상에 나오면 무소착·등정각·명행성위·선서·세간해·무상사·도법어·천인사·불중우라 불린다. 그는 나아가 5개와 마음의 더러움과 지혜의 병을 끊고 믿음의 뿌리·정진의 뿌리·생각의 뿌리·선정의 뿌리·지혜의 뿌리를 닦는다. 이것이 이른바 늙음과 죽음을 따로 알고자 하면 마땅히 5근을 닦아야 한다는 것이니라.

늙음과 죽음을 끊고자 하면 마땅히 5력力을 닦아야 한다. 왜 늙음과 죽음을 끊고자 하면 5력을 닦아야 하는가? 만일 어느 때 여래가 세상에 나오면 무소착·등정각·명행성위·선서·세간해·무상사·도법어·천인사·불중우라 불린다. 그는 나아가 5개와 마음의 더러움과 지혜의 병을 끊고 믿음의 힘〔信力〕·정진의 힘〔精進力〕·생각의 힘〔念力〕·선정의 힘〔定力〕·지혜의 힘〔慧力〕을 닦는다. 이것이 이른바 늙음과 죽음을 끊고자 하면 마땅히 다섯 가지 힘을 닦아야 한다는 것이다. 이와 같이 자꾸 끊어 늙음과 죽음에서 해탈하고 늙음과 죽음에서 벗어나며 늙음과 죽음을 뽑아 버리고 끊으며 늙음과 죽음을 멸하고 그치게 하며 늙음과 죽음을 모두 알고 따로 알려고 해도 또한 그러하니라.

늙음과 죽음을 따로 알고자 하면 마땅히 5력을 닦아야 한다. 왜 늙음과 죽음을 따로 알고자 하면 마땅히 5력을 닦아야 하는가? 만일 어느 때 여래가 세상에 나오면 무소착·등정각·명행성위·선서·세간해·무상사·도법어·천인사·불중우라 불린다. 그는 나아가 5개와 마음의 더러움과 지혜의 병을 끊고 믿음의 힘·정진의 힘·생각의 힘·선정의 힘·지혜의 힘을 닦는다. 이것이 이른바 늙음과 죽음을 따로 알고자 하면 마땅히 다섯 가지 힘을 닦아야 한다는 것이니라.

늙음과 죽음을 끊고자 하면 마땅히 7각지覺支를 닦아야 한다. 왜 늙음과 죽음을 끊고자 하면 마땅히 7각지를 닦아야 하는가? 만일 어느 때 여래가 세상에 나오면 무소착·등정각·명행성위·선서·세간해·무상사·도법어·천인사·불중우라 불린다. 그는 나아가 5개와 마음의 더러움과 지혜의 병을 끊고 염각지念覺支를 닦아 탐욕 여읨을 의지하고 탐욕 없음을 의지하며 번뇌의 멸함을 의지하여 끊어 버림〔非品〕으로 나아간다. 이와 같이 법각지法覺支·정진각지精進覺支·희각지喜覺支·식각지息覺支·정각지定覺支를 닦는 것도 또한 그러하다. 사각지捨覺支를 닦아 탐욕 여읨을 의지하고 탐욕 없음을 의지하며 번뇌의 멸함을 의지하여 끊어 버림〔非品〕으로 나아간다. 이것이 이른바 늙음과 죽음을 끊고자 하면 마땅히 7각지를 닦아야 한다는 것이다. 이와 같이 자꾸 끊어 늙음과 죽음에서 해탈하고 늙음과 죽음에서 벗어나며 늙음과 죽음을 뽑아 버리고 끊으며 늙음과 죽음을 멸하고 그치게 하며 늙음과 죽음을 모두 알고 따로 알려고 해도 또한 그러하니라.

늙음과 죽음을 따로 알고자 하면 마땅히 7각지를 닦아야 한다. 왜 늙음과 죽음을 따로 알고자 하면 마땅히 7각지를 닦아야 하는가? 만일 어느 때 여래가 세상에 나오면 무소착·등정각·명행성위·선서·세간해·무상사·도법어·천인사·불중우라 불린다. 그는 나아가 5개와 마음의 더러움과 지혜의 병을 끊고 염각지를 닦아 탐욕 여읨을 의지하고 탐욕 없음을 의지하며 번뇌의 멸함을 의지하여 끊어 버림〔非品〕으로 나아간다. 이와 같이 법각지·정진각지·희각지·식각지·정각지를 닦는 것도 또한 그러하다. 사각지를 닦아 탐욕 여읨을 의지하고 탐욕 없음을 의지하며 번뇌의 멸함을 의지하여 끊어 버림〔非品〕으로 나아간다. 이것이 이른바 늙음과 죽음을 따로 알고자 하면 마땅히 7각지를 닦아야 한다는 것이니라.

늙음과 죽음을 끊고자 하면 마땅히 8성도聖道를 닦아야 한다. 왜 늙음과 죽음을 끊고자 하면 마땅히 8성도를 닦아야 하는가? 만일 어느 때 여래가 세상에 나오면 무소착·등정각·명행성위·선서·세간해·무상사·도법어·천인사·불중우라 불린다. 그는 나아가 5개와 마음의 더러움과 지혜의 병을 끊고 바른 소견〔正見〕 내지 바른 선정〔正定〕 등 여덟 가지를 닦는다. 이것이 이른바 늙음과 죽음을 끊고자 하면 마땅히 8성도를 닦아야 한다는 것이다. 이와 같이 자꾸 끊어 늙음과 죽음에서 해탈하고 늙음과 죽음에서 벗어나며 늙음과 죽음을 뽑아 버리고 끊으며 늙음과 죽음을 멸하고 그치게 하며 늙음과 죽음을 모두 알고 따로 알려고 해도 또한 그러하니라.

늙음과 죽음을 따로 알고자 하면 마땅히 8성도를 닦아야 한다. 왜 늙음과 죽음을 따로 알고자 하면 마땅히 8성도를 닦아야 하는가? 만일 어느 때 여래가 세상에 나오면 무소착·등정각·명행성위·선서·세간해·무상사·도법어·천인사·불중우라 불린다. 그는 나아가 5개와 마음의 더러움과 지혜의 병을 끊고 바른 소견 내지 바른 선정 등의 여덟 가지를 닦는다. 이것이 이른바 늙음과 죽음을 따로 알고자 하면 마땅히 8성도를 닦아야 한다는 것이니라.

늙음과 죽음을 끊고자 하면 마땅히 10일체처一切處를 닦아야 한다. 왜 늙음과 죽음을 끊고자 하면 마땅히 10일체처를 닦아야 하는가? 만일 어느 때 여래가 세상에 나오면 무소착·등정각·명행성위·선서·세간해·무상사·도법어·천인사·불중우라 불린다. 그는 나아가 5개와 마음의 더러움과 지혜의 병을 끊고 첫째로 땅의 일체 경계, 곧 4유維와 상·하에 둘이 아닌 한량없는 땅의 일체 경계〔地一切處〕를 닦는다. 이와 같이 물의 일체 경계〔水一切處〕·불의 일체 경계〔火一切處〕·바람의 일체 경계〔風一切處〕·파랑의 일체 경계〔青一切處〕·노랑의 일체 경계〔黃一切處〕·빨강의 일체 경계〔赤一切處〕·하양의 일체 경계〔白一切處〕·한량없는 허공의 일체 경계〔無量空處一切處〕를 닦는다. 열째로 한량없는 식의 일체 경계, 곧 4유와 상·하에 둘이 아닌 한량없는 식의 일체 경계〔無量識處一切處〕를 닦는다. 이것이 이른바 늙음과 죽음을 끊고자 하면 마땅히 10일체처를 닦아야 한다는 것이다. 이와 같이 자꾸 끊어 늙음과 죽음에서 해탈하고 늙음과 죽음에서 벗어나며 늙음과 죽음을 뽑아 버리고 끊으며 늙음과 죽음을 멸하고 그치게 하며 늙음과 죽음을 모두 알고 따로 알려고 해도 또한 그러하니라.

늙음과 죽음을 따로 알고자 하면 마땅히 10일체처를 닦아야 한다. 왜 늙음과 죽음을 따로 알고자 하면 마땅히 10일체처를 닦아야 하는가? 만일 어느 때 여래가 세상에 나오면 무소착·등정각·명행성위·선서·세간해·무상사·도법어·천인사·불중우라 불린다. 그는 나아가 5개와 마음의 더러움과 지혜의 병을 끊고 첫째로 땅의 일체 경계, 곧 4유와 상·하에 둘이 아닌 한량없는 땅의 일체 경계를 닦는다. 이와 같이 물의 일체 경계·불의 일체 경계·바람의 일체 경계·파랑의 일체 경계·노랑의 일체 경계·빨강의 일체 경계·하양의 일체 경계·한량없는 허공의 일체 경계를 닦는다. 열째로 한량없는 식의 일체 경계, 곧 4유와 상·하에 둘이 아닌 한량없는 식의 일체 경계를 닦는다. 이것이 늙음과 죽음을 따로 알고자 하면 마땅히 10일체처를 닦아야 한다는 것이니라.

늙음과 죽음을 끊고자 하면 마땅히 10무학법無學法을 닦아야 한다. 왜 늙음과 죽음을 끊고자 하면 마땅히 10무학법을 닦아야 하는가? 만일 어느 때 여래가 세상에 나오면 무소착·등정각·명행성위·선서 · 세간해 · 무상사 · 도법어 · 천인사 · 불중우라 불린다. 그는 나아가 5개와 마음의 더러움과 지혜의 병을 끊고 무학(無學 : 阿羅漢)의 바른 소견과 내지 무학의 바른 지혜를 닦는다. 이것이 이른바 늙음과 죽음을 끊고자 하면 마땅히 10무학법을 닦아야 한다는 것이다. 이와 같이 자꾸 끊어 늙음과 죽음에서 해탈하고 늙음과 죽음에서 벗어나며 늙음과 죽음을 뽑아 버리고 끊으며 늙음과 죽음을 멸하고 그치게 하며 늙음과 죽음을 모두 알고 따로 알려고 해도 또한 그러하니라.

늙음과 죽음을 따로 알고자 하면 마땅히 10무학법을 닦아야 한다. 왜 늙음과 죽음을 따로 알고자 하면 마땅히 10무학법을 닦아야 하는가? 만일 어느 때 여래가 세상에 나오면 무소착 · 등정각 · 명행성위 · 선서 · 세간해 · 무상사 · 도법어 · 천인사 · 불중우라 불린다. 그는 나아가 5개와 마음의 더러움과 지혜의 병을 끊고 무학의 바른 소견과 내지 무학의 바른 지혜를 닦는다. 이것이 이른바 늙음과 죽음을 따로 알고자 하면 마땅히 10무학법을 닦아야 한다는 것이니라."

부처님께서 이렇게 말씀하시자 모든 비구들은 부처님 말씀을 듣고 기뻐하며 받들어 행하였다.

〔이 예경에 수록된 경문의 글자 수는 4,873자이다. 『중아함경』 제60권에 수록된 경문의 글자 수는 모두 11,377자이고, 「예품」에 수록된 경문의 글자 수는 모두 22,149자이다.〕

후출중아함경기後出中阿含經記

예전에 석법사釋法師[1]가 장안長安에서 『중아함경』·『증일아함경』·『아비담』·『광설廣說』[2]·『승가라차소집경僧伽羅叉所集經』·『아비담심론阿毘曇心論』·『존바수밀경尊婆須蜜經』·『삼법도론三法度論』·『이중종해탈二衆從解脫』·『종해탈연從解脫緣』을 번역해냈다. 이 모든 경과 율전은 모두 일백여만 자나 되는데, 대부분 근본 뜻과 어긋나고 취지를 잃어버려 이름과 실상이 서로 맞지 않고 글 짓는 일에 능숙치 못해 문장과 내용에도 차질이 있으니, 진실로 번역해낸 사람이 진晉나라 말에 익숙하지 못했기 때문에 그렇게 된 것이리라.

때마침 연燕나라와 진秦나라 사이에 전쟁이 벌어져서 관중關中이 크게 혼란에 빠졌었다. 그리하여 훌륭한 장인匠人들이 세상을 등졌기 때문에 바르게 고치는 작업을 할 수가 없었다. 그렇게 여러 해가 지나 관동關東지방이 조금 안정을 찾을 무렵에 기주冀州 출신의 도인道人 석법화釋法和[3]와 계빈罽賓사문 승가제화僧伽提和[4]가 그 문도門徒들을 불러

1 담마난제曇摩難提라고도 하며, 중국말로 번역하여 법희法喜라고 한다. 부진符秦 건원 20년(384)에 중국 장안長安에 와서 도안道安·축불념竺佛念과 함께 『중아함경中阿含經』·『증일아함경增壹阿含經』·『비담심毘曇心』 등 106권을 번역하였다.

2 『비바사아비담毘婆沙阿毘曇』을 말한다.

3 영양滎陽 사람으로 젊어서 도안스님과 같이 공부하였으며, 촉蜀 땅 양평사陽平寺에

모아서 함께 낙양洛陽을 유행遊行하면서 4·5년 동안 연구하고 강론하여 마침내 정밀해졌다.

그 사람은 차츰 한어(漢語 : 漢文 語法)에 밝아지게 되었는데, 그렇게 된 연후에 비로소 선인들의 번역이 잘못되었음을 알게 되었다. 그리하여 석법화는 선인들의 잘못에 대하여 유감스럽게 생각하고 곧 승가제화를 따라서 『아비담』과 『광설』을 다시 번역 출간하였다. 이런 이후로 이 여러 경전과 율전들이 차츰차츰 올바르게 번역되기 시작하였으나, 『중아함경』·『승가라차소집경』·『존바수밀경』·『종해탈연』만은 미쳐 다시 번역하여 출간하지 못했다.

때마침 승가제화가 그 나라 수도〔京師〕를 유람하면서 시운에 호응하여 그 교화를 유포하여 불법을 강좌(江左 : 江東)에 펼쳤다. 그때 진晉나라의 큰 장자長者인 상서령尙書令 위장군衛將軍과 동정후東亭侯 왕원림王元琳 우바새優婆塞가 늘 바른 법을 보호하고 지키는 일이 자신들의 임무라고 생각하여 즉시 단월(檀越 : 시주하는 사람)이 되었다. 그리하여 그들은 경전을 번역 출간할 목적으로 정사(精舍 : 사찰)를 세우고 도력이 있는 석혜지釋慧持 등 의학義學사문 40여 명을 초청해 맞아들여 편안하고 조용한 장소를 만들어 드리고 필요로 하는 물품〔四事〕을 대주어 부족함이 없게 하였다. 또 경사經師인 승가라차僧伽羅叉를 초청해 여러 해 동안 오래오래 공양하였다. 그런 연후에 진晉 융안隆安 원년元年 정유丁酉, 397 11월 10일에 양주揚州 단양군丹陽郡 건강현建康縣에 정사를 짓고 이 『중아함경』을 다시 번역하여 출간하였다.

머물렀다.

4 중천衆天이라고 번역함. 성은 구담瞿曇으로 인도 계빈국 사람인데 부견符堅의 건원 연간 365~384에 중국 장안에 와서 불교 전파에 노력하고, 범본梵本 번역에 종사하였다.

계빈 사문 승가라차를 모셔다가 호본(胡本 : 梵本)의 경전을 암송하게 하고, 승가제화를 초청하여 호언(胡言 : 梵語)을 진晉나라 말로 번역하게 하였다. 예주豫州 사문 도자道慈는 승가제화가 번역하는 말을 필수筆受하였고, 오吳나라 사람 이보李寶와 강화康化[5]가 기록하였다. 융안 2년 무술戊戌, 398년 6월 25일에 이르러서야 초본을 비로소 마쳤다.

이 『중아함경』은 모두 다섯 개의 송誦으로 되어 있고 총 18품, 222경이 수록되었으며 여기에 수록된 경문의 글자 수는 모두 514,825자 인데, 이것을 60권으로 나누어 수록하였다.

그 당시 나라에 큰 난리가 나서 미처 정서正書하지 못하고 융안 5년 신축辛丑, 401년에 이르러 비로소 정사正寫하고 교정을 거쳐 유포하여 전하였다.

이들이 전역傳譯한 것과 앞에 번역 출간된 것[6]을 비교해 보면 같지 않은 부분이 많다. 여기 수록된 222경이 만약 힘을 잃어버리고 먼저 역출된 것을 따르고 말면 거룩한 뜻을 잃게 될까 두렵고, 만약 본래 붙였던 이름만을 따르자니 대부분 옛것과 달라진다. 그렇게 되면 먼저 익혔던 것을 거스르게 되어 여러 사람들의 마음에 믿음을 주지 못하게 될 것이다. 그런 까닭에 이들은 제 마음대로 할 수 없어서 때때로 본래의 것을 고쳐 옛 명칭을 따랐을 뿐이다.

그러나 5부部의 같고 다른 점에 있어서 어느 것이 옳은지를 누가 알겠는가? 그러나 도자道慈는 어리석은 생각에 근본과 어긋나는 것이 마음에 걸려 개명改名한 모든 것들을 다 뽑아내 그 아래 주注를 붙이고 신역新譯과 구역舊譯을 함께 수록하여 따로 1권으로 만들고 목록과 서로 연결 지어 후세 사람들에게 보여 주노라.

---

5 성본聖本에는 당화唐化로 되어 있다.

6 담마난제의 번역본을 가리킨다.

이렇게 하는 것은 미래의 여러 현인들에게 신역과 구역의 같은 부분과 다른 부분을 알게 하여 다시 채방(採訪 : 모르는 것을 물어서 찾음)할 수 있게 하기 위해서이다. 혹 외국의 고명한 사람들 중에 진晉나라 말과 호언(胡言 : 梵語)의 방언方言을 잘 아는 사람을 만나면 그 잘잘못을 찾아내어 바로잡아 주었으면 한다.

■ 김 월 운

경기도 장단에서 태어나 한학을 수학하고, 남해 화방사에서 당대의 대강백 운허 스님을 은사로 출가하였다. 통도사와 해인사 강원을 졸업하고 강사가 되었으며, 동국역경원 역경위원을 거쳐 동국역경원 원장을 역임하였다. 중앙승가대학 교수와 제25교구 본사 봉선사 주지를 역임하였고, 현재 조실로 있으면서 능엄학림과 불경서당을 통해 후학 양성에 매진하고 있다. 저서로는 『삼화행도집』·『일용의식수문기』·『금강경강화』·『원각경강화』·『대승기신론강화』·『구름처럼 달처럼』 등이 있고, 번역서로는 『전등록』·『조당집』·『선문염송』을 비롯한 80여 종의 책이 있다.

중아함경 4

1985년 5월 30일 신 판 1쇄 발행
2006년 11월 30일 개정판 1쇄 발행
2011년 4월 25일 개정판 2쇄 발행

옮긴이 김월운
펴낸이 김희옥
펴낸곳 동국역경원

주소 100-715 서울시 중구 필동 3가 26
전화 02) 2260-3482~3
팩스 02) 2268-7851
Home page http://www.tripitaka.or.kr
E-mail book@dongguk.edu
출판등록 제2-159(1964. 10)
인쇄처 서진인쇄

ISBN 978-89-5590-439-0 03220
ISBN 978-89-5590-435-2 (전4권)

값 20,000원